# 코틀린 함수형 프로그래밍

KB091351

FUNCTIONAL PROGRAMMING IN KOTLIN

Original English language edition published by Manning Publications, USA.
Copyright ⓒ 2021 by Manning Publications Co.
Korean edition copyright ⓒ 2023 by aCORN Publishing Company. All rights reserved.

이 책의 한국어판 저작권은 대니홍 에이전시를 통한 저작권사와의 독점 계약으로 에이콘출판(주)에 있습니다.
저작권법에 의해 한국 내에서 보호를 받는 저작물이므로 무단전재와 복제를 금합니다.

# 코틀린 함수형 프로그래밍

## 코틀린으로 제대로 함수형 프로그래밍 익히기

오현석 · 서형국 옮김   마르코 버뮬런 · 루나르 비아르드나손 · 폴 치우사노 지음

i!i
에이콘

 에이콘출판의 기틀을 마련하신 故 정완재 선생님 (1935-2004)

함수형 프로그래밍FP, Functional Programming은 소프트웨어를 통해 문제에 접근하고 문제를 해결하는 방식을 근본적으로 바꿨다. 함수형 프로그래밍은 불변성, 함수의 순수성, 함수 조합을 올바르고 예측 가능한 프로그램을 구축하는 수단으로 사용한다. 그 속성들은 최근 십여 년간 분산 시스템, 응용프로그램, 소프트웨어 공학을 바라보는 방식을 변화시켰다.

여러 해 전에는 함수형 프로그래밍의 성공에 대한 의문이 제기됐고 다른 패러다임과 비교되거나 연결되는 경우가 자주 있었다. 하지만 오늘날 대부분의 언어 컴파일러와 표준 라이브러리가 함수형 프로그래밍의 개념을 광범위하게 채택하고 있으며, 커뮤니티와 팀이 시스템 설계와 아키텍처에 접근하는 방식에도 함수형 프로그래밍이 영향을 끼쳤다.

코틀린은 컨티뉴에이션continuation, 널이 될 수 있는 타입, 인터페이스, 패턴 매칭, 대수적 데이터 타입 등과 같은 함수형 기능을 포함하는 멀티패러다임, 멀티플랫폼 언어다. 이런 특징 덕분에 코틀린은 독특하고 재미있으며 가장 효율적인 함수형 프로그래밍 언어가 될 수 있다.

언어마다 함수형 프로그래밍의 특성을 드러내는 자신만의 표현 방법이 있으므로, 여러분은 함수형 프로그래밍의 본질이 무엇이고 이 본질을 어떻게 제대로 배우는지 궁금할 수 있다. 이 책의 저자 중 한 사람인 마르코는 유명한 '빨간 책'Red Book'인 『스칼라로 배우는 함수형 프로그래밍』(제이펍, 2015)을 이번에는 코틀린을 밑바닥부터 함수형 프로그래밍 패턴을 설명하는 수단으로 사용해 각색했다. 이 책은 함수 합성과 대수적 설계라는 기본 개념을 자세히 설명하고, 그 후 함수형 패턴과 데이터 타입을 밑바닥부터 어떻게 구현하는지 보여주는 연습문제와 예제를 통해 함수형 프로그래밍을 연습하고 배우도록 여러분을 초대한다.

오류 처리 같은 일반적인 시나리오에서 시작해 스트리밍 같은 더 복잡한 경우에 이르도록, 이 책은 함수형 프로그래머의 배움을 보완해주고 핵심 함수형 추상화와 패턴을 배우기 위한 근본적인 접근 방식을 제공한다.

**라울 라하**Raul Raja, **애로우 라이브러리 메인테이너/47 디그리스**47 Degrees **CTO**

# | 옮긴이 소개 |

**오현석**(enshahar@gmail.com)

모빌리티42 이사로 일하면서 매일 고객의 요청에 따라 코드를 만드는 현업 개발자다. 어릴 때 처음 컴퓨터를 접하고 매혹된 후 경기과학고, KAIST 전산학과(프로그래밍 언어 전공 석사)를 거치면서 계속 컴퓨터를 사용해왔다.

직장에서는 주로 코틀린이나 자바를 사용한 서버 프로그래밍을 하고, 주말이나 여가 시간에는 번역을 하거나 공부를 하면서 즐거움을 찾는다. 시간이 아주 많이 남을 때는 시뮬레이션 게임을 즐기면서 머리를 식히고, 어떻게 하면 막내 자식을 프로그래밍의 세계로 끌어들일 수 있을지를 고민하는 아빠이기도 하다.

『핵심 코틀린 프로그래밍』(에이콘, 2023)의 저자이며 『코어 파이썬 애플리케이션 프로그래밍』(에이콘, 2014)을 시작으로 『Kotlin in Action』(에이콘, 2017), 『아토믹 코틀린』(길벗, 2023), 『코딩 좀 아는 사람』(윌북, 2023) 등 30여 권의 책을 번역했다.


**서형국**

KAIST, 서강대학교 정보통신대학원을 거쳐 텍스트 마이닝과 언어 AI의 다양한 프로젝트에 참여해왔다. 현재는 LG CNS D&A연구소에서 MLOps, 생성형 AI 관련 클라우드 AI 서비스 개발 업무를 수행하고 있다. 그간의 경험을 바탕으로 사소하게나마 도움을 주는 엔지니어가 되길 바라는 교회 집사이자 고양이 집사다.

빅데이터 붐이 일 때 스칼라<sup>Scala</sup>와 스파크<sup>Spark</sup>가 적극적으로 커뮤니티에 받아들여지면서부터 함수형 프로그래밍에 대한 세간의 관심이 그 전에 비해 극적으로 늘어났다. 이제는 일반 개발자 사이에도 함수형 프로그래밍이 어느 정도 필수적인 프로그래밍 패러다임으로 받아들여지는 분위기다. 2010년대 이전과 비교하면, 함수형 프로그래밍에 대한 책도 많이 늘어났고 동영상 강의나 관련 자료도 인터넷에서 많이 찾아볼 수 있게 됐다.

그럼에도 함수형 프로그래밍을 정통적으로 알려주는 책은 그리 많지 않다. 무엇보다 일반 프로그래밍 언어에서 타입을 활용하는 함수형 프로그래밍의 고계 타입을 표현하려면 어려운 점이 많으므로, 함수형 패러다임과 복잡한 타입 시스템을 적극적으로 지원하는 하스켈<sup>Haskell</sup>이나 스칼라 같은 언어를 사용해 함수형 프로그래밍의 개념을 알려주는 경우가 많다. 대표적인 책으로 하스켈의 『LYAHFGG<sup>Learn You a Haskell for Great Good!</sup>』[1]나 이른바 '빨간책'인 스칼라의 『스칼라로 배우는 함수형 프로그래밍』이 있다.

반대로 정적 타입을 지원하지 않는 언어(자바스크립트 등)에서 함수형 프로그래밍을 다루는 책도 많이 있지만, 타입 시스템을 활용하지 않기 때문에 고계 타입이 주는 장점을 살리지 못한다는 한계가 있다.

이 책은 유명한 '빨간 책'의 코틀린 버전으로, 코틀린을 알고 있는 개발자들이 함수형 프로그래밍의 개념을 깊이 배우고 연습할 수 있도록 쓰였다. 새로운 패러다임을 배우기 위해 새로운 프로그래밍 언어를 배우면 백지 상태에서 개념과 언어를 함께 배울 수 있어 완전히 새로운 관점에서 배움을 진행할 수 있다는 장점이 있다. 하지만 언어를 배우는 데 드는 노력으로 인해 개념을 이해하기는 더 어려워질 수도 있다. 그런 점에서 볼 때, 이 책은 코틀린 프로그래밍 언어를 사용했으므로 좀 더 쉽게 함수형 프로그래밍에 접근할 수 있는 길을 열

---

[1] 인터넷에서 원서 전문을 볼 수 있고(http://learnyouahaskell.com/), 『가장 쉬운 하스켈 책』(비제이퍼블릭, 2014)이라는 번역서로도 출간된 함수형 프로그래밍 소개서라 할 수 있다. – 옮긴이

어준다고 할 수 있을 것이다.

이 책을 읽고, 연습문제를 모두 풀어나가다 보면 함수형 프로그래밍의 개념을 이해하고 다양한 함수형 타입을 설계할 능력을 키워 나갈 수 있을 것이다. 또한 명령형 코드를 작성할 때도 학습한 개념을 활용해 좀 더 우수하고 안전한 프로그램을 작성할 수 있게 된다. 부디 함수형 프로그래밍에 관심을 갖고 이 책을 집어든 여러분이 전체 여정을 마친 후 잘 훈련된 함수형 프로그래머로 거듭나길 기원한다.

2023년 봄

## | 지은이 소개 |

**마르코 버뮬런**<sup>Marco Vermeulen</sup>

20여 년 이상의 JVM 프로그래밍 경력이 있는 프로그래머다.

**루나르 비아르드나손**<sup>Rúnar Bjarnason</sup>

폴 치우사노와 함께 『스칼라로 배우는 함수형 프로그래밍』(제이펍, 2015)을 저술했다.

**폴 치우사노**<sup>Paul Chiusano</sup>

루나르 비아르드나손과 함께 『스칼라로 배우는 함수형 프로그래밍』을 저술했다.

좋은 소프트웨어를 작성하는 것은 결코 쉽지 않은 일이다. 우리는 기계가 실행할 수 있는 쉽고 효율적으로 돌아가야만 하는 명령을 제공하고자 코드를 작성한다. 여기서 더 중요한 사실은 코드에는 다른 근본적인 목적이 있다는 점이다. 즉, 코드는 현재와 미래에 우리 코드와 상호작용할 사람들과 명확히 의사소통하기 위한 수단이라고 할 수 있다. 따라서 코드는 기계에 명령을 내리는 도구라는 역할을 초월해, 여러 사람이 협력해 기계에 명령을 내리기 위한 도구가 되고 있다.

나는 상대적으로 어릴 때부터 코딩을 해왔다. ZX 스펙트럼ZX Spectrum1에서 베이직BASIC 코드를 작성한 것을 시작으로, 이후 코모도어 64Commodore 64에서 기계어 코드를 작성했다. 오랫동안 이런저런 컴퓨터와 언어를 전전한 끝에 결국 열정적인 자바 개발자가 됐다. 그 시점까지 내가 배워왔던 프로그래밍 지식은 모두 프로시저 기반이었으며, 컴퓨터에게 할 일을 지시하는 명령어 단계를 나열한 것이었다. 2000년대 초 자바가 제시한 객체지향 개념은 나를 아주 놀라게 했다. 이제 컴퓨터 메모리상에서 객체를 통해 실제 세계의 개념을 모델링할 수 있게 됐기 때문이다! 또한 자바를 통해 컴파일 시점에 특정 규칙을 강제함으로써 실행 시점의 문제를 줄여주는 정적 타입 시스템의 가치도 배웠다.

시간이 지나면서 소프트웨어에 대해 생각하는 다른 방식을 발견했다. 이런 깨달음은 다른 정적 타입 언어인 스칼라로 프로그래밍을 시작하면서 내 안에 자리 잡기 시작했다. 함수형 프로그래밍은 완전히 새로운 패러다임으로, 내 마음은 클래스와 객체에 대해 생각하는 것에서 벗어나 클래스나 객체 안에 있는 함수와 메서드에 대해 강조하는 것으로 이동했다. 운 좋게도 스칼라를 배울 때는 내게 몇 가지 환상적인 자료가 있었다. 첫 번째는 코세라Coursera에 있는 마틴 오더스키Martin Odersky의 훌륭한 'Functional Programming Principles

---

1    영국 싱클레어 리서치(Sinclair Research Ltd)가 1982년 출시한 ZS80 CPU 기반의 가정용 컴퓨터로, 당시 영국에서 가장 많이 팔린 컴퓨터였다. – 옮긴이

in Scala(스칼라로 배우는 함수형 프로그래밍 원리)'라는 비디오 코스였다. 두 번째는 매닝출판사가 2014년에 출간한 『스칼라로 배우는 함수형 프로그래밍』이었다. '빨간 책'으로 잘 알려진 이 책은 루나르 비아르드나손Rúnar Bjarnason과 폴 치우사노Paul Chiusano가 수년간 자신들의 경험과 노력을 쏟아부은 결과물이었다. 이 두 가지는 내 생각을 형성하는 데 크게 기여했으며, 오늘날 내가 프로그래밍을 인식하는 방식을 바꿔놨다.

코틀린을 배우기 시작했을 때는 코틀린이 스칼라와 비슷한 성능을 가졌음에도 실용성은 특별히 강조하지만 타입 시스템을 사용하는 함수형 프로그래밍이라는 학문적 측면은 그다지 강조하지 않는다는 사실을 깨달았다. 몇몇 친구와 코세라에서 'Kotlin for Java Developers(자바 개발자를 위한 코틀린)' 코스를 마친 다음, 우리는 그 스터디 그룹을 유지하면서 코틀린에서 타입을 사용하는 FP에 대해 탐구하는 토대로서 빨간 책의 내용을 사용하자고 이야기했다. 슬프게도 이 모임을 실제로 진행하지는 못했지만, 내 나름대로 연구를 더 진행해서 새로운 코틀린 FP 책의 개념을 매닝출판사에 제안했다. 초기 아이디어는 폴과 루나르의 책과 똑같은 내용을 다루되 모든 코드를 스칼라가 아닌 코틀린으로 변환하는 것이었다. 이 제안이 받아들여졌을 때 나는 매우 기뻤다. 하지만 일단 집필을 시작하자 책은 그 자체로 생명력이 있는 존재가 됐고, 기존의 제안에서 많은 것이(코드뿐 아니라 본문까지도) 달라졌다. 그럼에도 이 책은 원본인 빨간 책의 구조를 매우 충실히 따르고 있다.

코틀린 개발자를 위해 이 책을 쓰면서 나 자신도 엄청나게 성장할 수 있었다. 그 과정은 훌륭한 배움의 경험이기도 했으며, 이전보다 이 책의 개념을 더 심오하고 풍부하게 이해할 수 있게 됐다. 이 책을 통한 여행을 시작하는 여러분도 내가 각각의 페이지를 적을 때마다 느끼고 배웠던 내용을 최대한 많이 얻어가길 바란다. 소개하는 개념을 이해하면, 여러분이 코드를 작성하는 방식과 그 아이디어를 여러분의 발자국을 따라오는 다른 사람들에게 제시하는 방법을 영원히 바꿔줄 것이다. 이 책이 내게 효과가 있었듯이 여러분에게도 효과가 있길 바란다. 무엇보다 내가 그랬던 것처럼 여러분도 이 책의 모든 페이지에서 재미를 느끼고 즐기게 되길 기대한다.

## | 감사의 글 |

책을 쓰는 것은 강렬한 경험이며 마무리하기까지 엄청난 시간과 노력이 든다. 책을 쓰면 주위에 있는 모든 사람의 삶에 영향을 미치게 되는데, 특히 가까운 사람일수록 더욱 그렇다. 이런 점에서 책을 집필한 지난 2년간 내 곁에 있어준 사랑스러운 아내 레즈나<sup>Rezna</sup>에게 감사한다. 그녀는 팬데믹으로 인한 외로운 격리 생활을 나와 함께 견뎌냈을 뿐 아니라, 이 프로젝트를 진행하는 동안 격려와 지원을 아끼지 않았다.

내가 프로그래머로서의 여정을 시작하도록 해준 두 사람을 언급하지 않을 수 없다. 우선 어머니께 감사드린다. 어머니는 항상 나를 믿고 용기를 심어주셨다. 또한 아버지께도 감사드린다. 아버지는 1980년대에 나를 컴퓨터 상점에 데려가서 첫 번째 ZX 스펙트럼을 사주셨다. 두 분이 없었다면, 오늘날 나는 코드를 작성하면서 살고 있지 않을 것이다.

폴과 루나르에게도 특별히 감사하고 싶다. 두 사람은 이 책의 기반이 된 『스칼라로 배우는 함수형 프로그래밍』을 썼다. 트위터에서 엉뚱한 메시지를 주고받은 것 외에 직접 이들과 만나거나 이야기한 적은 없으나 나는 두 사람에게 큰 빚을 지고 있으며, 두 사람이 원작을 쓰면서 들인 노력과 노고에 감사한다. 그들의 책은 나를 비롯한 많은 개발자가 함수형 프로그래밍이라는 문제의 복잡한 본성과 씨름할 때 유용한 지식과 이해의 훌륭한 근원이 돼줬다.

다음으로 매닝출판사의 모든 직원에게 감사하고 싶다. 특히 이 책의 편집을 맡은 마리나 마이클즈<sup>Marina Michaels</sup>와 조시 화이트<sup>Josh White</sup>에게 감사의 마음을 전한다. 이 책을 집필하는 동안 마리나는 늘 친절하고 인내해줬으며 여러모로 많은 도움을 줬다. 나를 이끌어준 그녀의 힘이 없었다면 이 책이 세상에 나오지 못했을 것이다. 또 이 책의 초기 제안 단계와 그 후의 집필 과정에서 조언해준 마이크 스티븐스<sup>Make Stephens</sup>에게 감사한다.

장–프랑수아 모렝<sup>Jean-François Morin</sup>은 이 프로젝트에서 기술 감수를 해줬다. 이 책에 대한 그의 순수한 헌신에 감사한다. 그는 이 책을 위해 계속해서 특별한 노력을 기울였고, 그의 도움이 없었다면 이 책의 모습은 지금과 달랐을 것이다. (훌륭해요, 특별히 감사드려요, JF!)

SDKMAN! 팀의 올리버 윌러<sup>Oliver Weiler</sup>와 에듀 메렌데즈<sup>Eddú Meléndez</sup>에게 감사한다. 이들은 내가 이 책을 쓰는 동안 이 엄청난 오픈소스 프로젝트를 계속 정상적으로 유지하는 환상적인 일을 해냈다. 나는 이들과 함께 전력으로 다시 이 오픈소스의 최일선에 합류하길 고대한다.

다음으로는 리뷰 과정에 도움을 준 모든 분에게 감사를 전하고 싶다. 이들의 피드백은 매우 소중했고 이 책을 올바른 방향으로 계속 인도해줬다. 특히 이 책을 쓰게 된 계기였던 원래 스터디 그룹의 멤버이면서 전체 리뷰 과정에 남아 계속 함께해준 내 친구 로버트 피렉<sup>Robert Firek</sup>에게 감사한다.

그리고 안토니오 로아-밸버드<sup>Antonio Roa-Valverde</sup>, 빌 앳킨스<sup>Bill Atkins</sup>, 데이빗 그룹만<sup>David Glaubman</sup>, 필립 페르난데즈 도미게스<sup>Felipe Fernández Domínguez</sup>, 프란체스코 바실<sup>Francesco Basile</sup>, 가스 길모어<sup>Garth Gilmour</sup>, 거드 클레베사트<sup>Gerd Klevesaat</sup>, 그렉 라이트<sup>Greg Wright</sup>, 구스타보 필립 라모스 고메스<sup>Gustavo Filipe Ramos Gomes</sup>, 헤더 캠벨<sup>Heather Campbell</sup>, 장-프랑수아 모랭<sup>Jean-François Morin</sup>, 조엘 닐리<sup>Joel Neely</sup>, 조지 에즈키엘 보<sup>Jorge Ezequiel Bo</sup>, 마누엘 고메즈-올메도<sup>Manuel Gomez-Olmedo</sup>, 마코 카니니<sup>Marco Carnini</sup>, 마크 토마스<sup>Mark Thomas</sup>, 마이클 스트링험<sup>Michael Stringham</sup>, 마이크 젠센<sup>Mike Jensen</sup>, 나집 아리프<sup>Najeeb Arif</sup>, 오노프레이 조지<sup>Onofrei George</sup>, 페드로 아서 핀헤이로 로자 두아트<sup>Pedro Arthur Pinheiro Rosa Duarte</sup>, 라울 라자 마르티네즈<sup>Raul Raja Martinez</sup>, 리차드 토비아스<sup>Richard J. Tobias</sup>, 로버트 테일러<sup>Robert Taylor</sup>, 윌리엄 루든말름<sup>William Rudenmalm</sup>, 유리 쿠시치<sup>Yuri Kushch</sup> 등 모든 리뷰어에게 감사한다. 여러분의 제안 덕분에 더 나은 책이 될 수 있었다.

# 차례

## 1부    함수형 프로그래밍 소개        31

## 1장    함수형 프로그래밍이란?        33

## 2장    코틀린으로 함수형 프로그래밍 시작하기        53

이 책의 목적은 코틀린을 가르치는 것이 아니라 타입을 사용한 함수형 프로그래밍의 수준을 높이는 것이다. 그 과정에서 예제를 통해 기저 원리를 설명하는 수단으로 코틀린을 살펴본다. 이런 이유로 이 책에서 제시한 코드가 언제나 가장 실용적이거나 가장 '올바른' 선택은 아니다. 즉, 이 책의 코드는 단지 원리의 개요를 보여주고 실증하기 위한 것이다. 다양한 코틀린 코드 예제를 구현하는 더 전형적인 코틀린 숙어다운 방법이 의심할 여지 없이 많이 있지만, 이 책의 코드는 설명하려는 개념을 투명하게 전달하고자 작성됐다.

## 이 책의 대상 독자

코틀린 언어 자체와 코틀린 언어의 기능을 이미 충분히 이해한 사람을 대상으로 한다. 또한 객체지향 설계에 익숙하고 클래스, 인터페이스, 메서드, 변수를 잘 알아야 하지만, 함수형 프로그래밍에 대한 선수 지식이나 경험은 필요하지 않다.

일차적으로는 학문적인 책이지만 한편으로는 매우 실무적인 책이기도 하다. 전반에 걸쳐 여러 코드 예제를 살펴보고, 배우는 과정을 강화해주는 연습문제를 다수 제공한다. 그러므로 인텔리제이<sup>IntelliJ</sup> IDEA나 코틀린을 완전히 지원하는 비슷한 다른 IDE를 잘 이해하고 있어야 한다. IDE 대신 텍스트 편집기나 터미널을 사용하는 게 더 익숙하다면 그 또한 상관없다.

## 이 책의 구성

4개 부, 총 15개 장으로 이뤄져 있다. 1부에서는 함수형 프로그래밍을 소개하고 이 책 전반에 걸쳐 사용할 기본적인 빌딩 블록을 제공한다.

- 1장은 함수형 프로그래밍의 의미를 설명하고 함수형 프로그래밍의 이점에 대해 감을 잡도록 해준다.
- 2장은 재귀로 함수형 루프를 작성하는 방법이나 꼬리 호출 제거tail-call elimination, 고차 함수high order function, 함수형 다형성polymorphism 같은 기본기를 알려준다.
- 3장은 리스트list와 트리tree라는 두 가지 컬렉션을 순수 함수형으로 정의하고 다루는 방법을 설명한다.
- 4장은 예외를 던지지 않고 효과적으로 오류를 처리하는 방법을 깊이 살펴본다.
- 5장은 효율적인 평가를 위한 비엄격성non-strictness(지연성laziness이라고도 한다)에 대해 논의하고, 스트림 데이터 타입도 소개한다.
- 6장은 전이transition라고도 하는 상태 변이 동작state mutation action을 함수형 프로그램에서 다루는 방법을 알려주면서 1부를 마무리한다.

2부는 몇 가지 콤비네이터combinator 라이브러리를 설계하는 과정을 아주 느슨하게 설명하는 스타일로 돼 있다는 점에서 1부와 꽤 다르다.

- 7장은 비동기 병렬 처리asynchronous parallel processing를 위한 함수형 라이브러리를 설계하고 구축하는 방법을 보여준다.
- 8장은 난수화한 테스트를 위한 속성 기반 테스트property-based test 라이브러리를 설계하는 방법을 보여준다.
- 9장은 파싱parsing 영역으로 들어가서 JSON 파서 콤비네이터 라이브러리의 우아한 설계를 도출하는 방법을 보여준다.

3부에서는 타입 지정 함수형 프로그래밍에 속한 더 고급 주제인 타입 클래스type class를 살펴본다. 실제 상황에서 사용하는 몇 가지 설계 패턴 추상화를 다루고 여러분이 이런 추상화를 사용할 수 있도록 준비시킨다.

- 10장은 여러 값을 조합할 때 쓸 수 있는 추상화인 모노이드monoid를 다룬다.
- 11장은 악명 높은 모나드monad를 샅샅이 다루고 예제를 사용해 명확히 설명한다.
- 12장은 적용 가능 펑터applicative functor와 순회 가능 펑터traversable functor를 설명하면

서 적용 가능<sup>applicative</sup>의 요건이 무엇인지 소개하고 모나드와 적용 가능의 차이를 보여준다.

마지막 4부에서는 앞서 배운 내용을 바탕으로 순수 함수형 코드에서 부수 효과를 다룬다.

- 13장은 임베드된 명령형 DSL을 사용해 효과가 있는 코드의 표현을 단순화하는 방법을 보여주기 위해 I/O 모나드(프리 모나드)를 소개한다.
- 14장은 특정 부수 효과와 변이를 순수 함수 프로그램 안에 지역화하는 방법(밖으로 노출시킬 수 없게 막으면서 내포시키는 방법)을 알려준다.
- 15장은 지금껏 배운 모든 내용을 집대성해 I/O 스트림을 점진적으로 처리할 수 있는 모듈화 가능하며 합성 가능한 프로그램을 위한 스트림 API를 개발한다.

## 이 책을 읽는 방법

이 책을 처음부터 끝까지 순서대로 읽을 수도 있다. 하지만 각각을 편하게 구분하고, 배운 내용을 실제 업무에 써보고, 다시 나중에 다음 부분을 진행할 수 있도록 네 부분의 순서를 정했다. 1부는 2부에서 사용할 근본 원리와 개념을 알려주고, 2부는 1부에서 배운 개념을 단단히 굳히도록 도와준다. 그 후 3부는 1부에서 만든 기초를 바탕으로 구성된다. 그렇기 때문에 4부에서 다룬 내용은 1, 2, 3부를 통해 함수형 프로그래밍 스타일에 익숙해진 경우에만 가장 의미가 있을 것이다. 1부와 3부를 마치고 나면, 잠시 쉬면서 이 책이 제공하는 연습문제를 넘어서 함수형 프로그램을 작성하는 연습을 해보는 것도 좋을 수 있다. 물론 이 모든 것은 여러분에게 달려 있다.

이 책에서 대부분의 장은 비슷한 구조로 돼 있다. 새로운 개념이나 기법을 소개하고, 예제로 그에 대해 설명한 후, 점차 난이도를 높여가면서 여러 가지 연습문제를 해결해 나간다. 이 책의 뒷부분에서는 상당수의 연습문제에 대한 힌트가 포함된 부록 A와 모든 연습문제의 해답을 보여주는 부록 B를 제공한다.

각 장을 진행하면서 직접 연습문제를 풀어볼 것을 강력히 권한다. 연습문제는 난이도와 중요성에 따라 별도의 표시가 있다. 어려운 연습문제에는 '어려움'이라는 표시를 붙였고,

본문을 이해할 때 꼭 필요하지 않은 연습문제에는 '선택적'이라는 표시를 붙였다. '어려움'이라는 표시는 여러분이 연습문제의 난이도를 예상할 수 있게 하려는 우리 나름의 노력이다. 하지만 이 난이도는 단지 우리의 추측일 뿐이며, '어려움'으로 표시된 문제가 상대적으로 더 쉽게 느껴지는 경우나 아무 표시도 없는 문제가 더 어렵게 느껴지는 경우도 있을 수 있다. '선택적'이라는 표시는 추가 정보를 제공하는 연습문제라는 표시로, 해당 문제를 건너뛰더라도 그 이후에 나오는 본문 내용을 이해하는 데 어려움이 없을 것이다. 연습문제를 풀 때 부록 B의 해답을 보지 않도록 노력하라. 최후의 수단이나 여러분이 작성한 답을 검증하기 위한 목적으로만 해답을 활용하라.

이 책의 코드나 연습문제와 관련해 질문이 있거나 명확하지 않은 부분이 있다면, 에이콘출판사 편집 팀(editor@acornpub.co.kr)으로 문의하길 바란다.

## 코드에 대해

이 책에는 번호가 붙은 리스트나 연습문제 형태, 또는 일반 텍스트에 포함된 형태로 수많은 소스 코드가 들어 있다. 모든 경우 소스 코드는 List<Coffee>와 같은 고정폭 글꼴fixed-with font로 표시된다. 코드 리스트에는 필요한 중요 개념을 알려주는 추가 설명이 붙어 있는 경우도 있다.

상당수의 코드는 원래 소스 코드의 형식을 변경해 게재했다. 줄 바꿈이나 들여쓰기를 손봐서 책의 페이지 너비에 맞춰야 했기 때문이다. 또한 소스 코드에 대한 설명이 본문에 있는 경우 주석을 코드 리스트에서 제거한 경우도 많다.

때로는 코틀린 인터프리터 세션을 통해 코드를 실행하거나 평가한 결과를 보여주기도 한다. 인터프리터 세션 블록은 >>>로 시작하기 때문에 쉽게 구분할 수 있다. 이 >>> 프롬프트 뒤에 오는 코드를 인터프리터에 타이핑해 넣거나 복사해 붙여넣으면 된다(>>>는 인터프리터가 표시해주므로 사용자가 입력하면 안 된다). 그리고 다음과 같이 그 아래 줄은 인터프리터의 응답을 보여준다.

```
>>> 1.show()
res1: kotlin.String = The value of this Int is 1
```

깃허브의 소스 코드 리포지터리(https://github.com/fpinkotlin/fpinkotlin)에서 예제와 리스트 코드를 모두 볼 수 있다. 모든 연습문제와 해답은 src/test/kotlin 폴더 안에 들어 있으며, 각 장의 연습문제와 해답은 서로 다른 패키지에 들어 있다.

적절한 테스트를 만들 수 있다면, 연습문제에 대응하는 테스트가 포함된 경우가 자주 있다. 각각의 연습문제에는 이 책에 표시된 대로 SOLUTION_HERE()라는 플레이스홀더placeholder 함수 호출이 들어 있다. 여러분이 각 장의 연습문제를 진행할 때는 소스 코드에 써 있는 대로 테스트를 활성화한 후 플레이스홀더 호출이 있는 부분을 지우고 코드를 구현하면 된다. 그 후 원한다면, IDE나 명령줄에서 그레이들Gradle을 사용해 테스트를 실행할 수 있다. 해답을 시험해보기 위해 필요하다고 생각하면 직접 자유롭게 테스트를 추가하거나 만들어도 된다.

마지막으로, 오픈소스 소프트웨어 개발의 정신에 따라 언제나 깃허브 리포지터리로 자유롭게 예제, 연습문제, 테스트 등에 대한 풀 리퀘스트pull request를 보내도 좋다는 점을 알려주고 싶다.

# Part 1

# 함수형 프로그래밍 소개

이 책을 여는 1~6장은 모두 함수형 프로그래밍의 첫 번째 원칙을 설명한다. 순수 함수<sup>pure</sup> function라는 근본적인 빌딩 블록만 갖고 프로그램을 작성하려고 시도하는 극단적인 방법으로부터 이 책을 시작하는데, 순수 함수는 아무런 부수 효과<sup>side effect</sup>가 없는 함수를 말한다. 하지만 왜 이런 제약 아래에서 프로그램을 작성하는 번거로움을 무릅써야 할까? 함수형 프로그래밍이 무엇인지 제대로 알려면, 이런 근본적인 빌딩 블록을 갖고 프로그램을 작성하는 방법을 다시 배워야 할 필요가 있기 때문이다.

간단히 말해, 다른 방식으로 생각하도록 우리 머릿속을 재구성해야 한다. 명령형 사고 방식에 익숙하지만, 이제 프로그래밍 문제를 해결하는 전혀 새로운 접근 방법을 배워야만 한다. 이런 재교육을 하는 가장 좋은 방법은 몇 걸음 물러서서 작은 것부터 시작함으로써 원하는 것을 차근차근 만들어나가는 것이다. 이것이야말로 1부에서 시간을 들여 하려는 일이다.

단지 1~6장에서 부수 효과를 이야기하지 않는다고 해서 정말 부수 효과가 존재하지 않는다는 뜻은 아니다. 우리는 프로그램이 부수 효과를 갖는 경우가 있음을 자주 깨닫고 인식한다. 무엇보다 키보드 입력을 받지 못하거나, 메모리를 변경하지 못하거나, 화면에 출력을 내보내거나, 하드 드라이브에 파일을 쓰지 못하거나, 사운드 카드를 통해 소리를 내지

31

못한다면 프로그램이 어떤 쓸모가 있을까? 이에 대해 나중에 다루겠지만, 이런 고급 주제를 다루기 전에 기초적인 내용을 제대로 배울 필요가 있다.

1장에서는 함수형 프로그래밍의 의미를 정확히 설명하고, 여러분에게 함수형 프로그래밍의 장점을 보여준다. 1부의 나머지 장들은 코틀린을 사용하는 함수형 프로그래밍의 기본적인 기법을 보여준다. 2장에서는 함수형 루프를 작성하는 법, 함수를 일반적인 값처럼 다루는 법, 함수형 다형성의 개념 등과 같은 근본적인 내용을 다룬다. 3장에서는 시간이 지남에 따라 변할 수 있는 인메모리$^{in-memory}$ 데이터 구조를 다루고, 4장에서는 순수 함수적인 방식으로 오류를 다루는 방법을 이야기한다. 5장에서는 엄격하지 않음$^{non-strictness}$이라는 개념도 설명한다. 이 개념을 사용하면 함수형 코드의 효율과 모듈성을 향상시킬 수 있다. 마지막으로, 6장에서는 순수 함수로 상태가 있는 함수를 모델링하는 방법을 소개한다.

1부는 여러분이 입력에서 출력(여기서 입출력은 부수 효과가 아니라 함수의 인자와 결괏값을 뜻한다)으로 보내는 함수만 다루는 프로그램에 대해 생각하게 한다. 이를 통해 더 실용적인 코드를 작성할 때 필요한 기술을 가르쳐준다.

# 1

# 함수형 프로그래밍이란?

**1장에서 다루는 내용**

- 부수 효과와 부수 효과의 문제점을 이해한다.
- 부수 효과를 없앰으로써 함수형 해법을 달성한다.
- 순수 함수가 무엇인지 정의한다.
- 치환 모델을 통해 참조 투명성과 순수성을 증명한다.

우리 대부분은 명령형 스타일imperative style 코딩으로 프로그래밍을 시작했다. 명령형 스타일이란 무슨 뜻일까? 이 말은 컴퓨터에게 정해진 명령이나 지시를 하나하나 내린다는 뜻이다. 명령을 내림으로써 각 명령 단계마다 시스템의 상태를 바꾸고 있는 것이며, 처음에는 단순하므로 이런 접근 방식에 자연스레 끌리기 마련이다. 반대로 프로그램이 커지고 더 복잡해짐에 따라, 이런 단순해 보이는 방식이 정반대의 결과를 가져온다. 처음에 단순화하려는 의도에서 선택한 것으로부터 복잡성이 나타난다. 그 결과 코드를 더 이상 유지보수할 수 없게 되고, 테스트하기 어려워지며, 코드에 대해 추론하기 어려워지고, (가장 최악의 경우로는) 코드가 버그로 가득 차게 된다. 프로그램 기능을 완성하던 속도가 처음에 비해 현저히 떨어지면서 결국 프로그램을 간단히 개선하는 일조차 시간과 노력이 오래 걸리는 일이 돼

버린다.

함수형 프로그래밍<sup>FP, Functional Programming</sup>은 명령형 스타일의 대안으로, 방금 말한 문제를 해결한다. 이번 장에서는 부수 효과가 있는 명령형 코드 조각을 여러 리팩터링 단계를 거쳐 함수형 스타일로 변환하는 예제를 보여준다(부수 효과는 잠시 후 설명한다). 부수 효과를 완전히 없애는 것은 함수형 프로그래밍을 뒷받침하는 핵심 개념이다. 따라서 이번 장에서는 부수 효과를 없애는 것을 자세히 다룬다. 부수 효과의 문제점을 이해하고 코드에서 부수 효과를 뽑아내는 방법을 살펴보며, 이를 통해 맨 처음 프로그래밍 여행을 시작했을 때와 같은 '단순성'이라는 안전한 위치로 돌아간다.

이 시점에서는 이 책이 코틀린<sup>Kotlin</sup>을 예제로 사용해 함수형 프로그래밍 패러다임의 원칙을 보여주는 방식으로 쓰인 함수형 프로그래밍 책이라는 사실을 언급해둬야겠다. 더 나아가 이 책의 초점이 코틀린 언어 자체보다는 함수형 프로그래밍에 사용된 개념을 하나하나 구축해나가는 데 있다는 점도 밝혀둔다. 실제로, 여기서 구축할 요소 중 상당수는 코틀린에는 존재하지 않고 애로우<sup>Arrow</sup>(https://arrow-kt.io) 같은 서드 파티 라이브러리에만 존재한다. 이 책은 코틀린뿐 아니라 다양한 프로그래밍 언어에 적용될 수 있는 기본 원칙으로부터 함수형 프로그래밍을 소개한다.

이 책을 읽는 동안 우리가 배울 함수형 프로그래밍의 수학적인 본성을 염두에 두길 바란다. 함수형 프로그래밍에 대한 글이 많지만, 이 책이 함수형 프로그래밍을 설명하는 방법은 조금 다르다. 이 책은 코틀린과 같은 정적 타입 언어<sup>statically typed language</sup>의 타입 시스템에 주로 의존하며, 그 타입 시스템은 흔히 타입 지정 함수형 프로그래밍<sup>typed functional programming</sup>이라고도 한다. 또한 타입에 의한 함수형 프로그래밍 스타일과 밀접한 연관이 있는 수학 분야인 카테고리 이론<sup>category theory</sup>도 언급할 것이다. 이 책은 이렇게 수학에 치우친 시각을 유지하므로, 여러분은 대수<sup>algebra</sup>, 증명<sup>proof</sup>, 법칙<sup>law</sup> 등의 용어를 마주칠 준비를 해두길 바란다.

이런 관점에서 볼 때, 이 책은 레시피나 (마법과도 같은) 주술을 모아둔 책이 아니다. 또한 프로그래머로서 매일매일 마주하는 문제에 대한 빠른 해법이나 응급조치를 알려주지도 않는다. 그 대신, 이 책은 여러분 스스로 다양한 실용적인 해법을 도출할 때 도움이 되도록 적용 가능한 근본적인 개념과 이론으로 무장시켜준다.

함수형 프로그래밍은 간단하지만 달성하기 아주 어려운 함의를 지니는 전제를 기반으로 한다. 그 전제는 바로 순수 함수를 통해 프로그램을 구성한다는 것이다. 순수 함수는 아무 부수 효과가 없는 함수를 말한다. 부수 효과가 무엇일까? 결과를 반환하는 것 외에 무언가 다른 일을 하는 함수는 부수 효과가 있는 함수다. 예를 들면 다음과 같다.

- 변경이 일어나는 블록 외부 영역에 있는 변수를 변경한다.
- 데이터 구조를 인플레이스[in-place]로 변경한다(즉, 메모리의 내용을 직접 변경한다).
- 객체의 필드를 설정한다.
- 예외를 던지거나 예외를 발생시키면서 프로그램을 중단시킨다.
- 콘솔에 출력을 하거나 사용자 입력을 읽는다.
- 파일을 읽거나 쓴다.
- 화면에 무언가를 그린다.

이번 장에서는 더 정확한 정의를 알려줄 것이다. 하지만 이런 일을 아예 할 수 없거나 아주 제한적인 방법으로만 할 수 있다면, 프로그래밍이 어떤 식이어야 할지 생각해보라. 아마도 상상하기 어려울 것이다. 어떻게 유용한 프로그램을 작성할 수 있을까? 변수에 값을 다시 대입할 수 없다면 어떻게 루프와 같은 간단한 프로그램을 작성할 수 있을까? 변경해야 하는 데이터를 어떻게 처리할 수 있을까? 예외를 던질 수 없다면 오류를 어떻게 처리할까? 화면에 그리거나 파일을 읽는 등 IO를 수행해야만 하는 프로그램을 어떻게 작성할 수 있을까?

이에 대한 답은 함수형 프로그래밍은 프로그램을 어떻게[how] 작성하는지를 제한할 뿐, 프로그램이 무엇[what]을 기술하는지는 제한하지 않는다는 것이다. 이 책에서는 부수 효과 없이도 IO 수행, 오류 처리, 데이터 변경 등과 같은 프로그램의 핵심을 기술하는 방법을 살펴보고, FP의 방식을 따르면 순수 함수를 사용하지 않을 때보다 훨씬 더 나은 모듈성을 얻을 수 있다는 점을 배울 것이다. 순수 함수는 모듈성으로 인해 테스트하고, 재사용하고, 병렬화하고, 일반화하고, 결과를 추론하기가 더 쉽다. 더 나아가 순수 함수는 버그가 발생할 가능성이 훨씬 더 낮다. 또한 FP의 장점을 더 일반적으로 논의하고, 참조 투명성과 치환 모델[substitution model]이라는 두 가지 필수적인 개념을 정의한다.

## 1.1 FP의 장점: 간단한 예제

순수 함수를 사용한 프로그래밍의 장점을 보여주는 예제를 살펴보자. 여기서 중요한 점은 이 예제가 이 책에서 다룰 몇 가지 기본적인 아이디어를 표현하기 위한 것이라는 사실이다. 코틀린 문법은 너무 걱정하지 말라. 코드가 하는 일을 이해하는 한, 코틀린 문법은 중요하지 않다.

> |**노트**| 이 책의 초점은 코틀린이 아니라 FP이므로 여러분이 코틀린에 대한 실무 지식을 어느 정도 갖췄다고 가정한다. 언어 자체를 더 자세히 다루는 책을 원하는 독자는 『Kotlin in Action』(에이콘, 2017)을 살펴보라.

### 1.1.1 부수 효과가 있는 프로그램

커피 판매를 처리하는 프로그램을 구현한다고 해보자. 구현에 부수 효과를 사용하는 코틀린 프로그램으로부터 시작할 것이다(이런 프로그램을 순수하지 않은 프로그램이라고 한다).

#### 리스트 1.1 부수 효과가 있는 코틀린 프로그램

```
class Cafe {
    fun buyCoffee(cc: CreditCard): Coffee {
        val cup = Coffee()          ◀── 새로운 커피를 한 잔 초기화한다
        cc.charge(cup.price)        ◀── 커피 가격을 신용카드로 청구한다. 부수 효과!
        return cup                  ◀── 커피를 반환한다
    }
}
```

신용카드의 charge라는 메서드를 호출한다. 그로 인해 부수 효과가 생긴다. 그리고 cup을 buyCoffee 메서드를 호출한 쪽에 돌려준다.

cc.charge(cup.price)는 부수 효과의 예다. 신용카드를 청구하려면 외부 세계와 상호작용이 필요하다. 그 과정에서 웹 서비스를 통해 신용카드사에 요청해야 하며 (요청이 성공하면) 나중에 참고할 수 있도록 거래 기록을 영속화한다고 가정하자. 반면, 이런 모든 일은 외부에서 부수적으로 벌어지고 우리가 만든 함수는 단지 Coffee를 반환하기만 한다. 따라서

이런 경우를 부수 효과라는 용어로 부른다(다시 말하지만, 부수 효과에 대해서는 나중에 좀 더 형식적인[1] 정의를 내린다).

이 부수 효과로 인해 이 코드는 테스트하기 어렵고, 테스트가 진짜로 신용카드사에 접속해 비용을 청구하는 것은 바라지 않는다! 결국 테스트성이 부족하므로 설계를 한 가지 바꿔야 한다는 결정을 내릴 수밖에 없다. CreditCard는 신용카드사에 접속해 비용을 청구하는 방법을 알고 있어서는 안 되며, 내부 시스템에서 이 청구 기록을 어떻게 영속화하는지에 대해서도 알면 안 된다. CreditCard가 이런 관심사를 알지 못하게 하고, buyCoffee에 Payments 객체를 넘김으로써 이 코드를 좀 더 모듈화하고 테스트성을 향상시킬 수 있다.

---

**리스트 1.2 Payments 객체 추가**

```kotlin
class Cafe {
    fun buyCoffee(cc: CreditCard, p: Payments): Coffee {
        val cup = Coffee()
        p.charge(cc, cup.price)
        return cup
    }
}
```

p.charge(cc, cup.price)를 호출하면 여전히 부수 효과가 일어나지만, 이제 최소한 약간의 테스트성은 얻을 수 있다. Payments를 인터페이스로 선언할 수 있고, 이 인터페이스에 대해 테스트에 적합한 목mock 구현을 작성할 수 있다. 하지만 이렇게 해도 이상적이지는 않다. 구체적 클래스만으로도 충분할 수 있는데, 불필요하게 Payments를 인터페이스로 선언해야만 한다. 그리고 목 구현은 사용하기 좀 어색하다. 예를 들어 목 구현 안에는 buyCoffee를 호출한 후 살펴볼 수 있는 어떤 내부 상태가 들어 있을 수 있고, 테스트는 charge를 호출한 다음에 이 상태가 제대로 변경됐는지 검사해야 한다. 목 프레임워크나 유사한 프레임워크가 우리 대신 이런 세부 사항을 처리하게 할 수 있지만, buyCoffee가 커피 한 잔에 해당하는 비용을 제대로 청구하는지만 테스트하고 싶은데 이런 프레임워크까지 사용하는 것은 약

---

1  '형식적(formal)'과 '비형식적(informal)'은 수학 용어다. '형식적'이라는 말은 정해진 규칙에 따라 제한된 어휘를 사용해 엄격하고 정확하게 기술한다는 뜻이다. 이 책에서는 이 두 단어를 다른 말로 풀어서 적지 않고 '형식적/비형식적'이라는 말로 일관성 있게 번역한다. – 옮긴이

간 과잉인 것처럼 보인다.

테스트라는 관심사와 별도로 다른 문제도 존재한다. buyCoffee를 재사용하기가 어렵다는 점이다. 오현석이라는 고객이 커피를 12잔 주문하려 한다고 가정하자. 이상적인 경우, 아마도 루프에서 buyCoffee를 12번 호출하는 형태로 buyCoffee를 그냥 재사용할 수 있어야 한다. 하지만 현재 구현에 따르면, 이런 식으로 호출하면 신용카드사에 12번 연결해서 오현석의 신용카드로 커피 값을 12번 청구하게 된다! 이로 인해 수수료가 더 많이 들 수 있는데, 이는 오현석이나 커피숍 모두에게 좋지 않다.

그렇다면 어떻게 이를 처리할 수 있을까? 새로운 함수 buyCoffees를 새로 작성해 한꺼번에 청구하는 로직을 넣을 수 있을 것이다. 이 경우 buyCoffee의 로직이 아주 단순하기 때문에 그런 식으로 구현해도 큰 문제가 되지는 않는다. 하지만 경우에 따라서는 로직을 하나 더 만들어내는 일이 단순하지 않을 수 있고, 코드 재사용성과 합성성을 잃어버리고 마는 안타까움을 겪게 된다!

## 1.1.2 함수형 해법: 부수 효과 제거하기

함수형 해법은 부수 효과를 제거하고 그림 1.1처럼 buyCoffee가 Coffee와 함께 청구할 금액을 반환하게 하는 것이다. 신용카드사에 청구 금액을 보내서 처리하는 것이나 거래 내역을 영속화하는 등의 관심사는 다른 곳에서 처리할 수 있다.

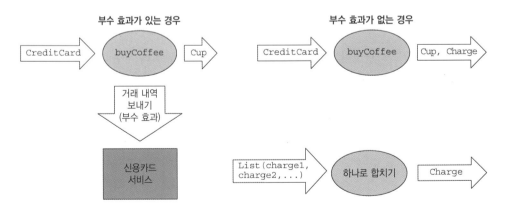

▲ **그림 1.1** buyCoffee를 부수 효과를 써서 호출하는 경우와 부수 효과 없이 호출하는 경우의 비교

다음은 코틀린으로 작성한 함수형 해법의 모습을 보여준다.

리스트 1.3 더 함수적인 커피 구입 접근 방법

```kotlin
class Cafe {
    fun buyCoffee(cc: CreditCard): Pair<Coffee, Charge> {
        val cup = Coffee()
        return Pair(cup, Charge(cc, cup.price))
    }
}
```

어떤 금액 청구를 만드는 관심사와 청구를 처리하거나 해석하는 관심사를 분리했다. buyCoffee 함수는 이제 Charge를 Coffee와 함께 값으로 반환한다. 여러 잔의 커피 주문을 한 번의 거래 내역에 묶어 청구하고 싶을 때 이런 변경이 어떻게 도움이 되는지는 잠시 후 살펴본다. 그렇다면 Charge는 무엇일까? Charge는 조금 전에 발명한 데이터 타입으로, CreditCard와 amount를 포함하며 같은 CreditCard에 대한 청구를 하나로 묶어줄 때 편리하게 쓸 수 있는 combine 함수를 제공한다.

리스트 1.4 데이터 타입인 Charge

```kotlin
data class Charge(val cc: CreditCard, val amount: Float) {   ◄── 생성자와 불변 필드가 있는 데이터 클래스 선언
    fun combine(other: Charge): Charge =
        if (cc == other.cc)   ◄── 같은 카드인지 검사함. 같은 카드가 아닌 경우 예외를 발생시킴
            Charge(cc, amount + other.amount)   ◄── 이 Charge와 다른 Charge의 금액을 합산한 새로운 Charge를 반환
        else throw Exception(
            "Cannot combine charges to different cards"
        )
}
```

같은 신용카드에 대한 청구를 하나로 묶음

이 데이터 타입은 CreditCard 타입의 값과 Float 타입의 값을 저장한다. 그리고 어떤 Charge 인스턴스를 다른 Charge 인스턴스와 합치는 편리 메서드<sup>handy method</sup>도 제공한다. 신용카드가 같지 않은 두 Charge를 묶으려고 시도하면 예외가 발생한다. 예외 발생은 이상적이지 않지만, 4장에서 오류 상황을 함수형으로 처리하는 접근 방법을 살펴본다.

이제 커피 n 잔을 구입하는 buyCoffees를 살펴보자. 예전과 달리 이제는 우리 바람대로 buyCoffee를 바탕으로 이 함수를 구현할 수 있다.

```
class Cafe {
    fun buyCoffee(cc: CreditCard): Pair<Coffee, Charge> = TODO()

    fun buyCoffees(
        cc: CreditCard,
        n: Int
    ): Pair<List<Coffee>, Charge> {

        val purchases: List<Pair<Coffee, Charge>> =
            List(n) { buyCoffee(cc) }    ◀── 자체적으로 초기화되는 리스트를 생성한다

        val (coffees, charges) = purchases.unzip()    ◀── Pair의 리스트를 두 리스트로 분리한다

        return Pair(
            coffees,
            charges.reduce { c1, c2 -> c1.combine(c2) }
        )    ◀── coffees를 한 Charge로 합친 출력을 생성한다
    }
}
```

이 예제는 CreditCard와 구매할 커피 잔 수를 표현하는 Int를 파라미터로 받는다. Coffee
들을 모두 성공적으로 구입한 다음, 이들을 List 데이터 타입에 넣는다. 리스트는 List(n) {
buyCoffee(cc) }라는 구문을 통해 초기화되는데, 여기서 n은 커피 잔 수이고 { buyCoffee(cc) }
는 리스트의 각 원소를 초기화하는 함수다.

그 후 unzip을 사용해 쌍$^{pair}$의 리스트를 별도의 두 리스트로 분해$^{destructure}$한다. 이때 두
리스트는 각각 Pair의 첫 번째와 두 번째 원소들이 모인 리스트다. 분해는 어떤 복잡한 데
이터 타입에서 값을 분리해내는 처리 과정을 말한다. 이제는 List<Coffee>인 coffees 리스
트와 List<Charge>인 charges가 남는다. 마지막 단계는 필요한 출력에 맞춰 새로 데이터를
구축하는 것이다. List<Coffee>와 리스트에 있는 모든 Coffee의 Charge들을 합성한 Charge를
묶은 Pair를 만듦으로써 이 작업을 수행한다. reduce는 고차 함수며, 2장에서 이를 적절히
설명한다.

### 구조 분해를 통해 값 추출하기

코틀린은 객체의 구조 분해를 허용한다(구조 분해를 분해(decomposition)나 추출(extraction)이라고도 한다). 대입식의 값들(등호의 좌변)이 식(등호의 우변)으로부터 추출될 때 분해가 일어난다. Pair를 left와 right 원소로 분해하고 싶은 경우 순서쌍에 들어 있는 값이 들어갈 변수 이름을 콤마로 분리해 나열하고 괄호, 즉 (와 )로 둘러싸면 된다.

```
val (left, right) = Pair(1, 2)
assert left == 1
assert right == 2
```

구조 분해 다음에 오는 코드에서는 분해한 값을 일반적인 코틀린 값과 마찬가지로 사용할 수 있다. 그리고 불필요한 값은 밑줄인 _를 써서 무시할 수 있다.

```
val (_, right) = Pair(1, 2)
```

Pair 타입만 구조 분해할 수 있는 것은 아니며, List나 모든 데이터 클래스 등과 같은 다양한 클래스에서 구조 분해가 가능하다.[2]

전체적으로 이 해법은 현저히 개선된 해법이다. 이제는 buyCoffees 함수를 정의할 때 직접 buyCoffee를 재사용할 수 있다. Payments 인터페이스에 대한 복잡한 목 구현을 정의하지 않아도 이 두 함수를 아주 쉽게 테스트할 수 있다! 사실 Cafe는 이제 Charge 값이 어떻게 처리되는지와는 무관하다. 물론 여전히 실제 금액을 청구하기 위해 Payments 클래스가 필요하지만, Cafe는 이에 대해 알 필요가 없다. Charge를 일급 시민 값first-class value으로 만들면 우리가 예상하지 못한 장점이 생긴다. 청구 금액을 처리하는 비즈니스 로직을 더 쉽게 조립할 수 있다는 장점이다. 예를 들어, 오현석이 커피숍에 노트북을 가져온 후 몇 시간 동안 일하면서 가끔 커피를 사 마셨다고 하자. 커피숍에서 오현석의 모든 주문을 하나로 묶어 청구

---

2   실제로는 클래스가 값을 반환하는 함수 operator fun componentN()을 오버라이딩하면 인스턴스를 구조 분해할 수 있다. 데이터 클래스는 컴파일러가 자동으로 생성자에 필드가 선언된 순서대로 componentN을 만들어주며, 리스트의 경우 component5()까지 정의돼 있다. 참고로 실험해본 결과, 사용자가 정의하는 경우 N에 제한은 없는 것 같아 보인다. 다만, 중간에 숫자를 빼먹어도 컴파일 시 오류가 발생하거나 경고해주지 않으므로 주의해야 한다. 구조 분해에 대해서는 코틀린 문서(https://kotlinlang.org/docs/destructuring-declarations.html)를 참고하라. - 옮긴이

할 수 있다면, 역시 신용카드 처리 비용을 줄일 수 있으므로 좋을 것이다. Charge가 일급 시민 값이므로 다음 확장 메서드를 List<Charge>에 추가해서 같은 카드에 청구하는 금액을 모두 합칠 수 있다.

**리스트 1.6 청구 금액 합치기**

```
fun List<Charge>.coalesce(): List<Charge> =
    this.groupBy { it.cc }.values
        .map { it.reduce { a, b -> a.combine(b) } }
```

지금 현재 알아야 하는 내용은 확장 메서드를 사용해 어떤 행동을 클래스에 추가할 수 있다는 것뿐이다. 여기서는 coalesce 함수를 List<Charge>에 추가한다. 이 메서드의 본문에 초점을 맞추자. groupBy, map, reduce 함수에 값으로 다른 함수를 넘기고 있다는 점을 상기하라. 아직 이런 코드를 읽을 수 없더라도, 앞으로 몇 장에 걸쳐 이런 한 줄짜리 함수를 많이 살펴보게 될 것이니 걱정하지는 말라. { it.cc }와 { a, b -> a.combine(b) }는 익명 함수anonymous function를 나타내는 구문으로, 다음 장에서 이에 대해 설명한다. 표기가 아주 간결하기 때문에 이런 코드를 읽기 어렵다고 느낄 수도 있다. 하지만 이 책을 진행하다 보면, 아주 빠르게 이와 같은 코틀린 코드를 작성하고 읽는 것이 제2의 천성처럼 느껴지게 될 것이다. 이 함수는 청구 금액의 리스트를 취해서 사용한 신용카드에 따라 그룹으로 나누고, 각 그룹의 청구 금액을 하나로 합쳐서 카드마다 하나씩 (합쳐진) 청구를 만들어낸다. 이 코드는 완전히 재사용이 가능하고 추가 목 객체나 인터페이스를 사용하지 않아도 테스트하기 쉽다. 같은 로직을 맨 처음에 본 buyCoffee 구현을 사용해 정의하는 경우를 상상해보라!

지금까지 살펴본 내용은 단지 FP가 제공한다고 주장하는 장점을 조금 맛본 것뿐이다. 그리고 여기서 살펴본 예제는 의도적으로 단순화한 예제다. 여기서 수행한 리팩터링이 자연스럽고, 뻔해 보이고, 특별할 것 없어 보이고, 실무에서 표준처럼 사용하는 것으로 느껴진다면 그것도 좋다. FP는 여러 사람이 좋은 생각이라고 하는 방식을 논리적인 한계까지 밀어붙여서, 해당 방식을 적용하기 쉬워 보이지 않는 부분에까지 적용한 것일 뿐이다. 이 책에서는 이런 FP의 방식을 일관성 있게 따르는 것이 어떤 심오한 결과를 낳고 얼마나 큰 이익을 가져다주는지를 배우게 된다. FP는 프로그램을 구성하는 방법을 모든 수준(가장 단순한 루프에서 고수준의 프로그램 아키텍처에 이르기까지)에서 정말로 과격하게 바꾸는 것이다. FP를 적용할 때 생겨나는 스타일은 상당히 어렵지만, 아주 아름답고 응집력이 높은 프로그래밍 방법이므로 (이 책을 통해 FP에 익숙해지고 나면) 여러분은 우리에게 감사하게 될지도 모른다.

---

**실제 세계에서는 어떻게 해야 할까?**

buyCoffee의 경우 Charge의 생성과 Charge의 처리나 해석을 분리할 수 있다는 점을 살펴봤다. 일반적으로는 부수 효과가 있는 모든 함수에 대해 이런 종류의 변환을 적용해서 부수 효과를 프로그램의 바깥 계층으로 빼내는 방법을 배울 것이다. 함수형 프로그래머들은 함수형 핵심의 밖을 부수 효과를 처리하는 얇은 계층으로 둘러싸는 방식으로 프로그램을 구현하는 것에 대해 종종 이야기한다.

그렇게 하더라도, 어느 시점에는 외부 세계에 대한 부수 효과를 실제로 사용해야만 한다. 여전히 어떤 외부 시스템이 Charge를 처리하도록 제출할 필요가 있다. 그리고 부수 효과나 상태 변이가 꼭 필요한 모든 다른 프로그램은 어떻게 할까? 이런 프로그램을 어떻게 작성할 수 있을까? 이 책으로 공부하다 보면 불가피한 부수 효과처럼 보이는 프로그램들 중 상당수에 대해 비슷한 함수형 해법이 있음을 알게 된다. 그렇지 않은 경우에는 효과가 발생하지만 관찰 가능(observable)하지 않도록 코드의 구조를 만드는 방법을 찾는다. 예를 들어 여러분은 함수 본문에 지역적으로 선언된 데이터가 그 함수 외부에서 참조되지 않는 한, 그 데이터를 변화시킬 수 있다. 또는 외부 함수에서 파일에 데이터를 썼다는 사실을 발견하지 못하는 한, 내부 함수에서 파일에 데이터를 기록할 수 있다. 이런 시나리오들은 완전히 받아들일 수 있는 시나리오들이다.

---

## 1.2 정확히 (순수) 함수란 무엇인가?

앞에서 FP가 순수 함수를 사용해 프로그래밍하는 것이라고 말했고, 순수 함수는 부수 효과가 없다고 말했다. 우리는 부수 효과와 순수성에 대해 비형식적인 개념을 사용해 커피숍 예제를 진행했다. 여기서는 이 개념을 형식화해서 함수형으로 프로그램을 작성하는 것이 어떤 의미인지를 더 정확하게 집어내려고 한다. 이를 통해 FP의 한 가지 장점에 대해 더 많은 직관을 얻을 수 있다. 그 장점은 바로 순수 함수에 대해 더 추론하기가 쉽다는 것이다.

입력 타입이 A이고 출력 타입이 B인 어떤 함수 f(코틀린에서는 (A) -> B라는 타입으로 이런 함수 타입을 표현하며, 영어로 'A to B'라고 읽는다)는 A 타입의 모든 값 a를 B 타입의 값 중 하나인 b와 관계 맺어주는 계산을 뜻한다. 여기서 b 값은 a 값에 의해서만 결정된다. f(a)의 결과를 계산할 때 외부나 내부 처리 상태의 변경은 영향을 끼치지 못한다. 예를 들어 intToString 함수의 타입은 (Int) -> String이며, 모든 정수를 그에 대한 문자열로 대응시켜준다. 더 나아가 이 intToString이 정말 함수라면, 다른 일을 전혀 하지 않을 것이다(그림 1.2).

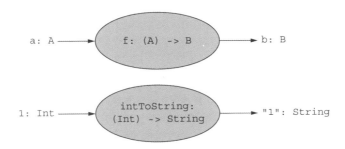

▲ **그림 1.2** 순수 함수는 그 함수가 기술하는 일만 하고 다른 부수 효과는 없다.

다른 말로, 어떤 함수가 주어진 입력으로부터 결과를 계산하는 것 외에 다른 어떤 관찰 가능한 효과가 없다면 이 함수에 아무런 부수 효과가 없다고 말한다. 더 명확히 말하기 위해 이런 함수를 순수 함수라고 한다. 하지만 순수 함수라는 표현은 다소 불필요한 표현이다. 다른 언급이 없다면 함수라는 단어는 부수 효과가 없다는 사실을 암시한다(부수 효과가 있는 파라미터를 받는 코드 덩어리를 프로시저procedure라고 부르곤 한다).

사실 여러분은 이미 수많은 순수 함수를 알고 있을 것이다. 덧셈 연산자(+)를 생각해보라. 모든 정수에 대해 이 연산자는 plus라는 함수로 해석된다. plus 함수는 정수 값을 받고 다른 정수 값을 반환한다. 두 정수가 주어지면 plus는 항상 같은 정수 값을 반환한다. 다른 예로는 문자열을 변경할 수 없는(즉, 문자열이 불변 문자열인) 자바나 코틀린, 또는 다른 여러 언어에 있는 String의 length 함수가 있다. 주어진 문자열에 대해 항상 같은 길이가 반환되며, 다른 일은 발생하지 않는다.

순수 함수에 대한 개념을 참조 투명성RT, Referential Transparency이라는 개념을 사용해 형식화할 수 있다. 참조 투명성은 식의 일반적인 특성으로 꼭 함수에만 국한되지 않는다. 어떤 식이 프로그램의 일부분이며, 결과로 평가될 수 있다고 하자. 코틀린 인터프리터에 타이핑해 넣어서 결괏값을 얻을 수 있는 모든 것은 식이다. 예를 들어 2 + 3은 순수 함수 plus를 2와 3에 적용하는 식이다(2와 3도 식이다). 이 식에는 아무 부수 효과가 없다. 이 식을 평가한 결과는 언제나 5라는 똑같은 값이다. 실제로 프로그램에서 2 + 3을 볼 때마다 이 식을 5로 치환할 수 있다. 그리고 그렇게 해도 프로그램의 의미가 전혀 바뀌지 않는다.

이는 어떤 식이 참조 투명하다는 말이 지닌 뜻의 전부다. 어떤 프로그램에서 프로그램의 의미를 변경하지 않으면서 식을 그 결괏값으로 치환할 수 있다면, 이 식은 참조 투명한 식이다. 그리고 어떤 함수를 참조 투명한 인자를 사용해 호출한 결과가 참조 투명하다면 이 함수도 참조 투명하다. 몇 가지 예제를 나중에 살펴볼 것이다.

> **참조 투명성과 순수성**
>
> 어떤 식 e가 있는데, 모든 프로그램 p에 대해 p 안의 e를 e를 평가한 결과로 치환해도 p의 의미에 영향을 끼치지 않으면 e가 참조 투명하다고 한다. 모든 참조 투명한 x에 대해 어떤 함수 f가 있어서 식 f(x)가 참조 투명하다면 함수 f도 참조 투명하다.

## 1.3 참조 투명성, 순수성, 치환 모델

참조 투명성 정의를 원래의 buyCoffee 예제에 어떻게 적용할 수 있는지 살펴보자.

```
fun buyCoffee(cc: CreditCard): Coffee {
    val cup = Coffee()
    cc.charge(cup.price)
    return cup
}
```

buyCoffee는 cc.charge(cup.price)의 반환 타입(반환 타입이 Unit이어서 무시하는 게 당연하기는 하지만 말이다)과 관계없이 이 함수 호출의 반환값을 무시한다. 따라서 buyCoffee(alice CreditCard)를 평가한 결과는 그냥 cup이고, 이 값은 Coffee()와 같다. 우리가 배운 참조 투명성 정의에 따르면, buyCoffee()가 순수 함수가 되기 위해서는 p가 무엇이든 관계없이 p(buyCoffee(aliceCreditCard))가 p(Coffee())와 똑같이 작동해야 한다. 하지만 이 코드에서는 분명히 이런 관계가 성립하지 않는다. Coffee()라는 프로그램은 아무 일도 하지 않지만 buyCoffee(aliceCreditCard)는 신용카드사를 통해 커피 값을 청구한다. 벌써 이 두 프로그램 사이에 차이가 있음을 알 수 있다.

참조 투명성은 함수가 수행하는 모든 일이 함수의 반환값에 의해 표현돼야 한다는 사실을 강제한다. 이런 제약을 도입하면 치환 모델$^{substitution\ model}$을 통해 자연스럽고 단순하게 프로그램 평가에 대한 추론이 가능해진다. 식이 참조 투명하면 계산 과정이 대수 방정식을 풀 때와 마찬가지로 진행된다고 생각할 수 있다. 우리는 방정식의 각 부분을 완전히 전개시킨 후, 모든 변수를 그 변수가 가리키는 대상으로 치환하고, 다시 가장 단순한 형태로 묶는다(축약한다). 각 단계에서는 어떤 항을 그와 동등한 다른 항으로 대치한다. 계산은 어떤 식을 그와 동등한 값의 다른 식으로 치환하는 과정으로 이뤄진다. 다른 말로 참조 투명성은 프로그램에 대해 등치 관계를 사용한 추론을 가능하게 해준다.

두 가지 예제를 더 살펴보자. 한 예제는 모든 식이 참조 투명하기 때문에 치환 모델로 추론할 수 있지만, 다른 예제는 참조 투명성을 위배하는 식을 사용한다. 여기서 복잡한 내용은 없다. 그냥 여러분이 이미 이해하고 있을 법한 내용을 그냥 좀 더 형식화할 뿐이다.

다음을 코틀린 인터프리터에서 시험해보자. 코틀린 인터프리터를 읽기$^{Read}$_평가$^{Eval}$_출력$^{Print}$_루프$^{Loop}$의 각 두문자를 따서 REPL이라고 부르기도 한다(REPL은 흔히 '레플'이라고 읽는다). 자바와 코틀린에서 문자열은 불변이기 때문에 문자열을 '변경'한 문자열은 실제로는 새로운 문자열이며, 기존 문자열은 원래대로 남는다.

```
>>> val x = "Hello, World"
res1: kotlin.String = Hello, World

>>> val r1 = x.reversed()
res2: kotlin.String = dlroW ,olleH

>>> val r2 = x.reversed()
res3: kotlin.String = dlroW ,olleH
```

r1과 r2가 같은 값으로 평가된다

이 식에서 x가 등장하는 부분을 x가 가리키는 식(즉, x의 정의)으로 바꿔치기하면 다음과 같다.

```
>>> val r1 = "Hello, World".reversed()
res4: kotlin.String = dlroW ,olleH

>>> val r2 = "Hello, World".reversed()
res5: kotlin.String = dlroW ,olleH
```

r1과 r2가 같은
값으로 평가된다

이런 변환은 출력에 아무 영향을 끼치지 않는다. x가 참조 투명하기 때문에 r1과 r2의 값은 예전과 같다. 더 나아가 r1과 r2도 참조 투명하다. 이 두 변수가 더 큰 프로그램에 나타난다면, 이들이 등장하는 모든 부분을 다시 각각의 정의에 있는 식으로 치환해도 프로그램의 결과에는 아무 영향이 없다.

이제 참조 투명하지 않은 함수를 살펴보자. java.lang.StringBuilder 클래스에 정의된 append 함수를 생각해보자. 이 함수는 StringBuilder에 작용하며 객체 내부를 변화시킨다. append가 호출될 때마다 StringBuilder의 이전 상태가 파괴된다. 다음 예제를 시도해보자(그림 1.3 참고).

```
>>> val x = StringBuilder("Hello")
res6: kotlin.text.StringBuilder /* = java.lang.StringBuilder */ = Hello

>>> val y = x.append(", World")
res7: java.lang.StringBuilder! = Hello, World

>>> val r1 = y.toString()
res8: kotlin.String = Hello, World

>>> val r2 = y.toString()
res9: kotlin.String = Hello, World
```

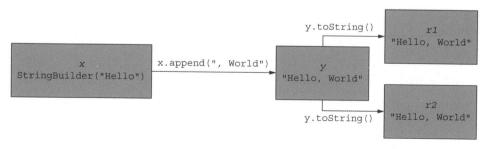

▲ **그림 1.3** StringBuilder에 대해 toString()을 여러 번 호출해도 항상 똑같은 결과를 얻는다.

지금까지는 아주 좋다. 이제 어떻게 이런 부수 효과가 참조 투명성을 깨는지 살펴보자. 예전 예제에서 변수를 정의로 치환했던 것처럼, y를 모두 append 호출로 치환해보자(그림 1.4 참고).

```
>>> val x = StringBuilder("Hello")
res10: kotlin.text.StringBuilder /* = java.lang.StringBuilder */ = Hello

>>> val r1 = x.append(", World").toString()
res11: kotlin.String = Hello, World

>>> val r2 = x.append(", World").toString()
res12: kotlin.String = Hello, World, World
```

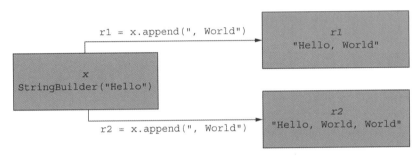

▲ **그림 1.4** StringBuilder에 대해 toString()을 여러 번 호출하면 결코 같은 결과가 생기지 않는다.

이런 코드 변환은 다른 결과를 낳으며, StringBuilder.append는 순수 함수가 아니라고 결론을 내릴 수 있다. 여기서 r1과 r2는 같은 식처럼 보이지만, 실제로는 같은 StringBuilder 객체의 다른 두 값(두 가지 상태)을 가리킨다. x.append라는 호출이 두 번째로 이뤄지는 시점은 첫 번째 호출이 이미 x가 가리키는 객체를 변경한 다음이다. 이 코드가 복잡해 보인다면, 정말로 이 코드가 복잡하기 때문이다! 부수 효과가 있으면 프로그램의 동작에 대해 추론하기가 훨씬 더 어려워진다.

반대로 치환 모델은 평가의 효과가 어느 지역(어떤 식을 평가하면 그 평가가 해당 식에만 영향을 끼침)에 한정되기 때문에 추론하기가 훨씬 쉽다. 어떤 코드 블록을 이해하기 위해 머릿속으로 상태가 변화하는 순서를 시뮬레이션할 필요는 없다. 코드를 이해하기 위해 지역적 추론<sup>local reasoning</sup>만으로 충분하다. 사용하는 함수가 어떤 일을 하는지 이해하기 위해 함수 실행 이전이나 이후에 일어날 수 있는 상태 변경을 머릿속으로 추적할 필요는 없다. 그 대신에 그냥 함수 정의를 살펴보고 함수 본문에 있는 모든 함수 파라미터를 대응하는 함수 인자로 치환하기만 하면 된다. '치환 모델'이라는 용어를 쓴 적이 없는 독자라도 코드에 대해 추론할 때 이런 추론 방법을 사용해본 경험이 반드시 있을 것이다.

순수성 개념을 이런 식으로 형식화하면 함수형 프로그래밍이 더 모듈적인 이유에 대해 감을 잡을 수 있다. 모듈적인 프로그램은 프로그램 전체와 별개로 각 부분을 나눠서 이해하고 재사용할 수 있는 구성 요소로 이뤄진다. 모듈적인 프로그램에서는 전체 프로그램의 의미가 각 구성 요소의 의미와 각 구성 요소를 합성하는 법칙에만 의존한다. 즉, 구성 요소들을 서로 합성 가능<sup>composable</sup>하다. 순수 함수는 모듈적이며 합성적이다. 순수 함수는 '결과를 어떻게 처리할까?'나 '입력을 어떻게 얻을까?'라는 질문과 계산 로직을 분리해주기 때문이다. 순수 함수는 블랙박스다. 순수 함수에서 입력은 오직 한 가지 방법, 즉 함수에 (호출 시) 전달되는 인자를 통해서만 얻어진다. 순수 함수에서 출력은 계산된 결과를 반환하는 것으로만 이뤄진다. 입력과 출력에 대한 관심을 별도로 분리함으로써 계산 로직을 더 잘 재사용할 수 있다. 즉, 계산 로직을 둘러싼 환경('문맥'이나 '맥락'이라고도 함)에 생기는 부수 효과에 전혀 신경 쓰지 않고 계산 로직을 재사용할 수 있다. 이런 예는 buyCoffee 예제에서 이미 살펴봤다. 출력에 수행하는 지불 처리라는 부수 효과를 없앰으로써 함수의 로직을 테스트나 이후의 합성(buyCoffees나 coalesce를 작성할 때처럼)에 더 쉽게 사용할 수 있게 됐다.

## 1.4  앞으로 살펴볼 내용

이번 장을 통해 함수형 프로그래밍이 무엇인지 미리 맛볼 수 있었다. 다음 장에서는 고차 함수를 다루고 함수형 루프, 다형성 함수, 익명 함수 전달 등의 내용을 살펴본다.

이 책이 함수형 프로그래밍의 제일 원리<sup>first principle</sup>(수학의 공리처럼 다른 모든 것을 쌓아올리기 위한 기본 토대가 되고 다른 가정 등으로부터 유도될 수 없는 기본 원리)부터 배우길 원하는 개발자를 위한 책이라는 사실을 여기서 한 번 더 말해야겠다. 이 책의 초점은 범용 언어를 통해 객체지향과 명령형 프로그래밍을 잘 이해하고 있는 독자들, 특히 코틀린을 이전에 경험해본 사람들에게 맞춰져 있다. 이 책은 코틀린에 대해 설명하는 책이 아니라 함수형 프로그래밍에 대한 책이며 함수형 프로그래밍 개념을 묘사하기 위해 코틀린을 사용한다는 사실을 또 다시 강조하고 싶다. 여러분은 이 책을 통해 앞으로 작성할 코틀린 코드에서 함수형 프로그래밍 기법과 설계 원칙을 훨씬 더 잘 적용할 수 있게 될 것이다.

그리고 이 책은 도전적이므로 모든 내용을 마치려면 상당한 노력을 부지런히 기울여야 한다는 점을 일러두고 싶다. 실제로 코드를 작성하면서 배우는 접근 방법을 택하고 있으며, 각 장에는 설명한 내용을 이해하고 내재화할 때 도움이 될 연습문제가 들어 있다. 연습문제는 이전의 다른 연습문제를 바탕으로 구성돼 있으므로, 다음 절로 진행하기 전에 이전 절에서 다룬 연습문제를 반드시 풀어야 한다.

이 책을 철저히 따라 한 독자는 코딩을 할 때 사용할 수 있는 여러 가지 새로운 기법과 기술을 배우게 된다. 이런 기법은 다음과 같다.

- 함수형 스타일로 코드를 작성하는 방법
- 여러 데이터 구조를 다루는 방법
- 오류를 함수적으로 처리하는 방법
- 지연 계산을 사용하는 방법과 순수 함수적인 상태를 처리하는 방법
- 병렬성, 속성 기반 테스트, 파서 콤비네이터 라이브러리에 함수형 설계를 적용하는 방법
- 모노이드, 모나드, 적용 가능 펑터와 순회 가능 펑터를 이해하고 사용함
- 외부 효과, 지역 효과, 상태 변이, 스트림 처리, 증분형 IO 등의 고급 기능을 자신 있게 다루는 방법

## 요약

- 함수형 프로그래밍은 코드 모듈성을 높여준다.
- 순수 함수로 인해 얻어지는 모듈성은 테스트 가능성, 코드 재사용, 병렬성, 일반화 가능성 등을 더 향상시켜준다.

- 모듈적인 함수형 코드에 대해 추론하기가 더 쉽다.
- 함수형 프로그래밍은 온전히 순수 함수만 사용하는 방향으로 우리를 이끌어준다.
- 순수 함수는 부수 효과가 없는 함수라고 정의할 수 있다.
- 부수 효과가 있는 함수는 결과를 반환하는 일 외에 다른 일을 하는 함수다.
- 함수가 하는 일이 그 함수의 반환값만으로 표현될 수 있을 때 이런 함수를 '참조 투명하다'라고 말한다.
- 치환 모델을 사용하면 함수의 참조 투명성을 증명할 수 있다.

# 2

# 코틀린으로
# 함수형 프로그래밍 시작하기

**2장에서 다루는 내용**

- 파라미터로 받은 함수를 다른 함수에 전달하는 고차 함수를 정의한다.
- 재귀를 사용해 루프를 함수적으로 작성한다.
- 고차 함수를 추상화해 다형적으로 만든다.
- 익명 함수를 사용해 고차 함수를 호출한다.
- 다형적인 함수를 구현하기 위해 타입을 분석한다.

1장에서는 순수 함수만 사용하기로 결심했다. 그런 결심을 하고 나면 어떻게 해야 순수 함수만으로 프로그램을 작성할 수 있는가 하는 의문이 자연스럽게 떠오른다. 아주 단순한 프로그램일지라도 말이다. 대부분의 사람들은 순차적으로 실행되는 부수 효과를 야기하는 명령어들로 프로그램을 생각하는 데 익숙하다. 이번 장에서는 순수 함수를 조합해 코틀린 언어로 프로그램을 작성하는 방법을 배우기 시작한다.

이번 장에서는 함수형 프로그램을 작성하는 몇 가지 기본 기법을 소개한다. 꼬리 재귀 함수를 사용해 루프를 작성하는 방법에 대해 논의하고, 고차 함수<sup>HOF, High Order Function</sup>를 설명한다. 고차 함수란 다른 함수를 인자로 받고 출력으로 함수를 반환할 수 있는 함수를 말한다. 다형적인 고차 함수의 예제도 몇 가지 살펴본다. 각 예제는 타입이 다형적 고차 함수 구현 방법을 안내해줄 수 있음을 보여준다.

이번 장에서는 새로 다룰 내용이 아주 많다. 그중 고차 함수와 관련 있는 몇몇 주제는 함수를 파라미터로 전달할 수 있는 기능[1]을 제공하는 언어를 사용해본 경험이 없는 독자에게는 아주 이해하기 어려운 것일 수도 있다. 하지만 이번 장에 나온 모든 개념을 내재화하거나 모든 연습문제를 풀 필요는 없다는 점을 기억하라. 이 책의 뒷부분에서 각 개념에 대해 다른 각도에서 접근하므로 이번 장의 목표는 여러분이 각각의 개념을 맛보게 하는 것뿐이다.

## 2.1 고차 함수: 함수를 함수에 넘기기

함수형 프로그램을 작성할 때 기본이 되는 몇 가지 주제를 바로 살펴보자. 여러분에게 새로울 첫 번째 개념은 바로 함수도 값이며 다른 타입(정수, 문자열, 리스트 등)의 값과 마찬가지로 함수를 변수에 대입하거나 데이터 구조에 저장하거나 함수의 인자로 넘길 수 있다는 점이다.

순수 함수형 프로그램을 작성할 때는 종종 다른 함수를 인자로 받는 함수를 작성하는 게 유용하다는 사실을 깨달을 때가 있다. 이런 함수를 고차 함수라고 한다. 이제부터 고차 함수 개념을 보여주는 몇 가지 예제를 살펴본다. 이번 장의 뒷부분에서는 고차 함수가 얼마나 유용한지와 함수형 프로그래밍 스타일 곳곳에 얼마나 많이 녹아들어 있는지를 살펴본다. 첫 번째 예제로 어떤 수의 절댓값과 다른 수의 계승(팩토리얼factorial)을 출력하는 프로그램을 원한다고 하자. 다음은 이 프로그램을 실행한 결과를 보여준다.

```
The absolute value of -42 is 42
The factorial of 7 is 5040
```

---

1   전통적인 명령형 언어를 예로 들때 보통 C나 C++를 생각하게 된다. C++에서는 operator()를 오버로딩하면 호출 가능한 객체를 만들 수 있고 템플릿 프로그래밍을 통해 상당한 수준의 제네릭 타입 추상화가 가능하며 람다도 도입됐기 때문에 C++는 이미 충분히 함수형 프로그래밍이 가능한 언어다. 반면 C를 아는 독자라면 C에서 함수 포인터가 비슷한 역할을 할 수 있다고 생각할 수도 있겠지만, 결정적으로 C는 나중에 다룰 클로저 기능을 지원하지 않는다. 이런 경우 함수 포인터는 이 책에서 함수를 함수에 파라미터로 전달하는 수단이기는 하지만 함수형 프로그래밍에 필요한 완전한 기능을 제공하지는 못한다고 말할 수 있다. - 옮긴이

절댓값을 출력하고 계산하는 코드는 쉽다. 절댓값 부분만 완성한 코드는 다음과 같다.

```
object Example {

    private fun abs(n: Int): Int =
            if (n < 0) -n
            else n

    fun formatAbs(x: Int): String {
        val msg = "The absolute value of %d is %d"
        return msg.format(x, abs(x))
    }
}

fun main() {
    println(Example.formatAbs(-42))
}
```

계승 계산은 인덱스 변수를 변이시키면서 루프를 사용해야 하는데, 순수 함수에서는 변이를 사용할 수 없다. 따라서 먼저 루프를 함수로 작성하는 방법을 살펴봐야 한다.

## 2.1.1 잠시 돌아가기: 루프를 함수적으로 작성하는 방법

고차 함수의 능력을 보여주기 위해 기존 프로그램을 적용하고 싶다면 새로운 동작을 도입해야 한다. $n$의 계승을 계산하는 새 함수를 추가함으로써 새 동작을 도입한다. 이 단순한 함수를 작성하려면 먼저 루프를 순수 함수로 작성하는 방법을 잠시 살펴봐야 한다. 재귀recursion를 통해 순수 함수로 루프를 작성할 수 있다.

리스트 2.1 factorial 함수

```
fun factorial(i: Int): Int {
    fun go(n: Int, acc: Int): Int =        ◀── 내부 또는 지역 함수 정의
        if (n <= 0) acc
        else go(n - 1, n * acc)
    return go(i, 1)        ◀── 정의한 지역 함수를 호출함
}
```

|**노트**| 어떤 함수의 본문에서만 사용할 수 있는 지역 함수를 작성하는 경우가 자주 있다. 함수형 프로그램에서는 지역 정수나 지역 문자열 변수를 정의하는 것보다 지역 함수를 정의하는 게 더 이상하다고 간주해서는 안 된다.

변수를 변이시키지 않고 루프를 함수적으로 작성하기 위해 재귀 함수를 사용한다. 리스트 2.1에서는 factorial 함수 본문 안에 재귀적인 도우미 함수를 작성한다. 전형적인 경우, 이런 도우미 함수는 바깥쪽 함수와 다른 시그니처로 누적값 파라미터 등을 포함하면서 재귀 호출을 처리하기 마련이다. 관례적으로 이런 도우미 함수의 이름을 go나 loop라고 부르곤 한다. 코틀린에서는 다른 함수 정의의 내부에 있는 블록을 포함하는 모든 블록 안에서 함수를 정의할 수 있다. go 함수는 지역 함수이므로 지역 변수와 마찬가지로 factorial 함수의 본문 영역에서만 참조할 수 있다. 결국 factorial의 정의는 루프의 초기 조건을 지정해서 go 함수를 호출하는 코드로 이뤄진다.

go의 인자가 루프의 상태가 된다. 여기서 루프의 상태는 더 처리해야 할 값인 n과 지금까지 누적된 계승 값인 acc로 이뤄진다. 루프의 다음 이터레이션$^{iteration}$을 진행하려면 새 루프 상태를 지정해 go 함수를 재귀 호출하면 된다(여기서는 go(n-1, n*acc)이다). 루프를 종료시키려면 재귀 호출을 하지 않고 값을 반환한다(여기서는 n <= 0일 때 acc를 반환한다).

코틀린은 이런 식의 (루프로 표현할 수 있는) 재귀를 수동으로 감지하지는 않지만 함수 앞에 tailrec 변경자를 붙이도록 요구한다. tailrec이 붙은 경우 컴파일러는 재귀 호출이 꼬리 위치$^{tail\ position}$인 경우에 한해 while 루프로 작성했을 때와 같은 종류의 바이트 코드를 토해낸다. (코틀린에서는 while 루프를 손으로 작성할 수도 있지만, 꼭 필요한 경우도 드물고 합성에 사용하기 쉬운 스타일도 아니므로 루프를 나쁜 것으로 간주한다.) 기술적인 세부 사항을 알고 싶다면 '코틀린의 꼬리 호출' 박스 설명을 살펴보라. 기본적인 아이디어는 재귀 호출에서 반환된 다음에 수행해야 하는 추가 작업이 없는 경우에만 이런 최적화(꼬리 호출 제거$^{tail\ call\ elimination}$)를 적용할 수 있다는 것이다.

| **노트** | 여기서는 최적화라는 용어가 적합하지 않다. 최적화는 보통 비본질적인 성능 향상을 뜻하는데, 루프를 작성하기 위해 꼬리 호출을 사용하는 것은 보통 꼬리 호출이 이터레이션될 때마다 스택프레임을 소비하지 않는 반복적인 루프로 컴파일된다는 사실에 의존하려는 의도이기 때문이다(이터레이션마다 스택 프레임을 소비하면 큰 입력에 대해 StackOverflowError가 발생한다).

### 코틀린의 꼬리 호출

재귀적인 함수 호출을 하는 호출자가 재귀 함수 호출이 반환값을 즉시 호출하기만 하고 다른 아무 일도 하지 않을 때 이 재귀 호출이 꼬리 위치에 있다고 말한다. 예를 들어 앞에서 본 go(n-1, n*acc)라는 재귀 호출에서는 호출 결과를 직접 반환하고 호출 결과에 대해 다른 어떤 일도 하지 않으므로 꼬리 위치에 있다. 반면에 1 + go(n-1, n*acc)라는 식이 있다면 go 호출이 더 이상 꼬리 호출 위치에 있지 않게 된다. 재귀적으로 go 함수를 호출한 결과에 대해 추가로 해야 할 일(1을 더하는 계산)이 있기 때문이다.

어떤 함수의 모든 재귀 호출이 꼬리 위치에 있고 함수 앞에 tailrec 변경자가 붙어 있으면 코틀린 컴파일러는 재귀를 이터레이션 시 호출 스택을 소비하지 않는 반복적인 루프로 컴파일한다.

```
fun factorial(i: Int): Int {
    tailrec fun go(n: Int, acc: Int): Int =     ◀──  tailrec 변경자는 꼬리 호출을
        if (n <= 0) acc                               제거하라고 컴파일러에 명령한다.
        else go(n - 1, n * acc)     ◀──  이 함수의 마지막 재귀 호출이
    return go(i, 1)                       꼬리 위치에 있다.
}
```

재귀 함수의 모든 재귀 호출이 꼬리 위치에 있지만 자기 자신을 tailrec이라고 표시하지 않으면 컴파일러가 꼬리 호출을 최적화하지 않으므로 StackOverflowError가 던져질 수 있다.

재귀 호출이 꼬리 위치가 아닌 재귀 함수의 앞에 tailrec을 붙이면 컴파일러가 경고를 표시한다.

```
Warning:(19, 9) Kotlin: A function is marked as tail-recursive
but no tail calls are found
```

경고라도 표시해주는 게 아무것도 보여주지 않는 것보다 낫지만, 이 경우에는 컴파일 오류를 내는 편이 훨씬 더 유용하고 안전했을 것이다.

$n$번째 피보나치 수$^{Fibonacci\ number}$(https://www.britannica.com/science/Fibonacci-number)를 얻기 위한 재귀 함수를 작성하라. 처음 두 피보나치 수는 0과 1이다. $n$번째 피보나치 수는 자신 바로 앞의 두 피보나치 수의 합이다. 피보나치 수열은 0, 1, 1, 2, 3, 5, 8, 13, 21 등이다. 여러분의 함수 정의는 지역적인 꼬리 재귀 함수를 사용해야만 한다.

```
fun fib(i: Int): Int =

    SOLUTION_HERE()
```

|**노트**| 이 책에서는 여러분이 코드를 집어넣어야 하는 부분에 SOLUTION_HERE()라는 표시가 있는 것을 볼 수 있다. 이 함수는 코틀린에서 앞으로 작성해야 할 부분을 표시하기 위해 사용하는 내장 함수인 TODO() 함수의 별명일 뿐이다. 계산 과정에서 이 함수는 NotImplementedError를 던진다. 이런 식으로 구현이 되지 않은 코드는 항상 컴파일되지만 프로그램을 평가하자마자 예외를 던진다. 이런 함수는 빌드를 깨거나 컴파일에 영향을 끼치지 않으면서 나중에 주의를 환기시켜주는 메모를 작성하는 코드에 남길 때 도움이 되는 방법을 제공한다.

## 2.1.2 첫 번째 고차 함수 작성하기

지금까지 작성한 코드들은 모두 어떤 구체적인 목적을 위한 코드였다. 어떻게 해야 다양한 시나리오에 적용할 수 있는 코드를 작성할 수 있을까? 이번 절에서는 새로운 요구 사항을 대략적으로 정의한 후, 고차 함수로 이뤄진 함수형 해법에 도달할 때까지 설계를 점진적으로 개선해나가는 반복적인 접근 방법을 따를 것이다.

이제 $n$번째 계승을 계산하는 factorial이라는 함수가 있으므로, 2.1절 맨 앞에서 본 절댓값 출력을 표시하는 코드에 이 계승 함수를 도입할 수 있다. abs와 formatAbs의 관계와 마찬가지로 formatFactorial을 더 만들자. 그림 2.1은 기존 코드가 main에서 formatAbs를 호출했던 것처럼 새로 추가한 formatFactorial을 호출한다는 사실을 보여준다.

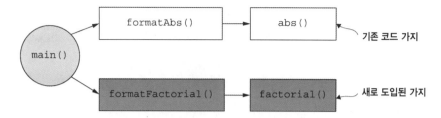

▲ **그림 2.1** 계승과 관련된 함수를 추가함으로써 프로그램에 새로운 동작을 도입함

```kotlin
object Example {

    private fun abs(n: Int): Int =
        if (n < 0) -n
        else n

    private fun factorial(i: Int): Int {      ◀── 계승 함수를 추가하면서 private으로 마크함
        fun go(n: Int, acc: Int): Int =
            if (n <= 0) acc
            else go(n - 1, n * acc)
        return go(i, 1)
    }

    fun formatAbs(x: Int): String {
        val msg = "The absolute value of %d is %d"
        return msg.format(x, abs(x))
    }

    fun formatFactorial(x: Int): String {       ◀── formatFactorial 함수를 추가한다.
        val msg = "The factorial of %d is %d"        디폴트는 public임
        return msg.format(x, factorial(x))
    }
}

fun main() {
    println(Example.formatAbs(-42))
    println(Example.formatFactorial(7))    ◀── main 메서드에서 formatFactorial을 호출
}
```

두 함수 formatAbs, formatFactorial은 거의 같다. 원한다면 이 두 함수를 일반화해서 formatResult로 만들 수 있다. 이 함수는 인자로 받은 값에게 적용할 함수를 파라미터로 받는다.

```
fun formatResult(name: String, n: Int, f: (Int) -> Int): String {
    val msg = "The %s of %d is %d."
    return msg.format(name, n, f(n))
}
```

formatResult 함수는 f라는 이름의 다른 함수를 파라미터로 받는 고차 함수다('변수 명명 관습' 박스 설명을 살펴보라). 다른 파라미터와 마찬가지로 f에 대해서도 타입을 지정한다. 타입은 (Int) -> Int로, f가 정수를 인자로 받고 정수를 반환하는 함수라는 뜻이다(->는 화살표나 '투to'라고 읽는 경우가 많다).

---

**변수 명명 관습**

고차 함수의 (특히 함수) 파라미터로 f, g, h 같은 이름을 쓰는 게 표준 관습이다. 함수형 프로그래밍에서는 심지어 한 글자로 이뤄질 정도로 짧은 이름을 사용하는 경향이 있다. 고차 함수가 너무 일반적이어서 함수 본문의 제한된 문맥 안에서 이들(함수 파라미터)이 어떤 역할을 할지 알아보기 어렵기 때문이다. 함수형 프로그래머가 인자에 대해 알 수 있는 것은 타입뿐이다. 함수형 프로그래머 상당수는 짧은 이름을 쓸 때 한눈에 코드 구조를 쉽게 알아볼 수 있으므로 코드 가독성을 높일 수 있다고 생각한다.

---

앞에서 본 abs 함수는 (Int) -> Int와 타입이 일치한다. 즉, abs는 Int를 인자로 받고 Int를 반환한다. 비슷하게 factorial도 Int를 받아서 Int를 반환한다. 이 말은 factorial의 타입도 (Int) -> Int 타입이라는 뜻이다. 따라서 다음 main 메서드에서 한 것처럼 abs나 factorial을 formatResult의 f 인자로 넘길 수 있다.

```
fun main() {
    println(formatResult("factorial", 7, ::factorial))
    println(formatResult("absolute value", -42, ::abs))
}
```

네임스페이스 접두사namespace prefix ::을 추가해서 factorial과 abs 함수를 참조했다. '함수를 값으로 다루기' 박스 설명에서 함수 참조의 네임스페이스를 지정하거나 참조하는 방법을 더 설명한다.

---

**함수를 값으로 다루기**

코틀린은 함수 파라미터를 전달하는 몇 가지 방법을 제공한다. 그중 일부는 함수를 참조로 넘기는 방법이며, 나머지는 함수를 익명으로 넘기는 방법이다. 자바 8 이상에서 함수형 프로그래밍을 시도해본 독자라면 두 유형 모두 익숙할 것이다.

첫 번째 접근 방법은 기존 함수 선언에 대한 호출 가능 참조(callable reference)를 전달하는 방법이다. 이 경우 같은 객체 내에서는 this::abs(또는 this를 생략하고 ::abs로 간단하게 표기함)를 통해 함수에 대해 네임스페이스가 지정된 참조를 전달할 수 있다. 멤버 함수나 동반 객체(companion object)에 정의된 함수를 클래스 밖에서 참조하고 싶을 때는 Example::abs와 같이 전체 경로가 붙은 참조를 사용할 수 있다. 네임스페이스를 임포트하면 본문 예제에서 했던 것처럼 고차 함수를 호출할 때 함수에 대한 참조를 직접 쓸 수 있다.

```
import Example.factorial
...
formatResult("factorial", 7, ::factorial)
```

두 번째 유형도 자바 개발자들에게 똑같이 친근한 방식이다. 이 방법은 함수 리터럴(literal)(또는 익명 함수나 람다(lambda))을 익명으로 인스턴스화해서 인자로 전달하는 방식이다. 앞에서 본 abs 예제를 사용하면 다음과 비슷할 것이다.

```
formatResult("absolute", -42,
        fun(n: Int): Int { return if (n < 0) -n else n }
)
```

이 코드는 약간 껄끄럽기 때문에 좀 더 전형적인 코틀린 코드로 단순화할 수 있다.

```
formatResult("absolute", -42, { n -> if (n < 0) -n else n })
```

람다 함수의 인자가 단 하나뿐이면, 편리한 암시적 파라미터인 it으로 대신할 수 있다. 마지막 결과는 다음과 같다.

```
formatResult("absolute", -42, { if (it < 0) -it else it })
```

방금 본 모든 람다 예제에서 타입 선언을 생략했지만 여전히 타입은 중요하며, 코틀린 컴파일러는 람다의 타입을 추론해준다. 람다는 여전히 (Int) -> Int 타입이어야만 한다. 람다의 타입이 (Int) -> Int가 아니라면 컴파일이 실패한다.

## 2.2 다형적 함수: 타입에 대해 추상화하기

지금까지는 단형적<sup>monomorphic</sup> 함수, 즉 한 가지 유형의 데이터에 대해서만 작용하는 함수만을 살펴봤다. 예를 들어 abs나 factorial은 Int라는 구체적인 타입에 대해서만 작용했고, 고차 함수 formatResult는 Int 타입의 인자를 받는 함수에 대해서만 작용하도록 고정돼 있었다. 종종, 특히 고차 함수를 작성할 때는 어떤 타입이 주어지든 관계없이 동작하는 코드를 작성하고 싶을 때가 있다. 이런 함수를 다형적<sup>polymorphic</sup> 함수라고 한다. 앞으로 다형적 함수를 작성하는 연습을 수없이 하게 되므로 여기서는 다형성 개념을 소개하기만 할 것이다.

> |노트| 이 책에서는 다형성이라는 용어를 객체지향 프로그래밍에서 익숙하게 사용해온 의미와 다르게 쓰고 있다. 객체지향의 다형성은 보통 어떤 형태의 하위 타입이나 상속 관계를 가리킨다. 우리 예제에는 인터페이스나 하위 타입 관계가 존재하지 않는다. 여기서 설명하는 유형의 다형성을 일컬어 파라미터화한 다형성(parametric polymorphism)이라고 부르는데, 이 개념은 자바 언어의 제네릭스(generics)에 더 가깝다. 이런 다형성에 해당하는 함수를 다형적 함수나 제네릭 함수라고 한다. 다만, 이 책에서는 다형적 함수라는 용어를 주로 사용한다.

### 2.2.1 다형적 함수 예제

비슷한 구조를 공유하는 단형적 함수를 관찰하면 다형적 함수를 발견할 수 있는 경우가 자주 있다. 예를 들어 다음 단형적 함수 findFirst는 배열에서 키와 동일한 첫 번째 원소의 인덱스를 반환하며, 키를 찾을 수 없으면 -1을 반환한다. 이 함수는 String 값으로 이뤄진 Array에서 특정 String을 찾는 일에 특화된 함수다.

```
fun findFirst(ss: Array<String>, key: String): Int {
    tailrec fun loop(n: Int): Int =
        when {
            n >= ss.size -> -1          ◄── 키를 찾지 못한 채로
                                             루프 끝에 도달하면 −1을 반환
            ss[n] == key -> n           ◄── 키를 찾으면 키의 위치를 반환
            else -> loop(n + 1)         ◄── 카운터 값을 증가시키면서
        }                                    재귀적으로 함수를 호출
    return loop(0)       ◄── 카운터를 0으로 설정해 루프를 시작
}
```

여기서 코드의 세부 사항은 그렇게 중요하지 않다. 중요한 부분은 Array<String>에서 String 값을 찾든, Array<Int>에서 Int 값을 찾든 findFirst 코드가 거의 동일해 보이리라는 사실이다. 그림 2.2는 어떤 A 타입의 값을 찾기 위한 함수를 인자로 받을 경우 findFirst 함수의 모양이 어떻게 될지를 보여준다.

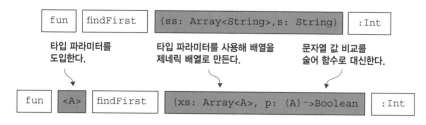

▲ **그림 2.2** 추상 타입을 도입하면서 단형적 함수를 다형적 함수로 변환하기

```
fun <A> findFirst(xs: Array<A>, p: (A) -> Boolean): Int {   ◄── 원소 타입이 A인 배열에 작용함.
    tailrec fun loop(n: Int): Int =                              배열의 각 원소에 작용하는
        when {                                                   술어 함수를 파라미터로 받음
            n >= xs.size -> -1
            p(xs[n]) -> n          ◄── 술어 함수를 배열 원소에
            else -> loop(n + 1)         적용하기
        }
    return loop(0)
}
```

이 코드는 다형적 함수(때로는 제네릭 함수라고 부름)의 예다. 우리는 배열의 타입과 원소를 찾는 함수를 사용해 함수를 추상화한다. 다형적 함수를 메서드[2]로 작성하기 위해서는 홑꺾쇠표(<와 >) 안에 타입 파라미터를 콤마로 나열한다(이 예제에서는 타입 파라미터가 하나라서 <A>다). 그 후 함수 이름을 적는다(여기서는 findFirst이다). 타입 파라미터 이름은 원하는 대로 부를 수 있지만(<Foo, Bar, Baz>나 <TheParameter, another_good_one>도 다 올바른 파라미터 이름이다), 관습적으로 <A, B, C>처럼 짧은 한 글자짜리 대문자로만 이뤄진 이름을 사용한다.

타입 파라미터 목록은 타입 변수$^{type\ variable}$를 도입한다. 다형적 함수의 시그니처나 본문에서 타입을 표현할 때 이 타입 변수를 쓸 수 있다. (이는 함수의 파라미터 목록에 변수를 추가하면 함수 본문에서 파라미터에 전달된 값을 참조할 때 변수를 사용할 수 있는 것과 똑같다.) findFirst에서 타입 변수 A를 사용하는 위치가 두 군데다. 첫 번째로 배열의 원소는 모두 A 타입이어야 한다(배열의 타입이 Array<A>이기 때문이다). 두 번째로 p 함수는 A 타입의 값을 인자로 받는다(함수의 타입이 (A) -> Boolean이기 때문이다). 두 위치에서 같은 타입 변수를 참조한다는 사실은 findFirst의 두 인자에서 해당 타입이 같은 타입이어야만 한다는 사실을 암시한다. 컴파일러는 findFirst를 호출하는 코드가 이 두 부분에서 같은 타입을 사용하도록 강제한다. Array<Int> 타입의 배열에서 String을 찾으려고 시도하면 타입 불일치$^{type\ mismatch}$ 오류가 발생한다.

---

**연습문제 2.2**

isSorted를 구현하라. 이 함수는 List<A> 타입의 단일 연결 리스트를 받아서 이 리스트가 주어진 비교 함수에 맞춰 적절히 정렬돼 있는지를 검사한다. 이 함수의 앞에는 두 가지 확장 프로퍼티$^{extension\ property}$ 정의가 있다. head 프로퍼티는 리스트의 첫 번째 원소를 반환하며, tail 프로퍼티는 List<A>에서 첫 번째 원소를 제외한 나머지 리스트를 반환한다. 확장 함수에 대한 기억을 되살리고 싶은 독자는 '확장 메서드와 프로퍼티' 박스 설명을 살펴보라.

```
val <T> List<T>.tail: List<T>
    get() = drop(1)
```

---

2　저자는 '이름이 있는 함수'라는 의미로 '메서드'라는 단어를 자주 사용한다. 문맥에 따라 이런 의미의 '메서드'와 객체지향에서 쓰이는 메서드(클래스 안에 정의된, 객체에 대해 작용하는 함수)를 적절히 구분하길 바란다. – 옮긴이

```
val <T> List<T>.head: T
    get() = first()

fun <A> isSorted(aa: List<A>, order: (A, A) -> Boolean): Boolean =
        SOLUTION_HERE()
```

---

**확장 메서드와 프로퍼티**

코틀린은 이미 존재하는 타입에 대해 새로운 동작(또는 상태)을 추가하는 편리한 방법을 제공한다. 확장 메서드나 확장 프로퍼티를 사용하면 된다.

주어진 타입에 대해 다음과 같이 확장 메서드를 정의하면 해당 타입의 모든 인스턴스에 새로운 동작을 쉽게 추가할 수 있다.

```
fun Int.show(): String = "The value of this Int is $this"
```

이제 모든 Int 인스턴스에 대해 새로운 show 메서드를 사용할 수 있다. 따라서 다음과 같이 이 메서드를 호출할 수 있다.

```
>>> 1.show()
res1: kotlin.String = The value of this Int is 1
```

마찬가지로 확장 프로퍼티를 작성하면 모든 인스턴스에서 이 프로퍼티를 노출할 수 있다.

```
fun Int.show: String
    get() = "The value of this Int is $this"
```

예상대로 다음과 같이 이 필드에 접근할 수 있다.

```
>>> 1.show
res2: kotlin.String = The value of this Int is 1
```

확장 메서드와 프로퍼티는 정적으로(statically) 디스패치된다. 다른 말로, 확장 메서드나 프로퍼티는 대상 클래스를 실제로 변경해주지는 못한다. 호출될 확장 함수는 확장 함수의 수신자 위치 식 (e.extension()의 경우 e)의 타입에 따라 (컴파일 시점에) 결정되며, 실행 시점에 해당 식을 계산한 결과에 따라 동적으로 결정되지 않는다.

## 2.2.2 익명 함수를 사용해 고차 함수 호출하기

고차 함수를 사용할 때 인자로 이름이 붙어 있는 함수를 제공하는 대신에 함수 리터럴을 사용할 수 있으면 편리할 때가 많다. 예를 들어 REPL에서 findFirst 함수를 다음과 같이 테스트할 수 있다.

```
>>> findFirst(arrayOf(7, 9, 13), { i: Int -> i == 9 })
res0: kotlin.Int = 1
```

이 코드에는 새로운 구문이 몇 가지 있다. arrayOf(7, 9, 11)은 배열을 만들어내는 내장 함수다. 이 함수는 세 정수로 이뤄진 새로운 배열을 생성한다. 그리고 주어진 정수 파라미터가 9인지 검사하는 술어로 함수 리터럴을 전달할 수 있다. { i: Int -> i == 9 }라는 구문을 함수 리터럴이나 익명 함수라고 한다. 이름이 있는 메서드를 정의하는 대신에 여기서 본 편리한 문법을 사용해 함수를 직접 필요한 위치에 작성할 수 있다. 지금 본 익명 함수는 구체적으로 Int 타입의 i라는 인자를 받고, i가 9와 같은지를 표현하는 Boolean을 반환한다. 일반적으로 함수의 인자를 -> 화살표 왼쪽에 나열하고, 이렇게 선언한 인자를 화살표 오른쪽에 있는 함수 본문 식에서 자유롭게 사용할 수 있다. 예를 들어 두 정수를 인자로 받아서 두 값이 동등한지 검사하는 동등성 검사 함수가 필요하다면 다음과 같이 쓸 수 있다.

```
>>> { x: Int, y: Int -> x == y }
res1: (kotlin.Int, kotlin.Int) -> kotlin.Boolean =
 (kotlin.Int, kotlin.Int) -> kotlin.Boolean
```

REPL은 res1 값의 타입이 인자를 두 개 받는 함수라는 사실을 알려주기 위해 (kotlin.Int, kotlin.Int) -> kotlin.Boolean이라고 표시한다. 코틀린이 문맥에서 함수의 입력값 타입을 추론할 수 있는 경우에는 { x, y -> x < y }처럼 함수 인자에 대한 타입 애너테이션 type annotation을 생략해도 된다. 다음 절과 이 책의 나머지 부분에서 이런 예를 더 많이 볼 수 있다.

## 2.3 타입에 맞춰 구현하기

isSorted처럼 다형적 함수를 구현할 때는 구현 가능한 코드의 종류가 현저히 줄어든다는 사실을 알 수 있다. 함수가 어떤 타입 A에 대해 다형적이라면, (A 타입이 그 어떤 타입이라도 될 수 있기 때문에) 인자로 받은 A 타입 객체에 대해 사용할 수 있는 연산은 인자로 받은 연산(함수) 중 A 타입에 대해 작용하는 연산들뿐이다. 심지어 주어진 다형적 타입 인자에 맞춰 구현할 수 있는 코드가 단 하나로 정해지는 경우도 있다!

> |**노트**| 기술적으로 코틀린의 모든 값에 대해 동등성 비교(==를 사용)를 수행하거나 값을 문자열 표현으로 변환(toString()을 사용)하거나 정수로 변환(hashCode()를 사용)할 수 있다. 하지만 이런 기능은 자바로부터 전해져 내려온 사소한 기능일 뿐이다.

함수 시그니처에 의해 구현이 하나로 정해지는 예제를 살펴보자. 이 함수는 부분 적용partial application을 수행하는 고차 함수다. 이 partial1 함수는 어떤 값과 함수(인자를 둘 받아서 다른 결과를 내놓음)를 인자로 받고, 인자를 하나만 받아서 결과를 내놓는 함수를 반환한다. 부분 적용이라는 이름은 함수가 요구하는 인자 모두가 아니라 일부분만 적용하기 때문에 붙여진 이름이다.

```
fun <A, B, C> partial1(a: A, f: (A, B) -> C): (B) -> C = TODO()
```

partial1 함수의 타입 파라미터는 A, B, C 세 가지다. 또 이 함수는 두 가지 인자를 받는다. f는 A와 B 타입의 인자를 받아서 C 타입 값을 결과로 내놓는 함수다. partial1이 반환하는 함수는 (B) -> C 타입이어야 한다. 이 고차 함수를 어떻게 구현할 수 있을까? 컴파일이 되는 구현은 단 하나뿐이라는 사실이 드러나며, 이 사실은 함수 시그니처에서 논리적으로 추론할 수 있다. 이는 마치 간단하고 재미있는 논리 퍼즐과 비슷하다.

|노트| 재미있는 퍼즐이기는 하지만. 이 퍼즐이 그냥 학술적인 연습인 것만은 아니다. 실전 함수형
프로그래밍은 빌딩 블록을 타당한 유일한 방법으로 서로 끼워 맞추는 과정으로 이뤄지는 경우가 많
다. 이 연습은 여러분이 프로그래밍을 할 때 고차 함수와 코틀린 타입 시스템으로부터 도움을 받는
과정을 실습해보기 위함이기도 하다.

먼저 우리가 반환해야 하는 대상의 타입을 살펴보자. partial1의 반환 타입은 (B) -> C
이므로, 이런 타입의 함수를 반환해야만 한다. 따라서 인자 타입이 B인 함수 리터럴을 작성
하는 것부터 시작할 수 있다.

```
fun <A, B, C> partial1(a: A, f: (A, B) -> C): (B) -> C =
    { b: B -> TODO() }
```

익명 함수 작성에 익숙하지 않은 독자에게는 이런 시작이 이상해 보일 수도 있다. B는
어디서 온 것일까? 방금 작성한 코드는 'B 타입의 값 b를 인자로 받는 함수'라는 말을 적은
것이다. -> 화살표의 오른쪽(지금은 TODO()가 들어 있음)은 익명 함수의 본문이다. partial1의
본문 안에서 자유롭게 a 값을 사용할 수 있는 것과 마찬가지로, b가 익명 함수의 인자이므
로 -> 오른쪽의 분문에서 b를 자유롭게 사용할 수 있다.

|노트| 반환할 내부 함수의 영역에는 외부 함수(partial1)의 a가 여전히 속해 있다. 이런 경우를 내
부 함수가 자신의 환경(environment)을 포함한다고 말하기도 한다.

계속 진행하자. 이제 B 타입의 값을 (함수 인자로) 요구했다. 그렇다면 이 익명 함수가 반
환해야 하는 값은 무엇일까? 타입 시그니처를 보면, 이 내부 함수가 C 타입의 값을 반환해
야 한다는 사실을 알 수 있다. 하지만 여기서 C 타입의 값을 얻는 방법은 단 하나뿐이다. 시
그니처에 따르면 C 타입 값은 f의 결괏값의 타입이다. 따라서 C 타입 값을 얻는 유일한 방법
은 f 함수에 A와 B 타입 값을 넘기는 것뿐이다. 이런 코드는 아주 쉽다.

```
fun <A, B, C> partial1(a: A, f: (A, B) -> C): (B) -> C =
    { b: B -> f(a, b) }
```

그리고 이게 전부다! 결과적으로 인자를 두 개 받아서 부분적으로 적용해 돌려주는 고차 함수가 생겼다. 즉, A 그리고 A와 B를 인자로 받아서 C를 생성해주는 함수가 있다면 (이미 A는 있기 때문에) B만 제공하면 C를 돌려주는 새로운 함수를 만들 수 있다는 뜻이다.[3] 이는 마치 "사과와 바나나를 나한테 주면 너한테 당근을 줄게. 방금 사과를 줬으니까 이제 바나나만 주면 당근을 받을 수 있어"라고 말하는 것과 같다. 여기서 b에 대한 타입 애너테이션이 불필요하다는 점에 유의하라. 코틀린에게 이미 반환 타입이 (B) -> C라는 사실을 알려줬으므로, 코틀린이 문맥으로부터 b의 타입을 알고 있어서 구현 부분을 { b -> f(a, b) }라고 적어도 된다. 일반적으로 말해, 코틀린이 추론할 수 있는 경우라면 함수 리터럴에 대한 타입 애너테이션을 생략할 것이다. 마지막 결과는 다음과 같다.

```
fun <A, B, C> partial1(a: A, f: (A, B) -> C): (B) -> C =
    { b -> f(a, b) }
```

---

**연습문제 2.3**

다른 예제로 커링<sup>currying</sup>을 살펴보자. 커링은 인자를 두 개 받는 함수 f를 받아서 첫 번째 인자를 f에 부분 적용한 새 함수를 돌려주는 함수다. ('커링'이라는 용어는 이런 원리를 발견한 수학자 하스켈 커리<sup>Haskell Curry</sup>의 이름을 딴 것이다. 실제로는 모세스 쇤핑켈<sup>Moses Schönfinkel</sup>도 독립적으로 이 원리를 발견했지만, '쇤핑켈링'이라는 단어는 입에 착 달라붙지 않기 때문에…)

```
fun <A, B, C> curry(f: (A, B) -> C): (A) -> (B) -> C =

    SOLUTION_HERE()
```

---

3  정확히는 'A 타입의 값 그리고 A 타입의 값과 B 타입의 값을 인자로 받아서 C 타입의 값을 생성해주는 함수가…'처럼 적어야 하겠지만, A, B가 타입을 가리키는지 값을 가리키는지 명확하기 때문에 간결성을 위해 저자들이 본문에서 A와 A 타입의 값을 서로 혼용하는 경우가 자주 있다. 역자도 앞으로는 특별히 이해하기 힘든 경우가 아니라면 'A 타입의 값' 대신 'A'라고 번역할 것이다. ─ 옮긴이

curry 변환의 역변환인 uncurry를 구현하라. ->가 오른쪽 결합[right associativity]이므로 (A) -> ((B) -> c)를 (A) -> (B) -> c라고 적을 수 있다.

```
fun <A, B, C> uncurry(f: (A) -> (B) -> C): (A, B) -> C =

    SOLUTION_HERE()
```

마지막 예제로 함수 합성[functional composition]을 살펴보자. 함수 합성은 한 함수의 출력을 다른 함수의 입력으로 넣는다. 여기서도 함수 구현은 오롯이 타입 시그니처에 의해서만 정해진다.

두 함수를 합성하는 고차 함수를 작성하라.

```
fun <A, B, C> compose(f: (B) -> C, g: (A) -> B): (A) -> C =

    SOLUTION_HERE()
```

이와 비슷한 한 줄짜리 코드 퍼즐을 풀어보면 재미있고 좋다. 하지만 실제 세계에서 사용될 법한 크기의 코드 기반에서는 어떨까? 함수형 프로그래밍에서는 큰 코드 기반에서도 여기서 보여준 원칙을 완전 똑같이 적용할 수 있다. compose 같은 고차 함수는 자신이 코드 수백만 줄로 이뤄진 함수에 적용되거나 한 줄짜리 짧은 함수에 적용되는지 여부와 관계없이 작동한다. 다형성 고차 함수는 특정 도메인을 다루지 않고 다양한 문맥에서 발생할 수 있는 전형적인 패턴만 추상화하므로, 결국에는 적용할 수 있는 폭이 더 넓어진다. 이로 인해 대규모 프로그래밍이 소규모 프로그래밍과 상당히 비슷한 느낌으로 진행될 수 있다. 이 책에서는 널리 쓰일 수 있는 유용한 함수를 많이 작성할 것이고, 이번 장의 연습문제는 그런 함수를 작성할 때 여러분이 채택해야 하는 추론 방식의 맛을 보여주는 문제들이다.

## 요약

- 고차 함수는 다른 함수를 파라미터로 받는다.
- 꼬리 호출 재귀<sup>tail call recursion</sup>를 사용해 루프를 함수적으로 작성할 수 있다.
- 컴파일러는 (tailrec 변경자를 붙인 함수에서) 꼬리 호출 제거에 실패하면 경고를 표시해준다.
- 함수에 타입 변수를 추가하면 제네릭 함수인 다형적 함수를 작성할 수 있다.
- 익명 함수를 고차 함수의 인자로 넘길 수 있다.
- 메서드 시그니처의 타입을 보면 다형적 함수의 구현 방향을 정할 수 있다.

# 3

# 함수형 데이터 구조

**3장에서 다루는 내용**

- 대수적 데이터 타입을 활용해 함수형 데이터 구조를 정의한다.
- 한 식 안에서 분기하는 로직을 작성한다.
- 함수형 데이터 구조를 사용해 데이터를 공유한다.
- 리스트 재귀를 사용하고 그 재귀를 고차 함수로 일반화한다.
- 순수 함수를 작성하고 일반화한다.
- List와 Tree를 구현한다.

1장에서는 함수형 프로그램이 변수를 갱신하거나 가변 데이터 구조를 변경하지 않는다고 이야기했다. 변수를 불변으로 유지한다는 점을 강조하면 필연적으로 한 가지 질문이 떠오른다. 함수형 프로그래밍에서는 어떤 유형의 데이터 구조를 사용해야 하고, 코틀린으로 그런 데이터 구조를 어떻게 정의하고 조작할 수 있을까?

이번 장은 단일 연결 리스트와 트리tree를 구현하면서 함수형 데이터 구조의 개념을 알려준다. 또한 함수형 데이터 구조와 관련된 매칭matching이라는 처리 기법을 설명하고, 순수 함수를 작성하고 일반화하는 연습을 진행한다.

이번 장에는 순수 함수를 작성하고 일반화하는 연습문제가 많이 나온다. 연습문제 중 일부는 도전적일 수도 있다. 이 책 부록에서 도움이 될 만한 팁과 관련 정보를 찾아볼 수 있지만, 최선을 다해 연습문제를 풀어보길 바란다. 그럼에도 불구하고 답을 찾을 수 없거나 여러분의 답이 맞는지 확인하고 싶다면, 부록 B에서 해답을 볼 수 있다. 꼭 필요할 때만 이런 자료를 활용하라! 모든 예제와 연습문제 소스 코드는 깃허브 리포지터리(https://github.com/fpinkotlin/fpinkotlin)에서 볼 수 있다.

## 3.1 함수형 데이터 구조 정의하기

함수형 데이터 구조는 순수 함수만으로 조작된다. 1장 기억을 되살려보면, 순수 함수는 제자리에서 데이터를 변경하거나 부수 효과를 수행해서는 안 된다. 따라서 함수형 데이터 구조는 정의상 불변이다. 빈 리스트는 영원히 비어 있고 변하지 말아야 한다. 마치 정수 3이나 4처럼 말이다. 그리고 3 + 4가 3이나 4를 변경하지 않고 새로운 수 7을 낳는 것처럼, 두 리스트를 이어붙이면(두 리스트를 붙이는 구문도 a와 b가 리스트일 때 a + b로, 정수 덧셈과 동일하다) 새로운 리스트가 생기고 두 입력 리스트는 원래대로 남는다.

이 말이 데이터 복사를 추가로 더 많이 해야 한다는 뜻일까? 놀랍게도, 그에 대한 답은 '아니오'이다. 왜 그런지는 이번 절의 뒷부분에서 설명한다. 하지만 우선 아마도 가장 널리 쓰이고 있을 함수형 데이터 구조를 살펴보자. 그 데이터 구조는 바로 단일 연결 리스트다. 단일 연결 리스트는 단순하고 추론하기 쉬우며, 이를 통해 불변 데이터 구조에 깔린 원칙을 더 잘 이해할 수 있으므로 훌륭한 예제다. 다음 코드는 새로운 문법과 개념을 제시하는데, 이에 대해서는 자세히 설명할 것이다.

**리스트 3.1 단일 연결 리스트 데이터 구조 정의**

```
sealed class List<out A>        ◀── 데이터 타입에 대한 봉인된 정의

object Nil : List<Nothing>()    ◀── List의 Nil(빈 리스트) 구현

data class Cons<out A>(val head: A, val tail: List<A>) : List<A>()   ◀── Cons도 List를 구현함
```

먼저 데이터 타입 정의를 살펴보자. 타입 정의는 sealed class라는 키워드로 시작한다. 보통 데이터 타입을 정의할 때는 class 키워드들로 시작한다. 여기서는 List라는 class를 정의하는데, 내부에는 아무 메서드가 들어 있지 않다. sealed를 클래스 선언 앞에 붙이면, 해당 클래스를 상속한 모든 구현이 같은 모듈의 같은 패키지[1] 안에 있어야만 한다는 의미다. 봉인된 클래스는 디폴트로 추상 클래스다. 따라서 봉인된 클래스 자신을 인스턴스화할 수는 없다.

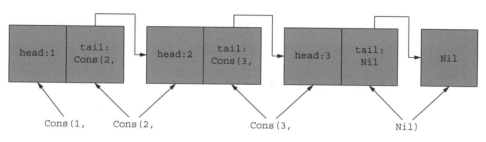

▲ **그림 3.1** 단일 연결 리스트. 각각의 꼬리는 다음 리스트 원소에 연결돼 있다.

봉인된 List 클래스 다음에는 두 가지 구현(또는 데이터 생성자data constructor[2])이 있다. 그림 3.1처럼 List는 Nil로 표현되는 빈 리스트이거나, 데이터 생성자 Cons(이 이름은 전통적으로 리스트에서 '만들다construct'를 뜻하는 줄임말로 쓰여왔다)에 의해 표현되는 비어 있지 않은 리스트다. 비어 있지 않은 리스트는 첫 번째 원소인 head(머리)와 나머지 원소의 리스트인 tail(꼬리)로 이뤄지며, 꼬리는 빈 리스트일 수도 있고 다른 Cons로 이뤄진 리스트일 수도 있다.

함수가 다형적일 수 있는 것처럼, 데이터 타입도 다형적일 수 있다. sealed class List

---

1    예전에는 봉인된 클래스 정의와 모든 봉인된 하위 타입 계층 구조를 한 파일에 넣어야 했다. 하지만 1.5부터는 같은 모듈의 같은 패키지 안에만 있으면 되는 것으로 변경됐다. 참고로, 코틀린에서 모듈은 한 번에 컴파일되는 모든 소스 파일을 한꺼번에 일컫는 용어로, 명령줄에서 kotlinc에 한꺼번에 전달해 컴파일하는 파일들이나 그레이들에서 모듈로 묶인 소스 파일 등 컴파일러가 한꺼번에 인식할 수 있는 파일들을 의미한다. – 옮긴이

2    객체지향 생성자가 객체를 만들어내듯이, 대수적 데이터 구조의 데이터 생성자는 다른 값들로부터 새 데이터 값을 만들어낸다. 본문에서 Cons는 어떤 타입의 원소와 어떤 타입의 원소를 저장하는 리스트를 엮어서 새로운 리스트를 생성해주며, 엄밀히 말해 이는 객체지향의 생성자와는 다른 개념이다. 어떤 면에서 대수적 데이터 구조의 데이터 생성자는 0개 이상의 값을 모으고 적절한 태그를 붙여 나중에 패턴 매칭에서 데이터의 유형을 구분할 수 있게 해주는 장치라 할 수 있는데, 객체지향 언어인 코틀린에서는 봉인된 클래스의 상속 계층 구조와 그 계층 구조에 속한 클래스들의 생성자를 통해 이런 태그 작업을 진행하므로 이 둘이 밀접한 관계를 가질 수밖에 없다. – 옮긴이

뒤에 타입 파라미터 <out A>를 덧붙이고 파라미터 A를 Cons 데이터 생성자 내부에서 사용하면 List를 그 안에 저장할 원소 타입에 따라 정의되는 다형적인 데이터 타입으로 만들 수 있다. 이는 곧 여기서 본 동일한 정의를 사용해 Int가 원소인 데이터(List<Int>라고 씀), Double이 원소인 데이터(List<Double>), String이 원소인 데이터(List<String>) 등을 만들 수 있다는 의미다(여기서 out은 타입 파라미터 A가 공변적covariant이라는 뜻이다. '변성에 대해' 박스 설명을 참고하라).

데이터 생성자 선언은 데이터 타입의 모양을 정의하는 함수를 제공한다. 다음은 몇 가지 예다.

```
val ex1: List<Double> = Nil
val ex2: List<Int> = Cons(1, Nil)
val ex3: List<String> = Cons("a", Cons("b", Nil))
```

Nil이라는 object(싱글턴 객체)를 사용했기 때문에 Nil이라고 쓰면 빈 List를 만들 수 있고, data class Cons로 인해 Cons(1, Nil), Cons("a", Cons("b", Nil)) 등을 통해 원하는 길이의 단일 연결 리스트를 만들 수 있다. List가 A라는 타입에 대해 파라미터화돼 있으므로, Nil과 Cons는 모두 서로 다른 A 타입에 대해 인스턴스화될 수 있는 다형적 함수다. 여기서 ex2는 A 파라미터를 Int로 인스턴스화하고 ex3는 String으로 인스턴스화한다. ex1 예제는 흥미롭다. Nil은 List<Double> 타입으로 인스턴스화되고 있는데, 이로 인해 빈 리스트를 원하는 어떤 타입의 리스트로도 간주할 수 있다!

> **변성에 대해**
>
> class List<out A>에서 타입 파라미터 A 앞에 있는 out은 A가 List의 공변적, 또는 '양성적(positive)' 파라미터라는 신호를 보내는 변성 애너테이션이다. 이 말은, 예를 들어 Dog이 Animal의 하위 타입일 때 List<Dog>이 List<Animal>의 하위 타입으로 간주된다는 뜻이다. (더 일반적으로 모든 타입 X, Y에 대해 X가 Y의 하위 타입이면 List<X>도 List<Y>의 하위 타입이다.) A 앞에 있는 out을 생략하면 List를 타입 파라미터에 대해 무공변(invariant)으로 만든다.
>
> 리스트 정의에서 Nil이 List<Nothing>을 확장하는데, Nothing은 모든 타입의 하위 타입이다. 이 하위 타입 관계와 A의 변성 애너테이션을 함께 고려하면, Nil은 List<Int>로 간주될 수도 있고 List<Double>로 간주될 수도 있다. 이런 성질은 우리가 원하는 성질과 일치한다.

현재 논의에서는 이런 변성에 대한 내용이 그리 중요하지 않다. 변성은 코틀린이 하위 타입 관계로 데이터 생성자를 인코딩하기 위해 만든 인공물이므로, 현재 변성을 명확히 알 수 없더라도 고민하지 말라. 분명 변성 애너테이션을 쓰지 않고도 코드를 작성할 수 있고, 때로는 변성이 없으면 함수 시그니처가 더 단순해진다(반면 타입 추론은 더 나빠질 수도 있다). 이 책에서는 변성 애너테이션을 써야 편리한 곳에 변성 애너테이션을 사용할 것이다. 하지만 변성을 사용하는 방법과 그렇지 않은 방법을 모두 연습해보길 바란다.

공변성과 반공변성을 포함해 코틀린 제네릭스에 대해 더 배우고 싶은 독자는 웹 사이트(https://kotlin lang.org/docs/generics.html)에 있는 코틀린 문서를 살펴보라.

이런 데이터 구조에 대한 함수를 작성할 때는 데이터가 Nil일 때와 Cons일 때를 구분할 수 있어야 한다. 다양한 언어가 이럴 때 좀 더 쉽게 데이터 생성자의 형태에 따라 서로 다른 동작을 정의할 수 있도록 해주는 패턴 매칭^pattern matching^이라는 기능을 제공한다. 다음 절에서는 when 식에서 어떻게 이를 수행할 수 있는지 살펴본다.

## 3.2 함수적 데이터 구조 다루기

지금까지는 가장 기본적인 함수형 데이터 구조인 단일 연결 리스트를 정의하는 방법에 초점을 맞췄다. 하지만 이 데이터 구조 정의만으로는 그다지 쓸모가 없으며, 이 데이터 구조에 대해 무언가를 할 수 있어야 쓸모가 있다. 이번 절에서는 3.1절에서 정의한 List를 매칭이라는 기법을 사용해 해석하고 처리하는 방법을 살펴본다.

**리스트 3.2** 봉인된 List 타입 정의의 동반 객체

```
sealed class List<out A> {     ◀── List 데이터 구조를 정의함
    companion object {     ◀── 함수가 포함된 동반 객체
        fun <A> of(vararg aa: A): List<A> {     ◀── 팩토리 도우미 함수
            val tail = aa.sliceArray(1 until aa.size)
            return if (aa.isEmpty()) Nil else Cons(aa[0], of(*tail))
        }

    }
}
```

List 타입에 대한 동작을 추가하기 위해 동반 객체 정의를 추가했다. companion object 블록 안에 정의된 함수는 자바의 정적static 메서드와 비슷하게 호출될 수 있다. 예를 들어 다음과 같이 하면 of 메서드를 사용해 파라미터 값으로부터 새 List를 만들어낼 수 있다.

```
>>> List.of(1, 2)
res0: chapter3.List<kotlin.Int> = Cons(head=1, tail=Cons(head=2, tail=Nil))
```

이 메서드는 vararg 키워드로 한정된 파라미터를 받는다. vararg는 이 함수가 가변 개수 인자를 받는variadic 함수라는 뜻이다. 따라서 이 파라미터 대신에 똑같은 타입(Int)의 파라미터를 원하는 개수만큼 전달할 수 있다(0개도 가능함). 전달한 파라미터들은 지정한 타입을 원소로 하는 배열[3]에 저장돼 함수 본문에서 사용할 수 있다. 이에 대해 자세히 알 필요는 없지만 자세한 내용을 박스 설명에 정리해뒀다.

---

**코틀린의 가변 개수 인자 함수**

List 동반 객체의 of 함수는 새 List 인스턴스를 만드는 팩토리 메서드다. 이 메서드는 가변 개수 인자 함수이기도 하다. 즉, A 타입의 인자를 0개 이상 받을 수 있다는 뜻이다. 인자를 제공하지 않으면 이 메서드는 List의 Nil 인스턴스를 돌려준다. 인자를 제공하면 이 메서드는 전달된 인잣값들을 표현하는 Cons를 돌려준다.

```
fun <A> of(vararg aa: A): List<A> {
  val tail = aa.sliceArray(1 until aa.size)
  return if (aa.isEmpty()) Nil else Cons(aa[0], List.of(*tail))
}
```

데이터 타입의 인스턴스를 편리하게 구성할 수 있도록 동반 객체에 of 메서드를 정의하는 경우가 자주 있다. 함수 이름을 of로 짓고 동반 객체에 위치시킴으로써 List.of(1, 2, 3, 4)나 List.of("hi",

---

3  일반적인 타입의 경우 Array〈타입〉으로 저장되지만, fun foo(vararg aa:T)에서 T가 제네릭 타입이나 일반 클래스 타입(String이나 개발자가 직접 정의한 클래스 등 참조 타입)이 아니라 Byte, Short, Int, Long, UByte, UShort, UInt, ULong, Float, Double, Boolean 타입인 경우 효율성을 위해 ByteArray, ShortArray, IntArray, LongArray, UByteArray, UShortArray, UIntArray, ULongArray, FloatArray, DoubleArray, BooleanArray 배열에 담긴다. 다만 이들은 모두 제네릭 배열 Array〈T〉와 같은 연산을 제공하고, 원하면 toTypedArray()를 통해 자신의 원소 타입에 상응하는 Array〈T〉로 바꿀 수 있다. 단, 여기서 설명한 구체적 배열 타입의 경우 Array〈T〉 형태의 제네릭 배열로 바꾸면 훨씬 효율이 떨어지고 메모리도 많이 차지하므로, 배열 타입을 바꿔서 사용하기보다는 원래 배열 타입을 최대한 그대로 활용하는 게 좋다. - 옮긴이

"bye")와 같이 원하는 값을 콤마로 구분해 적음으로써 리스트를 생성하는 구문을 사용할 수 있다.

이 예제에서 메서드의 aa 파라미터에 vararg라는 키워드가 붙어 있으므로, 메서드 파라미터에서 aa의 타입이 A임에도 메서드 본문에서는 aa를 Array<A>로 사용할 수 있다. 그래서 Array 타입이 제공하는 sliceArray를 활용해 tail에 해당하는 새 Array를 얻을 수 있다.

한편 배열을 가변 개수 인자 함수로 전달할 수도 있다. 이때 스프레드 연산자(spread operator) *를 사용한다. 이 예제에서는 of를 재귀적으로 호출하면서 *tail을 넘겼다.

현재 맥락에서 배열을 사용하는 방법은 그리 중요하지 않지만, 웹 사이트(https://kotlinlang.org/docs/basic-types.html#arrays)를 살펴보면 배열 사용에 대한 정보를 더 얻을 수 있다.

이제 함수 sum과 product를 살펴보자. 동반 객체 안에 이 두 함수를 추가하자. 두 함수 정의 모두 when 식을 사용한 매칭 기법을 사용한다.

**리스트 3.3** List 동반 객체 안에 있는 함수 정의

```
fun sum(ints: List<Int>): Int =
    when (ints) {
        is Nil -> 0
        is Cons -> ints.head + sum(ints.tail)
    }


fun product(doubles: List<Double>): Double =
    when (doubles) {
        is Nil -> 1.0
        is Cons ->
            if (doubles.head == 0.0) 0.0
            else doubles.head * product(doubles.tail)
    }
```

예상한 대로 sum 함수는 빈 배열의 합계가 0이라고 알려주며, 비어 있지 않은 배열의 합계는 첫 번째 원소와 나머지 원소들의 합계를 더한 값이라는 사실을 표현한다. 마찬가지로 product 함수는 빈 배열의 원소 곱은 1.0이고, 0.0부터 시작한 배열의 모든 원소의 곱은 0.0이며, 비어 있지 않은 배열의 첫 원소가 0.0이 아닌 경우 전체 원소 곱은 배열 첫 번째 원소와 나머지 모든 원소들의 곱을 곱한 값임을 표현한다. 이들은 모두 재귀적인 정의며, List

와 같은 재귀적인 데이터 타입(Cons 데이터 생성자에서 List 데이터 타입 자신을 재귀적으로 가리킨다)에 대한 연산을 작성할 때는 재귀적인 정의가 일반적이라는 사실을 알아두라.

---

**동반 객체로 구현한 싱글턴**

클래스 안에 있는 companion object 블록은 이름이 붙은 인스턴스가 단 하나뿐인 동시에 같은 이름의 class이기도 한 싱글턴 객체를 선언하고 만든다. 자바 싱글턴 객체에 익숙한 독자라면, 코틀린보다 자바에서 싱글턴을 선언하는 게 훨씬 더 번잡하다는 사실을 알 것이다. 코틀린 싱글턴은 객체 본문에서 스레드 안전성을 보장하기 위해 2중 검사 잠금(double checked locking)을 하지 않아도 되며, 자바보다 훨씬 안전하다. 코틀린에는 자바의 static 키워드에 해당하는 것이 없다. 그래서 자바에서 static 멤버로 정의할 법한 부분을 코틀린 동반 객체 안에 정의하는 경우가 종종 있다.

우리는 데이터 타입과 데이터 생성자 안에 동반 객체를 선언하고는 한다. 동반 객체를 선언하면 데이터 타입(여기서는 List)과 같은 이름의 (싱글턴) 객체가 생기고 그 안에 해당 데이터 타입 값에 적용할 수 있는 여러 가지 편의 메서드를 추가할 수 있다.

예를 들어 n개의 a로 이뤄진 List를 돌려주는 fun <A> fill(n: Int, a: A): List<A>가 필요하다면, List 동반 객체 안에 이 메서드를 넣는 게 좋다. 원하면 이런 목적으로 Foo라는 별도의 객체를 생성할 수도 있겠지만, List의 동반 객체를 사용하면 그 안에 들어 있는 모든 함수가 리스트와 관련 있는 함수라는 사실을 더 명확히 보여준다.[4]

---

코틀린에서는 when 식을 통해 매칭을 수행한다. when은 약간 멋진 switch 문처럼 작동한다. when은 인자로 받은 값을 갖고 조건을 만족하는 가지가 나타날 때까지 순서대로 각 가지의 조건을 계산한다. 조건을 만족하는 가지가 있으면, 그 가지의 값(-> 다음에 있는 식을 계산한 값)이 전체 when의 결괏값이다. 조건을 만족하는 가지가 없으면, else 가지를 계산한 결과가 전체 when 식의 값이 된다. 컴파일러가 when의 모든 가지에 있는 조건이 인자로 받은 값에 대해 평가할 수 있는 모든 경우를 처리한다고 증명할 수 없는 한, else가 꼭 필요하다.

매칭을 좀 더 자세히 살펴보자. 값을 검사하는 목적을 위해 몇 가지 매칭 방법을 사용할 수 있다. 상숫값과 매칭을 할 수도 있고, 식이나 범위, 타입에 대해 매칭을 할 수도 있다. when을 좀 더 향상된 if-else 식처럼 사용할 수도 있다. 함수형 프로그래밍을 배우기 위해 모든 매칭 방법을 알 필요는 없다. 따라서 필요한 매칭 방법만 다루자.

---

4 게다가 리스트와 별도로 정의된 Foo 객체는 List에서 private으로 선언된 프로퍼티나 메서드를 볼 수 없다. - 옮긴이

### 3.2.1 타입으로 매칭하기 위한 'when'

우리 목적에 가장 적합한 접근 방법은 타입에 따라 매칭하는 것이다. is 키워드를 사용하면 각 논리 가지에서 구체적인 타입을 검사할 수 있다. 추가로 타입이 일치하면 대상 값이 각 가지에 필요한 구체적 타입으로 스마트캐스트<sup>smartcast</sup>가 된다. 이 기능을 사용하면 when 대상 값이 화살표(->)의 (일치된) 왼쪽 타입으로 캐스트되며 각 가지의 오른쪽 (식) 부분에서 쓰일 수 있다. 예제를 살펴보자.

리스트 3.4  구체적 구현으로 스마트캐스트시켜 사용하기

```
val ints = List.of(1, 2, 3, 4)      ◀── 추상 List 선언

fun sum(xs: List<Int>): Int =
    when (xs) {
        is Nil -> 0      ◀── Nil 구현과 매치
        is Cons -> xs.head + sum(xs.tail)      ◀── Cons 구현으로 스마트캐스트
    }
fun main() = sum(ints)      ◀── 리스트에 대해 sum 함수 호출
```

ints 값의 타입은 List다. 이 값은 Cons일 수도 있지만 빈 리스트가 생성되면 Nil일 수도 있다. when에서 각 논리 가지 중 하나와 일치하기 전까지 이 값의 타입은 추상적인 List 타입으로 간주된다. 이 예제에서 Nil과 일치한 경우에는 그냥 0을 반환하지만, Cons와 일치하면 흥미로운 일이 발생한다. 해당 가지의 왼쪽에서 오른쪽으로 가면서 ints가 자동으로 Cons로 캐스트되기 때문에 head나 tail 같은 멤버에 접근할 수 있다! 이런 기능을 스마트캐스트라고 하며, 클래스 계층에 있는 여러 하위 타입이 서로 다른 필드가 담긴 데이터 생성자로 이뤄져 있을 때 소중한 역할을 한다.

이때 반드시 모든 타입을 완전히 검사해야 한다. 우리 코드에서는 봉인된 기반 클래스인 List의 모든 구현을 검사해야만 한다. 우리가 작성한 매칭이 완전하지 않다는 사실이 드러나면(sealed가 붙지 않은 여러 클래스에 대한 매칭을 시도하거나, sealed로 표시된 기반 클래스의 모든 변종을 검사하지 않은 경우) 나머지 모든 경우를 잡아내기 위해 else 조건을 덧붙여야만 한다. List의 경우 봉인된 클래스이고 Nil과 Cons 구현밖에 존재하지 않으므로 else를 추가할 필요가 없다.

## 3.2.2 if—else를 대신하는 when

when을 활용하는 다른 방법으로 더 단순한 if-else 식을 작성하는 경우가 있다. 이런 방식으로 사용할 때는 when 키워드 뒤에 파라미터가 필요하지 않다. if-else와 마찬가지로 when도 값을 만들어내는 식이다. 예를 들어 간단한 if 식을 살펴보자.

**리스트 3.5 식을 평가하기 위한 논리적인 if—else 사슬**

```
val x = Random.nextInt(-10, 10)
val y: String =
    if (x == 0) {        ◀──── x가 0인지 검사
        "x is zero"
    } else if (x < 0) {  ◀──── x가 음수인지 검사
        "is negative"
    } else {    ◀──── 다른 경우 x는 양수일 수밖에 없음
        "x is positive"
    }
```

이 코드는 아주 단순하지만, 주변을 둘러싼 부가적인 코드로 인해 이해하기 쉽지 않다. when을 사용하면 다음과 같다.

**리스트 3.6 식을 평가하기 위해 when 사용하기**

```
val x = Random.nextInt(-10, 10)
val y: String =
    when {    ◀──── when에 파라미터를 전달하지 않음
        x == 0 ->
            "x is zero"          if-else 식을 대신하는
        x < 0 ->                 논리 가지들
            "x is negative"
        else ->    ◀──── 모든 경우를 처리하는 else 가지
            "x is positive"
    }
```

현재 영역에서 볼 수 있는 모든 변수에 대해 이 구조를 쓸 수 있다. 여기서는 난수 x에 대해 조건을 나열했다. 화살표 왼쪽의 논리 식은 Boolean 결과를 내놓고, 그 값에 따라 화살표 왼쪽 값 중 하나가 계산된다. 전체 when이 식이므로 이 결과를 y에 대입할 수 있다.

이 코드가 훨씬 더 우아하고 간결하기 때문에 읽기 쉽고 조건을 추론하기도 좋다. when 은 코틀린이 제공하는 도구 상자에서 가장 흔히 쓰이는 도구며, 이 책에서도 when을 계속 볼 수 있다. 하지만 다른 언어가 제공하는 비슷한 기능과 비교할 때, when에도 몇 가지 단점 이나 부족한 기능이 있다.

### 3.2.3 패턴 매칭은 무엇이며 코틀린 매칭과 어떤 차이가 있나?

코틀린의 매칭은 완전하지 않고, 다른 언어들이 제공하는 매칭과 비슷한 프로그램 요소와 비교하면 모자란 점이 많다. 하스켈, 스칼라, 러스트 등의 언어는 패턴 매칭pattern matching이 라는 기능을 제공한다. 패턴 매칭은 코틀린 매칭과 비슷하지만, 의미론적으로도 더 낫고 할 수 있는 일도 더 많으며 코틀린의 매칭보다 더 쓰기 편하다. 코틀린 when이 제공하는 매칭 과 다른 언어가 매칭을 처리하는 방법을 비교하면서 이런 단점을 살펴보자.

패턴 매칭을 사용하면 논리 식과 어떤 패턴을 일치시킬 뿐 아니라 식으로부터 값을 추 출할 수도 있다. 이런 추출, 또는 구조 분해destructuring는 FP에서 특히 대수적 데이터 타입 을 다룰 때 중요한 역할을 한다. 패턴 매칭이 어떻게 작동하는지 이해하기 위해, 코틀린 when을 사용해 작성한 코드와 패턴 매칭 기법을 적용해 코틀린으로 작성할 경우 '이랬으면 좋을 텐데' 하고 바라는 코드를 자세히 살펴보자.

우선, List 클래스의 동반 객체에 작성한 sum 함수를 다시 살펴보자.

**리스트 3.7** List 동반 객체에서 사용한 단순한 when 매칭

```
fun sum(xs: List<Int>): Int =
    when (xs) {
        is Nil -> 0
        is Cons -> xs.head + sum(xs.tail)
    }
```

Cons를 매칭한 다음에 xs가 스마트캐스트되므로 head와 tail을 볼 수 있음

여기서 가장 잘 알 수 있는 문제는 매칭이 이뤄진 다음에 xs 내부 값을 xs.head와 xs. tail로 접근한다는 점이다. xs가 List로 선언됐으므로 head나 tail이 없다. List가 Cons로 스마트캐스트된다는 사실을 명시하지는 않았기 때문에 xs의 타입이 모호해 보여서 혼란을 야기할 수 있다.

다른 언어처럼 코틀린도 패턴 매칭을 지원한다면 다음과 같은 코틀린 의사코드로 같은 함수를 작성할 수 있을 것이다.

리스트 3.8  의사코드를 사용해 List 패턴 매칭하기

```
fun sum(xs: List): Int = when(xs) {
    case Nil -> 0          ◄──── 첫 번째 패턴 Nil. 뽑아내는 값 없음
    case Cons(head, tail) -> head + sum(tail)   ◄─── 두 번째 패턴 Cons(head, tail). head와
}                                                     tail을 뽑아냄
```

새 case 키워드 뒤에 패턴 선언이 온다는 사실을 알 수 있다. 여기서 Nil과 Cons(head, tail)이 패턴이다. 이 패턴이 값과 일치해야 한다. 코드를 실행할 때 when의 파라미터에 대해 각 가지에 있는 패턴을 순서대로 적용해본다. 파라미터가 어떤 가지의 패턴과 일치하지 않으면 그냥 다음 가지로 넘어간다. 패턴이 일치하면, 패턴을 적용하면서 파라미터 객체에 있는 필드를 뽑아낸 후 변수에 담고 해당 가지의 오른쪽에 있는 수식에서 변수를 사용할 수 있게 해준다.

이 패턴 매칭 구조의 인자로 Cons(1, Cons(2, Nil))이라는 구조의 List 객체가 전달된다고 하자. Nil 패턴은 이 객체와 일치하지 않으므로 두 번째 패턴으로 넘어간다. Cons 데이터 클래스 정의에는 다음과 같은 주 생성자 정의가 있다는 점을 기억하자.

```
data class Cons<out A>(val head: A, val tail: List<A>) : List<A>()
```

생성자 (val head: A, val tail: List<A>)를 (패턴 매칭에 전달된) 객체에 겹쳐보면서 head와 tail 값을 추출한다. 여기서는 Int 타입의 head로 1이라는 값이, List<Int> 타입의 tail로 Cons(2, Nil)이 추출된다. 이 두 값이 head와 tail이라는 변수에 담기고 조건식 오른쪽에서는 when의 파라미터로 전달된 객체인 xs에 접근하지 않아도 이 두 변수를 사용해 원하는 계산을 수행할 수 있다.

처음에는 이런 논리 전환이 그다지 대단해 보이지 않는다. 하지만 패턴 매칭이 있는지 여부는 이런 류의 매칭이 필요한 코드에 접근하는 방식에 큰 영향을 끼친다. 패턴 매칭이 있다면 일치가 일어난 xs에 접근할 필요가 없고, 필드에 접근하기 위해 스마트캐스트를 쓸 필요도 없다. 대신 각각의 필드를 직접 사용할 수 있으며, 원하는 값을 평가할 때 xs에 손댈

필요가 없다.

코틀린 언어에 패턴 매칭을 포함시켜달라는 요청이 많이 있었지만(예를 들어 웹 사이트 (https://discuss.kotlinlang.org/t/destructuring-in-when/2391)), 코틀린 창시자들은 언어가 너무 복잡해질 수 있다고 주장하면서 이런 의견에 굳건히 반대하고 있다. 우리(이 책의 저자들)는 미래에 패턴 매칭이 코틀린 언어에 포함되길 간절히 원하고 있다.

## 3.3 함수형 데이터 구조 안의 데이터 공유

데이터가 불변이면 어떻게 리스트에 원소를 추가하거나 리스트에서 원소를 제거하는 함수를 작성할 수 있을까? 해답은 간단하다. 기존 리스트(말하자면 xs)의 앞에 1이라는 원소를 추가하면 Cons(1, xs)라는 새 리스트를 돌려주면 된다. 리스트가 불변이므로 실제로는 xs를 복사할 필요가 없다. 단지 xs를 재사용하면 된다. 이를 데이터 공유라고 한다. 불변 데이터를 공유하면 함수를 더 효율적으로 구현할 수 있는 경우가 자주 있다. 향후 다른 코드에서 데이터를 변경할지도 모른다는 걱정을 하지 않고 데이터를 반환할 수 있으며, 데이터 변경이나 오염을 피하기 위해 비관적으로 복사본을 만들 필요가 없다. 데이터 구조가 불변이기 때문에 복사본은 불필요하다.

> **|노트|** 큰 프로그램에서는 비관적 복사가 문제가 될 수 있다. 가변 데이터가 서로 느슨하게 연결된 컴포넌트의 사슬을 통해 전달될 때 각 컴포넌트는 다른 컴포넌트가 데이터를 변경할지 모르기 때문에 데이터 복사본을 유지해야 한다. 불변 데이터는 공유가 돼도 안전하므로 결코 복사를 할 필요가 없다. 전체적으로 FP가 부수 효과에 의존하는 접근 방법보다 더 큰 효율을 달성할 수 있다고 보는데, 데이터나 계산을 더 많이 공유할 수 있기 때문이다.

마찬가지 방법으로, mylist = Cons(x, xs)인 리스트 맨 앞에서 원소를 제거하기 위해서는 tail인 xs를 반환하면 된다. 여기서는 아무 데이터 이동도 일어나지 않는다. 원래 리스트 mylist는 바뀌지 않고, 여전히 쓸 수 있다. 함수형 데이터 구조는 영속적persistent이다. 영속적이라는 말은 존재하는 (함수적 데이터 구조에 대한) 참조가 데이터 구조에 대한 연산을 수행한 다음에도 결코 바뀌지 않고 원래대로 남는다는 뜻이다. 그림 3.2는 이런 데이터 구조의 영속적인 성격을 보여준다.

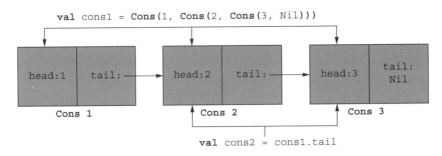

▲ **그림 3.2** 공통 데이터 구조를 사용하면서 단일 연결 리스트에서 데이터 공유하기

리스트를 여러 가지 방법으로 변경하는 함수를 몇 가지 구현해보자. 우리가 연습문제로 작성할 함수들은 두 가지 방법으로 작성할 수 있으며 어느 방법을 택해도 좋다. 첫 번째 접근 방법은 sum이나 product처럼 List 동반 객체 안에 함수를 위치시키는 방법이다. 이 방법을 사용해 정의한 메서드는 첫 번째 인자로 받은 리스트에 대해 작용해야 한다.

```
fun <A> tail(xs: List<A>): List<A> = TODO()
```

```
>>> val xs = List.of(1, 2, 3, 4)
>>> List.tail(xs)
```

다른 접근 방법은 앞 장에서 소개한 확장 메서드를 사용하는 것이다. 이렇게 하면 리스트 타입 자체에 행동을 추가할 수 있으며 다음과 같은 형태로 리스트 객체에 메서드를 적용할 수 있다.[5]

```
fun <A> List<A>.tail(): List<A> = TODO()
```

```
>>> xs.tail()
```

---

5    확장 함수의 경우 리스트의 공개(public) 필드와 메서드만 사용할 수 있다. 봉인된 타입 계층에서 어떤 데이터 생성자를 data class로 정의한 경우, 모든 필드가 public val 필드로 노출되기 때문에 확장 함수에서도 모든 필드에 접근할 수 있어 이 책에서는 별다른 설명 없이 확장 함수를 사용한다. – 옮긴이

List의 첫 번째 원소를 제거하는 tail 함수를 구현하라. 이 함수는 상수 시간$^{constant\ time}$에 실행이 끝나야 한다. List가 Nil일 때 선택할 수 있는 여러 가지 처리 방법을 생각해보라. 다음 장에서 이 경우(함수가 정상 작동하지 못하는 경우)를 다시 살펴본다.

```
fun <A> tail(xs: List<A>): List<A> =

    SOLUTION_HERE()
```

연습문제 3.1과 같은 아이디어를 사용해 List의 첫 원소를 다른 값으로 대치하는 setHead 함수를 작성하라.[6]

```
fun <A> setHead(xs: List<A>, x: A): List<A> =

    SOLUTION_HERE()
```

## 3.3.1 데이터 공유의 효율

2.3절에서 본 것처럼, 우리가 다루는 데이터 구조의 불변성으로 인해 데이터 공유를 사용할 때 연산을 더 효율적으로 구현할 수 있는 경우가 자주 있다. 몇 가지 예를 살펴보자.

---

6  (힌트) 함수형 프로그래밍에서는 제자리 변경을 사용하지 않는다는 점을 다시 한번 기억하라. 제자리 변경이라는 선택지를 제외시키면, 리스트의 첫 원소를 다른 값으로 바꾼다는 말은 첫 번째 원소만 다르고 나머지 구조가 같은 새 리스트를 만든다는 뜻이 될 수밖에 없다. 이때 나머지 리스트의 모든 원소를 굳이 복사할 필요가 있는지를 한번 고민해보라. – 옮긴이

연습문제 3.3

tail을 더 일반화해서 drop 함수를 작성하라. drop은 리스트 맨 앞부터 n개 원소를 제거한다. 이 함수는 삭제할 원소의 개수에 비례해 시간이 걸린다는 사실(따라서 여러분이 전체 List를 복사할 필요가 없다는 사실)을 알아두라.

```
fun <A> drop(l: List<A>, n: Int): List<A> =

    SOLUTION_HERE()
```

연습문제 3.4

dropWhile을 구현하라. 이 함수는 List의 맨 앞에서부터 주어진 술어를 만족(술어 함수가 true를 반환)하는 연속적인 원소를 삭제한다. (다른 말로 하면, 이 함수는 주어진 술어를 만족하는 접두사를 List에서 제거한다.)

```
fun <A> dropWhile(l: List<A>, f: (A) -> Boolean): List<A> =

    SOLUTION_HERE()
```

drop과 dropWhile은 목표를 달성하기 위해 데이터 공유를 채택한다. 데이터 공유를 쓰는 더 놀라운 예제로 한 리스트의 모든 원소를 다른 리스트 뒤에 덧붙이는 다음 함수를 들 수 있다.

**리스트 3.9 한 리스트의 모든 원소를 다른 리스트 뒤에 덧붙이기**

```
fun <A> append(a1: List<A>, a2: List<A>): List<A> =
    when (a1) {
        is Nil -> a2
        is Cons -> Cons(a1.head, append(a1.tail, a2))
    }
```

이 정의는 첫 번째 리스트의 원소를 소진할 때까지만 값을 복사한다는 점에 유의하라. 따라서 이 함수의 실행 시간과 메모리 사용량은 a1의 길이에 의해서만 결정된다. (복사된 리스트의) 나머지 리스트는 a2를 가리키기만 한다. 같은 기능을 배열로 구현한다면 두 배열의 모든 원소를 결과 배열에 복사해야 한다. 이런 경우 불변 연결 리스트가 배열보다 훨씬 효율적이다!

---

**연습문제 3.5**

코드가 리스트를 연결하는 코드의 경우처럼 항상 제대로 작동하는 것은 아니다. 어떤 List에서 마지막 원소를 제외한 나머지 모든 원소로 이뤄진 (순서는 동일한) 새 List를 반환하는 init 함수를 정의하라. 예를 들어 List(1, 2, 3, 4)에 대해 init은 List(1, 2, 3)을 돌려줘야 한다. 이 함수를 tail처럼 상수 시간에 구현할 수 없는 이유는 무엇일까?

```
fun <A> init(l: List<A>): List<A> =

    SOLUTION_HERE()
```

---

단일 연결 리스트의 구조로 인해 어떤 Cons의 tail을 변경할 때마다 해당 Cons가 리스트의 맨 마지막에 위치한 Cons라 할지라도, 더 앞에 있던 모든 Cons 객체를 복사해야만 한다. 여러 다른 연산을 효율적으로 제공하는 순수 함수형 데이터 구조를 작성하는 것은 데이터 공유를 영리하게 활용할 방법을 찾아내는 것과 같다. 여기서 이런 데이터 구조를 더 자세히 다루지는 않으므로, 일단은 다른 사람들이 작성해놓은 함수형 데이터 구조를 사용하는 것으로 만족하자.[7]

---

7  이런 함수형 데이터 구조를 다룬 가장 유명한 책으로는 크리스 오카사키(Chris Okasaki)가 저술하고 이 책의 역자(오현석)가 번역한 『순수 함수형 데이터 구조』(에이콘, 2019)를 들 수 있다. 이 책은 어렵지만 여러 가지 흥미로운 함수형 데이터 설계 방법을 다루고 있으므로 읽어볼 만한 가치가 있다. - 옮긴이

## 3.4 리스트에 대한 재귀와 이를 고차 함수로 일반화하는 방법

sum과 product 구현을 다시 보자. 이 두 함수는 수행하는 일과 처리 방법이 매우 비슷하다. 다음으로는 이들의 공통점을 뽑아내어 두 함수에 대한 고차 함수를 만들어보자.

두 함수의 구현을 나란히 비교하기 위해 0.0에 대한 쇼트 서킷short circuit[8]을 제거한 약간 다른 product 구현을 살펴보자.

**리스트 3.10  쇼트 서킷을 제거함으로써 product 정규화하기**

```
fun sum(xs: List<Int>): Int = when (xs) {
    is Nil -> 0
    is Cons -> xs.head + sum(xs.tail)
}

fun product(xs: List<Double>): Double = when (xs) {
    is Nil -> 1.0
    is Cons -> xs.head * product(xs.tail)
}
```

두 함수가 얼마나 많이 닮았는가! 이들은 List<Int>와 List<Double>이라는 서로 다른 타입에 작용한다. 타입을 제외하면 유일한 차이는 빈 리스트에 대해 반환하는 값(sum에서는 0, product에서는 1.0)과 결과를 합치는 연산(sum에서는 + 연산, product에서는 * 연산)뿐이다. 이와 같은 중복이 보일 때마다 하위 식을 함수 인자로 뽑아냄으로써 코드를 일반화할 수 있다.

하위식이 어떤 지역 변수들을 참조한다고 가정하자(sum에서 + 연산자는 두 값을 더하고, product에서 * 연산자는 두 값을 곱한다). 그런 경우 이 하위식을 각 식이 참조하는 변수들을 인자로 받는 함수로 바꿀 수 있다. 지금 그렇게 해보자. 우리 함수는 빈 리스트의 경우 반환해야 하는 값과 비어 있지 않은 리스트의 각 원소를 하나씩 결과에 추가(덧셈이 아니라 연산을 수행해 결과에 반영한다는 뜻이다)해나가는 함수를 인자로 받는다.

---

8   쇼트 서킷은 '단락'을 의미하는 용어로, 전기 회로에서 한 부분이 다른 소자(저항 등)를 거치지 않고 직접 연결되는 것을 말한다. 프로그래밍에서는 특정 경우에 복잡한 계산을 거치지 않고 즉시 답을 내놓는 코드를 쇼트 서킷이라고 부른다. 예를 들어 불린 식 e1 && e2에서 e1을 계산한 결과가 거짓이면, e2를 굳이 계산하지 않아도 전체가 거짓임이 확정되므로 e2 식을 아예 평가하지 않고 false를 내놓는다. – 옮긴이

```kotlin
fun <A, B> foldRight(xs: List<A>, z: B, f: (A, B) -> B): B =
    when (xs) {
        is Nil -> z
        is Cons -> f(xs.head, foldRight(xs.tail, z, f))
    }

fun sum2(ints: List<Int>): Int =
    foldRight(ints, 0, { a, b -> a + b })

fun product2(dbs: List<Double>): Double =
    foldRight(dbs, 1.0, { a, b -> a * b })
```

foldRight는 원소의 구체적 타입에 따른 특별한 처리를 하지 않는다. 일반화를 하는 과정에서는 반환할 값이 리스트의 원소와 같은 타입일 필요가 없다는 사실을 알았다! foldRight가 하는 일을 묘사하는 한 가지 방법은 foldRight에 전달된 인자로 리스트 생성자를 대치하는 것이다. 1장에서 배운 치환 모델에 따르면 Nil은 z로, Cons는 f로 치환해 다음과 같은 결과를 얻을 수 있다.

```
Cons(1, Cons(2, Nil))
f   (1, f   (2, z  ))
```

최종 결과를 얻을 때까지 체계적으로 평가 값을 치환하는 완전한 예제를 살펴보자. 다음 선언을 평가하는 과정을 앞에서 본 치환 모델을 통해 추적하자.

```
foldRight(Cons(1, Cons(2, Cons(3, Nil))),
    0, { x, y -> x + y })
```

각 foldRight 호출을 함수 본문으로 치환하자. 이런 치환 기법을 이 책 전반에 걸쳐 볼 수 있다.

```
foldRight(Cons(1, Cons(2, Cons(3, Nil))),
    0, { x, y -> x + y })
1 + foldRight(Cons(2, Cons(3, Nil)), 0,
    { x, y -> x + y })
```

```
1 + (2 + foldRight(Cons(3, Nil), 0,
    { x, y -> x + y }))
1 + (2 + (3 + (foldRight(Nil as List<Int>, 0,
    { x, y -> x + y }))))
1 + (2 + (3 + (0)))
6
```

foldRight는 리스트의 맨 끝까지 모든 원소를 순회하고(순회 과정에서 스택에 프레임을 쌓아야 한다), 그 후 익명 함수를 적용하면서 한 값으로 축약된다는 사실을 알아두라.

여기서 foldRight를 재귀 호출할 때 익명 함수 파라미터를 전달하는 구문으로 { x, y -> x + y }라는 람다를 썼다. 이때 f의 모든 파라미터 타입을 추론할 수 있기 때문에 x와 y에 타입을 적을 필요가 없다.

---

### 연습문제 3.6

foldRight로 구현된 product가 리스트 원소로 0.0을 만나면 재귀를 즉시 중단하고 결과를 돌려줄 수 있는가? 즉시 결과를 돌려줄 수 있거나 돌려줄 수 없는 이유는 무엇인가? 긴 리스트에 대해 쇼트 서킷을 제공할 수 있으면 어떤 장점이 있을지 생각해보라. 5장에서는 이 질문이 내포하고 있는 의미를 더 자세히 살펴본다.

---

### 연습문제 3.7

다음과 같이 Nil과 Cons를 foldRight에 넘길 때 각각 어떤 일이 벌어지는지 살펴보라. (여기서는 Nil as List<Int>라고 타입을 명시해야 한다. 그렇지 않으면 코틀린이 foldRight의 B 타입 파라미터를 List<Nothing>으로 추론한다.)

```
foldRight(
    Cons(1, Cons(2, Cons(3, Nil))),
    Nil as List<Int>,
    { x, y -> Cons(x, y) }
)
```

이 결과가 foldRight와 List 데이터 생성자 사이에 존재하는 관계를 어떻게 보여주는지와 관련해 여러분의 생각을 말하라.

이 문맥에서 단순히 Nil을 전달하는 것은 A의 타입 정보가 부족하기 때문에 충분하지 않다. 그로 인해 Nil as List<Int>라고 적을 필요가 있다. 이런 코드는 번잡스럽기 때문에 동반 객체 안에 이를 회피하기 위해 다음과 같은 편의 메서드를 추가할 수 있다.

```
fun <A> empty(): List<A> = Nil
```

이제부터 모든 예제 코드와 연습문제에서 빈 리스트를 표현하기 위해 이 메서드를 사용할 것이다.

---

연습문제 3.8

foldRight를 사용해 리스트 길이를 계산하라.

```
fun <A> length(xs: List<A>): Int =

    SOLUTION_HERE()
```

---

> |**경고**| 여기서부터 연습문제 난이도가 급격히 높아진다. 많은 경우 연습문제가 지식 한계를 넘어서도록 여러분을 밀어붙일 것이다. 따라서 연습문제를 풀 수 없더라도 아무 문제가 없으며, 상당수 독자가 연습문제를 풀 수 없으리라는 것은 이미 예상한 바다. 단지 각각을 풀기 위해 최선을 다하고, 실제로 성공하지 못한 경우 부록 B에서 해답과 문제를 해결하는 적절한 방법을 살펴보라. 앞에서 말했듯이 해답을 살펴보는 것은 최후의 방법이거나 여러분이 작성한 최종 답안을 검증하기 위한 것이어야 한다. 그리고 각 연습문제는 이전 연습문제에서 배운 내용을 바탕으로 구성된 것이므로 건너뛰지 말아야 한다. 각 장의 모든 연습문제를 풀어봤을 때만 해당 장의 내용을 온전히 이해할 수 있다. 이 책에서는 이런 상황(연습문제를 통해 본문을 이해하게 되는 상황)이 계속된다.

---

연습문제 3.9

우리가 구현한 foldRight는 꼬리 재귀가 아니므로 리스트가 긴 경우 StackOverflowError를 발생시킨다(이를 스택 안전stack-safe하지 않다고 말한다). 정말 우리 구현이 스택 안전하지 않은

지 확인하라. 그 후 다른 리스트 재귀 함수 foldLeft를 2장에서 설명한 기법을 사용해 꼬리 재귀로 작성하라. 다음은 foldLeft의 시그니처다.

```
tailrec fun <A, B> foldLeft(xs: List<A>, z: B, f: (B, A) -> B): B =

    SOLUTION_HERE()
```

연습문제 3.10

foldLeft를 사용해 sum, product, 리스트 길이 계산 함수를 작성하라.

연습문제 3.11

리스트 순서를 뒤집은 새 리스트를 반환하는 함수(List(1, 2, 3)이 주어지면 List(3, 2, 1)을 반환)를 작성하라. 이 함수를 접기 연산(foldRight와 foldLeft를 합쳐서 접기 연산이라고 한다)을 사용해 작성할 수 있는지 살펴보라.

연습문제 3.12

**어려움**: foldLeft를 foldRight를 사용해 작성할 수 있는가? 반대로 foldRight를 foldLeft를 사용해 작성할 수 있는가? foldRight를 foldLeft로 구현하면 foldRight를 꼬리 재귀로 구현할 수 있기 때문에 유용하다. 이 말은 큰 리스트를 스택 오버플로를 일으키지 않고 foldRight로 처리할 수 있다는 뜻이다.

연습문제 3.13

append를 foldLeft나 foldRight를 사용해 구현하라.

연습문제 3.14

**어려움:** 리스트가 원소인 리스트를 단일 리스트로 연결해주는 함수를 작성하라. 이 함수의 실행 시간은 모든 리스트의 길이 합계에 선형으로 비례해야 한다. 이 책에서 지금까지 정의한 함수를 활용하라.

## 3.4.1 리스트에 작용하는 다른 함수들

리스트에 작용하는 더 유용한 다른 함수가 많이 있다. 여기서 함수를 일반화하는 방법과 리스트를 처리하는 몇 가지 기본 패턴을 연습하기 위해 이런 함수를 더 살펴보자. 이번 절의 목적은 각 함수를 언제 사용해야 할지 직관적으로 판단할 수 있도록 감을 잡는 것이 아니라, 리스트를 처리하는 재귀 함수를 작성할 때 이를 일반화하기 위해 노력하는 습관을 얻는 것이다. 이런 습관을 얻고 나면, 여러분 스스로가 각 함수를 발견(재발견)할 수 있고 언제 각 함수를 사용할지 판단하는 감을 키울 수 있다.

연습문제 3.15

정수로 이뤄진 리스트를 각 원소에 1을 더한 리스트로 변환하는 함수를 작성하라. 이 함수는 순수 함수이면서 새 List를 반환해야 한다.

연습문제 3.16

List<Double>의 각 원소를 String으로 변환하는 함수를 작성하라. d.toString()을 사용하면 Double 타입인 d를 String으로 바꿀 수 있다.

연습문제 3.17

리스트의 모든 원소를 변경하되 리스트 구조는 그대로 유지하는 map 함수를 작성하라. 다음은 map의 시그니처다. (표준 라이브러리에서 map과 flatMap은 List의 메서드다.)

```
fun <A, B> map(xs: List<A>, f: (A) -> B): List<B> =

    SOLUTION_HERE()
```

---

연습문제 3.18

리스트에서 주어진 술어를 만족하지 않는 원소를 제거해주는 filter 함수를 작성하라. 이 함수를 사용해 List<Int>에서 홀수를 모두 제거하라.

```
fun <A> filter(xs: List<A>, f: (A) -> Boolean): List<A> =

    SOLUTION_HERE()
```

---

연습문제 3.19

map처럼 작동하지만 인자로 (단일 값이 아니라) 리스트를 반환하는 함수를 받는 flatMap 함수를 작성하라. 이때 인자로 전달된 함수가 만들어낸 모든 리스트의 원소가 (순서대로) 최종 리스트 안에 삽입돼야 한다. 다음은 flatMap의 시그니처다.

```
fun <A, B> flatMap(xa: List<A>, f: (A) -> List<B>): List<B> =

    SOLUTION_HERE()
```

예를 들어 flatMap(List.of(1, 2, 3), { i -> List.of(i, i) })의 결과는 List(1, 1, 2, 2, 3, 3)이어야 한다.

---

연습문제 3.20

flatMap을 사용해 filter를 구현하라.

---

> **함수의 마지막 파라미터로 람다가 오는 경우**
>
> 코틀린에서는 고차 함수에 람다를 전달하는 경우에 대한 '문법 설탕(syntactic sugar)'을 제공한다. 더 구체적으로 말해, 고차 함수의 여러 파라미터 중에서 맨 마지막 파라미터가 람다라면 그 람다를 파라미터 목록 밖에 위치시킬 수 있다. 예를 들어 다음과 같은 함수 호출 코드가 있다고 하자.
>
> ```
> flatMap(xs, { x -> List.of(x) } )
> ```
>
> 문법 설탕을 활용하면 앞의 코드를 다음과 같이 적을 수 있다.
>
> ```
> flatMap(xs) { x -> List.of(x) }
> ```
>
> 이를 트레일링 람다(trailing lambda)라고 한다. 트레일링 람다를 활용하면 물 흐르듯 읽기 쉬운 코드를 작성할 수 있다.

**연습문제 3.21**

두 리스트를 받아서 서로 같은 위치(인덱스)에 있는 원소들을 더한 값으로 이뤄진 새 리스트를 돌려주는 함수를 작성하라. 예를 들어 List(1, 2, 3)과 List(4, 5, 6)은 List(5, 7, 9)가 된다.

**연습문제 3.22**

연습문제 3.21에서 작성한 함수를 일반화해 정수 타입(리스트의 원소 타입)이나 덧셈(대응하는 원소에 작용하는 연산)에 한정되지 않고 다양한 처리가 가능하게 하라. 이 일반화한 함수에는 zipWith라는 이름을 붙여라.

## 3.4.2 코틀린 표준 라이브러리의 리스트

이미 구현된 List가 코틀린 표준 라이브러리 안에 들어 있다(https://kotlinlang.org/api/latest/jvm/stdlib/kotlin.collections/-list/index.html). 여기서는 우리가 작성한 List와 표준 라

이브러리가 제공하는 List의 차이를 아는 게 중요하다. 코틀린은 우리가 작성한 것 같은 불변immutable List 대신 읽기 전용read only List를 제공한다. 실제 이 표준 라이브러리 읽기 전용 리스트는 내부적으로 가변mutable 리스트를 사용하며, 이 가변 리스트는 java.util.ArrayList와 같다. 이런 설계 결정은 자바와의 상호운용성을 살리려는 실용적인 목적하에 이뤄졌다.

코틀린에서 읽기 전용 리스트와 가변 리스트의 유일한 차이는 가변 버전이 MutableList를 구현해 리스트의 원소를 추가하고, 변경하고, 삭제하는 연산을 제공한다는 점뿐이다. MutableList는 List를 확장하는데, List에는 이런 변이 연산이 들어 있지 않다. 그림 3.3은 인터페이스 사용을 통해 하부 데이터 구조에 대한 여러 가지 뷰를 제공하는 통일된 구현 계층을 보여준다.

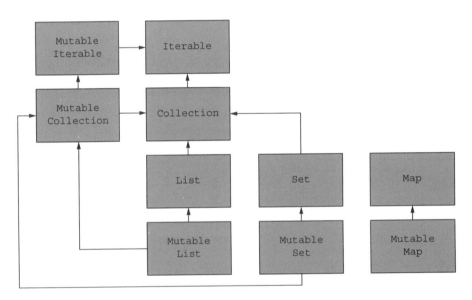

▲ **그림 3.3** 가변 컬렉션과 읽기 전용 컬렉션 사이의 관계를 보여주는 코틀린 표준 라이브러리 컬렉션 상속 계층 구조

표준 라이브러리 리스트에는 유용한 메서드가 많이 있다. 여러분은 API 문서를 읽은 후 REPL에서 이런저런 메서드를 실험해보고 싶을 것이다. 이번 장에서 독립적인 함수를 사용해 리스트 연산을 정의한 것과 달리 코틀린 컬렉션의 메서드는 List<A>에 정의돼 있다.

- **fun take(n: Int): List<A>**: this에서 최초 n개의 원소로만 이뤄진 리스트를 돌려준다.

- **fun takeWhile(f: (A) -> Boolean): List<A>**: this에서 술어 f를 통과하는(f를 적용했을 때 true로 평가되는) 원소들로 이뤄진 가장 긴 접두사가 들어 있는 리스트를 반환한다.

- **fun all(f: (A) -> Boolean): Boolean**: this의 모든 원소가 술어 f를 만족하는 경우에만 true를 반환한다.

- **fun any(f: (A) -> Boolean): Boolean**: this의 원소 중 하나라도 f를 만족하면 true를 반환한다.

이번 장을 마친 후 코틀린 API 문서를 훑어보면서 다른 함수들도 확인하는 걸 권장한다. 특히 이번 장의 연습문제에서 구현한 함수를 찾아보라. 어떤 리스트 연산을 처리하려고 재귀 함수를 명시적으로 작성하는 일이 생긴다면, 필요한 함수가 이미 존재하지 않는지 확인하기 위해 먼저 List API 문서를 찾아보라.

### 3.4.3 단순한 요소들로부터 리스트 함수를 합성하는 데 따른 비효율

List에서 리스트 관련 연산과 알고리듬을 아주 일반적인 함수를 사용해 기술할 수 있음에도 불구하고, 이런 식으로 범용 함수로 구현한 결과가 항상 효율적이지는 않다는 문제가 있다. 이 과정에서 같은 입력을 여러 번 순회하면서 처리하는 것과 빠른 종료를 위해 명시적으로 재귀적 루프를 작성하는 것 중 하나를 선택해야 하는 경우가 생기곤 한다.

항상 함수를 최대한 효율적으로 작성하는 게 바람직하며, 무언가 다른 일을 한다면 낭비인 셈이다. 아직은 이런 효율적인 코드를 구현할 수 있는 수단을 갖추지 못했으므로, 여기서는 현재 우리에게 허락된 도구를 사용해 함수를 구현해본다. 그리고 5장에서 효율성 문제를 다시 다루면서 이런 함수를 다시 살펴보자.

---

**연습문제 3.23**

**어려움**: 어떤 List가 다른 List를 부분열로 포함하는지 검사하는 hasSubsequence를 구현하라. 에를 들어 List(1, 2, 3, 4)의 부분 시퀀스는 List(1, 2), List(2, 3), List(4) 등이 있

다. 효율적인 동시에 간결한 순수 함수형 해법을 찾아내기는 어려울 수도 있다. 그래도 괜찮다. 가장 자연스럽게 떠오르는 아이디어로 함수를 구현하라. 5장에서 이 함수 구현을 다시 살펴보면, 바라건대 이를 더 개선할 수 있을 것이다.

**힌트**: 코틀린에서 두 값 x와 y가 동등한지 비교하려면 x == y를 쓴다.[9]

```
tailrec fun <A> hasSubsequence(xs: List<A>, sub: List<A>): Boolean =

    SOLUTION_HERE()
```

## 3.5  트리

이번 장에서 지금까지 살펴본 List 데이터 구조와 구현은 대수적 데이터 타입[ADT, Algebraic Data Type]에 속한다. ADT는 하나 이상의 데이터 생성자로 정의된 데이터 타입을 뜻한다. 이때 데이터 생성자는 0개 이상의 인자를 받을 수 있다. (코틀린에서는 기반 클래스나 인터페이스를 봉인시키는 방법으로만 ADT를 만들 수 있다.[10]) 우리는 (봉인된) 데이터 타입이 각각의 데이터 생성자의 합[sum] 또는 합집합[union]이라고 말하고, 각 데이터 생성자는 자신의 인자들의 곱[product]이라고 말한다. 이렇게 타입들의 합과 곱으로 타입을 정의하기 때문에 대수적 데이터 타입이라는 이름이 붙었다.

> |**노트**|  합과 곱이라는 이름은 우연이 아니다. ADT에서 타입을 '더하고 곱하는' 것과 수를 더하고 곱하는 것 사이에는 이 책의 범위를 넘어가는 깊은 연결이 존재한다.

---

9   여기서 x가 객체면 x.equals(y) 메서드를 호출한다는 점에 주의하라. 코틀린에서 컬렉션 타입의 경우 equals()는 양변에 있는 컬렉션이 서로 같은 구조로 돼 있고, 서로 대응하는 위치에 있는 원소들을 ==로 비교한 결과가 모두 참일 때만 참인 함수로 정의돼 있다. – 옮긴이

10  사실 곱 타입 ADT는 코틀린 클래스나 데이터 클래스로 정의할 수 있기 때문에 꼭 봉인된 클래스나 봉인된 인터페이스를 사용해야만 한다는 말이 100% 옳지는 않다. 코틀린에서 합 타입을 구현할 때는 봉인된 클래스를 사용해야 한다고 봐야 한다. – 옮긴이

대수가 수학의 토대이듯, 대수적 데이터 타입은 함수형 프로그래밍 언어의 토대다. 다양한 데이터 구조를 구축할 때 ADT가 재료가 된다. 이번 장에서 다루는 List와 Tree도 ADT에 속한다. ADT를 FP의 기본 빌딩 블록이면서 우리가 프로그램을 실행할 때 작용해야 할 대상을 제공하는 존재라고 볼 수 있다.

|**노트**| 혼란스럽게도 ADT라는 약자가 추상 데이터 타입(abstract data type)[11]을 의미할 때도 있다. 이 책에서 ADT는 항상 대수적 데이터 타입을 표현한다.

### ADT와 캡슐화

타입의 내부 표현을 공개하므로 ADT가 캡슐화에 위배돼서 ADT를 반대할 수도 있다. FP에서는 캡슐화를 다른 방식으로 접근하며, 보통 공개적으로 노출했을 때 버그를 야기하거나 불변 조건을 위배하는 상황이 발생할 수 있는 가변 상태를 쓰지 않는다. 어떤 타입의 데이터 생성자를 노출시켜도 좋은 경우가 많다. 그리고 데이터 생성자를 노출하기로 결정하는 것은 데이터 타입의 공개 API가 무엇이 돼야 하는지 결정하는 것과 마찬가지 결정이다.

보통 다뤄야 하는 경우의 집합이 닫혀 있을(sealed 키워드가 표현하는 것처럼 가능성이 미리 정해짐) 때는 ADT를 사용한다. List와 Tree에서 데이터 생성자 집합을 변경하면 각 데이터 타입이 어떤 존재인지가 달라진다. List는 단일 연결 리스트다(단일 연결이 바로 리스트의 본성이다). 그리고 Nil과 Cons는 List에서 유용한 공개 API의 일부다. 분명 List보다 더 추상적인 API를 다루는 코드를 작성하게 되며(이 책 뒷부분에서 이런 코드 예제를 볼 수 있다), 그런 경우에도 직접 List를 캡슐화하는 대신에 별도의 계층으로 처리하는 방식으로 이런 종류의 정보 은닉을 처리할 수 있다.

다른 데이터 구조를 정의할 때도 대수적 데이터 타입을 쓸 수 있다. 간단한 이진 트리 데이터 구조를 정의해보자.

---

11  추상 데이터 타입은 CLU 언어를 개발하는 과정에서 바바라 리스코프(Barbara Liskov) 등에 의해 제안된 개념으로, 데이터 구조가 취할 수 있는 값과 그 값에 대해 작용할 수 있는 연산, 그 연산의 동작(의미)을 사용해 데이터 구조를 추상화한 것이다. ADT는 구현 방법이나 특정 프로그래밍 언어와 무관한 추상적인 개념이지만 스택, 큐, 트리 등 추상 데이터 타입의 이름이 우리가 사용하는 Stack, Queue, Tree 등과 같은 구체적인 데이터 구조 구현과 동일하고, 프로퍼티(또는 필드)와 메서드로 데이터 값과 연산을 표현하는 게 ADT의 개념과 비슷해서 서로 혼동하는 경우가 자주 있다. – 옮긴이

```
sealed class Tree<out A>

data class Leaf<A>(val value: A) : Tree<A>()

data class Branch<A>(val left: Tree<A>, val right: Tree<A>) : Tree<A>()
```

매칭을 사용하면 우리 ADT의 각 원소에 대한 연산을 쉽게 작성할 수 있다. 몇 가지 함수를 작성해보자.

**연습문제 3.24**

트리 안에 들어 있는 노드(잎<sup>leaf</sup>과 가지<sup>branch</sup>를 모두 포함)의 개수를 반환하는 size 함수를 작성하라.

**연습문제 3.25**

Tree<Int>에서 가장 큰 원소를 돌려주는 maximum 함수를 작성하라.

**힌트**: 코틀린은 두 값의 최댓값을 결정해주는 maxOf라는 내장 함수를 제공한다. 예를 들어 x와 y 중 최댓값은 maxOf(x, y)이다.

**연습문제 3.26**

트리 뿌리<sup>root</sup>에서 각 잎까지의 경로 중 가장 길이가 긴(간선<sup>edge</sup>의 수가 경로의 길이임) 값을 돌려주는 depth 함수를 작성하라.

**연습문제 3.27**

List에 정의했던 map과 대응하는 map 함수를 정의하라. 이 map은 트리의 모든 원소를 주어진 함수를 사용해 변환한 새 함수를 반환한다.

Tree에서 size, maximum, depth, map을 일반화해 이 함수들의 유사한 점을 추상화한 새로운 fold 함수를 작성하라. 그리고 더 일반적인 이 fold 함수를 사용해 size, maximum, depth, map 을 재구현하라. List의 오른쪽/왼쪽 폴드와 여기서 정의한 fold 사이에 유사점을 찾아낼 수 있는가?

```
fun <A, B> fold(ta: Tree<A>, l: (A) -> B, b: (B, B) -> B): B =

    SOLUTION_HERE()

fun <A> sizeF(ta: Tree<A>): Int =

    SOLUTION_HERE()

fun maximumF(ta: Tree<Int>): Int =

    SOLUTION_HERE()

fun <A> depthF(ta: Tree<A>): Int =

    SOLUTION_HERE()

fun <A, B> mapF(ta: Tree<A>, f: (A) -> B): Tree<B> =

    SOLUTION_HERE()
```

**표준 라이브러리의 대수적 데이터 타입**

Pair와 Triple은 두 값 또는 세 값을 연속으로 저장하는 간단한 튜플(tuple) 클래스다. Pair나 Triple, 데이터 클래스는 모두 대수적 데이터 타입이다. 데이터 클래스는 예전에 설명했으므로 여기서는 Pair와 Triple ADT를 자세히 살펴보자.

```
>>> val p = "Bob" to 42
>>> p
```

```
res0: kotlin.Pair<kotlin.String, kotlin.Int> = (Bob, 42)   ◀─── Pair는 임의의 타입의
                                                                  두 값을 포함함
>>> p.first   ◀─── first를 통해 첫 번째 값에 접근할 수 있음
res1: kotlin.String = Bob


>>> p.second   ◀─── second를 통해 두 번째 값에 접근할 수 있음
res2: kotlin.Int = 42


>>> val (first, second) = p   ◀─── Pair를 구조 분해할 수 있음
>>> first
res3: kotlin.String = Bob


>>> second
res4: kotlin.Int = 42
```

이 예제에서 "Bob" to 42는 Pair<String, Int>라는 순서쌍을 만든다. first와 second를 사용하면 Pair 객체에서 첫 번째와 두 번째 원소를 얻을 수 있다. 데이터 클래스에서 할 수 있었던 것처럼, 구조 분해를 사용해 Pair를 각각의 하위 컴포넌트로 분해할 수도 있다.

Pair보다 항수(arity)가 더 높은 데이터 구조로 Triple이 있다. 예상할 수 있는 것처럼 Triple에서는 first, second, third라는 필드를 통해 값을 얻을 수 있다. (항수는 논리학, 수학에서 함수나 연산자의 인자나 피연산자의 개수를 뜻하는 용어로, 컴퓨터 과학에서도 채택됐다.) 이런 데이터 클래스가 제공하는 이름이 있는 필드나 (자동으로 정의되는) 여러 메서드가 필요에 비해 너무 과한 경우 튜플 타입을 쓰면 편리하다.[12] 때로는 타입이 정해진 값을 제공하는 간단한 컨테이너만으로도 충분할 수 있다.


## 요약

- 불변 데이터 구조는 순수 함수를 통해 처리할 수 있는 데이터 구조다.

- 봉인된 클래스는 구현 개수가 정해져 있으므로 데이터 구조의 문법이 제한된다.

---

12  함수형 프로그래밍에서는 튜플을 상당히 애용한다. 하지만 튜플을 쓰면 각 필드가 어떤 역할을 하는지 코드를 해석해봐야 알 수 있는 경우가 자주 있어서 가독성이 떨어지기 쉽다. 따라서 튜플에 속한 여러 값의 타입이 각각 달라서 타입만으로 쉽게 각각의 역할을 이해할 수 있거나, 함수 내부나 한 파일 안 등 문맥 구분이 쉽게 되는 작은 영역에서만 제한적으로 값을 주고받을 때만 튜플을 쓰는 편이 더 낫다. 특히 코틀린에서는 필드에 이름을 자유롭게 지정하도록 하면서 튜플과 비슷한 편리성을 제공하는 데이터 클래스가 있으므로 튜플의 필요성이 줄어든다. 특히 외부에 노출하는 공개 API에서는 튜플 사용을 자제하는 게 좋다. – 옮긴이

- when 구조를 사용하면 데이터 구조의 타입과 매칭해서 적절한 출력 평가 방법을 택할 수 있다.

- 코틀린의 매칭 기능은 데이터 구조를 처리할 때 도움이 되지만, 다른 함수형 언어가 제공하는 패턴 매칭만큼 유용하지는 않다.

- 불변 데이터 구조를 사용해 데이터를 공유하면 데이터 구조의 내용을 (방어적으로) 복사하지 않아도 데이터 구조에 안전하게 접근할 수 있다.

- 리스트 연산은 재귀적인, 일반화된 고차 함수를 통해 표현된다. 이런 고차 함수는 코드 재사용성과 모듈화를 촉진한다.

- 코틀린 표준 라이브러리의 리스트는 읽기 전용이지만 불변인 것은 아니다. 이로 인해 순수 함수가 이들 함수를 다뤄도 데이터 오염이 일어날 수 있다.

- 대수적 데이터 타입[ADT]은 불변 데이터 구조를 부르는 형식적인 명칭이며, 코틀린에서는 데이터 클래스, Pair, Triple을 통해 ADT(그중에서도 곱 타입)를 표현할 수 있다.

- 이번 장에서 List와 Tree는 ADT의 예다.

# 4

# 예외를 사용하지 않고
# 오류 다루기

**4장에서 다루는 내용**

- 예외를 던지는 경우 빠질 수 있는 함정을 다룬다.
- 예외가 참조 투명성을 깨는 이유를 살펴본다.
- 예외적인 경우를 다루는 함수적인 접근 방법을 설명한다.
- Option을 사용해 성공을 인코딩하고 실패를 무시하는 방법을 배운다.
- Either를 사용해 성공과 실패를 인코딩하는 방법을 배운다.

1장에서는 예외를 던지는 게 부수 효과이며 바람직하지 않은 동작이라고 간단히 설명했다. 하지만 왜 예외를 던지는 걸 나쁘다고 봐야 할까? 왜 예외를 던지는 게 바람직하지 않은 동작일까? 그 이유는 제어 상실loss of control과 관련이 있다. 예외가 던져지면, 제어가 프로그램의 현재 지점으로부터 벗어난 다른 쪽에 위임되면서 호출 스택을 거슬러 올라가며 전파된다. 제어 상실은 예외가 처리되지 않아 프로그램이 중단되거나, 호출 스택의 위에 있는 어떤 코드가 예외를 잡아서 예외를 처리하는 것 중 하나를 뜻한다. 예외가 발생하면 프로그램의 복잡도가 극적으로 높아진다. 따라서 함수형 프로그래밍에서는 어떻게든 제어 상실과 추가적인 복잡도를 피해야만 한다.

예외가 함수적인 코드에서 던져지기 위한 게 아니라면, 함수형 프로그래밍에서 예외적인 경우를 어떻게 처리할 수 있을까? 큰 아이디어는 실패와 예외를 일반적인 값으로 표현할 수 있다는 것이다. 오류 처리와 복구 패턴을 일반화하는 고차 함수를 작성할 수 있으며, 오류를 값으로 반환하는 함수적 해법은 더 안전하다. 이 함수적 해법은 참조 투명성을 유지하며, 오류 처리 로직 통합도 유지해준다. 예외와 예외의 문제점을 살펴보고, 함수적인 접근 방법을 통해 예외의 문제점을 어떻게 해결하는지 살펴보자.

3장에서 List와 Tree 데이터 타입을 직접 작성했던 것과 같은 이유로, 여기서도 Option과 Either라는 코틀린 타입을 직접 정의한다. 3장과 마찬가지로 우리가 만드는 타입이 코틀린 표준 라이브러리에는 들어 있지 않지만, 프로그램 각 요소에 타입을 지정하는 다른 함수형 프로그래밍 언어에는 이런 타입이 기본적으로 존재한다.

기존 함수형 언어로부터 이런 타입을 포팅한 코틀린 함수형 프로그래밍 라이브러리로 애로우[Arrow]가 있다. 애로우에서는 현재 Option이 사용 중단 예정[deprecated]이지만, 함수형 프로그래밍 커뮤니티에서는 여전히 Option을 많이 쓰고 있으므로 이 책에 Option을 포함시켰다. 이 책은 애로우에 대한 책이 아니지만, 웹 사이트(https://arrow-kt.io)의 문서는 읽어볼 만한 가치가 있다. 이번 장의 목적은 Option이나 Either 등의 타입을 사용해 오류를 처리하는 방법을 더 잘 이해하도록 돕는 것이다.

## 4.1 예외를 던지는 것의 문제점

예외가 왜 참조 투명성[RT]을 깨고, 그것은 왜 문제가 될까? 간단한 예제를 살펴보자. 이 코드는 예외를 던지는 함수를 정의하고 호출한다.

**리스트 4.1 예외 던지고 받기**

```
fun failingFn(i: Int): Int {
    val y: Int = throw Exception("boom")    ◀── Int 타입의 선언이 예외를 던짐
    return try {
        val x = 42 + 5
        x + y
    } catch (e: Exception) {
```

```
        43      ◀── 도달할 수 없는 코드여서 43이 반환되지 않음
    }
}
```

failingFn을 REPL에서 호출해보면 예상대로 오류가 발생한다.

```
>>> chapter4.Listing_4_1.failingFn(12)
java.lang.Exception: boom
    at chapter4.Listing_4_1.failingFn(Listing_4_1.kt:7)
```

y가 참조 투명하지 않음을 증명할 수 있다. 1.3절을 기억해보자. RT인 모든 식은 그 식이 가리키는 값으로 치환할 수 있고, 이런 치환이 프로그램의 의미를 보존한다. 만약 x + y에서 y를 throw Exception("boom!")으로 치환하면, 예외를 잡아내 43을 반환하는 try 블록 안에서 예외가 발생하기 때문에 결과가 달라진다.

```
fun failingFn2(i: Int): Int =
    try {
        val x = 42 + 5                              Exception을 던지는 코드에
        x + (throw Exception("boom!")) as Int   ◀── 임의의 타입을 지정할 수 있음.
    } catch (e: Exception) {                         여기서는 Int를 지정함
        43      ◀── 예외가 잡히고 43이 반환됨
    }
```

이 코드를 REPL에서 시험해볼 수 있다.

```
>>> chapter4.Listing_4_1.failingFn2(12)
res0: kotlin.Int = 43
```

RT 식 결과가 문맥에 따라 달라지지 않으며 지역적으로 RT 식의 결과를 추론할 수 있는 반면, RT가 아닌 식의 결과는 문맥에 따라 달라지므로 더 전역적인 추론이 필요하다고 RT를 이해할 수도 있다. 예를 들어 42 + 5라는 RT 식의 의미는 이 식이 포함된 더 큰 식이 어떤 것인지에 따라 달라지지 않는다. 즉, 42 + 5는 영원히 항상 47이다. 하지만 throw Exception("boom!")의 의미는 문맥에 많이 의존적이다. 방금 본 것처럼, 이 식이 어떤 try 블록 안에서 실행됐느냐(또는 try 블록 밖에서 실행됐느냐)에 따라 의미가 달라진다.

예외에는 크게 두 가지 문제가 있다.

■ 방금 논의한 것처럼, 예외는 RT를 깨고 문맥 의존성을 만든다. 이로 인해 치환 모델이 제공하는 단순한 추론을 벗어나며, 혼란스러운 예외 기반의 코드를 작성할 수 있게 된다. 이런 이유 때문에 전통적으로 예외를 오류 처리에만 사용하고 흐름 제어에는 쓰지 말라는 조언이 있어왔다. 함수형 프로그래밍에서는 오류를 회복할 수 없는 극단적인 상황이 아닌 한, 예외를 던지는 일을 피한다.

■ 예외는 타입 안전하지 않다. `failingFn` 함수의 타입 `(Int) -> Int`는 예외가 발생할 수도 있다는 점을 전혀 언급하지 않고, 컴파일러도 `failingFn`을 호출하는 쪽에서 예외를 어떻게 처리할지 결정하도록 강요하지 않는다. `failingFn`에서 예외가 발생하는지 검사하지 않으면, 예외가 던져진다는 사실을 실행 시점이 돼서야 감지할 수 있다.

---

**고차 함수와 체크 예외 사용**

자바의 체크 예외(checked exception)는 최소한 예외를 처리하거나 다시 발생시키는 것 중 하나를 택하도록 강제해준다. 하지만 그로 인해 호출하는 쪽에 상당한 양의 대비 코드가 필요하다. 더 중요한 것은 고차 함수에서는 검사 예외를 사용할 수 없다는 점이다. 고차 함수는 자신이 인자로 받은 함수에서 발생할 수 있는 구체적인 예외를 (함수 정의 시점에) 알 수 없다. 예를 들어 List에서 정의한 map 함수를 생각해보자.

```
fun <A, B> map(xs: List<A>, f: (A) -> B): List<B> =
    foldRightL(xs, List.empty()) { a: A, xa: List<B> ->
        Cons(f(a), xa)
    }
```

이 함수는 분명 유용하며 아주 일반적이지만, 체크 예외를 사용하기에는 이상하다. f가 던질 수 있는 모든 체크 예외를 처리하는 map 버전을 만들 수는 없다. 혹시 진짜로 그렇게 하고 싶다고 해도 어떻게 map이 가능한 예외를 모두 알 수 있겠는가? 이것이 바로 (심지어 자바에서조차) 제네릭 코드가 RuntimeException이나 어떤 공통적인 검사 예외 Exception 타입을 사용하는 것을 최후의 수단으로 택하는 이유다.

---

이런 단점이 없는 예외의 대안을 바라지만, 예외가 제공하는 주된 이점은 잃고 싶지 않다. 예외를 사용하면 오류 처리 로직을 코드 기반 여기저기에 흩어놓는 대신에 오류 처리 로직을 통합하고 중앙화할 수 있다. 우리가 사용하는 기법은 예외를 던지는 대신에 예외 상황이 발생했음을 표현하는 값을 돌려준다는 오래된 아이디어를 바탕으로 한다. 하지만 오류 코드를 사용하는 대신, '값이 정의될 수도 있음'을 표현하는 새로운 제네릭 타입을 도입하고 고차 함수를 사용해 오류를 처리하고 전파하는 일반적인 패턴을 캡슐화한다. C 스타일의 오류 코드와 달리 우리가 사용할 오류 처리 전략은 완전히 타입 안전하고, 오류를 강제로 처리하도록 타입 검사기에 의해 전적으로 도움을 받을 수 있으며, 문법적인 잡음도 거의 없다. 이런 제네릭 타입이 어떻게 작동하는지는 잠시 후 살펴본다.

## 4.2 예외에 대한 문제가 있는 대안

예외를 사용할 법한 실질적인 상황을 가정하고 예외 대신 어떤 방법을 사용할 수 있는지 살펴보자. 다음은 리스트의 평균을 계산하는 함수 구현이다. 리스트가 비어 있으면 평균이 정의될 수 없다.

```
fun mean(xs: List<Double>): Double =
    if (xs.isEmpty())
        throw ArithmeticException("mean of empty list!")    ◀── xs가 비어 있으면 ArithmeticException을 던짐
    else xs.sum() / length(xs)    ◀── xs가 비어 있지 않으면 올바른 결과를 반환
```

mean 함수는 부분 함수partial function의 예다. 부분 함수는 입력 중 일부에 대해 결과가 정의되지 않는 함수다. 보통, 입력에 대해 그 입력의 타입에 의해 암시될 수 없는 가정을 하는 함수는 (입력 타입에 속한 값 중 그 가정에 위배되는 값에 대해서는 함수가 정의되지 않기 때문에) 부분 함수다. (몇몇 입력에 대해 끝나지 않는 함수도 부분 함수다. 하지만 이런 상황은 복구 가능한 오류가 아니며, 이를 어떻게 처리하는 게 가장 좋은지 질문할 여지가 없으므로 이에 대해 다루지는 않는다.) 예외에 대한 대안을 mean 함수에서 살펴보자. 그 후 선호하는 접근 방법을 살펴볼 것이다.

## 4.2.1 센티넬 값

첫 번째 접근 방법은 예외를 던지는 대신에 Double 타입의 가짜 값을 반환하는 것이다. 모든 경우 xs.sum() / xs.length()를 반환하게 해서 xs.length()가 0일 때 mean이 Double.NaN을 반환하도록 만들 수도 있다. 또는 NaN이 아닌 다른 센티넬sentinel(감시병/보초) 값을 반환할 수도 있다. 또 다른 상황에서는 필요한 타입의 값 대신 null을 돌려줄 수도 있다. 예외가 없는 프로그래밍 언어에서는 이런 일반적인 접근 방법을 사용하곤 했다. 우리는 다음과 같은 이유로 이를 거부한다.

- 오류가 조용히 전파될 수 있다. 호출한 쪽에서 조건 검사를 잊어버릴 수 있는데, 컴파일러가 이에 대해 경고하지 않으므로 그 이후의 코드가 제대로 작동하지 않을 수 있다. 코드가 한참 진행된 다음에 이 오류를 발견하게 되는 경우도 많다.

- 호출 지점에서 명시적으로 if를 사용해 '실제' 결과가 반환됐는지 검사해야 하므로 보일러플레이트 코드boilerplate code가 상당히 많이 필요하다. 여러 함수를 호출하는 경우 각 함수가 반환하는 오류 코드를 반드시 검사하고 이들을 어떤 방식으로든 종합해야 하기 때문에 이런 보일러플레이트 코드의 양이 크게 늘어난다.

- 다형적인 코드에 적용할 수 없다. 경우에 따라서는 센티넬을 사용하고 싶지만, 몇몇 출력 타입에 대해 적절한 센티넬 값이 존재하지 않는 경우도 있다. 주어진 비교 함수에 따라 최댓값을 찾아주는 fun <A> max(xs: List<A>, greater: (A, A) -> Boolean): A 같은 함수를 생각해보자. A 타입이 Double이나 Int 같은 기본 타입일 수도 있으므로, 기본 타입이 아닌 값에만 사용할 수 있는 null을 여기에 쓸 수는 없다.

- 호출하는 쪽에서 특정 정책이나 호출 규약을 지키도록 요구한다. mean 함수에서 적절한 사용법은 호출자가 mean을 호출하고 다른 처리를 할 필요 없이 결괏값을 사용하는 것이다. 여기서 설명한 센티넬 정책을 함수가 채택하면 모든 인자를 균일하게 다뤄야 하는 고차 함수에 mean을 넘기기 어려워진다.

## 4.2.2 디폴트 값 제공

예외를 던지는 방식에 대한 두 번째 대안은 입력을 처리할 수 없는 경우에 돌려줄 디폴트 값을 호출자가 추가 인자로 제공하게 하는 것이다.

```
fun mean(xs: List<Double>, onEmpty: Double) =
    if (xs.isEmpty()) onEmpty       ◀── xs가 비어 있는 경우, 디폴트 값을 돌려줌
    else xs.sum() / xs.size()       ◀── xs가 비어 있지 않은 경우 올바른 결과를 돌려줌
```

이렇게 하면 mean이 전함수$^{total\ function}$가 된다. 즉, 입력 타입의 모든 값이 정확히 출력 타입의 한 값으로 연결된다. 하지만 mean 함수를 직접 호출하는 쪽에서 함수 결과가 정의되지 않는 경우가 언제인지 이해해야만 하며, 디폴트 값이 Double로 한정된다는 단점이 있다. mean을 더 비싼 계산의 일부분으로 사용하는데 mean이 정의되지 않았을 때 연산을 중단하고 싶다면 어떻게 해야 할까? 또는 더 비싼 연산 안에서 mean이 정의되지 않은 경우 완전히 다른 접근 방법을 택하고 싶다면? 단순히 onEmpty 파라미터를 넘기는 것으로는 이런 경우 자유를 얻을 수 없다. 우리에게는 정의되지 않은 경우를 어떻게 처리할지 결정하는 것을 최대한 연기해 가장 적합한 수준에서 다룰 수 있게 해주는 방법이 필요하다.

## 4.3　Option으로 성공 상황 인코딩하기

1.2절부터 언급했던 바람직하다고 생각하는 접근 방법은 함수의 반환 타입에 그 함수가 항상 결과를 제공하는지 여부를 명시적으로 표현하는 것이다. 이 접근 방법은 호출하는 쪽으로 오류 처리 전략을 미루는 것이라고 생각할 수 있다. 이런 경우를 표현하는 Option이라는 새 타입을 도입한다. 앞에서 언급했듯이, 이 타입은 여러 함수형 프로그래밍 언어나 라이브러리에 포함돼 있다. 따라서 여기서는 교육적인 목적으로 이를 정의한다.

```
sealed class Option<out A>

data class Some<out A>(val get: A) : Option<A>()

object None : Option<Nothing>()
```

Option에는 두 가지 경우가 있다.

- 정의되지 않음. None으로 이 경우를 표현한다.
- 정의됨. Some으로 이 경우를 표현한다.

Option을 사용하면 다음과 같이 mean을 정의할 수 있다.

**리스트 4.2 Option을 사용해 mean 함수를 순수 함수로 바꾸기**

```
fun mean(xs: List<Double>): Option<Double> =
    if (xs.isEmpty()) None        ◀── xs가 비어 있으면 None 값을 반환
    else Some(xs.sum() / xs.size())    ◀── 올바른 결과를 감싼 Some 값을 반환
```

이제는 반환 타입이 결과가 항상 정의되지 않을 수도 있음을 반영한다. 예를 들어 그림 4.1은 정의한 함수가 잘못될 가능성이 있는 Double 값 대신에 선언된 타입의 결과(지금은 Option<Double>)를 어떻게 항상 반환할 수 있는지 보여준다.

## 4.3.1 Option 사용 패턴

프로그램에는 부분 함수가 풍부하게 존재한다. Option(그리고 4.4절에서 설명할 Either 데이터 타입)은 FP에서 이런 부분성을 처리하는 전형적인 방법이다. 코틀린 표준 라이브러리에서는 Option이 쓰인 모습을 볼 수 없겠지만, 여러 언어나 함수형 라이브러리에서는 Option 사용을 볼 수 있다. 다음은 Option이 쓰이는 몇 가지 상황이다.

- getOption을 사용해 주어진 키를 맵에서 찾는다. 이 함수는 키가 맵에 들어 있으면 값을 Some으로 감싸 돌려주고, 키가 들어 있지 않으면 None을 반환한다.
- 리스트나 다른 이터러블^iterable에 대해 정의된 firstOrNone과 lastOrNone은 시퀀스가 비어 있지 않을 때 첫 번째 원소나 마지막 원소가 들어 있는 Option을 반환한다.

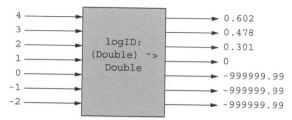

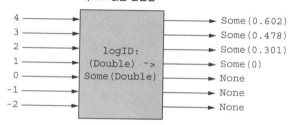

▲ **그림 4.1** 센티넬 값과 Option이 잘못된 입력에 대해 응답하는 방법 비교

이 예제가 유일한 예는 아니며, 함수형 프로그래머로서 여러 다른 상황에서 Option이 등장하는 모습을 볼 수 있다. Option이 편리한 이유는 표준 오류 처리 패턴을 고차 함수로 분리할 수 있으므로 예외 처리 코드에 등장하는 일반적인 보일러플레이트 코드를 작성하지 않아도 된다는 점에 있다. 우리 목표는 여러분이 이런 모든 고차 함수를 능숙히 다루는 게 아니라, 여러분이 오류를 처리하는 함수형 코드를 작성해야만 할 때 이번 장을 다시 살펴보면서 개발을 진행할 수 있을 정도로 Option 개념에 익숙해지는 것이다.

**널이 될 수 있는 타입과 Option 비교**

코틀린은 Option 개념을 도입하지 않기로 결정했다. 코틀린을 만든 이들은 가벼운 래퍼(wrapper)를 인스턴스화하는 것을 성능상 부가 비용이라고 언급한다. 그래서 코틀린에서는 null 값을 다루는 대안을 널이 될 수 있는 타입(nullable type)이라는 개념으로 도입했다.

타입 시스템은 null을 담을 수 있는 참조와 결코 null을 담을 수 없는 참조를 구분한다. 타입 시스템에 있는 모든 타입 각각에 대해 상응하는 널이 될 수 있는 타입이 도입됐다. 예를 들어, null일지도 모르는 String을 참조하는 값은 String?이라는 타입이 돼야만 한다. 맨 뒤의 물음표(?)는 널이 될 수 없는 String 타입을 널이 될 수 있는 타입과 구분해준다. 호출 지점에서는 널 값을 반드시 처리해야만 하며, 컴파일러는 널이 될 수 있는 타입 값의 상태 이중성(널일 때와 널이 아닐 때가 존재하는 현상)을 반드시 처리하도록 강제한다.

null을 컴파일 시점에 처리하는 게 분명 null이 전파되도록 허용해서 실행 시점에 NullPointerException으로 프로그램이 날아가버리는 것보다 더 낫다. 하지만 여전히 널이 될 수 있는 타입의 값을 반환하는 함수를 호출하는 모든 호출 지점에서 널을 처리하는 코드를 계속 작성해야 한다는 단점이 존재한다.[1]

이 책은 널이 될 수 있는 타입을 표현하기 위해 Option 데이터 타입을 사용해 더 함수적인 접근 방식을 택해야 한다고 믿는 바에 초점을 맞춘다. 이런 객체를 도입해 발생하는 부가 비용은 무시할 만하다. 따라서 이제부터 널이 될 수 있는 타입은 언급하지 않을 것이다.

## Option에 대한 기본 함수

Option을 원소가 최대 하나만 들어갈 수 있는 List라고 생각할 수 있다. 그리고 앞에서 본 List 함수 중 상당수는 Option에도 상응하는 함수가 존재한다. 이런 함수를 몇 가지 살펴보자.

List에 대한 함수를 List의 동반 객체에 넣었던 3장과는 조금 다른 방식을 택한다. 여기서는 가능하면 확장 메서드를 사용한다. 확장 메서드를 사용하면 fn(obj, arg1) 대신 obj.fn(arg1)이나 obj fn arg1으로 함수를 호출할 수 있다. 어떤 스타일을 선택하느냐는 중요하지 않지만, 이 책에서는 두 스타일을 모두 사용한다. (일반적으로는 (List.map처럼) 피연산자가

---

1   하지만 안전한 호출 연산자(?.)나 엘비스 연산자(?:), 스마트캐스트를 통해 널 처리를 간결하게 작성할 수 있으므로 일반적인 예외나 센티넬 값 처리 코드보다는 코드가 훨씬 간결해진다. 앞으로 살펴보겠지만, 코틀린에서 Option이나 Either를 쓸 때 가장 불편한 점은 다른 함수형 언어에서는 for/do 구문을 통해 Option이나 Either 등을 일반적인 프로그램을 작성하듯 엮어서 사용할 수 있는 반면에 코틀린에서는 그렇지 않으므로 Option이나 Either를 항상 고차 함수를 호출하는 형태로만 써야 한다는 것이다. 이는 패턴 매칭을 제공하지 않아서 ADT를 처리하는 함수를 작성할 때 불편한 것과 비슷하다. 언어가 네이티브로 제공하는 문법 설탕 기능을 활용할 수 있는 경우와 그렇지 않은 경우 코드 편의성이 많이 달라질 수밖에 없다는 점을 생각해보면 문법 설탕의 가치를 알 수 있다. – 옮긴이

명백히 하나만 존재하는 경우 가능한 한 객체지향 스타일의 구문을 사용하고 다른 경우 독립 함수 스타일을 사용한다.) 코드를 자세히 살펴보자.

---

**리스트 4.3** Option 데이터 타입 개선하기

```
fun <A, B> Option<A>.map(f: (A) -> B): Option<B> =

    SOLUTION_HERE()        ◀──────  Option이 None이 아닌 경우 f를 적용해
                                    A 타입 값을 B 타입으로 변환함

fun <A, B> Option<A>.flatMap(f: (A) -> Option<B>): Option<B> =

    SOLUTION_HERE()        ◀──────  Option이 None이 아닌 경우, 실패할 수도 있는
                                    f를 적용해 A 타입 값을 B 타입으로 변환함

fun <A> Option<A>.getOrElse(default: () -> A): A =

    SOLUTION_HERE()        ◀──────  Option이 None인 경우
                                    디폴트 값을 반환함

fun <A> Option<A>.orElse(ob: () -> Option<A>): Option<A> =

    SOLUTION_HERE()        ◀──────  Option이 None인 경우
                                    디폴트 옵션을 반환함

fun <A> Option<A>.filter(f: (A) -> Boolean): Option<A> =

    SOLUTION_HERE()        ◀──────  술어 f를 만족하지 않으면
                                    Some을 None으로 변환함
```

여기서 언급할 만한 또 한 가지 사실이 있는데, getOrElse의 default: () -> A 타입 애너테이션은 (그리고 orElse에 있는 비슷한 타입 애너테이션도) 인자가 B 타입을 반환하면서 아무 인자도 받지 않는 함수라는 사실을 표현한다는 점이다. 지연 계산을 구현할 때 이런 타입을 자주 사용하지만, 지금은 이에 대해 신경 쓰지 말라. 5장에서는 비엄격성을 자세히 다룬다.

---

**연습문제 4.1**

앞에 있는 Option에 대한 모든 함수를 구현하라. 각 함수를 구현할 때 각 함수의 의미가 무엇이고 어떤 상황에서 각 함수를 사용할지 생각해보라. 나중에 각 함수를 언제 사용할지 살펴본다. 다음은 이 연습문제를 풀기 위한 몇 가지 힌트다.

- 매칭을 사용해도 좋다. 하지만 map과 getOrElse 이외의 모든 함수를 매칭 없이 구현할 수 있다.
- map과 flatMap의 경우 타입 시그니처만으로 구현을 결정할 수 있다.
- getOrElse는 Option이 Some인 경우 결과를 반환하지만 Option이 None인 경우 주어진 디폴트 값을 반환한다.
- orElse는 첫 번째 Option의 값이 정의된 경우(즉, Some인 경우) 그 Option을 반환한다. 그렇지 않은 경우 두 번째 Option을 반환한다.

## 기본 Option 함수의 사용 시나리오

명시적으로 Option에 대해 매칭을 쓸 수 있지만, 거의 대부분은 앞에서 작성한 고차 함수를 사용한다. 여기서는 언제 각각을 사용할지 알려주는 가이드를 제공한다. 이런 함수를 유창하게 다룰 수 있으려면 연습이 많이 필요하지만, 기본적인 친근감을 얻는 데 목표를 둔다. 나중에 Option을 사용하는 함수형 코드를 작성하려 시도할 때, 패턴 매칭으로 문제를 해결하기 전에 여기서 본 함수들이 캡슐화해주는 패턴을 인식할 수 있는지 살펴보라.

map부터 시작하자. map 함수를 사용해 어떤 Option 내부에 존재하는(물론 값이 정의돼 있는 경우에만) 값을 변환한다. 이를 오류가 발생하지 않았다고 가정하고 계산을 계속 이어나가는 것처럼 생각할 수 있다. 따라서 오류 처리를 항상 더 뒤에 오는 코드로 미루게 된다. 직원과 부서 검색을 통해 map의 사용을 보여줄 것이다(그림 4.2를 보라).

```
data class Employee(
    val name: String,
    val department: String,
    val manager: Option<String>
)
fun lookupByName(name: String): Option<Employee> = TODO()

fun timDepartment(): Option<String> =
    lookupByName("Tim").map { it.department }
```

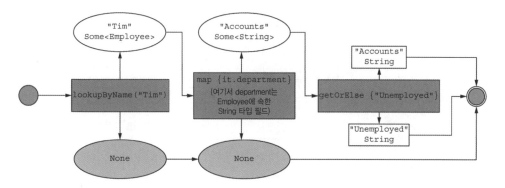

▲ **그림 4.2** map을 사용해 Option의 내용 변환하기

여기서 lookupByName("Tim")은 Option<Employee>를 내놓는다. 이 값을 map을 사용해 부서 이름을 표현하는 String으로 변환한다. 명시적으로 lookupByName("Tim") 결과를 검사할 필요는 없다는 점에 유의하라. 단지 map의 인자 안에서 아무 오류도 발생하지 않은 것처럼 계산을 계속한다. lookupByName("Tim")이 None을 반환하면 map은 나머지 계산을 중단하고 it.department 함수를 호출하지 않는다.

이 예제에서 Employee에는 Option<String> 타입의 manager 필드가 있다. 관리자를 찾기 위해 department에 대해 map을 썼던 것처럼 manager에 대해서도 그냥 map을 쓰면 다루기 힘든 Option<Option<String>>이 생긴다.

```
val unwieldy: Option<Option<String>> =
    lookupByName("Tim").map { it.manager }
```

flatMap을 적용하면, 우선 매핑을 수행하고 그 후 매핑 결과를 펼쳐서[flatten] Tim의 관리자를 표현할 때 더 유용한 Option<String> 표현을 남긴다(그림 4.3을 보라). (아마도 이 함수 이름을 mapFlat이라고 붙였어야 할지도 모른다. 하지만 그리 끌리는 이름은 아니다!) 그 결과를, 이번에는 getOrElse를 사용해 직접 처리할 수 있는 결과로 바꿀 수 있다.

```
val manager: String = lookupByName("Tim")
    .flatMap { it.manager }
    .getOrElse { "Unemployed" }
```

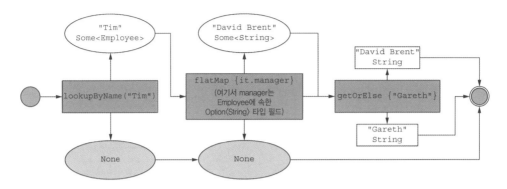

▲ **그림 4.3** flatMap을 사용해 Option⟨Option⟨⟩⟩ 내용 변환하고 펼치기

---

**연습문제 4.2**

flatMap을 사용해 variance 함수를 구현하라. 시퀀스의 평균이 m이면, 분산[variance]은 시퀀스의 원소를 x라 할 때 x-m을 제곱한 값의 평균이다. 코드로 쓰면 (x - m).pow(2)라 할 수 있다. 리스트 4.2에서 만든 mean 메서드를 사용해 이 함수를 구현할 수 있다. (분산의 정의는 위키피디아(https://ko.wikipedia.org/wiki/분산)를 참고하라.)

```
fun variance(xs: List<Double>): Option<Double> =

    SOLUTION_HERE()
```

---

variance 구현이 보여주는 것처럼, flatMap을 사용하면 각 단계가 실패할 수도 있는 여러 단계로 이뤄진 계산을 구성할 수 있다. None.flatMap(f)가 f를 호출하지 않고 즉시 None을 반환하기 때문에 첫 번째 실패가 발생하자마자 계산이 더 진행되지 않고 중단된다. 직원과 부서 검색을 계속 진행하면 이를 볼 수 있다.

filter를 사용하면 성공적인 값이 술어를 만족시키지 않을 때 성공을 실패로 변환할 수 있다. 일반적인 패턴은 Option을 map, flatMap, filter 등을 사용해 변환한 후 맨 마지막에 getOrElse를 써서 오류를 처리하는 것이다. 앞에서 살펴본 직원 예제를 통해 이를 보여줄 수 있다.

```
val dept: String = lookupByName("Tim")
    .map { it.department }
    .filter { it != "Accounts" }
    .getOrElse { "Unemployed" }
```

여기서 getOrElse는 "Tim"이라는 키가 맵(컬렉션) 안에 존재하지 않거나 Tim의 부서가 "Accounts"가 아닌 경우 사용할 디폴트 부서 값을 제공함으로써 Option<String>을 String으로 변환한다.

orElse는 첫 번째 Option이 None이면 두 번째 Option을 반환한다는 점을 제외하고는 getOrElse와 비슷하다. 실패할 가능성이 있는 계산을 서로 연결하는데, 첫 번째 계산이 실패하면 두 번째를 시도해봐야 하는 경우 orElse가 유용할 수 있다.

흔히 사용하는 o.getOrElse(throw Exception("FAIL"))이라는 숙어는 Option이 None인 경우를 예외로 되돌린다. 예외를 잡아낼 타당한 프로그램이 없을 때만 예외를 사용하는 것이 대략적인 판단 기준이다. 호출자 중 누군가에게 예외가 복구 가능한 오류라면 Option(또는 4.4절에서 논의할 Either)을 사용해 호출자에게 유연성을 제공한다.

알다시피 오류를 공통 값으로 반환하는 것이 편리할 수도 있다. 고차 함수를 사용하면 예외를 사용할 때와 마찬가지로 오류 처리 로직을 통합할 수 있다. 계산 각 단계에서 None을 검사할 필요가 없다는 점을 기억하라. 단지 몇 가지 변환을 적용하고, 문제를 처리할 준비가 됐을 때 None을 검사해 처리하면 된다. 그럼에도 Option<A>가 A와 다른 타입이므로 추가적인 안전성을 얻을 수 있다. 또한 타입 차이로 인해 None 가능성을 명시적으로 처리하거나 처리를 (고차 함수를 통해) 연기하는 것을 잊어버리는 일을 컴파일러가 막아줄 수 있다.

## 4.3.2 Option 합성, 끌어올리기 및 예외 기반 API 감싸기

Option을 사용하기 시작하면, 전체 코드 기반을 Option을 사용하도록 바꿔야 한다는 결론을 내리기 쉽다. Option을 인자로 취하거나 반환하는 메서드를 호출하는 함수도 Some이나 None을 처리하도록 변경해야만 한다고 상상할 수 있다. 하지만 이런 일은 벌어지지 않는다. 일반 함수를 끌어올려서<sup>lift</sup> Option에 대해 작용하는 함수로 만들 수 있기 때문이다.

예를 들어, map 함수를 사용하면 (A)->B 타입의 함수를 Option<A> 타입의 값에 대해 적용

함으로써 Option<B>를 얻을 수 있다. 이를 살펴보는 다른 관점은 이 map이 (A) -> B 타입의 함수 f를 (Option<A>) -> Option<B> 타입의 함수로 변환한다고 보는 것이다. 이를 명시적으로 살펴보자.

리스트 4.4 함수를 Option에 대해 작용하도록 끌어올리기

```
fun <A, B> lift(f: (A) -> B): (Option<A>) -> Option<B> =
    { oa -> oa.map(f) }
```

이 코드는 우리 주변에 널려 있는 모든 함수를 (lift를 통해) 단일 Option 값 문맥 안에서 작동하는 함수로 변환할 수 있다고 말해준다. lift를 사용해 어떤 수의 절댓값을 반환하는 kotlin.math.abs 내장 함수를 변환해보자.

```
val absO: (Option<Double>) -> Option<Double> =
    lift { kotlin.math.abs(it) }
```

kotlin.math라는 네임스페이스에는 abs, sqrt, exp 등의 여러 표준 수학 함수가 들어 있으며, 옵션 값에 작용하게 만들기 위해 kotlin.math.abs 함수를 다시 작성할 필요가 없다. 단지 이 함수를 Option 문맥에서 작동하게 끌어올리면 된다. 어떤 함수든 이런 끌어올림이 가능하다(그림 4.4를 보라).

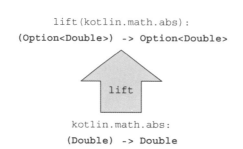

▲ **그림 4.4** 간단한 함수를 Option 타입을 받고 반환하도록 끌어올리기

다른 예제를 살펴보자. 자동차 보험 회사의 웹 사이트를 구현한다고 가정하자. 이 웹 사이트에는 사용자가 온라인 즉시 견적을 요구하기 위해 폼을 제출할 수 있는 페이지가 있다. 이 폼의 정보를 파싱해서 결국에는 할인율(보험료 산정 기준)을 계산하는 함수를 호출하고 싶다.

```
/**
 * 두 가지 핵심 요소로부터 연간 보험 할인율을 계산하는 최고 기밀 공식
 */
fun insuranceRateQuote(
    age: Int,
    numberOfSpeedingTickets: Int
): Double = TODO()
```

이 함수를 호출하고 싶지만, 사용자가 웹 폼에 입력한 나이와 속도 위반 딱지 수가 단순한 문자열로 들어오기 때문에 정수로 각 값을 파싱해야만 한다. 파싱에 실패할 수도 있다. s라는 문자열이 주어지면 이를 s.toInt()로 파싱하는데, toInt는 문자열이 올바른 정수 형식이 아니면 NumberFormatException을 발생시킨다.

```
>>> "112".toInt()
res0: kotlin.Int = 112

>>> "hello".toInt()
java.lang.NumberFormatException: For input string: "hello"
```

이 예외 기반 toInt() API를 Option으로 바꾸고 나이와 속도 위반 횟수를 문자열로 받아서 두 값을 모두 성공적으로 정수로 변환한 경우에만 insuranceRateQuote를 호출하는 parseInsuranceRateQuote를 구현할 수 있는지 살펴보자.

```
fun parseInsuranceRateQuote(
    age: String,
    speedingTickets: String
): Option<Double> {

    val optAge: Option<Int> = catches { age.toInt() }

    val optTickets: Option<Int> =
        catches { speedingTickets.toInt() }

    //return insuranceRateQuote(optAge, optTickets)  ◄── 타입이 불일치해서
                                                          타입 검사를 통과하지 못함
}

fun <A> catches(a: () -> A): Option<A> =  ◄── a를 평가하는 과정에서 발생하는 예외를 모두 잡아내
                                              None으로 변환하기 위해 엄격하지 않은 A를 받음
```

```
try {
    Some(a())    ◄──── Some의 내부에서 엄격하지 않은 파라미터 a를 호출
} catch (e: Throwable) {    ◄─┐ 오류 e에 대한 정보를 버림.
    None                      └ 4.4절에서 Either를 사용해 개선할 예정
}
```

catches 함수는 예외 기반 API를 Option 기반 API로 바꿀 때 쓸 수 있는 범용 함수다. 이 함수는 비엄격성 또는 지연 인자를 사용한다. a의 함수 타입 정의 () -> A가 비엄격성을 표현한다. 5장에서는 지연 계산을 더 자세히 다룬다. 그렇지만, 지연 파라미터를 계산하려면 invoke() 함수를 호출하거나 invoke() 호출을 줄인 ()를 사용해야 한다. 즉, a를 호출하려면 a.invoke()나 a()를 쓸 수 있다.

하지만 문제가 있다. optAge와 optTicket을 Option<Int>로 파싱한 다음, 현재 두 Int를 받게 돼 있는 insuranceRateQuote를 어떻게 호출할 수 있을까? insuranceRateQuote가 Option<Int>를 받게 재작성해야만 할까? 그렇지 않다. insuranceRateQuote를 바꾸면 관심사가 서로 뒤섞이게 되며, insuranceRateQuote가 자신 이전의 계산이 실패할지도 모른다는 사실을 강제로 알게 만들어버린다(변경할 수 없는 별도의 모듈에 insuranceRateQuote가 들어 있어서 코드를 수정할 권한이 우리에게 없을 수도 있다는 사실은 논외로 하더라도 말이다). 대신 insuranceRateQuote를 끌어올려서 두 가지 선택적인 값을 처리하게 만들어야 한다. 명시적으로 parseInsuranceRateQuote에서 패턴 매칭을 사용해 parseInsuranceRateQuote를 호출할 수도 있지만, 이런 처리는 지루한 일이다.

---

**연습문제 4.3**

두 Option 값을 이항 함수를 통해 조합하는 제네릭 함수 map2를 작성하라. 두 Option 중 어느 하나라도 None이면 반환값도 None이다. 다음은 map2의 시그니처다.

```
fun <A, B, C> map2(a: Option<A>, b: Option<B>, f: (A, B) -> C): Option<C> =

    SOLUTION_HERE()
```

---

map2가 있으면 다음과 같이 parseInsuranceRateQuote를 구현할 수 있다.

```
fun parseInsuranceRateQuote(
    age: String,
    speedingTickets: String
): Option<Double> {

    val optAge: Option<Int> = catches { age.toInt() }

    val optTickets: Option<Int> =
        catches { speedingTickets.toInt() }

    return map2(optAge, optTickets) { a, t ->
        insuranceRateQuote(a, t)
    }
}
```

map2를 사용하면 기존 insuranceRateQuote를 사용할 수 있다. 하지만 한 가지 단점이 있다. 두 Option 중 어느 하나 또는 둘 다 None이면, 전체적으로 None이 반환되기 때문에 두 옵션 중 어느 쪽이 실패했는지에 대한 정보가 사라진다.

하지만 map2 함수는 인자가 2개 있는 함수를 'Option을 인식하게' 만들기 위해 결코 기존 함수를 변경할 필요가 없다는 사실을 뜻하며, Option의 문맥에서 작동하도록 나중에 기존 함수를 끌어올릴 수 있다. map3, map4, map5 등을 정의하는 방법을 이미 눈치챈 독자도 있을 것이다. 비슷한 경우를 몇 가지 살펴보자.

---

**연습문제 4.4**

원소가 Option인 리스트를 원소가 리스트인 Option으로 합쳐주는 sequence 함수를 작성하라. 반환되는 Option의 원소는 원래 리스트에서 Some인 값들만 모은 리스트다. 원래 리스트 안에 None이 단 하나라도 있으면 결괏값이 None이어야 하며, 그렇지 않으면 모든 정상 값이 모인 리스트가 들어 있는 Some이 결괏값이어야 한다. 시그니처는 다음과 같다.

```
fun <A> sequence(xs: List<Option<A>>): Option<List<A>> =

    SOLUTION_HERE()
```

이 문제는 객체지향 스타일로 함수를 작성하는 게 적합하지 않다고 확실히 알 수 있는 경우다. 이 함수는 List의 메서드가 돼서는 안 되고(List는 Option에 대해 알 필요가 없어야만 한다), Option의 메서드가 될 수도 없다. 따라서 이 함수를 Option의 동반 객체 안에 넣어야 한다.

---

때로는 실패 가능성이 있는 함수를 사용해 리스트 원소를 매핑하는데, 원소 중 어느 하나에 대한 매핑이 None을 반환하면 전체 매핑 결과도 None이어야 할 때가 있다. 예를 들어 Option<Int>로 파싱하고 싶은 String 값으로 이뤄진 리스트가 있다면 어떻게 해야 할까? 이런 경우 map의 결과에 대해 sequence를 호출하면 된다.

```
fun parseInts(xs: List<String>): Option<List<Int>> =
    sequence(xs.map { str -> catches { str.toInt() } })
```

불행히도 이 코드는 리스트를 두 번(한 번은 String을 Option<Int>로 변환하기 위해, 다른 한 번은 Option<Int> 값을 Option<List<Int>>로 변환하기 위해) 순회하기 때문에 효율적이지 않다. 이런 식으로 map의 결과를 sequence로 묶고 싶을 때가 자주 있으므로 별도의 제네릭 함수 traverse를 정의해도 좋을 것이다.

**연습문제 4.5**

traverse 함수를 구현하라. map을 한 다음에 sequence를 하면 간단하지만, 리스트를 단 한 번만 순회하는 더 효율적인 구현을 시도해보라. 코드를 작성하고 나면 sequence를 traverse를 사용해 구현하라.

```
fun <A, B> traverse(
    xa: List<A>,
    f: (A) -> Option<B>
): Option<List<B>> =

    SOLUTION_HERE()
```

여러 예제를 살펴보고 나면, 기존 함수를 Option 값에 대해 작동하게 만들려고 변경할 필요가 결코 없다는 결론을 내릴 수 있다. map, lift, sequence, traverse, map2, map3 등이 기존 함수를 Option에 작동하도록 하는 데 필요한 모든 도구이기 때문이다.

### 4.3.3 Option과 for 컴프리헨션 사용하기

여러 언어에서 for 컴프리헨션comprehension 또는 모나드monad 컴프리헨션을 제공한다. 이 개념은 flatMap과 map 함수를 연쇄적으로 호출해 최종 값을 얻는 코드에 대해 제공하는 문법 설탕 요소라고 설명할 수 있다. for 컴프리헨션이 필수적이지는 않지만, for 컴프리헨션을 쓸 수 있으면 함수 호출을 내포시켜가면서 처리하는 것보다 훨씬 더 사용하기 즐겁고 간결한 (명령형 코드를 닮은) 구문을 사용할 수 있다.

코틀린은 기본 설치 상태에서 for 컴프리헨션을 제공하지 않는다. 하지만 다행히도 애로우가 이를 해결했다. 애로우에서는 다양한 데이터 타입과 함께 쓸 수 있고 다른 언어가 제공하는 for 컴프리헨션과 비슷하게 작동하는 fx 블록으로 for 컴프리헨션을 구현했다. fx 블록이 어떻게 작동하는지 보여주기 위해 우리 Option 타입에 대한 몇 가지 의사코드를 살펴보자. Option에 대한 fx 메서드를 사용해 map2를 구현할 수 있다. 다음 코드가 map2 구현이라고 가정하자.

```
fun <A, B, C> map2(
    oa: Option<A>,
    ob: Option<B>,
    f: (A, B) -> C
): Option<C> =
    oa.flatMap { a ->
        ob.map { b ->
            f(a, b)
        }
    }
```

fx를 사용하면, 훨씬 더 표현력이 좋고 명령형 프로그램처럼 보이는 코드를 작성할 수 있다.

```
fun <A, B, C> map2(
    oa: Option<A>,
    ob: Option<B>,
    f: (A, B) -> C
): Option<C> =
    Option.fx {
        val a = oa.bind()
        val b = ob.bind()
        f(a, b)
    }
```

for 컴프리헨션은 val a = oa.bind()나 val b = ob.bind() 같은 연속된 문장 뒤에 f(a, b) 같은 결과를 돌려주는 식이 위치하는 형태로 이뤄진다. 컴파일러는 이 문장을 각각의 Option에 대한 flatMap 호출로 바꾸고, 마지막 식을 결과를 돌려주는 map 호출로 바꾼다.

이 for 컴프리헨션 스타일 코드를 우리가 작성한 Option의 현재 상태에 대해 사용할 수는 없다. (애로우) for 컴프리헨션이 지원하는 클래스는 Monad라는 타입 클래스에 속해야 하기 때문이다. 이 책의 3부에서는 타입 클래스에 대해 배운다. 지금은 애로우에 의존하고 Option, Either, List, State, IO 등의 정의 내부의 제 위치에 적절한 보일러플레이트 코드가 들어가 있는 경우에만 for 컴프리헨션을 쓸 수 있다고 알아두면 된다. IO나 State는 이 책의 뒷부분에서 다룬다.

flatMap과 map에 더 익숙해지면, map, flatMap 등의 콤비네이터[2]를 명시적으로 호출하는 대신 원하는 대로 for 컴프리헨션을 써보길 바란다.

---

2  좁은 의미로는 어떤 함수 본문에 아무 자유 변수도 없는 경우를 콤비네이터라고 한다. 자유 변수가 없는 함수는 인자로 들어온 값(또는 함수)을 사용해 결괏값을 만들어내야만 한다. 특히 함수를 반환하는 콤비네이터가 있다면, 이런 콤비네이터와 기존 함수를 서로 조합해 새로운 함수를 만들고 이를 다시 콤비네이터에 적용해 또 새로운 함수를 만드는 식으로 콤비네이터가 프로그램을 조립할 때 사용되는 조합기(combiner) 역할을 할 수 있다. 이런 식으로 다양한 요소를 조합해주는 콤비네이터를 중심으로 라이브러리를 구성하는 패턴을 '콤비네이터 패턴(combinator pattern)'이라고 부르기도 한다. 나중에 배울 파서 콤비네이터나 하스켈의 모나드를 활용한 I/O 시스템이 콤비네이터 패턴의 대표적인 예라 할 수 있다. – 옮긴이

## 4.4 성공과 실패 조건을 Either로 인코딩하기

앞에서 잠깐 언급한 것처럼, 이번 장의 주 아이디어는 실패와 예외를 일반적인 값으로 표현하고 표준 오류 처리와 복구 패턴을 추상화하는 함수를 작성할 수 있다는 것이다. Option만 이런 목적에 쓸 수 있는 데이터 타입은 아니다. Option은 자주 쓰이기는 하지만 너무 단순하다. 여러분도 Option이 예외적인 상황에서 잘못된 게 무엇인지 알려주지 못한다는 사실을 눈치챘을 것이다. Option은 None을 제공해서 정상적인 값이 없음을 표현해주는 게 전부다. 하지만 이보다 더 많은 정보가 필요할 때가 있다. 예를 들어 더 많은 정보를 제공하는 String을 원할 수도 있다. 또는 예외가 발생했을 때 실제 발생한 오류가 무엇이었는지 알고 싶을 수도 있다.

실패한 경우에는 우리에게 필요한 정보가 무엇이든 이를 인코딩해주는 데이터 타입을 만들 수 있다. 때로는 실패가 발생했음을 아는 것만으로 충분할 때도 있는데, 그런 경우에는 Option을 쓸 수 있다. 반면에 더 많은 정보를 원하는 때도 있다. 이번 절에서는 Option을 약간 확장한 Either 데이터 타입을 살펴본다. Either를 쓰면 실패의 이유를 추적할 수 있다. 우선 Either 정의를 살펴보자.

---
**리스트 4.5 Either 데이터 타입**

```
sealed class Either<out E, out A>

data class Left<out E>(val value: E) : Either<E, Nothing>()

data class Right<out A>(val value: A) : Either<Nothing, A>()
```

Either에는 Option과 마찬가지로 두 가지 경우가 있다. 근본적인 차이는 두 경우 모두 어떤 값을 유지한다는 데 있다. Either 데이터 타입은 어떤 값이 두 가지 중 하나라는 사실을 아주 일반적인 방법으로 표현한다. 이를 두 타입의 분리 합집합<sup>disjoint union</sup>이라고 한다. 성공과 실패를 표현하기 위해 Either를 사용할 때는 관습적으로 Right 데이터 생성자를 사용해 성공을 표현하고('올바르다'는 뜻을 지닌 영어 단어 'right'와 '오른쪽'이라는 뜻을 지닌 단어 'right'가 같음), Left로 실패를 표현한다. 왼쪽 타입 파라미터의 이름은 '오류<sup>error</sup>'를 뜻하는 E로 정했다.

| **노트** | Either를 별도로 새로운 데이터 타입을 정의할 만한 가치가 없는 두 가지 가능성 중 한 가지
를 표현하기 위해 사용하기도 한다. 이런 경우에 대한 예제는 이 책 여기저기서 볼 수 있다.

mean 예제를 살펴보자. 이번에는 실패 시 String을 내놓는다.

```
fun mean(xs: List<Double>): Either<String, Double> =
    if (xs.isEmpty())
        Left("mean of empty list!")
    else Right(xs.sum() / xs.size())
```

때로는 소스 코드상의 오류 위치를 보여주는 스택 트레이스 등 오류에 대한 정보를 남
기고 싶을 수 있다. 이런 경우 그냥 Either의 Left에서 예외를 반환하면 된다.

```
fun safeDiv(x: Int, y: Int): Either<Exception, Int> =
    try {
        Right(x / y)
    } catch (e: Exception) {
        Left(e)
    }
```

새 Either 생성을 돕기 위해 다시 catches라는 함수를 작성할 것이다. 이 함수는 던져진
예외를 잡아서 값으로 변환하는 과정의 공통 패턴을 분리해준다.

**리스트 4.6 예외를 Either로 바꾸기 위한 catches**

```
fun <A> catches(a: () -> A): Either<Exception, A> =
    try {
        Right(a())
    } catch (e: Exception) {
        Left(e)
    }
```

Right 값에 대해 활용할 수 있는 map, flatMap, orElse, map2를 구현하라.

```
fun <E, A, B> Either<E, A>.map(f: (A) -> B): Either<E, B> =

SOLUTION_HERE()

fun <E, A, B> Either<E, A>.flatMap(f: (A) -> Either<E, B>): Either<E, B> =

    SOLUTION_HERE()

fun <E, A> Either<E, A>.orElse(f: () -> Either<E, A>): Either<E, A> =

    SOLUTION_HERE()

fun <E, A, B, C> map2(
    ae: Either<E, A>,
    be: Either<E, B>,
    f: (A, B) -> C
): Either<E, C> =
    SOLUTION_HERE()
```

## 4.4.1 Either를 for 컴프리헨션에서 사용하기

이번 절에서는 Either를 사용해 우아한 for 컴프리헨션을 작성하는 방법에 초점을 맞춘다. 애로우에는 for 컴프리헨션에 사용할 수 있는 Either 버전이 들어 있지만, 우리 데이터 타입에 필요한 보일러플레이트 코드를 더해서 같은 기능을 추가할 수도 있다. 단순화를 위해서는 애로우 구현을 사용할 것이다. for 컴프리헨션에 Either를 어떻게 쓰는지 보여주는 예제를 살펴보자.

```
suspend fun String.parseToInt(): arrow.core.Either<Throwable, Int> =    ◀——  parseToInt 확장 메서드를
                                                                               String에 추가
    arrow.core.Either.catch { this.toInt() }    ◀——  Either.catch 메서드를 사용해
                                                      Either<Throwable, Int>를 만듦
suspend fun parseInsuranceRateQuote(    ◀——  메서드 앞에 suspend가 붙으면 이 메서드의
                                             하위 처리가 블록시킬 수 있다는 뜻임
    age: String,
    numberOfSpeedingTickets: String
): arrow.core.Either<Throwable, Double> {
    val ae = age.parseToInt()    ◀——  확장 메서드를 사용해 Either를 만듦
    val te = numberOfSpeedingTickets.parseToInt()
    return arrow.core.Either.fx {    ◀——  Either.fx를 사용해 for 컴프리헨션을 시작
        val a = ae.bind()    ┐   bind()를 사용해 오른쪽으로 기울어진
        val t = te.bind()    ┘   Either에 대해 flatMap()을 사용함
        insuranceRateQuote(a, t)    ◀——  성공 시 마지막으로 insuranceRateQuote를
                                          계산한 값을 Either.Right에 전달
    }
}
```

이 예제는 하는 일이 많다. 따라서 천천히 전체를 따라가보자. 먼저 모든 String 인스턴스에 parseToInt()를 추가하기 위해 확장 함수로 이를 정의한다. 이 함수는 문자열에 대해 toInt()를 수행했을 때 발생하는 모든 예외를 처리한다. 예외가 던져지면 그 예외가 들어 있는 Either.Left를 넣어서 돌려주고, 성공적으로 정수 파싱에 성공하는 Either.Right에 파싱 결괏값을 넣어서 돌려준다. 이 과정이 블록시키는 연산일 수 있으므로 이 함수 앞에 suspend 키워드를 붙여야 한다. 일시 중단 함수suspending function는 일반 코틀린 함수 앞에 suspend라는 변경자가 붙은 함수로, 이 함수가 오래 실행되는 하위 프로세스로 인해 일시 중단될 수도 있다는 사실을 표시한다.

parseInsuranceRateQuote 메서드는 parseToInt 확장 함수를 사용해 자신의 두 파라미터를 Either<Throwable, Int>로 파싱한다. 두 파라미터 모두 예외가 들어 있는 Either.Left로 실패할 수도 있으므로, 그 뒤에 오는 fx 블록의 for 컴프리헨션에서 fx를 사용해 flatMap을 적용한다.

마지막 insuranceRateQuote 호출은 두 Either 인스턴스가 모두 Right일 때만 호출된다. 이 결과는 Either.Right<Double>이다. 반대로 두 함수 중 일부 또는 전부가 Either.Left

<Throwable>이면 parseInsuranceRateQuote 메서드를 호출한 쪽에 최초로 실패한 결과가 반환되며, for 컴프리헨션의 나머지 연산은 실행되지 않고 쇼트 서킷이 일어난다. Either의 오른쪽이 항상 더 우선순위를 갖기 때문에 이런 Either를 '오른쪽에 치우쳤다'right-biased(또는 오른쪽 우선)'고 말한다.

이제는 실패 시 단순히 None을 돌려받는 대신에 실제 어떤 예외가 발생했는지 알려주는 정보를 얻게 된다.

연습문제 4.7

Either에 대한 sequence와 traverse를 구현하라. 두 함수는 오류가 생긴 경우 최초로 발생한 오류를 반환해야 한다.

---

리스트 4.8  데이터를 검증하기 위해 Either 사용하기

```
data class Name(val value: String)
data class Age(val value: Int)
data class Person(val name: Name, val age: Age)

fun mkName(name: String): Either<String, Name> =
    if (name.isBlank()) Left("Name is empty.")
    else Right(Name(name))

fun mkAge(age: Int): Either<String, Age> =
    if (age < 0) Left("Age is out of range.")
    else Right(Age(age))

fun mkPerson(name: String, age: Int): Either<String, Person> =
    map2(mkName(name), mkAge(age)) { n, a -> Person(n, a) }
```

연습문제 4.8

리스트 4.8에서는 이름과 나이가 모두 잘못되더라도 map2가 오류를 하나만 보고할 수 있다. 두 오류를 모두 보고하게 하려면 어디를 바꿔야 할까? map2나 mkPerson의 시그니처를 바꿔

야 할까, 아니면 Either보다 이 추가 요구 사항을 더 잘 다룰 수 있는 추가 구조를 포함하는 새로운 데이터 타입을 만들어야 할까? 이 데이터 타입에 대해 orElse, traverse, sequence는 어떻게 다르게 동작해야 할까?

## 요약

- 예외를 던지는 것은 바람직하지 않고 참조 투명성을 깬다.
- 복원이 불가능한 극단적인 경우에만 예외를 던져야 한다.
- 예외적인 경우를 캡슐화하는 데이터 타입을 사용하면 순수 함수형 오류 처리를 달성할 수 있다.
- 성공을 Some으로 인코딩하고 실패를 비어 있는 None으로 인코딩하고 싶을 때 Option 데이터 타입이 편리하다.
- Either 데이터 타입을 사용하면 성공을 Right로, 실패를 Left로 인코딩할 수 있다.
- 예외를 던지지 않는 함수를 끌어올려서 Option이나 Either 타입을 따르게 할 수 있다.
- 일련의 Option과 Either 연산은 맨 처음 실패에 직면했을 때 중단될 수 있다.
- for 컴프리헨션은 일련의 map, flatMap 콤비네이터 호출을 매끄럽게 표현하도록 해주는 언어 요소다.
- 코틀린에서 사용할 수 있는 함수형 프로그래밍 보조 라이브러리인 애로우 라이브러리에는 코드를 단순화하기 위해 바인딩 메서드를 사용해 for 컴프리헨션을 처리해주는 Either가 있다.

5

# 엄격성과 지연성

장에서 다루는 내용

- 엄격한 함수와 엄격하지 않은 함수를 살펴본다.
- 지연 계산 리스트 데이터 타입을 구현한다.
- 재계산을 피하기 위해 스트림을 메모화한다.
- 스트림을 시각화하고 테스트하기 위해 내부를 살펴본다.
- 프로그램 기술과 평가를 분리한다.
- 무한 스트림과 공재귀를 살펴본다.

대부분의 현대적인 프로그래밍 언어와 마찬가지로 코틀린도 기본적으로 엄격한strict 평가를 수행한다. 엄격하다는 말은 함수를 호출하기 전에 함수 파라미터를 완전히 평가한다는 뜻이다. 지금까지 살펴본 예제에서는 이런 엄격한 평가 전략에 초점을 맞춰왔다. 엄격한 평가는 즉시eager나 탐욕적greedy인 평가 전략이라고 말하기도 한다. 사실 List, Option, Either 등의 데이터 타입을 파생시킬 때는 엄격한 평가를 사용해왔다. 나중에 엄격성의 형식적인 정의를 살펴보겠지만, 실제 세상에서 엄격한 평가란 무엇을 암시할까?

엄격한 평가에서 식은 그 식이 변수에 바운드bound되는 순간에 평가된다. 이런 엄격한 평가에는 식을 함수 파라미터로 넘기는 경우도 포함된다. 간단한 값을 대입하는 경우 이 전략을 받아들일 만하지만, 우리가 평가해야 하는 식이 값을 결정할 때 복잡하거나 비싼 계산을 수행해야 한다면 어떨까? 그리고 한 단계 더 나아가서 리스트 데이터 타입의 모든 원소에 대해 아주 복잡한 계산을 수행해야 하지만, 실제 필요한 것은 맨 앞의 몇 가지 원소에 불과하다면 어떤 일이 벌어질까?

이럴 때는 엄격하지 않은$^{non-strict}$ 평가나 지연$^{lazy}$ 평가가 도움이 된다. 이 평가 전략을 쓰면 값을 선언한 시점이 아니라 실제 참조하는 시점에 계산이 이뤄진다. 이제 더 이상 탐욕스럽게 모든 계산을 수행하지 않고, 필요에 따라 값을 계산한다.

이번 장에서는 엄격하지 않은 평가의 정의와 엄격하지 않은 평가를 적용하는 데 따른 함의를 자세히 살펴본다. 그리고 앞에서 정의했던 데이터 타입들과 똑같은 연산을 제공하면서 엄격하지 않은 연산 개념을 구현하는 대수적 데이터 타입을 구축한다. 이런 연산이 계산 선언과 선언된 계산을 평가하는 두 관심사를 분리할 때 어떻게 도움이 되는지 살펴보고, 마지막으로 공재귀$^{corecursion}$를 사용해 무한 데이터 스트림을 만드는 방법을 자세히 살펴본다. 공재귀는 어떤 스트림이 만들어내는 값을 기반으로 지연 계산으로 무한히 많은 값을 생성해내는 기법이다.

3장에서는 단일 연결 리스트를 예제로 살펴보면서 순수 함수형 데이터 구조를 설명했다. map, filter, foldLeft, foldRight, zipWith 등 리스트 전체를 처리하는 연산을 살펴봤고, 각 연산이 입력에 대한 처리 단계$^{pass}$를 생성하며 출력으로 새로운 리스트를 만들어낸다는 점을 지적했다.

트럼프 카드 무더기가 있는데, 홀수 카드를 제거하고 모든 퀸(Q)을 뒤집으라는 요구를 받았다고 하자. 이상적이라면 각 카드를 살펴보며 퀸이나 홀수 카드를 동시에 검사하면서 전체를 한 단계 만에 끝낼 수 있을 것이다. 이렇게 하는 게 홀수 카드를 모두 제거하고 그 결과에서 퀸을 찾는 것보다 더 효율적이다. 코틀린에서도 다음과 같은 간단한 문장을 사용해 비효율적인 코드를 만들 수 있다.

```
>>> List.of(1, 2, 3, 4).map { it + 10 }.filter { it % 2 == 0 }.map { it * 3 }
res0: kotlin.collections.List<kotlin.Int> = [36, 42]
```

이 식에서 map { it + 10 }은 filter { it % 2 == 0 }에게 넘길 중간 리스트를 만들어내고, filter { it % 2 == 0 }은 다시 map { it * 3 }에게 넘길 다른 중간 리스트를 만들어낸다. 다시 말해, 각 변환은 바로 다음 변환의 입력으로 쓰인 후 즉시 버려질 임시 리스트를 만들어낸다.

이 프로그램을 어떻게 평가할 수 있는지 생각해보자. 그 평가 과정을 수동으로 추적한다면 각 단계가 다음과 비슷하게 이뤄질 것이다.

**리스트 5.1** 엄격한 리스트에 대한 평가 과정을 추적한 트레이스

```
List.of(1, 2, 3, 4)
    .map { it + 10 }.filter { it % 2 == 0 }.map { it * 3 }
List.of(11, 12, 13, 14)
    .filter { it % 2 == 0 }.map { it * 3 }
List.of(12, 14)
    .map { it * 3 }
List.of(36, 42)
```

이 예제는 식을 평가하기 위해 수행한 각 치환의 결과를 보여준다. 예를 들어 첫 번째 줄에서 두 번째 줄로 갈 때는 map의 정의에 따라 List.of(1, 2, 3, 4).map { it + 10 }을 List.of(11, 12, 13, 14)로 치환했다.

> |**노트**| 이와 같은 프로그램 트레이스를 표시할 때는 모든 하위식을 평가하는 과정을 완전히 보여주지 않는 경우가 자주 있다. 여기서도 List.of(1, 2, 3, 4).map { it + 10 }을 완전히 펼쳐서 보여주지는 않았다. map 정의로 '들어가서' 각 단계를 하나하나 추적할 수도 있겠지만, 단순화를 위해 이런 세부 과정을 생략했다.

이 모양은 map과 filter 호출이 어떻게 입력을 순회하고 출력을 위한 리스트를 할당하는지 명확히 보여준다. 이와 같은 변환의 시퀀스를 융합해 한 번의 처리 단계로 끝낼 수 있다면 멋지지 않을까? 이 코드를 한 땀 한 땀 직접 작성해 while 루프 안에 넣을 수 있겠지만, 이상적인 경우라면 원래의 고수준 합성적 스타일을 유지하면서 우리 대신에 알아서 이런 처리 단계의 융합이 일어났으면 한다. 우리는 하나로 뭉쳐진 루프를 작성하는 대신에

map과 filter 같은 고차 함수를 합성해 프로그램을 합성하고 싶다.

비엄격성<sup>non-strictness</sup>(또는 지연 계산<sup>laziness</sup>)을 통해 이런 식의 자동 루프 융합을 달성할 수 있다는 사실이 밝혀졌다. 이번 장에서는 비엄격성의 의미를 설명하고, 변환 시퀀스를 하나로 융합해주는 지연 계산 리스트 타입을 살펴본다. 이번 장의 목표는 '더 나은' 리스트를 만드는 것이지만, 일반적으로 함수형 프로그래밍에서 비엄격성은 효율을 증가시키고 모듈화를 촉진하는 근본적인 기법이다.

## 5.1 엄격한 함수와 엄격하지 않은 함수

지연 계산 리스트 예제를 살펴보기 전에 몇 가지 기본적인 내용을 살펴봐야 한다. 엄격성과 비엄격성이란 무슨 뜻이며, 코틀린에서 이 두 개념을 어떻게 표현할 수 있을까?

비엄격성은 함수의 특성이다. 함수가 엄격하지 않다는 말은 그 함수가 인자 중 하나 이상을 평가하지 않기로 선택한다는 뜻이다. 반면 엄격한 함수는 항상 모든 인자를 평가한다. 엄격한 함수가 대부분의 프로그래밍 언어에서 표준이며, 대부분의 언어는 인자를 완전히 평가해 전달받는 함수만 지원한다. 별도로 지정하지 않으면 코틀린의 모든 함수 정의는 엄격하다(그리고 지금까지 정의한 모든 함수는 엄격한 함수였다). 예를 들어 다음 함수를 보자.

```
fun square(x: Double): Double = x * x
```

square(41.0 + 1.0)을 호출하면 square가 엄격한 함수이므로 42.0을 전달받는다. squre(exitProcess(-1))을 호출하면 square의 본문에 들어가기 전에 exitProcess(-1)이 평가되면서 프로그램을 종료시킨다.

아직까지 코틀린에서 비엄격성을 표현하는 문법을 설명하지 않았지만, 여러분은 거의 확실히 이 개념에 이미 익숙할 것이다. 예를 들어 코틀린을 포함한 여러 프로그래밍 언어에서 쇼트 서킷 불린 함수 &&, ||는 엄격하지 않다. &&와 ||를 내장 구문(프로그램 언어의 일부분)이라 생각할지 모르지만, 이들을 자신의 인자 중 일부를 평가할지 말지 선택할 수 있는 함수라 생각할 수도 있다. && 함수는 두 Boolean 인자를 받지만 첫 번째 인자가 true일 때만 두 번째 인자를 평가한다.

```
>>> false && { println("!!"); true }.invoke() // 아무것도 출력하지 않음
res0: kotlin.Boolean = false
```

||는 첫 번째 인자가 false일 때만 두 번째 인자를 평가한다.

```
>>> true || { println("!!"); false }.invoke() // 아무것도 출력하지 않음
res0: kotlin.Boolean = true
```

비엄격성의 다른 예로 코틀린의 if 제어 구조를 들 수 있다.

```
val result = if (input.isEmpty()) exitProcess(-1) else input
```

코틀린에서 if는 내장 언어 구조지만, 세 파라미터(첫 번째 파라미터로 조건을 나타내는 Boolean 타입 값, 두 번째 파라미터로 조건이 참일 때 돌려줄 A 타입의 식, 세 번째 파라미터로 조건이 거짓일 때 돌려줄 A 타입의 식)를 받는 함수로 생각할 수도 있다. if 식은 모든 인자를 평가하지 않기 때문에 엄격하지 않다. 더 정확히 말해, if 식은 어떤 가지를 택해야 할지 결정하기 위해 조건식을 평가해야만 하므로 조건식에 대해서는 엄격하지만, 조건에 따라 가지 중 한쪽을 평가하지 않으므로 참과 거짓인 경우를 나타내는 두 가지에 대해서는 엄격하지 않다.

코틀린에서 인자 중 일부를 평가하지 않고 받음으로써 엄격하지 않은 함수를 작성할 수 있다. 코틀린에서는 평가하지 않는 인자를 표현하는 다른 방법이 없기 때문에 항상 명시적으로 (함수 타입을 써서) 평가하지 않은 값을 표현해야 한다. 다음은 엄격하지 않은 if 함수다.

```
fun <A> lazyIf(
    cond: Boolean,
    onTrue: () -> A,          ┐ A 타입의 지연 값을 표현하는
    onFalse: () -> A          ┘ 함수 파라미터 타입은 () -> A
): A = if (cond) onTrue() else onFalse()

val y = lazyIf((a < 22),      ┐ () -> A를 표현하기 위한
    { println("a") },         ┘ 함수 리터럴 구문
    { println("b") }
)
```

평가하지 않고 인자를 전달하려면 () -> 다음에 원하는 타입을 넣으면 된다. () -> A 타입의 값은 인자를 하나도 받지 않으면서 A 타입을 반환하는 함수다. (실제 () -> A는 Function<A> 타입에 대한 문법적인 별명이다). 일반적으로 평가하지 않은 식을 나타내는 형태를 썽크thunk라 부르고, 썽크를 강제로 실행하면 식을 평가한 결과를 얻을 수 있다. onTrue()나 onFalse()처럼 함수를 호출하면서 빈 인자 목록을 전달하면 이런 효과를 얻을 수 있다. 마찬가지로 lazyIf를 호출할 때는 명시적으로 썽크를 만들어야만 하는데, 이때 사용하는 구문은 이미 우리가 배운 함수 리터럴 구문과 같은 구문이다. 전체적으로 이런 문법은 어떤 일이 벌어지는지를 명확히 보여준다. 엄격하지 않은 파라미터 위치에 인자가 없는 함수를 전달하고, 엄격하지 않은 함수의 본문에서는 인자로 받은 함수를 명시적으로 호출해 결과를 얻는다.

이런 문법을 사용하면, 평가되지 않은 채 함수에 전달된 인자는 함수 본문에서 참조될 (정확히는 참조되면서 호출될) 때마다 매번 평가된다. 즉, 코틀린에서는 (기본적으로는) 인자를 평가한 결과를 캐싱하지 않는다.

```kotlin
fun maybeTwice(b: Boolean, i: () -> Int) =
    if (b) i() + i() else 0

>>> val x = maybeTwice(true, { println("hi"); 1 + 41 })
hi
hi
```

여기서는 maybeTwice 본문에서 i가 두 번 참조됐다. 그리고 42를 반환하기 전에 hi를 부수 효과로 출력하는 { println("hi"); 1 + 41 } 블록을 넘김으로써 i가 두 번 평가됐다는 사실을 확실히 알 수 있다. 이때 1+41이라는 식도 두 번 계산된다. 결과를 한 번만 계산하고 싶다면 새 값을 대입하면서 lazy 내장 함수에 위임함으로써 값을 명시적으로 캐싱할 수 있다.

```kotlin
fun maybeTwice2(b: Boolean, i: () -> Int) {
    val j: Int by lazy(i)
    if (b) j + j else 0
}
```

```
>>> val x = maybeTwice2(true, { println("hi"); 1 + 41 })
hi
```

j의 값을 초기화하면서 지연 계산을 사용했다. 이 접근 방법은 if 문 안에서 j가 참조될 때까지 초기화를 미룬다. 그리고 최초 참조 시 계산한 결과를 캐싱함으로써 그 이후 j 참조가 일어날 때는 평가를 더 반복하지 않는다. 이때 평가에 사용한 메커니즘은 이 책의 논의에서 중요하지는 않지만, '지연 초기화'에 대한 박스 설명에서 더 자세히 다룬다.

---

**엄격성의 형식적 정의**

어떤 식을 평가했는데 정해진 값을 반환하는 대신 영원히 실행되거나 오류를 던지는 경우를 생각해보자. 이런 경우 이 식이 종료되지(terminate) 않는다고 말하거나 식이 바텀(bottom)(바닥)으로 평가된다고 말한다. 어떤 식 x가 바텀으로 평가될 때 함수 f도 항상 바텀으로 평가된다면 이 함수 f를 엄격한 함수라고 말한다.[1]

---

|**노트**| 엄격하지 않은 함수 인자는 이름에 의해 전달(pass by name)되지만, 엄격한 함수의 인자는 값에 의해 전달(pass by value)된다고 말한다.

---

**지연 초기화**

지연 초기화는 객체 생성, 값 계산 또는 비용이 많이 드는 다른 처리 등을 최초로 필요할 때까지 미루는 전략을 말하며, 완전한 개념 정의는 위키피디아(https://en.wikipedia.org/wiki/Lazy_initialization)에서 볼 수 있다.

코틀린은 이 언어 특성을 lazy라는 내장 함수를 사용해 구현했다. lazy 함수에 람다인 썽크 인자를 넘기면서 호출하면 Lazy<T> 타입의 인스턴스가 반환된다. 여기서 T는 할당할 변수의 타입이다. 이 Lazy 객체는 지연 프로퍼티를 구현하는 위임 객체(delegate)로 쓰인다. 위임은 by 키워드를 통해 표현된다.

---

1  반대로 말해, 엄격하지 않은 함수의 경우 인자가 무한 루프를 돌거나 예외를 발생시켜도 함수 적용이 정상적으로 값을 반환할 수도 있다. 또 인자가 둘 이상인 경우 함수의 엄격성이 인자에 따라 달라질 수 있다는 사실에 유의하라. 예를 들어 if 식을 함수로 생각할 때 조건식에 대해서는 if가 엄격한 함수지만, 참과 거짓에 해당하는 두 가지에 대해서는 엄격하지 않다는 사실을 이미 본문에서 살펴봤다. – 옮긴이

```
val x: Int by lazy { expensiveOp() }  ◄── by 키워드를 사용해 lazy가 반환하는
                                           Lazy<Int>를 x에 바인드함

fun useit() =                       x가 조건문에서 평가되면 expensiveOp가
    if (x > 10) "hi"        ◄──     호출되고 그 결과가 캐시됨
    else if (x == 0) "zero"  ◄──    expensiveOp를 호출하지 않고
    else ("lo")                     캐시된 값을 사용함
```

지연 프로퍼티 x에 대한 접근이 최초로 이뤄질 때 lazy 함수에 전달된 썽크 안에 있는 expensiveOp를 실행함으로써 초기화된다. 결과는 위임 객체 안에 캐시되고, 그 이후 x 평가는 모두 캐시의 이점을 살려 작동한다.

썽크 접근은 기본적으로 동시성 락(lock)을 사용해 스레드 안전(thread-safe)하게 돼 있다. 하지만 lazy에 대해 다른 스레드 안전 모드를 지정하면 다른 식으로 동작할 수도 있다. 이런 모드에 대한 설명은 이 책의 범위를 벗어나지만, 웹 사이트(https://kotlinlang.org/docs/delegated-properties.html)에 자세히 설명돼 있다.

## 5.2 확장 예제: 지연 리스트

이번 장의 시작 부분에서 이야기한 문제로 돌아가보자. 리스트에 대해 몇 가시 변환을 연쇄적으로 수행했는데, 그로 인해 여러 번 리스트 순회가 필요한 게 문제였다. 지연 리스트나 스트림을 예제로 사용해 지연 계산이 어떻게 함수형 프로그램의 효율을 높이고 모듈화를 촉진할 수 있는지 살펴보자. 스트림에 대한 연쇄적인 변환이 지연 계산을 통해 하나의 단계로 융합되는 방식을 보게 된다. 다음은 간단한 Stream 구현이다. 이 안에는 다음에 논의할 몇 가지 새로운 내용이 포함돼 있다.

**리스트 5.2 Stream 데이터 타입과 봉인된 구현**

```
sealed class Stream<out A>

data class Cons<out A>(
    al head: () -> A,
    val tail: () -> Stream<A>
) : Stream<A>()

object Empty : Stream<Nothing>()
```

이 타입은 List 타입과 똑같아 보인다. 유일한 차이는 Cons 데이터 생성자가 일반적인 엄격한 값 대신 명시적인 썽크((() -> A와 () -> Stream<A>)를 받는다는 점뿐이다. 이 Stream을 관찰하거나 순회하려면, 이전에 본 lazyIf 예제에서 했던 것처럼 각 썽크를 강제로 평가해야 한다. 예를 들어 다음은 Stream의 머리(첫 번째 원소)를 뽑아내는 확장 함수다.

```kotlin
fun <A> Stream<A>.headOption(): Option<A> =
    when (this) {
        is Empty -> None
        is Cons -> Some(head())         head()를 호출해서 명시적으로
    }                                    head 썽크를 강제로 평가함
```

Stream에 동작을 추가할 때 when에서 this가 Cons로 스마트캐스트되는 경우 head와 tail 값을 사용할 수 있다. 이때 명시적으로 head()를 강제 계산해야 하지만, 그 외에는 List와 마찬가지로 작동한다는 점을 알 수 있다. 하지만 다음 절에서 볼 수 있는 것처럼, 이런 식으로 Stream이 자신의 원소 중 실제로 필요한 부분만 계산하는 기능은 (Cons의 꼬리를 계산하지 않았다) 아주 유용하다.

## 5.2.1 스트림을 메모화하고 재계산 피하기

복잡한 계산을 표현하는 식을 평가하는 일은 최대한 피해야 한다. 과도한 평가를 방지하는 기법으로 메모화memoization가 있으며, 이 기법을 적용할 때는 어떤 식을 최초로 평가한 결과를 캐시에 넣음으로써 비싼 계산을 반복하는 일을 방지한다. 그 결과, 모든 순수 식은 단 한 번만 계산되고 프로그램의 나머지 부분에서 재사용된다.

전형적으로는 Cons 노드에 들어 있는 값을 일단 강제 계산하고 나면 캐시에 값을 남겨 두고 싶다. 하지만 Cons 데이터 생성자를 직접 사용하면 실제로 이 코드는 expensive(y)를 두 번 계산한다.

```kotlin
val x = Cons({ expensive(y) }, { tl })
val h1 = x.headOption()
val h2 = x.headOption()
```

스마트 생성자를 정의해 이런 문제를 피하는 게 일반적이다. 스마트 생성자는 어떤 데이터 타입을 만들기 위해 호출할 수 있으며, 몇 가지 추가적인 조건이 성립하게 유지해주거나 '실제' 생성자와는 약간 다른 시그니처를 제공하는 함수다. 관습적으로 스마트 생성자는 기반 클래스의 동반 객체 안에 위치하며, 이름은 상응하는 데이터 생성자의 이름 첫 글자를 소문자로 바꿔 사용한다. 여기서 우리가 정의한 cons 스마트 생성자는 Cons의 head와 tail 인자를 이름에 의한 호출로 받아서 메모화하는 일을 책임진다. 이런 기법은 썽크가 최초로 강제 계산될 때만 실제 실행이 이뤄지도록 보장하기 위해 쓸 수 있는 흔한 트릭이다. 그 이후의 강제 계산은 모두 캐시된 지연 계산 val을 반환한다.

```
fun <A> cons(hd: () -> A, tl: () -> Stream<A>): Stream<A> {
    val head: A by lazy(hd)
    val tail: Stream<A> by lazy(tl)
    return Cons({ head }, { tail })
}
```

empty 스마트 생성자는 Empty를 반환하지만 Empty의 타입을 Stream<A>로 지정한다. 이렇게 타입을 지정하면 타입 추론에서 유리할 때가 있다.

> |노트| 코틀린이 데이터 생성자를 표현하기 위해 하위 타입 지정(subtyping)을 사용한다는 사실을 기억하라. 하지만 거의 대부분의 경우 Cons나 Empty 타입을 추론하는 대신 Stream을 추론하게 하고 싶다. 이를 위해 스마트 생성자가 기반 타입을 돌려주도록 하는 게 일반적인 트릭이다.

Stream.of 함수에서 이 두 스마트 생성자를 어떻게 사용하는지 볼 수 있다.

```
fun <A> empty(): Stream<A> = Empty

fun <A> of(vararg xs: A): Stream<A> =
    if (xs.isEmpty()) empty()
    else cons({ xs[0] },
        { of(*xs.sliceArray(1 until xs.size)) })
```

코틀린이 cons의 인자를 썽크로 감싸는 일을 처리해주지 않으므로, 직접 xs[0]과 of(*xs

.sliceArray(1 until xs.size))를 람다로 둘러싸서 Stream에서 강제로 식을 평가할 때까지 계산이 이뤄지지 않게 해야 한다.

## 5.2.2 스트림 관찰을 위한 도우미 함수

더 진행하기에 앞서 스트림을 더 잘 관찰하기 위한 도우미 함수를 몇 가지 작성하자.

> **연습문제 5.1**

Stream을 List로 변환하는 함수를 작성하라. 이 함수는 스트림의 모든 값을 강제 계산해 REPL에서 결과를 관찰할 수 있게 해준다. 스트림을 3장에서 개발한 단일 연결 List로 변환해도 된다. 그리고 이 함수나 다른 도우미 함수를 Stream의 확장 메서드로 작성해도 좋다.

```
fun <A> Stream<A>.toList(): List<A> =

    SOLUTION_HERE()
```

이 함수를 구현할 때 스택 안전성을 고려하라. List에서 구현한 다른 메서드를 사용하거나 꼬리 재귀 제거를 고려하라.

> **연습문제 5.2**

Stream의 맨 앞에서 원소를 n개 반환하는 take(n)과 맨 앞에서 원소를 n개 건너뛴 나머지 스트림을 돌려주는 drop(n)을 작성하라.

```
fun <A> Stream<A>.take(n: Int): Stream<A> =

    SOLUTION_HERE()

fun <A> Stream<A>.drop(n: Int): Stream<A> =

    SOLUTION_HERE()
```

주어진 술어와 일치하는 모든 접두사(맨 앞부터 조건을 만족하는 연속된 원소들)를 돌려주는 takeWhile을 작성하라.

```
fun <A> Stream<A>.takeWhile(p: (A) -> Boolean): Stream<A> =

    SOLUTION_HERE()
```

REPL에서 스트림을 관찰하기 위해 take와 toList를 함께 사용할 수 있다. 예를 들어 Stream.of(1, 2, 3).take(2).toList()를 출력해보라. 단위 테스트에서 단언식<sup>assertion expression</sup>을 작성할 때도 이 기법이 유용하다.

## 5.3 프로그램 기술과 평가 분리하기

함수형 프로그래밍에서 관심사 분리<sup>separation of concerns</sup>는 중요한 주제 중 하나다. 우리는 계산에 대한 기술<sup>description</sup>과 실제 그 기술을 수행하는 것을 분리하고 싶다. 앞에서는 몇 장에 걸쳐 이 주제를 여러 가지 다른 방식으로 다뤘다. 예를 들어 일급 함수는 본문에 계산을 포획하고 인자를 받으면 실행한다. Option을 사용해서 오류가 발생했다는 사실을 포획하고, 그 오류를 어떻게 처리할지에 대한 결정을 별도의 관심사로 나눴다. Stream을 사용하면 원소들로 이뤄진 시퀀스를 내놓는 계산을 구축하되 각 원소가 필요할 때까지 계산 단계를 미룰 수 있다.

지연 계산을 사용하면 식에 대한 기술을 그 식을 평가하는 것과 분리할 수 있다. 이를 통해 필요한 '더 커다란' 식을 기술하고 그중 일부만 평가하도록 선택하는 강력한 능력을 가질 수 있다. 예를 들어 Stream 안에 어떤 Boolean 함수를 만족하는 원소가 있는지 검사하는 exists 함수를 살펴보자.

```
fun exists(p: (A) -> Boolean): Boolean =
    when (this) {
```

```
        is Cons -> p(this.head()) || this.tail().exists(p)
        else -> false
    }
```

여기서 ||는 두 번째 인자에 대해 엄격하지 않다. p(head())가 true를 반환하면 exists 는 순회를 일찍 중단하고 true를 반환한다. 그리고 스트림의 tail이 지연 계산 val이라는 점을 기억하라. 따라서 p(head())가 참을 내놓는 경우 이 함수는 순회를 일찍 끝낼 뿐 아니 라, 스트림의 꼬리를 결코 평가하지 않는다! 따라서 꼬리에 어떤 코드가 들어가든 이 코드 는 결코 실행되지 않는다.

여기 있는 exists 함수는 명시적 재귀를 사용해 구현됐다. 하지만 3장에서 List를 통해 본 것처럼 foldRight를 통해 일반적인 재귀를 구현할 수도 있다. Stream에서도 마찬가지 일 을 할 수 있지만 이번에는 지연 계산을 활용할 수 있다.

**리스트 5.3 foldRight를 Stream에 사용해 재귀 일반화하기**

```
fun <B> foldRight(
    z: () -> B,
    f: (A, () -> B) -> B    ◀──── () -> B 타입은 f가 두 번째 인자로 받는
): B =                             값이 이름에 의한 파라미터이며 평가되지
                                   않을 수도 있음을 표시함
    when (this) {
        is Cons -> f(this.head()) {
            tail().foldRight(z, f)    ◀──── f가 두 번째 인자를 평가하지 않는 경우
        }                                    재귀가 결코 일어나지 않음
        is Empty -> z()
    }
```

이 코드는 3장에서 작성한 List의 foldRight와 아주 비슷하다. 하지만 여기서 조합 함수 f는 자신의 두 번째 인자에 대해 엄격하지 않다. f가 두 번째 인자를 평가하지 않기로 결정 한 경우, 순회가 일찍 끝난다. foldRight로 exist2를 구현해보면 이를 알 수 있다(비록 설명을 위해 작성한 함수이기는 하지만, exists 정의는 스트림이 크고 모든 원소에 대한 검사 결과가 false인 경 우에는 스택 안전하지 않다는 점에 유의하라).

```
fun exists2(p: (A) -> Boolean): Boolean =
    foldRight({ false }, { a, b -> p(a) || b() })
```

Stream의 모든 원소가 주어진 술어를 만족하는지 검사하는 forAll을 구현하라. 여러분의 구현은 술어를 만족하지 않는 값을 만나자마자 순회를 최대한 빨리 중단해야만 한다.

```
fun <A> Stream<A>.forAll(p: (A) -> Boolean): Boolean =

    SOLUTION_HERE()
```

foldRight를 사용해 takeWhile을 구현하라.

**어려움**: foldRight를 사용해 headOption을 구현하라.

foldRight를 사용해 map, filter, append를 구현하라. append 메서드는 인자에 대해 엄격하지 않아야만 한다.

필요하면 앞에서 정의한 함수를 사용할지 고려해보라.

이런 구현이 점진적<sup>incremental</sup>이라는 점에 유의하라. 이들은 자신의 답을 완전히 생성해내지 않는다. 해당 Stream 생성이 실제 이뤄지는 시점은 어떤 다른 계산이 결과 Stream의 원소를 살펴볼 때다. 그리고 이때 필요한 원소를 생성하기 위해 꼭 필요한 만큼만 계산을 수행한다. 이런 점진적인 특성으로 인해 중간 결과를 완전히 인스턴스화하지 않고도 이런 함수를 하나하나 연쇄적으로 호출할 수 있다.

이번 장을 시작할 때 동기를 부여해준 예제의 일부에 대해 단순화한 프로그램 트레이스를 살펴보자. 명확히 하고자 List 대신 Stream을 표현하면 Stream.of(1, 2, 3, 4).map { it + 10 }.filter { it % 2 == 0 }이 된다. 우리는 단순화를 위해 마지막 .map { it * 3 } 변환을 제거했다. 이제 이 식을 강제로 평가하기 위해 List로 변환할 것이다. 무슨 일이 일어나는지 이해하기 위해 트레이스를 잠깐 살펴보라. 이번 장의 앞부분에서 살펴본 트레이스보다 이 트레이스를 이해하는 게 좀 더 어렵다. 이와 같은 트레이스는 같은 식을 반복하되 한번에 한 단계씩만 평가한 것에 지나지 않는다는 점을 기억하라.

**리스트 5.4 Stream에 대한 연산의 평가 순서 트레이스**

```
import chapter3.Cons as ConsL
import chapter3.Nil as NilL

Stream.of(1, 2, 3, 4).map { it + 10 }
    .filter { it % 2 == 0 }
    .map { it * 3 }.toList()

Stream.cons({ 11 }, { Stream.of(2, 3, 4).map { it + 10 } })
    .filter { it % 2 == 0 }
    .map { it * 3 }.toList()     ◀── map을 첫 번째 원소에 적용

Stream.of(2, 3, 4).map { it + 10 }
    .filter { it % 2 == 0 }
    .map { it * 3 }.toList()     ◀──┐ filter를 첫 번째 원소에 적용함. 술어가
                                    └ false를 반환함
Stream.cons({ 12 }, { Stream.of(3, 4).map { it + 10 } })
    .filter { it % 2 == 0 }
    .map { it * 3 }.toList()     ◀── map을 두 번째 원소에 적용

ConsL(36, Stream.of(3, 4).map { it + 10 }
    .filter { it % 2 == 0 }
    .map { it * 3 }.toList())    ◀──┐ filter를 두 번째 원소에 적용하면, 술어가 참을 반환하고,
                                    └ 두 번째 map을 적용하고, 결과의 첫 번째 원소를 생성함
ConsL(36, Stream.cons({ 13 }, { Stream.of(4).map { it + 10 } })
    .filter { it % 2 == 0 }
    .map { it * 3 }.toList()     ◀── map을 세 번째 원소에 적용
)
```

```
ConsL(36, Stream.of(4).map { it + 10 }
    .filter { it % 2 == 0 }
    .map { it * 3 }.toList()))     ◀── filter를 세 번째 원소에 적용하고,
                                        술어가 거짓을 반환
ConsL(36, Stream.cons({ 14 }, { Stream.empty<Int>().map { it + 10 } })
    .filter { it % 2 == 0 }
    .map { it * 3 }.toList()        ◀── map을 마지막 원소에 적용
)

ConsL(36, ConsL(42, Stream.empty<Int>().map { it + 10 }
    .filter { it % 2 == 0 }
    .map { it * 3 }.toList()))     ◀── filter를 마지막 원소에 적용하면, 술어가 참을 반환하고,
                                        두 번째 map을 적용하고, 결과의 두 번째 원소를 생성함
ConsL(36, ConsL(42, NilL))         ◀── 스트림 끝을 표현하는 Empty에 도달함.
                                        이제 map과 filter가 더 할 일이 없음. 빈 스트림은 NilL로 바뀜
```

---

**임포트 별명**

코틀린은 as 키워드를 사용한 임포트 별명(import alias)을 제공한다. 임포트 별명을 사용하면 객체, 클래스, 메서드 등을 다른 이름으로 임포트할 수 있다. 여기서는 Cons가 Stream에 이미 존재하기 때문에 List 데이터 타입의 Cons와 Nil을 ConsL과 NilL로 임포트한다. 네임스페이스 충돌이 일어날 때 이런 트릭을 사용하면 전체 이름(FQN)을 쓸 필요가 없으므로 간편하다.

```
import chapter3.Cons as ConsL
import chapter3.Nil as NilL
```

---

이 트레이스에서 알아둬야 할 것으로, filter와 map 변환이 서로 교차되는 방식이 있다. map이 출력을 하나 만들어내고 filter에서 그 원소가 2로 나눌 수 있는지 검사하는(그리고 나눌 수 있으면 출력에 추가하는) 과정이 교차돼 반복된다. map의 결과로 나오는 중간 스트림을 완전히 인스턴스화하지 않는다는 점을 확인하라. 이는 마치 특별한 목적의 루프 안에서 처리 로직을 교대로 처리한 것과 같다. 이런 이유로 사람들이 스트림을 map, filter 등의 고차 함수를 사용해 로직을 조합할 수 있는 '1급 루프'라고 부르기도 한다.

중간 스트림이 인스턴스화되지 않기 때문에 필요보다 더 많이 스트림을 처리하게 될지에 대한 걱정 없이 기존 콤비네이터를 새로운 방식으로 재사용할 수 있다. 예를 들어 filter

를 사용해 술어와 일치하는 첫 번째 원소를 (그런 원소가 있다면) 돌려주는 함수인 find를 정의할 수 있다. filter가 전체 스트림을 변환하지만, 이런 변환은 지연 계산으로 이뤄지기 때문에 find는 일치하는 원소를 찾자마자 종료된다.

```
fun find(p: (A) -> Boolean): Option<A> =

    filter(p).headOption()
```

스트림 변환의 점진적인 특성은 메모리 사용 측면에서도 중요하다. 중간 스트림이 생성되지 않기 때문에 스트림을 변환할 때는 단지 현재 원소를 저장하고 변환하는 데 필요한 작업 메모리 정도가 필요하다. 예를 들어 Stream.of(1, 2, 3, 4).map { it + 10 }.filter { it % 2 == 0 } 변환에서 쓰레기 수집기$^{garbage\ collector}$는 map과 filter가 11과 13이 필요하지 않다는 결론을 내린 후 이들에게 할당된 공간을 재활용할 수 있다. 물론 이 예제는 단순한 예제다. 다른 상황에서는 더 많은 원소를 처리해야 할 수도 있다. 스트림 원소 자체는 훨씬 더 많은 메모리를 차지하는 큰 객체일 수 있다. 이런 메모리를 가능한 한 빨리 재활용하면 전체적으로 프로그램 실행에 필요한 메모리양이 줄어든다.

메모리 효율적인 스트림 계산을 정의하는 방법에 대해서도 이야기할 내용이 많다. 특히 I/O와 관련된 계산에 대해 논의할 것이 많은데, 4부에서 관련 내용을 다룬다.

## 5.4 공재귀 함수를 통해 무한한 데이터 스트림 생성하기

지금까지 작성한 함수는 무한 스트림에 대해서도 작동한다. 무한 스트림도 점진적으로 계산이 이뤄지기 때문이다. 다음 예제는 1로 이뤄진 무한 스트림을 보여준다.

```
fun ones(): Stream<Int> = Stream.cons({ 1 }, { ones() })
```

그림 5.1에서 보듯이 ones는 무한 시퀀스를 생성한다.

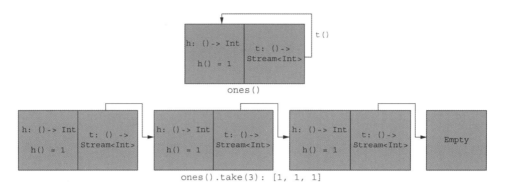

ones().take(3): [1, 1, 1]

▲ **그림 5.1** ones 함수는 점진적이기 때문에 요청이 있을 때마다 1을 내놓는 무한한 스트림을 만든다.

이 시퀀스의 무한한 본성에도 불구하고, 지금까지 작성한 함수는 모두 스트림에서 필요한 출력을 만들기 위해 필요한 일부분만을 검사한다. 예를 들면 다음과 같다.

```
>>> ones().take(5).toList()
res0: chapter3.List<kotlin.Int> = Cons(head=1,
    tail=Cons(head=1, tail=Cons(head=1,
    tail=Cons(head=1, tail=Cons(head=1, tail=Nil)))))

>>> ones().exists { it % 2 != 0 }
res1: Boolean = true
```

몇 가지 다른 예제를 갖고 놀아보자.

```
ones().map { it + 1 }.exists { it % 2 == 0 }
ones().takeWhile { it == 1 }
ones().forAll { it == 1 }
```

각 경우 즉시 결과를 받을 수 있다. 하지만 조심하라. (무한 스트림을 사용하다 보면) 결코 중단하지 않거나 스택 안전하지 않은 코드를 작성하기가 쉽다. 예를 들어 ones.forAll { it != 1 }은 정해진 결과를 내놓을 수 있는 술어를 만족하는 원소를 결코 만날 수 없기 때문에 무한 스트림을 영원히 검사하게 된다(하지만 이런 무한성은 무한 루프보다는 스택 오버플로로 자신을 드러낸다).

|**노트**| 일반적인 재귀 루프를 사용해 스택 안전한 forAll을 작성할 수도 있다.

스트림을 생성할 때 사용할 만한 다른 함수들도 살펴보자.

**연습문제 5.8**

ones를 약간 일반화해서 정해진 값으로 이뤄진 무한 Stream을 돌려주는 constant 함수를 작성하라.

```
fun <A> constant(a: A): Stream<A> =

    SOLUTION_HERE()
```

**연습문제 5.9**

n부터 시작해서 n + 1, n + 2 등을 차례로 내놓는 무한한 정수 스트림을 만들어내는 함수를 작성하라(코틀린에서 Int 타입은 32비트 부호가 있는 정수이므로 이 스트림은 약 40억 개의 정수를 주기적으로 반복하면서 양수와 음수를 오간다).

```
fun from(n: Int): Stream<Int> =

    SOLUTION_HERE()
```

**연습문제 5.10**

0, 1, 1, 2, 3, 5, 9처럼 변하는 무한한 피보나치 수열을 만들어내는 fibs 함수를 작성하라.

```
fun fibs(): Stream<Int> =

    SOLUTION_HERE()
```

unfold라는 더 일반적인 스트림 구성 함수를 작성하라. 이 함수는 초기 상태를 첫 번째 인자로 받고, 현재 상태로부터 다음 상태와 스트림상의 다음 값을 만들어내는 함수를 두 번째 인자로 받는다.

```
fun <A, S> unfold(z: S, f: (S) -> Option<Pair<A, S>>): Stream<A> =

    SOLUTION_HERE()
```

Option은 Stream이 종료돼야 하는지를 표시한다. unfold 함수는 아주 일반적인 Stream 생성 함수다.

unfold 함수는 공재귀 함수라고 불리는 함수의 예다. 재귀적 함수는 데이터를 소비하는 반면, 공재귀 함수는 데이터를 생성한다. 재귀적 함수는 더 작은 입력에 대해 재귀를 수행하다가 재귀를 끝내는 반면, 공재귀 함수는 생산적인productive 성질을 유지하는 한 끝나지 않는다. 생산적이라는 말은 유한한 시간 안에 결과를 내놓을 수 있다는 뜻이다. unfold 함수는 Stream의 다음 원소를 얻기 위해 f를 한 번 더 호출해야 하므로 f가 종료하는 한 생산적이다. 공재귀를 때로 가드가 있는 재귀guarded recursion라 하고, 생산성은 다른 말로 공종료cotermination라 한다. 우리 논의에서 이런 용어는 중요하지 않다. 하지만 함수형 프로그래밍에 대한 이야기에서 이런 용어를 듣게 될 수도 있다.

unfold를 사용해 fibs, from, constant, ones를 구현하라.

재귀적 버전에서 fun ones(): Stream<Int> = Stream.cons({ 1 }, { ones() })로 공유를 사용했던 것과 달리 unfold를 사용해 constant와 ones를 정의하면 공유를 쓰지 않게 된다. 재귀 정의는 순회를 하는 동안에도 스트림에 대한 참조를 유지하기 때문에 메모리를 상수로 소비하지만, unfold 기반 구현은 그렇지 않다. 공유 유지는 극히 미묘하며 타입을 통해 추적하기 어려우므로, 스트림을 사용해 프로그래밍을 할 때 일반적으로 의존하는 특성은 아니다. 예를 들어 단순히 xs.map { x -> x }를 호출해도 공유가 깨진다.

---

**연습문제 5.13**

unfold를 사용해 map, take, takeWhile, zipWith(3장 참고), zipAll을 구현하라. zipAll 함수는 두 스트림 중 한쪽에 원소가 남아 있는 한 순회를 계속해야 하며, 각 스트림을 소진했는지 여부를 표현하기 위해 Option을 사용한다.

```
fun <A, B> Stream<A>.map(f: (A) -> B): Stream<B> =`

    SOLUTION_HERE()

fun <A> Stream<A>.take(n: Int): Stream<A> =

    SOLUTION_HERE()

fun <A> Stream<A>.takeWhile(p: (A) -> Boolean): Stream<A> =

    SOLUTION_HERE()

fun <A, B, C> Stream<A>.zipWith(
    that: Stream<B>,
    f: (A, B) -> C
): Stream<C> =

    SOLUTION_HERE()

fun <A, B> Stream<A>.zipAll(
    that: Stream<B>
): Stream<Pair<Option<A>, Option<B>>> =

    SOLUTION_HERE()
```

---

이제 스트림 함수를 작성하는 연습을 했으므로, 3장 끝에서 다뤘던 hasSubsequence 함수 연습문제로 다시 돌아가보자. 이 함수는 리스트 안에 주어진 함수가 하위 시퀀스로 존재하

는지 검사한다. 엄격한 리스트와 리스트 처리 함수를 사용하는 경우, 이 함수가 불필요한 추가 작업을 하지 않게 하려면 상당히 복잡한 단일 루프를 작성해야만 한다. 지연 계산 리스트를 사용하면 이미 우리가 작성한 함수 몇 가지를 사용해 hasSubsequence를 구현할 수 있을까? 더 진행하기 전에 직접 이에 대해 한번 생각해보라.

---

**연습문제 5.14**

**어려움**: 이전에 작성한 함수를 사용해 startsWith를 구현하라. 이 함수는 어떤 Stream이 다른 Stream의 접두사인지 여부를 검사해야 한다. 예를 들어 Stream(1, 2, 3).startsWith (Stream(1, 2))는 true다.

```
fun <A> Stream<A>.startsWith(that: Stream<A>): Boolean =

    SOLUTION_HERE()
```

**팁**: 이 문제는 이번 장의 앞부분에서 unfold를 사용해 개발한 함수만을 사용해 구현할 수 있다.

---

**연습문제 5.15**

unfold를 사용해 tails를 구현하라. tails는 주어진 Stream의 모든 접미사를 돌려준다. 이때 원래 Stream과 똑같은 스트림을 가장 먼저 돌려준다. 예를 들어 Stream.of(1, 2, 3)에 대해 tails는 Stream.of(Stream.of(1, 2, 3), Stream.of(2, 3), Stream.of(3), Stream.empty())를 반환한다.

```
fun <A> Stream<A>.tails(): Stream<Stream<A>> =

    SOLUTION_HERE()
```

---

이제 작성한 함수들을 사용해 다음과 같이 hasSubsequence를 구현할 수 있다.

```
fun <A> hasSubsequence(s: Stream<A>): Boolean =
    this.tails().exists { it.startsWith(s) }
```

이 구현은 내포된 루프를 사용하고 각 루프를 일찍 종료시키는 로직을 포함하는 더 복잡한 구현과 똑같은 단계를 수행한다. 지연 계산을 사용하면 이 함수를 더 간단한 구성 요소로부터 합성할 수 있고, 그러면서도 여전히 더 특화된(그리고 더 장황한) 구현만큼 효율을 유지할 수 있다.

<hr>

**연습문제 5.16**

**여러움/선택적**: tails를 일반화해서 scanRight를 만들라. scanRight는 foldRight와 마찬가지로 중간 결과로 이뤄진 스트림을 반환한다. 예를 들면 다음과 같다.

```
>>> Stream.of(1, 2, 3).scanRight(0, { a, b -> a + b }).toList()

res1: chapter3.List<kotlin.Int> =
    Cons(head=6,tail=Cons(head=5,tail=Cons(head=3,tail=Cons(head=0,tail=Nil))))
```

이 예제는 List.of(1+2+3+0, 2+3+0, 3+0, 0)이라는 식과 같다. 여러분의 함수는 중간 결과를 재사용해서 원소가 n개인 Stream을 순회하는 데 걸린 시간이 n에 선형적으로 비례해야만 한다. unfold를 사용해 이 함수를 구현할 수 있을까? 구현할 수 있다면 어떻게 구현할 수 있고, 구현할 수 없다면 왜 구현할 수 없을까? 여러분이 지금까지 작성한 다른 함수를 사용해 이 함수를 구현할 수 있을까?

<hr>

## 5.5 결론

이번 장에서는 효율적이고 모듈화된 함수형 프로그램을 구현하는 토대가 되는 기법으로 비엄격성을 소개했다. 비엄격성을 함수형 코드를 작성할 때 일부 효율성을 회복하기 위한 기법이라고 생각할 수 있다. 하지만 비엄격성은 (효율성 회복보다) 훨씬 더 큰 아이디어이기도 하다(비엄격성은 식에 대한 기술과 그 기술을 언제 어떻게 평가해야 할지를 분리해줌으로써 모듈화를 향상시킬 수 있기 때문이다). 이런 관심사 분리를 통해 식을 기술한 내용을 여러 문맥에서 재사용할 수 있고, 식의 서로 다른 부분을 평가해 서로 다른 결과를 얻을 수 있다. 식에 대한 기술과 평가가 엄격한 코드로 꽉 짜여져 있으면 이 둘을 분리할 수 없다. 몇 가지 예제를 통해 비엄격성을 통한 관심사 분리라는 원칙이 작동하는 모습을 살펴봤으며, 이 책의 나머지 부분에서 이에 대해 더 많은 예제를 볼 수 있다.

다음 장에서는 속도를 늦춰 상태에 대한 순수 함수적 접근을 다룬다. 함수적 상태 처리는 함수적 설계 과정을 탐구하기 전에 필요한 마지막 빌딩 블록이다.

## 요약

- 엄격한 식은 변수에 바인드되는 시점에 평가된다. 간단한 식의 경우 이런 동작을 받아들일 만하지만 복잡한 계산의 경우 최대한 연산을 미뤄야 한다.

- 비엄격성이나 지연 계산은 값을 처음 참조하는 시점까지 계산을 지연시킨다. 이를 통해 값비싼 계산을 꼭 필요할 때 요구에 따라 평가할 수 있다.

- 썽크는 평가가 이뤄지지 않은 식을 표현하는 형태다. 'thunk'가 'think생각하다'의 과거 분사(따라서 '생각해둔 것' 정도의 의미가 될 수 있음)라는 점이 흥미롭다.

- 식을 썽크로 감싸면 지연 초기화를 달성할 수 있다. 필요하면 나중에 썽크를 강제 실행할 수 있다.

- Stream 데이터 타입을 사용하면 봉인된 Cons와 Empty 타입을 사용하는 지연 리스트 구현을 모델링할 수 있다.

- 메모화는 식을 최초로 평가한 결과를 캐시에 저장함으로써 식이 여러 번 평가되는 것을 방지하는 기법이다.

- 스마트 생성자는 실제 생성자와 약간 다른 시그니처를 제공하는 함수다. 스마트 생성자는 원래 클래스 생성자가 제공하는 요구 조건에 더해 몇 가지 요구 조건을 보장해줄 수 있다.

- 지연 계산을 적용할 때는 기술과 평가라는 관심사를 분리할 수 있다. 이 둘을 분리하면 더 큰 식을 기술하고 필요에 따라 훨씬 작은 부분만 평가할 수 있다.

- 무한 스트림을 데이터를 점진적으로 생성하는 공재귀 함수를 사용해 만들 수도 있다. unfold 함수는 이런 공재귀 스트림 생성자다.

# 6

# 순수 함수형 상태

**6장에서 다루는 내용**

- 상태 변경을 명시적으로 만들어서 순수하게 상태가 있는 API를 작성한다.
- 순수 상태 전이에서 반복적으로 드러나는 패턴을 식별한다.
- 콤비네이터를 사용해 명시적인 상태 전이를 추상화한다.
- 여러 상태 동작과 내포된 상태 동작을 조합한다.
- 일반적인 상태 동작을 표현하는 데이터 타입을 소개한다.

프로그램 상태를 다루는 일은 어려운 일이며, 함수형 프로그래밍에서는 더 어렵다. 함수형 프로그래밍에서는 불변성과 부수 효과 근절 같은 원칙을 높이 평가하기 때문이다. 프로그램에 대해 추론하고 유지보수하기가 더 어려워지는 등 가변 상태에는 상당한 비용이 따른다. 다행히 순수 함수형 방식으로 프로그램 상태를 다루는 설계 패턴이 있다. 이 패턴을 적용하면 상태를 결정적<sup>deterministic</sup> 방식으로 처리할 수 있고, 그에 따라 프로그램을 더 쉽게 테스트하고 프로그램에 대해 더 쉽게 추론할 수 있다.

프로그램 상태를 일련의 변환이 일어나는 동안 문맥을 따라 전달되는 전이<sup>transition</sup>나 동작<sup>action</sup>으로 바라봄으로써, 상태 기계<sup>state machine</sup>와 연관된 복잡성을 가둬 지역화할 수 있다. 이런 단계에서 더 나아가, 상태 동작들의 전달을 암시적으로 백그라운드에서 진행하는 고차 콤비네이터 함수를 통해 감출 수 있다. 이런 식으로 백그라운드에서 상태 전이를 감추고 전달하는 개념을 조합하다 보면 하나의 패턴이 떠오른다.

이번 장에서는 상태를 조작하는 순수 함수형 프로그램을 작성하는 방법을 살펴본다. 예제로 난수 생성 도메인을 사용한다. 난수 생성이 이번 장에서 다뤘을 때 가장 흥미를 끄는 주제는 아니지만, 난수 생성의 단순성으로 인해 (순수 함수형 상태 처리의) 첫 번째 예제로 훌륭한 역할을 할 수 있다. 이 책의 3부와 4부에서 더 흥미로운 용례를 살펴보며, 특히 4부에서 상태와 효과를 다루는 방법을 설명할 때는 더 재미있는 예를 볼 수 있다. 이번 장의 목표는 상태가 있는 모든 API를 순수 함수형으로 만들기 위한 기본 패턴을 여러분에게 제공하는 것이다. 여러분이 직접 함수형 API를 작성하게 될 때, 여기서 탐구할 의문과 똑같은 의문에 많이 부딪치게 된다.

## 6.1 부수 효과를 사용해 난수 생성하기

먼저 의사$^{pseudo}$ 난수 생성기를 사용해 난수를 생성하는 꾸며낸 예제를 살펴보자. 이런 동작은 보통 가변 상태와 부수 효과를 사용해 처리된다. 전형적인 명령형 해법을 사용해 이예제를 살펴보고, 순수 함수형 방식으로 어떻게 같은 결과를 낳을 수 있는지 알아보자.

코틀린에서 난수를 생성할 필요가 있을 때 표준 라이브러리에 있는 kotlin.random. Random(코틀린 API 링크: https://bit.ly/35MLFhz)은 부수 효과에 의존하는 꽤 표준적인 명령형 API를 제공한다. 다음 예제는 Random 클래스를 사용하는 방법을 보여준다.

**리스트 6.1 내부 상태를 변이시키는 코틀린 Random 클래스 사용하기**

```
>>> val rng = kotlin.random.Random      ◀── 현재 시스템 시간에 의해 시드가 정해진
                                             새 난수 생성기를 만듦

>>> rng.nextDouble()
res1: kotlin.Double = 0.2837830961138915

>>> rng.nextDouble()
res2: kotlin.Double = 0.7994579111535903
```

```
>>> rng.nextInt()
res3: kotlin.Int = -1630636086

>>> rng.nextInt(10)
res4: kotlin.Int = 8    ◀── 0부터 9 사이의 난수를 얻음
```

그림 6.1에서 보듯이 kotlin.random.Random 내부에서 어떤 일이 일어나느냐에 대해서는
아는 내용이 거의 없다. 하지만 한 가지는 분명하다. rng라는 객체에는 매번 (난수 관련 함수
가) 호출될 때마다 갱신되는 내부 상태가 존재한다. 그렇지 않다면 연속적으로 nextInt나
nextDouble을 호출할 때 같은 값을 돌려받았을 것이다. 이런 메서드는 부수 효과로 상태 갱
신이 일어나기 때문에 참조 투명하지 않다. 1장에서 이미 살펴봤듯이, 메서드가 참조 투명
하지 않다는 말은 테스트, 합성, 모듈화를 하기 어렵고 쉽게 병렬화할 수 없다는 것을 암시
한다.

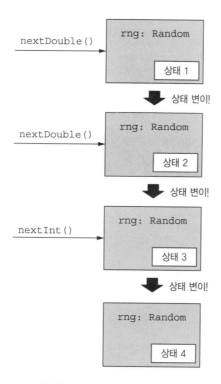

▲ **그림 6.1** Random 클래스를 사용해 상태를 변경하면서 의사 난수 생성하기

테스트 가능성을 예제로 살펴보자. 난수를 사용하는 메서드를 작성하고 싶다면, 매번 같은 결과를 재생산하는<sup>reproducible</sup> 테스트가 필요하다. 다음과 같이 정육면체 주사위를 굴리는 경우를 시뮬레이션하기 위해 부수 효과를 사용하는 메서드가 있다고 하자. 이 메서드는 항상 1 이상 6 이하의 값을 반환해야 한다.

**리스트 6.2 1 차이 나는 오류가 들어 있는 주사위 굴림 시뮬레이션**

```
fun rollDie(): Int {        ◄── 1 이상 6 이하인 난수를 반환해야만 함
    val rng = kotlin.random.Random
    return rng.nextInt(6)    ◄── 0 이상 5 이하인 난수를 반환
}
```

이 메서드에는 1 차이 나는 오류<sup>off-by-one error</sup>가 있다. 이 함수는 1 이상 6 이하의 값을 반환하리라 예상되지만, 실제로는 0 이상 5 이하의 숫자를 돌려준다. 이 메서드는 잘못 작동함에도 불구하고, 여섯 번의 테스트 시도 중 다섯 번은 테스트 요구 사항을 만족시킬 수 있다! 게다가 테스트가 실패한 경우, 이를 수정하려면 실패한 테스트를 재생산할 수 있어야 한다.

여기서는 구체적인 예제보다 일반적인 개념이 더 중요하다는 점에 유의하라. 이 경우에는 버그가 뻔히 보이고 재생산도 쉽다. 하지만 메서드가 훨씬 더 복잡하고 버그도 훨씬 더 미묘한 경우를 충분히 상상할 수 있다. 프로그램이 더 복잡하고 버그가 더 미묘하면 미묘할수록, 버그를 안정적으로 재생산하는 것이 더욱 필수적이다.

이런 테스트를 더 결정적으로 만들기 위해 권장하는 방법으로 난수 생성기를 전달하게 코드를 바꾸는 방법이 있다. 그렇게 하면 실패한 테스트를 재생산하기 위해 테스트를 실패하게 만든 난수 생성기와 똑같은 생성기를 전달할 수 있다.

```
fun rollDie2(rng: kotlin.random.Random): Int = rng.nextInt(6)
```

하지만 이 해법에는 문제가 있다. 같은 씨앗값을 사용해 '같은' 생성기를 만들어야 하고, 이 생성기가 테스트를 할 때와 동일한 상태여야만 한다. 이 말은 생성기가 만들어진 이후 이 메서드를 정해진 횟수만큼 호출했다는 점을 암시한다. 하지만 이런 상황을 항상 보장하기는 어렵다. 매번 nextInt를 호출할 때마다 난수 생성기의 이전 상태는 파괴된다. 이제는

Random의 메서드를 몇 번 호출했는지 추적하는 별도의 메커니즘을 추가해야만 할까?

그렇지 않다! 이 모든 의문에 대한 답은, 물론 신념에 따라 부수 효과를 몰아내야만 한다는 것이다!

## 6.2 순수 함수형 난수 생성기

바람직하지 않은 부수 효과를 제거함으로써 코드 설계를 진화시키자. 예제를 순수 함수형 해법으로 다시 작성해서 참조 투명성을 회복시킬 것이다. 상태 갱신을 명시화함으로써 참조 투명성을 회복시킬 수 있다. 우리는 상태를 부수 효과로 갱신하지 않고, 그냥 생성한 값과 새 상태를 함께 반환한다. 다음 코드는 한 가지 난수 생성기 인터페이스를 보여준다.

**리스트 6.3 난수 생성기 인터페이스**

```kotlin
interface RNG {
    fun nextInt(): Pair<Int, RNG>
}
```

이 메서드는 임의의 Int를 생성해야 하며, 나중에 nextInt를 활용해 다른 함수도 정의할 것이다. 이 함수는 (kotlin.random.Random처럼) 생성한 난수를 반환하고 어떤 내부 상태를 그 자리에서 변이시키지 않고, 난수와 새 상태를 함께 돌려준다. 이전 상태는 변경되지 않은 채로 남는다. 이런 설계는 다음 상태를 계산하는 관심사와 새 상태를 프로그램의 다른 부분과 의사소통하는 관심사를 분리하는 효과가 있다. 전역적인 가변 메모리는 전혀 쓰이지 않았다(단지 다음 상태를 호출자에게 돌려줄 뿐이다). 이로 인해 nextInt를 호출한 쪽이 새 상태를 활용해 어떤 일을 할지에 대한 제어권을 완전히 가질 수 있다. 이 API가 난수 생성기 자체의 구현에 대한 아무 정보도 갖고 있지 않으므로 이 API의 사용자 입장에서는 여전히 상태가 캡슐화돼 있다는 점에 유의하라.

우리 예제에는 구현이 필요하다. 따라서 간단한 구현을 하나 선택하자. 다음은 선형 합동 생성기linear congruential generator라는 알고리듬이다(https://en.wikipedia.org/wiki/Linear_congruential_generator). 이 구현의 세부 사항은 이 책의 문맥에서 필수적이지 않지만,

`nextInt`가 생성된 값과 함께 다음 난수를 생성할 때 필요한 새로운 RNG를 반환한다는 점을 확인하라.

**리스트 6.4 RNG를 구현하는 순수 함수형 난수 생성기**

```
data class SimpleRNG(val seed: Long) : RNG {
    override fun nextInt(): Pair<Int, RNG> {
        val newSeed =
            (seed * 0x5DEECE66DL + 0xBL) and          ◀  현재 씨앗값을 사용해 새로운 씨앗값을 생성함.
                0xFFFFFFFFFFFFL                            and는 비트 AND임
        val nextRNG = SimpleRNG(newSeed)              ◀  다음 상태는 새로운 씨앗값으로부터
        val n = (newSeed ushr 16).toInt()            ◀     생성한 RNG 인스턴스임
        return n to nextRNG   ◀                          n 값은 새 의사 난수 정수임.
    }                  ◀                                  ushr은 msb에 0을 채워 넣는 오른쪽 이진 시프트임
}                       반환값은 의사 난수 정수와 다음 RNG 상태가
                        들어 있는 Pair<Int, RNG>
```

다음 리스트는 인터프리터에서 이 API를 쓰는 방법을 보여준다.

**리스트 6.5 SimpleRNG를 사용해 같은 순서의 난수 생성을 재생산하기**

```
>>> val rng = SimpleRNG(42)   ◀  SimpleRNG를 초기화하기 위해
                                  임의의 값을 택함
>>> val (n1, rng2) = rng.nextInt()    ◀

>>> println("n1:$n1; rng2:$rng2")
                                                 nextInt가 반환한
                                                 Pair<Int, RNG>를 구조 분해
n1:16159453; rng2:SimpleRNG(seed=1059025964525)

>>> val (n2, rng3) = rng2.nextInt()   ◀

>>> println("n2:$n2; rng3:$rng3")

n2:-1281479697; rng3:SimpleRNG(seed=197491923327988)
```

이 명령 시퀀스를 원하는 만큼 반복해 실행할 수 있고, 항상 같은 값들을 얻는다. `rng.nextInt()`를 호출하면 항상 16159453과 새 RNG가 반환된다. 이 새 RNG에 대해 `nextInt()`를 호출하면 항상 -1281479697이 나온다. 이제 순수 함수형 API를 만들어냈다.

## 6.3 상태가 있는 API를 순수 함수형 API로 만들기

상태가 있는 것처럼 보이는 API를 순수하게 만들고 이 API가 무언가를 변이시키는 대신에 다음 상태를 계산하도록 만드는 문제는 난수 생성에만 유일하게 해당하는 문제가 아니다. 이런 문제는 자주 발생하며, 항상 같은 방식으로 처리할 수 있다.

> |**노트**| 순수 함수를 사용해 다음 상태를 계산하는 경우, 데이터를 제자리에서 변이시키지 않기 때문에 효율이 저하될 수 있다. 여기서는 복사해야 하는 상태가 단순히 Long 값 하나뿐이므로 효율 저하는 큰 문제가 되지 않는다. 하지만 효율성 저하의 영향을 효율적인 순수 함수형 데이터 구조를 활용하는 방법으로 경감시킬 수 있다. 경우에 따라서는 참조 투명성을 깨지 않으면서 데이터를 제자리에서 변이시킬 수도 있다. 이에 대해서는 이 책의 4부에서 다룬다.

예를 들어 수 시퀀스를 만들어내는 데이터 저장소가 있다고 하자.

```
class MutatingSequencer {
    private var repo: Repository = TODO()
    fun nextInt(): Int = TODO()
    fun nextDouble(): Double = TODO()
}
```

이제 nextInt와 nextDouble은 각각의 방식으로 repo를 변경한다. 상태 전이를 명시적으로 기술하게 만들면, 기계적으로 이 인터페이스를 순수 함수형 인터페이스로 변경할 수 있다.

```
interface StateActionSequencer {
    fun nextInt(): Pair<Int, StateActionSequencer>
    fun nextDouble(): Pair<Double, StateActionSequencer>
}
```

이 패턴을 사용하면 프로그램의 나머지 부분에서 계산된 다음 상태를 전달할 책임을 호출자 쪽에서 져야 한다. 리스트 6.3에서 본 순수 RNG 인터페이스로 다시 돌아가서 이전의 RNG를 재활용한다면 항상 이전에 생성했던 것과 똑같은 값을 생성할 것이다.

```kotlin
fun randomPair(rng: RNG): Pair<Int, Int> {
    val (i1, _) = rng.nextInt()
    val (i2, _) = rng.nextInt()
    return i1 to i2
}
```

여기서 i1, i2가 같을 것이다! 서로 다른 두 수를 만들어내고 싶다면, 첫 번째로 nextInt
를 호출한 결과로 받은 RNG를 두 번째 Int를 생성할 때 사용해야 한다.

리스트 6.6 새 RNG 인스턴스를 사용해 난수를 더 생성하기

```kotlin
fun randomPair2(rng: RNG): Pair<Pair<Int, Int>, RNG> {
    val (i1, rng2) = rng.nextInt()
    val (i2, rng3) = rng2.nextInt()    ◄── 여기서 rng 대신 rng2를 씀
    return (i1 to i2) to rng3    ◄── 난수를 생성한 후 마지막 상태로 rng3를 반환해서
}                                     호출자가 계속 난수를 생성할 수 있게 함
```

일반적인 패턴을 볼 수 있다. 어쩌면 이 API를 직접 사용하는 것이 상당히 지루하리라
생각한 독자도 있을 것이다. 난수를 생성하는 함수를 몇 가지 더 작성해보고, 추려낼 수 있
는 반복이 존재하는지 살펴보자.

연습문제 6.1

RNG.nextInt를 사용해 0 이상 Int.MAX_VALUE 이하의 정수 난수를 생성하는 함수를 작성하라.

**팁**: 각 음수를 서로 다른 양수로 매핑해야 한다. nextInt가 Int.MIN_VALUE를 반환하는 경
우(이렇게 정상에 속하기는 하지만 아주 극단적인 경우를 코너케이스conercase라고 함), 이 값에 대응
하는 양수가 없으므로 이를 감안해 처리해야 한다.

```kotlin
fun nonNegativeInt(rng: RNG): Pair<Int, RNG> =

    SOLUTION_HERE()
```

함수형 프로그래밍의 어색함 처리하기

함수형 프로그램을 좀 더 작성해보면, 프로그램을 함수형으로 기술하는 과정이 지루하고 어색하게 느껴질 때가 있다. 이렇게 이상한 느낌이 드는 것이, 'ㅏ'라는 모음을 사용하지 않고 소설을 작성하는 것과 함수형 프로그램이 비슷하다는 사실을 의미하는 걸까? 물론 그렇지 않다! 이와 같은 어색함은 추상화가 덜 이뤄져 있고 (어색함과 지루함을 해소하는) 숨어 있는 추상화를 발견해야 한다는 뜻이다.

이런 상황에 부딪친 경우에는 추려낼 수 있는 공통 패턴을 찾아낼 때까지 더 깊이 파고드는 것을 권장한다. 이런 문제는 이미 다른 사람들이 겪은 문제일 가능성이 크므로, 여러분 스스로가 '표준적인' 해법을 재발견하게 될 가능성이 더 크다. 더 진행하지 못하더라도 깔끔한 해법을 찾아내려고 노력하고 나면, 다른 사람들이 비슷한 문제를 다루기 위해 발견했던 해법을 더 잘 이해할 수 있다.

연습과 경험이 쌓이고 이 책에서 설명한 여러 숙어에 익숙해지면 함수형으로 프로그램을 기술하는 게 노력이 필요 없는 자연스러운 일이 된다. 물론 그런 수준이 되더라도 좋은 설계를 만들어내는 건 여전히 복잡한 일이지만, 순수 함수를 사용해 프로그래밍하게 되면 선택해야 할 설계 공간도 극적으로 단순해진다.

---

**연습문제 6.2**

0 이상 1 미만(1을 포함하지 않는다는 데 주의하라)의 Double을 생성하는 함수를 작성하라. 여러분이 이미 개발한 함수와 더불어 최대 정수 값을 얻는 Int.MAX_VALUE와 Int 타입의 x를 Double로 변환하는 x.toDouble()을 사용할 수 있다.

```
fun double(rng: RNG): Pair<Double, RNG> =

    SOLUTION_HERE
```

---

**연습문제 6.3**

Pair<Int, Double>, Pair<Double, Int>, Triple<Double, Double, Double>을 생성하는 함수를 만들라. 여러분이 이미 작성한 함수를 재사용할 수 있어야 한다.

```
fun intDouble(rng: RNG): Pair<Pair<Int, Double>, RNG> =

    SOLUTION_HERE()
```

```
fun doubleInt(rng: RNG): Pair<Pair<Double, Int>, RNG> =

    SOLUTION_HERE()

fun double3(rng: RNG): Pair<Triple<Double, Double, Double>, RNG> =

    SOLUTION_HERE()
```

---

연습문제 6.4

난수 정수의 리스트를 생성하는 함수를 작성하라.

```
fun ints(count: Int, rng: RNG): Pair<List<Int>, RNG> =

    SOLUTION_HERE()
```

---

## 6.4 상태 동작을 전달하는 암시적 접근 방법

현재까지는 가변 상태를 사용한 접근 방법에서 상태를 명시적으로 전달하는 순수 함수적 방법으로 옮겨왔으며, 순수 함수적 방법을 통해 부수 효과를 피할 수 있다. 상태를 함께 전달하는 방식은 순차적이며 오류를 저지르기도 쉬운 코드인 것은 물론이고 불필요하게 지루하고 복잡한 느낌이 든다.

구현을 되돌아보면 공통 패턴을 볼 수 있다. 우리가 만든 함수는 항상 어떤 타입 A에 대해 (RNG) -> Pair<A, RNG> 타입의 함수였다. 어떤 RNG 상태를 다음 RNG 상태로 변환하기 때문에 이런 타입의 함수를 상태 동작state action이나 상태 전이state transition라고 한다. 상태 동작은 콤비네이터를 통해 조합할 수 있다. 콤비네이터는 이번 장에서 정의할 고차 함수다. 직접 상태를 반복적으로 전달하는 건 지루한 일이므로, 콤비네이터가 자동으로 한 동작에서 다음 동작으로 상태를 전달해줬으면 한다.

상태 동작의 타입에 대해 좀 더 쉽게 언급하고 그에 대한 사고를 단순화하기 위해 RNG

상태 동작 데이터 타입에 대한 타입 별명을 정의하자.

리스트 6.7 상태 전이를 표현하는 타입 별명

```
typealias Rand<A> = (RNG) -> Pair<A, RNG>
```

Rand<A> 타입의 값을, 정확한 표현은 아니지만 '난수로 생성한 A'라고 생각할 수 있다. 이 값은 실제로는 상태 동작이다. 이 상태 동작은 어떤 RNG에 의존하며, 그 RNG를 사용해 A와 나중에 다른 상태 동작에서 활용할 수 있는 새로운 RNG 상태를 생성하는 프로그램이다.

이제 RNG.nextInt(이 메서드는 생성한 Int와 새로운 RNG가 들어 있는 Pair<Int, RNG>를 반환한다) 같은 메서드를 이 새 타입의 값으로 변환할 수 있다.

```
val intR: Rand<Int> = { rng -> rng.nextInt() }
```

명시적으로는 RNG 상태를 넘기지 않으면서 Read 동작을 조합하는 콤비네이터를 작성하고 싶다. 우리는 모든 상태 전달을 알아서 수행해주는 일종의 도메인 특화 언어<sup>DSL, Domain Specific Language</sup>를 만들게 된다. 예를 들어 간단한 RNG 상태 전이는 단위 동작<sup>unit action</sup>인 unit으로, RNG 상태를 받지만 이 상태를 사용하지 않고 난수 대신 항상 상수(파라미터로 지정한 값)를 돌려준다.

리스트 6.8 unit: 정해진 상수를 설정하면서 상태를 전달함

```
fun <A> unit(a: A): Rand<A> = { rng -> a to rng }
```

또 상태 자체를 변경하지는 않으면서 상태 동작의 출력을 변환하는 map도 있다. Rand<A>가 (RNG) -> Pair(A, RNG)라는 함수 타입이라는 점을 기억하면, 이 map을 일종의 함수 합성으로 볼 수 있다.

리스트 6.9 map: 상태를 바꾸지 않으면서 출력을 변환함

```
fun <A, B> map(s: Rand<A>, f: (A) -> B): Rand<B> =
    { rng ->
        val (a, rng2) = s(rng)
        f(a) to rng2
    }
```

map을 사용하는 방법을 보여주는 예제로, nonNegativeInt를 재사용해 0 이상이면서 2로 나눠 떨어지는 Int를 생성하는 nonNegativeEven이 있다.

```
fun nonNegativeEven(): Rand<Int> =
    map(::nonNegativeInt) { it - (it % 2) }
```

연습문제 6.5

map을 사용해 double을 더 우아한 방법으로 정의하라. double에 대해서는 연습문제 6.2를 참고하라.

```
fun doubleR(): Rand<Double> =

    SOLUTION_HERE()
```

## 6.4.1 상태 동작 조합을 통해 더 큰 능력 발휘하기

상태 전이를 감춤으로써 단일 상태 동작을 다루는 API를 개발했다. 때로는 여러 상태 동작을 활용하면서 상태 전이를 뒤로 감출 수 있으면 더 큰 능력을 발휘할 수 있다. 연습문제 6.3의 intDouble이나 doubleInt를 구현할 때 이런 접근 방법을 지킬 수 있길 바라지만, map으로는 이런 일을 할 수 없다. 단항 함수가 아니라 이항 함수를 사용해 두 가지 RNG 동작을 조합해줄 수 있는 새로운 map2 콤비네이터가 필요하다.

연습문제 6.6

다음 시그니처에 맞춰 map2 구현을 작성하라. 이 함수는 ra와 rb라는 두 동작과 이 두 동작의 결과를 조합하는 f라는 함수를 받아서 두 동작의 결과를 조합한 새 동작을 반환한다.

```
fun <A, B, C> map2(
    ra: Rand<A>,
    rb: Rand<B>,
    f: (A, B) -> C
```

```
): Rand<C> =

    SOLUTION_HERE()
```

---

map2 콤비네이터를 한 번만 작성하면 된다. 그 후 원하는 개수의 RNG 상태 동작을 조합하는 데 map2를 쓸 수 있다. 예를 들어 A 타입의 값을 생성하는 동작과 B 타입의 값을 생성하는 동작이 있으면 이 둘을 조합해 A와 B의 Pair를 생성하는 동작을 만들 수 있다.

```
fun <A, B> both(ra: Rand<A>, rb: Rand<B>): Rand<Pair<A, B>> =
    map2(ra, rb) { a, b -> a to b }
```

이제 both를 사용해 연습문제 6.3에서 본 intDouble과 doubleInt를 더 간결하게 작성할 수 있다. intR과 doubleR이라는 두 Rand 값을 사용해 이 두 함수를 작성할 수 있다.

```
val intR: Rand<Int> = { rng -> rng.nextInt() }

val doubleR: Rand<Double> =
    map(::nonNegativeInt) { i ->
        i / (Int.MAX_VALUE.toDouble() + 1)
    }
val intDoubleR: Rand<Pair<Int, Double>> = both(intR, doubleR)

val doubleIntR: Rand<Pair<Double, Int>> = both(doubleR, intR)
```

---

**연습문제 6.7**

**어려움**: 여러분이 두 RNG 전이를 조합할 수 있다면, RNG로 이뤄진 리스트를 조합할 수도 있어야 한다. 전이의 List를 단일 전이로 조합하는 sequence를 구현하라. 이 구현을 사용해 연습문제 6.4에서 작성했던 ints 함수를 다시 구현하라. 이 문제를 단순화하고자, x를 n번 반복한 리스트를 생성하는 ints를 재귀를 사용해 구현한 것도 정답으로 인정할 수 있다.

```
fun <A> sequence(fs: List<Rand<A>>): Rand<List<A>> =

    SOLUTION_HERE()
```

sequence()를 구현하고 나서 이를 fold를 사용해 재구현해보라.

---

## 6.4.2 상태 동작을 내포시켜서 재귀적으로 재시도하기

기존 상태를 변이하던 방식을 상태 동작을 명시적으로 전달하는 방식으로 개선했고, 그 후 이런 상태 전이를 뒤에 감추는 더 우아한 API를 개발했다. 이렇게 함으로써 패턴이 점차 떠오르기 시작한다. 우리는 명시적으로 RNG 값을 언급하거나 전달하지 않는 구현을 목표로 점차 코드를 개선하고 있다. map과 map2 콤비네이터를 사용하면, 다른 방식을 사용하면 지루하고 실수하기 쉬웠을 코드를 상대적으로 간결하고 우아한 방식으로 작성할 수 있다. 하지만 map과 map2를 사용해도 쉽게 작성할 수 없는 함수도 있다.

이런 함수의 예로 nonNegativeLessThan이 있다. 이 함수는 0 이상, n 미만인 정수를 생성한다. 이 함수를 구현하려는 첫 번째 시도로, n으로 나눠서 음이 아닌 양수를 생성하는 코드를 작성하기 쉽다.

```
fun nonNegativeLessThan(n: Int): Rand<Int> =
    map(::nonNegativeInt) { it % n }
```

이 함수는 분명 원하는 범위에 속한 값을 생성하지만, Int.MAX_VALUE가 n의 배수가 아니라면 치우친 분포를 보이며, 이로 인해 Int.MAX_VALUE % n보다 더 작은 수는 좀 더 자주 발생한다. nonNegativeInt가 32비트 정수에 들어맞는 n의 배수 중 최댓값을 넘어서는 수를 반환한다면, 그보다 더 작은 수를 얻기 위해 생성기를 재시도해야 한다. 아마 다음과 같은 방식으로 이를 시도할 것이다.

> **리스트 6.10** 상태가 없는 상황이므로 재귀적 재시도에 실패

```
fun nonNegativeLessThan(n: Int): Rand<Int> =
    map(::nonNegativeInt) { i ->
        val mod = i % n
        if (i + (n - 1) - mod >= 0) mod
        else nonNegativeLessThan(n)(???)
    }
```

반환받은 Int가 32비트 Int 범위 안에 들어가는 n의 배수 중 최댓값보다 크면 재귀적으로 재시도

nonNegativeLessThan(n)의 타입이 틀려서 컴파일에 실패함

시도한 방향은 맞지만 여기 쓰인 nonNegativeLessThan(n)은 타입이 틀렸다. 이 함수가 Rand<Int>를 반환해야 하는데, 이 타입은 RNG를 인자로 받는 함수를 뜻한다. nonNegativeInt 가 반환한 RNG를 재귀적인 nonNegativeLessThan 호출에 전달해서 모든 처리가 연쇄적으로 이뤄지게 하고 싶다. map을 사용하는 대신, 다음과 같이 명시적으로 반환받은 RNG를 전달할 수도 있다.

**리스트 6.11 파생된 상태를 명시적으로 전달하는 재귀적 재시도**

```
fun nonNegativeIntLessThan(n: Int): Rand<Int> =
    { rng ->
        val (i, rng2) = nonNegativeInt(rng)
        val mod = i % n
        if (i + (n - 1) - mod >= 0)
            mod to rng2
        else nonNegativeIntLessThan(n)(rng2)
    }
```

하지만 우리 대신 RNG를 전달해주는 콤비네이터가 있으면 더 좋을 것이다. map이나 map2 는 이런 용도에 적합하지 않다. 더 강력한 콤비네이터인 flatMap이 필요하다.

**연습문제 6.8**

flatMap을 구현하고 이를 사용해 nonNegativeLessThan을 구현하라.

```
fun <A, B> flatMap(f: Rand<A>, g: (A) -> Rand<B>): Rand<B> =

    SOLUTION_HERE()
```

flatMap을 사용하면 Rand<A>로 난수를 생성하고 이 A를 활용해 Rand<B>를 선택한다. nonNegativeLessThan에서는 nonNegativeInt의 결괏값에 따라 재시도를 할지 말지를 결정 했다.

map과 map2를 flatMap을 활용해 재구현하라. map이나 map2보다 flatMap이 더 강력하다는 이야기를 할 때 이런 재구현이 가능하다는 사실을 언급할 수 있다.

### 6.4.3 콤비네이터 API를 초기 예제에 적용하기

상태 전이를 처리하는 더 우아한 해법을 찾으려는 여정을 통해, 상태를 전달하려는 노력을 전혀 하지 않고도 알아서 매끄럽게 상태를 전달하는 콤비네이터를 채택한 깔끔한 API를 달성할 수 있었다.

이제 6.1절에서 다룬 예제를 다시 살펴볼 수 있다. 순수 함수형 API를 사용하면 더 테스트하기 좋은 주사위 굴림 코드를 작성할 수 있을까?

다음은 nonNegativeLessThan을 사용해 구현한 rollDie 코드다. 이 코드에는 6.1절의 코드에 있던 1 차이 나는 오류도 들어 있다.

```
fun rollDie(): Rand<Int> =
    nonNegativeIntLessThan(6)
```

이 함수를 여러 가지 RNG 상태를 사용해 테스트하면, 이 함수가 0을 반환하게 하는 RNG를 꽤 빠르게 찾을 수 있다.

```
>>> val zero = rollDie(SimpleRNG(5)).first
zero: Int = 0
```

SimpleRNG(5)를 똑같이 사용하면 안정적으로 이런 결과를 재생산할 수 있고, 사용 후 상태가 달라질 것을 걱정하지 않아도 된다.

버그 수정은 뻔하다.

```
fun rollDieFix(): Rand<Int> =
    map(nonNegativeIntLessThan(6)) { it + 1 }
```

콤비네이터를 사용하면 더 이상 프로그램에서 난수 생성기를 명시적으로 전달할 필요가 없으므로 프로그램의 복잡도가 현저히 감소한다. 우리는 단순한 1차이 나는 오류 등의 문제를 해결하기 위해 코드에 대해 추론하는 복잡도를 극적으로 감소시켜주는 고수준 도메인 특화 언어를 정의했다.

## 6.5 일반적인 상태 동작 타입

지금까지 난수 생성기의 상태를 다루는 코드만 살펴봤지만, 이 기법을 상태 전달이 필요한 다른 도메인에도 쉽게 적용할 수 있다. 자세히 살펴보면, 우리가 작성한 콤비네이터가 특정 도메인에 한정되지 않는다는 사실을 알 수 있고, 임의의 상태를 전달하기 위해 이 콤비네이터를 활용할 수 있다는 점을 알 수 있다. 이번 절에서는 어떤 종류의 상태 전이든 처리할 수 있는 일반화된 데이터 타입을 개발한다.

방금 발견한 것처럼 작성한 함수들(unit, map, map2, flatMap, sequence)은 난수 생성에만 특화된 함수가 아니다. 이들은 임의의 상태 동작에 대해 적용할 수 있는 범용 함수며, 상태의 유형을 신경 쓰지 않는다. 예를 들어 map은 RNG 상태 동작을 다루는지 여부와는 전혀 관계가 없다. 따라서 RNG를 S로 바꿔서 더 일반적인 시그니처를 map에 부여할 수 있다.

**리스트 6.12 map 콤비네이터의 일반화 버전**

```
fun <S, A, B> map(
    sa: (S) -> Pair<A, S>,
    f: (A) -> B
): (S) -> Pair<B, S> = TODO()
```

시그니처를 바꿔도 map 구현을 바꿀 필요가 없다! 더 일반적인 시그니처가 이미 기존 map에 들어 있었지만 이를 깨닫지 못했을 뿐이다.

이제는 Rand 대신 임의의 상태를 다룰 수 있는 더 일반적인 타입을 사용해야 한다.

**리스트 6.13 상태 전이를 표현하는 더 일반적인 State 타입**

```
typealias State<S, A> = (S) -> Pair<A, S>
```

여기서 State는 어떤 상태를 동반하는 계산이나 상태 동작, 상태 전이를 뜻하며 심지어 문$^{statement}$을 뜻하기도 한다(6.6절을 보라). 이를 자체적인 클래스로 분리하면서 내부의 함수를 감싸고 run이라는 이름을 붙이자.

#### 리스트 6.14 상태 전이를 데이터 클래스로 감싸기

```
data class State<S, out A>(val run: (S) -> Pair<A, S>)
```

이렇게 하고 나면, 표현이 그리 문제가 되지 않는다. 중요한 것은 범용으로 쓸 수 있는 타입이 단 하나뿐이라는 점과, 이 타입을 사용하면 상태를 사용하는 프로그램의 공통 패턴을 잡아낼 수 있는 범용 함수를 작성할 수 있다는 점이다.

이제 Rand를 State에 대한 타입 별명으로 정의할 수 있다.

#### 리스트 6.15 State를 사용하도록 변경한 Rand 타입 별명

```
typealias Rand<A> = State<RNG, A>
```

#### 연습문제 6.10

unit, map, map2, flatMap, sequence 함수를 일반화하라. 이때 State 데이터 클래스의 메서드로 추가할 수 있다면 메서드로 추가하라. 클래스에 추가하는 대신 동반 객체에 추가하는 편이 더 적절하다면 그렇게 해도 좋다.

항상 메서드가 동반 객체나 데이터 타입 중 어디에 있어야 할지 심사숙고하라. map처럼 데이터 타입의 인스턴스에 대해 작용하는 메서드인 경우, 분명 이를 클래스 수준에 놓는 게 적절하다. unit 메서드처럼 값을 만들어내는 경우나 map2나 sequence처럼 여러 인스턴스에 대해 작용하는 메서드인 경우 이들을 동반 객체에 넣는 게 더 적합할 것이다. 이런 선택은 종종 개인의 취향에 따라 달라질 수 있고, 구현을 누가 제공하느냐에 따라 달라질 수 있다.

연습문제 6.10에서 작성한 함수는 가장 일반적인 패턴 중 몇 가지만을 잡아낸다. 여러분이 함수형 코드를 더 작성하면 할수록 다른 패턴을 볼 수 있고, 이 패턴을 잡아내는 새로운 함수를 발견할 수 있을 것이다.

## 6.6 순수 함수형 명령형 프로그래밍

작성한 함수형 코드의 복잡도가 늘어남에 따라 가독성이 나빠지기 시작한다. 함수형 코드를 작성하는 과정에서 잃었던 가독성을 회복할 수 있을까? 우리가 아주 잘 아는 명령형 스타일을 닮은 코드로 돌아갈 수 있을까?

좋은 소식은 순수 함수형 방법으로 코드를 작성하면서 이와 같은 더 직접적인 스타일의 식을 달성할 수 있다는 사실이다. 이번 절은 겉보기에 명령형처럼 보이는 함수형 코드를 작성하는 방법을 보여준다. 4장에서 간략히 다뤘던 for 컴프리헨션을 통해 이를 달성할 수 있다. 여기서는 이에 대해 더 자세히 설명한다.

지금까지는 오랜 시간에 걸쳐 State의 구현을 스스로 개발하면서 많은 것을 배울 수 있었다. 이제 애로우가 제공하는 다른 구현을 살펴본다. 3장과 4장에서 코틀린을 위한 함수형 보조 라이브러리로 애로우를 소개했다. 애로우가 제공하는 Either 데이터 타입을 배우고, 이 Either를 for 컴프리헨션에 쓸 수 있다는 사실도 설명했다. 애로우가 제공하는 State 구현도 마찬가지 능력을 제공하며, 이로 인해 추구하는 명령형 스타일의 코드 작성이 가능하다.

이제부터는 명확히 정해진 패턴을 따르는 함수를 작성한다. 상태 동작을 실행하고 그 결과를 val에 대입한 후, 이 val을 활용하는 다른 상태 동작을 실행하고, 그 결과를 다른 val에 저장하는 과정을 원하는만큼 반복한다. 이 코드는 명령형 프로그램과 꽤 비슷해 보인다.

명령형 프로그래밍 패러다임에서 프로그램은 문statement으로 이뤄진 시퀀스다. 각 문은 프로그램 상태를 변경한다. 6장에서 한 일이 바로 그렇다. 단 우리의 '문'은 실제로는 State로 정의한 상태 동작, 즉 함수라는 점이 다를 뿐이다. 함수이므로 각 '문'은 현재 프로그램 상태를 인자로 받고, 각 '문'은 값을 반환함으로써 프로그램 상태에 원하는 정보를 기록한다.

**명령형 프로그래밍과 함수형 프로그래밍은 정반대의 접근 방법인가?**

절대 그렇지 않다! 함수형 프로그래밍은 부수 효과가 없는 프로그래밍일 뿐이라는 점을 기억하라. 명령형 프로그래밍은 프로그램 상태를 변경하는 문을 사용하는 프로그래밍 방식이다. 앞서 본 것처럼, 부수 효과 없이 상태를 유지하는 것도 완전히 타당하다.

함수형 프로그래밍은 명령형 프로그램 작성을 훌륭히 지원한다. 추가로 참조 투명하기 때문에 명령형 프로그램에 대해 등식적인 추론이 가능해진다는 장점도 생긴다. 2부에서는 프로그램에 대한 등식 추론(equational reasoning)과 관련해 더 많은 내용을 살펴본다. 3부와 4부에서는 명령형 프로그램에 대해 더 많은 내용을 다룬다.

상태를 한 문에서 다음 문으로 전파하는 과정을 처리하기 위해 map, map2나 궁극적으로 flatMap 같은 콤비네이터를 구현했다. 하지만 그렇게 하는 과정에서 명령형 프로그램의 분위기를 약간 잃어버렸다.

다음 선언을 예제로 살펴보자. 여기서는 구현보다 타입 시그니처에 신경을 쓸 것이다.

|**노트**| 애로우의 State 클래스에서는 상태 타입 인자가 첫 번째로 나타난다.

**리스트 6.16  State 선언과 상태를 전파시키는 콤비네이터들**

```
val int: State<RNG, Int> = TODO()          난수 정수를 하나 생성하는
                                           State⟨RNG, Int⟩

fun ints(x: Int): State<RNG, List<Int>> = TODO()      x개의 난수 정수를 생성하는
                                                      State⟨RNG, List⟨Int⟩⟩를 반환

fun <A, B> flatMap(
    s: State<RNG, A>,
    f: (A) -> State<RNG, B>
): State<RNG, B> = TODO()          State⟨RNG, A⟩에 대해 A를 State⟨RNG, B⟩로
                                   변환하는 함수를 적용해주는 flatMap 함수

fun <A, B> map(
    s: State<RNG, A>,
    f: (A) -> B
): State<RNG, B> = TODO()          State⟨RNG, A⟩에 대해 A를 B로 변환하는
                                   함수를 적용해주는 map 함수
```

이제 리스트 6.16에 있는 선언을 사용해 코드를 작성할 수 있다.

```
val ns: State<RNG, List<Int>> =
    flatMap(int) { x ->                  int는 정수를 하나 생성함
        flatMap(int) { y ->
            map(ints(x)) { xs ->    ◀── ints(x)는 길이가 x인 난수 정수 리스트를 생성함
                xs.map { it % y }   ◀── 리스트의 모든 원소를 y로 나눈 나머지로 대치함
            }
        }
    }
```

flatMap과 map 호출이 여러 단계로 내포돼 있기 때문에 여기서 어떤 일이 벌어지는지가 분명하지 않다. for 컴프리헨션에 관심을 갖고 더 직접적인 대안이 무엇인지 찾아보자. for 컴프리헨션은 일련의 flatMap 호출을 풀어서 리스트 6.17의 코드를 일련의 명령형 선언처럼 보이는 코드로 다시 작성할 수 있게 해준다. 각 단계에서 벌어지는 구조 분해에 비밀이 있다. 구조 분해가 일어나는 모든 지점은 flatMap 호출을 암시한다.

예를 들어 flatMap(int) { x -> ... }은 for 컴프리헨션 안에서 val x: Int = int.bind() 라고 작성할 수 있다. 이를 염두에 두면서 리스트 6.17의 코드를 for 컴프리헨션 기법을 사용해 다시 작성하자.

```
val ns2: State<RNG, List<Int>> =          코드 블록을 State.fx(Id.monad())에
    State.fx(Id.monad()) {           ◀── 전달함으로써 for 컴프리헨션을 시작함
        val x: Int = int.bind()      ◀── x라는 이름의 Int에 int를 바인드
        val y: Int = int.bind()      ◀── y라는 이름의 Int에 int를 바인드
        val xs: List<Int> = ints(x).bind()   ◀── 길이가 x인 List<Int>에 ints(x)를 바인드
        xs.map { it % y }     ◀──  xs의 모든 원소를 y로 나눈 나머지로
}                                         대치하고 결과를 반환함
```

State.fx를 호출하면서 Id.monad()를 넘겨 for 컴프리헨션을 시작한다. 이 부분의 세부 사항에 대해서는 관심을 갖지 않고, 이 호출이 있어야 명령형 코드 블록으로 작동하는 익명 함수를 전달할 수 있고 이 명령형 코드 블록의 맨 끝에서 최종 결과를 값으로 반환한다는 사실을 언급하는 것으로 충분하다.

for 컴프리헨션을 이루는 코드 블록은 훨씬 더 읽기(그리고 작성하기) 쉽고, 이렇게 작성한 코드는 상태를 유지하는 명령형 프로그램인 것처럼 보인다. 하지만 이 코드는 이전 예제 코드와 똑같은 코드다. 새로 생성한 Int를 x에 대입하고, 다음으로 생성한 Int를 y에 대입한 후, 길이가 x인 리스트를 생성하고, 마지막으로 리스트의 모든 원소를 y로 나눈 나머지로 대치한다.

우리에게는 완전한 함수형 프로그램을 명령형 스타일로 작성하는 데 필요한 거의 모든 기능이 주어졌다. 이런 식으로 for 컴프리헨션(또는 flatMap)을 활용하는 명령형 프로그래밍을 더 편하게 하기 위해, 실제로 추가해야 할 필요가 있는 것은 상태를 읽고 쓰는 두 가지 State 콤비네이터뿐이다. 현재 상태를 얻는 get 콤비네이터와 새 상태를 설정하기 위한 set 콤비네이터가 있다고 상상하면, 상태를 임의의 방법으로 변경하는 콤비네이터를 구현할 수 있다.

**리스트 6.19 현재 State를 변경하는 콤비네이터**

```
fun <S> modify(f: (S) -> S): State<S, Unit> =
    State.fx(Id.monad()) {        ◀── State에 대한 for 컴프리헨션을 설정함
        val s: S = get<S>().bind()    ◀── 현재 상태를 얻어서 s에 대입
        set(f(s)).bind()    ◀── s에 f를 적용한 새 상태를 설정
}
```

이 메서드는 f 함수를 통해 상태를 변경하는 State 동작을 반환한다. 이 동작은 상태 외의 다른 값을 반환하지 않기 때문에 Unit을 반환한다.

get과 set 동작은 어떤 모습일까? 이들은 극도로 단순하다. get 동작은 단순히 들어오는 상태를 전달하면서 값으로도 제공한다.

**리스트 6.20 get 콤비네이터: 상태를 얻고 전달**

```
fun <S> get(): State<S, S> =
    State { s -> Tuple2(s, s) }
```

set 동작은 새 상태 s를 인자로 구성된다. 이 콤비네이터의 결과 동작은 이전 상태를 무시하고 인자로 받은 상태로 대치하며 의미 있는 값을 돌려주지 않고 Unit을 반환한다.

```
fun <S> set(s: S): State<S, Unit> =
    State { Tuple2(s, Unit) }
```

arrow.mtl.StateApi 클래스에도 get, set, modify 콤비네이터가 정의돼 있지만, 자세한 내용을 보여주고자 여기서 구현을 설명했다. 이 두 가지 단순한 동작(get, set)은 앞에서 정의한 콤비네이터들(unit, map, map2, flatMap)의 조합이 우리가 순수 함수형 방식으로 상태를 다루는 프로그램이나 상태 기계를 구현할 때 필요한 모든 도구다.

> **|팁|** 여러분이 애로우의 State(http://mng.bz/jBWP) 문서를 잘 이해하고 애로우 State 소스 코드(http://mng.bz/Wrn1)를 읽어서 내부 작동을 완전히 이해하길 바란다. 1.5절에서 언급한 것처럼 애로우 구현은 우리가 작성한 구현보다 훨씬 더 풍부한 기능을 제공하고, 모나드 변환기(monad transformer) StateT를 채택하며, State 클래스를 위해 StateApi라는 공개 API를 노출한다. 모나드 변환기가 무엇인지에 대해 너무 많이 고민할 필요는 없다. 단지 StateApi가 get, set, modify, stateSequential, stateTraverse 등의 메서드를 노출할 책임을 담당한다는 사실만 알고 있으면 된다. 이런 메서드를 알고 있으면 이제부터 나올 연습문제를 풀 때 편리할 수 있다.

---

**연습문제 6.11**

**어려움/선택적:** State 사용 경험을 얻기 위해, 간단한 캔디 자판기를 모델링하는 유한 상태 오토마톤finite state automaton을 구현하자. 이 자판기에는 두 가지 입력이 존재한다. 즉, 동전을 집어 넣을 수도 있고 캔디를 빼내기 위해 동그란 손잡이를 돌릴 수도 있다. 자판기의 상태는 잠겨 있거나 잠겨 있지 않는 등 두 가지다. 그리고 캔디가 몇 개 남았는지와 동전이 몇 개 들어 있는지를 추적한다.

```
sealed class Input

object Coin : Input()
object Turn : Input()

data class Machine(
    val locked: Boolean,
```

```
    val candies: Int,
    val coins: Int
)
```

이 자판기의 규칙은 다음과 같다.

- 잠긴 자판기에 동전을 넣었는데, 남은 캔디가 있으면 자판기 잠금이 풀린다.
- 잠금이 풀린 자판기에서 손잡이를 돌리면 캔디가 나오고 잠긴 상태로 바뀐다.
- 잠긴 자판기에서 손잡이를 돌리거나, 잠금이 풀린 자판기에서 동전을 넣으면 아무 일도 벌어지지 않는다.
- 캔디가 떨어진 자판기는 모든 입력을 무시한다.

simulateMachine 메서드는 입력 리스트를 바탕으로 자판기를 동작시키고, 마지막에 자판기에 남은 동전과 캔디 개수를 반환한다. 예를 들어 입력 Machine에 동전이 10개, 캔디가 5개 있었고, 성공적으로 캔디를 4개 구입했다면 출력은 (14, 1)이 돼야 한다. 다음 선언에 여러분의 구현을 채워 넣어라.

```
fun simulateMachine(
    inputs: List<Input>
): State<Machine, Tuple2<Int, Int>> =

    SOLUTION_HERE()
```

## 6.7 결론

이번 장에서는 상태가 있는 순수 함수형 프로그램을 작성하는 방법을 다뤘다. 동기 부여를 위해 난수 발생기를 예제로 사용했지만, 전체적인 패턴은 여러 다른 도메인에 활용할 수 있는 패턴이다. 아이디어는 간단하다. 상태를 인자로 받고 결과와 새 상태를 함께 돌려주는 순수 함수를 사용하자는 것이다. 여러분이 나중에 부수 효과를 사용하는 명령형 API를 마주하게 되면, 순수 함수형 버전을 구현하고 이 순수 함수형 API를 여기서 작성한 함수들을 활용해 더 편리하게 처리할 수 있는지 고려해보라.

## 요약

- 상태를 명시적으로 갱신하면 참조 투명성을 회복할 수 있다. 상태를 변경하면 참조 투명성을 잃어버린다.
- 기존 상태를 변경하는 대신 새 상태를 매번 계산하면, 상태가 있는 API를 순수 함수형으로 만들 수 있다.
- 이전 상태를 기초로 새 상태를 계산하는 함수를 상태 동작이나 상태 전이라고 한다.
- 콤비네이터를 사용하면 반복적인 상태 전이 패턴을 추상화할 수 있고, 더 나아가 필요할 때 내포된 상태 동작을 조합할 수도 있다.
- for 컴프리헨션을 사용하면 상태 전이를 처리할 때 명령형 스타일을 채택할 수 있다.
- 애로우는 이번 장에서 다룬 모든 개념을 모델링하는 데이터 타입과 적절한 State API를 제공한다.

# *Part 2*

# 함수형 설계와
# 콤비네이터 라이브러리

1부에서는 부수 효과 없이 순수 함수만 사용하는 방식으로 프로그래밍에 대해 접근하는 방법을 다시 생각하는 급진적인 입장을 취했다. 이 접근 방법을 사용하면 익숙했던 방법과는 아주 다른 방식으로 문제를 해결할 수 있다. 우리는 순수 함수만 사용해서 루프, 데이터 구조, 예외 처리, 상태 변경을 다루는 방법 등을 배웠다. 이를 통해 더 복잡한 문제를 풀 때 활용할 수 있는 다양한 빌딩 블록을 갖출 수 있었다.

2부에서는 1부에서 얻은 지식을 적용하는 방법을 살펴본다. 이 지식을 사용해 실제 세계에서 마주칠 법한 일반적인 과업을 수행하는 라이브러리를 설계하고 작성한다. 7장에서는 병렬 비동기 통신을 처리하는 라이브러리를 작성하고, 8장에서는 속성 기반 테스트 프레임워크를 작성한다. 9장에서는 문자열 파싱 라이브러리를 작성한다.

7~9장에서는 병렬성, 테스트, 파싱을 다루지 않는다. 이런 주제를 다루는 책이 많이 있고, 이 책에서 살펴보려는 주제도 아니기 때문이다. 대신 각 장은 우리가 만들려는 것이 무엇인가보다는 어떻게 처리할 것인가에 초점을 맞추며, 다양한 도메인에 대한 순수 함수형 라이브러리를 설계함으로써 실제 세계에서 복잡한 문제를 해결하기 위해 (1부에서 배운) 함수형 빌딩 블록을 적용한다. 심지어 여기서 다룬 것과 닮지 않은 도메인에 대해서도 마찬가지 접근이 가능하다.

2부는 약간 정처 없는 여행이다. 함수형 설계는 지저분하며 반복적인 과정인 경우가 자주 있다. 우리는 실제 세계에서 함수형 설계가 어떻게 진행되는지를 사실적으로 보여주고 싶다. 2부에서 논의한 모든 세부 사항을 이해하지 못해도 걱정하지 말라. 최종 설계의 세부 사항은 그 세부 사항에 도달하게 된 방법론만큼 중요하지 않다. 2부 각 장은 마치 어떤 사람이 가능한 설계들을 고려할 때 그 사람의 어깨너머로 훔쳐보는 것과 비슷해야 한다. 그리고 어느 두 사람도 이 과정을 같은 방식으로 접근하지는 않을 것이므로, 이 책에서 선택한 특정 경로가 여러분이 보기에 가장 자연스러운 경로가 아닐 수도 있다. 때로는 문제를 이상해 보이는 순서로 접근할 수도 있고, 너무 빨리 세부 사항을 건너뛸 수도 있으며, 거꾸로 너무 느리게 진행할 수도 있다. 우리만의 페이스로 우리의 직감에 따라 각각의 설계를 진행했다. 2부에서 배워야 할 중요한 내용은 실험을 수행하기 위해 작은 프로토타입을 작성하고 관찰한 후, 관찰 결과에 따라 정보를 근거로 한 결정$^{informed\ decision}$을 내리는 방법이다.

함수형 라이브러리를 설계하는 옳은 방법도, 그른 방법도 없다. 대신 여러 가지 설계 선택지가 있으며 각 선택지에는 서로 다른 장단점이 존재한다. 우리 목표는 각 선택지의 장단점과 각각의 영향을 이해하도록 돕는 것이다. 때로는 설계를 하는 과정에서 갈림길에 도달할 수 있는데, 잘못된 방향을 선택할 때 생기는 바람직하지 않은 결과를 통해 배울 수 있도록 일부러 잘못된 방향을 선택하기도 한다. 이를 통해 나중에 올바른 경로로 되돌아갔을 때 새로운 통찰과 배움을 얻을 수 있다. 따라서 항상 자유롭게 실험하면서 여러 가지 다른 선택지를 갖고 놀아봐야 한다. 이런 실험은 여러분의 목적에 맞는 최선의 설계에 도달하는 데 도움이 된다.

# 7

# 순수 함수형 병렬성

**7장에서 다루는 내용**

- 순수 함수형 라이브러리를 설계한다.
- 도메인을 모델링하기 위해 적합한 데이터 타입과 함수를 선택한다.
- 타입을 찾아내기 위해 대수적으로 API에 대한 추론을 수행한다.
- API의 동작을 다루기 위한 법칙을 정의한다.
- 콤비네이터를 일반화한다.

현대 컴퓨터 CPU에는 여러 코어가 있고, CPU가 여럿 달려 있는 컴퓨터도 많다. 따라서 어느 때보다 컴퓨터의 이런 병렬 처리 능력을 살리도록 프로그램을 설계하는 게 중요해졌다. 하지만 병렬 프로세스의 상호작용은 복잡하고, 실행 스레드 사이에서 통신하는 전통적인 메커니즘(가변 메모리 공유)은 추론하기 어려운 것으로 악명이 높다. 이로 인해 프로그램에 경합 조건race condition 또는 교착 상태deadlock가 있거나, 프로그램을 테스트하기 어렵거나, 프로그램의 규모 변경이 어려운 경우가 아주 쉽게 생긴다.

이번 장에서는 병렬 비동기 통신을 위한 순수 함수형 라이브러리를 만든다. 순수 함수만 사용해 병렬 프로그램을 기술함으로써 병렬 프로그램에 근본적으로 내재된 복잡성을 완화시킬 것이다. 이를 통해 치환 모델로 (병렬 프로그램에 대한) 추론을 단순화하고 동시성 계산을 쉽고 즐겁게 다룰 수 있다.

이번 장에서 배워야 할 내용은 순수 함수형 병렬 처리를 위한 라이브러리를 작성하는 방법이 아니고, 순수 함수형 라이브러리를 설계하는 문제에 접근하는 방법이다. 우리의 주 관심사는 라이브러리의 합성성과 모듈화를 향상시키는 것이며, 이에 이를 때까지 계산을 기술하는 관심사와 기술된 계산을 실행하는 관심사를 분리하는 주제를 계속 진행한다. 우리는 라이브러리 사용자가 프로그램이 실행되는 세부 사항에 대해 신경 쓰지 않고 아주 높은 수준에서 프로그램을 작성할 수 있길 바란다. 예를 들어 이번 장의 마지막 부분에서는 컬렉션의 모든 원소에 함수 f를 쉽게 동시에 적용할 수 있는 parMap 콤비네이터를 개발한다.

```
val outputList = parMap(inputList, f)
```

이런 수준에 이르기 위해 반복적으로 일할 것이다. 라이브러리가 처리했으면 하는 간단한 용례를 갖고 시작해서, 이 용례를 더 편하게 해주는 인터페이스를 개발한다. 그다음에야 이 인터페이스가 어떤 모양이어야 하는지에 대해 고려해볼 수 있다. 설계를 다듬어가는 과정에서 점차 더 복잡한 용례를 적용하며 인터페이스와 구현을 오가면서 도메인과 설계 공간을 더 잘 이해하게 된다. 또한 대수적 추론을 소개하고 API를 특정 법칙을 지키는 대수를 사용해 기술할 수 있음을 보여준다.

왜 라이브러리를 직접 설계할까? 왜 코틀린 표준 라이브러리가 코루틴을 통해 제공하는 동시성을 활용하지 않을까? 두 가지 이유가 있다. 첫 번째는 우리 자신만의 라이브러리를 설계하는 게 얼마나 쉬운지 보여주기 위한 교육적인 목적 때문이다. 두 번째는 어떤 기존 라이브러리도 권위가 있거나 재검토할 여지가 없을 정도로 완벽하지 않다는 관점을 독자들에게도 권장하고 싶어서다. 심지어 전문가들이 설계했고 '표준'이라는 딱지가 붙은 경우도 그렇다. 남들이 하는 대로 하면 특히 안전한 경우도 많지만, 어떤 라이브러리가 관습처럼 받아들여진다고 해서 그게 가장 실용적인 라이브러리인 것은 아니다. 대부분의 라이브러리에는 임의로 선택한 설계상의 선택이 존재하며, 이런 설계 선택 중 상당수는 의도 없이 이뤄진 경우가 많다. 처음부터 라이브러리를 설계하면, 라이브러리에 필요한 모든 근본적인 가정을 다시 살펴보고, 다른 경로를 따르고, 다른 사람들이 미처 고려하지 못한 문제공간에 대한 지식을 발견할 수도 있다. 그 결과, 여러분의 목적에 더 잘 들어맞는 자신만의 설계에 도달할 수 있다. 7장에서 라이브러리에 대해 갖고 있는 근본적인 가정은 부수 효과를 절대로 허용하지 않는다는 것이다.

이번 장에서는 상당히 많은 코드를 작성할 것이며, 그중 일부는 독자 여러분에게 낸 연습문제로 이뤄진다. 이 책의 부록 A와 B에서 항상 힌트와 해답을 찾을 수 있다.

## 7.1 데이터 타입과 함수 선택하기

함수형 라이브러리를 설계할 때는 보통 달성하고 싶은 것에 대한 일반적인 아이디어가 있기 마련이다. 설계 과정의 어려움은 이런 아이디어를 세밀히 다듬으면서 원하는 기능을 제공하는 데이터 타입을 찾는 데 있다. 7장에서는 '병렬 계산을 만들고' 싶다. 하지만 병렬 계산을 만드는 게 정확히 무슨 뜻일까? 간단한 병렬화된 계산(정수 리스트의 합계)을 관찰하면서 이 아이디어를 우리가 구현할 수 있는 무언가로 다듬어보자. 이 계산을 일상적인 왼쪽 접기로 정의하면 다음과 같다.

```
fun sum(ints: List<Int>): Int =
    ints.foldLeft(0) { a, b -> a + b }
```

> |**노트**| 사용 편의를 위해 3장의 List 구현을 사용하지 않고 코틀린 표준 라이브러리가 제공하는 List를 채택한다. 코틀린 리스트 구현은 읽기 전용 인터페이스를 노출하지만, 내부 구현은 가변 리스트다. 그 어떤 고급 리스트 기능도 활용하지 않고 싶고 라이브러리 개발자로서 의존 관계 그래프를 최소화하길 원하므로 이런 식의 타협을 선택했다.

순차적으로 fold로 접는 대신 다음 리스트처럼 분할 정복<sup>divide-and-conquer</sup> 알고리듬을 사용할 수도 있을 것이다.

**리스트 7.1 분할 정복 접근 방법을 사용해 리스트 합계 구하기**

```
fun sum(ints: List<Int>): Int =
    if (ints.size <= 1)
```

```
        ints.firstOption().getOrElse { 0 }
    else {
        val (l, r) = ints.splitAt(ints.size / 2)
        sum(l) + sum(r)
    }
```

애로우의 확장 메서드인 firstOption을 사용(5장의 headOption과 비슷함)해서 정수가 1개나 0개인 경우를 처리함

리스트를 두 리스트로 분할하고, splitAt이라는 도우미 확장 메서드를 사용해 구조 분해함

재귀적으로 l과 r에 대해 sum을 호출해서 합계를 계산

splitAt 함수를 사용해 시퀀스를 절반으로 나누고, 재귀적으로 각 절반의 합계를 구한 다음, 결과를 합한다. foldLeft 기반의 구현과 달리, 이 구현은 절반으로 나눈 두 리스트의 합계를 동시에 구할 수 있기 때문에 병렬화가 가능하다.

---

**간단한 예제의 중요성**

실전에서 정수 합계를 구하는 계산은 너무 빠르게 끝나기 때문에 병렬화로 인한 부가 비용이 병렬화로 절약되는 시간보다 더 클 가능성이 높다. 하지만 함수형 라이브러리를 설계할 때는 이와 같이 간단한 예제가 가장 도움이 된다.

복잡한 예제는 초기 설계 과정을 혼란스럽게 할 수 있는 온갖 부수적인 세부 사항이 들어 있다. 우리는 문제 도메인의 핵심을 설명하고 싶다. 도메인 핵심을 설명하는 가장 좋은 방법은 명백한 예제로 시작해서 예제들에 공통된 관심사를 찾아낸 후, 복잡도를 증가시켜가는 것이다.

함수형 설계에서 우리 목표는 수많은 예외적인 경우를 처리하는 게 아니고 합성 가능하며 이해하기 쉬운 핵심 데이터 타입과 함수를 구축함으로써 표현력을 달성하는 것이다.

---

이 계산을 병렬화할 수 있는 데이터 타입과 함수가 어떤 종류일지 생각하면서, 우리 관점을 바꿔 나가기 시작한다. 이 병렬성을 어떻게 구현할 수 있는지에 초점을 맞추고 우리가 직접 하부 API를 다루는 대신, 판을 뒤집을 것이다. 또한 우리 예제에 의해 영감을 얻어서 빛나는 새 API를 설계하고, 거기서부터 거꾸로 java.concurrent 등의 하부 라이브러리가 필요한 일을 하도록 구현을 이끌어낸다.

## 7.1.1 병렬 계산을 위한 데이터 타입

리스트 7.1의 sum(l) + sum(r)을 자세히 살펴보자. 이 식은 두 절반에 대해 각각 sum을 호출한다. 이로부터 병렬 계산을 표현하기 위해 선택할 데이터 타입이 결과를 포함해야 한다는 점을 알 수 있다. 이 결과는 의미가 있는 타입(여기서는 Int)이어야 한다. 그리고 이 결과를

뽑아낼 방법이 있어야 한다. 이렇게 새로 발견한 지식을 설계에 추가하자. 현재로서는 단지 결과를 담을 수 있는 컨테이너 타입을 발명할 수 있을 뿐이다. 이 타입을 Par<A>라고 부르고(Par는 '병렬적'이라는 뜻의 영단어 parallel을 줄인 것이다), 필요한 함수를 정하자.

리스트 7.2 병렬성을 다루기 위한 새 데이터 타입

```
class Par<A>(val get: A)    ◀── 결과를 담는 새 데이터 타입

fun <A> unit(a: () -> A): Par<A> = Par(a())    ◀─┐ 평가하지 않은 A로부터 한 단위의
                                                 └ 병렬성을 생성함
fun <A> get(a: Par<A>): A = a.get    ◀── 평가한 A 결과를 추출함
```

실제로 이런 타입과 함수를 제대로 만들 수 있을까? 당연히 그렇다! 지금은 다른 함수가 더 필요할지, Par의 내부 표현이 무엇이어야 할지 또는 어떻게 각 함수를 구현해야 할지 등은 걱정하지 말자. 다만 우리 예제의 필요에 맞춰 필요한 데이터 타입과 함수를 만들어내자. 리스트 7.1의 예제를 다시 살펴보자.

리스트 7.3 새 데이터 타입을 사용해 병렬성 통합하기

```
fun sum(ints: List<Int>): Int =
    if (ints.size <= 1)
        ints.firstOption().getOrElse { 0 }
    else {
        val (l, r) = ints.splitAt(ints.size / 2)
        val sumL: Par<Int> = unit { sum(l) }    ◀── 리스트의 왼쪽을 Par 문맥 안에서 계산
        val sumR: Par<Int> = unit { sum(r) }    ◀── 리스트의 오른쪽을 Par 문맥 안에서 계산
        sumL.get + sumR.get    ◀── 두 Par에서 결과를 뽑아내서 더함
    }
```

이제 새 Par 데이터 타입을 코드에 섞어 넣었다. sum의 두 재귀 호출을 unit 팩터리 메서드를 통해 Par로 감싸고, Par는 모든 sum 호출 평가를 담당한다. 다음으로 두 Par에서 결과를 추출해 더한다.

이제 unit과 get의 의미를 선택해야 한다. unit은 별도의 논리적 스레드에서 인자를 즉시 평가할 수도 있고, get이 호출될 때까지 인자 평가를 미뤄둘 수도 있다.

|**노트**| 프로그램의 주 실행 스레드와 동시에 실행될 수 있는 계산을 의미하기 위해 논리적 스레드라는 말을 비형식적으로 사용했다. 논리 스레드와 OS 스레드가 정확히 일대일로 대응할 필요는 없다. 예를 들어 스레드 풀(pool)을 사용해 다수의 논리적 스레드를 소수의 OS 스레드에 매핑할 수 있다.

하지만 리스트 7.3에서 어느 정도 병렬성을 달성하고 싶다. 그러려면 unit이 인자를 동시적으로 평가하고, 코드를 블록시키지 않고 제어를 즉시 반환해야 한다. 왜 그래야 하는지 알겠는가? 코틀린 함수의 인자는 왼쪽에서 오른쪽 순서로 즉시 계산된다. 따라서 get이 호출될 때까지 unit이 실행을 지연시키면, 첫 번째 인자에서 병렬 계산을 만들어내고 계속 기다려서 결과를 얻은 다음에 두 번째 병렬 계산을 만들어내게 된다. 이 말은 계산이 실제로는 순차적으로 진행된다는 뜻이다!

하지만 unit이 인자를 동시적으로 계산한다면 get 호출은 참조 투명성을 깨게 된다. sumL과 sumR을 각각의 정의로 치환하면 이를 알 수 있다. 치환해보면 결과는 똑같지만, 다음 코드처럼 프로그램은 더 이상 병렬적이지 않게 된다.

```
unit { l }.get + unit { r }.get
```

unit이 인자를 즉시 계산하기 시작하고, 그 후 get은 (unit이 시작한) 평가가 끝날 때까지 기다리게 된다. 따라서 단지 sumL과 sumR 변수를 인라인[inline]한 것만으로 + 기호 양쪽의 두 항은 병렬적으로 실행되지 않게 된다. unit이 분명히 부수 효과임을 알 수 있지만, get과 결합됐을 때만 부수 효과가 있음을 알 수 있다. unit은 단지 Par<Int>라는 비동기 계산을 표현할 뿐이지만, 이 비동기 계산(Par<Int>)에 대해 get을 호출하면 실행이 블록되고, 이로부터 부수 효과가 드러난다. 따라서 get 호출을 피하거나 최대한 미뤄야 하며, 비동기 연산이 완료될 때까지 기다리지 않으면서 이들을 조합할 방법을 찾아야 한다.

더 진행하기 전에 우리가 이룬 성과를 살펴보자. 우선, 아주 평이한 예제를 만들어냈다. 다음으로 이 예제를 자세히 살펴보면서 설계 시 고려해야 할 사항을 드러낼 수 있었다. 그 후 실험을 통해 한 선택지가 야기하는 흥미로운 영향을 발견했고, 그 과정에서 우리 문제 도메인의 근본적인 성격을 배울 수 있었다. 전체 설계 과정은 작은 모험의 연속이다. 이런 탐험을 진행하기 위해 특별한 자격증은 필요하지 않으며 함수형 프로그래밍의 전문가가 될 필요도 전혀 없다. 단지 뛰어들어서 발견한 내용을 자세히 검토하면 된다!

## 7.1.2 동시성을 보장하기 위해 병렬 계산 조합하기

앞에서 언급한 unit과 get을 조합하면 생기는 함정을 피할 수 있는지 살펴보자. get을 호출하지 않는다는 것은 sum 함수가 Par<Int>를 반환해야만 한다는 점을 암시한다. 이 변경이 어떤 결과를 야기할까? 여기서도 그냥 필요한 시그니처의 map2라는 함수를 발명해서 (그런 함수가 있다고 가정하고) 우리 코드에 활용하자.

```
fun sum(ints: List<Int>): Par<Int> =
    if (ints.size <= 1)
        unit { ints.firstOption().getOrElse { 0 } }
    else {
        val (l, r) = ints.splitAt(ints.size / 2)
        map2(sum(l), sum(r)) { lx: Int, rx: Int -> lx + rx }
    }
```

---

**연습문제 7.1**

고차 함수 map2는 두 병렬 계산의 결과를 조합하는 새로운 함수다. map2의 시그니처는 무엇이어야 할까? 가능한 가장 일반적인 시그니처를 정의하라(결과가 Int인 경우에만 map2가 작동한다고 가정하지 말라).

---

코드를 관찰하면 재귀적인 경우 더 이상 unit을 호출하지 않는다는 사실을 알 수 있다. 그리고 unit이 인자를 지연 계산으로 받아야만 하는지가 더 이상 명확하지 않다. 이 예제에서 unit이 지연 계산 인자를 받아 얻는 이점은 그리 큰 것 같지 않다. 하지만 지연 계산을 사용하면 이익을 더 많이 얻을 수 있는 경우가 있을지도 모른다. 나중에 이 문제를 다시 생각해보자.

map2는 어떨까? map2가 지연 계산 인자를 받아야 할까? map2가 인자로 받은 두 계산이 실행될 기회를 똑같이 제공하면서 병렬로 실행하는 게 타당할까? map2의 인자 순서가 문제가 돼야 한다는 설계는 너무 임의적인 것처럼 보인다. 따라서 조합할 두 연산이 서로 독립적이고 병렬로 실행할 수 있다는 사실을 표현하고 싶다. 이런 의미를 구현하려면 어떤 선택을 해야 할까? 간단한 예제로, sum(listOf(1, 2, 3, 4))를 평가할 때 map2가 엄격한 인자 평가를 사용한다면 어떤 일이 벌어지는지 고려해보라. 다음 (약간 보기 좋게 다듬은) 프로그램 트레이스를 이해하기 위해 약간의 시간을 투자하라.

**리스트 7.4 엄격한 파라미터 평가: 왼쪽을 먼저 평가함**

```
sum(listOf(1, 2, 3, 4))    ◄──── 평가하지 않은 식

map2(
    sum(listOf(1, 2)),
    sum(listOf(3, 4))
) { i: Int, j: Int -> i + j }    ◄──── sum을 map2로 치환함

map2(
    map2(
        sum(listOf(1)),
        sum(listOf(2))
    ) { i: Int, j: Int -> i + j },    ◄──── 왼쪽 인자를 map2로 치환함
    sum(listOf(3, 4))
) { i: Int, j: Int -> i + j }

map2(
    map2(
        unit { 1 },
        unit { 2 }
    ) { i: Int, j: Int -> i + j },    ◄──── 왼쪽 인자 내부의 sum 식을
    sum(listOf(3, 4))                       결과로 치환함
) { i: Int, j: Int -> i + j }

map2(
    map2(
        unit { 1 },
        unit { 2 }
    ) { i: Int, j: Int -> i + j },
```

```
    map2(
        sum(listOf(3)),
        sum(listOf(4))
    ) { i: Int, j: Int -> i + j }    ◄──── 오른쪽 인자를 map2로 치환함
) { i: Int, j: Int -> i + j }
```

리스트 7.4에서 sum(x)를 평가하기 위해, 앞 장에서 한 것처럼 sum 정의에 x를 치환해 넣는다. map2가 엄격한 인자를 사용하고 코틀린이 왼쪽에서 오른쪽 순서로 평가하기 때문에 map2(sum(x),sum(y)) { i, j -> i + j }를 만날 때마다 (첫 번째 인자인) sum(x)를 평가해야 하고, 이런 평가를 재귀적으로 반복해야 한다. 그 결과, 불행하게도 sum으로 리스트 합계를 구하는 계산 트리에서 왼쪽 절반을 엄격하게 구축한 다음에야 비로소 오른쪽 절반을 (엄격하게) 계산할 수 있다. 여기서는 sum(listOf(3, 4))를 평가하기 전에 sum(listOf(1, 2))를 완전히 펼쳐야 한다. 그리고 map2가 인자를 병렬로 (스레드 풀처럼 병렬성을 구현하기 위해 필요한 무슨 자원이든 사용해서) 평가한다고 가정하면, 계산의 오른쪽 절반을 구축하는 일을 미처 시작하기도 전에 계산의 왼쪽 절반에 대한 실행이 시작된다는 뜻이 된다.

map2를 엄격하게 유지하되 실행을 즉시 시작하게 하지 않으면 어떤 일이 벌어질까? 이렇게 하면 도움이 될까? map2가 평가를 즉시 시작하지 않으면 Par 값은 단지 병렬로 계산할 필요가 있는 것에 대한 기술description을 구축하게 된다. 이 기술을 평가하기 전에는 어떤 일도 벌어지지 않으며, 아마 get 같은 함수가 이런 평가를 촉발할 것이다. 문제는 이 기술을 엄격하게 구축하면 상당히 무거운 객체가 된다는 데 있다. 다음 트레이스를 살펴보면, 우리가 만들어낸 기술이 수행해야 하는 모든 연산 트리를 포함한다는 점을 알 수 있다.

**리스트 7.5 엄격한 기술 구축: 모든 연산이 포함된 트리**

```
map2(
    map2(
        unit { 1 },
        unit { 2 }) { i: Int, j: Int -> i + j },
    map2(
        unit { 3 },
        unit { 4 }) { i: Int, j: Int -> i + j }
) { i: Int, j: Int -> i + j }
```

이 기술을 저장하기 위해 어떤 데이터 구조를 사용하든, 그 구조가 원래의 리스트보다 더 많은 메모리를 차지할 것 같다! 우리 기술이 가벼울수록 좋을 것이다. 그리고 두 파라미터를 동시에 병렬 계산하도록 하려면 map2를 지연 계산으로 만들어야 할 것처럼 보인다. 이렇게 하면 어느 한쪽을 다른 쪽보다 더 우선적으로 처리하는 문제도 방지할 수 있다.

### 7.1.3 실행할 계산을 명시적으로 표시하기

마지막으로 선택한 설계에 대해 아직도 꺼림직한 부분이 있다. map2의 두 인자를 항상 병렬로 처리해야만 할까? 아마 그렇지는 않을 것이다. 다음과 같은 가상적인 예를 살펴보자.

```
map2(
    unit { 1 },
    unit { 2 }
) { i: Int, j: Int -> i + j }
```

이 경우, 조합할 두 계산이 빠르게 실행되리라는 사실을 알고 있으므로 여기서 이들을 평가하기 위해 새로운 논리적 스레드를 생성하는 건 바람직하지 않다. 하지만 우리 API에는 이런 유형의 정보를 제공할 방법이 없다. 현재의 API는 메인 스레드를 언제 새로운 스레드로 분기할지가 명확하지 않다. 그리고 프로그래머는 어디서 이런 스레드 분기가 발생할지 지정할 수 없다. 스레드 분기를 더 명확하게 만들면 어떨까? 다른 함수를 발명해서 이를 처리할 수 있다. 이 함수는 주어진 Par를 별도의 논리적 스레드에서 실행하는 수단을 제공한다.

```
fun <A> fork(a: () -> Par<A>): Par<A> = TODO()
```

이 함수를 우리가 작성한 sum 예제에 적용하면, 다음과 같은 코드를 얻는다.

```
fun sum(ints: List<Int>): Par<Int> =
    if (ints.size <= 1)
        unit { ints.firstOption().getOrElse { 0 } }
    else {
        val (l, r) = ints.splitAt(ints.size / 2)
        map2(
```

```
        fork { sum(l) },
        fork { sum(r) }
    ) { lx: Int, rx: Int -> lx + rx }
}
```

fork를 사용하면 map2를 엄격하게 만들 수 있고, 프로그래머는 원하는 대로 인자를 감쌀 수 있다. fork 같은 함수는 병렬 계산을 너무 엄격하게 시작하는 문제를 해결해준다. 하지만 더 근본적으로, fork 같은 함수는 병렬성을 프로그래머가 명시적으로 제어할 수 있게 해준다. 여기서는 두 가지 관심사를 다룬다. 첫 번째는 두 병렬 작업의 결과를 조합해야만 한다는 사실을 표현하는 방법이다. 두 번째는 특정 작업을 비동기적으로 실행해야 하는지 여부를 선택하는 것이다. 이 두 관심사를 분리함으로써 map2와 앞으로 작성할 콤비네이터에 대해 특정 병렬성 정책을 전역적으로 채택하는 일을 피할 수 있다. 이런 식으로 어떤 정책을 모든 함수에 채택한다면(앞으로 어떤 함수가 더 생길지 알 수 없으므로), 어떤 정책이 최선인가에 대한 선택이 임의적일 수밖에 없다.

unit이 지연 평가여야 하는가에 대한 문제로 돌아가보자. fork가 있으면 이제 표현력을 잃지 않고 unit을 엄격하게 만들 수 있다. 엄격하지 않은 버전을 lazyUnit이라고 부르자. 이 버전을 unit과 fork를 사용해 구현할 수 있다.

**리스트 7.6 엄격한 unit과 fork를 조합해 지연 계산 버전 unit 만들기**

```
fun <A> unit(a: A): Par<A> = Par(a)

fun <A> lazyUnit(a: () -> A): Par<A> =
    fork { unit(a()) }
```

lazyUnit 함수는 파생된derived 콤비네이터의 간단한 예다. 파생된 콤비네이터의 반대는 unit 같은 기본적primitive 콤비네이터다. 우리는 다른 연산들만을 조합해 lazyUnit을 정의할 수 있었다. 나중에 Par의 표현을 무엇으로 선택하든 lazyUnit은 그 표현에 대해 아무것도 알 필요가 없다. lazyUnit의 Par에 대한 지식은 모두 Par에 정의된 fork와 unit을 통해 얻은 것이다.

인자를 별도의 논리적 스레드상에서 평가하라는 신호를 보내기 위해 fork가 필요하다는 사실은 안다. 하지만 fork가 호출되자마자 즉시 별도의 논리적 스레드를 분기해 인자를 평가할지, 아니면 인자를 잠시 보류했다가 get 같은 다른 무언가를 통해 강제로 계산을 수행할 때 별도의 논리적 스레드를 분기할지는 아직도 의문이다. 다른 말로 하면, 별도의 논리적 스레드로 평가를 시작할 책임이 fork에 존재할까, get에 존재할까? 평가가 즉시 이뤄져야 할까, 지연돼 이뤄져야 할까? 어떤 함수를 여러분의 API에 추가할 때 그 의미가 명확하지 않다면, 항상 (의미를 명확히 정하지 않고) 설계 과정을 계속 진행할 수 있다. 계속 진행하다 보면 그 함수가 가질 수 있는 여러 가지 의미의 장단점이 명확히 드러나는 시점이 나중에 생긴다. 여기서는 유용한 트릭(fork와 get의 여러 가지 의미를 구현할 때 필요한 정보가 어떤 종류인지 생각하기)을 사용할 것이다.

fork가 인자를 즉시 병렬 실행한다고 가정하자. 이런 경우 fork 구현은 직간접적으로 스레드를 생성하고 작업을 스레드 풀에 제출하는 방법을 명확히 알고 있어야 한다. 이 말은 병렬성을 구현하는 데 필요한 스레드 풀이나 다른 어떤 자원에 전역적으로 접근할 수 있고, 이런 자원이 fork를 호출하고 싶은 시점이 되기 전에 적절히 초기화돼 있어야 한다는 뜻이다. 이는 프로그램의 여러 부분에서 원하는 대로 병렬성 전략을 제어할 수 있는 능력을 잃는다는 말이다. 병렬 작업을 수행하기 위해 전역적인 자원을 사용하는 게 잘못된 일은 아니지만, 어떤 맥락에 어떤 구현을 사용할지 세밀하게 제어할 수 있다면 좀 더 도움이 될 것이다. 예를 들어, 커다란 애플리케이션의 각 하위 시스템이 서로 다른 설정을 따르는 별도의 스레드 풀을 사용할 수도 있다. 이를 고려하면 (fork보다는) get이 스레드 생성과 실행할 작업을 스레드 풀에 제출할 책임을 가지는 게 더 적합해 보인다.

이런 결론에 도달하기 위해 fork나 get을 구현하는 방법이나 Par를 어떻게 표현할지에 대해 정확히 알 필요가 없다는 점에 유의하라. 단지 병렬 작업을 시작할 때 필요한 정보의 유형을 비형식적으로 추론하고, Par 값이 이런 정보를 알고 있으면 발생하는 결과를 고려해 봤을 뿐이다.

단지 평가하지 않은 인자를 필요할 때까지 보관할 뿐이라면, fork는 병렬성을 구현하는 메커니즘에 접근할 필요가 없다. fork는 평가하지 않은 Par를 받아서 동시적으로 평가하라고 '표시'할 뿐이다. 이런 모델을 사용하면 Par 자체는 병렬성을 어떻게 구현할지에 대해 알 필요가 없다. Par는 나중에 get 함수 등의 존재에 의해 해석될 병렬 계산에 대한 기술이다.

이런 관점은 앞에서 생각했던 Par에 대한 관점에서 벗어난 것이다. 우리는 Par를 (get 등에 의해 평가가 이뤄져서) 사용 가능해지면 얻을 수 있는 값을 담는 컨테이너로 생각했다. 이제 Par는 우리가 실행할 수 있는 일급 프로그램에 더 가깝다. 이런 새로운 발견을 염두에 두고 get 함수 이름을 run으로 바꿔서, 여기서 병렬성을 구현한다는 사실을 표현하자.

```
fun <A> run(a: Par<A>): A = TODO()
```

Par는 이제 순수 데이터 구조에 불과하므로, run이 병렬성을 구현할 수단을 갖고 있어야만 한다. 새 스레드를 시작하거나, 작업을 스레드 풀에 제출하거나, 다른 어떤 방법을 통해 병렬성을 구현할 수 있다.

## 7.2 표현 선택하기

간단한 예제를 탐험하고 여러 선택이 야기하는 결과를 살펴보는 것만으로 다음과 같은 API에 도달할 수 있었다.

```
fun <A> unit(a: A): Par<A>        ◀── a 식의 결과를 내놓는
                                      계산을 즉시 만듦
fun <A, B, C> map2(
    a: Par<A>,
    b: Par<B>,
    f: (A, B) -> C
): Par<C>        ◀── 이항 함수를 사용해
                    두 병렬 계산의 결과를 조합        계산을 run이 병렬로
                                                   평가해야 한다고 표시
fun <A> fork(a: () -> Par<A>): Par<A>   ◀──

fun <A> lazyUnit(a: () -> A): Par<A>    ◀── run이 동시에 평가할 수
                                            있도록 a 식을 감쌈
fun <A> run(a: Par<A>): A    ◀── 주어진 Par를 완전히 평가함.
                                계산을 시작하고 값을 추출함
```

API를 진화시키는 과정에서 우리가 만들 추상 타입에 대해 가능한 표현을 언제든 생각하기 시작할 수 있다. 우리가 정한 API의 함수를 구현할 수 있게 해주는 Par 표현을 생각해보라.

우리가 함께 어떤 표현을 생각해낼 수 있는지 살펴보자. run이 어떻게든 비동기 작업을 실행할 수 있어야 한다는 사실은 알고 있다. 우리 스스로 저수준 API를 작성할 수도 있지만, 자바 표준 라이브러리에는 이미 사용할 수 있는 java.util.concurrent.ExecutorService 클래스가 있다. 다음은 코틀린으로 이 클래스를 대충 표현한 코드를 보여준다.

**리스트 7.7 코틀린으로 표현한 Executor API**

```kotlin
interface Callable<A> {
    fun call(): A
}

interface Future<A> {
    fun get(): A
    fun get(timeout: Long, timeUnit: TimeUnit): A
    fun cancel(evenIfRunning: Boolean): Boolean
    fun isDone(): Boolean
    fun isCancelled(): Boolean
}

interface ExecutorService {
    fun <A> submit(c: Callable<A>): Future<A>
}
```

ExecutorService에서는 Callable을 제출할 수 있다. Callable은 코틀린의 지연 계산 인자나 썽크에 해당한다. submit을 호출한 결과는 Future(퓨처)다. Future는 새로운 스레드에서 실행될 수도 있는 계산을 가리키는 핸들이며, Future의 블로킹 메서드인 get을 호출해 결과를 얻어올 수 있다. Future에는 계산의 현재 상태를 질의하거나 계산을 취소하는 메서드도 들어 있다.

## 동시성 기본 요소를 직접 사용하면 생기는 문제점

java.lang.Thread와 Runnable을 사용하면 어떨까? 이 두 클래스를 살펴보자. 다음은 이 두 클래스가 제공하는 API의 일부분을 코틀린으로 표현한 것이다.

```kotlin
interface Runnable {
    fun run(): Unit
}


class Thread(r: Runnable) {
    fun start(): Unit = TODO()      ← 별도의 스레드에서 r을
                                       실행하기 시작함
    fun join(): Unit = TODO()       ← r이 실행을 끝낼 때까지
}                                      호출자 스레드를 블록시킴
```

이 정도만 봐도 두 타입의 문제를 쉽게 알 수 있다. 어떤 메서드도 의미 있는 값을 반환하지 않는다. 그로 인해 Runnable에서 정보를 얻고 싶으면 우리가 관찰할 수 있는 상태를 변이하는 등의 부수 효과를 사용해야 한다. 이런 방법은 합성성이 나쁘다. Runnable 객체의 내부 동작을 항상 알아야 하기 때문에 제네릭하게 Runnable 객체를 조작할 수가 없다. Thread도 무조건 운영체제 스레드와 직접 연결된다는 단점이 있다. 운영체제 스레드는 희소한 자원이다. 문제의 본성에 따라 가능한 한 많은 '논리적 스레드'를 생성하고 나중에 이를 기존 OS 스레드에 매핑하는 게 더 바람직하다.

코틀린 코루틴을 사용하면 이런 요소들을 처리할 수 있다. 또한 코루틴은 병렬성을 처리하는 데 유용하다. 하지만 이 책은 코틀린의 고급 기능을 다루는 책이 아니므로 코루틴 대신 java.util.concurrent.Future나 ExecutorService 등의 더 단순한 요소를 선택했다. 이들을 직접 쓰면 어떨까? 다음은 이들이 제공하는 API를 코틀린으로 작성한 것이다.

```kotlin
class ExecutorService {
    fun <A> submit(a: Callable<A>): Future<A> = TODO()
}


interface Future<A> {
    fun get(): A
}
```

java.util.concurrent는 물리 스레드를 추상화할 때 큰 도움이 되지만, 이번 장에서 작성하려는 라이브러리보다 훨씬 더 저수준의 추상화다. 예를 들어 Future.get을 호출하면 호출자 스레드는 ExecutorService가 (Future가 가리키는) 작업의 실행을 끝낼 때까지 블록돼야 한다. 게다가 Future API는 퓨처를 합성하는 수단을 제공하지 않는다. 물론 이런 도구 위에 우리 라이브러리 구현을 구축할

수도 있다(그리고 이번 장의 뒷부분에서 실제 그런 구현을 만든다). 하지만 이들은 함수형 프로그램에서 직접 사용할 수 있을 만한 모듈화와 합성성이 높은 API를 제공하지 않는다.

이제 ExecutorService에 접근할 수 있을 때 Par 데이터 타입의 run을 어떻게 변경해야 할지 생각해보자.

```
fun <A> run(es: ExecutorService, a: Par<A>): A = TODO()
```

Par<A>를 표현하는 가장 간단한 방법은 (ExecutorService) -> A 같은 함수에 대한 타입 별명을 쓰는 것이다. ExecutorService 인스턴스를 갖고 이런 함수를 호출하면 A 타입의 결과를 내놓으므로, 이런 Par<A>의 구현 방법은 뻔하다. run의 호출자에게 계산 완료를 기다릴 시간(타임아웃)이나 계산을 취소할 수단을 제공함으로써 이를 개선할 수 있다. 이를 염두에 두고, Par<A>를 (ExecutorService) -> Future<A>로 정의하고 run이 Future<A>를 반환하게 하자.

```
typealias Par<A> = (ExecutorService) -> Future<A>

fun <A> run(es: ExecutorService, a: Par<A>): Future<A> = a(es)
```

이제는 Par를 ExecutorService를 인자로 받는 함수로 표현하기 때문에 ExecutorService를 제공해야만 Future가 생긴다는 점에 유의하라.

정말 이렇게 간단하게 될까? 당장은 이런 표현이 충분하다고 가정하고, 나중에 원하는 요구 사항을 만족시키지 못하는 경우가 발생하면 모델을 다시 개선해보자.

## 7.3 최종 사용자를 염두에 두고 API 다듬기

지금까지 작업한 방식은 약간 꾸며낸 느낌이 있다. 실전에서 API 설계와 표현 선택 사이에는 명확한 경계가 없고, 둘 사이의 선후 관계도 명확하지 않다. 표현 방식에 대한 아이디어가 API 설계를 이끌 수도 있고, 반대로 API 선택이 표현 방식 선택을 이끌기도 한다. 두 가지 관점을 유동적으로 오가면서 의문이 떠오를 때 실험을 하고 프로토타입을 정의하는 등의 활동을 진행하는 게 자연스럽다.

이번 절에서는 우리가 만든 API를 탐구하고 다듬는 데 전념한다. 간단한 예제를 진화시키면서 상당히 많은 것을 배울 수 있었지만, 새로운 연산을 추가하기 전에 이미 정의한 기본 연산을 사용해 어떤 것을 표현할 수 있는지 더 배워보자. 지금까지 연산을 정의하고 연산의 의미를 선택함으로써 우리만의 작은 세계를 구축해왔다. 이 과정 또한 유동적인 과정일 수 있고, 유동적인 과정이어야만 한다. 언제든 우리 세계의 법칙을 변경할 수 있고, 표현을 근본적으로 변경할 수도 있으며, 새로운 기본 연산을 도입할 수도 있다. 이 모든 변경은 그로 인해 우리가 만든 세계의 동작이 어떻게 달라질지를 관찰하는 가운데 이뤄져야 한다.

일단 지금까지 개발한 API의 함수를 구현하는 것부터 시작하자. 이제 Par에 대한 표현을 정했으므로 최초로 작성할 코드는 뻔하다. 다음은 최초의 표현을 사용해 만든 단순한 구현을 보여준다.

**리스트 7.8 Pars 객체 안에 정의한 Par 연산**

```
object Pars {
    fun <A> unit(a: A): Par<A> =
        { es: ExecutorService -> UnitFuture(a) }          unit을 UnitFuture를
                                                          반환하는 함수로 표현함

    data class UnitFuture<A>(val a: A) : Future<A> {

        override fun get(): A = a

        override fun get(timeout: Long, timeUnit: TimeUnit): A = a

        override fun cancel(evenIfRunning: Boolean): Boolean = false

        override fun isDone(): Boolean = true

        override fun isCancelled(): Boolean = false
    }

    fun <A, B, C> map2(
        a: Par<A>,
```

```kotlin
        b: Par<B>,
        f: (A, B) -> C        map2는 조합 로직[1]만 담당함.
    ): Par<C> =               즉, map2에 의한 암시적 스레드 처리가 없음
        { es: ExecutorService ->
            val af: Future<A> = a(es)
            val bf: Future<B> = b(es)
            UnitFuture(f(af.get(), bf.get()))     퓨처의 get()을 호출하기 때문에
        }                                         이 UnitFuture는 타임아웃을 준수하지 못함

    fun <A> fork(
        a: () -> Par<A>       a()와 관련한 블로킹 호출로 인해 fork는
    ): Par<A> =               실제로는 코드를 병렬적으로 실행하지 않음
        { es: ExecutorService ->
            es.submit(Callable<A> { a()(es).get() })
        }
}
```

앞에서 말했듯이, 이 예제는 문제에 대한 순진한 해법이다. 이제 각 구현의 문제를 찾아서 하나씩 해결할 것이다. unit 연산자는 UnitFuture를 반환하는 함수로 표현된다. UnitFuture는 상숫값을 감싼 Future 구현으로 결코 ExecutorService를 사용하지 않는다. UnitFuture는 항상 실행되며 취소될 수 없다. UnitFuture의 get 메서드는 자신이 생성자를 통해 받은 값을 돌려주기만 한다.

다음은 map2 연산자다. 이 연산자는 f 호출을 별도의 논리 스레드에서 평가하지 않는다. 우리가 선택한 설계에 따르면 병렬성을 제어하는 유일한 함수는 fork이다. 항상 f 평가를 별도의 스레드에서 수행하고 싶다면 map2를 fork 호출로 감쌀 수 있다.

이 예제의 map2 구현은 타임아웃을 준수하지 않는다. 그냥 두 Par 값에 ExecutorService를 넘기고 그 결과로 얻는 af, bf라는 Future의 결과에 대해 f를 적용한 후, 그 결과를 UnitFuture로 감싼다. 타임아웃을 지키게 하려면 af를 평가하는 데 걸린 시간을 기록하고, 이 시간을 bf를 평가하기 위해 사용할 시간에서 빼주는 새로운 Future 구현이 필요하다.

fork 연산자는 여러 구현 중 가장 단순하며 자연스러운 구현이다. 여기에도 여전히 많

---

1   전자회로에서 조합 로직(combinatorial logic)은 입력에 의해서만 출력이 결정되는 회로로, 순수 함수에 해당한다. 또한 순차 로직(sequential logic)은 회로의 기존 상태와 입력을 함께 조합해 출력이 결정되는 회로로, 상태에 의존하는 함수와 비슷하다. – 옮긴이

은 문제가 있다. 예를 들어 바깥 Callable은 '내부' 작업이 완료될 때까지 블록된다. 이 블로킹이 스레드나 ExecutorService가 뒷받침하는 자원을 점유하기 때문에 잠재적인 병렬성을 일부 잃어버리게 된다. 이 상황은 이 구현에 있는 더 큰 문제에서 비롯된 증상에 지나지 않는다. 이번 장의 뒷부분에서는 이 구현의 더 큰 문제를 다룬다.

Future에는 순수 함수형 인터페이스가 없다는 사실에 주의하라. 이것이 바로 우리 라이브러리 사용자가 Future를 직접 다루지 못하게 하는 이유이기도 하다. 여기서 중요한 점은 Future의 메서드가 부수 효과에 의존하더라도 우리가 구현한 전체 Par API는 순수 함수형으로 남는다는 것이다. 사용자가 run을 호출하고 구현이 ExecutorService를 전달받아야만 Future의 내부 작동이 드러난다. 따라서 우리 라이브러리 사용자는 효과에 의존하는 구현을 제공하는 순수 함수형 인터페이스를 사용해 프로그램을 작성한다. 그렇지만 우리 API가 순수 함수형으로 남기 때문에 내부 구현이 사용하는 효과는 실제로는 부수 효과가 아니다. 4부에서는 부수 효과와 부수 효과가 아닌 효과의 구분을 더 자세히 다룬다.

---

**연습문제 7.3**

**어려움**: Future의 타임아웃 계약을 준수하도록 map2 구현을 수정하라.

---

**연습문제 7.4**

이 API로도 다양한 연산을 제공할 수 있다. 예를 들어 lazyUnit을 사용해 (A) -> B 타입의 임의의 함수를 비동기적으로 결과를 평가하는 함수로 변환하는 asyncF를 작성하라.

```
fun <A, B> asyncF(f: (A) -> B): (A) -> Par<B> =

    SOLUTION_HERE()
```

---

기존 콤비네이터를 사용해 어떤 것을 더 표현할 수 있을까? 더 구체적인 예제를 살펴보자.

List<Int>를 만들어내는 병렬 계산을 표현하는 Par<List<Int>>가 있고, 이 표현을

Par<List<Int>>로 변환하고 싶다고 하자. 이때 결과 리스트 List<Int>는 정렬된 리스트여야
한다.

```
fun sortPar(parList: Par<List<Int>>): Par<List<Int>> = TODO()
```

Par를 run하고 결과 리스트를 정렬한 다음, unit을 사용해 정렬된 리스트를 다시 감쌀
수도 있을 것이다. 하지만 run 호출은 피하고 싶다. 현재 우리 API에서 어떤 식으로든 Par
에 들어 있는 값을 변경할 수 있는 콤비네이터는 map2이다. 따라서 map2의 한쪽에 parList를
전달하면, 그 내부의 List에 접근할 수 있고 그 리스트를 정렬할 수 있다. 그리고 map2의 반
대쪽에는 아무것이나 전달할 수 있으므로 Unit을 전달하자.

```
fun sortPar(parList: Par<List<Int>>): Par<List<Int>> =
    map2(parList, unit(Unit)) { a, _ -> a.sorted() }
```

아주 쉽다. 이제 Par<List<Int>>에 들어 있는 리스트를 정렬하고 싶다는 의도를 표현할
수 있다. 우리는 (A) -> B 타입의 함수를 '끌어올려서' Par<A>를 받고 Par<B>를 반환하는 함
수로 만들 수 있다. 즉, Par에 대해 임의의 함수를 map할 수 있다.

```
fun <A, B> map(pa: Par<A>, f: (A) -> B): Par<B> =
    map2(pa, unit(Unit), { a, _ -> f(a) })
```

map을 정의한 결과, sortPar를 다음과 같이 바꿀 수 있다.

```
fun sortPar(parList: Par<List<Int>>): Par<List<Int>> =
    map(parList) { it.sorted() }
```

간결하고 명확하다. 타입이 일치하도록 연산을 조합하기만 했다. 그리고 map2와 unit의
구현을 살펴보면, 여기서 만든 map 구현이 무언가 중요한 의미가 있음을 깨달을 수 있어야
한다.

map2의 인자로 unit(Unit)이라는 무의미한 값을 전달하는 게 속임수는 아닐까? 전혀 그
렇지 않다! map을 map2로 구현할 수 있지만 map2를 map으로 구현할 수는 없다는 점은 map2가
분명히 map보다 강력하다는 사실을 보여준다. 라이브러리를 설계할 때 이런 경우가 자주 발

생한다. 때로는 기본 요소인 것처럼 보이던 대상을 더 강력한 기본 요소로 정의할 수 있는 경우가 흔하다.

우리 API를 사용해 무엇을 더 구현할 수 있을까? 리스트에 대해 병렬로 map을 수행할 수 있을까? 두 병렬 계산을 조합하는 map2와 달리, parMap(앞으로 이렇게 부르자)은 *N*개의 병렬 계산을 조합해야 한다. 이 연산은 무언가 기존 API를 활용해 구현할 수 있을 것처럼 보인다.

```
fun <A, B> parMap(
    ps: List<A>,
    f: (A) -> B
): Par<List<B>> = TODO()
```

또는 parMap을 새로운 기본 연산으로 정의할 수도 있다. Par<A>는 단지 (ExecutorService) -> Future<A>에 대한 타입 별명에 지나지 않는다는 점을 기억하라.

어떤 연산을 새 기본 연산으로 구현하는 게 잘못은 아니다. 경우에 따라서는 작업할 데이터 타입의 하부 표현에 대해 어떤 내용을 가정함으로써 연산을 더 효율적으로 구현할 수 있기도 하다. 하지만 지금은 기존 API를 통해 표현할 수 있는 연산의 범위를 탐구하면서 우리가 정의한 여러 연산의 관계를 알아내는 데 관심이 있다. 여러 라이브러리에 걸친 공통 패턴을 추상화하는 방법을 보여주는 3부에서는 어떤 콤비네이터가 정말 기본 연산인지 이해하는 것이 더 중요해진다.

parMap을 기본 연산으로 구현하지 않는 다른 좋은 이유가 있다. 제대로 이 연산을 구현하는 게 상당히 어렵기 때문이다. 특히 타임아웃을 제대로 준수하도록 만들기가 어렵다. 기본 연산이 상당히 구현하기 힘든 로직을 캡슐화해주므로, 그 로직을 중복 구현하지 않기 위해 기본 연산을 활용하는 경우도 자주 생긴다.

기존 콤비네이터를 사용해 parMap을 얼마나 잘 구현할 수 있는지 살펴보자.

```
fun <A, B> parMap(
    ps: List<A>,
    f: (A) -> B
): Par<List<B>> {
    val fbs: List<Par<B>> = ps.map(asyncF(f))
```

```
    TODO()
}
```

asyncF는 결과를 만들어내기 위해 병렬 계산을 시작해 (A) -> B를 (A) -> Par<B>로 변환한다는 점을 기억하라. N개의 병렬 처리를 상당히 쉽게 시작할 수 있지만, 결과를 수집할수단이 필요하다. 어떻게 결과를 수집할 수 있을까? parMap의 반환 타입을 살펴보면List<Par<B>>를 Par<List<B>>로 변환하는 수단이 필요하다는 점을 알 수 있다.

**연습문제 7.5**

**어려움**: List<Par<B>>를 Par<List<B>>로 변환하는 수단인 sequence를 작성하라. run을 호출하지는 말라.

```
fun <A> sequence(ps: List<Par<A>>): Par<List<A>> =

    SOLUTION_HERE()
```

sequence가 있으면 parMap 구현을 끝낼 수 있다.

```
fun <A, B> parMap(
    ps: List<A>,
    f: (A) -> B
): Par<List<B>> = fork {
    val fbs: List<Par<B>> = ps.map(asyncF(f))
    sequence(fbs)
}
```

여기서 구현을 fork 호출로 감싼다는 점에 유의하라. 이 구현을 사용하면 입력 리스트가 엄청나게 커도 parMap이 즉시 반환된다. 나중에 run을 호출하면 parMap이 반환한 값(Par<List<B>>)은 즉시 비동기 계산을 시작하며, 그 비동기 계산은 다시 N개의 병렬 계산을시작하고 모든 병렬 계산이 끝날 때까지 대기했다가 결과를 리스트에 모아준다.

리스트의 원소를 병렬로 걸러내는 parFilter를 구현하라.

```
fun <A> parFilter(
    sa: List<A>,
    f: (A) -> Boolean
): Par<List<A>> =

    SOLUTION_HERE()
```

또 다른 유용한 함수를 생각해낼 수 있는가? 여러분 스스로 몇 가지 병렬 계산을 작성하면서 어떤 계산이 추가적인 기본 연산 없이 구현될 수 있는지 실험해보라. 다음은 시도해볼 만한 몇 가지 아이디어다.

- 이번 장을 시작하면서 작성했던 병렬 합계 함수를 더 일반화할 수 없을까? 그렇게 만든 함수를 어떤 List의 최댓값을 병렬로 찾는 데 사용하라.
- 문단의 리스트(List<String>)를 받아서 모든 문단의 전체 단어 수를 병렬로 계산해 돌려주는 함수를 작성하라. 이 함수를 최대한 일반화하라.
- map2를 사용해 map3, map4, map5를 구현하라.

## 7.4  대수적 등식을 사용해 API에 대해 추론하기

앞 절에서 본 것처럼, 원하는 연산의 타입 시그니처를 그냥 적고 '타입을 따라가면' 구현에 도달하는 경우가 자주 있다. 이런 식으로 작업할 때는 (map2와 unit을 활용해 map을 구현할 때처럼) 구체적인 도메인을 거의 잊어버리고 타입이 서로 잘 맞아떨어지게 하는 데만 집중할 수 있다. 이런 방식이 속임수는 아니다. 이 방식은 대수 등식을 단순화할 때와 비슷한 자연스러운 추론이다. API를 대수, 즉 우리가 정확하다고 가정하는 법칙이나 속성이 있는 추상적인 연산의 집합으로 간주하고, 이 대수가 지정한 게임 규칙에 따라 기호를 형식적으로 조작했다.

|**노트**| 여기서 대수는 수학 용어다. 수학에서 대수는 하나 이상의 집합과 그 집합에 속한 물체에 대해 작용하는 함수들과 공리(axiom)들로 이뤄진다. 공리는 항상 참이라고 가정되는 문장으로, 이로부터 항상 참일 수밖에 없는 정리(theorem)를 이끌어낼 수 있다. 우리 예제에서 집합은 Par<A>와 List<Par<A>> 등의 구체적인 타입이며, 함수는 map2, unit, sequence 등의 연산이다.

지금까지는 API에 대한 추론을 비형식적으로 접근했다. 이런 접근 방법이 잘못된 것은 아니지만, 한 단계 물러나서 우리 API가 유지했으면 하는 몇 가지 법칙을 형식화하자. 깨닫지는 못했지만, 원하는 속성이나 법칙에 대한 모델은 이미 머릿속에서 만들어왔다. 이를 활용해 비형식적으로 추론할 때는 명확히 떠오르지 않는 설계상의 선택을 알아낼 수 있다. 우리 마음속에 떠오르는 두 가지 법칙은 바로 매핑$^{mapping}$과 논리 스레드 분기$^{forking}$다. 이제부터는 이 두 가지 법칙을 다룬다.

## 7.4.1 매핑 법칙

다른 모든 설계 선택지와 마찬가지로 법칙을 선택하는 것도 심오한 결과를 끼친다. 법칙은 연산의 의미를 제한하고 가능한 구현의 가짓수를 결정하며, 다른 속성들의 참 거짓에도 영향을 끼친다. 예제로 그럴듯한 법칙을 만들어보자. 이 법칙을 라이브러리에 대한 테스트를 작성할 때 테스트 케이스$^{test\ case}$로 사용할 수 있다.

```
map(unit(1)) { it + 1 } == unit(2)
```

이 식은 unit(1)을 { it + 1 }로 매핑한 것이 어떤 의미에서 unit(2)와 같음을 뜻한다. 법칙은 종종 이런 식으로 우리가 유지하길 원하는 구체적인 항등식$^{idenity}$ 형태로 시작되는 경우가 많다. 여기서 항등식은 두 식이 서로 동일하거나 동치관계라는 수학적인 의미를 지닌다. 어떤 의미에서 이 둘이 서로 동치일까? Par는 단순히 (ExecutorService) -> Future 타입의 함수이므로 이 질문은 흥미로운 질문이다. 지금은, 모든 올바른 ExecutorService 인자에 대해 두 Par 객체가 내놓는 Future의 결과가 같을 때 이 두 Par 객체가 서로 동치관계라고 정의하자.

법칙과 함수는 공통점이 많다. 함수를 일반화할 수 있는 것처럼, 법칙도 일반화할 수 있다. 예를 들어 앞의 예제 법칙을 다음과 같이 일반화할 수 있다.

```
map(unit(x), f) == unit(f(x))
```

이 문장에서는 x와 f를 단순히 1과 { it + 1 } 함수가 아닌 어떤 것으로 선택하든 이 등식이 성립해야 한다고 말하고 있다. 이 법칙은 우리 구현에 몇 가지 제약을 부여한다. 우리 unit 구현은 자신이 받는 값을 들여다볼 수 없다. 즉, 입력이 1인 경우에 결과가 42인 병렬 계산을 반환하기로 결정할 수는 없다. unit은 자신이 받은 것을 전달하기만 할 수 있다. 비슷하게, 우리 ExecutorService에게 실행할 Callable 객체를 전달할 때, 이 ExecutorService는 자신이 받은 Callable 객체에 대해 어떤 가정도 할 수 없고, 이 Callable의 값에 따라 자신의 행동을 바꿀 수도 없다. 더 구체적으로 이야기하자면, 이 법칙은 map과 unit 구현에서 다운캐스팅을 하거나 is 검사를 하는 것(종종 이들을 타입캐스팅<sup>typecasting</sup>이라고 한꺼번에 부르기도 한다)을 금지한다.

함수를 구현할 때 한 가지 일만 하는 더 간단한 다른 함수만 사용하려고 노력하는 것과 비슷하게, 한 가지 사실만 정의하는 더 간단한 법칙을 사용해 새 법칙을 정의할 수 있다. 앞에서 본 법칙을 더 단순화할 수 있는지 살펴보자. 우리는 어떤 x와 f를 선택하든 이 법칙이 성립하길 원한다고 말했다. f를 항등함수<sup>identity function</sup>로 치환하면 흥미로운 일이 생긴다. 항등함수는 자신이 받은 값을 전달하기만 하므로 fun <A> id(a: A):A = a라고 정의할 수 있다. 마치 대수 등식을 풀 때 치환과 단순화를 사용했던 것처럼, 앞에서 본 식 양변의 f를 id로 치환하고 단순화해서 덜 복잡한 새 법칙을 얻을 수 있다.

---

**리스트 7.9 등식의 양변을 치환하고 단순화하기**

```
val x = 1
val y = unit(x)
val f = { a: Int -> a + 1 }
val id = { a: Int -> a }

map(unit(x), f) == unit(f(x))      ◀── 초기 법칙을 선언
map(unit(x), id) == unit(id(x))    ◀── f를 id로 치환
```

```
map(unit(x), id) == unit(x)    ◄─── id(x)를 x로 단순화
map(y, id) == y   ◄─── unit(x)를 그와 동치인 y로 치환
```

멋지다! 법칙을 단순화해서 불필요한 unit 언급을 제거하고 map에 대해서만 성립하는 법칙을 만들었다. 이 새 법칙이 어떤 의미인지 통찰을 얻기 위해 map이 할 수 없는 일을 생각해보자. map은 함수를 결과에 적용하기 전에 예외를 던지거나 계산을 비정상 종료<sup>crash</sup>시킬 수 없다. 왜 예외나 비정상 종료가 법칙 위반일까? Map이 할 수 있는 일은 f를 y의 결과에 적용하는 것뿐이다. 그런데 f가 id면 그냥 y가 영향받지 않고 반환돼야 한다. 이런 경우 map이 구조 보존적<sup>structure preserving</sup>이어야 한다고 말한다. 이 말은 map이 병렬 계산의 구조를 바꾸지 않고, 병렬 계산 '내부에' 있는 값만 바꿔야 한다는 뜻이다.

## 7.4.2 논리 스레드 분기의 법칙

방금 본 map의 법칙은 그렇게 Par 구현을 제약하지는 않는다. 여러분은 아마 깨닫지 못하면서도 이 속성을 가정하고 있었을 것이다. map, unit, ExecutorService.submit의 구현에서 예외적인 경우가 있거나 map이 임의로 예외를 던지면 이상할 것이다. 좀 더 강력한 속성으로 fork는 병렬 계산의 결과에 영향을 끼치면 안 된다는 법칙이 있다.

```
fork { x } == x
```

이 선언은 뻔해 보이고 우리 구현에서 반드시 참이어야 할 것처럼 보인다. 이 법칙은 분명 fork의 동작에 대해 기대하는 바와 일치하는 바람직한 속성이다. fork(x)는, 주 스레드와 분리된 별도의 논리적 스레드에서 비동기적으로 처리된다는 점을 제외하면, x와 마찬가지 일을 해야 한다. 만약 이 법칙이 항상 성립되지 않는다면, 타입 시스템의 도움을 전혀 받지 못한 채로 언제 의미 변경 없이 fork를 안전하게 호출할 수 있는지를 알아내야만 할 것이다.

놀랍게도 이 단순한 속성은 fork 구현을 강하게 제약한다. 법칙을 이렇게 써 놓고 나면, 구현 관점에서 벗어나 테스트 관점에서 법칙을 깨려고 시도해야 한다. 모든 경우를 구석구석 살펴보고 반례를 찾으려 시도하라. 그리고 이 법칙이 성립함을 보여주는 비형식적인 증명(최소한 이 법칙이 성립한다는 데 대해 회의적인 개발자를 설득할 수 있어야 한다)도 시도해보라.

## 법칙 깨기: 미묘한 버그

실제로 한번 테스트 관점에서 생각해보자. 모든 x와 모든 ExecutorService에 대해 fork(x) == x가 성립하길 바라며, x가 무엇이 될 수 있는지는 알고 있다. x는 fork, unit, map2나 이들로부터 파생된 임의의 콤비네이터를 사용하는 식이다. ExecutorService는 어떨까? 어떤 구현이 가능할까? java.util.concurrent.Executors 문서(http://mng.bz/Q2B1)를 보면 가능한 구현이 무엇일지 아이디어를 얻을 수 있다.

---

**연습문제 7.7**

**어려움:** Executor에 정의된 다양한 정적$^{static}$ 메서드를 살펴보고 기존 ExecutorService 구현에 어떤 것들이 있는지 감을 잡아라. 그 후, 더 진행하기 전에 되돌아와서 여러분의 fork 구현을 살펴보고 여러분의 구현에서 본문의 법칙이 성립함을 납득하라. 납득할 수 없다면 본문 법칙을 위배하는 반례를 찾아보라.

---

### 법칙과 증명이 왜 중요한가?

API의 속성을 정리하고 증명하는 게 이상해 보일 수도 있다. 일반적인 프로그래밍에서는 이런 일을 하지 않으리라는 점이 확실하다. 그러면 왜 함수형 프로그래밍에서는 이런 작업이 중요할까?

FP를 사용하면, 표준 기능을 합성될 수 있는 재사용 가능한 제네릭 컴포넌트로 묶어내기가 쉽고 실제로도 그런 일을 자주 한다. 부수 효과는 합성성을 해치지만, 더 일반적으로 말해 컴포넌트 내부에 그 컴포넌트를 블랙박스로 다루지 못하게 막는 비결정적인 동작이 숨어 있으면 합성이 불가능하거나 어려워진다.

좋은 예로 fork에 대한 법칙을 들 수 있다. 우리가 언급한 법칙이 성립되지 않는다면 fork에 의존하는 여러 범용 콤비네이터(parMap 등)가 더 이상 건전(정상적인 입력에 대해 항상 문제없이 실행됨)하지 않게 된다. 그 결과로, 이런 콤비네이터를 더 폭넓은 병렬 계산에 사용하면 교착 상태가 발생할 수 있기 때문에 위험할 수 있다.

우리 API에 대해 추론을 돕는 의미 있는 법칙이 포함된 대수를 부여하면 고객들의 API 사용성이 더 좋아진다. 그리고 이런 대수가 있다는 말은 API 안에 있는 모든 객체를 자신 있게 블랙박스로 다룰 수 있다는 의미이기도 하다. 3부에서 살펴보겠지만, 작성한 여러 가지 다른 라이브러리로부터 공통 패턴을 추출하려면 이런 성질이 필수적이다.

테스트 관점에서는 주어진 ExecutorService에 대해 두 Par 인스턴스가 동등한지 검사하는 단언문 함수를 작성한다. Par에 대한 확장 함수인 shouldBe를 사용해 단언문을 작성한다.

```kotlin
infix fun <A> Par<A>.shouldBe(other: Par<A>) = { es: ExecutorService ->
    if (this(es).get() != other(es).get())
        throw AssertionError("Par instances not equal")
}
```

이 편리한 단언문 메서드를 사용하면 대부분의 fork 구현에서 발생하는 상당히 미묘한 문제를 찾아낼 수 있다. 크기가 고정된 스레드 풀이 뒷받침하는 ExecutorService를 쓰면 (Executors.newFixedThreadPool을 보라) 교착 상태에 빠지기 쉽다. 스레드 최대 개수가 1개인 스레드 풀이 뒷받침하는 ExecutorService가 있다고 가정하자. 이 경우 현재 구현에서 다음 예제를 실행하면 교착이 발생한다.

```kotlin
val es = Executors.newFixedThreadPool(1)

val a: Par<Int> = lazyUnit { 42 + 1 }
val b: Par<Int> = fork { a }
(a shouldBe b)(es)
```

왜 그런지 알겠는가? fork 구현을 더 자세히 보자.

```kotlin
fun <A> fork(a: () -> Par<A>): Par<A> =
    { es ->
        es.submit(Callable<A> {
            a()(es).get()   ◄── 한 Callable 안에서 다른
        })                       Callable의 종료를 기다림
    }
```

우리는 Callable을 제출한다. 그런데 바로 그 Callable 안에서 다른 Callable을 ExecutorService에 제출하면서 결과를 기다리며 스레드를 블록시킨다. a()(es)가 Callable을 ExecutorService에 제출하면서 Future를 돌려받는다는 사실을 기억하라. 스레드 풀의 크기가 1이면 이 코드에 문제가 생긴다. 바깥 Callable이 제출되고 유일한 스레드가 이 Callable을 실행하도록 선택된다. 이 스레드가 바깥쪽 Callable 실행을 끝내기 전에 다른

Callable을 제출하고 결과를 기다리면서 현재 스레드(이 스레드는 스레드 풀에 있는 유일한 스레드다)를 블록시킨다. 하지만 스레드 풀에는 방금 제출한 이 Callable을 실행하기 위해 할당할 수 있는 스레드가 없다. 이로 인해 교착 상태가 발생한다.

---

**연습문제 7.8**

**어려움:** 여기 주어진 fork 구현을 사용하면, 크기와 관계없이 고정된 크기의 스레드 풀에서 항상 교착 상태가 발생할 수 있다는 사실을 증명하라.

---

이같이 반례를 찾은 경우, 두 가지 선택이 있다. 법칙이 성립하도록 구현을 수정할 수도 있고, 또는 법칙이 언제 성립해야 하는지를 더 명확히 기술하도록 법칙을 세밀화할 수도 있다. 예를 들어 그냥 스레드 풀이 제한 없이 커질 수 있어야 한다고 규정할 수도 있다. 이런 식으로 법칙을 세밀화하는 것도 좋은 연습이기는 하지만, 법칙을 바꾸면 이전에는 명시적으로 정의했던 불변 조건$^{invariant}$이나 가정을 문서화해야만 한다.

fork를 수정해서 스레드 풀 크기가 고정된 경우에도 정상 작동하게 할 수 있을까? 다른 구현을 살펴보자.

```
fun <A> fork(pa: () -> Par<A>): Par<A> =
    { es -> pa()(es) }
```

이 코드는 분명히 교착 상태를 방지해준다. 이 코드의 유일한 문제는 pa를 평가하기 위해 실제로 새로운 논리적 스레드를 분기시키지 않는다는 데 있다. 따라서 어떤 ExecutorService에 대해 fork(hugeComputation)(es)가 주 스레드에서 hugeComputation을 실행할 수도 있는데, fork를 호출한 이유는 바로 주 스레드에서 어떤 연산을 실행하고 싶지 않아서였다. 이 fork 구현은 원하는 fork의 의도와 다르지만, 필요할 때까지 계산을 인스턴스화하는 것을 지연시킬 수 있으므로 유용한 (새로운) 콤비네이터라 할 수 있다. 따라서 delay라는 새 이름을 부여하자.

```
fun <A> delay(pa: () -> Par<A>): Par<A> =
    { es -> pa()(es) }
```

실제 하고 싶은 일은 임의의 계산을 고정 크기의 스레드 풀에서 실행하는 것이며, 이를 위해 Par를 다른 방식으로 표현할 필요가 있다.

### 7.4.3 논블로킹 구현을 위해 액터 사용하기

이번 절에서는 고정된 크기의 스레드 풀에서 제대로 작동하는 완전한 논블로킹<sup>non-blocking</sup>

이번 절에서는 고정된 크기의 스레드 풀에서 제대로 작동하는 완전한 논블로킹[non-blocking] Par 구현을 개발한다. 함수형 설계의 여러 가지 측면을 설명한다는 이 책의 목표를 고려할 때 이 구현은 필수적이지 않으므로, 원한다면 이번 절을 생략하고 바로 7.5절을 읽어도 좋다. 그렇지 않은 독자는 계속 진행하라.

현재 Par 표현의 근본적인 문제는 get으로 Future에서 값을 얻을 때 현재 스레드를 블록시켜야만 한다는 점이다. 자원을 이런 식으로 누출하지 않는 Par 표현은 논블로킹이어야 한다. fork와 map2 구현이 Future.get처럼 현재 스레드를 블록시키는 메서드를 호출하지 말아야 한다는 점에서 그렇다. 다행히 우리에게는 구현을 테스트할 수 있는 법칙이 있다. 따라서 그 법칙을 한 번만 제대로 만족시키면 된다. 그 후, 라이브러리 사용자는 매번 제대로 동작하는 합성성이 있는 추상화된 API를 즐길 수 있다.

여러분이 이제부터 살펴볼 코드의 각 단계에서 어떤 일이 벌어지는지를 이해하지 못해도 좋다. 단지 실제 코드를 사용해 법칙을 준수하는 올바른 Par 구현이 어떤 모습이어야 할지를 보여주고 싶을 뿐이다.

#### 콜백을 등록하는 논블로킹 표현으로 Par를 다시 생각해보기

그렇다면 어떻게 Par의 논블로킹 표현을 구현할 수 있을까? 아이디어는 단순하다. Par를 java.util.concurrent.Future로 변환하면 블로킹 get 호출을 꼭 사용해야만 값을 얻을 수 있으므로, 우리 자신만의 Future를 도입할 것이다. 이 버전에서는 결과가 준비되면 호출될 콜백을 등록할 수 있다. 이 방식은 관점을 약간 전환한 결과라고 할 수 있다.

```kotlin
abstract class Future<A> {
    internal abstract fun invoke(cb: (A) -> Unit)   ◀── 우리 모듈 밖에서는 볼 수 없게 하기 위해
}                                                        invoke 메서드를 internal로 선언함

                                                      java.util.concurrent의 Future 대신
typealias Par<A> = (ExecutorService) -> Future<A>   ◀── 새로운 논블로킹 Future를 사용하지만
                                                        Par는 이전과 똑같아 보임
```

새 Par는 초기 표현과 똑같아 보이지만, java.util.concurrent.Future 대신 다른 API를 제공하는 새 Future를 반환한다는 점이 다르다. Future에서 결과를 얻기 위해 get을 호출하는 대신, 우리 Future에는 invoke 메서드를 제공한다. 이 메서드는 결과 타입 A를 인자로 받는 함수 cb를 인자로 받고, 나중에 효과를 실행하기 위해 cb를 호출해준다. 이런 유형의 함수를 때로는 컨티뉴에이션<sup>continuation</sup>이나 콜백<sup>callback</sup>이라고 한다.

invoke 메서드는 internal로 표시돼 있으므로 라이브러리 사용자는 이 메서드를 볼 수 없다. internal로 표시한 메서드에 대한 접근은 해당 모듈 영역 내부로 제한된다. 그래서 우리 API는 순수한 상태로 남고, 우리가 정한 법칙이 계속 성립하도록 보장할 수 있다.

> **순수 API에서 지역적 부수 효과 사용하기**
>
> 여기서 정의한 Future 타입은 명령형이라 할 수 있다. (A) -> Unit이라는 정의를 보면, 즉시 눈살을 찌푸리게 된다. 이 함수는 반환된 Unit 값을 사용하지 않으리라는 게 뻔하므로, 주어진 A를 사용해 부수 효과를 실행할 때만 유용하다. Future 같은 타입을 사용하는데도 우리가 여전히 FP를 하고 있는 것일까? 그렇다. 순수 함수형 API를 위해 세부적인 구현으로 부수 효과를 사용하는 것은 흔히 쓰이는 기법이다. 우리가 사용하는 부수 효과를 Par를 사용하는 코드에서 관찰할 수 없으므로 이런 구현을 활용할 수 있다. invoke가 internal이므로 라이브러리 밖에서는 아예 이 타입을 볼 수도 없다.
>
> 논블로킹 Par 구현을 자세히 살펴보면서, 여러분은 여기서 채택한 부수 효과를 외부 코드에서 관찰할 수 없다는 점을 스스로 납득하고 싶을 것이다. 지역적 효과, 관찰 가능성, 순수성 정의와 참조 투명성 정의의 미묘한 점에 대해 14장에서 좀 더 자세히 살펴본다. 하지만 현재는 비형식적인 이해만으로 충분하다.

실제 Par를 생성하는 예제를 살펴보면서 시작하자. 가장 단순하게 Par를 생성하는 방법은 unit이다.

**리스트 7.10  unit으로 새로운 논블로킹 Par 생성하기**

```
fun <A> unit(a: A): Par<A> =
    { es: ExecutorService ->
        object : Future<A>() {
            override fun invoke(cb: (A) -> Unit) = cb(a)      ◀── 값을 컨티뉴에이션에 넘김.
        }                                                          끝!
    }
```

unit은 이미 A 타입의 값을 알고 있으므로 이 함수가 해야 할 일은 cb 컨티뉴에이션을 호출하면서 그 값을 넘기는 것뿐이다.

이 Par 표현을 갖고, 이제 run 함수를 어떻게 구현할 수 있는지 살펴보자. run이 단순히 A를 반환하도록 변경할 것이다. Par<A>를 A로 만들어야 하므로 run은 컨티뉴에이션을 구성하고, 그 컨티뉴에이션을 Future 값의 invoke 메서드에 전달할 것이다. 여기서 비롯된 컨티뉴에이션은 래치<sup>latch</sup>를 해제하고 결과를 즉시 제공한다.

리스트 7.11 논블로킹 Par를 활용해 run 구현하기

```
fun <A> run(es: ExecutorService, pa: Par<A>): A {          결과를 저장하기 위해 가변의
    val ref = AtomicReference<A>()              ◀───────── 스레드 안전한 참조를 생성
    val latch = CountDownLatch(1)     ◀──── CountDownLatch는 카운트다운이
    pa(es).invoke { a: A ->                0이 될 때까지 스레드를 블록함
        ref.set(a)              ◀──── 결과가 도착하면 결과를
        latch.countDown()             설정하고 래치를 해제함
    }                          결과가 사용 가능해지고
    latch.await()      ◀──── 래치가 해제될 때까지 대기
    return ref.get()   ◀──── 래치가 해제됐다는 말은 ref가 설정됐다는 뜻이므로
}                           ref에 저장된 값을 반환함
```

현재 구현에서 run은 latch가 해제되길 기다리는 동안 호출자 스레드를 블록시킨다. 실제로 블록을 하지 않는 run 구현을 작성하는 것은 불가능하다. 우리 메서드는 무언가를 반환하기 전에 A 값이 실체화되길 기다려야만 한다. 이런 이유로 우리 API를 사용하는 사람들은 정말 결과를 기다리고 싶은 시점까지 run 호출을 미뤄야 한다. 여기서 더 나아가 우리 API에서 run을 없애고 Par의 invoke를 노출시켜 사용자가 비동기 콜백을 등록하게 할 수도 있다. 이런 선택도 올바른 설계 선택일 수 있지만, 지금은 우리 API를 그대로 남겨둘 것이다.

latch가 단 한 번만 해제될 필요가 있다면 리스트 7.11의 함수를 CompletableFuture를 사용하도록 단순화할 수 있다. CompletableFuture 클래스는 Future 인터페이스를 구현한 비추상 구현이며 자바 8부터 JDK에 포함됐다. CompletableFuture는 ExecutorService 메서드가 반환하는 Future 구현에 있는 스레드 블로킹 관리 기능을 모두 포함하면서 결과를 제공하는 과정에 대한 완전한 제어를 제공한다.

```
fun <A> run2(es: ExecutorService, pa: Par<A>): A {
    val ref = CompletableFuture<A>()     ◀── 현재 스레드에 대한 블로킹을 제어하고
    pa(es).invoke { a: A ->                   결과를 저장하기 위해 CompletableFuture 생성
        ref.complete(a)     ◀── 결과를 설정함. 이 코드는 CompletableFuture의
    }                           잠금을 풀고 결과를 사용할 수 있게 해줌
    return ref.get()     ◀── 결과가 사용 가능해질 때까지
}                            대기했다가 결괏값을 반환
```

스레드 블로킹을 CompletableFuture로 관리하기 때문에 더 이상 CountDownLatch가 필요하지 않다.

리스트 7.10에서 unit을 살펴봤다. 그렇다면 fork는 어떨까? fork에서 실제 병렬성을 주입한다.

```
fun <A> fork(a: () -> Par<A>): Par<A> =
    { es: ExecutorService ->
        object : Future<A>() {
            override fun invoke(cb: (A) -> Unit) =     │ a의 평가를 분기시키고
                eval(es) { a()(es).invoke(cb) }   ◀──  │ 즉시 반환됨
        }
    }

fun eval(es: ExecutorService, r: () -> Unit) {     │ ExecutorService를 사용해 동작을
    es.submit(Callable { r() })   ◀──              │ 비동기적으로 평가하는 도우미 함수
}
```

fork가 반환하는 Future가 컨티뉴에이션 cb를 받으면 지연 인자 a를 계산하기 위해 작업을 논리 스레드로 분기시킨다. 이 작업은 a 인자를 평가하고 Future<A> 퓨처를 만들면서 A 값을 사용 가능하게 되면 호출될 콜백을 등록한다.

map2를 생각해보자. 이 콤비네이터의 시그니처를 다시 기억해보자.

```
fun <A, B, C> map2(pa: Par<A>, pb: Par<B>, f: (A, B) -> C): Par<C>
```

여기서 논블로킹 구현은 훨씬 까다롭다. 개념적으로는 map2가 두 Par 인자를 병렬로 실행하게 하고 싶다. 두 결과가 모두 도착하면, f를 호출하고 그 결과 c를 컨티뉴에이션에 전달하고 싶다. 하지만 우려해야 할 경합 조건이 몇 가지 있는데, java.util.concurrent가 제공하는 저수준 기본 요소만 사용해 올바른 논블로킹을 구현하기는 어렵다.

## 간단한 액터 사용법 소개

map2를 구현하기 위해 액터actor라는 동시성 기본 요소를 사용할 것이다. 액터는 근본적으로 지속적으로 스레드를 장악하지 않는 동시성 프로세스다. 스레드를 항상 장악하는 대신, 액터는 메시지를 받았을 때만 스레드를 사용한다. 중요한 사실은 여러 스레드가 동시에 어떤 액터에게 메시지를 보낼 수 있어도 액터는 오직 한 번에 하나씩만 메시지를 처리하고 다른 메시지들은 다음에 처리하기 위해 대기열queue에 저장해둔다는 점이다. 이로 인해 액터는 여러 스레드가 접근해야만 하며 경합 조건이나 교착 상태에 빠지기 쉬운 까다로운 코드를 작성할 때 유용한 동시성 기본 요소가 될 수 있다.

예제를 통해 액터를 가장 잘 설명할 수 있다. 우리 목표에는 어떤 액터 구현이든 잘 들어맞는다. 하지만 단순화를 위해 이번 장 소스 코드의 actor.kt에 있는 단순한 액터 구현을 사용한다. 클라이언트 코드를 통해 상호작용하면서 액터의 동작을 느껴볼 것이다. 액터를 설정하고 실행하는 것부터 시작하자.

**리스트 7.14 클라이언트 요청을 처리하기 위해 액터 설정하기**

```
val es: ExecutorService = Executors.newFixedThreadPool(4)    ◀── 액터를 뒷받침하기 위해
val s = Strategy.from(es)    ◀── es를 s라는 이름의 Strategy로 감쌈        ExecutorService인 es를 만듦
val echoer = Actor<String>(s) {    ◀── Strategy를 사용해 액터를 시작하면서
    println("got message: $it")        익명 핸들러 함수를 전달함
}
```

이제 echoer로 참조할 수 있는 액터 인스턴스가 생겼으므로, 메시지를 이 액터에게 보낼 수 있다.

```
echoer.send("hello")    ◀── "Hello" 메시지를 액터에게 보냄
//got message: hello     ◀── 시작된 프로세스는 핸들러를 호출한 즉시 다음
                             메시지를 처리할 수 있도록 현재 스레드를 해제함
```

```
echoer.send("goodbye")
//got message: goodbye
```
◄── 액터는 "hello" 핸들러가 완료될 때까지 기다리지 않고
    새로운 "goodbye" 메시지를 보냄

```
echoer.send("You're just repeating everything I say, aren't you?")
//got message: You're just repeating everything I say, aren't you?
```

　　액터 구현을 이해하는 게 필수적이지는 않다. 올바르고 효율적인 액터 구현은 상당히 어렵지만, 궁금하다면 7장 코드의 actor.kt 파일을 보라. 구현은 100줄 정도의 일반 코틀린 코드다. 액터 구현에서 가장 이해하기 어려운 부분은 여러 스레드가 동시에 액터에게 메시지를 보낼 수 있다는 점이다. 액터 구현은 메시지가 한 번에 하나씩 처리되게 보장해야 하며, 어떤 액터에게 전달된 모든 메시지가 무한정 대기열 안에 남아 있지 않고 언젠가는 처리되도록 보장해야 한다. 이런 요소를 감안하더라도 그렇게 길지 않은 코드로 구현을 마칠 수 있다.

## 액터로 map2 구현하기

이제 두 인자의 결과를 수집하기 위해 액터를 쓰는 map2를 구현할 수 있다. 코드는 꽤 단순하며 액터가 한 번에 하나씩 메시지를 처리하기 때문에 경합 조건이 발생하지 않는다.

```
fun <A, B, C> map2(pa: Par<A>, pb: Par<B>, f: (A, B) -> C): Par<C> =
    { es: ExecutorService ->
        object : Future<C>() {
            override fun invoke(cb: (C) -> Unit) {
                val ar = AtomicReference<Option<A>>(None)
                val br = AtomicReference<Option<B>>(None)
                val combiner =
                    Actor<Either<A, B>>(Strategy.from(es)) { eab ->
                        when (eab) {
                            is Left<A> ->
                                br.get().fold(
                                    { ar.set(Some(eab.a)) },
                                    { b -> eval(es) { cb(f(eab.a, b)) } }
                                )
                            is Right<B> ->
                                ar.get().fold(
```

두 AtomicReference 인스턴스를 ◄── 사용해 가변적인 결과를 저장함

두 결과를 기다렸다가 ──► f로 조합한 다음에 결과를 cb에 전달하는 액터

Left(a)가 도착하면 실행될 가지. ──► 이전에 br에 Right(b)가 설정돼 있다면 왼쪽 결과와 br을 조합함

Right(b)가 도착하면 실행될 가지. ──► 이전에 ar에 Left(a)가 설정돼 있다면 왼쪽 결과와 ar을 조합함

```
                                        { br.set(Some(eab.b)) },
                                        { a -> eval(es) { cb(f(a, eab.b)) } }
                                )
                        }
                }
                pa(es).invoke { a: A -> combiner.send(Left(a)) }  ◄────┐
                pb(es).invoke { b: B -> combiner.send(Right(b)) }      │
        }                                                              │
}                               두 병렬 연산(Par 타입의 pa와 pb)에
}                               대해 액터를 컨티뉴에이션으로 전달함
```

combiner 액터를 처리할 때 네 가지 시나리오가 있다. 각각을 살펴보자.

- A 결과가 먼저 도착하면 ar에 그 결과를 저장하고, 액터는 B 결과 도착을 기다린다.
- A 결과가 나중에 도착하고 B 결과가 이미 존재한다면, a와 b의 결과를 f로 조합해 C 타입 값을 얻고 그 값을 cb에 전달한다.
- B 결과가 먼저 도착하면 br에 그 결과를 저장하고, 액터는 A 결과 도착을 기다린다.
- B 결과가 나중에 도착하고 A 결과가 이미 존재한다면, a와 b의 결과를 f로 조합해 C 타입 값을 얻고 그 값을 cb에 전달한다.

이제 액터를 두 병렬 연산의 컨티뉴에이션으로 전달한다. 병렬 연산이 A인 경우 Left로 감싸서 결과를 액터에 전달하고, 병렬 연산이 B인 경우 Right로 감싸서 결과를 전달한다. 이렇게 감싼 이유는 결과가 어디에서 비롯됐는지를 액터에게 알려주기 위해서다.

이런 구현하에 이제 스레드를 다 써버릴 걱정을 하지 않고도 임의의 복잡도의 Par 값을 실행할 수 있어야 한다. 심지어 액터들이 접근할 수 있는 JVM 스레드가 단 하나뿐이라도 그렇다.

이렇게 만든 멋진 새로운 장치를 테스트하기 위해 클라이언트 코드를 작성할 수 있다.

```
val p: (ExecutorService) -> Future<List<Double>> =
    parMap((1..10).toList()) { sqrt(it.toDouble()) }

val x: List<Double> =
    run(Executors.newFixedThreadPool(2), p)
```

```
println(x)
```

이 코드를 실행하면 다음과 같은 결과를 얻을 수 있다.

```
[1.0, 1.4142135623730951, 1.7320508075688772, 2.0, 2.23606797749979,
2.449489742783178, 2.6457513110645907, 2.8284271247461903, 3.0,
3.1622776601683795...
```

이 호출은 fork를 100,000번 정도 호출하고, 이들 값을 한 번에 2개씩 조합하기 위해 필요한 개수의 액터를 생성한다. 논블로킹 Actor 구현으로 인해 이를 처리하기 위해 JVM 스레드가 100,000개 필요하지는 않으며, 크기가 2로 고정된 스레드 풀을 사용해 이 연산을 처리할 수 있었다! 따라서 고정된 크기의 스레드 풀에 대해 우리의 논리 스레드 분기 법칙이 성립함을 증명할 수 있다.

**연습문제 7.9**

**어려움/선택적**: 현재 우리가 만든 논블로킹 표현은 오류를 처리하지 않는다. 계산 과정의 어느 시점에 오류가 발생하면 run 구현의 latch 카운트가 결코 줄어들지 않고, 예외도 그냥 꿀꺽 삼켜져버린다. 이 문제를 수정할 수 있는가?

한 걸음 물러서서 보자. 이번 절의 목적은 fork의 논블로킹 구현 중 최선을 찾는 게 아니고, 오히려 법칙이 필수적임을 보여주는 것이다. 법칙은 라이브러리 설계에 대해 생각할 때 고려해야 할 다른 각도를 제공한다. API에서 법칙을 작성해보지 않았다면, 아마 최초 구현에서 스레드 자원 누수를 발견하지 못하고 훨씬 나중에 발견했을 것이다.

일반적으로 여러분의 API를 택할 때 고려할 수 있는 몇 가지 접근 방법이 존재한다. 여러분은 개념 모델에 대해 생각하고 그로부터 항상 참이어야만 하는 법칙을 추론할 수 있다. 또는 여러분이 생각하기에 도움이 되거나 (fork 법칙에서 했던 것처럼) 통찰을 줄 수 있는 법칙을 발명하고 그 법칙이 모델에서 성립하는 게 가능한지와 타당한지를 생각해볼 수 있다. 마지막으로, 자신의 구현을 살펴보면서 그 구현에 대해 성립했으면 하고 바라는 법칙을 찾아낼 수도 있다.

|**노트**| 새 법칙을 정의하는 마지막 방식은 아마도 가장 약한 방법일 것이다. 구현을 보고 법칙을 만들면 법칙이 구현을 반영하기 쉬워서, 구현에 버그가 있거나 합성을 어렵게 하는 여러 가지 특이한 부가 조건이 필요한 경우까지도 법칙에 반영될 수 있기 때문이다.

## 7.5 가장 일반적인 형태로 콤비네이터 다듬기

함수형 설계는 반복적인 과정이다. 일단 API를 작성하고 최소한 하나 이상의 프로토타입 구현을 만들고 나면 점진적으로 그 API와 구현을 더 복잡하거나 실제적인 시나리오에 적용해보라. 때로 이런 시나리오를 위해 새 콤비네이터가 필요하다는 사실을 발견할 수도 있다. 하지만 새 콤비네이터를 바로 구현하기에 앞서, 필요한 콤비네이터를 가장 일반적인 형태로 세분화할 수 있는지 생각해보는 게 좋다. 여러분에게 필요한 콤비네이터가 더 일반적인 콤비네이터의 특별한 경우일 수도 있기 때문이다.

|**노트**| 단순화를 위해 새로운 논블로킹 액터 기반 Par<A> 표현을 쓰는 대신 원래의 더 단순한 블로킹 표현을 사용한다. 원한다면, 이번 절에서 다룬 연습문제를 논블로킹 Par<A> 버전을 사용해 구현해보라.

이런 일반화의 예를 살펴보자. 초기 계산의 결과에 따라 두 가지 계산 중 한쪽을 논리 스레드로 분기시키고 싶은 경우를 생각해보자.

```
fun <A> choice(cond: Par<Boolean>, t: Par<A>, f: Par<A>): Par<A>
```

이 요소는 cond 결과가 true면 t를, cond 결과가 false면 f를 계속 처리하는 계산을 만든다. 분명히, cond의 결과를 블로킹해 기다린 다음 그 결과를 사용해 t나 f 중 어느 쪽을 실행할지 결정하는 방식으로 이 함수를 구현할 수 있다. 다음은 간단한 블로킹 구현이다.

```
fun <A> choice(cond: Par<Boolean>, t: Par<A>, f: Par<A>): Par<A> =
    { es: ExecutorService ->
        when (run(es, cond).get()) {    ◀── 더 진행하기 전에 Par<Boolean>
                                             술어의 결과를 기다리면서 블록됨
```

```
            true -> run(es, t)
            false -> run(es, f)
        }
    }
```

하지만 코드에 만족하고 다른 것을 진행하기에 앞서 이 콤비네이터에 대해 좀 더 깊이 살펴보자. 이 콤비네이터는 어떤 일을 하고 있는가? cond를 실행하고, 결과가 생기면 t나 f 중 하나를 실행한다. 이런 해석과 구현도 타당하지만, 이 콤비네이터의 핵심을 잡아내는 몇 가지 변형을 생각해보자. Boolean을 사용하고 단 두 가지 선택지 중 하나를 택한다는 부분 은 약간 임의적이다. 선택지가 반드시 두 가지여야 할 이유가 무엇이겠는가? 첫 번째 계산 의 결과에 따라 두 병렬 계산 중 하나를 선택하는 게 유용하다면, *N*개의 계산 중 하나를 선 택하는 것이 유용하다는 점도 확실하다.

```
fun <A> choiceN(n: Par<Int>, choices: List<Par<A>>): Par<A>
```

choiceN이 n을 실행하고 그 결과에 따라 choices에 있는 병렬 연산 중 한 가지를 선택한 다고 가정하자. 이 함수는 choice보다 약간 더 일반적이다.

연습문제 7.10

choiceN을 구현하라. 그리고 choiceN을 사용해 choice를 구현하라.

한 걸음 물러나 이번 반복에서 어떤 일을 했는지 살펴보자. 원래의 콤비네이터인 choice 를 choiceN으로 일반화했다. 이제 choice를 표현할 수 있음은 물론이고 choice가 지원하지 않는 용례도 지원할 수 있다. 계속해서 choice를 이보다 더 일반적인 콤비네이터로 만들 수 는 없는지 생각해보자.

choiceN에도 여전히 임의적인 부분이 존재한다. List를 선택한 것은 너무 제약적인 것처 럼 보인다. 이 함수에서 우리가 쓸 수 있는 콤비네이터 타입이 무엇인지가 중요할까? List 대신 계산에 대한 Map이 있다면 어떻게 해야 할까? Map<K, V>는 K 타입의 키와 V 타입의 값 을 연관시켜주는 데이터 구조다. K와 V는 1:1 관계이므로 키를 사용해 값을 찾을 수 있다.

Map<K, Par<V>>를 컨테이너로 받는 choiceMap이라는 콤비네이터를 구현하라.

```
fun <K, V> choiceMap(
    key: Par<K>,
    choices: Map<K, Par<V>>
): Par<V> =

    SOLUTION_HERE()
```

Map.get이 반환하는 null 값 처리를 너무 걱정하지 말라. 이 예제를 위해서는 Map. getValue를 사용해 값을 가져오는 것도 고려하라.

---

Map으로 가능한 선택지 집합을 표현하는 것조차 List를 사용할 때처럼 너무 구체적이다. choiceMap 구현을 살펴보면 실제로 Map의 API를 거의 사용하지 않는다는 사실을 알 수 있다. 실제로 Map<A, Par<A>>는 (A) -> Par<B> 타입의 함수를 제공하기 위해 사용됐다. 이제 이 사실을 인지하고 choice와 choiceN을 다시 살펴보면, choice에서 참과 거짓에 해당하는 두 인자가 실제로는 (Boolean) -> Par<A>이며(Boolean이 두 Par<A> 인자 중 하나를 선택함), choiceN에서 리스트는 실제로 (Int) -> Par<A>이다!

이제 이 모두를 아우르는 더 일반적인 시그니처를 만들자. 이 함수를 chooser라고 부르고 (A) -> Par<B> 타입의 함수를 통해 선택을 수행하게 만들자.

새 기본 요소 chooser를 구현하라. 그리고 chooser를 사용해 choice, choiceN, choiceMap을 구현하라.

```
fun <A, B> chooser(pa: Par<A>, choices: (A) -> Par<B>): Par<B> =

    SOLUTION_HERE()
```

---

이와 같은 함수를 일반화할 때, 여러분이 만든 최종 산출물을 비판적으로 살펴보라. 함수 자체는 구체적인 용례를 동기로 설계됐더라도 시그니처와 구현은 더 일반적인 의미를 지닐 수 있다. 여기서 chooser는 아마도 이 연산에 가장 적합한 이름은 아닐 것이다. 이 연산은 실제로 아주 일반적인 연산이다. 이 연산은 초기 계산을 실행한 후 그 결과에 따라 수행할 두 번째 계산을 선택한다. 여기서 어느 것도 첫 번째 계산의 결과가 사용 가능하기 전에 두 번째 계산이 존재해야 할 필요가 있다고 말하지 않는다. 두 번째 계산을 List나 Map 같은 컨테이너에 저장할 필요도 없다. 어쩌면 첫 번째 연산의 결과로부터 두 번째 계산 전체를 만들어낼 수도 있다. 함수형 라이브러리에서 이런 함수를 자주 볼 수 있는데, 보통 bind나 flatMap이라고 한다.

```
fun <A, B> flatMap(pa: Par<A>, f: (A) -> Par<B>): Par<B>
```

flatMap이 가능한 가장 기본적인 함수일까, 아니면 더 일반화할 수 있을까? 이를 갖고 더 놀아보자. flatMap이라는 이름은 이 연산을 두 가지 단계로 분리할 수 있음을 암시한다. 이 두 단계는 매핑, 즉 Par[A]에 대해 f: (A) -> Par<B>를 적용해서 Par<Par<B>>를 얻는 연산과 평평하게 함$^{flatten}$, 즉 내포된 Par<Par<B>>를 Par<B>로 변환하는 연산이다.

여기 흥미로운 점이 있다. 이 분석은 훨씬 더 단순한 콤비네이터를 추가하기만 하면 된다고 제안한다. 이를 join이라고 부르자. join은 모든 X 타입에 대해 Par<Par<X>>를 Par<X>로 변환한다. 여기서도 구현할 때 타입을 따르기만 하면 된다. 어떤 시그니처의 함수가 필요한 예제를 발견했으므로 그 시그니처의 함수를 실제로 만든다. 그 후에는 실제 그런 함수가 존재하므로 그 시그니처가 무슨 의미인지 생각해볼 수 있다. 이 함수를 join이라고 부른다. 개념적으로 볼 때 이 시그니처는 run을 호출하면 내부 계산을 실행한 후 내부 계산의 완료를 기다렸다가(Thread.join과 비슷함) 그 결과를 돌려주는 병렬 계산이라 할 수 있다.

**연습문제 7.13**

join을 구현하라. flatMap을 어떻게 join을 써서 구현할 수 있을까? 여러분은 flatMap을 써서 join을 구현할 수 있는가?

```
fun <A> join(a: Par<Par<A>>): Par<A> =

    SOLUTION_HERE()
```

여기서 끝낼 것이다. 하지만 여러분은 이 대수를 더 진행하길 바란다. 더 복잡한 예제를 시도하고, 새로운 콤비네이터를 발견하고, 발견한 내용을 살펴보라! 좀 더 진행해보고 싶은 독자들이 시도해볼 만한 질문을 몇 가지 남긴다.

- flatMap과 unit을 사용해 map2와 시그니처가 같은 함수를 구현할 수 있는가? 이 구현의 의미가 map2의 의미와 어떻게 다른가?
- 이번 장에서 다룬 대수에서 join과 다른 기본 연산 사이의 법칙을 생각할 수 있는가?
- 이번 장에서 다룬 대수를 사용해 표현할 수 없는 병렬 계산이 있을까? 심지어 이 대수에 새로운 기본 요소를 추가하더라도 표현할 수 없는 병렬 계산이 있을까?

> **어떤 대수의 표현력과 한계 인식하기**
>
> 함수형 프로그래밍을 더 연습할 때 발전시켜야 할 기술로, 어떤 대수를 통해 표현할 수 있는 함수가 무엇이고 그 대수의 한계가 무엇인지 인식하는 능력이 있다. 예를 들어 앞의 예제에서 처음에는 choice 같은 함수를 map, map2, unit만 사용해 순수하게 표현할 수 없다는 사실이 분명해 보이지 않는다. 그리고 choice가 flatMap을 구체화한 어느 한 경우에 해당한다는 점도 명확히 보이지 않을 것이다. 시간이 지남에 따라 이와 같은 관찰이 더 빠르게 가능해진다. 여러분은 필요한 콤비네이터를 표현하기 위해 기존 대수를 어떻게 변경해야 할지를 더 잘 깨닫게 된다. 이런 능력은 모든 API 설계 작업에서 유용하다.
>
> API를 최소한의 기본 함수로 줄이는 기술은 편리하다. 종종 기본 콤비네이터가 꽤 까다로운 로직을 캡슐화하는 경우도 있다. 그리고 이런 기본 요소를 재사용할 수 있다는 말은 복잡한 로직을 중복해서 구현할 필요가 없다는 뜻이다.

이제 병렬 비동기 계산을 순수 함수적 방법으로 정의할 수 있는 라이브러리 설계를 마쳤다. 이 도메인이 흥미롭기는 하지만, 이번 장의 주목표는 여러분이 함수형 설계 과정을 살펴보고, 그 과정에서 마주칠 수 있는 문제를 느끼며, 그런 문제를 어떻게 처리할지에 대한 아이디어를 얻게 하는 것이다.

4장부터 6장까지 다룬 내용에서는 관심사 분리 원칙, 즉 계산에 대한 기술과 그 기술을 실행하는 해석기<sup>interpreter</sup>를 분리한다는 아이디어가 자주 나타났다. 이번 장에서는 이 원칙이 실제 작동하는 모습을 살펴봤다. 병렬 계산을 Par라는 데이터 타입으로 기술하고, run이라는 별도의 해석기를 사용해 병렬 계산을 실행하고자 스레드를 분기시키는 라이브러리를 설계했다.

## 요약

- 함수형 API 설계는 실제 세계의 예제를 통해 진행되는 반복적이고 탐험적인 과정이다.
- 병렬화를 처리하는 순수 함수형 라이브러리는 API 설계를 보여주기에 완벽한 예제다.
- 데이터 타입과 데이터 타입에 연관된 함수는 도메인 예제를 탐험하는 과정에서 탄생한다.
- API를 대수적 등식을 다루는 것처럼 취급하면 타입을 따라 구체적인 구현에 도달할 수 있다.
- 연산에 대한 제약 사항을 정의하고 구현상의 선택 사항을 도출하고 특성을 검증할 때 법칙이 도움이 된다.
- 콤비네이터를 여러 다른 응용과 시나리오에 적용할 수 있도록 더 일반화할 수 있는 경우가 자주 있다.
- 효과적인 라이브러리 설계는 계산에 대한 기술과 그 기술을 실행하는 해석기를 분리한다.

# 8

# 속성 기반 테스트

**8장에서 다루는 내용**

- 속성 기반 테스트를 이해한다.
- 생성기를 사용해 테스트 데이터를 만들어낸다.
- 의미 있는 피드백을 제공하기 위해 테스트 케이스의 결과를 최소화한다.
- 속성을 사용해 법칙을 확인한다.

7장에서는 병렬 계산을 표현하는 함수형 라이브러리 설계 과정 전체를 살펴봤으며, API가 대수algebra를 구성해야 한다는 아이디어를 소개했다. 대수는 데이터 타입과 이 데이터 타입에 대한 함수, 그리고 함수 사이의 관계를 표현하는 법칙이나 속성의 컬렉션이고, 데이터 타입이나 함수보다는 법칙이나 속성이 더 중요하며, 어떻게든 자동으로 API 법칙을 검증validate할 수 있으리라는 아이디어를 이야기했다. 검증은 중요한 단계다. 작성한 코드가 코드에 대해 성립시키려는 법칙에 맞게 만들어졌는지를 알아야 하기 때문이다. 이 검증 과정을 어떻게든 자동화할 수 있으면 아주 편리할 것이다.

이번 장은 속성 기반 테스트property based test를 수행하는 간단하지만 강력한 라이브러리로 안내한다. 이런 라이브러리의 일반적인 아이디어는 프로그램 동작에 대한 명세를 테스트 케이스 생성과 분리하는 것이다. 프로그래머는 프로그램의 동작을 기술하고 테스트 케이스에 대해 고차원적인 제약 사항을 제시하는 데 초점을 맞춘다. 그렇게 하면 프레임워크가 자동으로 이런 제약 사항을 만족하는 테스트 케이스를 생성하고 프로그램이 프로그래머가 지정한 대로 동작하는지 검증하기 위해 테스트를 실행한다.

테스트 라이브러리는 병렬 계산 라이브러리와는 아주 다른 목적의 라이브러리지만, 놀랍게도 두 가지 모두 아주 비슷한 콤비네이터를 사용한다는 점을 발견했다. 이런 유사성은 3부에서 다룰 중요한 대상이다.

## 8.1 속성 기반 테스트 맛보기

속성 기반 테스트 프레임워크는 이미 널리 받아들여진 라이브러리로 하스켈^Haskell, 스칼라^Scala 등의 여러 함수형 프로그래밍 언어를 사용하는 프로그래머들 사이에서 쓰이고 있다. 심지어 코틀린 개발자도 속성 기반 테스트 프레임워크를 사용한다. 예를 들어 코틀린 개발 시 사용할 수 있는 유명한 테스트 프레임워크인 코테스트^Kotest를 살펴보자. 코테스트는 속성 기반 테스트를 기본으로 지원한다. 이 경우 속성은 다음과 같이 보인다.

**리스트 8.1 코테스트를 사용한 속성 테스트 시연[1]**

```
val intList = Gen.list(Gen.choose(0, 100))    ◀ 0 이상 100 미만의 정수가 들어 있는
                                                리스트들을 생성하는 생성기

forAll(intList) {    ◀ List.reversed 메서드의 동작을
                       지정하는 올바른 프로퍼티       ◀ 리스트 원소 순서를 두 번 거꾸로 뒤집으면
    (it.reversed().reversed() == it) and            원래 리스트가 나오는지 검사
        (it.firstOption() == it.reversed().lastOrNone())   ◀ 리스트 원소 순서를 뒤집으면 원래
}                                                            리스트의 첫 번째 원소가 뒤집힌
                                                             리스트의 마지막 원소가 되는지 검사
forAll(intList) {    ◀ 대부분의 상황에 실패하는 두 번째 속성
```

---

1  코테스트 버전 4.0.0부터 Gen은 봉인된 클래스로 변경됐으며, 그로 인해 Gen을 직접 생성할 수는 없고 임의의(arbitrary) 원소를 포함하는 Arb 클래스나 모든 원소를 포함하는 Exhaustive 클래스를 사용해 표현해야 한다. 이 두 클래스는 모두 봉인된 Gen 클래스의 하위 클래스다. 하지만 이 책의 논의를 새 코테스트 버전에 맞춰 변경하면 너무 많은 내용을 바꿔야 하고, 이번 장의 핵심 내용과 코테스트 버전 변경에 따른 타입 구조 변경은 전혀 관계가 없으므로 한글판에서도 구 버전 예제를 그대로 사용한다. 깃허브(https://github.com/kotest/kotest/blob/3.4.3/kotlintest-assertions/src/main/kotlin/io/kotlintest/properties/Gen.kt)에서 3.4.3 버전의 Gen 구현을 볼 수 있다. – 옮긴이

```
    it.reversed() == it
}
```

여기서 intList는 여러분이 예상하는 바와 달리 List<Int>가 아니고 Gen<List<Int>>다. 이 타입은 List<Int> 타입의 테스트 데이터를 생성하는 방법을 아는 어떤 존재다. 이 제네레이터에서 샘플sample을 생성해 여러 다른 길이의 리스트를 만들어낼 수 있고, 각 리스트에는 0 이상 100 미만의 난수 정수가 들어간다. 속성 기반 테스트 라이브러리가 들어 있는 생성기는 풍부한 API를 제공한다. 생성기는 여러 가지 방식으로 합성하고 조합할 수 있으며 재사용할 수 있다.

forAll은 Gen<A> 타입의 생성기와 (A) -> Boolean 타입의 술어를 조합해 속성을 만든다. 이 속성은 생성기가 생성하는 모든 값이 술어를 만족해야 한다고 단언한다. 생성기와 마찬가지로 속성도 풍부한 API를 제공한다.

코테스트는 현재 이를 지원하지 않지만, and나 or 같은 연산자를 사용해 여러 속성을 조합할 수 있다. 이런 연산으로 조합한 결과 속성은 생성기가 생성한 모든 테스트 케이스에 대해 하나 이상의 속성이 부정falsify되지 않는 한 성립한다. 이런 조합된 프로퍼티들이 모이면 검증할 올바른 동작에 대한 완전한 명세가 될 수 있다.

이런 유형의 테스트가 추구하는 목적은 꼭 프로그램 동작을 완전히 지정하는 것이 아니라, 코드에 대해 좀 더 큰 자신감을 갖는 것일 수 있다. 속성 기반 테스트는 단위 테스트를 대치할 수 없다. 단위 테스트는 코드에 대한 자신감을 검증하기보다는 코드의 의도를 표현하려는 목적이 더 크다.

이런 식으로 속성을 표현하면, 코테스트는 임의로 List<Int> 값들을 생성하고 우리가 제공한 술어를 부정하는 테스트 케이스를 찾아내려 시도한다. 코테스트 생성기는 100가지 테스트 케이스(List<Int> 타입)를 생성하고, 각 리스트가 술어를 만족하는지 검사한다. 속성은 실패할 수도 있다. 이 예제에서 두 번째 속성은 일부 입력에 대해 술어가 false를 돌려준다는 사실을 표시해야 한다. 이 사실은 표준 출력에 표시돼 이후 디버깅이나 테스트를 할 때 참고가 될 수 있다.

테스트에 대해 이런 식으로 생각하는 데 익숙해지기 위해 sum: (List<Int>) -> Int 함수 구현의 명세를 지정하는 프로퍼티를 생각해보라. 여러분의 프로퍼티를 꼭 실행 가능한 코테스트 코드로 작성할 필요는 없으며, 비형식적인 기술로 충분하다. 다음은 생각을 시작할 때 도움이 될 수 있는 몇 가지 아이디어다.

- 리스트를 뒤집은 다음에 합계를 구한 결과는 원래의 리스트 합계를 구한 결과와 같아야 한다.
- 리스트의 모든 원소가 같은 값이면 합계는 어떤 값을 내놓아야 할까?
- 마음속에 떠오르는 다른 속성은 없는가?

List<Int>의 최댓값을 찾는 함수에 대해 어떤 속성을 지정할 수 있는가?

속성 기반 테스트 라이브러리에는 다른 유용한 기능이 포함된 경우가 자주 있으며, 이런 기능은 나중에 좀 더 다룰 것이다. 하지만 다음은 어떤 기능들이 유용한지를 대략적으로 이해시켜준다.

- **테스트 케이스 최소화**: 테스트가 실패한 경우, 프레임워크는 테스트를 여전히 실패시키는 가장 작은 데이터 집합을 얻을 수 있을 때까지 점진적으로 데이터 집합 크기를 줄이려고 시도한다. 예를 들어 어떤 속성이 크기 10인 리스트에 대해 실패하면, 프레임워크는 더 작은 리스트를 시도하면서 테스트를 실패시키는 가장 짧은 리스트를 찾아낸다.
- **완전한 테스트 케이스 생성**: Gen<A>가 생성할 수 있는 값의 집합을 정의역이라고 한다. 정의역이 충분히 작으면(예를 들어 100개 이하의 정수로 구성된 집합), 난수 샘플 값을 생성하는 대신 모든 원소를 테스트할 수 있다. 속성이 도메인의 모든 값을 사용한다

면, 임의의 샘플을 테스트해서 반례를 못 찾는 수준의 확신이 아니라 실제 증명을 갖게 된다.

> |**노트**| 여기서 정의역(domain)이라는 용어는 실제로 수학 함수의 정의역을 뜻한다(https://ko.wiki pedia.org/wiki/정의역). 생성기는 테스트하려는 함수의 입력을 명시한다. 영어 원서에서는 때로 domain이라는 영어 단어를 주제나 관심 대상을 가리키기 위해 좀 더 구어적으로 사용한다. 하지만 우리말 번역서인 이 책에서는 '도메인 특화 언어(DSL)'나 '도메인 지식', '속성 기반 테스트라는 도메인' 등 프로그램이나 우리가 다루려는 문제 영역을 가르키는 경우 일관성 있게 '도메인'이라는 말을 쓰고, 다른 경우에는 문맥에 맞는 다른 역어로 번역했다.

코테스트는 단지 속성 기반 테스트를 제공하는 유일한 프레임워크는 아니다. 코테스트에 잘못된 것은 없지만, 이번 장에서는 우리 자신의 라이브러리를 밑바닥부터 구현할 것이다. 7장에서와 마찬가지로 구현을 진행하는 이유는 대부분 교육적인 목적이지만, 부분적으로는 어떤 주제에 대해 어느 라이브러리도 최종적인 권한을 갖고 있지 않다는 사실을 이야기하고 싶어서다. 코테스트 같은 기존 라이브러리를 써도 문제가 없고, 기존 라이브러리는 좋은 아이디어의 근원이 될 수 있다. 하지만 기존 라이브러리의 해법을 활용하기로 결정한다고 해도, 한두 시간 설계를 갖고 놀아보면서 몇몇 타입 시그니처를 작성해보면 설계상의 트레이드오프trade off를 이해하고 도메인에 대해 더 잘 배울 수 있다.

## 8.2 데이터 타입과 함수 선택하기

이번 절은 우리 라이브러리에 쓸 데이터 타입과 함수를 발견해나가는 지저분하고 반복적인 과정을 또 보여준다. 이번에는 우리 프로그램의 법칙이나 속성을 검증하기 위한 속성 기반 테스트 라이브러리를 설계한다. 이전과 마찬가지로 이번 절도 이미 가능한 시나리오와 설계를 진행해본 사람을 어깨 너머로 훔쳐볼 수 있는 기회가 된다.

우리가 취할 구체적인 경로와 도달하게 될 라이브러리는 여러분이 직접 설계했을 때 취하게 될 경로나 만들게 될 라이브러리와는 다를 수 있다. 속성 기반 테스트에 익숙하지 않은 독자라면 더 좋다. 새로운 도메인과 그 설계 공간을 탐험하면서 스스로 이 새 도메인에 대해 파악할 수 있는 기회가 될 것이다. 라이브러리 설계에 대해 무언가 영감을 얻거나 아이디어가 생각난다면, 연습문제가 나타날 때까지 기다리지 말라! 책을 내려놓고, 여러분의 아이디어를 탐구해보라. 아이디어가 떨어졌거나 더 이상 진행할 수 없을 때 이번 장으로 다시 돌아올 수 있다.

## 8.2.1 가능한 API에 대한 짧은 초기 예제 코드 모으기

이제 시작하자. 라이브러리 설계를 시작할 때마다 우리 라이브러리의 개념을 담는 데이터 타입을 정의해야 한다. 이 시작점을 염두에 둔다면 테스트 라이브러리가 어떤 데이터 타입을 사용해야만 할까? 어떤 기본 요소를 설계하고 각 기본 요소의 의미는 무엇일까? 우리가 정의하는 함수는 어떤 법칙을 만족해야 할까? 이전과 마찬가지로 간단한 예제를 살펴보고, 필요한 데이터 타입과 함수를 그 예제에서 '읽어낸' 다음에 우리가 찾아낸 내용을 살펴볼 것이다. 영감을 얻기 위해 이번 장의 앞부분에서 살펴본 코테스트 예제를 살펴보자.

```
val intList = Gen.list(Gen.choose(0, 100))

forAll(intList) {
    (it.reversed().reversed() == it) and
        (it.firstOption() == it.reversed().lastOrNone())
}
```

Gen.choose나 Gen.list의 구현에 대해 아는 내용은 없지만, 이들이 반환하는 데이터 타입(생성기<sup>generator</sup>의 줄임말인 'Gen'이라고 부른다)은 반드시 어떤 타입에 대해 파라미터화돼야 한다. 즉, Gen.choose(0, 100)은 아마 Gen<Int>를 반환하지만 Gen.list는 (Gen<Int>) -> Gen<List<Int>>라는 시그니처여야 할 것이다. 하지만 Gen.list가 자신이 입력으로 받는 Gen의 타입에 대해 신경을 쓸 것 같지는 않다. Int, Double, String 등의 리스트를 만들기 위해 별도의 콤비네이터를 요구하는 것은 이상하다. 따라서 메서드를 다형적으로 만들면서 진행하자. 의도를 명확하게 하고자 listOf() 메서드를 호출할 것이다.

```
fun <A> listOf(a: Gen<A>): List<Gen<A>> = TODO()
```

이 시그니처를 살펴보는 것만으로 많은 것을 배울 수 있다. 생성할 리스트의 크기를 지정하지 않는다는 점을 살펴보라. 이를 구현할 수 있으려면 생성기가 리스트 크기를 가정하거나 명시적으로 크기를 지정받아야 한다. 크기를 가정하는 것은 약간 유연하지 못하다. 모든 문맥에 알맞은 길이를 가정할 수 있을 것 같지는 않기 때문이다. 따라서 생성기가 생성할 테스트 케이스의 크기를 전달받는 게 타당해 보이며, 이 사실을 명시하는 API를 상상할 수 있다.

```
fun <A> listOfN(n: Int, a: Gen<A>): List<Gen<A>> = TODO()
```

이 코드는 의심할 여지 없이 유용한 콤비네이터일 것 같다. 하지만 명시적으로 크기를 지정할 필요가 없는 버전도 마찬가지로 강력하다. 크기를 지정하지 않는다는 말은 테스트가 자유롭게 테스트 케이스 크기를 선택할 수 있다는 이야기이므로, 앞에서 언급한 테스트 케이스 최소화를 수행할 수 있는 여지가 생긴다. 크기가 영구히 고정돼 있거나 프로그래머가 크기를 명시하는 경우에는 테스트 실행기가 유연성을 가질 수 없다. 설계를 계속해 나가면서 이 상황을 기억해두길 바란다.

예제의 나머지는 어떨까? forAll 함수는 흥미로워 보인다. 이 함수는 Gen<List<Int>>를 받고 그에 상응하는 술어 (List<Int>) -> Boolean도 받는다. 여기서도 생성기 타입과 술어 타입이 서로 맞아떨어지는 한 forAll이 생성기 타입이나 술어 타입에 신경 쓸 이유가 없어 보인다. 따라서 이를 다음과 같이 표현할 수 있다.

```
fun <A> forAll(a: Gen<A>, f: (A) -> Boolean): Prop = TODO()
```

여기서, Gen과 술어를 엮은 결과를 가리키기 위해 새로운 타입 Prop('속성'을 뜻하는 property를 줄인 단어)을 만들었다. Prop 내부 표현이나 Prop이 제공하는 함수에 대해 알지는 못하지만, 8.1절에서 논의한 내용을 바탕으로 생각해보면 Prop을 다른 Prop과 and 메서드를 사용해 조합할 수 있어야 한다. 이를 새 인터페이스로 도입하자.

```
interface Prop {
    fun and(p: Prop): Prop
}
```

## 8.2.2 속성의 의미와 API 탐구하기

이제 새 API를 일부분 갖췄으므로, 그와 관련해 추가하고 싶은 타입과 함수에 대해 논의해보자. 우선, Prop을 살펴보자. forAll 함수(속성 생성)와 and(속성 합성)에 대해 알고 있으며, 지금부터는 check에 대해 배울 것이다.

여기서 코테스트의 속성 설계에서 벗어나게 된다. 코테스트는 API에 이런 메서드를 그리 많이 포함하지 않기 때문이다. check가 프로퍼티를 실행하고 부수 효과로 콘솔에 관련 정보를 출력하는 함수가 되길 바라며, 이를 Prop에 대한 편의 함수로 노출한다. 일단 현재는 Unit으로 반환 타입을 지정하자.

```
interface Prop {
    fun check(): Unit
    fun and(p: Prop): Prop
}
```

이런 반환 타입을 사용하면 check를 한 여러 Prop을 and로 엮어서 사용할 수 없다는 문제가 생긴다. 이는 7장에서 병렬성을 위해 Thread와 Runnable을 사용하는 방법을 살펴볼 때 발견했던 문제를 떠올려준다.

check에 부수 효과가 있으므로, 이 경우 and를 구현하는 유일한 방법은 check를 두 Prop 인스턴스에 대해 실행하는 것이다. 이렇게 구현한 경우, and로 엮은 두 Prop에 대해 check가 테스트 보고를 출력하면 서로 독립적으로 성공이나 실패를 표시하는 두 가지 보고가 출력된다. 하지만 이는 올바른 출력이라 할 수 없다. 문제는 check가 부수 효과를 지녔기 때문이 아니라, 더 일반적으로 check가 Unit을 반환하면서 정보를 잃어버리기 때문이다.

Prop 값을 and 같은 콤비네이터를 통해 조합하려면 check(또는 속성을 '실행'하는 모든 함수)가 의미 있는 값을 반환해야 한다. 이 값이 어떤 타입이어야 할까? 검사를 수행한 속성으로부터 어떤 종류의 정보를 뽑아내고 싶을지 생각해보자. 최소한, 속성이 실패했는지 성공했는지는 알 필요가 있다. 따라서 첫 단계에는 Boolean 반환값으로도 괜찮을 것 같다. 이제 and 메서드를 구현할 준비가 됐다.

다음 표현을 가정하고 check를 사용해 Prop의 메서드로 and를 구현하라.

```
interface Prop {
    fun check(): Boolean
    fun and(p: Prop): Prop =

        SOLUTION_HERE()
}
```

이 표현에서 Prop은 엄격하지 않은 Boolean에 지나지 않는다. Prop에 대해 일반적인 Boolean 함수(AND, OR, NOT, XOR 등)를 쉽게 정의할 수 있다. 하지만 Boolean만 사용하면 아마 불충분할 것이다. 어떤 속성이 실패하면 일단 얼마나 많은 테스트가 성공했는지 알고 싶을 것이다. 그리고 어떤 인자가 실패를 야기했는지에도 관심이 있을 것이다. 그리고 속성이 성공한 경우, 얼마나 많은 테스트를 실행했는지 알면 유용할 것이다. 다음으로 Either로 성공인지 실패인지를 반환하게 하면서 이 정보를 인코딩하자.

```
typealias SuccessCount = Int

interface Prop {
    fun check(): Either<String, SuccessCount>
    fun and(p: Prop): Prop
}
```

일단은 실패한 경우(왼쪽)에 String을 할당했다. 그렇지만 왼쪽이 어떤 타입의 값을 반환해야만 할까? 이 예제의 Prop은 생성 중인 테스트 케이스의 유형에 대해 아무것도 알지 못한다. 그렇다면 Prop에 타입 파라미터를 추가하고 Prop<A>로 만들어서 check가 Either<A, SuccessCount>를 반환하게 해야 할까? 이 경로를 너무 멀리 따라가기 전에, 속성을 실패하게 한 값의 타입에 대해 신경 쓸지 여부를 스스로에게 물어보자. 실제로는 타입이 그렇게 중요하지 않다. 실패를 사용해 더 계산을 진행하려는 경우에만 이 타입에 대해 신경을 쓸 것이다.

|**노트**| String, Int, Double 등의 간단한 타입을 사용하는 것보다는 의미 있는 이름을 부여해 타입 별명을 사용하는 쪽을 더 선호한다. 타입 별명을 사용하면 코드와 상호작용하는 사람들이 코드를 훨씬 더 쉽게 이해할 수 있다.

아마도 테스트를 실행하는 사람들이 살펴볼 수 있게 그냥 화면에 정보를 출력하기로 할 가능성이 가장 높다. 무엇보다 여기서 목표는 버그를 찾고 그 버그를 수정할 수 있도록 테스트 케이스를 표시해주는 것이다. 일반적인 규칙으로, String을 사용해 계산할 데이터를 표현해서는 안 된다. 하지만 사람에게 보여주기만 할 값의 경우에는 String도 완전히 적합하다. 이 말은 다음과 같은 Prop 표현을 사용해도 좋다는 뜻이다.

```kotlin
typealias SuccessCount = Int
typealias FailedCase = String

interface Prop {
    fun check(): Either<Pair<FailedCase, SuccessCount>, SuccessCount>
    fun and(p: Prop): Prop
}
```

실패한 경우 check는 Left(Pair(s,n))을 반환한다. s는 속성을 실패시킨 값을 표현하는 String이고 n은 실패가 발생하기 직전까지 성공한 테스트 케이스의 개수다. 반대로 성공하면 Right(n)을 반환하는데, n은 성공한 테스트 케이스의 개수다.

지금까지 check의 반환값을 정했다. 그러면 check의 인자는 무엇이 돼야 할까? 현재 check 메서드는 아무 인자도 받지 않는다. 이것으로 충분할까? check는 Prop의 메서드이므로 check를 만들 때부터 어떤 정보를 사용 가능할지 알 수 있다. 구체적으로 forAll을 살펴보자.

```kotlin
fun <A> forAll(a: Gen<A>, f: (A) -> Boolean): Prop = TODO()
```

Gen의 표현을 알지 못하면 타입만 보고 A 타입 값을 생성하는 데 필요한 정보를 충분히 갖고 있는지 말하기 어렵다. 왜 이런 게 중요할까? check를 구현하려면 이런 정보가 필요하기 때문이다. 따라서 일단은 한 걸음 물러선 후 Gen을 살펴보면서 Gen의 의미와 Gen의 의존성에 대해 더 잘 이해하도록 하자.

## 8.2.3 생성기의 API와 의미 발견하기

앞에서 Gen<A>가 A 타입의 값을 생성하는 방법을 알아야 한다고 결정했다. 어떻게 Gen<A>가 값을 생성할 수 있을까? 아마도 난수를 써서 이런 값을 생성할 수 있을 것이다. 6장 전체를 이 주제에 할당했음을 감안할 때, 6장에서 배운 내용을 사용하지 않는다면 어떤 기법을 잊은 것이라 생각된다. 6장의 예제에서는 RNG라는 함수형 난수 생성기 인터페이스를 만들었다. 그리고 어떻게 하면 RNG를 사용하는 계산을 더 편리하게 조합할 수 있는지를 보여줬다. State의 정의를 기억하면서, 그냥 Gen을 난수 생성기에 대한 State 전이를 감싸는 타입으로 만들 수 있다.

###### 리스트 8.2 RNG에 대한 상태 전이를 감싸서 Gen 정의하기

```kotlin
interface RNG {
    fun nextInt(): Pair<Int, RNG>
}

data class State<S, out A>(val run: (S) -> Pair<A, S>)

data class Gen<A>(val sample: State<RNG, A>)
```

###### 연습문제 8.4

이 Gen 표현을 사용해 Gen.choose를 구현하라. 이 메서드는 start 이상 stopExclusive 미만의 정수를 생성해야 한다. 이미 작성한 함수를 자유롭게 사용해도 좋다. 추가적인 도전으로, choose 메서드가 stopExclusive - start 구간에 걸쳐 정수를 균등하게 분포시키도록 작성하라.

```kotlin
fun choose(start: Int, stopExclusive: Int): Gen<Int> =

    SOLUTION_HERE()
```

이 Gen 표현을 활용해 어떤 다른 기능을 구현할 수 있는지 살펴보자. 다음 시그니처에 따라 unit, boolean, listOfN을 구현하라. 여기서도 기존에 정의한 함수를 활용하라.

```
fun <A> unit(a: A): Gen<A> =

    SOLUTION_HERE()

fun boolean(): Gen<Boolean> =

    SOLUTION_HERE()

fun <A> listOfN(n: Int, ga: Gen<A>): Gen<List<A>> =

    SOLUTION_HERE()
```

7장에서 논의한 것처럼, 어떤 연산이 기본 연산이고 어떤 연산이 파생 연산인지를 이해하고 작지만 표현력이 높은 기본 연산 집합을 찾고 싶다. 표현하고 싶은 구체적 예제를 선택해서 주어진 기본 연산 집합을 갖고 원하는 기능을 구현할 수 있는지 살펴보는 게 기본 연산 집합으로 어떤 일이 가능한지 알아보는 좋은 방법이다. 그 과정에서 패턴을 찾고, 이 패턴을 추출해 콤비네이터로 만들고 기본 연산 집합을 더 세밀하게 다듬을 수 있다. 여기서는 책을 잠시 덮고, 지금까지 작성한 기본 연산과 콤비네이터를 활용해 놀아보길 권장한다. 영감을 불러일으킬 구체적인 예제가 필요한 독자를 위해 몇 가지 아이디어를 제시한다.

- 어떤 범위에 속하는 Int 하나를 생성할 수 있을까? 또, 어떤 범위에 속한 정수들의 쌍인 Pair<Int, Int> 타입의 값을 생성할 수 있을까?
- Gen<A>로부터 Gen<Option<A>>를 생성할 수 있을까? 역으로 Gen<Option<A>>로부터 Gen<A>를 생성할 수는 있을까?
- 기존 기본 연산을 사용해 문자열을 생성할 수 있을까?

**놀이의 중요성**

작성하는 라이브러리의 문제 도메인을 탐험하기 위해 구체적 예제를 꼭 기다릴 필요는 없다. 사실, API를 설계하기 위해 이렇게 중요한 예제에만 의존해야 한다면, 종종 중요한 설계 관점을 놓쳐서 과도하게 구체적인 특징만 지원하는 API를 작성하게 될 수 있다.

설계를 현재 살펴보게 된 특정 예제에 너무 꽉 들어맞게 하고 싶지는 않으며, 문제를 근본까지 축소시키고 싶다. 때로 어떤 문제의 근본을 찾는 가장 좋은 방법은 그냥 API를 갖고 노는 것이다. 구체적 문제를 해결하거나 도움이 되는 기능을 만들어내려고 시도하지 말라. 적어도 지금 당장 그럴 필요는 없다. 단지 여러 다른 표현 방식, 기본 연산, 파생 연산 등을 실험해보라. 의문이 자연스럽게 떠오르게 두고, 관심이 가는 이상한 부분을 찾아보라. "이 두 함수가 아주 비슷해 보이네. 내부에 감춰진 더 일반적인 연산은 없을까?", "이 데이터 타입을 다형적으로 바꾸는 게 의미가 있을까?", "표현을 단일 값에서 값으로 이뤄진 List로 바꾸는 게 어떤 의미일까?" 같은 관찰이 표면에 떠오르기 시작할 것이다.

이를 수행하는 올바른 방법도 틀린 방법도 없다. 수많은 설계 선택 사항이 있지만, 놀아볼 만한 흥미로운 문제를 만나지 못할 일은 없을 것이다. 어디서 시작하는지는 중요하지 않다. 계속 놀다 보면, 도메인이 필요한 모든 설계를 선택할 수 있도록 여러분을 인도하게 된다.

## 8.2.4 생성된 값에 의존하는 생성기

두 번째 문자열이 첫 번째 문자열 속에 들어 있는 문자만을 포함하는 Gen<Pair<String, String>>을 원한다고 하자. 또는 0 이상 11 이하의 정수 중 하나를 선택하는 Gen<Int>가 있는데, 이 생성기로부터 선택한 길이의 리스트를 만들어내는 Gen<List<Double>>을 만들고 싶다고 하자. 이 두 경우 모두 의존 관계가 존재하며, 수를 생성하고 그 수를 사용해 다음에 사용할 다른 생성기를 결정한다. 이를 위해 flatMap이 필요하다. flatMap은 한 생성기가 다른 생성기에 의존하게 만든다.

**연습문제 8.6**

flatMap을 구현하라. 그리고 구현한 flatMap을 사용해 더 동적인 listOfN 버전을 구현하라. 다음과 같이 flatMap과 listOfN을 Gen 데이터 클래스 안에 넣어라.

```
data class Gen<A>(val sample: State<RNG, A>) {

    companion object {
```

```
        fun <A> listOfN(gn: Gen<Int>, ga: Gen<A>): Gen<List<A>> =

            SOLUTION_HERE()
}

fun <B> flatMap(f: (A) -> Gen<B>): Gen<B> =

    SOLUTION_HERE()
}
```

같은 타입의 두 생성기를 조합해 한 생성기로 만들어주는 union을 정의하라. union은 똑같은 확률로 두 생성기 중 하나를 선택해 다음 수를 생성한 후 반환한다.

```
fun <A> union(ga: Gen<A>, gb: Gen<A>): Gen<A> =

    SOLUTION_HERE()
```

가중치가 부여된 union인 weighted를 구현하라. weighted는 각 Gen에 대한 가중치를 인자로 받아서 각각의 가중치에 비례한 확률로 두 Gen 중 하나를 선택해 다음 수를 생성한 후 반환한다.

```
fun <A> weighted(
    pga: Pair<Gen<A>, Double>,
    pgb: Pair<Gen<A>, Double>
): Gen<A> =

    SOLUTION_HERE()
```

## 8.2.5 속성 데이터 타입 다듬기

생성기 표현을 탐험해봤으므로, 이제 Prop 정의로 돌아가보자. 우리의 Gen 표현은 Prop에 필요한 정보를 드러내준다. 현재의 Prop 정의는 다음과 같다. 당장은 and 연산자를 무시하자.

```
interface Prop {
    fun check(): Either<Pair<FailedCase, SuccessCount>, SuccessCount>
}
```

이 시점에 Prop은 몇 가지 중요한 정보를 빼먹고 있긴 하지만, 단순한 Either와 다름없다. SuccessCount 안에 성공한 테스트 케이스의 수를 포함시켰지만, 속성이 테스트를 통과한 것으로 간주하기 위해 검토가 필요한 테스트 케이스의 수를 지정하지 않았다. 물론 값을 하드코딩할 수도 있지만 이 세부 사항을 추상화하면 훨씬 더 좋을 것 같다. 정수 타입에 TestCases라는 별명을 붙이고, 이 타입 이름을 사용해 통과에 필요한 테스트 케이스 개수를 주입한다. 그리고 Prop을 데이터 클래스로 바꾸고 check를 메서드가 아닌 값으로 정의한다.

```
typealias TestCases = Int
```

```
typealias Result = Either<Pair<FailedCase, SuccessCount>, SuccessCount>
```

```
data class Prop(val check: (TestCases) -> Result)
```

Either의 양쪽에서 성공적인 테스트의 개수를 기록하고 있다. 하지만 속성이 테스트를 통과한 경우, 이는 성공적으로 수행된 테스트 개수가 check의 인자와 같다는 사실을 암시한다. 따라서 check를 호출하는 쪽은 성공 개수를 전달받음으로써 얻는 새로운 정보가 전혀 없다. 이제 Either이 Right인 경우 아무 정보도 필요하지 않으므로 Either를 Option으로 바꿀 수 있다.

```
typealias Result = Option<Pair<FailedCase, SuccessCount>>
```

```
data class Prop(val check: (TestCases) -> Result)
```

None이 모든 테스트를 통과했음을 의미하고 Some이 실패를 의미하기 때문에 이런 표현은 약간 이상해 보인다. 지금까지는 항상 Option의 None을 실패를 표현하기 위해 사용했다. 하지만 여기서는 실패의 부재(없음)를 표현하기 위해 None을 사용한다. 이런 방식도 Option을 제대로 활용하는 방법이지만, 의도를 명확히 드러내주지는 못한다. 따라서 우리 의도를 더 명확히 드러내면서 Option<Pair<FailedCase, SuccessCount>>와 동등한 새로운 데이터 타입을 만들자.

---

**리스트 8.3 테스트 실행에서 얻을 수 있는 결과를 ADT로 모델링하기**

```
sealed class Result {       ◀── 봉인된 타입 Result
    abstract fun isFalsified(): Boolean
}

object Passed : Result() {    ◀── 모든 테스트에 통과했음을 표현하는 하위 타입
    override fun isFalsified(): Boolean = false
}

data class Falsified(    ◀── 테스트 케이스 중 하나가 속성을 부정함
    val failure: FailedCase,
    val successes: SuccessCount
) : Result() {
    override fun isFalsified(): Boolean = true
}
```

이런 타입이 충분히 Prop을 표현해주는 것일까? forAll을 한 번 더 살펴보자. forAll을 구현할 수 있을까? 구현할 수 없다면 왜 그럴까?

```
fun <A> forAll(a: Gen<A>, f: (A) -> Boolean): Prop = TODO()
```

보다시피 forAll에는 Prop을 반환하기 위해 필요한 충분한 정보가 없다. 시도해볼 테스트 케이스 개수 외에도 check에는 테스트 케이스를 생성하는 데 필요한 모든 정보가 있어야 한다. 만약 현재 Gen 표현을 활용해 임의로 테스트 케이스를 생성할 필요가 있다면 Gen이 RNG를 필요로 해야 한다. 따라서 이 의존 관계를 Prop에 공급하자.

```
data class Prop(val check: (TestCases, RNG) -> Result)
```

테스트 케이스 수와 임의성의 근원 외에 필요한 다른 의존 관계가 생각난다면, 이를 나중에 check의 부가적인 파라미터로 추가할 수 있다.

RNG를 Prop의 파라미터로 공급함으로써 이제 forAll을 만드는 데 필요한 충분한 정보를 갖췄다. 다음은 첫 번째 시도의 결과다.

```
fun <A> forAll(ga: Gen<A>, f: (A) -> Boolean): Prop =
    Prop { n: TestCases, rng: RNG ->
        randomSequence(ga, rng).mapIndexed { i, a ->          인덱스 i와 생성된 a 값이 엮인
                                                              Sequence를 준비함
            try {
                if (f(a)) Passed                              테스트 실패 시 실패한 테스트 케이스와
                else Falsified(a.toString(), i)               인덱스를 기록하고, 실패하기까지 얼마나
            } catch (e: Exception) {                          많은 테스트가 성공했는지 노출시킴
                Falsified(buildMessage(a, e), i)              예외 발생 시 보기 좋은
            }                                                 메시지와 함께 결과를 기록함
        }.take(n)
            .find { it.isFalsified() }
            .toOption()
            .getOrElse { Passed }
    }

private fun <A> randomSequence(
    ga: Gen<A>,
    rng: RNG                     A의 무한 시퀀스를 재귀적으로 생성하고,
): Sequence<A> =                 생성기에 대해 샘플링을 수행
    sequence {
        val (a: A, rng2: RNG) = ga.sample.run(rng)
        yield(a)
        yieldAll(randomSequence(ga, rng2))
    }
                                 문자열 인터폴레이션과 trimMargin을
private fun <A> buildMessage(a: A, e: Exception) =   사용해 보기 좋은 메시지를 생성
    """
    |test case: $a
```

```
    |generated and exception: ${e.message}
    |stacktrace:
    |${e.stackTrace.joinToString("\n")}
""".trimMargin()
```

check가 예외를 던지게 놔두는 대신, 예외를 잡아서 테스트 실패로 보고한다. 따라서 실패를 야기할 수 있는 인자에 대한 정보를 잃어버리지 않을 수 있다.

> **|노트|** sequence, yield, yieldAll 함수를 사용해 값을 만들어내는 지연 스트림인 코틀린 표준 라이브러리 Sequence 타입을 사용한다. 세부 사항은 중요하지 않다. 우리가 알아야 할 내용은 Sequence에서 n개의 원소를 얻고 find라는 종말 연산(terminal operation)을 적용해 속성을 부정하는 원소를 찾는다는 것이다. 만약 속성을 부정하는 원소를 찾을 수 없으면 테스트 통과를 보고한다.

**연습문제 8.9**

이제 Prop 표현을 만들었으므로, Prop 값을 합성하는 and와 or을 구현하라. or 실패의 경우 어떤 프로퍼티가 실패했는지 알 수 없다는 점에 유의하라. 이때 어느 쪽 Prop이 실패했는지 제대로 전달할 수 있는 방법을 찾을 수 있는가?

```
data class Prop(val run: (TestCases, RNG) -> Result) {
    fun and(p: Prop): Prop =

        SOLUTION_HERE()

    fun or(p: Prop): Prop =

        SOLUTION_HERE()
}
```

## 8.3 테스트 케이스 최소화

앞에서 테스트 케이스 최소화라는 아이디어를 언급했다. 테스트 케이스라는 용어를 통해 실패를 더 잘 묘사하고 디버깅을 더 편하게 할 수 있도록 프레임워크가 테스트를 실패하게 하는 가장 작거나 단순한 테스트 케이스를 찾아주길 바란다는 사실을 표현한다. 표현을 약간 비틀어서 이런 결과를 지원할 수 있는지 살펴보자. 이를 위해 취할 수 있는 일반적 접근 방법이 두 가지 있다.

- **축소**<sup>shrinking</sup>: 실패하는 테스트 케이스를 찾으면, 더 이상 테스트가 실패하지 않을 때까지 테스크 케이스의 '크기'를 계속 줄이면서 테스트 케이스를 최소화하는 별도의 과정을 실행한다.

- **크기를 지정한 생성**<sup>sized generation</sup>: 테스트 케이스를 축소하는 대신, 단순히 크기와 복잡도를 증가시키는 방향으로 테스트 케이스를 생성한다. 따라서 가장 작은 테스트 케이스로 시작해서 실패를 발견할 때까지 크기를 증가시킨다. 이 아이디어를 여러 방식으로 확장해, 테스트 실행기<sup>test runner</sup>가 가능한 테스트 케이스 크기 공간에서 더 큰 도약을 시도하면서 테스트 실패 시 (도약 이전의 크기로부터 단계적으로 크기를 증가시키면서 테스트 케이스를 만듦으로써) 테스트를 실패하게 만드는 최소한의 테스트 케이스를 찾게 할 수 있다.

코테스트는 스칼라체크<sup>ScalaCheck</sup>(www.scalacheck.org)나 하스켈 퀵체크<sup>QuickCheck</sup>(https://hackage.haskell.org/package/QuickCheck) 같은 유명한 속성 기반 테스트 프레임워크와 마찬가지로 축소 방식을 사용한다. 이 접근 방식을 구현하는 복잡도가 아주 크기 때문에 여기서는 축소가 아닌 대안을 사용한다. 크기를 지정한 생성은 더 간단하며, 어떤 측면에서는 더 모듈화할 수 있는 방식이다. 생성기가 주어진 크기의 테스트 케이스를 어떻게 생성하는지만 알고 있으면 되기 때문이다. 이 아이디어가 어떻게 작동하는지 곧 살펴볼 것이다.

이미 여러 유용한 콤비네이터를 구현해놓은 Gen 데이터 타입을 변경하는 대신, 라이브러리의 별도 계층으로 크기를 지정한 생성을 도입한다. 크기 지정 생성기에 대한 단순한 표현으로, 크기를 인자로 받아서 생성기를 돌려주는 함수 타입을 쓸 수 있다.

```kotlin
data class SGen<A>(val forSize: (Int) -> Gen<A>)
```

**연습문제 8.10**

Gen을 SGen으로 변환하는 unsized라는 도우미 함수를 구현하라. 이 함수를 Gen의 메서드로 추가할 수 있다.

```kotlin
data class Gen<A>(val sample: State<RNG, A>) {
    fun unsized(): SGen<A> =

        SOLUTION_HERE()
}
```

**연습문제 8.11**

놀랍지 않지만, 최소한의 SGen은 Gen과 똑같은 연산을 대부분 지원하며 구현도 상당히 기계적이다. SGen 안에 구현을 Gen에 있는 똑같은 함수에 위임하는 몇 가지 편의 함수를 정의하라. 그리고 SGen을 호출하는 편리한 방법을 제공하라.

```kotlin
data class SGen<A>(val forSize: (Int) -> Gen<A>) {

    operator fun invoke(i: Int): Gen<A> =

        SOLUTION_HERE()

    fun <B> map(f: (A) -> B): SGen<B> =

        SOLUTION_HERE()

    fun <B> flatMap(f: (A) -> Gen<B>): SGen<B> =

        SOLUTION_HERE()
}
```

이 접근 방식이 많은 반복 작업을 요하지만, 지금은 이런 식으로 위임을 진행할 것이다. 3부에서는 이런 반복을 처리하는 더 나은 접근 방법을 보여준다.

---

**연습문제 8.12**

Gen에 대해 명시적인 크기를 받지 않고 Gen 대신 SGen을 반환하는 listOf 콤비네이터를 구현하라. 이 구현은 SGen에 지정된 크기에 맞는 리스트만 생성해야 한다.

```
fun listOf(): SGen<List<A>> =

    SOLUTION_HERE()
```

---

다음으로, 어떻게 SGen이 Prop 정의에 영향을 끼칠 수 있는지 살펴보자. 특히 forAll 메서드에 집중하자. forAll의 SGen 버전은 다음과 같다.

```
fun <A> forAll(g: SGen<A>, f: (A) -> Boolean): Prop = TODO()
```

이 선언을 자세히 살펴보면 구현이 불가능하다는 사실을 알 수 있다. SGen이 크기를 전달받아야 하는데, Prop은 그런 정보를 받지 않기 때문이다. 임의성의 근원이나 Prop의 check 함수에서 그랬던 것처럼(리스트 8.4 참고), 정수를 함수의 의존 관계로 추가해야 한다. Prop이 다양한 크기의 하부 생성기 호출을 책임지도록 하길 원하므로 Prop이 최대 크기를 받아들이게 할 것이다. 이제 Prop은 최대로 지정된 크기까지 테스트 케이스를 생성한다. 이렇게 변경함으로써 얻는 추가적인 이득은 이를 통해 테스트를 실패시키는 가장 작은 테스트 케이스를 검색할 수 있게 된다는 점이다. 어떻게 이 변경이 작동하는지 살펴보자.

> |**노트**| 우리가 만든 단순한 구현은 각각의 테스트 케이스 크기마다 똑같은 개수의 테스트 케이스를 생성하며, 0부터 시작해 크기를 1씩 증가시킨다. 실패한 테스트 케이스 크기에 대해 이진 검색을 수행할 수 있도록 더 복잡한 구현을 상상할 수도 있다. 예를 들어 0부터 시작해서 1, 2, 4, 8, 16 ⋯ 순으로 크기를 증가시킨다면 실패가 발생할 때 필요한 검색 공간을 줄일 수 있다.

```kotlin
typealias MaxSize = Int

data class Prop(val check: (MaxSize, TestCases, RNG) -> Result) {

    companion object {

        fun <A> forAll(g: SGen<A>, f: (A) -> Boolean): Prop =
            forAll({ i -> g(i) }, f)      ◀── 테스트에 사용할 진입점

        fun <A> forAll(g: (Int) -> Gen<A>, f: (A) -> Boolean): Prop =
            Prop { max, n, rng ->

                val casePerSize: Int = (n + (max - 1)) / max     ◀── 각 크기에 대해 테스트 케이스를
                                                                      이 정도 개수로 생성함

                val props: Sequence<Prop> =                         0부터 시작해서 증가하는
                    generateSequence(0) { it + 1 }   ◀──            Sequence(Int)를 생성함
                        .take(min(n, max) + 1)
                        .map { i -> forAll(g(i), f) }   ◀──    크기당 하나씩 속성을 만듦.
                                                                하지만 n개 이상 속성을 만들지는 않음
                val prop: Prop = props.map { p ->                  (앞에서 정의한 forAll을 사용함)
                    Prop { max, _, rng ->
                        p.check(max, casePerSize, rng)
                    }                                              Prop.and를 사용해 모든 속성을
                }.reduce { p1, p2 -> p1.and(p2) }   ◀──           조합한 속성을 만듦

                prop.check(max, n, rng)   ◀── 조합한 속성을 검사
            }

    }

    fun and(p: Prop): Prop =                새로운 max 파라미터
        Prop { max, n, rng ->   ◀──         처리를 끼워 넣음
            when (val prop = check(max, n, rng)) {
                is Passed -> p.check(max, n, rng)
                is Falsified -> prop
            }
        }
}
```

이 코드는 처음에는 좀 무서워 보일 것이다. 하지만 자세히 살펴보면 상당히 단순하다. 이제 check는 실행할 테스트 케이스 크기의 상계<sup>upper bound</sup>를 지정하는 새로운 MaxSize 파라미터를 받는다. forAll 진입점은 이제 SGen과 술어를 받고, 이를 새로 정의한 forAll 함수에 넘긴다. 그리고 새 forAll 함수는 조합한 Prop을 생성한다.

이 속성은 우선 크기별로 실행할 테스트 케이스의 개수를 계산한다. 그 후 리스트 8.5에서 정의한 forAll 함수를 사용해 크기당 하나씩 Prop이 들어 있는 Sequence를 생성한다. 마지막으로, 앞에서 정의한 and 함수를 갱신한 새 and를 사용해 모든 Prop을 조합한 단일 속성으로 만든다. 이 모든 과정이 끝난 후, and로 조합한 속성을 check로 검사한다.

## 8.4 라이브러리를 사용하고 사용자 경험 개선하기

이제 어느 정도 타당한 API에 도달한 것 같다. 계속 이 API를 다듬을 수도 있지만, 그렇게 하는 대신 라이브러리를 사용해보자. 테스트를 만들면서 라이브러리로 표현할 수 있는 내용이나 라이브러리의 일반적인 사용성 측면에서 부족한 부분을 찾아볼 것이다. 사용성은 어느 정도 주관적이지만, 일반적으로는 편리한 구문과 일반적인 사용 패턴에 쓸 수 있는 도우미 함수를 선호한다. 꼭 이 라이브러리의 표현력을 더 좋게 할 필요는 없지만, 사용하기 좋은 라이브러리로 개선하고 싶다.

### 8.4.1 몇 가지 간단한 예제

이번 장 시작 부분에서 살펴봤던 예제를 다시 살펴보자. 바로, List<Int>의 메서드로 정의된 max 함수의 명세를 기술하는 예제다. 리스트의 최댓값은 그 리스트 안의 모든 다른 원소와 비교할 때 크거나 같아야 한다. 이런 속성을 기술해보자.

**리스트 8.8 리스트의 최댓값을 지정하는 속성**

```
val smallInt = Gen.choose(-10, 10)

val maxProp = forAll(SGen.listOf(smallInt)) { ns ->
    val mx = ns.max()
```

```
        ?: throw IllegalStateException("max on empty list")
    !ns.exists { it > mx }   ◄── ns 안에 mx보다 큰 값이
}                                존재하지 않아야 함
```

이 시점에서 check를 이 Prop에 대해 직접 호출하는 과정은 상당히 귀찮다. 따라서 속성 값을 실행하고 결과를 알아보기 쉬운 형식으로 콘솔에 출력해주는 도우미 함수를 도입할 수 있다. 이 도우미 함수를 그냥 run이라고 부르자.

리스트 8.9 디폴트 값을 사용해 속성을 실행하는 편의 메서드

```
fun run(
    p: Prop,
    maxSize: Int = 100,     ◄──  테스트 케이스 크기의
                                 디폴트 최댓값을 100으로 지정
    testCases: Int = 100,   ◄──  실행할 테스트 케이스의
                                 디폴트 개수를 100으로 지정
    rng: RNG = SimpleRNG(System.currentTimeMillis())  ◄── 사용할 준비가 된 간단한
): Unit =                                                  난수 생성기를 제공함
    when (val result = p.check(maxSize, testCases, rng)) {
        is Falsified ->    ◄──  원소가 두 개 있으면 ' and '라는
            println(            문자열로 두 원소를 결합시킴
                "Falsified after ${result.successes}" +
                    "passed tests: ${result.failure}"
            )             ┌──  테스트 통과 시 표준 출력에
        is Passed ->   ◄──     성공 메시지를 출력
            println("OK, passed $testCases tests.")
    }
```

여기서 몇 가지 디폴트 인자를 활용해 메서드를 더 편리하게 호출할 수 있도록 한다. 테스트 케이스의 커버리지coverage가 좋으면서도 너무 크지 않게 테스트의 디폴트 개수를 정하고 싶다. 그렇지 않으면 테스트를 실행할 때 너무 오랜 시간이 걸릴 것이다.

run(maxProp)을 실행하면 속성이 실패한다는 사실을 알 수 있다!

```
Falsified after 0 passed tests: test case: []
generated and exception: max on empty list
stacktrace:
...
```

속성 기반 테스트에는 코드에 대해 숨겨진 가정을 드러내고 이런 가정을 더 명시적으로 표현하도록 만드는 방법이 있다. 표준 라이브러리의 max는 빈 리스트에 대해 null을 반환하는데, 테스트에서는 이를 IllegalStateException으로 해석한다. 우리 속성이 이런 요소를 반영하도록 수정할 필요가 있다.

연습문제 8.13

비어 있지 않은 리스트를 생성하는 nonEmptyListOf를 정의하라. 그리고 여러분의 명세를 이 생성기를 사용하도록 수정하라.

```
fun <A> nonEmptyListOf(ga: Gen<A>): SGen<List<A>> =

    SOLUTION_HERE()

fun maxProp(): Prop =

    SOLUTION_HERE()
```

연습문제 8.14

List.sorted의 동작을 검증하는 maxProp이라는 속성을 작성하라. List<Int>에 대해(Int 타입뿐 아니라 다른 타입의 원소인 경우도) sorted를 사용하면 리스트를 정렬할 수 있다.

## 8.4.2 병렬 계산에 어울리는 테스트 스위트 작성하기

7장에서는 병렬 계산에 대해 성립해야 하는 법칙을 발견했다. 이런 법칙을 우리 라이브러리를 사용해 표현할 수 있을까? 살펴볼 첫 번째 '법칙'은 실제로는 구체적인 테스트 케이스다.

```
map(unit(1)) { it + 1 } == unit(2)
```

분명히 이를 표현할 수 있지만, 우리가 채택한 Par<A> 표현이 (ExecutorService) -> Future<A>에 대한 별명이라고 가정하면 결과가 상당히 보기 좋지 않다.

```
val es = Executors.newCachedThreadPool()
val p1 = forAll(Gen.unit(Pars.unit(1))) { pi ->
    map(pi, { it + 1 })(es).get() == Pars.unit(2)(es).get()
}
```

결과 테스트는 장황하며 걸리적거리는 부분도 많다. 게다가 테스트의 아이디어가 그와 무관한 세부 사항으로 인해 흐려진다. 이것이 현재 테스트를 위해 사용하는 API의 표현력이 충분하지 못해 생기는 문제는 아니라는 점에 유의하라. 그렇다. 원하는 내용은 무엇이든 기술할 수 있지만, 도우미 함수가 부족하고 테스트 케이스를 작성하는 문법이 깔끔하지 못해 테스트의 실제 의도를 흐린다.

## 속성 증명하기

다음으로는 이런 장황함과 걸리적거리는 부분을 개선해보자. 첫 번째 관찰로, 이런 테스트 케이스에서는 forAll이 너무 일반적인 명칭이라는 점을 들 수 있다. 이 테스트에서는 입력을 변화시키지 않는다. 단지 하드코딩한 예제를 사용해 테스트를 기술하는 게 전통적인 단위 테스트 프레임워크에서 테스트를 기술할 때와 비슷하게 편리하길 바랄 뿐이다. Prop 동반 객체에 이를 담당하는 콤비네이터를 도입하자.

```
fun check(p: () -> Boolean): Prop = TODO()
```

어떻게 이를 구현할 수 있을까? 한 가지 가능한 방법으로 forAll의 사용을 들 수 있다.

```
fun check(p: () -> Boolean): Prop {    ◀── 엄격하지 않은 값을 전달함
    val result by lazy { p() }    ◀── 재계산을 피하기 위해 결과를 메모화
    return forAll(Gen.unit(Unit)) {
        result
    }
}
```

이 구현은 그다지 바람직해 보이지 않는다. 우리는 Unit 값만 생성하는 unit 생성기를 제공한다. 그 후 생성기가 생성한 Unit 값을 무시하면서 주어진 엄격하지 않은 Boolean을 강제로 평가한 값을 검사한다. 그다지 좋지 않다.

결과를 두 번 이상 평가하지 않기 위해 메모화한다고 해도, 테스트 실행기는 여전히 여러 테스트 케이스를 생성하고 Boolean 값을 여러 번 검사한다. 예를 들어 run(check(true))를 실행하면 이 속성을 100번 테스트하고 'OK, passed 100 tests'를 출력한다. 하지만 항상 true인 속성을 100번 테스트하는 것은 끔찍한 노력의 낭비다. 따라서 새로운 기본 요소가 필요하다.

지금까지 채택한 Prop 표현은 단순히 (MaxSize, TestCases, RNG) -> Result 타입의 함수였다. 여기서 Result는 Passed이거나 Falsified였다. 간단히 테스트 케이스 개수를 무시하는 Prop을 구성하는 check 기본 요소를 구현할 수 있다.

```
fun check(p: () -> Boolean): Prop =
    Prop { _, _, _ ->
        if (p()) Passed
        else Falsified("()", 0)
    }
```

이 코드는 분명 forAll보다 더 낮지만, 테스트가 이 속성을 단 한 번만 테스트했음에도 불구하고 run(check(true))는 여전히 'OK, passed 100 tests'를 출력한다. 이 속성의 경우, 몇 가지 테스트를 수행했지만 부정적인 결과를 내는 테스트 케이스를 찾지 못했다는 의미로 테스트를 통과한 것이 아니다. 이 속성은 단 한 번의 테스트 이후 증명된 것이다. 따라서 새로운 종류의 Result가 필요한 것 같아 보인다.

**리스트 8.10** Proved: 테스트를 한 번 수행한 다음부터는 증명으로 간주할 수 있는 결과

```
object Proved : Result()
```

이제는 check가 만든 속성이 Passed 대신 Proved를 반환할 수 있다. 테스트 실행기가 이런 새로운 케이스를 감안하도록 코드를 변경해야 한다.

```
fun run(
    p: Prop,
    maxSize: Int = 100,
    testCases: Int = 100,
    rng: RNG = SimpleRNG(System.currentTimeMillis())
): Unit =
    when (val result = p.run(maxSize, testCases, rng)) {
        is Falsified ->
            println(
                "Falsified after ${result.successes} passed tests: " +
                    result.failure
            )
        is Passed ->
            println("OK, passed $testCases tests.")
        is Proved ->
            println("OK, proved property.")
    }
```

또한 and 등의 Prop 콤비네이터 구현도 변경해야 한다. 이런 콤비네이터들이 Passed와 Proved의 결과를 구분할 필요가 없으므로 구현은 상당히 평이하다.

```
fun and(p: Prop) =
    Prop { max, n, rng ->
        when (val prop = run(max, n, rng)) {
            is Falsified -> prop
            else -> p.run(max, n, rng)  ◄─── 앞에서 처리하지 않은 모든 경우를 처리하는
        }                                     else 가지가 Passed와 Proved라는 두 성공
    }                                         타입을 한꺼번에 처리함
```

## Par 테스트하기

map(unit(1)) { it + 1 }이 unit(2)와 같다는 속성을 증명하는 문제로 돌아가자. 이제 새 check 기본 요소를 사용해 의도를 흐리지 않고 테스트를 표현할 수 있다.

```
val p = check {
    val p1 = map(unit(1)) { it + 1 }
    val p2 = unit(2)
    p1(es).get() == p2(es).get()
}
```

이제 의도가 꽤 명확해 보인다. 하지만 p1(es).get()과 p2(es).get()에 있는 잡음을 어떻게 할 수는 없을까? 이런 불필요한 반복은 테스트의 의도를 흐리며, 증명하려는 내용과는 거의 무관하다. 이 코드에서는 두 Par에 담긴 값의 동등성을 비교하기 위해 Par의 내부를 강제로 드러내고 있다. 한 가지 개선책은 map2를 사용해 Par 내부로 동등성 비교를 끌어올리는 것이다. 이렇게 하면 마지막에 결과를 얻기 위해 Par를 하나만 실행하면 된다.

```
fun <A> equal(p1: Par<A>, p2: Par<A>): Par<Boolean> =
    map2(p1, p2, { a, b -> a == b })

val p = check {
    val p1 = map(unit(1)) { it + 1 }
    val p2 = unit(2)
    equal(p1, p2)(es).get()
}
```

이 코드는 각각의 Par를 따로따로 실행하지 않아도 되므로 좀 더 낫다. 이런 코드 개선을 받아들인다면, 아예 Par를 실행하는 기능을 forAllPar라는 별도의 함수로 분리하면 어떨까? 이 새 함수는 명세를 지정하는 속성을 더럽히지 않으면서 여러 가지 다른 병렬화 전략을 시도하는 기능을 추가할 만한 좋은 위치이기도 하다.

```
val ges: Gen<ExecutorService> = weighted(    ◀── 가중치를 부여해 생성기 서비스를
                                                 생성하는 생성기
    Gen.choose(1, 4).map {
        Executors.newFixedThreadPool(it)
    } to .75,    ◀── 고정 크기 스레드 풀을
    Gen.unit(        전체 테스트 케이스의 75%에 대해 사용함
        Executors.newCachedThreadPool()
    ) to .25)    ◀── 크기 제약이 없는 스레드 풀을
                     전체 테스트 케이스의 25%에 대해 사용함
```

```
fun <A> forAllPar(ga: Gen<A>, f: (A) -> Par<Boolean>): Prop =
    forAll(
        map2(ges, ga) { es, a -> es to a }      ◄── to 키워드를 사용해
) { (es, a) -> f(a)(es).get() }                     Pair<Gen<ExecutorService>, Gen<A>> 생성
```

ges 값은 Gen<ExecutorService>이다. 이 값은 1개에서 4개까지의 스레드를 사용하는 고정 크기 스레드 풀과 크기 제한이 없는 스레드 풀을 다양하게 생성한다.

다음으로 map2(ges, ga) { es, a -> es to a }에 집중해보자. 이 코드는 두 생성기를 조합해 두 생성기 출력의 쌍을 만들어내는 방법인데, 상당히 잡음이 많다. 이를 깔끔하게 해주는 콤비네이터를 도입하자.

```
fun <A, B> combine(ga: Gen<A>, gb: Gen<B>): Gen<Pair<A, B>> =
    map2(ga, gb) { a, b -> a to b }
```

다음 코드는 훨씬 더 낫고 매끄럽게 읽힌다.

```
fun <A> forAllPar(ga: Gen<A>, f: (A) -> Par<Boolean>): Prop =
    forAll(
        combine(ges, ga)
    ) { esa ->
        val (es, a) = esa
        f(a)(es).get()
    }
```

이 코드도 더 낫지만, 아직 원하는 수준에 도달하지는 못했다. 목표는 우리 라이브러리를 사용하는 사람들의 사용자 경험을 가능한 한 매끄럽게 하는 것이다. 우리가 알고 있는 코틀린 트릭 중 몇 가지를 적용하면 이를 더 쉽고 자연스럽게 만들 수 있다. 한 가지 트릭은 Gen의 메서드로 combine을 도입하는 것이다. 그리고 infix 접두사를 사용해 불필요한 괄호나 구두점을 제거할 수 있다.

```
infix fun <A, B> Gen<A>.combine(gb: Gen<B>): Gen<Pair<A, B>> =
    map2(this, gb) { s, a -> s to a }
```

combine 메서드를 추가하면 훨씬 더 매끄러운 표현을 작성할 수 있다.

```
fun <A> forAllPar(ga: Gen<A>, f: (A) -> Par<Boolean>): Prop =
    forAll(ges combine ga) { esa ->
        val (es, a) = esa
        f(a)(es).get()
    }
```

마지막 개선은 Pair<ExecutorService, A> 값을 구조 분해해 익명 함수에 대한 파라미터 주입을 개선하는 것이다. 이를 적용하면 최종 결과를 얻을 수 있다.

```
fun <A> forAllPar(ga: Gen<A>, f: (A) -> Par<Boolean>): Prop =
    forAll(ges combine ga) { (es, a) ->
        f(a)(es).get()
    }
```

더 나아가, 작성한 새 속성을 활용해 checkPar를 개선할 수도 있다. checkPar는 7장에서 본 Par.equal이 만들어내는 Par<Boolean>을 소비한다. 지금까지 개선한 모든 내용을 한데 모으면, 라이브러리 사용자들에게 더 나은 경험을 제공할 수 있다.

```
fun checkPar(p: Par<Boolean>): Prop =
forAllPar(Gen.unit(Unit)) { p }

val p2 = checkPar(
    equal(
        map(unit(1)) { it + 1 },
        unit(2)
    )
)
```

이런 단계적 개선을 도입하면 속성을 더 쉽게 사용하고 이해할 수 있게 된다. 이런 변경이 작은 변경처럼 보일 수도 있지만, 이런 리팩터링이나 정리는 우리 라이브러리의 사용성에 큰 영향을 끼칠 수 있다. 우리가 작성한 도우미 함수는 속성을 더 쉽게 읽을 수 있도록 해주고, 더 즐겁게 속성을 활용할 수 있도록 해준다.

7장에서 본 다른 속성을 살펴보자. 테스트 케이스를 다음과 같이 일반화했다.

```
map(unit(x), f) == unit(f(x))
```

이를 항등함수 적용이 계산에 아무 영향도 끼치지 못한다는 점을 드러내는 법칙으로 단순화할 수 있었다.

```
map(y, id) == y
```

이를 속성으로 표현할 수 있을까? 꼭 그렇지는 않다. 이 속성은 모든 타입의 모든 y에 대해 동등성이 성립한다는 사실을 암시적으로 의미한다. 속성으로 표현하려면, y에 대해 특정 값을 선택해야만 한다.

```
val pint: Gen<Par<Int>> =
    Gen.choose(0, 10).map {
        unit(it)
    }

val p = forAllPar(pint) { n ->
    equal(map(n) { it }, n)
}
```

더 많은 y를 선택할 수도 있지만, 어쩌면 여기 적은 속성만으로 충분할 수도 있다. map 구현은 병렬 계산 값과는 무관하다. 따라서 Double, String 등에 대해 같은 테스트를 구축하는 것은 큰 의미가 없다. map에 영향을 끼칠 수 있는 것은 병렬 계산의 구조다. 속성이 성립한다는 점을 더 확실히 확인하고 싶다면, 이 구조에 대해 더 풍부한 생성기를 제공할 수도 있다. 여기서는 내포 수준이 한 단계인 경우에 대해서만 Par 표현을 제공할 것이다.

---

**연습문제 8.15**

지금까지 작성한 간단한 생성기 외에 더 깊이 내포된 병렬 계산에 대한 Par<Int> 생성기를 작성하라.

---

**연습문제 8.16**

7장의 fork에 대한 법칙 fork(x) == x를 속성으로 기술하라.

---

## 8.5 고차 함수나 다른 가능성 생성하기

지금까지 우리 라이브러리는 꽤 표현력이 있어 보이지만, 한 가지 제대로 표현할 수 없는 분야가 있다. 이 라이브러리에는 고차 함수를 테스트할 좋은 방법이 없다. 생성기를 사용해 데이터를 생성하는 방법은 많이 있지만, 함수를 생성하는 좋은 방법은 실제로 없다. 이번 절에서는 고차 함수를 테스트하기 위해 함수를 생성하는 방법을 다룬다.

예를 들어 List와 Sequence에 대해 정의된 takeWhile 함수를 살펴보자. 이 함수는 컬렉션 원소들 중에 주어진 술어를 만족하는 가장 긴 접두사를 돌려준다. 예를 들어 listOf(1, 2, 3).takeWhile { it < 3 }은 List(1, 2)를 반환한다. 검사하고 싶은 간단한 속성은 모든 리스트 s: List<A>와 모든 함수 f: (A) -> Boolean에 대해 s.takeWhile(f).forAll(f)라는 식이 true로 평가된다는 성질이다. 이 말은 반환된 리스트의 모든 원소가 술어를 만족해야 한다는 사실을 뜻한다.

> |**노트**| 애로우는 fun <A> List<A>.forAll(f: (A) -> Boolean>): Boolean이라는 시그니처를 갖는 확장 함수를 List와 Sequence에 대해 제공한다.

---

**연습문제 8.17**

takeWhile이 만족해야 하는 다른 속성들을 생각해보라. takeWhile과 dropWhile 사이의 관계를 잘 표현해주는 속성을 생각해볼 수 있는가?

---

물론 고차 함수를 테스트할 때는 특정 인자만 검사하는 접근 방법을 택할 수 있다. 예를 들어 다음은 takeWhile에 대한 더 구체적인 속성을 보여준다.

```
val isEven = { i: Int -> i % 2 == 0 }

val takeWhileProp =
    Prop.forAll(Gen.listOfN(n, ga)) { ns ->
        ns.takeWhile(isEven).forAll(isEven)
    }
```

이 속성은 잘 작동한다. 하지만 테스트 프레임워크가 takeWhile에 사용할 함수를 알아서 생성하게 하는 방법은 없을까? 선택할 수 있는 옵션이 무엇인지 살펴보자. 이런 기능을 구체적으로 말하면, Gen&lt;Int&gt;가 있을 때 이로부터 Gen&lt;(String) -> Int&gt;를 생성하고 싶다. 어떻게 이런 생성이 가능할까? 입력 문자열을 무시하고 Gen&lt;Int&gt;에게 결과를 위임하면 (String) -> Int 함수를 만들 수 있을 것이다.

```
fun genStringIntFn(g: Gen<Int>): Gen<(String) -> Int> =
    g.map { i -> { _: String -> i } }
```

이 접근 방법은 그리 만족스럽지 않다. 무조건 입력을 무시하는 상수 함수를 만들기 때문이다. Boolean 값을 반환하는 함수가 필요한 takeWhile에서 이런 함수 생성기를 사용하면 입력과 관계없이 내부 Boolean 생성기에 따라 true나 false를 반환하는 함수가 생기는데, 이런 함수는 takeWhile의 행동을 테스트할 때 흥미를 끌 만한 함수가 되지 못한다.

```
fun genIntBooleanFn(g: Gen<Boolean>): Gen<(Int) -> Boolean> =
    g.map { b: Boolean -> { _: Int -> b } }
```

이제는 다음 함수를 생각해보자. 이 함수는 전달된 값에 따라 어떤 로직을 수행하는 함수 생성기를 반환한다. 여기서는 t라는 문턱값$^{threshold}$이 전달되며, 함수에 주입된 Int가 그 문턱값 t보다 큰지 검사한다.

```
fun genIntBooleanFn(t: Int): Gen<(Int) -> Boolean> =
    Gen.unit { i: Int -> i > t }
```

이 새 함수 생성기를 사용해보자. 먼저 List&lt;Int&gt;를 생성하고 난수 문턱값도 생성한다. 이 문턱값을 함수 생성기에 미리 전달해서 함수 생성기가 (Int) -> Boolean을 만들게 한다. 마지막으로 생성된 함수와 리스트를 takeWhile에 적용하고, 동일한 술어(함수 생성기가 만든 (Int) -> Boolean 함수)를 forAll에 적용한다. 이 결과는 항상 true가 나와야 한다.

```
val gen: Gen<Boolean> =
    Gen.listOfN(100, Gen.choose(1, 100)).flatMap { ls: List<Int> ->
        Gen.choose(1, ls.size / 2).flatMap { threshold: Int ->
```

```
            genIntBooleanFn(threshold).map { fn: (Int) -> Boolean ->
                ls.takeWhile(fn).forAll(fn)
            }
        }
    }
```

Prop.forAll이라는 테스트 기구<sup>test harness</sup>의 맥락에서 이 속성을 볼 때는 항상 테스트가 성공하는 모습을 볼 수 있어야만 한다.

```
run(Prop.forAll(gen) { success -> success })
```

이 예제는 약간 꾸며낸 느낌이 있고 뻔해 보이지만, 난수 함수 생성기의 능력을 충분히 보여준다. 이런 아이디어를 여러분 스스로 연구해서 더 깊이 발전시키길 바란다.

## 8.6  생성기의 법칙

우리 라이브러리를 설계하면서 앞 장에서 살펴봤던 패턴이 떠오르는 것을 알 수 있었다. 발견한 콤비네이터 중 상당수는 앞 장에서 봤던 콤비네이터들과 이름 및 기능이 똑같았다. 예를 들어 Gen 타입에 대해 구현한 함수 상당수는 Par, List, Stream, Option에 대해 정의했던 함수들과 아주 비슷해 보인다. 7장의 Par 구현을 다시 살펴보면 다음 콤비네이터 정의를 볼 수 있다.

```
fun <A, B> map(a: Par<A>, f: (A) -> B): Par<B> = TODO()
```

이번 장에서는 Gen에 대해 **map**을 정의했다(Gen<A>의 메서드로 정의함).

```
fun <A, B> map(a: Gen<A>, f: (A) -> B): Gen<B> = TODO()
```

Option, List, Stream, State에 대해서도 비슷한 함수를 정의했다. 이런 함수들이 단지 시그니처만 공유하는 것일까? 혹 이들이 똑같은 법칙을 만족시키지는 않을까? 7장에서 도입했던 Par에 대한 법칙을 살펴보자.

```
map(y, id) == y
```

이 법칙이 우리 Gen.map 구현에도 성립할까? Stream, List, Option, State에 대해서는 어떨까? 그렇다. 성립한다! 한번 테스트해보라. 이는 이런 함수들이 비슷한 시그니처를 공유할 뿐 아니라, 어떤 의미에서는 각각의 도메인에 대해 비슷한 의미를 지닌다는 사실을 나타낸다. 더 깊은 힘이 작용하는 것 같다! 우리는 이 모든 도메인에 걸쳐 작용하는 근본적인 패턴을 찾아냈다. 3부에서는 이런 패턴의 이름을 배우고, 각 패턴을 다스리는 법칙을 발견하며, 이들의 의미를 이해하게 될 것이다.

## 8.7  결론

다시 한번 살펴보자. 속성 기반 테스트 자체에 대해 배우는 것이 아니라 함수형 설계의 구체적인 측면을 살펴보는 것이 목표였다. 우선, 추상 대수와 구체적인 표현을 서로 오가면서 서로에 대한 정보를 드러내는 모습을 살펴봤다. 이 과정은 라이브러리를 특정 표현에 과적합시키는 일을 방지하고 최종 목표로부터 너무 벗어난 추상화를 피할 수 있게 해준다.

두 번째로, 이 도메인에서도 이전에 여러 번 살펴본 다양한 콤비네이터와 똑같은 콤비네이터를 발견할 수 있었다. map, flatMap 등이 이런 콤비네이터다. 이런 함수들의 시그니처는 서로 비슷할 뿐 아니라, 각각에 대한 구현이 만족해야 하는 법칙도 서로 비슷하다. 소프트웨어 세계에는 풀어야 할 서로 달라 보이는 문제가 많이 있지만, 함수형 해법 공간은 훨씬 적다. 많은 라이브러리가 단지 다양한 도메인에 반복적으로 나타나는 구체적인 근본 구조를 조합한 것일 때도 있다. 이 부분은 3부에서 배울 내용을 재사용할 기회가 된다. 3부에서는 이런 근본적인 구조의 이름에 대해 배우고, 더 많은 일반적인 추상화를 발견하는 방법을 배울 것이다.

### 요약

- 속성 기반 테스트를 사용해 함수를 서로 연관시켜주는 법칙이나 속성을 검증할 수 있다.

- 속성 기반 테스트 라이브러리를 구축하는 것은 반복적인 접근 방법을 통해 함수형 라이브러리를 설계하는 과정의 좋은 예다.
- 프로그램의 법칙을 확언하기 위해 속성과 생성기를 표현하는 데이터 타입을 사용해 간단한 테스트 라이브러리를 모델링할 수 있다.
- 생성기를 다른 생성기와 함께 사용해 테스트 대상 코드를 검증하는 복잡한 규칙을 표현할 수 있다.
- 적용한 테스트 데이터를 축소시키거나, 점진적으로 크기를 증가시키는 생성을 사용해 테스트 케이스 출력을 최소화할 수 있다.
- 좋은 라이브러리 사용자 경험을 제공하는 게 필수적이며, 라이브러리를 설계할 때는 사용성이 항상 일차적 목적이 돼야 한다.
- 추상화된 대수와 구체적 표현 사이를 오가면서 함수형 라이브러리를 설계할 수 있다.
- 여러 도메인에 걸쳐 같은 법칙을 지키며 의미가 동일한 콤비네이터가 많이 있다. 이들은 더 일반적인 함수형 설계 패턴을 이룬다.

# 9

# 파서 콤비네이터

**9장에서 다루는 내용**

- 라이브러리에 대한 대수적 설계 접근 방법을 이해한다.
- 기본 콤비네이터와 고차 콤비네이터의 차이를 배운다.
- 콤비네이터를 활용해 설계 목표를 달성하는 방법을 살펴본다.
- 문법 설탕을 사용해 라이브러리를 더 쉽게 쓸 수 있도록 개선한다.
- 우선은 대수적 설계에 집중함으로써 콤비네이터 구현을 뒤로 미룬다.

이번 장에서는 파서$^{parser}$를 작성하는 콤비네이터 라이브러리 설계를 살펴본다. 용례로 JSON 파싱을 사용할 것이다. 7장, 8장과 마찬가지로 이번 장의 목표는 파싱을 다루는 게 아니고, 함수형 설계 과정에 대해 더 깊은 통찰을 제공하는 것이다.

**파서란 무엇인가?**

파서는 구조화돼 있지 않은 데이터(심볼, 숫자, 토큰의 스트림이나 텍스트)를 입력으로 받아서 입력 데이터에 대한 구조화된 표현을 반환하는 데 특화된 프로그램이다. 예를 들어 콤마로 분리한 값들로 이뤄진 파일(CSV 파일)을 리스트의 리스트로 바꿔주는 파서를 작성할 수 있다. 이 경우 바깥쪽 리스트의 각 원소는 레코드를 표현하고, 안쪽 리스트의 각 원소는 각 레코드에 담긴 콤마로 분리된 필드를 표현한다. 다른 예제로는 XML이나 JSON 문서를 받아서 트리와 비슷한 구조로 변환해주는 파서가 있다.

이번 장에서 만드는 것 같은 파서 콤비네이터 라이브러리에서는 파서가 그렇게 복잡해야 할 필요도 없고 문서 전체를 파싱할 필요도 없다. 입력에서 문자를 하나 인식하는 것처럼 기본적인 파서면 충분하다. 그 후 콤비네이터를 사용해 기본 파서로부터 복합 파서를 조립하고, 이렇게 조립한 복합 파서들을 콤비네이터로 조합해 더 복잡한 파서를 만들 수 있다.

이번 장은 대수적 설계라고 부르는 설계 접근 방법을 소개한다. 이 설계 접근법은 이전의 여러 장에 걸쳐 다양한 수준에서 수행했던 설계 기법을 자연스럽게 발전시킨 것이다. 앞에서는 인터페이스를 먼저 정의하고 그와 관련된 법칙을 기술했으며, 이렇게 선택한 인터페이스와 법칙의 조합이 데이터 타입 표현 과정에서 우리를 이끌어왔다.

이번 장의 몇 가지 핵심은 다음과 같다. 라이브러리를 밑바닥부터 만들 때 마주칠 수 있는 여러 가지 시나리오를 흉내 내기 위해 정답이 정해져 있지 않은 연습문제를 더 많이 제공할 것이다. 책을 내려놓고 이런 열린 문제에 대해 어떤 접근이 가능할지 검토하기 위해 시간을 쓰면 이번 장에서 많은 것을 배울 수 있다. 여러분 자신의 라이브러리를 설계할 때 구현을 채워 넣기만 하면 되는 깔끔하게 선택된 타입 시그니처의 시퀀스가 주어지지는 않는다. 대신에 여러분 스스로가 필요한 콤비네이터와 타입을 결정해야 한다. 이 책의 목표는 이런 결정을 스스로 할 수 있도록 준비시키는 것이다. 항상 그렇듯이, 연습문제를 풀려고 시도하다 벽에 부딪히거나 더 많은 아이디어가 필요하면, 책을 계속 읽어나가거나 부록 B에 있는 답을 참조할 수 있다. 그리고 연습문제를 다른 사람들과 함께 풀어보거나 이 책의 라이브북[1]에 달려 있는 다른 사람들의 노트를 비교해볼 수도 있다.

---

1    매닝은 웹에서 읽을 수 있는 전자책인 라이브북(livebook)을 제공한다. 라이브북에서는 사용자가 책의 각 문장에 노트를 추가할 수 있고 다른 사람과 이를 공유할 수 있다. 단, 매닝에서 전자책이나 종이책을 구매한 사람만 이용 가능하다. – 옮긴이

**파서 콤비네이터와 파서 생성기 비교**

약(Yacc)[2](https://en.wikipedia.org/wiki/Yacc)이나 다른 언어에 있는 비슷한 라이브러리(예: 자바 앤틀러(ANTLR)(https://www.antlr.org/))에 익숙한 독자도 있을 것이다. 이런 라이브러리는 문법 명세를 바탕으로 파서 코드를 생성한다. 이런 접근 방법도 잘 작동하고 성능도 상당히 좋지만, 코드 생성기를 사용할 때 발생하는 일반적인 문제(라이브러리가 한 덩어리로 된 긴 코드를 토해내기 때문에 디버깅이 어려움)도 함께 공유한다. 또한 파서에서 일반적인 패턴을 추상화하기 위해 새로운 도우미 함수나 콤비네이터를 도입할 수 없어 로직을 재사용하기가 어렵다.

파서 콤비네이터 라이브러리에서는 파서가 일반적인 일급 시민 값(first-class value)이다. 파싱을 하는 로직을 재사용하기가 아주 쉽고, 파서를 만들기 위해 프로그래밍 언어 외에 다른 도구가 필요하지 않다.

## 9.1 대수 설계하기

7.4절에서 대수를 데이터 타입에 대해 작용하는 함수의 모음과 이런 함수 사이의 관계를 지정하는 법칙의 집합으로 정의했다는 점을 기억하라. 이전 장에서는 대수에서 함수를 발명하는 과정과 함수 집합을 다듬는 과정 그리고 데이터 타입 표현을 변경하는 과정을 유연하게 오갔다. 그 과정에서 법칙은 그런 과정 이후에 만들어내야 하는 요소로 생각했다(표현과 API를 구체화한 다음에야 법칙에 대해 생각했다). 이런 설계 스타일이 잘못된 것은 없지만, 이번 장에서는 다른 접근 방법을 택할 것이다. 대수(법칙도 함께)에서 시작하며, 표현을 나중에 결정한다. 이런 접근 방법(이를 대수적 설계라고 부르자)을 모든 설계 문제에 활용할 수 있지만, 특히 파싱에 대해서는 이 대수적 설계 방식이 잘 먹힌다. 다른 종류의 입력을 파싱할 때 필요한 콤비네이터를 상상하는 게 쉽기 때문이다. 이로 인해 표현을 나중에 결정하기로 하더라도 구체적인 목표를 계속 염두에 두고 설계를 진행할 수 있다.

다양한 파싱 라이브러리가 있다. 이미 오픈소스 코틀린 파서 콤비네이터 라이브러리도 존재한다. 앞 장에서 본 것처럼 직접 파싱 라이브러리를 만드는데, 이는 교육적인 목적과 더불어 최종적인 권한이 있는 라이브러리란 없다는 사실을 강조하기 위해서다. 우리가 만

---

2 1970년대에 만들어진 도구로, Yet Another Compiler Compiler의 약자다. C(그리고 C++)에서 사용할 수 있는 LALR 파서 생성기며, GNU에서 만든 대안으로 바이슨(Bison)이 있다. - 옮긴이

들 라이브러리는 임의의 문법을 파싱할 수 있다는 점에서 풍부한 표현력을 제공하도록 설계될 것이며, 파싱 속도와 적절한 오류 보고 기능도 개발 목표에 포함된다. 마지막 요소는 필수적이다. 어떤 예상치 못한(입력이 잘못된 경우 이런 일이 생긴다) 입력에 대해 파서를 실행하면 파스 오류<sup>parse error</sup>를 발생시켜야 한다. 파스 오류가 발생하면, 오류 발생 위치를 정확히 알려주고 오류가 발생한 이유가 무엇인지 명확히 지적해주길 바란다. 오류 보고를 파싱 라이브러리 구현 시 뒷전으로 미루는 경우가 자주 있지만, 처음부터 주의 깊게 오류 보고를 감안하도록 노력해보자.

### 9.1.1 문자 하나를 인식하기 위한 파서

그럼 시작해보자. 단순성과 속도를 위해 우리 라이브러리는 문자열을 입력으로 동작하는 파서를 생성할 것이다. 파서 라이브러리가 더 일반적인 입력에 대해 작동하게 할 수도 있지만, 비용으로 인해 그럴 수 없다. 파서에 대해 좋은 대수를 찾아낼 수 있는 파싱 작업을 골라야 한다. 어떤 작업을 첫 번째로 택해야 할까? 전자우편 주소, JSON, HTML 등 실용적인 작업이어야 할까? 그렇지 않다! 이런 작업은 나중에 살펴볼 수 있다. 시작 시 더 좋은 단순한 도메인으로는 abracadabra나 abba처럼 별 의미 없는 단어나 반복적인 문자를 다양하게 조합한 경우가 있다. 이런 도메인이 우스꽝스러워 보이겠지만, 이전에는 어떻게 단순한 예제가 불필요한 세부 사항을 무시하고 문제의 핵심에 집중하는 데 도움이 되는지를 살펴봐왔다.

따라서 가장 간단한 파서를 살펴보자. 한 문자인 'a'를 인식하는 파서가 바로 이런 파서다. 이전에 해왔던 것과 마찬가지로 이런 경우 그냥 이 작업을 위한 콤비네이터를 발명하자. 이 (문자를 하나만 인식하는) 콤비네이터를 char라고 부르자.

```
fun char(c: Char): Parser<Char>
```

우리가 어떤 일을 했을까? Parser라는 타입을 만들어냈다. 이 타입은 Parse의 결과 타입을 표현하는 타입 파라미터를 하나 받는다. 이 말은 이 파서를 실행하면 결과로 단순히 예/아니오만 나오지 않는다는 뜻이다. 파서가 파싱에 성공하면 어떤 유용한 타입에 속하는 결과를 받고 싶다. 그리고 파서가 실패하면 실패에 대한 정보를 받고 싶다. char('a') 파서는 입력이 정확히 'a'라는 문자일 때만 성공하며, 결과로 'a'라는 문자를 내놓는다.

방금 한 '파서를 실행'한다는 이야기로부터, 우리 대수가 이를 지원해야 한다는 사실을 명확히 알 수 있다. 따라서 이를 위한 함수를 하나 더 발명하자.

```
fun <A> run(p: Parser<A>, input: String): Either<PE, A>
```

여기서 잠깐! PE는 무엇을 표현할까? PE는 우리가 방금 존재하게 만든 타입 파라미터다! 지금은 PE나 Parser의 표현에 신경을 쓰지 않는다(PE는 파스 오류$^{parse\ error}$의 약자다). 인터페이스를 지정하는 과정에서 우연히 두 타입을 만들어냈을 뿐이고, 최대한 이 두 타입의 표현이나 구현상의 세부 사항은 신경 쓰지 않기로 결정했다. 몇 가지 인터페이스 선언과 함께 이를 명시해보자.

**리스트 9.1 Parser 콤비네이터를 선언하기 위한 인터페이스**

```
interface Parsers<PE> {          ◀── 파스 오류 PE로 파라미터화된 인터페이스.
                                     이 안에서 모든 파서 콤비네이터를 선언할 것임

    interface Parser<A>          ◀──
                                     파서에 대한 단순한 표현

    fun char(c: Char): Parser<Char>

    fun <A> run(p: Parser<A>, input: String): Either<PE, A>

}
```

리스트 9.1에서 Parsers라는 최상위 인터페이스를 도입한다. 이 인터페이스는 Parser 및 파서와 관련된 PE에 대한 모든 콤비네이터와 도우미 함수가 정의될 위치다. 지금은 가장 단순한 표현으로 각 타입을 유지하면서 Parsers 인터페이스의 본문에 새로운 콤비네이터를 추가할 것이다.

char 함수로 돌아가자. 이 함수가 만족해야 할 법칙은 너무 명확하다. 이 함수는 Char 타입의 모든 문자 c에 대해 다음을 만족해야 한다.

```
run(char(c), c.toString()) == Right(c)
```

## 9.1.2 전체 문자열을 인식하기 위한 파서

계속 진행하자. 우리는 한 문자 'a'를 인식할 수 있다. 그렇다면 "abracadabra"는 어떻게 인식할 수 있을까? 아직 전체 문자열을 인식할 방법이 없으므로 Parsers에 Parser<String>을 구성하는 것을 돕는 함수를 추가하자.

```
fun string(s: String): Parser<String>
```

비슷하게 명백한 법칙을 하나 추가해야 한다. 모든 String s에 대해 다음이 성립해야 한다.

```
run(string(s), s) == Right(s)
```

"abra" 또는 "cadabra"를 인식하고 싶다면 어떨까? 이런 목적으로 아주 특화된 콤비네이터를 추가할 수도 있을 것이다.

```
fun orString(s1: String, s2: String): Parser<String>
```

하지만 두 파서 중 한쪽을 선택하는 것을 결과 타입과 관계없는 더 일반적인 방법으로 제공하면 더 유용할 것이다. 따라서 이를 다형적인 함수로 만들자.

```
fun <A> or(pa: Parser<A>, pb: Parser<A>): Parser<A>
```

or(string("abra"), string("cadabra"))가 두 string 파서 중 어느 한쪽이라도 성공하면 성공해야 한다고 예상한다.

```
run(or(string("abra"), string("cadabra")), "abra") ==
    Right("abra")
run(or(string("abra"), string("cadabra")), "cadabra") ==
    Right("cadabra")
```

이런 코드도 잘 작동하지만, 읽고 이해하기는 다소 힘들다. 표현법을 조금 손보자. or 콤비네이터에 대해 우리에게 익숙한 중위 문법을 부여하면 s1 or s2처럼 .과 괄호를 생략할 수 있다.

```
interface Parsers<PE> {

    interface Parser<A>

    fun string(s: String): Parser<String>  ◀──┐ String을 Parser<String>으로
                                                 변환하는 string 파서

    fun <A> or(a1: Parser<A>, a2: Parser<A>): Parser<A>  ◀──┐ 두 Parser<A> 인스턴스 중 어느 하나를
                                                               만족하는지 결정하는 or 콤비네이터

    infix fun String.or(other: String): Parser<String> =
        or(string(this), string(other))  ◀──┐ String에 대해 or 콤비네이터를 더 편리하게
                                              사용할 수 있도록 해주는 중위 확장 메서드
    fun <A> run(p: Parser<A>, input: String): Either<PE, A>
}
```

String에 대해 infix 변경자가 적용된 편리한 or 확장 메서드를 추가한다. 이 메서드는
두 String을 Parser<String>으로 끌어올린 후, 두 파서에 대해 or 콤비네이터를 적용한다.
이제 다음과 같이 or 법칙을 정의할 수 있다.

```
run("abra" or "cadabra", "abra") == Right("abra")
```

### 9.1.3 반복을 인식하기 위한 파서

훨씬 깔끔해졌다! 이제 여러 문자열을 인식할 수 있다. 하지만 반복에 대해 언급할 수 있는
수단이 없다. 예를 들어 "abra"나 "cadabra" 파서를 세 번 반복한 경우를 인식하고 싶다면
어떻게 해야 할까? 다시 한 번 이런 목적을 위한 콤비네이터를 추가하자.

이 콤비네이터는 속성 기반 테스트에서 작성했던 비슷한 함수를 떠올리게 해준다.

```
fun <A> listOfN(n: Int, p: Parser<A>): Parser<List<A>>
```

Parser<String>, Parser<Char> 등 특정 타입과 무관하게 반복을 표현할 수 있어야 하므
로 listOfN을 A 타입에 대해 파라미터화된 함수로 정의한다. 다음은 listOfN에 대한 법칙 형
식으로 바라는 점을 표현한 것이다.

```
run(listOfN(3, "ab" or "cad"), "ababab") == Right("ababab")
run(listOfN(3, "ab" or "cad"), "cadcadcad") == Right("cadcadcad")
run(listOfN(3, "ab" or "cad"), "ababcad") == Right("ababcad")
run(listOfN(3, "ab" or "cad"), "cadabab") == Right("cadabab")
```

이제 필요한 콤비네이터를 충분히 모았지만, 아직 우리 대수를 최소한의 기본 요소를 사용하도록 다듬지는 않았다. 그리고 일반적인 법칙에 대해서도 언급하지 않았다. 이제부터 일반적인 법칙을 다룰 것이다. 하지만 바로 일반 법칙을 설명하는 대신, 직접적인 용례를 몇 가지 더 살펴보면서 최소한의 대수와 관련 법칙을 설계해보라고 여러분에게 요청할 것이다. 이 과업은 도전적이지만, 이와 씨름하는 것을 즐기고 어떤 결과를 얻을 수 있는지 살펴보길 바란다.

다음은 생각해볼 만한 다른 파싱 작업과 그에 대해 안내해줄 수 있는 질문들이다.

- 0번 이상 반복된 'a' 문자를 인식하고 반복된 'a'의 횟수를 돌려주는 Parser<Int>. 예를 들어 "aa"가 주어진 경우 파서의 결과는 2이고, ""나 "b123"(즉, a로 시작하지 않는 문자열)이 주어진 경우 결과는 0이다.

- 1번 이상 반복된 'a' 문자를 인식하고 반복된 'a'의 횟수를 돌려주는 Parser<Int>. 이 파서를 'a'가 0번 이상 반복된 경우를 인식하는 파서를 사용해 정의할 수 있을까? 이 파서에서 오류 처리를 어떻게 해야 할까? 파싱에 실패하면 API가 "Expected one or more 'a'" 같은 명확한 메시지를 제공할 수 있을까?

- 0번 이상 'a' 문자가 반복된 다음에 1번 이상 'b'가 반복되는 경우를 인식하는 파서. 이 파서는 두 문자가 반복된 횟수의 쌍을 돌려준다. 예를 들어 "bbb"가 주어지면 Pair(0, 3)을, "aaab"가 주어지면 Pair(4, 1)을 얻는다.

몇 가지 추가로 검토할 만한 내용은 다음과 같다.

- 0번 또는 그 이상의 'a'로 이뤄진 시퀀스를 파싱하고 싶지만 문자가 몇 번 나타났는지에만 관심 있다면, List<Char>를 생성한 다음에 길이만 취하고 리스트를 바로 없애버리는 것은 비효율적이다. 이런 경우 어떤 다른 방식을 택할 수 있을까?

- 우리 대수의 기본 요소 안에 다양한 형태의 반복이 존재할까? 또는 모든 반복을 더

간단한 어떤 요소를 사용해 정의할 수 있을까?

- 앞에서 파스 오류를 표현하는 PE 타입을 소개했는데, 아직 PE의 표현이나 PE API가 제공하는 함수를 선택하지는 않았다. 우리의 대수에는 오류가 보고됐을 때 프로그래머에게 제어권을 넘길 방법이 없다. 의미가 있는 오류 메시지를 얻고 싶어 한다는 점에서 보면, 이는 제약 사항인 것처럼 보인다. 이에 대해 어떤 일을 할 수 있을까?

- a or (b or c)가 (a or b) or c와 같은 의미일까? 그렇다면 이 법칙은 우리 대수의 기본 법칙일까, 아니면 더 단순한 어떤 규칙들이 암시하는 법칙일까?

- 우리 대수를 명시하는 법칙의 집합을 이끌어내보라. 법칙이 완전할 필요는 없다. 단지 모든 Parsers 구현에 대해 성립했으면 하고 바라는 법칙을 적도록 하라.

이런 안내에 따라 콤비네이터와 콤비네이터 사이의 법칙을 도출하기 위해 시간을 투자해보자. 벽에 부딪치거나 멈추고 싶은 생각이 들면 다음 절로 넘어가도 좋다. 다음 절에서는 이런 요구 사항을 만족시킬 수 있는 대수 설계를 한 가지 제시한다.

---

**대수적 설계의 장점**

라이브러리의 대수를 먼저 설계하면 대수의 데이터 타입 표현이 그리 큰 문제가 되지 않는다. 어떤 표현이 대수에 필요한 법칙과 함수를 지원하는 한, 표현을 외부에 공개할 필요도 없다.

표현이 문제가 되지 않고 외부에 공개할 필요도 없다는 말의 밑바닥에는 어떤 타입의 의미가 표현이 아니라 다른 타입과의 관계를 통해서만 정해진다는 생각이 놓여 있다(관계는 함수의 집합과 함수들에 대한 법칙에 의해 정해진다). 이런 관점은 종종 이전에 언급했던 카테고리 이론(category theory)('범주론'이라고도 함)이라는 수학과 연관된다.

---

## 9.2 대수를 설계하는 한 가지 접근 방법

이번 절에서는 이전에 언급했던 파싱 작업을 위한 콤비네이터 집합을 발견하는 과정을 따라가본다. 이 과정을 여러분 자신이 수행하면 우리가 진행한 경로와 다른 경로를 택할 가능성이 있다. 다른 콤비네이터 집합을 이끌어낼 수도 있는데, 그 또한 완전히 올바른 결과다.

## 9.2.1 문자 반복 횟수 세기

우선, 문자 'a'가 0번 이상 반복된 경우를 인식하고 반복 횟수를 돌려주는 파서를 생각해보자. 먼저 이 목표에 절반쯤 가까이 가게 해주는 기본 콤비네이터를 추가하는 것부터 시작하자. 이를 many라고 부르자.

```
fun <A> many(pa: Parser<A>): Parser<List<A>>
```

이 콤비네이터가 정확히 우리가 추구하는 것은 아니며, 원소의 개수를 세주는 Parser<Int>가 필요하다. many 콤비네이터가 Parser<Int>를 반환하게 변경할 수도 있지만, 그렇게 하면 너무 구체적인 파서가 생겨버린다. 의심할 여지 없이, 리스트 길이보다 더 많은 정보를 원하는 경우가 있을 것이다. 따라서 이제는 익숙하게 느껴져야만 하는 다른 콤비네이터인 map을 도입하는 편이 더 낫다.

```
fun <A, B> map(pa: Parser<A>, f: (A) -> B): Parser<B>
```

이제 우리가 원하는 파서를 다음과 같이 정의할 수 있다.

```
map(many(char('a'))) { it.size }
```

이런 콤비네이터들을 확장 메서드로 만들어서 좀 더 편하게 읽을 수 있도록 만들자.

```
fun <A> Parser<A>.many(): Parser<List<A>>
```

```
fun <A, B> Parser<A>.map(f: (A) -> B): Parser<B>
```

이런 콤비네이터가 있으면 새 파서를 numA라고 부를 수 있으며, 그에 대한 증명을 만들 수 있다.

```
val numA: Parser<Int> = char('a').many().map { it.size }

run(numA, "aaa") == Right(3)
run(numA, "b") == Right(0)
```

"aaa"로 이뤄진 문자열을 전달하면 3이 나오길 바란다. 마찬가지로 "b"라는 문자열을 전달하면 0이 나오길 바란다.

map의 동작에 대해 원하는 것은 분명하다. 이 함수는 원래 Parser가 성공적인 경우 결괏값만 변환해야 하며, 원래 파서보다 입력 문자열을 더 소비하지도 않아야 한다. 또한 실패하는 파서가 map을 통해 성공하는 파서로 바뀌거나, 성공하는 파서가 map을 통해 실패하는 파서로 바뀌면 안 된다. 일반적으로는 Par나 Gen의 경우와 마찬가지로 map이 구조를 보존하길 바란다. 이런 성질을 이제는 익숙해진 법칙을 통해 형식화하자.

```
map(p) { a -> a } == p
```

이 법칙을 어떻게 문서화할 수 있을까? 이를 문서화된 주석에 표현할 수도 있지만, 앞 장에서는 법칙을 실행 가능하게 만드는 방법을 개발했다. 우리가 만든 속성 기반 테스트 라이브러리를 여기서 사용하자!

```
object ParseError          ◀── Parsers의 PE 타입 파라미터에
                               사용할 구체적 ParseError 구현
abstract class Laws : Parsers<ParseError> {          ◀── 모든 콤비네이터와 도우미 함수에 접근할 수
    private fun <A> equal(                               있게 해주는 Parsers 인터페이스를 구현함
        p1: Parser<A>,         ◀── 파서 동등성을 단언할 때
        p2: Parser<A>,             사용할 도우미 함수
        i: Gen<String>
    ): Prop =
        forAll(i) { s -> run(p1, s) == run(p2, s) }

    fun <A> mapLaw(p: Parser<A>, i: Gen<String>): Prop =          ◀── map 함수가 법칙을 준수하는지
        equal(p, p.map { a -> a }, i)                                 테스트하기 위한 속성
}
```

현재는 Laws 클래스를 추상 클래스로 선언한다. Parsers 메서드에 있는 모든 메서드를 구현하고 나면 이를 객체로 바꿀 수 있다. 이제는 콤비네이터에 대해 어떤 법칙이 성립하는지 테스트할 방법이 생겼다. 이후 구현한 Parsers가 원하는 대로 작동하는지 테스트할 때 이를 편리하게 사용할 수 있다. 더 많은 법칙을 발견하면, 이들을 Laws 클래스 안에 실제 속성으로 작성할 것을 권장한다. 단순화를 위해 Prop 구현에 대해 모든 법칙을 정의하지는 않

을 것이다. 하지만 그것이 여러분이 법칙을 직접 정의하면 안 된다는 뜻은 아니다!

우연히도, string이 핵심 기본 함수여야 하는지를 고려할 때, map과 string을 사용하면 char를 string으로 구현할 수 있다.

```
fun char(c: Char): Parser<Char> = string(c.toString()).map { it[0] }
```

비슷하게, string과 map을 사용해 succeed라는 콤비네이터를 정의할 수 있다. 이 파서는 입력 문자열과 관계없이 항상 a 값으로 성공한다(string("")은 항상 성공한다. 심지어 입력이 비어 있더라도 성공한다).

```
fun <A> succeed(a: A): Parser<A> = string("").map { a }
```

이 콤비네이터가 낯익어 보이는가? 법칙을 사용해 이 콤비네이터의 동작을 지정할 수 있다.

```
run(succeed(a), s) == Right(a)
```

## 9.2.2 슬라이싱과 비어 있지 않은 반복

many와 map은 분명히 a 문자의 반복 횟수를 세는 파싱 작업을 표현할 수 있게 해준다. 여전히 List<Char>를 생성하고 길이를 추출한 다음에 리스트를 버리는 것은 비효율적이다. Parser를 순수하게 실행하면서 입력 문자열에서 어떤 부분을 파서가 관찰했는지 알 수 있다면 좋을 것 같다. 이 목적을 위해 slice라는 콤비네이터를 만들자.

```
fun <A> slice(pa: Parser<A>): Parser<String>
```

이 콤비네이터를 slice라고 부르는 이유는 이 파서가 파싱에 성공하면 입력 문자열에서 파서가 관찰한 부분을 돌려받기 때문이다. 예를 들면 다음과 같다.

```
run(slice(('a' or 'b').many()), "aaba") == Right("aaba")
```

many가 누적시킨 리스트를 무시하고 문자열에서 파서에 의해 매치된 부분을 반환한다. slice를 확장 메서드로 변환하면 'a' 문자의 개수를 세는 파서를 다음과 같이 만들 수 있다.

```
char('a').many().slice().map { it.length }
```

length 필드는 String.length를 가리킨다. 이 값을 계산하는 데는 상수 시간이 걸린다. 이 부분이 List의 size() 메서드와 다른 부분이다. size() 메서드는 리스트 길이에 비례한 시간이 걸리며, 원소 개수를 세기 위해 리스트를 구성해야만 한다는 문제도 있다.

> |**노트**| List.size()에 걸리는 시간은 리스트 구현에 따라 달라진다. 예를 들어 리스트 구현이 원소 개수를 정수 필드에 저장한다면 size() 계산에 정수 시간이 걸린다.

아직 구현을 하지 않았다는 사실에 유의하라. 단지 원하는 인터페이스를 만들어갈 뿐이다. 하지만 slice는 구현에 제약을 추가한다. p.many().map{ it.size() }는 실행 시 중간 리스트를 생성하지만, p.many().slice().map{ it.length }는 중간 리스트를 생성하지 말아야 한다는 제약이다. 이 제약은 slice가 기본 연산이어야 한다는 강력한 힌트라 할 수 있다. 파서의 내부 표현에 접근할 수 있어야만 이 제약을 만족시킬 수 있기 때문이다.

다음 용례를 검토해보자. 1개 또는 그 이상의 'a' 문자를 인식하고 싶다면 어떻게 해야 할까? 우선, 이 목적을 위한 새 콤비네이터를 도입해본다. 이를 many1이라고 부르자.

```
fun <A> many1(p: Parser<A>): Parser<List<A>>
```

many1이 꼭 기본 연산일 필요는 없어 보이지만, many를 사용해 정의해야 할 것 같아 보인다. 실제로 many1(p)는 단지 many(p)를 p 바로 뒤에 덧붙인 것일 뿐이다. 따라서 한 파서 뒤에 다른 파서를 연달아 실행할 방법이 필요해 보인다. 이 방법은 앞의 파서가 성공할 경우에만 뒤의 파서를 실행해야 한다. product 콤비네이터를 추가해서 파서를 순차적으로 실행할 수 있게 해주자.

```
fun <A, B> product(pa: Parser<A>, pb: Parser<B>): Parser<Pair<A, B>>
```

이제 Parser<A>의 중위 확장 메서드로 product를 추가할 수 있다. 이를 통해 pa product pb라는 식을 작성할 수 있다.

```
infix fun <A, B> Parser<A>.product(
    pb: Parser<B>
): Parser<Pair<A, B>>
```

지금까지는 대수만 사용해 파서를 개발하는 과정에 완전히 초점을 맞췄으며, 이 접근 방법을 계속할 것이다. 하지만 (지금까지 개발한 내용만 갖고) 놀아보면서 몇몇 콤비네이터를 구현해보자!

**연습문제 9.1**

product를 사용해 이제 익숙해진 map2 콤비네이터를 구현하라. 또한 이렇게 구현한 map2를 many를 사용해 many1을 구현하는 데 사용하라.

```
override fun <A, B, C> map2(
    pa: Parser<A>,
    pb: () -> Parser<B>,
    f: (A, B) -> C
): Parser<C> =

    SOLUTION_HERE()

override fun <A> many1(p: Parser<A>): Parser<List<A>> =

    SOLUTION_HERE()
```

many1을 사용하면 'a'가 0번 이상 반복된 다음에 'b'가 1번 이상 반복되는 경우를 파싱하는 파서를 구현할 수 있다.

```
char('a').many().slice().map { it.length } product
    char('b').many1().slice().map { it.length }
```

**어려움**: product의 동작을 지정하는 법칙을 작성해보라.

---

map2가 있는데 many가 정말 기본 연산일까? many(p)가 어떤 일을 할지 생각해보자. many(p)는 p 다음에 many(p)를 반복하는 과정을 p 파서가 실패할 때까지 실행한다. 그리고 성공적으로 실행된 p의 결과를 리스트에 누적시킨다. p가 실패하자마자 파서는 빈 리스트를 반환한다.

**어려움**: 더 진행하기 전에 or, map2, succeed를 사용해 many를 정의할 수 있는지 생각해보라.

```
fun <A> many(pa: Parser<A>): Parser<List<A>> =

    SOLUTION_HERE()
```

---

**어려움**: 앞에서 소개했던 listOfN 콤비네이터를 map2와 succeed를 사용해 구현하라.

```
fun <A> listOfN(n: Int, pa: Parser<A>): Parser<List<A>> =

    SOLUTION_HERE()
```

---

연습문제 9.3에서 이미 many를 구현해봤다. 이제 이 문제를 함께 풀면서 배울 수 있는 게 무엇인지 살펴보자. 다음은 or, map2, succeed를 사용한 many 구현을 보여준다.

```
infix fun <T> T.cons(la: List<T>): List<T> = listOf(this) + la

fun <A> many(pa: Parser<A>): Parser<List<A>> =
    map2(pa, many(pa)) { a, la ->
```

```
        a cons la
    } or succeed(emptyList())
```

먼저 리스트의 앞에 원소를 추가한 새 리스트를 생성해주는 깔끔한 작은 확장 메서드를 추가한다. 이를 cons라고 부를 것이다. 이 함수는 단지 listOf(a) + la를 a cons la로 대치해서 코드를 좀 더 이해하기 쉽게 해주는 문법 설탕일 뿐이다.

many의 구현은 깔끔하고 선언적인 것처럼 보인다. map2를 사용해 p 다음에 many(p)가 온다는 사실과 이 두 파서의 결과를 cons를 사용해 하나의 리스트로 합친다는 사실을 표현한다. 또는 map2가 실패하면 succeed를 사용해 빈 리스트를 반환한다. 하지만 이 구현에는 문제가 있다. map2의 두 번째 인자로 many를 재귀적으로 호출하는데, map2는 두 번째 인자 호출을 엄격하게 평가한다. 어떤 파서 p에 대해 many(p)를 평가하는 단순화한 트레이스를 살펴보자. 여기서는 or의 왼쪽을 확장한 트레이스만 보여준다.

```
many(p)
map2(p, many(p)) { a, la -> a cons la }
map2(p, map2(p, many(p)) { a, la -> a cons la }) { a, la ->
    a cons la
}
```

map2 호출이 계속 두 번째 인자를 평가하기 때문에 우리 many 함수는 결코 끝나지 않는다! 좋지 않다. 이로부터 product와 map2가 두 번째 인자를 엄격하게 평가하지 말아야 한다는 점을 알 수 있다.

```
fun <A, B> product(
    pa: Parser<A>,
    pb: () -> Parser<B>
): Parser<Pair<A, B>> = TODO()

fun <A, B, C> map2(
    pa: Parser<A>,
    pb: () -> Parser<B>,
    f: (A, B) -> C
): Parser<C> =
    product(pa, pb).map { (a, b) -> f(a, b) }
```

7장에서 했던 것처럼 비엄격성을 별도의 콤비네이터로 처리할 수도 있다. defer라는 새 콤비네이터를 제공하고, 기존 콤비네이터에 그에 따라 필요한 변경을 가하라. 본문의 product나 map2에서 새로운 접근 방법이 어떻게 도움이 된다고 생각하는가?

이 연습문제의 목표는 단지 defer 함수를 도입하는 접근 방법을 연습하고 기존 콤비네이터에 어떤 영향이 있는지 알아보려는 것뿐이다. defer가 라이브러리에 가하는 복잡도에 비해 얻을 수 있는 이익은 한정돼 있으므로, 이 연습문제 외에는 defer를 더 사용하지 않을 것이다. 그럼에도 defer를 통한 비엄격성 처리는 시도해볼 만한 연습이다!

---

many 구현이 map2의 두 번째 인자를 defer를 통해 지연 계산하도록 변경하면 문제가 사라진다.

**리스트 9.3 지연 계산에 의존하는 many 구현**

```
fun <A> many(pa: Parser<A>): Parser<List<A>> =
    map2(pa, many(pa).defer()) { a, la ->     ◀── map2의 두 번째 파라미터를
        a cons la                                 썽크로 만듦
    } or succeed(emptyList())
```

map2가 product의 기능을 활용하므로 product의 두 번째 인자도 엄격하지 않아야 한다. 첫 번째 Parser가 실패하면 두 번째 파서는 아예 참조되지도 않는다.

이제 한 파서 다음에 다른 파서가 오는 경우나 여러 파서를 연달아 사용하는 경우를 표현하기 좋은 콤비네이터를 갖췄다. 하지만 콤비네이터가 엄격하지 않아야 하는지 검토하는 일을 진행 중이므로, or 콤비네이터를 다시 한번 살펴보자.

```
fun <A> or(pa: Parser<A>, pb: Parser<A>): Parser<A>
```

or가 왼쪽에 치우친 콤비네이터라고 가정한다. 이 말은 p1을 입력에 대해 시도하고, p1이 실패한 경우에만 p2를 시도한다는 뜻이다. 이런 가정은 온전히 설계상의 선택일 뿐이다. 항상 p1과 p2를 모두 평가하는 or 버전을 선호할 수도 있다. 우리의 경우 두 번째 인자를 엄

격하지 않게 평가하는 버전을 선택하자. 이런 or 콤비네이터는 다음과 같은 모양일 것이다.

```
fun <A> or(pa: Parser<A>, pb: () -> Parser<A>): Parser<A>
```

## 9.3  문맥에 대한 민감성 처리하기

이번 절에서는 다음 콤비네이터에게 문맥을 전달하는 콤비네이터를 탐구한다. 콤비네이터가 이런 능력을 갖는 경우, 콤비네이터가 문맥 민감성<sup>context sensitivity</sup>을 가졌다고 말한다.

잠시 멈추고 이번 장에서 지금까지 다뤘던 내용을 다시 살펴보자. 앞으로 사용할 수 있는 귀중한 기본 연산 집합을 오랫동안 정의해왔다. 표 9.1은 지금까지 정의한 연산 중 유용한 연산을 정리해 보여준다.

▼ **표 9.1** 지금까지 파생시킨 유용한 기본 연산 목록

| 기본 연산 | 설명 |
| --- | --- |
| string(s) | 단일 String을 인식하고 반환한다. |
| slice(p) | p가 성공하면 입력에서 p가 관찰한 부분을 반환한다. |
| succeed(a) | a 값을 반환하면서 항상 성공한다. |
| map(p, f) | p가 성공하면 돌려주는 값에 대해 f를 적용한다. |
| product(p1, p2) | 두 파서의 시퀀스를 실행한다. p1을 실행하고 그 후(p1이 성공하면) p2를 실행한다. 그리고 두 파서가 모두 성공하면 두 파서가 반환한 값으로 이뤄진 쌍을 반환한다. |
| or(p1, p2) | 두 파서 중 한쪽을 택한다. 우선 p1을 시도하고 p1이 실패하면 입력의 맨 처음부터 다시 p2를 시도한다. |

이런 기본 연산을 사용하면 다양한 형태의 반복<sup>(many, listOfN, many1 등)</sup>을 표현할 수 있고 char나 map2 같은 콤비네이터도 표현할 수 있다. 이런 기본 연산이 JSON을 포함한 모든 문맥 자유 문법<sup>context free grammar</sup>을 충분히 표현할 수 있다면 놀랍지 않을까? 실제로 그렇다. 곧 JSON 파서를 작성할 것이다. 하지만 몇 가지 빌딩 블록을 먼저 만들 필요가 있다.

'4' 같은 숫자가 하나 온 다음에 그 숫자만큼 'a' 문자가 오는 문자열을 파싱하고 싶다고 하자. 예를 들어 "0", "1a", "2aa", "4aaaa" 등이 이런 문자열이다. 이런 문자열은 문맥 민

감 문법<sup>context sensitive grammar</sup>에 속하며, 우리가 정의한 product 기본 연산으로는 표현할 수 없다. 두 번째 파서의 선택이 첫 번째 파서의 결과에 따라 달라지기 때문이다. 다른 말로, 두 번째 파서는 첫 번째의 문맥에 의존한다. 이 예제를 해결하려면 첫 번째 파서에서 숫자를 뽑아내고 그 결과를 사용해 listOfN을 수행해야 한다. product는 그냥 이런 일을 표현할 수 없을 뿐이다.

이런 전개는 익숙할 것이다. 이전 장에서 비슷한 상황에 부딪치면 flatMap이라는 새 기본 연산을 도입해 이를 해결했다.

```
fun <A, B> flatMap(pa: Parser<A>, f: (A) -> Parser<B>): Parser<B>
```

이 콤비네이터가 문맥 민감성 문제를 어떻게 해결하는지 알겠는가? 이 함수는 두 파서를 연결하는 능력을 제공하되 두 번째 파서가 첫 번째 파서의 결과에 의존할 수 있게 해준다.

---

**연습문제 9.6**

flatMap과 다른 콤비네이터를 사용해 (예전에는 표현할 수 없었던) 본문의 문맥 자유 문법을 작성하라. 결과는 Parser<Int>이며 읽어들인 문자열의 개수를 반환해야 한다. 숫자를 파싱하기 위해 regex라는 새 기본 연산을 사용할 수 있다. 이 연산은 정규식 String을 Parser<String>으로 승격시켜준다. (일반적인 정규식 엔진을 설계하기는 어려우므로 regex가 이미 주어졌다고 가정하라.)

---

**연습문제 9.7**

product와 map2를 flatMap과 map을 사용해 구현하라.

---

**연습문제 9.8**

map은 더 이상 기본 연산이 아니다. map을 flatMap과 다른 콤비네이터를 사용해 작성하라.

---

이제 문맥에 민감한 파싱을 처리할 수 있는 flatMap이라는 새 콤비네이터를 도입했고, 이를 사용해 map과 map2를 구현할 수 있다. flatMap이 이런 도움을 제공한 게 이번이 처음은 아니다.

이제는 기본 연산의 개수가 string, regex, slice, succeed, or, flatMap 등 6개로 줄었다. 기본 연산은 더 적어졌지만 오히려 이 대수의 표현력은 더 커졌다. map과 product 대신 더 일반적인 flatMap을 채택했기 때문이다. 이 새로운 도구를 사용하면 JSON 같은 임의의 문맥 자유 문법이나 C++ 또는 펄$^{Perl}$과 같이 훨씬 더 복잡한 문맥 민감 문법도 파싱할 수 있다.

> |**노트**| 지금까지는 이런 기본 연산을 구현하는 데 거의 시간을 쓰지 않았다. 대신에 Parsers 인터 페이스 안에 추상적인 정의를 선언함으로써 우리의 대수를 채워 나가는 데 시간을 투자했다. 이 접근 방법을 계속 지속하면서 최대한 기본 연산 구현을 미루자.

## 9.4 JSON 파서 작성하기

지금까지는 더 복잡한 파서를 작성할 때 쓸 수 있는 기본 빌딩 블록인 기본 연산 집합을 구축했다. 이제 문자나 문자열을 파싱할 수 있고, 반복을 인식할 수 있으며, 문맥을 전달할 수 있다. 이번 절에서는 지금까지 파생시킨 기본 연산 목록을 사용해 실제 용례에 가까운 무언가를 개발할 것이다. JSON 파서가 바로 우리가 만들 파서다. 흥미로운 부분이므로 바로 뛰어들어보자!

### 9.4.1 JSON 파서의 예상 동작 정의하기

아직 대수를 구현하지 않았고, 콤비네이터에 좋은 오류 보고 기능이 들어 있지도 않다. 하지만 JSON 파서는 파서의 내부 표현에 대해 자세히 알 필요가 없다. 따라서 이에 대해서는 나중에 다루자. 단지 JSON 파서를 만들어내는 함수를 작성할 것이며, 그 과정에서 이전에 정의한 기본 연산 집합과 중간중간 필요한 콤비네이터를 파생시켜 사용한다.

짧게 JSON 형식을 살펴볼 것이다. 하지만 우선은 우리가 만들 파서가 반환하리라 기대하는 파싱 결과 타입을 살펴보자. 마지막 출력은 다음과 비슷한 어떤 것이 들어 있는 구조일 것이다.

리스트 9.4  JSON 파싱을 개발하기 위한 최상위 요소

```
object JSONParser : ParsersImpl<ParseError>() {     ◀── 대수 구현을 접근할 수 있게 함
    val jsonParser: Parser<JSON> = TODO()     ◀──┐ Parser<JSON> 선언.
}                                                  │ JSON 정의를 곧 할 예정임
```

Parsers 인터페이스에 대한 구체적 구현이 없어서 파서를 실행할 수 없으므로, 이 정도 초기 단계에 이런 최상위 함수를 정의하는 것은 이상해 보인다. 하지만 대수를 먼저 정의하고 구현을 정의하기 전에 대수의 표현력을 탐구해보는 것이 일반적인 FP 실무 절차이므로 이대로 진행할 것이다. 구체적인 구현은 우리를 속박하기 때문에 API를 변경하기 어렵게 한다. 특히 라이브러리를 설계하는 단계에서 이런 성질이 더 크게 성립한다. 어떤 특정 구현을 정하지 않고 대수를 다듬어나가는 것이 훨씬 더 쉽다. 이런 대수 우선 설계 접근 방법은 이 책에서 지금까지 해왔던 설계 방법과 극히 다르지만, 아마도 이번 장에서 배울 가장 중요한 내용일 것이다.

9.5절에서 다시 파싱 API에 좋은 오류 보고를 추가하는 질문으로 돌아올 것이다. API의 전체 구조를 방해하거나 JSON 파서를 아주 많이 변경하지 않아도 오류 보고를 추가할 수 있다. 또 Parser의 구체적이고 실행 가능한 표현을 나중에 만들 것이다. 그러나 이번 절에서 만들 JSON 파서는 나중에 구현할 Parser 표현과는 완전히 무관하다.

## 9.4.2 JSON 형식 정리

JSON 형식을 잘 모르는 독자들을 위해 이번 절에서는 JSON 데이터 표현의 핵심 개념을 간략히 소개한다. 더 많은 정보를 원한다면 위키피디아(https://ko.wikipedia.org/wiki/JSON) 문서(국문)나 웹 사이트(https://json.org)의 공식 문법 명세(영문)를 봐도 좋다. 다음은 예제 JSON 문서다.

```
{
  "Company name" : "Microsoft Corporation",
  "Ticker": "MSFT",
  "Active": true,
  "Price": 30.66,
  "Shares outstanding": 8.38e9,
  "Related companies": [ "HPQ", "IBM", "YHOO", "DELL", "GOOG" ]
}
```

JSON에서 값은 여러 가지 타입 중 하나에 속한다. JSON에서 객체는 중괄호({})로 감싼 키–값 쌍의 시퀀스다. 키–값 쌍을 구분하기 위해 콤마(,)를 사용한다. 키는 "Ticker"나 "Price" 같은 문자열이어야 하며, 값은 다른 객체이거나 ["HPQ", "IBM" … ]처럼 다른 값들이 담겨 있는 배열이거나 "MSFT", true, null, 30.66 등의 리터럴일 수 있다.

더 깊은 처리를 하지 않고 구문 트리$^{syntax\ tree}$를 만들어내는 멍텅구리 파서를 작성할 것이다. 다음으로 파싱한 JSON 문서에 대한 표현이 필요하다. 이를 위한 데이터 타입을 도입하자.

```
sealed class JSON {
    object JNull : JSON()
    data class JNumber(val get: Double) : JSON()
    data class JString(val get: String) : JSON()
    data class JBoolean(val get: Boolean) : JSON()
    data class JArray(val get: List<JSON>) : JSON()
    data class JObject(val get: Map<String, JSON>) : JSON()
}
```

## 9.4.3 JSON 파서

지금까지 개발한 기본 연산은 그 자체로 그리 유용하지 않다. 하지만 더 큰 무언가를 만들기 위한 빌딩 블록으로 쓰이면 훨씬 더 큰 가치가 있다. 표 9.2는 현재의 기본 연산 목록을 정리해 보여준다.

| 기본 연산 | 설명 |
|---|---|
| string(s) | 단일 String을 인식하고 반환한다. |
| regex(s) | 정규식 String을 받아서 (정규식에 맞는 문자열을) 인식한다. |
| slice(p) | p가 성공하면 입력에서 p가 관찰한 부분을 반환한다. |
| succeed(a) | a 값을 반환하면서 항상 성공한다. |
| flatMap(p, f) | p가 성공하면 돌려주는 값을 바탕으로 두 번째 파서를 결정해 실행한다. |
| or(p1, p2) | 두 파서 중 한쪽을 택한다. 우선 p1을 시도하고 p1이 실패하면 입력의 맨 처음부터 다시 p2를 시도한다. |

추가로 map, map2, many, many1 등의 여러 콤비네이터를 여기 있는 기본 연산을 통해 구현할 수 있다.

**연습문제 9.9**

**어려움:** 현재 시점에 여러분이 설계 과정을 넘겨받는다고 가정하자. 여러분은 우리가 정의한 기본 연산을 사용해 Parser<JSON>을 만들어야 한다. 아직은 Parser의 표현에 신경 쓸 필요가 없다. 설계를 진행하는 과정에서 분명히 추가로 콤비네이터와 숙어를 발견하고, 공통 패턴을 알아본 후 분리해낼 것이다. 이 책에서 발전시킨 기술을 사용하고, 재미있게 설계를 진행하라! 벽에 부딪치면 항상 부록 A의 팁을 살펴볼 수 있고, 부록 B의 답을 볼 수도 있다.

다음은 이 연습문제를 수행할 때 도움이 될 만한 기본적인 가이드라인이다.

- 여러분이 발견한 범용 콤비네이터는 모두 Parsers 추상 클래스에 직접 들어가야 한다. 이때 구현이 없이 최상위 선언만 넣어도 된다.
- 문법 설탕이 필요하다면 Parsers를 확장한 ParsersDsl이라는 별도의 추상 클래스에 넣어라. infix를 폭넓게 사용하고, 최종 JSONParser를 가능한 한 쉽게 사용할 수 있도록 알고 있는 모든 코틀린 트릭을 동원하라. 여기서 구현한 함수는 모두 Parsers에 있는 함수의 기능을 활용해야 한다.
- JSON에만 필요한 콤비네이터가 있다면 JSONParser에 추가할 수 있다. JSONParser는 ParserDsl을 확장한다.

- 아마도 JSON 형식의 토큰(예를 들어 문자열 리터럴이나 수 리터럴)을 쉽게 파싱할 수 있도록 해주는 콤비네이터를 도입하고 싶을 것이다. 이를 위해 앞에서 소개한 regex 기본 연산을 사용한다. 또한 토큰 파서를 만들기 위해 letter, digit, whitespace 등의 기본 연산을 추가할 수도 있다.

> |**노트**| 이 연습문제는 기본 연산과 콤비네이터 선언만 갖고 대수를 정의하는 방법에 대한 것이다. 따라서 최종 해답에 어떤 구현도 들어 있으면 안 된다.

여러분이 만들 물건의 기본 골격은 다음과 같다.

```
abstract class Parsers<PE> {

    // 기본 연산들

    internal abstract fun string(s: String): Parser<String>

    internal abstract fun regex(r: String): Parser<String>

    internal abstract fun <A> slice(p: Parser<A>): Parser<String>

    internal abstract fun <A> succeed(a: A): Parser<A>

    internal abstract fun <A, B> flatMap(
        p1: Parser<A>,
        f: (A) -> Parser<B>
    ): Parser<B>

    internal abstract fun <A> or(
        p1: Parser<out A>,
        p2: () -> Parser<out A>
    ): Parser<A>

    // 다른 콤비네이터들이 여기에 들어감
}

abstract class ParsersDsl<PE> : Parsers<PE>() {
```

```
    // 문법 설탕이 여기에 들어감
}

abstract class JSONParsers : ParsersDsl<ParseError>() {
    val jsonParser: Parser<JSON> =

        SOLUTION_HERE()
}
```

깊이 숨을 쉬고, 재미있게 연습문제를 풀어보라!

---

## 9.5 보고를 통해 오류를 표면에 드러내기

지금까지는 오류 보고에 대해 논의하지 않았으며, 여러 다른 문법을 위한 파서를 표현할 수 있게 해주는 기본 연산을 발견하는 과정에 초점을 맞춰왔다. 하지만 파서가 문법 파싱 외에도 예기치 못한 입력에 대해 의미 있는 반응을 보이길 원한다.

Parsers 구현이 어떤 모습일지 알지 못해도, 콤비네이터 집합에 의해 지정돼야 할 정보가 무엇인지 추상적으로 추론해볼 수 있다. 지금까지 도입한 콤비네이터 중 어느 것도 실패 시 어떤 오류 메시지를 보고할지나 ParseError에 어떤 정보가 들어가야 할지에 대해 정한 것이 없었다. 기존 콤비네이터는 오직 문법이 무엇인지와 파싱 결과가 성공적일 때 어떤 일을 할지에 대해서만 기술했다. 설계를 끝마치고 기본 연산과 콤비네이터를 구현하는 쪽으로 옮겨가려면, 오류 보고와 오류 메시지에 대해 어떤 임의의 결정을 수행해야만 한다. 어떤 오류 메시지나 오류 보고도 보편적으로 통용될 수는 없기 때문이다.

이번 절에서는 Parser가 보고할 오류를 표현하는 콤비네이터 집합을 발견한다. 더 진행하기 전에 발견 과정에서 고려해야 할 몇 가지 요소를 지적하려 한다.

- 다음 파서가 주어졌을 때를 가정하자.

```
val spaces = string(" ").many()

string("abra") product spaces product string("cadabra")
```

"abra cAdabra"라는 입력(중간에 있는 대문자 A에 유의하라)에 대해 어떤 유형의 오류를 보고하고 싶은가? 그냥 Expected 'a'로 충분할까? Expected "cadbabra"는 어떨까? "Magic word incorrect, try again!" 같은 다른 메시지를 선택하고 싶다면 어떻게 해야 할까?

- a or b를 생각해보자. a 파서가 입력에 대해 실패했을 때 항상 b를 실행하고 싶은가? b를 실행하고 싶지 않은 경우는 없는가? 그런 경우가 있다면, 프로그래머들이 or가 두 번째 파서를 고려해봐야 한다고 지정할 수 있는 다른 콤비네이터를 생각해볼 수 있는가?
- 오류의 위치를 보고하는 방법을 어떻게 하고 싶은가?
- a or b를 생각해보자. a와 b가 모두 입력에 대해 실패한다면, 두 오류를 모두 보고하는 것을 지원해야 할까? 항상 두 오류를 모두 보고하고 싶을까? 또는 프로그래머가 두 오류를 모두 보고해야 한다고 지정할 수 있는 방법을 제공해야 할까?

---

**구현에 대한 정보를 지정하는 콤비네이터**

구체적인 표현에 대해 무언가 아이디어가 있는 전형적인 라이브러리 설계 시나리오에서는 종종 함수가 프로그램의 최종 표현에 어떤 영향을 끼칠지를 기준으로 생각하는 경우가 있다.

대수부터 먼저 시작하면 다른 방식으로 생각해야만 한다. 함수가 가능한 구현을 지정하기 위해 어떤 정보가 필요한지를 기준으로 함수에 대해 생각해야만 한다. 시그니처는 구현에 어떤 정보가 주어질지를 결정하며, 구현은 정해진 모든 법칙을 지키는 한 이 정보를 원하는 대로 사용할 수 있다.

---

### 9.5.1 오류 보고 첫 번째 시도

이제 오류 처리에 대한 여러 아이디어를 생각해봤으므로, 오류 보고 콤비네이터를 도입하면서 점진적으로 대수를 정의하기 시작하자. 뻔한 것부터 시작하자. 지금까지 본 기본 연산 중 어느 것도 파서에 오류 메시지를 할당하지 않는다. 이를 위한 기본 콤비네이터를 도입하면서 tag라고 부르자.

```
fun <A> tag(msg: String, p: Parser<A>): Parser<A>
```

tag의 의도된 의미는 p가 실패했을 때 ParseError가 어떻게든 msg를 포함하게 만드는 것이다. 이 말은 정확히 무슨 뜻일까? 가능한 한 가장 단순한 방법을 택해, ParseError가 String의 타입 별명이라고 가정하면 반환된 ParseError가 태그와 같게 될 것이다. 하지만 우리는 파스 오류가 문제가 발생한 위치도 알려주길 바란다. 임시로 이 개념을 대수에 추가하고, 이를 Location이라고 부르자.

---

**리스트 9.7 메시지와 위치로 지정한 ParseError**

```
data class Location(val input: String, val offset: Int = 0) {

    private val slice by lazy { input.slice(0..offset + 1) }  ◀── 입력에서 오류가 발생한 지점까지의
                                                                    부분 문자열을 준비함

    val line by lazy { slice.count { it == '\n' } + 1 }  ◀──── 오류 위치까지 줄 수를 계산

    val column by lazy {
        when (val n = slice.lastIndexOf('\n')) {  ◀──── 오류 위치까지 열 수를 계산
            -1 -> offset + 1
            else -> offset - n
        }
    }
}

fun errorLocation(e: ParseError): Location

fun errorMessage(e: ParseError): String
```

Location의 구체적인 표현으로 전체 입력, 오류가 발생한 위치의 오프셋<sup>offset</sup>을 포함시켰다. 그리고 전체 입력과 오프셋으로부터 지연 계산으로 줄 번호와 열 번호를 얻는다. 이제 tag로부터 바라는 내용을 더 정확히 말할 수 있다. Left(e)로 파서가 실패하면 errorMessage(e)는 tag에 의해 설정되는 메시지와 똑같을 것이다. Location은 어떨까? Parsers 구현이 오류가 발생한 위치를 Location으로 제공했으면 한다. 이 개념은 아직은 다소 모호하다. 예를 들어 a or b가 있고 두 파서가 입력에 대해 모두 실패했다면, 어떤 위치를 보고해야 할까? 추가로, 어떤 태그(또는 태그들)를 볼 수 있어야 할까? 이에 대해 다음 절에서 더 자세히 살펴본다.

## 9.5.2 오류 내포를 통해 오류 누적시키기

tag 콤비네이터가 모든 오류 보고의 필요를 충족시킬 수 있을까? 완전히 그렇지는 않다. 예제를 자세히 살펴보자.

```
tag("first magic word", string("abra")) product      ◄── 첫 번째 파서를 태그함
    string(" ").many() product                        ◄── 공백을 건너뜀
        tag("second magic word", string("cadabra"))   ◄── 다음 파서를 태그함
```

run(p, "abra cAdabra")에서 돌려받고 싶은 ParseError는 어떤 종류의 것일까? 여기서 cAdabra의 대문자 A에 주의하라. 이 오류의 직접적인 이유는 예상했던 소문자 'a' 대신 대문자 'A'가 왔기 때문이다. 이 오류에는 정확한 위치가 있고, 문제를 디버깅할 때 그 위치가 도움이 될 것이다. 하지만 이같이 저수준 오류만 보고하는 것은 그리 유용하지 않을 수도 있다. 특히 이 부분이 더 복잡한 문법의 일부분이고 파서를 훨씬 더 복잡한 입력에 대해 실행 중일 수도 있기 때문이다.

tag를 사용할 때는 더 깊은 문맥 정보가 있어야 한다. 이 오류가 "second magic word"라는 태그가 붙은 Parser에서 발생했다는 정보 말이다. 무엇이 잘못됐는지 정확히 알기 위해서는 의심할 나위 없이 이런 정보가 아주 유용하다. 이상적으로는 오류 메시지가 "second magic word" 파서를 사용해 "cAdabra"를 파싱하는 중에 예상치 못한 'A'와 마주쳤다라는 사실을 알려줘야 한다. 이런 메시지는 오류를 알려주고 오류를 이해하기 위해 필요한 맥락을 제공한다. 아마도 최상위 파서(여기서는 p)가 실패 시 더 높은 수준의(예를 들어 "parsing magic spell" 같은) 유용한 설명을 제공할 수 있을 것이다.

따라서 항상 오류 보고 깊이가 한 단계로 충분하다고 가정하는 것은 잘못돼 보인다. 따라서 태그를 내포시킬 수 있는 방법을 찾아보자.

**리스트 9.8 scope 콤비네이터를 사용해 태그 내포시키기**

```
fun <A> scope(msg: String, p: Parser<A>): Parser<A>
```

scope가 tag와 똑같은 시그니처의 메서드로 선언되지만, scope 구현은 p에 덧붙은 태그를 버리지 않는다(scope는 단지 p가 실패했을 때 추가적인 정보를 덧붙여줄 뿐이다). 이 말이 무슨

뜻인지 구체적으로 살펴보자. 첫째, ParseError에서 정보를 추출해내는 함수들을 변경한다. Location과 String 메시지를 하나씩만 포함하는 대신 List<Pair<Location, String>>을 얻어야 한다.

리스트 9.9 ParseError 데이터 타입을 사용해 누적된 오류

```
data class ParseError(val stack: List<Pair<Location, String>>)
```

이 클래스는 오류 메시지를 누적시킨 데이터로 Parser가 실패 시 어떤 일을 할지에 대한 힌트를 제공한다. 이제 scope가 여러 오류를 만났을 때 해야 할 일을 지정할 수 있다. run(p, s)가 Left(e1)이면 run(scope(msg, p), s))는 Left(e2)인데, 여기서 e2.stack.head는 msg를 포함하고 e2.stack.tail은 e1을 포함한다.[3]

나중에는 ParseError 값 생성을 더 편리하게 해주고, ParseError에 들어 있는 메시지를 사람이 읽기 좋게 형식화해주는 도우미 함수를 정의할 수 있다. 지금은 오류 보고에 필요한 모든 정보가 ParseError에 들어가게 하는 데만 신경을 쓰자. 또한 ParseError가 대부분의 경우 충분하리라 생각된다. 따라서 이를 Parsers 인터페이스에 정의된 run의 반환 타입에 쓰일 구체적 표현으로 선택하자.

```
fun <A> run(p: Parser<A>, input: String): Either<ParseError, A>
```

### 9.5.3 분기와 백트래킹 제어

오류 보고와 관련해 마지막 걱정거리를 해결할 필요가 있다. 이전에 논의한 것처럼 오류가 or 콤비네이터 안에서 발생하면 어떤 오류를 보고할지 결정할 방법이 필요하다. 전체적인 관습만 유지하고 싶지는 않으며, 경우에 따라 프로그래머가 이를 선택할 수 있길 바란다. 이런 제어의 필요성을 보여주는 구체적인 예제를 살펴보자.

---

3 여기서 head와 tail은 2장에서 다룬 List에 정의된 것이라는 점에 유의하라. 코틀린 표준 라이브러리 List에는 head와 tail이 없다. 물론 비슷한 역할을 하는 확장 프로퍼티를 선언할 수는 있다. 또 2장에서 지적한 대로 2장의 List는 불변 함수형 데이터 구조로 tail을 공유하지만, 코틀린 디폴트 List는 가변 이중 연결 리스트며 공유를 사용하지 않는다는 점도 다르다. — 옮긴이

```
val spaces = string(" ").many()

val p1 = scope("magic spell") {
    string("abra") product spaces product string("cadabra")
}
val p2 = scope("gibberish") {
    string("abba") product spaces product string("babba")
}

val p = p1 or p2
```

run(p, "abra cAdabra")에서 어떤 ParseError를 돌려받아야 할까? 여기서도 cAdabra에 있는 문법에 어긋나는 A에 유의하라. or의 두 가지 모두 입력에 대해 오류를 발생시킨다. "gibberish" 파서는 첫 번째 단어가 "abba"여야 한다는 오류를 발생시키고, "magic spell" 파서는 "cAdabra"에 잘못된 대문자가 있다는 오류를 발생시켜야 한다. 두 오류 중 어느 오류를 사용자에게 돌려줘야 할까?

이 경우에는 "magic spell" 쪽 파스 오류를 원한다. "abra" 단어를 성공적으로 파싱하고 나면 or의 "magic spell" 쪽 가지가 확정된다. 이 말은 이후에 파스 오류가 발생한다 해도 or의 다른 쪽 가지를 검사하지 않는다는 뜻이다. 하지만 다른 경우에는 파서가 다음 가지를 시도하도록 허가하고 싶을 때도 있을 것이다.

따라서 프로그래머가 특정 파싱 가지를 확정하도록 표현할 수 있게 해주는 기본 연산이 필요해 보인다. 우리는 p1 or p2의 의미를 'p1을 입력에 대해 실행하고, p1이 실패했을 경우 같은 입력에 대해 p2를 시도한다'라고 느슨하게 정의했다. 이 의미를 'p1을 입력에 대해 실행하고, p1이 확정되지 않은 상태에서 실패했을 경우 같은 입력에 대해 p2를 시도한다. p1이 확정된 상태에서 실패하면 그 실패를 보고한다'로 바꿀 수 있다. 이런 변경은 더 나은 오류 메시지를 제공하는 것 이상의 효과가 있다(구현체가 수많은 파싱 분기를 검사하는 일을 피할 수 있어서 더 효율적이다).

이 문제에 대한 한 가지 일반적인 해법은 모든 파서가 결과를 생성하기 위해 필요한 마지막 입력 문자를 검사한 다음에 디폴트로 확정되는 것이다. 이제 attempt라는 콤비네이터를 도입하자. 이 콤비네이터는 파싱 확정을 지연시킨다.

```
fun <A> attempt(p: Parser<A>): Parser<A>
```

attempt는 다음과 비슷한 조건을 만족시켜야 한다. 여기서 ==는 정확한 동등성을 의미하지 않는다. p1 시도가 실패하면 p2를 실행하고 싶기는 하지만, 이렇게 p2를 실행한 경우 어떻게든 양쪽 가지(p1과 p2)의 오류를 함께 포함하길 원할 수도 있다.

```
attempt(p1.flatMap { _ -> fail }) or p2 == p2
```

여기서 fail은 항상 실패하는 파서다. 실제로 원한다면, 이를 기본 콤비네이터로 도입할 수도 있다. 이 경우, p1이 입력 검사에 실패하더라도 attempt가 p1의 파싱 시도가 확정되는 것을 취소시켜서 p2 실행을 허용한다. 이런 식으로 문법적으로 모호한 위치에서 attempt 콤비네이터를 사용할 수 있다. 이런 모호성을 해결하기 위해 여러 토큰을 검사해야만 할 수도 있다. 그리고 이런 파싱은 어느 한 가지에서 확정될 수 있다. 예를 들어 다음과 같이 작성할 수 있다.

```
(attempt(
    string("abra") product spaces product string("abra")
) product string("cadabra")) or
    (string("abra") product spaces product string("cadabra!"))
```

이 파서를 "abra cadabra!"에 대해 실행한다고 하자. "abra"를 파싱하고 나면 다른 "abra"를 기대해야 할지(첫 번째 가지), "cadabra!"를 기대해야 할지 알 수 없다. string("abra") product spaces product string("abra")를 attempt로 감싸면 두 번째 "abra"에 대한 파싱이 (실패로) 끝난 다음에 두 번째 가지를 고려하게 할 수 있고, 이 시점에 두 번째 가지로 파싱이 확정된다.[4]

---

4 여기서 두 번째 가지를 진행할 때 attempt(string("abra") product spaces …)를 한 번 더 시도한다는 점에 유의하라. 따라서 이런 방법은 파서를 작성하는 사람이 attempt를 어디에 써야 할지 고민해야 한다는 단점과 더불어, 적절히 attempt를 써도 접두어(여기서는 abra와 그 뒤의 공백들)에 대한 파싱을 여러 번 진행한다는 단점이 존재한다. - 옮긴이

or 사슬에서 어떤 오류를 보고할지 지정할 때 유용한 다른 기본 연산을 생각해낼 수 있는가?

---

대수의 실제 구현을 아직 작성하지 않았다는 점에 유의하라. 구현이 없음에도 불구하고, 이번 장에서 보여준 설계 과정은 라이브러리 사용자가 상호작용할 수 있는 잘 정의된 인터페이스를 우리 콤비네이터들이 제공하게 하는 방법에 대한 것이었다. 그 외에, 이 과정은 콤비네이터들이 올바른 정보를 하부 구현에 전달하도록 하는 방법을 제공해야만 한다. 이 단계까지 설계가 진행된 다음부터, 우리가 명시한 법칙을 만족하는 방식으로 정보를 해석할 책임은 구현에 달려 있다.

## 9.6 대수 구현하기

이번 장에서 지금까지는 대수 요소 중 어느 하나도 구현하지 않고, 각 요소의 대수를 구축해가는 과정에 초점을 맞췄다! 이 구축 과정은 Parser<JSON>을 정점으로 해서 끝났다. 이 시점에서 아직 그렇게 하지 않았다면, 뒤로 돌아가 연습문제 9.9에서 개발한 파서에 9.5절에서 논의한 오류 보고 콤비네이터를 추가하는 게 좋다. 이제는 실행할 수 있는 구현을 정의하는 흥미진진한 부분만 남았다!

오류 처리 콤비네이터를 추가함에 따라 기본 요소 목록이 다시 변경됐다. 표 9.3은 전체 목록을 다시 한번 보여준다.

▼ **표 9.3** JSON 파싱 콤비네이터의 기반이 될 기본 연산의 변경된 목록

| 기본 연산 | 설명 |
| --- | --- |
| string(s) | 단일 String을 인식하고 반환한다. |
| regex(s) | 정규식 String을 받아서 (정규식에 맞는 문자열을) 인식한다. |
| slice(p) | p가 성공하면 입력에서 p가 관찰한 부분을 반환한다. |
| tag(msg, p) | p가 실패하면 할당된 메시지를 msg로 대치한다. |
| scope(msg, p) | p가 실패하면 할당된 메시지를 p가 반환한 오류 스택에 덧붙인다. |

(이어짐)

| 기본 연산 | 설명 |
|---|---|
| flatMap(p, f) | p가 성공하면 돌려주는 값을 바탕으로 두 번째 파서를 결정해 실행한다. |
| attempt(p) | p가 성공될 때까지 p 확정을 지연시킨다. |
| or(p1, p2) | 두 파서 중 한쪽을 택한다. 우선 p1을 시도하고 p1이 실패하면 입력의 맨 처음부터 다시 p2를 시도한다. |

tag, scope, attempt를 추가함에 따라 목록이 꽤 달라졌다. 그리고 표 9.2에서 succeed를 제거했다.

다음 절에서는 Parser의 표현을 다루고 이 표현을 사용해 Parsers 인터페이스를 구현한다. 우리가 설계한 대수는 가능한 표현의 종류에 강력한 제약을 가한다. Parser에 대해 Parsers를 구현할 수 있는 단순하면서 순수 함수형인 표현을 만들 수 있어야 하지만, 먼저 구현의 시작 지점으로 최상위 구성 요소들을 살펴보자.

**리스트 9.10 Parser의 최상위 표현**

```
interface Parser<A>          ◀─┐ 우리가 앞으로 발견할 Parser 표현.
                               └ 여기 적은 코드는 예제일 뿐임
data class ParseError(val stack: List<Pair<Location, String>>)

                             ┌ Parsers 클래스는 구현하지 않은 모든 기본 연산과
abstract class Parsers<PE> { ◀─┘ 콤비네이터 대수 정의를 포함함
    internal abstract fun <A> or(p1: Parser<A>, p2: Parser<A>): Parser<A>
}

                                          ┌ ParsersImpl은 모든 Parsers에 대한
                                          └ 구체적인 구현임
open class ParsersImpl<PE>() : Parsers<PE>() { ◀─
    override fun <A> or(p1: Parser<A>, p2: Parser<A>): Parser<A> = TODO()
}

                                          ┌ ParserDsl은 콤비네이터를 더 쉽게 다룰 수
                                          └ 있도록 해주는 문법 설탕을 추가함
abstract class ParserDsl<PE> : ParsersImpl<PE>() { ◀─
    infix fun <A> Parser<A>.or(p: Parser<A>): Parser<A> =
        this@ParserDsl.or(this, p)  ◀─┐ this@ParserDsl을 사용해 ParsersImpl의 함수에 접근함.
}                                     └ 순환 참조를 방지하기 위한 우회로임

object Example : ParserDsl<ParseError>() {  ◀─┐ 콤비네이터 라이브러리를
    init {                                    └ 사용하는 객체
        val p1: Parser<String> = TODO()
```

```
        val p2: Parser<String> = TODO()
        val p3 = p1 or p2
    }
}
```

## 9.6.1 점진적으로 대수의 구현 구축하기

마침내 지금까지 누적시킨 모든 특징을 만족하는 Parsers의 구체적인 구현을 논의할 것이다. 바로 Parser의 최종 표현으로 들어가는 대신, 점진적으로 그 표현을 만들어나갈 것이다. 대수의 기본 연산을 관찰하고 각 연산을 지원하기 위해 어떤 정보가 필요한지 살펴봄으로써 표현을 구축한다.

string 콤비네이터부터 시작하자.

```
fun string(s: String): Parser<String>
```

run이라는 함수를 지원할 필요가 있다는 사실도 알고 있다.

```
fun <A> run(p: Parser<A>, input: String): Either<PE, A>
```

첫 단계로, Parser가 단지 run 함수를 구현한 것이라고 가정할 수 있다.

```
typealias Parser<A> = (String) -> Either<ParseError, A>
```

이를 활용해 string 기본 연산을 구현하면 다음과 같다.

**리스트 9.11  string을 Location에 맞춰 구현하기**

```
override fun string(s: String): Parser<String> =
    { input: String ->
        if (input.startsWith(s))
            Right(s)
        else Left(Location(input).toError("Expected: $s"))    ◀── toError를 사용해
    }                                                              ParseError를 만듦

private fun Location.toError(msg: String) =     ◀── Location을 ParseError로
    ParseError(listOf(this to msg))                 변환하는 확장 함수
```

string의 else 가지는 ParseError를 만들어낸다. 이런 오류를 즉시 만들어내기는 성가시므로 Location에 대해 toError라는 도우미 확장 함수를 도입한다.

## 9.6.2 파서의 시퀀스 처리하기

지금까지는 좋았다. 최소한 string을 지원하는 Parser 표현을 찾았다. 이제 파서의 시퀀스를 다루는 구현으로 넘어가자. 불행히도 "abra" product "cadabra" 같은 파서를 표현하기에 기존 Parser 표현은 충분하지 않다. "abra" 파싱이 성공하면, 나머지 문자들에 대해 "cadabra" 파서를 실행하기 위해 "abra" 파서에 의해 매치된 문자들을 소비된 것으로 간주하고 싶다. 따라서 시퀀스를 처리하려면 Parser가 얼마나 많은 문자를 소비했는지 표현할 수 있는 수단을 제공해야 한다. 이런 정보를 담는 건 아주 쉽다. Location에 전체 입력 문자열과 입력 문자열상의 오프셋이 함께 들어 있기 때문이다.

---

**리스트 9.12 소비한 문제들을 추적하기 위한 ADT인 Result**

```
typealias Parser<A> = (Location) -> Result<A>     ◀── Parser의 함수 정의는
                                                      이제 Result<A>를 반환함
sealed class Result<out A>
data class Success<out A>(val a: A, val consumed: Int) : Result<A>()  ◀── Success 타입은 소비한
data class Failure(val get: ParseError) : Result<Nothing>()              문자의 개수를 포함함
```

이전에 사용하던 간단한 Either 대신에 좀 더 복잡한 다른 데이터 타입인 Result를 도입했다. 성공한 경우 파서는 A 타입의 값과 함께 입력에서 소비한 문자의 개수를 돌려준다. 호출자는 이 문자 개수를 사용해 Location 상태를 갱신할 수 있다. 이 타입은 Parser가 진짜 무엇이어야 하는가에 대한 핵심을 보여준다. Parser는 실패할 수 있는 상태 동작의 일종이며, 6장에서 만든 것과 비슷하다. Parser는 입력 상태를 받고, 성공하면 값과 상태 갱신을 제어하기에 충분한 정보를 내놓는다.

Parser가 단지 상태 동작이라는 점을 이해하면 지금까지 추가한 모든 멋진 콤비네이터와 법칙을 지원하는 표현의 틀을 잡을 수 있다. 단순히 각 기본 연산이 어떤 상태 타입을 필요로 하는지 고려해보고 각 콤비네이터가 이 상태를 어떻게 변환하는지 자세히 살펴보면 된다.

**어려움:** 이 Parser 표현을 사용해 string, regex, succeed, slice를 구현하라. 올바른 방향으로 여러분을 이끌기 위해 몇 가지 도우미 함수나 스텁[stub]을 함께 포함시켰다.

　　slice가 값을 만들고 바로 버리는 방식으로 구현돼 필요보다 더 비효율적일 수도 있다. 이 연습문제를 풀면서 이 비효율성을 굳이 해결하려 노력할 필요는 없다.

```kotlin
abstract class Parser : ParserDsl<ParseError>() {
    override fun string(s: String): Parser<String> =

        SOLUTION_HERE()

    private fun firstNonMatchingIndex(
        s1: String,
        s2: String,
        offset: Int
    ): Option<Int> =

        SOLUTION_HERE()

    private fun State.advanceBy(i: Int): State =

        SOLUTION_HERE()

    override fun regex(r: String): Parser<String> =

        SOLUTION_HERE()

    private fun String.findPrefixOf(r: Regex): Option<MatchResult> =

        SOLUTION_HERE()

    override fun <A> succeed(a: A): Parser<A> =

        SOLUTION_HERE()

    override fun <A> slice(p: Parser<A>): Parser<String> =
```

```
        SOLUTION_HERE()

    private fun State.slice(n: Int): String =

        SOLUTION_HERE()
}
```

---

### 9.6.3 파서에 레이블을 붙여서 오류 메시지 잡아내기

기본 연산 목록에서 더 저수준으로 내려간 후 scope를 살펴보자. 파서가 실패하면 새로운 메시지를 ParseError 스택에 추가하고 싶다. ParseError에 도우미 함수를 도입하고, 이를 push라고 부르자.

> |**노트**| copy 메서드는 모든 data class에 공짜로 주어진다. 이 메서드는 원본 객체의 복사본을 반환하는데, 원하는 속성을 다른 값으로 변경할 수 있다. 어떤 필드에 대해 새 값을 지정하지 않으면 원본 객체의 필드 값이 그대로 복사된다. 이런 동작은 코틀린의 디폴트 파라미터 메커니즘을 사용한다.

**리스트 9.13 ParseError 스택의 맨 앞에 오류 추가하기**

```
fun ParseError.push(loc: Location, msg: String): ParseError =
    this.copy(stack = (loc to msg) cons this.stack)
```

이 함수가 있으면 Result의 확장 메서드인 mapError를 사용해 scope를 구현할 수 있다. mapError는 잠시 후에 설명한다.

**리스트 9.14 push를 사용해 오류를 기록하는 scope 구현**

```
fun <A> scope(msg: String, pa: Parser<A>): Parser<A> =
    { state -> pa(state).mapError { pe -> pe.push(state, msg) } }
```

mapError 확장 메서드는 실패 시 오류 변환을 가능하게 해준다.

```
fun <A> Result<A>.mapError(f: (ParseError) -> ParseError): Result<A> =
    when (this) {
        is Success -> this
        is Failure -> Failure(f(this.get))
    }
```

내부 파서가 반환된 다음에 오류를 스택에 푸시(리스트 맨 앞에 넣음)하므로, 파싱에서 더 나중에 일어난 자세한 오류 메시지가 스택의 아래(리스트 끝부분)에 들어간다. 예를 들어 scope(msg1, a product scope(msg2, b))가 b를 파싱하다 실패하면 스택의 첫 번째 오류는 msg1이 되고, 그 뒤에 a가 생성한 오류와 msg2가 차례로 들어가며, 마지막으로 b가 생성한 오류가 들어간다.

tag도 비슷하게 구현할 수 있다. 하지만 tag는 오류 스택에 푸시하는 대신 이미 스택에 있던 내용을 바꿔치기한다. 이 함수를 mapError와 ParseError의 확장 함수인 tag를 사용해 작성할 수 있다. 확장 함수 tag는 나중에 다룬다.

```
fun <A> tag(msg: String, pa: Parser<A>): Parser<A> =
    { state ->
        pa(state).mapError { pe ->
            pe.tag(msg)          ◄── ParseError의 도우미 메서드를 호출함.
        }                            이 메서드의 이름도 tag임
    }
```

ParseError에 tag라는 이름의 도우미 확장 함수를 추가했다. tag가 오류 스택을 잘라내서 내부 영역의 더 자세한 메시지를 없애되, 스택 맨 밑의 가장 최근 위치만 사용하도록 설계했다. 코드는 다음과 같다.

```
fun ParseError.tag(msg: String): ParseError {
                                        ┌── 스택의 마지막 원소를 얻거나,
    val latest = this.stack.lastOrNone()  ◄── 스택이 비어 있으면 None을 얻음
```

```
        val latestLocation = latest.map { it.first }          ◄──── 마지막 원소(그런 원소가 있는 경우)의
                                                                     위치를 사용

        return ParseError(latestLocation.map { it to msg }.toList())   ◄──┐ 이 위치와 인자로 받은
    }                                                                     │ 태그 메시지만을 사용해
                                                                          │ 새 ParseError를 생성
```

---

**연습문제 9.12**

오류 발생 시 의미가 있는 오류 메시지를 제공하도록 string 구현을 변경하라.

---

## 9.6.4 오류 회복과 백트래킹

다음으로 or과 attempt를 살펴보자. or에 대해 배운 내용을 생각해보면, or의 동작을 '첫 번째 파서를 먼저 실행하고, 첫 번째 파서가 확정되지 않은 상태로 실패하면 같은 입력에 대해 두 번째 파서를 실행해야 한다'라고 정리할 수 있다. 그리고 한 글자라도 소비한 파서는 확정된 파스가 되며, attempt(p)는 p가 확정된 상태로 실패하는 경우를 확정되지 않은 실패로 변경한다는 사실을 언급했다.

이런 동작을 Result의 Failure 경우에 대해 필드를 추가함으로써 간단히 지원할 수 있다. 필요한 것은 파서가 확정된 상태로 실패했는지를 표시하는 Boolean 값 하나뿐이다. 이를 isCommitted라고 부르자.

```
data class Failure(
    val get: ParseError,
    val isCommitted: Boolean
) : Result<Nothing>()
```

이제 attempt 구현은 파서가 실패한 경우 isCommitted를 false로 설정해 확정 상태를 취소한다. 이를 위해 uncommit이라는 도우미 함수를 Result에 대해 정의한다.

```
fun <A> attempt(p: Parser<A>): Parser<A> = { s -> p(s).uncommit() }

fun <A> Result<A>.uncommit(): Result<A> =
    when (this) {
        is Failure ->
            if (this.isCommitted)
                Failure(this.get, false)
            else this
        is Success -> this
    }
```

이제 or 구현은 단순히 두 번째 파서를 실행하기 전에 첫 번째 파싱 결과의 isCommitted 플래그를 검사하면 된다. x or y라는 파서를 생각해보자. x가 성공하면 전체 식(전체 파서)이 성공이다. 만약 x가 확정된 상태로 실패하면, 즉시 실패하며 y를 실행하지 않는다. 그렇지 않고 x가 확정되지 않은 상태로 실패하면, y를 실행하고 x의 결과를 무시한다.

```
fun <A> or(pa: Parser<A>, pb: () -> Parser<A>): Parser<A> =
    { state ->
        when (val r: Result<A> = pa(state)) {
            is Failure ->
                if (!r.isCommitted) pb()(state)      ◄── 확정되지 않은 실패는 지연 계산 pb를
                else r      ◄── 확정된 실패는 즉시 반환됨      호출하며, or에 전달된 원본 상태를
            is Success -> r      ◄── 성공은 즉시 반환됨      바탕으로 pb() 파서를 실행함
        }
    }
```

## 9.6.5 문맥 민감 파서를 통해 상태 전파하기

이제 목록의 마지막 기본 요소인 flatMap을 구현할 차례다. flatMap이 첫 번째 파서의 결과에 따라 두 번째 파서를 선택할 수 있게 함으로써 문맥에 민감한 파싱을 가능하게 한다는 점을 기억하라. 두 번째 파서를 호출하기 전에 위치를 전진시키기만 하면 구현은 간단하다.

여기서도 도우미 함수를 사용한다. 이번에는 advanceBy라는 메서드를 Location의 확장으로 정의한다. 간단하기는 하지만 조심해야 할 부분이 있다. 첫 번째 파서가 문자를 소비한 경우, ParseError에 정의된 addCommit이라는 도우미 함수를 사용해 두 번째 파서를 확정된 상태로 만들어야 한다.[5]

리스트 9.20 파서가 확정됐는지 확인하기

```
fun <A, B> flatMap(pa: Parser<A>, f: (A) -> Parser<B>): Parser<B> =
    { state ->
        when (val result = pa(state)) {
            is Success ->
                f(result.a)(state.advanceBy(result.consumed))    ◀── 두 번째 파서를 호출하기 전에
                    .addCommit(result.consumed != 0)       ◀──    소스 위치를 전진시킴
                    .advanceSuccess(result.consumed)       ◀──    첫 번째 파서가 문자를 하나 이상
            is Failure -> result                                   소비한 경우 파스를 확정함
        }
    }
```

두 번째 파서를 호출하기 전에 소스 위치를 전진시킴

첫 번째 파서가 문자를 하나 이상 소비한 경우 파스를 확정함

pa에 의해 소비된 문자만큼 consumed를 증가시킴

Location의 advanceBy에서는 오프셋을 증가시킨다.

```
fun Location.advanceBy(n: Int): Location =
    this.copy(offset = this.offset + n)
```

ParseError의 addCommit도 마찬가지로 단순하다. 이미 확정 상태가 아닌 경우 확정되도록 상태를 변경한다.

```
fun <A> Result<A>.addCommit(commit: Boolean): Result<A> =
    when (this) {
        is Failure ->
            Failure(this.get, this.isCommitted || commit)
```

---

5 이 상황은 첫 번째 파서가 문자를 소비하면서 성공하고 두 번째 파서가 실패한 경우를 어떻게 처리할 것인가에 대한 문제다. flatMap(a){attempt(b)}와 같이 두 번째 파서에 attempt가 있었다고 해도 flatMap(a){attempt(b)} 전체의 실패는 확정적인 실패로 처리하고 싶다는 설계가 여기에 들어 있다. 두 번째 파서의 확정이 flatMap으로 생기는 파서의 확정에 영향을 끼치느냐 마느냐의 문제인데, 현재 코드의 구현을 택하더라도 어차피 attempt(flatMap(a){attempt(b)})를 사용하면 확정을 취소할 수 있으므로 아무 문제가 없다. 여기서 addCommit을 하지 않으면 flatMap으로 만든 파서의 확정 여부가 그때그때 달라질 수 있는데, 이렇게 되면 첫 번째 파서의 결과에 따라 어떤 때는 파서가 즉시 끝나고 어떤 때는 파서가 백트래킹을 하게 돼서 혼란을 야기할 여지가 있다. – 옮긴이

```
        is Success -> this
    }
```

퍼즐의 마지막 조각은 Result에 있는 advanceSuccess 함수다. 이 함수는 성공적인 결과에 있는 소비한 문자 개수를 증가시킨다. flatMap이 소비한 전체 문자 수는 pa가 소비한 문자 개수와 f에 의해 결정된 파서가 소비한 문자 개수의 합계이길 바란다. f로 결정된 파서의 결과에 대해 advanceSuccess를 호출함으로써 이런 조정이 이뤄지게 보장한다.

```
fun <A> Result<A>.advanceSuccess(n: Int): Result<A> =
    when (this) {
        is Success ->
            Success(this.a, this.consumed + n)   ◀─┐ 성공 시 소비한
                                                     └ 문자 개수를 n 증가시킴
        is Failure -> this   ◀──── 실패는 그대로 반환함
    }
```

---

**연습문제 9.13**

run을 구현하고, Parser의 현재 표현을 사용해 구현하지 않은 모든 기본 연산도 구현하라. JSON 파서를 여러 가지 입력에 대해 실행해보라.

이제는 작동하는 코드가 있어야 한다. 다만, 불행히도 입력이 커지면 스택 오버플로가 발생할 수 있다. 직접적인 해법은 각 리스트 원소별로 스택 프레임을 할당하지 않는 특화된 many 구현을 제공하는 것이다. 이렇게 특화된 many 구현을 제공한 후, 반복을 수행하는 모든 콤비네이터를 many로 구현하도록 보장하면 이런 문제를 해결할 수 있다.

---

**연습문제 9.14**

ParseError를 사람이 읽기 좋게 형식화할 수 있는 방법을 고안하라. 선택할 사항이 많지만, 오류를 표시하기 위한 String으로 표현할 때 정확한 위치에 or 그룹 태그를 조합해주는 것을 원한다는 사실이 가장 중요한 통찰이다.

---

이번 장의 예제를 개선하고 개발하는 데 더 많은 시간을 투입할 수도 있다. 하지만 지금 상태로 이번 장을 마무리할 것이다. 이번 장에서 알려주고 싶은 내용 중에 파서 콤비네이터 라이브러리가 가장 중요한 부분은 아니지만(이번 장의 목표는 대수 우선으로 라이브러리 설계에 접근하는 과정을 보여주는 것이다), 이 예제를 갖고 놀면서 여러분 자신의 라이브러리를 계속 개선하는 것을 권장한다.

## 9.7 결론

이번 장으로 2부를 마무리한다. 함수형 라이브러리를 설계하는 방법을 이해했길 바라고, 무엇보다 2부가 개인적으로 관심 있는 도메인에 대해 스스로 라이브러리를 설계하고 구축하도록 영감을 불러일으켜주길 기대한다. 함수형 설계는 전문가들에게만 허용된 것이 아니며, 경험 수준과 관계없이 함수형 프로그래머는 매일매일 작업을 진행하면서 함수형 설계를 수행해야 한다.

3부를 시작하기 전에 지금까지 배웠던 내용대로 함수형 코드를 작성하면서 라이브러리를 설계하는 모험을 해보길 권한다. 그 과정에서 떠오르는 설계 문제와 씨름하고 정복해나가면서 큰 재미를 느껴보자. 이후 다시 돌아오면, 다양한 패턴과 추상화의 세계가 3장에서 여러분을 기다리고 있을 것이다.

## 요약

- 대수적 라이브러리 설계는 인터페이스와 인터페이스에 관련된 법칙을 미리 확립함으로써, 인터페이스와 법칙이 구현을 주도하게 한다.
- 파서 콤비네이터 라이브러리는 함수형 라이브러리 설계를 장려하는 용례를 제공하며, 대수적 설계 접근 방법에 잘 들어맞는다.
- 기본 연산은 다른 콤비네이터에 의존하지 않는 단순한 콤비네이터다. 이들은 더 복잡한 고차 콤비네이터를 만드는 빌딩 블록이 된다.
- 대수적 설계는 기본 연산을 먼저 발명하는 것을 권장한다. 기본 연산을 만들면 그로

부터 더 복잡한 콤비네이터를 발견할 수 있다.

- 콤비네이터가 상태를 전달하면서 여러 콤비네이터를 순차적으로 실행할 수 있게 해주는 경우를 문맥에 민감하다고 말한다.

- 파서 콤비네이터는 오류를 누적시킬 수 있다. 이를 통해 실패 시 오류 보고를 제공할 수 있다.

- 파서는 확정되지 않은 상태에서 실패할 수 있다. 이를 통해 백트래킹과 오류 복구를 시도할 수 있다.

- 대수로 설계를 시작하면 콤비네이터가 구현에 대한 정보를 지정하도록 할 수 있다.

# Part 3

# 함수형 설계의 일반 패턴

함수형 라이브러리 설계라는 영역을 돌아봤으므로 이제 일을 하면서 만나는 대부분의 설계 문제를 해결할 수 있는 무기를 갖췄다. 그 과정에서 합성성과 대수적 추론이라는 설계 원칙을 적용하는 몇 가지 새로운 기술을 배웠다.

3부는 몇 걸음 물러나 더 큰 그림을 살펴본다. 앞에서 빌딩 블록을 만들고(1부), 설계에 이 빌딩 블록을 활용하는 방법(2부)을 배워나가면서 몇 가지 일반적인 패턴이 떠오르는 것을 알았다. 3부에서는 이런 공통점을 식별하고 이들을 필요할 때 재사용하고 적용할 수 있는 추상화나 패턴으로 만든다. 주요 목표는 자신의 라이브러리를 설계할 때 이런 패턴을 인식하게 훈련하고 이런 패턴을 추출해 완전히 활용할 수 있는 코드를 작성하도록 돕는 것이다.

이런 추상화를 객체지향 설계에서 마주쳤던 다형적인 계층과 혼동하지 말아야 한다. 여기서 추상화는 훨씬 더 개념적이며, 이런 추상화가 향상시켜주는 클래스와 분리된 기능을 제공한다. 다만, 객체지향에서와 마찬가지로 최종 목적은 코드에서 불필요한 중복을 제거하는 것이다.

타입 지정 함수형 프로그래밍typed functional programming에서는 이런 추상화를 타입 클래스라고 한다. 타입 클래스는 클래스, 인터페이스, 함수 또는 이들의 조합으로 드러난다. 여러 문맥에서 사용되는 서로 다른 해법에서 이런 공통 구조가 날로 쓰이는 모습을 인식하면, 이들 구조의 공통 인스턴스를 한 정의로 묶고 그 정의에 이름을 부여한다.

예를 들어 모나드나 적용 가능 펑터를 인식할 수 있다면, 동작을 추출하고 설계를 계속 진행하는 방식에 큰 영향을 미칠 수 있다. 이런 추상화를 식별하는 것의 또 다른 이점은 이런 공통적인 동작을 묶어서 명확하게 다른 사람과 의사소통할 수 있는 어휘를 제공한다는 점이다.

2부는 라이브러리 설계에 더 초점을 맞췄지만, 3부는 일반적인 패턴을 추상화하는 것에 더 초점을 맞춘다. 각 장에서는 새로운 추상 동작과 그와 연관된 법칙을 소개하고, 타입 클래스로 이들을 어떻게 표현할 수 있을지 살펴본다. 11장은 악명 높은 모나드를 소개하고 언제 사용하면 가장 좋은지 설명한다. 12장은 적용 가능 펑터와 순회 가능 펑터를 다룬다. 그리고 이런 타입 클래스를 이 책의 앞에서 본 데이터 타입과 묶어 살펴보면서 각 패턴이 어떤 인스턴스로 나타나는지 살펴본다.

# 10

# 모노이드

**10장에서 다루는 내용**

- 순수 대수형 구조를 사용하는 법을 배운다.
- 모노이드와 접기 연산을 이해한다.
- 균형 잡힌 접기를 사용해 병렬 계산을 덩어리(chunk)로 실행한다.
- 고류(higher kinded) 타입과 접을 수 있는 데이터 구조를 이해한다.
- 모노이드를 합성해서 복잡한 계산을 수행한다.

2부 끝에서는 대수를 바탕으로 데이터 타입에 대해 생각하는 데 익숙해졌다. 특히 대수가 지원하는 연산과 연산을 통제하는 법칙을 살펴봤다. 이제 여러 다른 데이터 타입에 대한 대수가 공통적으로 특정 패턴을 공유하는 경향이 있음을 알아챘을 것이다. 이번 장에서는 이런 패턴을 식별하고 활용하는 방법을 찾아본다.

　이번 장은 순수 대수형 구조에 대해 처음으로 소개한다. 예를 들어, 모노이드<sup>monoid</sup>라는 단순한 구조를 살펴보는 것부터 시작한다. 모노이드는 대수에 의해서만 정의되는 구조다. 모노이드라는 이름에서 겁먹을 수 있지만 이 이름은 단순히 수학적 용어로, 카테고리 이론에서 대상이 하나뿐인 카테고리를 가리키는 말이다. 같은 법칙을 만족시킨다는 점을 제외하면, 모노이드 인터페이스의 모든 인스턴스는 서로에게 수행할 수 있는 일이 거의 없다. 그럼에도 유용한 다형적인 함수를 작성할 때는 이 대수적 구조만으로 충분한 경우가 자주 있음을 발견하게 된다.

모노이드부터 시작하는 것은 모노이드가 단순하고 모든 곳에 존재하며 유용하기 때문이다. 모노이드는 매일매일의 프로그래밍에 자주 등장하며, 이를 인식하고 쓰는지 여부와는 관계가 없다. 리스트 작업, 문자열 연결, 루프 결과 누적 등을 모노이드를 바탕으로 기술할 수 있다. 이와 같은 상황에서 모노이드 인스턴스는 이 대수적 구조의 구체적인 구현으로 채용된다. 우리는 정수, 불리언, Option을 조합하는 모노이드 인스턴스를 정의하는 것부터 시작한다. 그 후, 리스트에 대한 fold 연산을 정의할 때 모노이드 인스턴스가 완벽히 들어맞는 이유를 살펴본다.

이번 장은 실제 세계에서 모노이드를 사용하는 두 가지 상황을 보여주며 끝난다. 첫째, 모노이드는 우리에게 문제를 병렬로 계산할 수 있는 덩어리로 분해할 자유를 준다. 둘째, 모노이드를 합성해 단순한 부품을 사용함으로써 복잡한 계산을 조립할 수 있다.

## 10.1 모노이드란 무엇인가?

모노이드 같은 대수 구조를 이해하는 것은 쉽지 않은 일처럼 보이겠지만, 순수 대수적 관점에서 모노이드에 접근하면 실제 모노이드가 얼마나 단순한지 깨닫게 된다. 단어로 설명하기보다 예제를 통해 모노이드의 개념을 살펴보자.

우선, 문자열 연결의 대수를 생각해보자. "foo" + "bar"를 통해 "foobar"를 얻을 수 있다. 이와 더불어, 빈 문자열은 문자열 연결 연산의 항등원[identity element]이다. 즉, 모든 s에 대해 (s + "")나 ("" + s)의 결과는 항상 s 자신이다. 더 나아가, (r + s + t)처럼 세 문자열을 연결하는 경우 이 연산은 결합적[associative]이다. 이 말은 괄호를 어디에 넣든 관계없다는 뜻이다. (r + s) + t라고 계산하든 r + (s + t)라고 계산하든 결과는 같다.

정수 덧셈에서도 완전히 똑같은 법칙이 적용된다. (x + y) + z는 항상 x + (y + z)이므로 정수 덧셈은 결합적이다. 정수 덧셈에는 0이라는 항등원이 있다. 어떤 정수에 0을 더해도 아무 일도 일어나지 않는다. 정수 곱셈도 마찬가지다. 정수 곱셈도 항등원이 1이라는 점

을 제외하면 정수 덧셈과 마찬가지로 작동한다. 불리언 연산자 &&와 ||도 모두 결합적이다. &&의 항등원은 true이고, ||의 항등원은 false이다.

지금까지 살펴본 내용은 단지 몇 가지 단순한 예에 지나지 않는다. 하지만 살펴보면, 법칙이 적용될 수 있는 곳마다 이와 같은 대수를 자주 찾을 수 있다. 이런 유형의 대수를 모노이드라고 하며, 결합 법칙과 항등원 법칙을 일컬어 모노이드 법칙이라고 한다. 모노이드는 다음과 같은 요소로 이뤄져 있다.

- 어떤 타입 A
- A 타입의 두 값을 엮어서 다른 A 타입의 원소로 만들어주는 결합적인 이항 연산 combine. 이때 x: A, y: A, z: A를 어떻게 선택하든 combine(combine(x, y), z) == combine(x, combine(y, z))가 성립한다(그림 10.1).
- nil: A라는 값[1]이 있고, 이 값은 combine에 대해 항등원이다. 즉, 모든 x:A에 대해 combine(x, nil) == x와 combine(nil, x) == x가 함께 성립한다(그림 10.2).

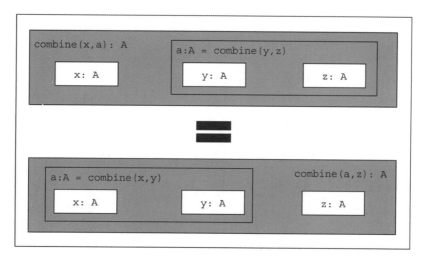

▲ **그림 10.1** 모노이드에 대한 combine 연산으로 표현한 결합 법칙

---

1   A 타입의 값 중에 항등원 역할을 하는 값의 이름을 nil이라고 붙였을 뿐이다. 프로그래밍 언어 중에는(예: 오브젝티브 C(Objective-C)) nil로 널 값을 표현하는 경우가 있는데, 혼동하지 않길 바란다. 물론 이 값을 'zero'라고 부르든, '영'이라고 부르든, '항등원'이라고 부르든, '찐빵'이라고 부르든 간에 이 값이 항등원 법칙을 만족하는 게 중요하지 이름은 실제로 중요하지 않다. 그래도 모노이드의 항등원에 대해 보통 0이나 zero, nil, empty 등 빈 값이나 영(0)과 관련된 이름을 사용하는 경우가 많다. – 옮긴이

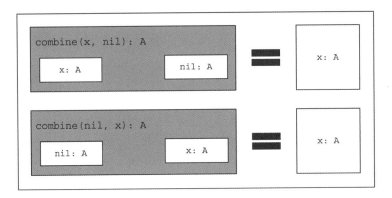

▲ **그림 10.2** 모노이드에 대한 combine 연산으로 표현한 항등원 법칙

모노이드를 코틀린 인터페이스로 표현할 수 있다.

리스트 10.1 코틀린 인터페이스로 표현한 모노이드

```
interface Monoid<A> {                        combine(combine(x, y), z) == combine(x, combine(y, z))라는
    fun combine(a1: A, a2: A): A  ◄─┘          결합 법칙이 성립함
    val nil: A  ◄─┐
}             └─ combine(x, nil) == x와 combine(nil, x) == x라는
                 항등원 법칙이 성립함
```

이 인터페이스의 인스턴스로는 String 모노이드를 들 수 있다.

```
val stringMonoid = object : Monoid<String> {

    override fun combine(a1: String, a2: String): String = a1 + a2

    override val nil: String = ""
}
```

리스트 연결도 모노이드를 형성한다. 다음 메서드는 임의의 원소 타입 A에 대한 리스트 모노이드를 만들어낼 수 있다.

```
fun <A> listMonoid(): Monoid<List<A>> = object : Monoid<List<A>> {

    override fun combine(a1: List<A>, a2: List<A>): List<A> = a1 + a2
```

```
        override val nil: List<A> = emptyList()
}
```

**대수적 구조는 온전히 추상적인 특징임**

여러 Monoid 인스턴스 사이에는 모노이드 법칙을 만족한다는 것 외에 별다른 관련이 없다. '모노이드란 무엇인가?'라는 질문의 답은 단순히 모노이드는 모노이드 연산과 일련의 법칙으로 구성된 타입이라는 것뿐이다. 모노이드는 대수며 그 외 어떤 것도 아니다. 물론 여러 가지 구체적인 모노이드 인스턴스를 보면서 여러분이 무언가 직관을 얻을 수도 있다. 하지만 이런 직관이 반드시 올바른 것은 아니다. 여러분이 앞으로 만나게 될 모든 모노이드가 그 직관을 만족한다는 보장은 없다!

**연습문제 10.1**

정수 덧셈과 곱셈, 불리언 and/or(또는 &&, ||)에 대한[2] Monoid 인스턴스를 돌려주는 메서드를 정의하라.

```
fun intAddition(): Monoid<Int> =

    SOLUTION_HERE()

fun intMultiplication(): Monoid<Int> =

    SOLUTION_HERE()

fun booleanOr(): Monoid<Boolean> =

    SOLUTION_HERE()

fun booleanAnd(): Monoid<Boolean> =

    SOLUTION_HERE()
```

---

2   코틀린에서 불리언 &&와 ||는 쇼트 서킷 연산이지만 and와 or는 엄격한 계산을 사용한다. – 옮긴이

**연습문제 10.2**

Option 값을 조합하는 Monoid 인스턴스를 반환하는 함수를 작성하라.

```
fun <A> optionMonoid(): Monoid<Option<A>> =

    SOLUTION_HERE()

fun <A> dual(m: Monoid<A>): Monoid<A> =

    SOLUTION_HERE()
```

---

**연습문제 10.3**

인자 타입과 반환 타입이 같은 함수를 자기 함수[endofunction]라고 한다. ('endo-'라는 그리스어 접두사는 '~의 내부'라는 뜻이다. 'endofunction'은 정의역[domain] 안에 공변역[codomain]이 포함되므로 이런 이름이 붙었다.) 자기 함수에 대한 모노이드를 돌려주는 함수를 작성하라.

```
fun <A> endoMonoid(): Monoid<(A) -> A> =
    SOLUTION_HERE()
```

---

**연습문제 10.4**

8장에서 개발한 속성 기반 테스트 프레임워크에서 모노이드 법칙(결합 법칙과 항등원 법칙)을 만족하는지 검사하는 속성을 작성하라. 여러분이 작성한 속성을 사용해 이번 장에서 작성한 모노이드 중 몇몇을 테스트해보라.

```
fun <A> monoidLaws(m: Monoid<A>, gen: Gen<A>): Prop =

    SOLUTION_HERE()
```

---

**모노이드에 대해 이야기하기**

프로그래머와 수학자들은 모노이드인(being monoid) 타입과 모노이드 인스턴스를 갖는(having a monoid instance) 타입에 대해 서로 의견이 다르다.

프로그래머는 Monoid<A> 인스턴스가 모노이드라는 생각에 끌리기 쉽다. 하지만 실제로는 그렇지 않다. 모노이드는 실제로는 두 가지(타입과 법칙을 만족하는 인스턴스들) 모두다. 더 정확히 말해, 타입 A는 Monoid<A> 인스턴스에 의해 정의된 연산하에 모노이드를 형성한다(form). 이를 다르게 말하면, '타입 A는 모노이드다'라고 말하거나 심지어 '타입 A는 모노이드적(monoidal)이다'라고 말할 수도 있다. 이런 경우 Monoid<A> 인스턴스는 타입 A가 모노이드인 증거가 된다.

이는 마치 여러분이 읽고 있는 화면이 '직사각형을 형성한다'라는 말이나 '직사각형이다'라는 말과 비슷하다. 화면이 '직사각형이다'라고 말하는 것은 덜 정확하지만(하지만 뜻은 통한다), '직사각형을 갖고 있다'라고 말하는 것은 이상하다.

그렇다면 모노이드는 무엇인가? 모노이드는 A라는 타입과 모노이드 법칙을 만족하는 Monoid<A> 구현을 말한다.[3] 즉, 모노이드는 타입과 그 타입에 대해 정의된 결합 법칙과 항등원 법칙을 만족하는(따라서 항등원 nil이 존재함) 이항 연산(combine)을 함께 일컫는 말이다.

이런 정의가 어떤 도움을 줄까? 다른 모든 추상화와 마찬가지로, 모노이드는 이를 활용해 일반적인 코드를 작성할 수 있는 정도까지만 유용하다. 어떤 타입이 모노이드를 형성한다는 사실 외에 아무 정보가 없을 때, 과연 유용한 프로그램을 작성할 수 있을까? 당연히 그렇다! 10.2절에서 한 가지 예를 살펴본다.

**모노이드는 타입 클래스다**

모노이드는 우리가 처음으로 마주친 타입 클래스(type class)다. 그렇다면 타입 클래스는 무엇일까? 타입 클래스를 이해하려면 함수형 프로그래밍에서 다형성이 어떤 역할을 하는지 이해해야 한다. 다형성은 단지 (객체지향에서 알고 있는 대로) 타입 계층 구조 안에서만 이야기될 수 있는 성질의 개념이 아니다. 함수형 프로그래밍은 임의 다형성(ad hoc polymorphism)이라는 개념을 활용한다. 임의 다형성으로 인해 여러 다른 타입의 인자에 대해 다형적 함수를 적용할 수 있다.

---

3   정수는 모노이드일까? 그렇다. 정수는 intAddition과 intMultiplication에 정의된 연산에 대해 모노이드를 형성한다. 원한다면 더 많은 모노이드 연산을 정의할 수도 있다(예: fun(x:Int, y:Int) = x + y + 1이라는 정수 이항 연산은 항등원이 −1인 모노이드를 형성한다). 하지만 연산에 따라 정수와 연산의 쌍이 모노이드일 수도 있고 아닐 수도 있으므로, 엄밀히 말해 '정수는 모노이드다'라고 말하는 것은 잘못된 표현이다. – 옮긴이

타입 클래스는 임의 다형성을 구현할 때 쓸 수 있는 타입 시스템 구성 요소다. 타입 클래스는 파라미터화된 다형적 타입의 타입 변수에 제약을 추가함으로써 임의 다형성을 구현할 수 있게 해준다. 방금 말한 설명은 너무 길고 이해하기 힘들므로 충분히 시간을 들여 천천히 이해하길 바란다. 이런 제약은 보통 타입 클래스 T와 타입 변수 a에 대해 이뤄지며, 어떤 타입이 타입 클래스 T에서 정의한 오버로드된 연산을 지원할 때만 타입 변수 a를 인스턴스화할 수 있다는 뜻이다.

실제적인 용어를 쓰면, T는 Monoid를 표현하며, Monoid는 A라는 타입 파라미터를 받는다. 이 A는 String일 수 있다. 우리는 원하는 모노이드 인스턴스 a를 표현하는 Monoid<String>의 인스턴스를 만든다. 이 모노이드 인스턴스는 이제 String 인스턴스를 합칠 수 있는 능력을 갖고 있으며, 이 능력은 String 클래스 자체에 제약을 받거나 엮이지 않는다.[4]

여기서 간략히 설명한 내용은 타입 클래스 개념을 소개할 뿐이지만, 타입 클래스에 대해 더 많이 이해하고 코틀린에서 타입 클래스를 사용하는 방법을 보고 싶다면 부록 D를 살펴봐도 좋다. 3장의 나머지 부분에서는 모노이드 외의 여러 타입 클래스를 다룬다.

## 10.2 모노이드로 리스트 접기

모노이드는 리스트와 밀접한 연관이 있다. 3장에서 List 타입에 대해 정의한 여러 접기 연산을 다시 생각해보면, 초기화 값인 영 값과 두 값을 누적값으로 조합하는 연산이라는 두 가지 파라미터가 항상 존재했다. 접기 연산은 초기화 값 타입의 문맥 안에서 진행됐다.

List의 foldLeft와 foldRight를 더 자세히 살펴보면서 이런 성질을 관찰해보자.

```
fun <A, B> foldRight(z: B, f: (A, B) -> B): B
```

```
fun <A, B> foldLeft(z: B, f: (B, A) -> B): B
```

초기화 값 z와 조합 함수 (A, B) -> B 그리고 결과 타입에서 초기화 값의 타입인 B가 유지됨을 알 수 있다. A와 B가 A라는 한 가지 타입인 경우 어떤 일이 벌어질까?

---

4  Monoid<String> 인스턴스를 정의할 때 모노이드 법칙을 만족하는 combine 연산과 nil 원소를 임의로 선택해도 모두 Monoid<String>을 만족한다. 따라서 모노이드 인스턴스가 String을 합치는 능력은 String 자체에 종속되지 않고 구체적인 모노이드 인스턴스 구현에 종속된다. 하지만 이런 모노이드 인스턴스를 제공하지 않으면 String 구현이 있어도 Monoid<String>을 써먹을 수는 없다. − 옮긴이

```
fun <A> foldRight(z: A, f: (A, A) -> A): A

fun <A> foldLeft(z: A, f: (A, A) -> A): A
```

모노이드의 구성 요소는 이 인자 타입에 딱 들어맞는다. 따라서 List<String>인 words가 있다면 stringMonoid의 combine과 nil을 이 접기 함수에 넘겨서 모노이드를 사용하고 리스트를 축약해 모든 문자열을 연결할 수 있다. 이를 REPL에서 수행해보자.

```
>>> val words = listOf("Hic", "Est", "Index")
res0: kotlin.collections.List<kotlin.String> = [Hic, Est, Index]

>>> words.foldRight(stringMonoid.nil, stringMonoid::combine)
res1: kotlin.String = HicEstIndex

>>> words.foldLeft(stringMonoid.nil, stringMonoid::combine)
res2: kotlin.String = HicEstIndex
```

여기서 모노이드를 접을 때 foldLeft나 foldRight 중 어느 것을 사용해도 상관없다는 사실에 유의하라. 두 경우 모두 같은 결과를 얻어야만 한다. 이는 결합 법칙과 항등원 법칙이 참이기 때문이다. 왼쪽 접기는 연산을 왼쪽으로 결합시키면서 항등원을 가장 왼쪽에 넣는 반면, 오른쪽 접기는 연산을 오른쪽으로 결합시키면서 항등원을 가장 오른쪽에 넣는다.

```
>>> words.foldLeft("") { a, b -> a + b } == (("" + "Hic") + "Est") + "Index"
res3: kotlin.Boolean = true

>>> words.foldRight("") { a, b -> a + b } == "Hic" + ("Est" + ("Index" + ""))
res4: kotlin.Boolean = true
```

이런 지식을 갖추고 나면, 리스트를 모노이드 안에서 접는 concatenate라는 함수를 작성할 수 있다.

```
fun <A> concatenate(la: List<A>, m: Monoid<A>): A =
    la.foldLeft(m.nil, m::combine)
```

환경에 따라 원소 타입에 대한 Monoid 인스턴스가 없을 수도 있다. 이런 경우, 리스트에 대해 map을 수행해서 원소를 모노이드 인스턴스를 제공하는 타입의 값으로 변환할 수 있다.

연습문제 10.5

리스트 원소의 타입을 리스트에 대해 Monoid 인스턴스를 제공할 수 있는 타입으로 맞추기 위해 foldMap을 사용한다. 이 함수를 구현하라.

```
fun <A, B> foldMap(la: List<A>, m: Monoid<B>, f: (A) -> B): B =

    SOLUTION_HERE()
```

연습문제 10.6

**어려움**: foldMap 함수를 foldLeft나 foldRight를 사용해 구현할 수 있다. 하지만 foldLeft와 foldRight를 foldMap을 사용해 작성할 수도 있다. 재미로 한번 시도해보라!

```
fun <A, B> foldRight(la: Sequence<A>, z: B, f: (A, B) -> B): B =

    OLUTION_HERE()

fun <A, B> foldLeft(la: Sequence<A>, z: B, f: (B, A) -> B): B =

    SOLUTION_HERE()
```

## 10.3 결합성과 병렬성

어떤 처리를 병렬화하고 싶을 때 리스트를 왼쪽부터 오른쪽으로 순차적으로 처리하는 것은 좋지 않다. 리스트 크기가 커지고 연산이 복잡해질수록 병렬화가 중요해진다. 모노이드의 결합성이 이런 리스트를 더 효율적으로 접을 수 있는 방법을 가능하게 해준다. 이번 절에서는 균형 잡힌 접기balanced fold를 통해 이를 달성하는 방법을 살펴본다. 균형 잡힌 접기는 모노이드를 사용해 병렬 계산에 사용할 수 있는 더 효율적인 접기를 달성한다. 균형 잡힌 접기란 무엇일까? 예제를 통해 살펴보자.

모노이드를 사용해 축약하고 싶은 a, b, c, d 시퀀스가 있다고 하자. 오른쪽부터 접으면 다음과 같이 a, b, c, d를 조합할 수 있다.

```
combine(a, combine(b, combine(c, d)))
```

왼쪽부터 접으면 다음과 같다.

```
combine(combine(combine(a, b), c), d)
```

하지만 균형 잡힌 접기는 다음과 같다(그림 10.3).

```
combine(combine(a, b), combine(c, d))
```

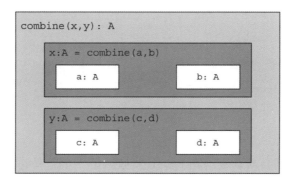

▲ **그림 10.3** 균형 잡힌 접기는 효율적인 처리를 위해 부하를 똑같은 크기의 그룹으로 나눈다.

균형 잡힌 접기를 사용하면 두 내부 combine 호출이 독립적이고 동시에 실행될 수 있으므로 이를 병렬화할 수 있다. 하지만 단순한 병렬화를 넘어서, 균형 잡힌 트리 구조를 사용하면 각 combine의 비용이 인자의 크기에 비례해 커지는 경우 훨씬 더 효율적이 된다. 예를 들어 다음 식의 실행 시점 성능을 생각해보자.

```
listOf("lorem", "ipsum", "dolor", "sit")
    .foldLeft("") { a, b -> a + b }
```

접기의 각 단계에서 중간 String을 할당하고 다음 단계를 위한 더 큰 문자열을 할당하자마자 즉시 제거한다. String 값이 불변이고 문자열에 대해 a + b를 평가하려면 새로운 문자열 배열을 할당하고 a와 b의 내용을 새로 할당한 배열에 복사해야 한다는 사실을 기억하라. 이 계산은 a.length + b.length에 비례한 시간이 걸린다.

앞의 예제를 평가하는 과정을 트레이스하면 이 사실을 확인할 수 있다.

```
listOf("lorem", "ipsum", "dolor", "sit")
    .foldLeft("") { a, b -> a + b }

listOf("ipsum", "dolor", "sit")
    .foldLeft("lorem") { a, b -> a + b }

listOf("dolor", "sit")
    .foldLeft("loremipsum") { a, b -> a + b }

listOf("sit")
    .foldLeft("loremipsumdolor") { a, b -> a + b }

listOf<String>()
    .foldLeft("loremipsumdolorsit") { a, b -> a + b }

"loremipsumdolorsit"
```

각 단계에서 생성된 중간 문자열이 즉시 해제된다는 사실을 확인하라. 앞에서 설명한 대로 균형 잡힌 접기가 더 효율적인 전략이 될 수 있다. 그 경우 시퀀스를 절반씩 조합한다. 먼저 "loremipsum"과 "dolorsit"을 만들고, 그 후 이 둘을 더해서 "loremipsumdolorsit"을 만든다.

**연습문제 10.7**

균형 잡힌 접기 기법을 사용해 foldMap을 구현하라. 구현할 때는 시퀀스를 둘로 분할해서 각각의 절반을 재귀적으로 처리하고, 그 결과를 제공된 모노이드를 활용해 합치는 전략을 사용해야만 한다.

```
fun <A, B> foldMap(la: List<A>, m: Monoid<B>, f: (A) -> B): B =

    SOLUTION_HERE()
```

---

**어려움/선택적**: 7장에서 개발한 라이브러리를 사용해 foldMap의 병렬 버전인 parFoldMap을 구현하라.

> |**팁**| Monoid<A>를 Monoid<Par<A>>로 끌어올리는 par 콤비네이터를 구현하고, 이를 사용해 parFoldMap을 구현하라.

```
fun <A> par(m: Monoid<A>): Monoid<Par<A>> =

    SOLUTION_HERE()

fun <A, B> parFoldMap(
    la: List<A>,
    pm: Monoid<Par<B>>,
    f: (A) -> B
): Par<B> =

    SOLUTION_HERE()
```

---

**어려움/선택적**: 연습문제 10.7에서 만든 foldMap을 사용해 List<Int>가 내림차순인지 감지하라. 이를 해결하기 위해 적절한 Monoid 인스턴스를 도출하려면 창조성이 필요하다.

```
fun ordered(ints: Sequence<Int>): Boolean =

    SOLUTION_HERE()
```

---

## 10.4 예제: 병렬 파싱

지금까지는 매일매일 일할 때 거의 쓸모없는 뻔한 예제만 살펴봤다. 리스트의 순서를 확인하는 게 조금은 도움이 되지만, 지금부터는 실제 세계에서 마주할 법한 뻔하지 않은 사용례에 대해 병렬 접기를 적용해보고 싶다. 그런 예로는 단어 수 세기[word count] 문제가 있다.

String에 들어 있는 단어의 수를 세길 원한다고 하자. 이 문제는 상대적으로 간단한 파싱 문제다. 문자를 한 글자씩 스캔하며 공백을 찾으면서 공백이 아닌 문자가 연속으로(최소 1개 이상) 나타난 횟수를 센다. 이와 같이 순차적으로 파싱을 할 때 파서의 상태는 가장 마지막에 살펴본 문자가 공백인지 추적하는 간단한 상태로 충분하다.

짧은 문자열에서는 이런 방식도 잘 작동하고 좋은 방식이다. 하지만 컴퓨터 한 대의 메모리에 다 들어갈 수 없을 정도로 큰 텍스트 파일에서 단어 수를 세는 경우를 상상해보자. 이 파일을 병렬로 여러 덩어리로 처리할 수 있다면 좋을 것이다. 이를 위한 전략은 파일을 한 컴퓨터에서 다룰 수 있는 크기의 여러 덩어리로 나누고, 여러 덩어리를 병렬로 처리하고, 그 결과를 조합하는 것이다. 우리가 살펴보는 부분이 전체의 시작 부분이든, 중간 부분이든, 끝부분이든 관계없이 중간 결과를 조합할 수 있을 필요가 있다. 다른 말로는 조합 연산이 결합성을 띠길 바란다.

모든 것을 단순하고 구체적으로 유지하기 위해 짧은 문자열을 다루면서 이를 큰 파일이라고 간주하자.

```
"lorem ipsum dolor sit amet, "
```

이 문자열을 대략 반으로 자르면 단어의 중간을 자를 수 있다. 우리 문자열의 경우 "lorem ipsum do"와 "lor sit amet, "라는 문자열이 생길 수도 있다. 이런 문자열에서 단어 수를 세고 합할 때는 dolor를 두 번 세는 것을 방지해야 한다. 분명 단어를 Int로 세는 것으로는 충분하지 않다. do와 lor 같은 부분적인 단어로 인한 결과를 처리할 수 있으면서 ipsum, sit, amet처럼 지금까지 발견한 완전한 단어의 수를 추적할 수 있는 데이터 구조를 찾아야 한다. 다음 대수적 데이터 타입을 사용해 이를 표현할 수 있다.

```
sealed class WC

data class Stub(val chars: String) : WC()
data class Part(val ls: String, val words: Int, val rs: String) : WC()
```

Stub(스텁)은 부분적인 단어를 형성한 문자들을 누적시킴

Part는 왼쪽 스텁, 단어 개수, 오른쪽 스텁으로 이뤄짐

Stub은 아직 완전한 단어를 발견하지 못한 경우를 표현하는 가장 단순한 경우다. Part는 지금까지 살펴본 완전한 단어의 개수를 words라는 정수로 유지한다. ls에는 완전한 단어들의 왼쪽에 있는 부분 단어를 저장하고, rs에는 완전한 단어들의 오른쪽에 있는 부분 단어를 저장한다.

예를 들어 "lorem ipsum do"라는 문자열을 세면 Part ("lorem", 1, "do")가 생긴다. 완전한 단어는 "ipsum"뿐이고 "lorem"의 왼쪽이나 "do"의 오른쪽에는 공백이 없어서 이 둘이 부분적인 단어인지 완전한 단어인지 아직 확신할 수 없기 때문이다. "lor sit amet, "의 단어 수를 세면 Part("lor", 2, "")가 생긴다. 이때 콤마는 버려진다.

### 연습문제 10.10

WC에 대한 모노이드 인스턴스를 작성하라. 이 인스턴스가 두 모노이드 법칙을 모두 만족함을 확인하라.

```
fun wcMonoid(): Monoid<WC> =

    SOLUTION_HERE()
```

### 연습문제 10.11

WC 모노이드를 사용해 재귀적으로 문자열을 하위 문자열로 분할하고 각 하위 문자열의 단어를 세는 방식으로 String 안에 있는 모든 단어 개수를 세는 함수를 구현하라.

```
fun wordCount(s: String): Int =

    SOLUTION_HERE()
```

**모노이드 준동형사상**

이번 장을 읽으면서 법칙을 찾는 데 신경을 쓴 독자라면, 아마도 모노이드 사이에 어떤 법칙이 존재한다는 사실을 깨달았을 수도 있다. 예를 들어, String 연결 모노이드와 정수 덧셈 모노이드를 생각해보자. 두 문자열의 길이를 취하고 이를 더한 결과는 두 문자열을 연결하고 그 길이를 취한 것과 같다.

```
"foo".length + "bar".length == ("foo" + "bar").length
```

여기서 length는 String에서 Int로 가는 모노이드 구조를 보존하는 함수다. 이런 함수를 모노이드 준동형사상(monoid homomorphism)이라고 한다(homomorphism이라는 영어 단어는 그리스어에서 온 말이다. homo는 '같다'는 뜻이고, morphe는 '모양'이라는 뜻이다). 두 모노이드 M과 N 사이에서 모노이드 준동형사상 f는 모든 x와 y 값에 대해 다음과 같은 일반적인 법칙을 만족시킨다.

```
M.combine(f(x), f(y)) == f(N.combine(x, y))
```

마찬가지 법칙이 String과 앞의 예제에서 정의한 WC 사이에 존재해야 한다.

이 특성은 라이브러리를 설계할 때 도움이 된다. 여러분의 라이브러리에 있는 두 타입이 모노이드를 사용하고 그 두 타입 사이에 함수가 존재한다면, 이런 함수가 모노이드 구조를 보존하는지 살펴보고 속성 기반 테스트를 사용해 모노이드 준동형사상 여부를 검사하는 게 좋은 생각이다.

때로는 두 모노이드 사이에 양방향으로 준동형사상이 존재할 수도 있다. 두 모노이드가 모노이드 동형사상(monoid isomorphism)(iso-는 '같다'는 뜻이다)을 만족하면 두 모노이드가 서로 합동(isomorphic)이라고 말한다. 두 모노이드 M과 N 사이에 모노이드 동형사상이 있다면, 이 두 모노이드에 대해 두 준동형사상 f(M->N으로의 준동형사상)와 g(N->M으로의 준동형사상)가 있고, 이 둘에 대해 f andThen g와 g andThen f가 모두 항등함수가 된다.

예를 들어, String과 Array<Char> 모노이드는 연결에 대해 합동이다. 두 불리언 모노이드 (false, ||)와 (true, &&)도 !(논리 부정) 연산을 통해 합동이다.

## 10.5 접을 수 있는 데이터 구조

3장에서는 List와 Tree 데이터 구조를 구현했으며 두 데이터 구조를 모두 접을 수 있었다. 이어서 5장에서는 List와 거의 같은 방식으로 접을 수 있는 지연 계산 데이터 구조인 Stream을 작성했다. 이들로는 충분치 않은 것처럼, 그 후에는 코틀린 Sequence에 대해 접기 연산을 추가했다.

이런 데이터 구조 중 하나를 사용해 데이터를 처리할 필요가 있는 코드를 작성할 경우에는 그 데이터 구조의 모양에 대해 신경 쓰지 않을 때가 많다. 그 구조가 트리든, 리스트든, 지연 계산을 하든, 즉시 계산을 하든, 난수 연산을 효율적으로 진행하든 관심이 없을 때가 있다.

예를 들어 정수로 가득 찬 어떤 구조가 있고, 모든 정수의 합을 구하고 싶다면 foldRight를 쓸 수 있다.

```
ints.foldRight(0) { a, b -> a + b }
```

이 코드를 볼 때는 int들이 모여 있는 타입에 대해 전혀 신경을 쓰지 않아야 한다. 그 타입이 Vector, Stream, List, 또는 foldRight를 제공하는 어떤 것일 수 있다. 이 코드에서는 foldRight를 제공하는 타입이라는 것만 관심의 대상이다. 모든 컨테이너 타입에 대해 다음과 같은 인터페이스를 사용함으로써 이런 공통점을 뽑아낼 수 있다.

```
interface Foldable<F> {        ◄── 인터페이스는 컨테이너를
                                    표현하는 F라는 타입을 선언함

    fun <A, B> foldRight(fa: Kind<F, A>, z: B, f: (A, B) -> B): B    ◄── Kind<F, A>는
                                                                         F<A>의 종류를 뜻함

    fun <A, B> foldLeft(fa: Kind<F, A>, z: B, f: (B, A) -> B): B

    fun <A, B> foldMap(fa: Kind<F, A>, m: Monoid<B>, f: (A) -> B): B

    fun <A> concatenate(fa: Kind<F, A>, m: Monoid<A>): A =
        foldLeft(fa, m.nil, m::combine)
}
```

Foldable 인터페이스는 Option, List, Stream 등과 같은 임의의 컨테이너를 표현하는 제네릭 타입 F를 선언한다. 그리고 새로 Kind<F, A>라는 제네릭 타입을 볼 수 있다. 이 타입은 F<A>라는 타입을 표현한다. 코틀린 타입 선언에서는 제네릭 타입 변수를 여러 수준에 걸쳐 내포시킬 수 없으므로 애로우는 Kind를 통해 바깥쪽 컨테이너가 F이고 안쪽 원소가 A인 컨테이너 타입이라고 선언한다. 다른 함수를 인자로 받는 함수를 고차 함수라고 부르는 것처럼, Foldable 같은 타입을 고차 타입 생성자higher-order type constructor나 고류 타입higher-kinded type이라고 한다.[5]

**고류 타입과 코틀린**

객체지향 경험이 있는 프로그래머라면 생성자가 무엇인지 알고 있을 것이다. 특히, 값 생성자는 다른 값(객체)을 '생성'하기 위해 값을 적용할 수 있는 메서드나 함수를 의미한다. 이와 비슷하게 타입 생성자(type constructor)도 있다. 타입 생성자는 타입을 적용해 다른 타입을 만들어낼 수 있는 타입이다. 이런 구성을 고류 타입이라고 한다.

예를 들어 Foldable 인터페이스를 살펴보자. 이 인터페이스의 새 인스턴스로는 ListFoldable을 선언한다. ListFoldable은 List 타입에 대한 Foldable이다. 정확한 상황을 의사코드로 표현해보자.

```
interface Foldable<F<A>> {
    // 추상 메서드들
}

object ListFoldable : Foldable<List<A>> {
    // A에 의해 파라미터화된 메서드 구현들
}
```

자세히 살펴보면, 이는 예상했던 것만큼 단순하지 않다. 우리는 F<A>의 Foldable을 만들어내는 타입 생성자를 다룬다. 이때 F<A>는 List<A>일 수도 있고, Stream<A>나 Option<A>일 수도 있으며, 다른 어떤 (A에 의해 파라미터화된) 타입일 수도 있다. F와 A라는 두 단계의 제네릭스를 다뤄야 한다는 점을 확인하라(구체적으로 구현에서는 List<A>였다). 이런 식으로 종류(kind)를 내포시키는 것은 코틀린에서 표현될 수 없으며 컴파일이 실패한다.

고류 타입은 코틀린이나 자바 같은 언어는 지원하지 않는 고급 언어 기능이다. 이런 제약이 미래에는 달라질 수도 있지만, 애로우 팀은 이와 같은 상황을 우회하는 임시적인 방법을 제공한다. 부록 C는 애로우가 어떻게 이 문제를 해결해 코틀린에서 고류 타입을 지원하게 하는지 살펴본다.

|**노트**| 다시 말하지만, 코틀린에서는 고류 타입을 직접 기술할 수 없다. 따라서 애로우를 사용해 이를 가능하게 해야 한다. 더 진행하기 전에 부록 C를 읽고 꼭 이해하길 바란다. 이후 모든 내용은 이 지식을 배경으로 구축된다.

---

5    이 책에서는 high order를 '고차', higher kind를 '고류', kind를 '종류'라고 번역한다. – 옮긴이

Foldable<F> 인터페이스에서 foldLeft, foldRight, foldMap을 서로를 바탕으로 구현하라. 각 함수를 서로를 바탕으로 구현하면 순환 참조라는 바람직하지 않은 결과가 생긴다는 점에 유의하라. 이 문제는 연습문제 10.13에서 해결한다.

```
interface Foldable<F> {

    fun <A, B> foldRight(fa: Kind<F, A>, z: B, f: (A, B) -> B): B =

        SOLUTION_HERE()

    fun <A, B> foldLeft(fa: Kind<F, A>, z: B, f: (B, A) -> B): B =

        SOLUTION_HERE()

    fun <A, B> foldMap(fa: Kind<F, A>, m: Monoid<B>, f: (A) -> B): B =

        SOLUTION_HERE()
}
```

앞의 예제에서 만든 Foldable<F> 인터페이스를 사용해 Foldable<ForList>를 구현하라.[6]

```
object ListFoldable : Foldable<ForList>
```

3장에서 이진 트리를 구현했던 것을 기억하라. 이제 Foldable<ForTree>를 구현하라. 이 코드가 작동하게 하려면 Foldable에서 foldMap만 오버라이드하면 된다. 이렇게 함으로써

---

6   갑자기 ForList가 등장했다. 앞의 노트에서 저자가 말한 것처럼 부록 C를 읽고 ForList에 대해 이해한 후 연습문제를 풀어라. - 옮긴이

Foldable이 제공하는 foldLeft와 foldRight가 여러분의 새 foldMap 구현을 사용하게 된다.

접을 수 있는 버전의 Tree는 ForTree 및 TreeOf와 더불어 10장 연습문제의 틀을 제공한다.[7]

```
object TreeFoldable : Foldable<ForTree>
```

---

**반군과 모노이드의 관계**

3부를 모노이드로 시작한 이유는 모노이드가 단순하고 이해하기 쉽기 때문이다. 단순성에도 불구하고 모노이드를 더 작은 단위로 나눌 수 있는데, 이 단위를 반군(세미그룹(semigroup))이라고 한다.

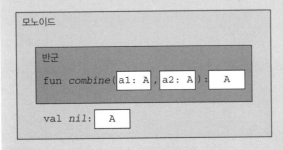

반군은 모노이드에서 콤비네이터적인 요소를 포함

이미 배운 것처럼, 모노이드는 두 값을 조합하는 combine과 빈 nil 값이라는 두 가지 연산으로 정의된다. 두 값을 조합하는 연산을 반군이라고 하며 다음과 같이 정의할 수 있다.

```
interface Semigroup<A> {
    fun combine(a1: A, a2: A): A
}
```

즉, 모노이드는 반군과 nil 값 연산을 조합한 것이며 다음과 같이 표현할 수 있다.

```
interface Monoid<A> : Semigroup<A> {
    val nil: A
}
```

---

7   ForTree와 TreeOf는 애로우가 @higherkind에 대해 생성해주는 코드에 포함돼 있다. – 옮긴이

> 반군을 직접 사용하지는 않지만,[8] 여전히 모노이드가 가장 단순한 대수 구조가 아니라는 사실을 알아
> 두면 좋다.

---

**연습문제 10.15**

Foldable<ForOption>의 인스턴스를 작성하라.

```
object OptionFoldable : Foldable<ForOption>
```

---

**연습문제 10.16**

모든 Foldable 구조를 List로 만들 수 있다. Foldable<F>에 있는 메서드를 활용해 Foldable<F>
안에 toList 메서드를 작성하라.

```
fun <A> toList(fa: Kind<F, A>): List<A> =

    SOLUTION_HERE()
```

---

## 10.6 모노이드 합성하기

지금까지 다룬 모노이드는 자기 완결적이었으며 다른 모노이드에 대해 자신의 기능을 의존
하지 않았다. 이번 절에서는 다른 모노이드를 통해 자신의 기능을 구현하는 모노이드를 다
룬다.

　모노이드 자체만 살펴볼 때 그 응용은 상당히 제한적이다. 다음 단계로는 모노이드와
다른 모노이드를 조합해 더 쓸모 있게 사용하는 방법을 살펴본다. 모노이드를 내포시키거
나 합성해서 여러 모노이드를 조합할 수 있다.

---

8　반군은 집합과 그 집합에 대해 닫힌 연산(이 책에서는 combine이라고 부름)으로 구성되는데, 이들만으로 무언가 쓸모 있
　는 추상성을 얻기는 어렵다. 반면 모노이드는 항등원이 추가되면서 더 풍부한 적용(예: 접기)이 가능하다. – 옮긴이

Monoid 추상 자체는 그렇게 끌리지 않고 더 일반화한 foldMap이 있어야 좀 더 흥미를 끌 뿐이다. 모노이드의 실제 능력은 이들을 합성할 수 있다는 데서 나온다. 다른 말로, 두 타입 A와 B가 모두 모노이드라면 이들을 합성해 Pair<A, B>의 모노이드를 새로 얻을 수 있다. 이런 모노이드 합성을 두 모노이드의 곱$^{product}$이라고 한다.

---

**연습문제 10.17**

두 모노이드를 합성해 productMonoid를 구현하라. A.combine과 B.combine에 대해 결합 법칙이 성립하는 한, 여러분의 combine 구현에도 결합 법칙이 성립해야 한다.

```
fun <A, B> productMonoid(
    ma: Monoid<A>,
    mb: Monoid<B>
): Monoid<Pair<A, B>> =

    SOLUTION_HERE()
```

---

## 10.6.1 더 복잡한 모노이드 조립하기

모노이드를 확장하는 한 가지 방법은 모노이드가 서로 의존하게 만드는 것이다. 이번 절에서는 다른 모노이드를 갖고 새로운 모노이드를 조립하는 방법을 살펴본다.

데이터 구조가 있을 때 그 데이터 구조의 각 요소를 이루는 타입이 모노이드를 형성하면 그 데이터 구조도 모노이드를 형성한다. 예를 들어, 값 타입이 모노이드인 경우 키-값 쌍으로 이뤄진 Map을 병합한 모노이드가 있다.

**리스트 10.3 다른 모노이드를 사용해 맵을 결합시켜주는 모노이드**

```
fun <K, V> mapMergeMonoid(v: Monoid<V>): Monoid<Map<K, V>> =
    object : Monoid<Map<K, V>> {
        override fun combine(a1: Map<K, V>, a2: Map<K, V>): Map<K, V> =
            (a1.keys + a2.keys).foldLeft(nil, { acc, k ->
                acc + mapOf(
                    k to v.combine(
```

```
                    a1.getOrDefault(k, v.nil),
                    a2.getOrDefault(k, v.nil)
            )
        )
    })

    override val nil: Map<K, V> = emptyMap()
}
```

이 mapMergeMonoid 콤비네이터를 다음과 같이 사용하면 이제 복잡한 모노이드를 빠르게 조립할 수 있다.

```
val m: Monoid<Map<String, Map<String, Int>>> =
    mapMergeMonoid<String, Map<String, Int>>(
        mapMergeMonoid<String, Int>(
            intAdditionMonoid
        )
    )
```

이를 활용해 추가적인 프로그래밍을 하지 않아도 내포된 식을 모노이드를 사용해 조합할 수 있다.

```
>>> val m1 = mapOf("o1" to mapOf("i1" to 1, "i2" to 2))
>>> val m2 = mapOf("o1" to mapOf("i3" to 3))

>>> m.combine(m1, m2)

res0: kotlin.collections.Map<kotlin.String,kotlin.collections.Map<
    kotlin.String, kotlin.Int>> = {o1={i1=1, i2=2, i3=3}}
```

모노이드를 내포시킴으로써, 이제는 내포된 데이터 구조를 한 명령을 사용해 병합할 수 있다. 다음으로는 함수를 모노이드로 내놓는 모노이드를 살펴본다.

**연습문제 10.18**

결과가 모노이드인 함수에 대한 모노이드 인스턴스를 작성하라.

```
fun <A, B> functionMonoid(b: Monoid<B>): Monoid<(A) -> B> =

    SOLUTION_HERE
```

---

**연습문제 10.19**

백$^{bag}$은 집합과 비슷하지만, 원소를 맵에 저장한다는 점이 다르다. 이 맵은 각 원소를 키로, 그 원소가 백 안에 몇 개나 들어 있는지를 값으로 표현한다. 예를 들면 다음과 같다.

```
>>> bag(listOf("a", "rose", "is", "a", "rose"))

res0: kotlin.collections.Map<kotlin.String, kotlin.Int> = {a=2, rose=2, is=1}
```

모노이드를 사용해 List<A>로부터 백을 만드는 함수를 작성하라.

```
fun <A> bag(la: List<A>): Map<A, Int> =

    SOLUTION_HERE()
```

---

## 10.6.2 순회 융합을 위해 합성한 모노이드 사용하기

때로는 여러 계산을 리스트에 적용해야 하므로 결과를 얻으려면 여러 번 순회를 해야 할 때도 있다. 이번 절에서는 모노이드를 사용해 순회를 한 번만 하면서 이런 계산을 동시에 수행하는 방법을 설명한다.

여러 모노이드를 하나로 합성할 수 있다. 이 말은 데이터 구조를 접으면서 여러 계산을 수행할 수 있다는 뜻이다. 예를 들어 리스트 원소의 평균을 얻기 위해 리스트의 길이와 합계를 동시에 계산할 수 있다.

```
>>> val m = productMonoid<Int, Int>(intAdditionMonoid, intAdditionMonoid)
>>> val p = ListFoldable.foldMap(List.of(1, 2, 3, 4), m, { a -> Pair(1, a) })

res0: kotlin.Pair<kotlin.Int, kotlin.Int> = (4, 10)

>>> val mean = p.first / p.second.toDouble()
>>> mean

res1: kotlin.Double = 0.4
```

productMonoid와 foldMap을 사용해 모노이드를 조립하는 것은 지루할 수 있다. foldMap 의 매핑 함수와 별도로 Monoid를 구성하고, 바로 앞 코드에서처럼 수동으로 이들을 서로 '맞아떨어지게' 만들어줘야 한다는 것이 문제다. 더 나은 방법은 이런 합성 모노이드를 더 쉽게 조립할 수 있는 콤비네이터 라이브러리를 만드는 것이다. 이런 라이브러리는 병렬화될 수 있는 복잡한 계산을 정의하고 한 번의 패스pass로 이를 실행할 수 있다. 이런 라이브러리는 이번 장의 범위를 벗어나지만 분명히 여러분을 매혹시킬 만한 흥미로운 프로젝트다.

3부의 목표는 더 추상적인 구조에 익숙해지고 이런 구조를 알아볼 수 있는 능력을 키우게 하는 것이다. 이번 장에서는 가장 단순한 순수 대수적 추상화인 모노이드를 살펴봤다. 모노이드를 발견할 수 있게 되면, 여러분의 라이브러리에서 모노이드적인 구조를 활용하는 기회를 자주 가질 수 있다. 결합성이라는 속성은 Foldable 데이터 타입을 접을 수 있게 해주며, 이를 병렬로 수행할 수 있는 유연성도 제공한다. 모노이드는 합성적이기도 하다. 따라서 모노이드를 사용해 선언적이고 재사용 가능한 방법을 통해 접기 연산을 조합할 수 있다.

Monoid는 처음으로 살펴본 순수 추상 대수로, 오직 추상적인 연산과 연산을 통제하는 법칙에 의해 정의된다. 인자 타입이 모노이드를 형성한다는 사실을 제외하고는 인자에 대해 어떤 정보도 없는 경우에도 여전히 유용한 함수를 작성할 수 있다는 사실을 살펴봤으며, 이런 추상적인 사고방식을 3부의 나머지 부분에서 계속 훈련할 것이다. 또한 다른 순수 대수적 인터페이스를 논의하면서 이들이 이 책을 통해 계속 반복적으로 볼 수 있었던 공통 패턴을 어떻게 캡슐화해주는지 살펴볼 것이다.

## 요약

- 순수 대수적 구조는 다형적 함수를 작성할 때 법칙을 강제하기 위해 선언적으로 추상화된 법칙을 말한다.

- 모노이드는 결합 법칙과 항등원 법칙을 유지하는 대수 구조를 말하며, 어떤 타입과 이 두 가지 법칙을 만족하는 연산으로 이뤄진다.

- 모노이드 연산은 접기 연산과 밀접히 연관돼 있으며, 접기 연산을 사용해야 하는 경우 가장 흔히 쓰인다.

- 균형 잡힌 접기는 병렬화 시 아주 효율적이며 모노이드에 자연스럽게 들어맞는다.

- 고류 타입은 추상화된 연산을 사용해 다양한 구현에 걸쳐 코드 재사용을 더 잘할 수 있게 해준다. 고류 타입은 다른 타입을 인자로 받아서 새로운 타입을 만들어주는 타입이다.

- 모노이드를 합성해서 더 복잡한 모노이드적인 구조를 표현하는 곱을 형성할 수 있다.

- 여러 연산을 합성한 모노이드를 통해 동시에 적용할 수 있다. 이를 통해 불필요한 리스트 순회를 없앨 수 있다.

# 11

# 모나드와 펑터

**11장에서 다루는 내용**

- map 연산을 일반화해 펑터를 정의한다.
- 펑터를 적용함으로써 범용으로 쓸 수 있는 메서드를 파생시킨다.
- 펑터 법칙을 다시 살펴보고 형식화한다.
- 모나드를 이루는 콤비네이터를 정의한다.
- 모나드를 통제하는 법칙을 증명한다.

모나드[monad]라는 단어를 듣고 식은땀을 흘린 독자들이(저자들을 포함해) 많을 것이다. 우리는 상아탑에 있는, 실제와 완전히 단절된 사람들이 탑 밖의 현실 세계에 있는 모든 인류를 경멸하듯이 내려다보는 모습을 선명히 상상할 수 있다. 또한 상아탑에 갇힌 사람들이 현실 세계에서는 거의 아무 의미도 없는 학문적인 개념을 중얼거리는 것을 듣는다.

모나드라는 단어를 그런 식으로 사용한 사람이 많이 있음에도 불구하고, 이런 생각이 실제와는 다르다는 사실을 여러분에게 보여주고 싶다. 모나드라는 개념은 실용적이며 코드를 작성하는 방식을 바꿔줄 수 있다. 모나드와 모나드의 친척인 펑터[functor][1]는 카테고리 이

---

1 모나드는 적절한 역어가 없고 펑터는 수학에서 '함자(函子)'라는 용어로 번역하지만, 모나드나 모노이드와 마찬가지로 그냥 '펑터'라고 음차하기로 했다. 한편 펑터의 발음 기호는 /ˈfʌŋktə(r)/로, 펑터에 있는 nc의 발음은 function의 nc와 같다. function의 발음을 소리 나는 대로 적을 때 '펑크션'이라고 적는 경우는 거의 없으므로 functor도 '펑터'라고 적는다. – 옮긴이

론의 학문적인 뿌리에서 비롯됐다. 그럼에도 이들의 실용적인 본성을 배우고 이들에 대해 두려워할 것이 없다는 사실을 깨닫게 될 것이다.

이번 장은 불길한 모나드의 신비를 벗겨준다. 이번 장에서 다루는 내용을 다 이해하고 나면, 모나드가 무엇인지와 매일매일의 프로그래밍 도전에 모나드를 어떻게 실용적으로 적용할 수 있는지에 대한 생생한 지식을 갖추게 된다. 아마도 이 책에서 배울 수 있는 가장 중요한 내용일 것이다.

10장에서는 간단한 대수적 구조인 모노이드를 다뤘다. 모노이드는 완전히 추상적인, 순수 대수적 인터페이스의 한 가지 예다. 이런 구조는 타입 클래스라고도 알려져 있다. 순수 대수적 인터페이스는 객체지향과 다른 방식으로 인터페이스에 대해 생각할 수 있게 해준다. 이는 유용한 인터페이스를 법칙에 의해 연관된 연산의 모음만 갖고 정의할 수 있다는 뜻이다.

이번 장은 이런 사고방식을 계속 진행해 1부와 2부에서 다뤘던 라이브러리의 코드 중복을 제거하는 문제를 다룬다. 두 가지 추상 인터페이스인 Monad와 Functor를 발견하고, 코드에서 이 두 가지 유형의 추상적인 구조를 찾아내는 경험을 쌓아보자.

## 11.1 펑터

이번 장의 초점은 모나드다. 하지만 모나드에 대해 완전히 이해하기에 앞서, 모나드가 의존하는 펑터라는 용어를 먼저 살펴볼 필요가 있다. 10장에서는 모노이드가 반군이며 반군에 몇 가지 기능을 덧붙인 것이라는 사실을 배웠다. (반군은 같은 타입의 두 값을 조합할 수 있는 능력을 정의한다. 모노이드는 이 정의에 빈 값 또는 nil 값을 추가한다.) 모나드와 펑터의 관계는 모노이드와 반군의 관계처럼 깔끔하지는 않지만, 보통은 모나드가 펑터라고 이야기할 수 있다. 이런 이유로 이번 절은 우선 펑터가 무엇인지와 펑터를 적용하는 방법을 이해하도록 돕는다. 일단 이런 기초를 쌓고 나면 자신감을 갖고 모나드라는 영역으로 전진할 수 있다.

### 11.1.1 map 함수를 일반화해 펑터 정의하기

1부와 2부에서는 여러 다른 콤비네이터 라이브러리를 구현했다. 각 경우에 작은 기본 연산 집합을 작성하고 순전히 이런 기본 연산만을 사용해 정의한 콤비네이터를 몇 가지 구현했으며, 작성하는 라이브러리들에서 파생된 콤비네이터들 사이에 어떤 유사성을 발견할 수 있었다. 예를 들어, 함수를 끌어올리기 위해 map 함수를 구현했다. 이 함수는 인자를 어떤 데이터 타입의 '문맥 안에서' 변환한다. 예를 들어 Option, Gen, Parser의 경우 타입 시그니처는 다음과 같았다.

```
fun <A, B> map(ga: Option<A>, f: (A) -> B): Option<B>

fun <A, B> map(ga: Gen<A>, f: (A) -> B): Gen<B>

fun <A, B> map(ga: Parser<A>, f: (A) -> B): Parser<B>
```

이런 타입 시그니처는 단지 구체적인 데이터 타입(Option, Gen, Parser 등)만 다르며, 이런 map을 구현하는 데이터 타입이라는 아이디어를 Functor라는 코틀린 인터페이스로 담을 수 있다.

**리스트 11.1 map 기능을 정의하는 Functor 인터페이스**

```
interface Functor<F> {
    fun <A, B> map(fa: Kind<F, A>, f: (A) -> B): Kind<F, B>
}
```

여기서는 map을 타입 생성자 Kind<F, A>에 대해 파라미터화한다. 이런 방식은 10장에서 Foldable에 했던 방식과 비슷하다. 타입 생성자를 타입에 적용하면 새로운 타입이 생긴다는 사실을 기억하라. List 타입의 값은 없지만, Int 타입에 대해 타입 생성자를 적용함으로써 List<Int> 타입을 얻을 수 있다. 비슷하게 Parser를 String에 적용하면 Parser<String>을 얻을 수 있다. Gen<A>나 Parser<A>와 비슷하게 특정 Kind<F, A>를 선택하는 대신 Functor 인터페이스는 무엇을 F로 선택하느냐에 따라 파라미터화돼 있다. 다음은 List에 적용할 수 있는 경우다.

```
val listFunctor = object : Functor<ForList> {
    override fun <A, B> map(fa: ListOf<A>, f: (A) -> B): ListOf<B> =
        fa.fix().map(f)
}
```

> |**노트**| 10장과 마찬가지로, 코틀린에서 고류 타입을 표현하기 위해 Kind 타입과 그와 연관된 기반 코드에 의존한다. 이들의 세부 사항을 이해하려면 10장을 참조하길 바란다.

List(또는 Option이나 F) 같은 타입 생성자는 펑터라고 말하고, Functor<F> 인스턴스는 F가 펑터라는 증명으로 이뤄진다고 말한다. 이 추상화를 갖고 무슨 일을 할 수 있을까? 이 인터페이스의 연산을 순수하게 대수적인 방식으로 갖고 놀기만 하면 유용한 함수를 찾아낼 수 있다. map만 갖고 어떤 귀중한 연산을 정의할 수 있는지 살펴보자. 예를 들어 F<Pair<A, B>>가 있고 F가 펑터라면, Pair<F<A>, F<B>>를 얻기 위해 F를 Pair에 대해 '분배'할 수 있다.

```
fun <A, B> distribute(
    fab: Kind<F, Pair<A, B>>
): Pair<Kind<F, A>, Kind<F, B>> =
    map(fab) { it.first } to map(fab) { it.second }
```

단지 타입만 따라가면 이런 함수를 작성할 수 있었다. 하지만 List, Gen, Option 등의 구체적인 데이터 타입에 대해 이 함수가 어떤 뜻인지 생각해보자. 예를 들어, List<Pair<A, B>>에 대해 distribute를 적용하면 길이가 같은 두 리스트를 얻는다. 이때 한 리스트는 A로 이뤄져 있고, 다른 한 리스트는 B로 이뤄져 있다. 이런 연산을 때로 언집<sup>unzip</sup>이라고 한다. 따라서 리스트뿐 아니라 모든 펑터에 대해 작동하는 일반적인 언집 함수를 작성했다!

곱에 대해 이런 연산이 가능하다면, 합이나 쌍대곱<sup>coproduct</sup>에 대해 작동하는 반대 연산을 구성할 수도 있어야 한다. 쌍대곱은 서로소 합집합<sup>disjoint union</sup>(지금까지 본 타입 중에서는 Either)에 대해 정의된 카테고리 이론 용어다. 우리의 경우 종류의 쌍대곱이 주어지면, 쌍대곱의 종류를 돌려받을 수 있어야 한다. 이를 codistribute라고 한다.

```
fun <A, B> codistribute(
    e: Either<Kind<F, A>, Kind<F, B>>
): Kind<F, Either<A, B>> =
    when (e) {
        is Left -> map(e.a) { Left(it) }
        is Right -> map(e.b) { Right(it) }
    }
```

Gen에 대해 codistribute가 어떤 의미일까? A의 생성기나 B의 생성기가 있다면, 실제로 갖고 있는 생성기의 종류에 따라 A나 B 중 하나를 생성해내는 생성기를 구성할 수 있다는 뜻이다.

방금 Functor라는 추상적 인터페이스만을 바탕으로 일반적이고 잠재적으로 유용할 수 있는 두 가지 콤비네이터를 만들었다. 이들을 map 구현을 지원하는 모든 타입에 대해 재사용할 수 있다.

## 11.1.2 법칙의 중요성과 펑터에 대한 관계

Functor 같은 추상을 만들 때마다 그 추상에 존재해야만 하는 추상 메서드와 이런 메서드에 대한 구현이 준수해야만 하는 법칙에 대해 생각해봐야 한다. 추상화에 대해 여러분이 만들어낸 법칙은 온전히 여러분의 손에 달려 있다. 다만, 코틀린은 구현이 이런 법칙을 지키도록 여러분 대신 강제해주지는 않는다. 펑터나 모노이드와 같이 기존의 수학적인 추상화 이름을 빌렸다면, 수학에서 해당 추상화에 대해 존재하는 법칙을 사용할 것을 권장한다. 두 가지 이유에서 법칙이 중요하다.

- 법칙은 인터페이스가 새로운 의미 수준을 형성하게 해준다. 이 의미 수준 안에서 인스턴스와 독립적으로 대수에 대한 추론이 가능하다. 예를 들어 Monoid<A>와 Monoid<B>의 곱이 Monoid<Pair<A,B>>라는 형태로 있다면, 모노이드 법칙으로부터 이렇게 융합시킨 모노이드 연산도 교환적이라는 사실을 이끌어낼 수 있다. 이런 결론을 내리기 위해 A나 B 타입에 대해 아무것도 알 필요가 없다.
- 구체적 수준에서는 Functor 같은 추상 인터페이스의 함수로부터 파생된 여러 가지

콤비네이터를 작성할 때 종종 법칙에 의존할 수 있다. 이번 절에서는 이에 대한 예제를 살펴볼 것이다.

Functor에 대해서는 7장에서 Par 데이터 타입에 대해 소개했던 법칙과 비슷한 법칙을 정할 것이다. 이 법칙은 map 콤비네이터와 항등함수 사이의 관계를 다음과 같이 규정한다.

---

**리스트 11.2** map과 항등함수 사이의 관계에 대한 Functor 법칙

```
map(x) { a -> a } == x
```

다른 말로, 어떤 구조 x에 대해 항등함수를 매핑하면 그 구조 자신이 돼야 한다. 이 법칙은 꽤 당연해 보인다. Par 외에 Gen이나 Parser 등의 타입에 정의된 map 함수도 이 법칙을 만족한다는 사실을 살펴봤다. 이 법칙은 map(x)가 x의 '구조를 보존'해야 한다는 요구 사항을 잡아낸다. 이 법칙을 만족하는 구현은 예외를 던지거나, List의 첫 번째 원소를 제거하거나, Some을 None으로 변환하거나 하는 등의 이상한 일을 하지 못하도록 제한한다. 오직 원본 구조의 원소들만 map에 의해 변경되며, 구조 자체나 모양은 영향을 받지 않고 남는다. 이 법칙이 List, Option, Par, Gen과 그 외 map을 정의하고 있는 대부분의 다른 데이터 타입에 대해 성립한다는 점을 알라!

이런 구조의 보존을 보여주는 예로, 앞에서 정의한 distribute나 codistribute를 살펴보자. 다음은 이에 대한 시그니처를 보여준다.

```
fun <A, B> distribute(
    fab: Kind<F, Pair<A, B>>
): Pair<Kind<F, A>, Kind<F, B>>

fun <A, B> codistribute(
    e: Either<Kind<F, A>, Kind<F, B>>
): Kind<F, Either<A, B>>
```

F가 펑터라는 사실 외에는 F에 대해 아는 내용이 없으므로, 법칙이 우리에게 반환된 값이 인자와 똑같은 모양일 것임을 확신시켜준다. distribute에 대한 입력이 쌍으로 이뤄진 리스트라면 반환된 리스트의 쌍은 입력과 똑같은 길이일 것이며, 서로 상응하는 원소가 같

은 위치에 나타날 것이다. 이 법칙은 이런 속성에 대해 별도의 테스트를 작성할 필요가 없음을 의미하므로, 이런 식의 대수적 추론은 많은 일을 덜어준다.

## 11.2 모나드: flatMap과 unit 함수 일반화하기

이제 Functor와 그 적용법을 좀 더 잘 이해했고, Monoid와 마찬가지로 Functor도 우리 라이브러리에서 별도로 묶을 수 있는 여러 가지 추상화 중 하나에 지나지 않는다는 사실을 알았다. 하지만 Functor가 가장 매력적인 추상화는 아니다. 순수하게 map만 갖고 정의할 수 있는 실용적인 연산이 많지 않기 때문이다.

대신에 좀 더 흥미로운 인터페이스인 Monad에 초점을 맞춰보자. 모나드는 Functor에 기능을 더 추가해준다. 이 인터페이스를 사용하면 펑터만 갖고 할 수 있는 연산보다 훨씬 더 많은 연산을 구현할 수 있으며, 각 연산은 해당 연산이 없었더라면 중복적으로 작성해야 했을 코드를 하나로 묶을 수 있게 해준다. 모나드에도 우리 라이브러리에서 모나드에 대해 어떤 동작을 예상할 수 있는지 추론할 수 있게 해주는 여러 법칙이 따라온다.

이 책의 여러 데이터 타입에 대해 2개의 파라미터를 받는 함수를 끌어올리는 map2를 구현했다는 사실을 기억하라. Gen, Parser, Option의 경우 map2 함수를 다음과 같이 구현할 수 있었다.

---

리스트 11.3 Gen, Parser, Option의 map2 구현

```
fun <A, B, C> map2(
    fa: Gen<A>,
    fb: Gen<B>,
    f: (A, B) -> C
): Gen<C> =
    flatMap(fa) { a -> map(fb) { b -> f(a, b) } }
```

난수 생성기 fa와 fa를 실행하는 난수 C의 생성기를 만듦. 이때 C의 결과는 fa와 fb의 결과를 f로 조합한 값임

```
fun <A, B, C> map2(
    fa: Parser<A>,
    fb: Parser<B>,
    f: (A, B) -> C
): Parser<C> =
```

파서 fa와 fa의 결과를 함수 f로 조합한 C를 내놓는 파서를 만듦

```
    flatMap(fa) { a -> map(fb) { b -> f(a, b) } }

fun <A, B, C> map2(
    fa: Option<A>,
    fb: Option<B>,
    f: (A, B) -> C                 옵션 fa와 fa의 값이 모두 존재할 때
                                    두 값을 함수 f로 조합함.
): Option<C> =                      그렇지 않으면 None
    flatMap(fa) { a -> map(fb) { b -> f(a, b) } }
```

각 함수는 이름 말고도 일치하는 부분이 많다. 데이터 타입에 대해 연산을 적용한다는 점을 제외하면 서로 아무 관계가 없음에도 구현이 서로 동등하다! 차이가 나는 부분은 연산을 적용하는 대상 데이터 타입뿐이다. 이로부터 지금까지 계속 제공한 힌트가 명확해진다. 즉, 이들은 더 일반적인 패턴의 구체적인 인스턴스며, 이런 패턴을 활용해 반복을 피할 수 있어야 한다. 예를 들어, map2를 단 한 번만 작성하고 이런 모든 데이터 타입에 대해 재사용할 수 있어야 한다.

여기서는 함수와 파라미터 이름을 일관성 있게 붙이고 인자 순서를 똑같이 만드는 등의 노력을 기울여서 패턴이 특히 더 잘 눈에 띄게 만들었다. 여러분의 경우 매일매일 수행하는 작업에서 이런 중복을 찾기가 좀 더 어려울 수 있다. 하지만 라이브러리를 더 많이 작성하면 작성할수록 더 잘 공통 추상화로 뽑아낼 수 있는 패턴을 식별할 수 있게 된다.

### 11.2.1 모나드 인터페이스 소개

모나드는 어디에나 있다! 사실 Parser, Gen, Par, Option은 물론 지금까지 살펴본 여러 다른 데이터 타입을 하나로 통합하는 것이 모나드다. Foldable과 Functor에서 했던 것처럼, map2와 다른 여러 함수를 구체적인 타입마다 중복해 정의할 필요 없이 코틀린 인터페이스로 Monad를 단 한 번 선언할 수 있다.

2부에서는 개별 데이터 타입을 살펴보면서 기본 연산의 최소 집합을 찾고 그로부터 여러 도움이 되는 콤비네이터를 파생시켰다. 마찬가지 작업을 여기서는 소수의 기본 연산이 들어 있는 추상 인터페이스를 정의해서 한다.

먼저 새로운 인터페이스를 정의하는 것부터 시작하자. 지금 당장은 이를 Mon이라고 부

를 것이다. 언젠가는 map2를 Mon 안에 선언하게 되리라는 사실을 알고 있으므로 여기서 미리 map2를 정의하자.

리스트 11.4  map2를 넣어두기 위한 집인 Mon 인터페이스 정의하기

```
interface Mon<F> {

    fun <A, B, C> map2(           Kind<F, A>를 사용해
        fa: Kind<F, A>,           F<A>를 표현함
        fb: Kind<F, B>,
        f: (A, B) -> C            F의 문맥에서 flatMap과 map이 정의되지
                                  않았으므로 이 코드는 컴파일되지 않음
    ): Kind<F, C> =
        flatMap(fa) { a -> map(fb) { b -> f(a, b) } }
}
```

Mon 인터페이스는 고류 타입 F에 의해 파라미터화됨

이 예제에서는 map2의 구현을 취해서 Parser, Gen, Option을 Mon<F>에 있는 다형적인 F로 변경했다. 이런 식으로 F 종류를 참조할 때는 Kind 인터페이스를 사용한다. 하지만 다형적인 문맥에서 구현은 컴파일이 되지 않는다! 여기서는 F에 대해 아무것도 알지 못한다. 따라서 Kind<F, A>에 대해 flatMap이나 map을 하는 방법도 전혀 알 수 없다!

|노트| 여기서 타입 생성자 인자를 F로 부르기로 한 결정은 임의적이다. 이 인자를 Foo, w00t, Blah2 라고 부를 수도 있지만, 보통은 관습에 따라 타입 생성자 인자 이름으로 F, G, H 등과 같은 한 글자로 된 대문자를 부여한다. 가끔은 M, N, P, Q를 쓰기도 한다.

우리가 할 수 있는 일은 단지 Mon 인터페이스에 map과 flatMap을 추가하고 이들을 추상으로 유지하는 것이다. 이렇게 함으로써 이전처럼 map2와 map/flatMap 구현 사이의 일관성을 유지할 수 있다.

리스트 11.5  flatMap과 map 선언을 Mon에 추가하기

```
fun <A, B> map(fa: Kind<F, A>, f: (A) -> B): Kind<F, B>
fun <A, B> flatMap(fa: Kind<F, A>, f: (A) -> Kind<F, B>): Kind<F, B>
```

이런 변환은 약간 기계적이다. 우리는 map2의 구현을 살펴보고 이 함수가 호출하는 모

든 함수인 map과 flatMap을 인터페이스에 적절한 추상 메서드로 추가했다. 이 인터페이스는 이제 컴파일이 된다. 하지만 승리를 선언하고 Mon<List>, Mon<Parser>, Mon<Option> 등의 인스턴스를 정의하기에 앞서, 우리가 정의한 기본 연산 집합을 더 세분화할 수 있는지 살펴보자. 현재의 기본 연산은 map과 flatMap이며, 이 둘로부터 map2를 파생시킬 수 있었다. flatMap과 map은 최소한의 기본 연산 집합을 구성할까? map2를 구현한 모든 데이터 타입은 unit을 포함하는데, flatMap과 unit을 사용해 map을 구현할 수 있다는 사실은 알고 있다. 예를 들어 Gen에서는 다음과 같이 map을 정의할 수 있다.

```
fun <A, B> map(fa: Gen<A>, f: (A) -> B): Gen<B> =
    flatMap(fa) { a -> unit(f(a)) }
```

따라서 flatMap과 unit을 최소한의 기본 연산 집합으로 선택하자. 모든 데이터 타입을 이렇게 정의된 함수들을 포함하는 단일 개념하에 통일할 수 있다. 이런 인터페이스는 Monad라고 하고, flatMap과 map의 추상 정의를 포함하며, map과 map2에 대한 디폴트 구현을 우리의 추상 기본 연산을 사용해 제공한다.

**리스트 11.6 flatMap과 unit을 기본 연산으로 하는 Monad 선언**

```
interface Monad<F> : Functor<F> {          ◀── Monad는 map의 디폴트 구현을 제공하므로
                                               Functor를 구현할 수 있음

    fun <A> unit(a: A): Kind<F, A>

    fun <A, B> flatMap(fa: Kind<F, A>, f: (A) -> Kind<F, B>): Kind<F, B>

    override fun <A, B> map(
        fa: Kind<F, A>,
        f: (A) -> B
    ): Kind<F, B> =                         ◀── Functor에 있는 map을 명시적으로
        flatMap(fa) { a -> unit(f(a)) }         오버라이드해야 컴파일이 성공함

    fun <A, B, C> map2(
        fa: Kind<F, A>,
        fb: Kind<F, B>,
        f: (A, B) -> C
    ): Kind<F, C> =
```

```
        flatMap(fa) { a -> map(fb) { b -> f(a, b) } }
}
```

---

**모나드라는 이름의 의미**

Monad는 무엇으로든 부를 수 있다. 예를 들어 FlatMappable, Unicorn, Bicycle 등으로 부를 수도 있을 것이다. 하지만 모나드는 매일매일 사용하기에 가장 좋은 이미 사용되는 이름이다. 모나드라는 이름은 카테고리 이론에서 왔고, 카테고리 이론은 많은 함수형 프로그래밍 개념에 영향을 끼친 수학의 한 분야다. 모나드는 의도적으로 모노이드와 비슷한 이름으로 정해졌으며, 두 개념은 서로 아주 깊이 연관돼 있다.

---

이 타입을 구체적 데이터 타입과 묶는 예로, Gen을 위한 Monad 인스턴스를 구현할 수도 있다.

---

**리스트 11.7 구체적인 타입을 사용하는 Gen을 위한 Monad 인스턴스**

```
object Monads {

    val genMonad = object : Monad<ForGen> {          ◄──  ForGen은 고류 타입을 코틀린으로
                                                           표현할 때 부딪치는 제한을 우회하기 위해
                                                           사용하는 대리(surrogate) 타입임

        override fun <A> unit(a: A): GenOf<A> = Gen.unit(a)  ◄──
                                                                  GenOf⟨A⟩라는 타입 별명은
                                                                  Kind⟨ForGen, A⟩에 대한
                                                                  문법 설탕임
        override fun <A, B> flatMap(
            fa: GenOf<A>,
            f: (A) -> GenOf<B>
        ): GenOf<B> =
            fa.fix().flatMap { a: A -> f(a).fix() }  ◄──
    }                                                    Gen.flatMap과의 호환성을 위해
}                                                        모든 GenOf⟨A⟩를 fix() 확장 메서드를
                                                         사용해 Gen⟨A⟩로 다운캐스트함
```

flatMap과 unit만 구현할 필요가 있다. 이 두 메서드를 구현하면 아무 추가 비용 없이 map과 map2를 얻는데, Monad가 이 두 함수를 Functor에서 상속하기 때문이다. 우리는 Monad 인스턴스를 생성할 수 있는 모든 데이터 타입에 대해 이 두 메서드를 단 한 번만 (Functor 안에서) 구현했다! 하지만 단지 시작일 뿐이며, 앞으로 이런 식으로 구현할 수 있는 함수들이 훨씬 더 많이 있다.

Par, Option, List를 위한 모나드 인스턴스를 작성하라. 추가로 arrow.core.ListK와 arrow. core.SequenceK에 대한 모나드 인스턴스도 제공하라.

애로우가 제공하는 ListK와 SequenceK 타입은 각각의 타입에 대해 플랫폼별 List와 Sequence를 완전한 기능의 타입 생성자로 변환해준다.

```kotlin
object Monads {

    fun parMonad(): Monad<ForPar> =

        SOLUTION_HERE()

    fun optionMonad(): Monad<ForOption> =

        SOLUTION_HERE()

    fun listMonad(): Monad<ForList> =

        SOLUTION_HERE()

    fun listKMonad(): Monad<ForListK> =

        SOLUTION_HERE()

    fun sequenceKMonad(): Monad<ForSequenceK> =

        SOLUTION_HERE()
}
```

**어려움**: State는 모나드가 돼야 할 것처럼 보인다. 하지만 State에는 인자가 2개(S와 A) 있다. Monad를 구현하기 위해서는 인자가 단 하나뿐인 타입 생성자가 필요하다. State 모나드를 구현해보라. 어떤 문제에 부딪치는지 살펴보고, 어떻게 그 문제를 해결할 수 있을지 생각하

라. 이번 장의 뒷부분에서 이에 대한 해법을 논의할 것이다.

```
data class State<S, out A>(val run: (S) -> Pair<A, S>) : StateOf<S, A>
```

## 11.3 모나드적인 콤비네이터

모나드에 대한 기본 연산은 이미 정의했다. 이제 더 나아가, 이들을 사용해 구현할 수 있는 더 많은 콤비네이터를 찾아보자. 사실 이제는 이전 장들을 살펴보면서 모나드적인 데이터 타입을 사용해 어떤 다른 함수를 구현했는지 되돌아볼 수 있다. 이들 중 상당수는 한 번만 모든 모나드 타입에 대해 정의하면 되는 경우가 많다.

> **연습문제 11.3**
>
> 이제 sequence와 traverse 콤비네이터에 익숙할 것이다. 그리고 여러분이 구현한 이 두 함수의 구현은 서로 상당히 비슷할 것이다. 이들을 모든 Monad<F>에 대해 한 번만 정의하라.
>
> ```
> fun <A> sequence(lfa: List<Kind<F, A>>): Kind<F, List<A>> =
>
>     SOLUTION_HERE()
>
> fun <A, B> traverse(
>     la: List<A>,
>     f: (A) -> Kind<F, B>
> ): Kind<F, List<B>> =
>
>     SOLUTION_HERE()
> ```

Gen과 Parser에서 살펴봤던 콤비네이터로 listOfN이 있다. 이 콤비네이터는 생성기나 파서를 n번 반복해서, 길이가 n인 리스트에 대한 생성기나 파서를 만들어준다. 이 함수를 Monad 인터페이스에 추가하면, 모든 모나드 F에 대해 이 콤비네이터를 정의할 수 있다. 이 함수에 대해 replicateM과 같이 더 일반적인 이름을 부여할 수도 있는데, replicateM은 '모나드로 복제'를 뜻한다.

연습문제 11.4

Kind<F, List<A>>를 생성하는 replicateM을 구현하라. 이때 리스트의 길이 n을 추가 인자로 받는다.

```
fun <A> replicateM(n: Int, ma: Kind<F, A>): Kind<F, List<A>> =

    SOLUTION_HERE()

fun <A> _replicateM(n: Int, ma: Kind<F, A>): Kind<F, List<A>> =

    SOLUTION_HERE()
```

연습문제 11.5

replicateM이 다양한 F에 대해 어떻게 동작할지 생각해보라. 예를 들어 List 모나드에 대해 어떻게 작용할까? Option에 대해서는 어떨까? 수학적인 식이나 코드가 아니라 일상적인 말로 replicateM의 일반적인 의미를 표현하라.

우리 Parser 데이터 타입에는 product라는 콤비네이터가 있다. 이 콤비네이터는 두 파서를 받아서 쌍의 파서로 바꾼다. 이 product 콤비네이터는 map2를 사용해 구현했다. 이 콤비네이터도 모든 모나드 F에 대해 제네릭하게 작성할 수 있다.

**리스트 11.8 map2를 사용한 제네릭 product 구현**

```
fun <A, B> product(
    ma: Kind<F, A>,
    mb: Kind<F, B>
): Kind<F, Pair<A, B>> =
    map2(ma, mb) { a, b -> a to b }
```

지금까지 살펴본 콤비네이터만 일반화할 필요는 없으며, 새로운 해법을 탐구해볼 수 있는 자유를 가져야 한다.

연습문제 11.6

**어려움**: 여기 지금까지 살펴보지 못한 함수 예제가 있다. filterM을 구현하라. 이 함수는 filter와 비슷한데, (A) -> Boolean 형태의 함수를 받는 대신 (A) -> Kind<F, Boolean> 형태의 함수를 받는다. filter 같은 여러 일반 함수를 모나드적인 동등한 함수로 대치하면 흥미로운 결과를 얻게 되는 경우가 많다. 이 filterM 함수를 구현하라. 그리고 Par, Option, Gen 등의 여러 데이터 타입에 대해 이 함수가 어떤 의미인지를 생각해보라.

```
fun <A> filterM(
    ms: List<A>,
    f: (A) -> Kind<F, Boolean>
): Kind<F, List<A>> =

    SOLUTION_HERE()
```

여기서 살펴본 콤비네이터들은 단지 전체 라이브러리에서 Monad를 통해 단 한 번만 구현하면 되는 함수의 극히 일부에 지나지 않는다. 13장에서 더 많은 예제를 다룬다.

## 11.4 모나드 법칙

모나드나 펑터 같은 대수 개념은 이들을 정의하고 통제하는 법칙을 체화시킨 것이다. 이번 절에서는 Monad 인터페이스를 통제하는 법칙을 소개한다. 분명 펑터 법칙이 Monad에서도 성립하길 바랄 것이다. Monad<F>는 Functor<F>이기 때문이다. 하지만 다른 어떤 법칙을 기대할 수 있을까? flatMap과 unit에 대해 어떤 법칙이 성립해야만 할까? 짧게 말해, 다음 제약을 만족하는 몇 가지 법칙을 언급할 수 있다.

- 결합 법칙
- 왼쪽 항등원 법칙
- 오른쪽 항등원 법칙

이번 절에서는 각각을 살펴보면서 모나드에 대해 이들이 성립함을 증명할 것이다.

## 11.4.1 결합 법칙

첫 번째로 살펴볼 모나드 법칙은 결합 법칙으로, 연산의 순서에 대한 것이다. 예제를 통해 이를 살펴보자. 세 모나드 값을 하나로 조합한다면, 어느 두 값을 먼저 조합해야 할까? 조합하는 순서가 문제가 될까? 이 질문에 답하기 위해 추상화 수준을 잠시 낮춰서 Gen 모나드를 사용하는 간단하고 구체적인 예제를 살펴보자.

제품 주문 시스템을 테스트 중이고 테스트 픽스처fixture로 어떤 가짜 주문을 생성할 필요가 있다고 하자. 아마도 Order라는 데이터 클래스가 있고, 이 클래스에 대한 생성기generator가 있을 것이다.

---

**리스트 11.9  Item과 Order 테스트 픽스처 생성기 선언**

```
data class Order(val item: Item, val quantity: Int)
data class Item(val name: String, val price: Double)

val genOrder: Gen<Order> =
    Gen.string().flatMap { name: String ->        ◀── 난수 문자열 이름을 생성
        Gen.double(0..10).flatMap { price: Double ->    ◀── 0 이상 10 이하의 Double 타입 가격 생성
            Gen.choose(1, 100).map { quantity: Int ->    ◀── 1 이상 100 이하의
                Order(Item(name, price), quantity)          Integer 타입 수량 생성
            }
        }
    }
```

여기서는 Item을 한꺼번에 생성했지만, Item을 하나하나 따로 생성하고 싶을 때도 있을 것이다. 이를 자체적인 생성기로 뽑아낼 수 있다.

```
val genItem: Gen<Item> =
    Gen.string().flatMap { name: String ->
        Gen.double(0..10).map { price: Double ->
            Item(name, price)
        }
    }
```

이제는 이 생성기를 사용해 주문을 생성할 수 있다.

```
val genOrder2: Gen<Order> =
    Gen.choose(1, 100).flatMap { quantity: Int ->
        genItem.map { item: Item ->
            Order(item, quantity)
        }
    }
```

그리고 genOrder2와 genOrder는 정확히 같은 일을 해야 한다. 그렇지 않은가? 두 연산이 같은 일을 한다고 가정해도 안전할 것 같다. 하지만 너무 빨리 그런 결론을 내리지는 말라! 어떻게 이를 확신할 수 있을까? 두 코드는 완전히 똑같은 코드가 아니다!

genOrder 구현을 확장해 map과 flatMap 호출로 구현하면 어떤 일이 벌어지는지를 좀 더 잘 볼 수 있다.

```
val genOrder3: Gen<Order> =
    Gen.choose(1, 100).flatMap { quantity: Int ->
        Gen.string().flatMap { name: String ->
            Gen.double(0..10).map { price: Double ->
                Order(Item(name, price), quantity)
            }
        }
    }
```

이 구현을 리스트 11.8과 비교해보면, 이 둘이 동일하지 않음을 명확히 알 수 있다. 하지만 이 두 구현이 정확히 동일한 일을 한다고 가정하는 게 완전히 타당해 보이기는 한다. 연산 순서는 달라졌지만, 두 방식이 같은 결과를 내지 않는다면 아마도 놀랍고 이상한 일일 것이다. flatMap이 결합 법칙을 준수한다고 가정하기 때문이다.

```
x.flatMap(f).flatMap(g) ==
    x.flatMap { a -> f(a).flatMap(g) }
```

그리고 이 법칙은 모든 적절한 타입의 x, f, g에 대해 성립해야 한다. Gen뿐만 아니라 Parser, Option 또는 다른 모든 모나드에 대해 성립해야 한다.

## 11.4.2 구체적인 모나드에 대해 결합 법칙 증명하기

현재까지는 엄격하게 추상적인 수준에서만 작업을 진행했다. 하지만 실제 세계의 상황에서 결합 법칙이 어떤 영향을 끼친다는 말인가? 이 법칙을 이전에 다뤘던 데이터 타입에 적용할 수 있을까? 이를 알아내기 위해 Option에 대해 이 법칙이 성립함을 증명하자. 해야 할 일은 앞에서 본 등식의 x를 None이나 Some(v)로 치환하고 양변을 펼치는 것이다. x가 None인 경우를 먼저 살펴보자.

```
None.flatMap(f).flatMap(g) ==
    None.flatMap { a -> f(a).flatMap(g) }
```

None.flatMap(f)가 모든 f에 대해 None이므로 이 식을 다음과 같이 정리할 수 있다.

```
None == None
```

다른 말로 결합 법칙이 None에 대해 성립한다. 이제 x가 Some(v)일 때 임의의 v에 대해 결합 법칙이 성립하는지 확인해보자.

```
x.flatMap(f).flatMap(g) == x.flatMap { a -> f(a).flatMap(g) }      ◀── flatMap에 대한
                                                                         원래의 결합 법칙

Some(v).flatMap(f).flatMap(g) ==
    Some(v).flatMap { a -> f(a).flatMap(g) }     ◀── 양변의 x를 Some(v)로 치환


f(v).flatMap(g) == { a: Int -> f(a).flatMap(g) }(v)      ◀── 양변의 Some(v).flatMap(어떤 함수)을
                                                              함수에 v를 직접 적용한 식으로 치환
```

```
f(v).flatMap(g) == f(v).flatMap(g)  ◀━━ 우변의 람다를 v에 대해 적용해서
                                         양변이 같음을 증명
```

따라서 모든 v 값에 대해 x가 Some(v)일 때도 결합 법칙이 성립한다는 결론을 내릴 수 있다. 이로부터 결합 법칙이 Option의 두 가지 경우에 대해 모두 성립한다는 결론을 내릴 수 있다.

## 클라이슬리 합성: 결합 법칙에 대한 더 명확한 관점

앞의 예제에서 결합 법칙을 인식하기는 쉽지 않다. 반대로 모노이드의 결합 법칙은 얼마나 명확했는지 기억해보라.

```
combine(combine(x, y), z) == combine(x, combine(y, z))
```

모나드의 결합 법칙은 모노이드의 결합 법칙과는 전혀 비슷하지 않다! 다행스럽지만, 지금까지 증명에 사용했던 것처럼 모나드적인 값을 고려하는 대신에 모나드적인 함수를 고려하면 결합 법칙을 더 명확히 만들 수 있다.

모나드적인 함수가 정확히 어떤 의미일까? 그리고 지금까지 살펴본 모나드적인 값과 어떤 차이가 있을까? 모나드적인 값이 F<A>의 인스턴스라면, 모나드적인 함수는 (A) -> F<B> 형태의 함수다. 이런 함수를 클라이슬리 화살표<sup>Kleisli arrow</sup>라고 한다(스위스 수학자 하인리히 클라이슬리<sup>Heinrich Kleisli</sup>의 이름을 땄다). 클라이슬리 화살표를 독특하게 해주는 특성은 이들을 서로 합성할 수 있다는 데 있다.

```
fun <A, B, C> compose(
    f: (A) -> Kind<F, B>,
    g: (B) -> Kind<F, C>
): (A) -> Kind<F, C>
```

---

**연습문제 11.7**

Monad를 사용해 다음 클라이슬리 합성<sup>Kleisli composition</sup>을 구현하라.

```
fun <A, B, C> compose(
    f: (A) -> Kind<F, B>,
    g: (B) -> Kind<F, C>
): (A) -> Kind<F, C> =

    SOLUTION_HERE()
```

flatMap이 클라이슬리 화살표를 파라미터로 받는다는 점을 고려하면, 이 함수를 사용해 이제는 모나드의 결합 법칙을 훨씬 더 대칭적인 방식으로 기술할 수 있다.

리스트 11.12  compose를 사용해 기술한 결합 법칙

```
compose(compose(f, g), h) == compose(f, compose(g, h))
```

연습문제 11.8

**어려움**: flatMap을 compose의 추상 정의를 사용해 구현하라. 이로써 새로운 최소한의 모나드 콤비네이터 집합을 찾아낸 것 같다. 바로 compose와 unit이다.

```
fun <A, B> flatMap(
    fa: Kind<F, A>,
    f: (A) -> Kind<F, B>
): Kind<F, B> =

    SOLUTION_HERE()
```

## flatMap과 compose에 대해 결합성 검증하기

리스트 11.10에서는 모나드에 대한 결합 법칙을 flatMap을 바탕으로 표현했다. 그 후 리스트 11.12에서는 compose를 바탕으로 좀 더 직접적인 결합 법칙 표현을 선택했다. 이번 절에서는 compose로 기술한 결합 법칙에 대해 연습문제 11.18에서 정의한 flatMap 구현을 사용해 치환 모델을 적용함으로써 (리스트 11.10과 리스트 11.12의) 결합 법칙이 동등하다는 사실

을 증명한다. 등식의 왼쪽부터 먼저 살펴보자.

**리스트 11.13  좌변에 대해 치환 모델 적용하기**

```
compose(compose(f, g), h)        ◀── compose로 표현한 결합 법칙의 좌변

{ a -> flatMap(compose(f, g)(a), h) }        ◀── 바깥쪽 compose를 flatMap으로
                                                  치환하면서 a를 전파시킴

{ a -> flatMap({ b: A -> flatMap(f(b), g) }(a), h) }      ◀── 안쪽 compose를 flatMap으로
                                                              치환하면서 b를 전파시킴

{ a -> flatMap(flatMap(f(a), g), h) }        ◀── 가장 안의 람다에 대해 a를 적용

flatMap(flatMap(x, g), h)        ◀── x라는 별명을 도입해 f 적용을 단순화
```

이어서 등식의 오른쪽으로 관심을 돌려보자.

**리스트 11.14  우변에 대해 치환 모델 적용하기**

```
compose(f, compose(g, h))        ◀── compose로 표현된 결합 법칙의 우변

{ a -> flatMap(f(a), compose(g, h)) }        ◀── 바깥쪽 compose를 flatMap으로
                                                  치환하면서 a를 전파시킴

{ a -> flatMap(f(a)) { b -> flatMap(g(b), h) } }      ◀── 안쪽 compose를 flatMap으로
                                                          치환하면서 b를 전파시킴

flatMap(x) { b -> flatMap(g(b), h) }        ◀── x라는 별명을 도입해 f 적용을 단순화
```

마지막 결과는 다음과 같다.

```
flatMap(flatMap(x, g), h) ==
    flatMap(x) { b -> flatMap(g(b), h) }
```

flatMap을 고류 x(양변에서 x = f(a)이므로 그 결과는 어떤 모나드여야 한다는 점에 유의하라) 확장 함수로 만들면 이를 더 간단하게 표현할 수 있다.

```
x.flatMap(g).flatMap(h) ==
    x.flatMap { b -> g(b).flatMap(h) }
```

이 코드는 리스트 11.10에서 flatMap으로 기술한 법칙과 완전히 들어맞으며, 파라미터

의 이름 일부만 다를 뿐이다. 따라서 이 두 증명이 동등하다는 결론을 내릴 수 있다.

### 11.4.3 왼쪽과 오른쪽 항등원 법칙

모나드를 정의하기 위해 사용된 다른 법칙은 항등원 법칙이다. 이 법칙이 하나의 법칙이 아니라 두 법칙의 쌍이라는 사실은 언급할 가치가 있다. 두 법칙은 왼쪽 항등원 법칙과 오른쪽 항등원 법칙이며, 결합 법칙과 항등원 법칙을 함께 묶어서 세 가지 모나드 법칙[three monad law]이라고도 한다.

항등성이 무슨 뜻인지 생각하는 것부터 시작하자. 모노이드에서 nil이 combine에 대한 항등원인 것처럼, 모나드에서도 compose에 대한 항등원이 존재한다. 수학에서 유닛[unit](단위)이라는 이름은 어떤 연산의 항등원을 의미하는 뜻으로 자주 쓰인다. 따라서 우리 모나드의 항등원 연산 이름으로 unit을 선택했다.

```
fun <A> unit(a: A): Kind<F, A>
```

이제 항등원을 정의할 방법이 있으므로 이를 compose와 함께 사용해 두 가지 항등원 법칙을 표현하자. 연습문제 11.7에서 compose가 (A) -> Kind<F, B>와 (B) -> Kind<F, C>라는 타입의 두 인자를 취한다는 사실을 기억하라. unit 함수는 compose의 두 인자로 전달될 수 있는 적절한 타입을 가진다. unit의 효과는 unit과 함께 compose되는 것은 무엇이든 그 자신과 같은 것이라는 점이다. 이런 성질은 왼쪽 항등원 법칙과 오른쪽 항등원 법칙으로 돼 있는 두 가지 법칙이라는 형태를 취한다.

```
compose(f, { a: A -> unit(a) }) == f
compose({ a: A -> unit(a) }, f) == f
```

이런 법칙을 flatMap을 사용해 기술할 수도 있다. 하지만 이를 명확히 이해하기는 (compose를 사용한 경우에 비해) 더 어렵다.

```
flatMap(x) { a -> unit(a) } == x
flatMap(unit(a), f) == f(a)
```

다음 값을 사용해 오른쪽 항등원 법칙과 왼쪽 항등원 법칙을 compose로 표현한 것이 flatMap
을 써서 표현한 것과 동등하다는 사실을 증명하라.

```
val f: (A) -> Kind<F, A>
val x: Kind<F, A>
val v: A
```

Option 모나드에 대해 항등원 법칙이 성립함을 증명하라.

모나드적인 콤비네이터를 map, unit, join으로 이뤄진 다른 최소 기본 연산 집합으로 표현
할 수도 있다. join 콤비네이터를 flatMap을 사용해 정의하라.

flatMap이나 compose를 join으로 구현할 수 있다. 연습을 위해 두 함수를 모두 구현하라.

**어려움/선택적**: flatMap으로 표현한 모나드 법칙의 결합 법칙을 join, map, unit을 사용해 다
시 표현하라.

**어려움/선택적**: Par와 Parser에 대해 결합 법칙이 어떤 의미인지 일상적인 말로 설명하라.

**어려움/선택적**: Gen과 List라는 구체적인 경우에 항등원 법칙이 어떤 의미인지 일상적인 말로 설명하라.

오른쪽과 왼쪽 항등원 법칙이 다음과 같음을 기억하라.

```
flatMap(x) { a -> unit(a) } == x
flatMap(unit(a), f) == f(a)
```

## 11.5 도대체 모나드란 무엇인가?

지금까지는 여러 가지 콤비네이터를 식별하고 결합 법칙을 증명하는 등의 세밀한 수준에서 모나드를 살펴봤다. 이런 고찰이 유용하기는 하지만, 모나드가 무엇인지에 대해 많은 것을 알려주지는 않는다. 모나드를 더 잘 이해하기 위해 더 넓은 관점에서 모나드를 살펴보자. 이를 통해 Monad 인터페이스의 특별한 점(모나드 인스턴스에 대해 전달한 데이터 타입 사이에는 그리 큰 연관이 없다는 점)을 볼 수 있다. 그렇다. Monad는 모나드 인스턴스에 대해 전달한 데이터 타입 사이에서 중복되는 코드를 하나로 묶어 빼낸다. 그렇지만 모나드란 정확히 무엇일까? 모나드라고 이야기할 때는 무엇을 의미할까?

여러분은 구체적 표현을 단순히 추상화한 추상 데이터 타입에 대해 상대적으로 완전한 API를 제공한다는 관점으로 인터페이스를 생각하는 데 익숙할 것이다. 단일 연결 리스트와 배열 기반 리스트는 내부에서 서로 다른 방식으로 구현되겠지만, 이들은 모두 표준 List 인터페이스를 공유하며 이 인터페이스를 바탕으로 상당히 많은 값지고 구체적인 애플리케이션 코드를 작성할 수 있다. Monoid와 마찬가지로 Monad도 더 추상적이며 순수하게 대수적인 인터페이스다. Monad 콤비네이터는 모나드인 데이터 타입이 제공하는 전체 API의 아주 작은 조각일 뿐인 경우가 자주 있다. 따라서 Monad는 한 타입을 다른 타입으로 일반화해주지 않는다. 그 대신, 수많은 서로 다른 데이터 타입이 Monad 인터페이스와 법칙을 만족할 수 있다.

모나드적인 콤비네이터의 최소 집합으로 가능한 세 가지 집합을 살펴봤다. 따라서 Monad의 인스턴스는 이 세 가지 집합 중 어느 하나를 제공해야만 한다.

- flatMap, unit
- compose, unit
- map, join, unit

또한 결합성과 항등성이라는 두 가지 모나드 법칙을 만족해야 한다는 사실도 알고 있으며, 이 법칙들을 여러 가지 방식으로 정식화할 수 있다. 따라서 모나드가 무엇인지 다음과 같이 분명하게 말할 수 있다.

모나드는 결합 법칙과 항등원 법칙을 만족하는 모나드적인 콤비네이터의 최소 집합 중 하나를 구현한 것이다.

이 정의는 훌륭하고, 정확하며, 간결하다. 그리고 정확히 말하자면, 이 정의가 모나드에 대한 유일하고 올바른 정의다. 모나드는 연산과 법칙에 의해 정의되며, 그 이상도 이하도 아니다. 하지만 이 정의는 약간 불만족스럽다. 이 정의는 이 정의가 암시하는 것, 즉 모나드가 어떤 의미인지에 대해 아무것도 알려주지 않는다. 문제는 이 정의가 자기 충족적<sup>self-contained</sup>이라는 데 있다. 프로그래머로서 경험이 많고 프로그래밍과 연관된 지식이 방대하더라도, 이 정의는 여러분이 알고 있는 누적된 지식 중 어느 부분과도 공통되는 부분이 없다.

## 11.5.1 항등 모나드

모나드가 무엇인지 제대로 이해하기 위해 이미 알고 있는 요소들을 바탕으로 모나드에 대해 생각해보자. 그 후 이런 여러 가지 생각을 더 큰 맥락에서 연결할 것이다. 모나드가 어떤 의미인지에 대해 약간의 직관을 발전시키고자 모나드를 몇 가지 더 들여다보고 각각의 행동을 비교해보자.

모나드를 가장 근본적인 형태로 줄이면 가장 단순한 표본인 항등 모나드를 얻게 된다. 다음 타입은 항등 모나드를 제공한다.

```
data class Id<A>(val a: A)
```

연습문제 11.16

이 클래스의 메서드로 map, flatMap, unit을 구현하라. 그리고 Monad<Id>의 구현을 제공하라.

```
data class Id<out A>(val a: A) : IdOf<A> {
    companion object {
        fun <A> unit(a: A): Id<A> =

                SOLUTION_HERE()
    }

    fun <B> flatMap(f: (A) -> Id<B>): Id<B> =

        SOLUTION_HERE()

    fun <B> map(f: (A) -> B): Id<B> =

        SOLUTION_HERE()
}

    fun idMonad(): Monad<ForId> =

        SOLUTION_HERE()
```

Id는 단순한 래퍼일 뿐이며, 실제로 아무것도 덧붙이지 않는다. Id에 A를 적용하는 것은 항등 연산이다. 감싼 타입과 감싸지 않은 원래의 타입이 완전히 합동<sup>isomorphic</sup>(또는 동형)이다. 하지만 이 항등 모나드의 의미는 무엇일까? 코드에서 이 모나드를 써보자.

```
val IDM: Monad<ForId> = idMonad()
val id: Id<String> = IDM.flatMap(Id("Hello, ")) { a: String ->
    IDM.flatMap(Id("monad!")) { b: String ->
        Id(a + b)
    }
}.fix()
```

id를 REPL에서 실행해보면, 다음과 같은 결과를 얻는다.

```
>>> id
res1: example.Id(a=Hello, monad!)
```

따라서 이 예제의 항등 모나드에서 flatMap의 동작은 무엇인가? 단순히 변수를 치환하는 것이다. 변수 a와 b에는 각각 "Hello, "와 "monad!"가 바인딩돼 있다. 그 후 식 a + b의 각 변수를 값으로 치환했다. 같은 코드를 Id 래퍼를 사용하지 않고 간단한 변수를 써서 작성할 수 있다.

```
>>> val a = "Hello, "
>>> val b = "monad!"
>>> a + b
res2: kotlin.String = Hello, monad!
```

Id 래퍼를 제외하면 차이가 없다. 따라서 최소한 모나드가 어떤 의미인가 하는 질문에 대한 부분적인 답을 찾았다. 모나드는 변수를 도입하고 바인딩하며 치환할 수 있는 수단을 제공한다고 말할 수 있다. 하지만 그보다 더 많은 의미가 있지는 않을까?

## 11.5.2 State 모나드와 부분적인 타입 적용

앞 절에서는 Id 모나드를 관찰해 가장 간단한 경우를 살펴봤다. 이제 모나드 스펙트럼의 반대쪽 끝에 초점을 맞추고 6장에서 다뤘던 더 도전적인 State 모나드를 살펴보자.

State 데이터 타입을 기억해보면, flatMap과 map 함수를 연습문제 6.8과 6.9에서 작성했다는 사실을 알 수 있다. State 데이터 타입과 콤비네이터를 다시 한번 살펴보자.

**리스트 11.15 상태 전이를 표현하는 State 데이터 타입**

```
data class State<S, out A>(val run: (S) -> Pair<A, S>) {

    companion object {
        fun <S, A> unit(a: A): State<S, A> =
            State { s: S -> a to s }
```

```
    }

fun <B> map(f: (A) -> B): State<S, B> =
    flatMap { a -> unit<S, B>(f(a)) }

fun <B> flatMap(f: (A) -> State<S, B>): State<S, B> =
    State { s: S ->
        val (a: A, s2: S) = this.run(s)
            f(a).run(s2)
        }
}
```

State는 분명 모나드적인 특성을 만족시킨다. 하지만 함정이 숨어 있는 것 같다. 연습문제 11.2에서 State를 다뤄본 독자라면 State 타입 생성자가 두 타입 인자를 받는 반면 Monad 타입 생성자는 타입 인자를 하나만 받는다는 사실을 알 것이다. 이는 Monad<ForState> 선언으로 끝낼 수 없다는 사실을 뜻한다. ForState라는 대리 타입은 State<S, A>를 암시해야 하기 때문이다. 이 타입에는 타입 파라미터가 하나가 아니라 둘이다.

어떤 구체적인 S를 선택하면 ForStateS나 StateOfS<A> 같은 타입을 얻는데, 이들은 분명 Monad와 비슷하다. 즉, State는 분명히 모나드 인스턴스에 속하지는 않지만, S를 선택할 때마다 만들어지는 모나드들의 모든 패밀리를 State라고 할 수 있다. 우리는 State를 부분 적용하고 S 타입 파라미터를 구체적 타입으로 고정시켜서 오직 A 타입 변수만 받는 새로운 타입을 만들어내길 원한다.

이는 부분 적용 함수와 비슷하지만, 부분적인 적용이 타입 수준에서 타입 파라미터를 사용해 이뤄진다는 차이만 있을 뿐이다. 예를 들어 State의 첫 번째 타입 인자를 Int로 고정시킨 타입 생성자의 별명으로 IntState라는 타입 생성자를 만들 수 있다.

```
typealias IntState<A> = State<Int, A>
```

IntState는 정확히 Monad를 만들었을 때 생기는 유형의 타입 생성자가 된다.

리스트 11.16  State에 Int 타입을 부분 적용해 만든 모나드 인스턴스

```
val intState = object : Monad<ForIntState> {           ◀────    컴파일러를 달래기 위해
    override fun <A> unit(a: A): IntStateOf<A> =    ◀─────       Kind<Int, A>를 대신하는 타입
        IntState { s: Int -> a to s }                           Kind<ForIntState, A>의
                                                                타입 별명
    override fun <A, B> flatMap(
        fa: IntStateOf<A>,
        f: (A) -> IntStateOf<B>
    ): IntStateOf<B> =
        fa.fix().flatMap { a: A -> f(a).fix() }
}
```

물론 모든 구체적인 상태 타입에 대해 이런 식으로 구체적인 Monad 인스턴스를 작성해 야만 한다면 아주 반복적인 일일 것이다. IntState, DoubleState, StringState 등을 생각해 보라. 이런 방식은 확장성이 좋지 않고, 우리가 사용할 State 타입이 IntState를 상속하면 서 Monad도 상속해야 한다는 뜻이기도 하다. 하지만 코틀린에서 이런 이중 상속은 불가능 하다!

이런 식으로 모나드 인스턴스를 하드코딩하는 방식을 제외시키고, 더 코드 중복이 적은 방식으로 같은 목적을 달성하는 방법을 살펴보자. 다행히 StateMonad 인터페이스를 도입하 면 된다. 이 인터페이스를 Int 타입에 부분 적용하면 StateMonad<Int>가 생긴다.

리스트 11.17  하드코딩한 부분 적용 타입을 멀리하기

```
interface StateMonad<S> : Monad<StatePartialOf<S>> {      ◀────   Monad 타입 생성자는
                                                                  이제 모든 S에 대해 부분 적용한
    override fun <A> unit(a: A): StateOf<S, A>    ◀────            StatePartialOf 타입 파라미터를 취함

    override fun <A, B> flatMap(                                   모나드 콤비네이터는 더 이상
        fa: StateOf<S, A>,                                        한 가지 타입 파라미터만 다루도록
        f: (A) -> StateOf<S, B>                                   제약을 받지 않음
    ): StateOf<S, B>
}
```

주된 차이는 StateMonad 인터페이스 선언 자체에 있다. 이 모나드 인터페이스는 자신이 표현하는 패밀리 멤버에 대해 타입 파라미터 S를 받는다. 이 파라미터는 Kind<ForState, S>

에 대한 별명인 새 타입 별명 StatePartialOf<S>를 확장한다.

StatePartialOf나 StateOf는 직접 작성할 수 있는 보일러플레이트 코드지만, 편리하게도 애로우가 우리를 대신해 이를 제공한다. 부록 C에서 어떤 보일러플레이트 코드가 필요한지 살펴보고, 우리 대신 애로우가 어떤 복잡한 처리를 해주는지 알아본다.

> |**노트**| 부록 C의 C.2절에서는 부분 적용한 타입 생성자를 선언할 때 필요한 보일러플레이트 코드를 설명한다. 아무쪼록 반드시 이 내용을 다 읽고 완전히 이해하라.

이제 StateMonad 인터페이스를 사용해 상태 모나드 패밀리에 속한 새 멤버를 선언할 수 있다. 이 인터페이스와 보일러플레이트 코드를 사용하기 전에 intStateMonad를 좀 더 살펴보자.

**리스트 11.18 부분 적용한 State가 제공하는 유연성**

```
val intStateMonad: StateMonad<Int> = object : StateMonad<Int> {
    override fun <A> unit(a: A): StateOf<Int, A> =
        State { s -> a to s }

    override fun <A, B> flatMap(
        fa: StateOf<Int, A>,
        f: (A) -> StateOf<Int, B>
    ): StateOf<Int, B> =
        fa.fix().flatMap { a -> f(a).fix() }
}
```

우리 구현은 리스트 11.16의 하드코딩한 ForIntState 모나드로부터 리스트 11.18의 더 유연한 부분 적용 버전으로 진화해왔다. 다시 한 번, flatMap과 unit 구현만 주어지면 모든 다른 모나드 콤비네이터를 공짜로 구현할 수 있다.

**연습문제 11.17**

State 모나드가 생겼으므로 그 동작을 살펴보자. intMonad를 사용해 replicateM, map2, sequence 값을 타입 선언과 함께 정의하라. 각각이 내부에서 어떻게 작동하는지 설명하라.

```
fun replicateIntState(): StateOf<Int, List<Int>> =

    SOLUTION_HERE()

fun map2IntState(): StateOf<Int, Int> =

    SOLUTION_HERE()

fun sequenceIntState(): StateOf<Int, List<Int>> =

    SOLUTION_HERE()
```

Id와 State를 살펴봤으므로, 한 걸음 물러나 모나드의 의미를 다시 질문할 수 있다. Id 와 State의 차이를 살펴보자. 6장에서 (모나드 연산인 flatMap과 unit을 제외하고) State의 기본 연산을 살펴봤다. 이런 기본 연산 중에 get이나 set 형태의 콤비네이터를 통해 현재 상태를 변경할 수 있다.

```
fun <S> getState(): State<S, S> = State { s -> s to s }

fun <S> setState(s: S): State<S, Unit> = State { Unit to s }
```

이런 연산이 State에 대한 최소한의 기본 연산 집합을 구성한다는 점도 기억하라. 따라서 이런 기본 연산은 모나드 기본 연산인 flatMap 및 unit과 더불어 State 데이터 타입에 대해 수행할 수 있는 모든 것을 완전하게 지정할 수 있다. 모나드의 경우 이런 사실이 매우 일반적으로 성립한다. 모든 모나드는 flatMap과 unit을 제공하며 모나드마다 각각에 대해 고유한 구체적인 기본 연산을 추가로 제공한다.

---

**연습문제 11.18**

getState, setState, flatMap, unit에 대해 상호적으로 성립할 수 있는 법칙을 표현해보라.

---

이런 사실이 State 모나드의 의미에 대해 어떤 사실을 알려줄까? 말하려는 내용을 완전

히 이해하려면, 실제 예제에 적용함으로써 한 번 더 리스트 11.18에서 본 intStateMonad에 주의를 기울여야 한다.

리스트 11.19  flatMap과 map으로 상태를 얻고 설정하기

```
val F = intStateMonad

fun <A> zipWithIndex(la: List<A>): List<Pair<Int, A>> =
    la.foldLeft(F.unit(emptyList<Pair<Int, A>>())) { acc, a ->
        acc.fix().flatMap { xs ->
            acc.fix().getState<Int>().flatMap { n ->
                acc.fix().setState(n + 1).map { _ ->
                    listOf(n to a) + xs
                }
            }
        }
    }.fix().run(0).first.reversed()
```

이 함수는 State 동작을 사용해 리스트의 원소 개수를 센다. 이 코드는 Int를 상태로 유지하며, 매 단계마다 1씩 증가시킨다. 합성 State 동작은 0부터 시작한다. foldLeft를 사용해 계산을 역으로 진행했기 때문에 마지막에서 reverse로 순서를 뒤집는다.

이를 좀 더 명확히 표현하기 위해 foldLeft에 전달된 본문을 애로우를 사용한 for 컴프리헨션으로 바꾸면 다음 의사코드와 비슷해진다.

리스트 11.20  for 컴프리헨션으로 상태를 얻고 설정하기

```
...
{ acc: StateOf<Int, List<Pair<Int, A>>>, a: A ->
    acc.fx {
        val xs = acc.bind()
        val n = acc.getState().bind()
        acc.setState(n + 1).bind()
        listOf(n to a) + xs
    }
}
...
```

그림 11.1은 flatMap과 map으로 인한 잡음을 모두 제거한 for 컴프리헨션을 보여준다. 이 그림은 State를 통해 카운터 증가를 전파시키는 코드가 순차적으로 명령을 수행하는 것처럼 보인다는 점에 초점을 맞출 수 있게 해준다.

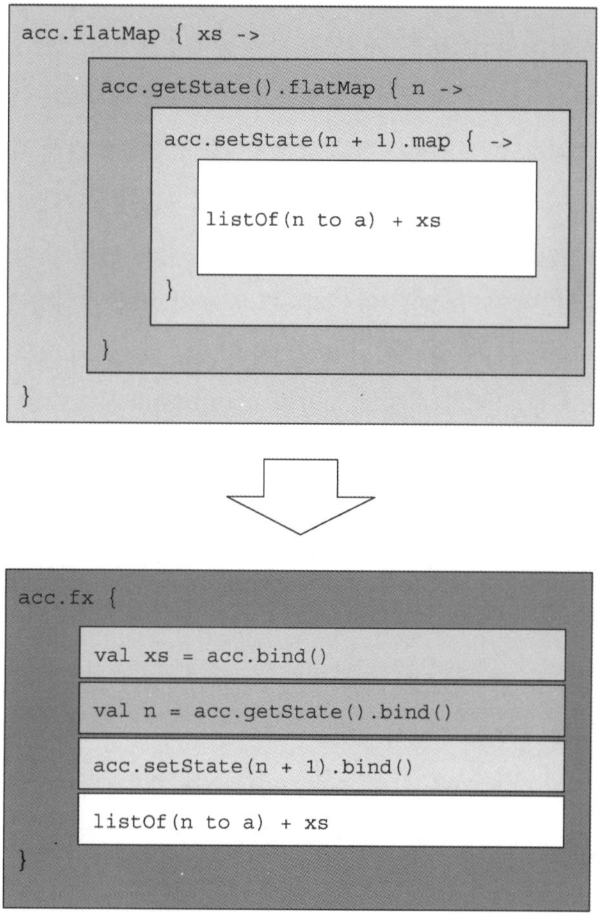

```
acc.flatMap { xs ->

    acc.getState().flatMap { n ->

        acc.setState(n + 1).map { ->

            listOf(n to a) + xs

        }

    }

}
```

```
acc.fx {

    val xs = acc.bind()

    val n = acc.getState().bind()

    acc.setState(n + 1).bind()

    listOf(n to a) + xs

}
```

▲ **그림 11.1** for 컴프리헨션은 모나드적인 흐름을 명령어 단계처럼 표현할 수 있게 해주는 문법 설탕일 뿐이다.

이 for 컴프리헨션에서는 getState와 setState에서 어떤 일이 벌어지는지 살펴보라. 분명 Id 모나드에서와 마찬가지로 변수 바인딩을 얻는다. 각각의 연속적인 상태 동작(acc, getState, setState)의 값을 변수에 바인딩해 얻지만, 분명히 행간에(보이지 않는 곳에서) 이뤄지는 일이 있다. for 컴프리헨션의 각 줄에서 flatMap 구현은 현재 상태를 getState에 의해 알 수 있게 해주고, setState로 인해 생긴 새로운 상태를 setState 이후의 모든 동작에게 전파시킨다.

Id의 동작과 State의 동작 간 차이가 일반적인 모나드에 대해 어떤 사실을 알려줄까? flatMap의 연쇄 호출(또는 그와 동등한 for 컴프리헨션)이 마치 변수에 대입하는 명령형 프로그램처럼 보인다는 사실을 알 수 있고, 모나드는 각 문장의 경계에서 어떤 일이 벌어지는지를 지정한다. 예를 들어 Id에서는 Id 생성자로 감싸고 감싼 것을 다시 푸는 일 외에 아무 일도 벌어지지 않는다. State 모나드에서는 한 문장에서 다음 문장으로 가장 최근의 상태가 전달된다. Option 모나드에서는 문장이 None을 반환하면 프로그램이 끝난다. List 모나드에서는 문장이 많은 값을 반환할 수 있고, 이로 인해 (많은 값을 반환한) 이 문장 다음에 오는 문장들이 앞 문장이 반환한 결괏값(리스트)의 원소 하나당 한 번씩 여러 번 실행될 가능성이 있다.

Monad 계약은 각 줄 사이에 어떤 일이 벌어져야 할지를 지정하지 않는다. 다만, 어떤 일이 벌어지든 그 일이 결합 법칙과 항등원 법칙을 만족시켜야만 한다는 점을 지정한다.

**연습문제 11.19**

**어려움:** 모나드를 더 확실히 이해하기 위해 Reader 데이터 타입에 대한 모나드 인스턴스를 정의하고 어떤 일이 벌어지는지 설명하라. 그리고 다음 질문에 답해보라.

- 이 Reader 모나드 인스턴스의 기본 연산은 무엇인가?
- flatMap은 어떤 동작을 수행하는가?
- 이 모나드 인스턴스가 sequence, join, replicateM 같은 모나드 함수에 대해 부여하는 의미는 무엇인가?
- 이 모나드 인스턴스가 모나드 법칙에 대해 어떤 의미를 부여하는가?

이번 장에서는 이 책에서 반복되는 패턴을 살펴보고 모나드라는 단일 개념 안에서 그 패턴을 통합했다. 이를 통해 처음에는 전혀 공통점이 없을 것처럼 보이는 여러 다른 데이터 타입에 대해 모두 적용될 수 있는 콤비네이터를 한 번에 정의할 수 있었다. 또한 모든 모나드가 만족시켜야 하는 모나드 법칙을 여러 측면에서 살펴보고, 모나드라는 용어의 더 넓은 의미를 이해하는 직관을 키웠다.

모나드와 같은 추상적인 주제는 단번에 이해할 수 없다. 따라서 이런 주제를 이해하려면 여러 번 다른 관점에서 같은 주제를 살펴보는 점진적인 접근 방법이 필요하다. 새로운 모나드(또는 모나드의 새로운 응용 방법)를 발견하거나 새로운 맥락에서 모나드가 쓰이는 모습을 보게 되면, 불가피하게 새로운 직관을 얻게 될 것이다. 그리고 이런 경험이 일어날 때마다 "흠, 난 이미 모나드를 이해했다고 생각했는데, 이제야 정말 그 의미를 알겠는걸"이라고 생각할 수 있다. 하지만 (이런 새로운 깨달음을 얻는 경험이 계속 될 테니) 속지 말라.

## 요약

- List와 Option 같은 타입을 표현하는 타입 생성자 F는 펑터다. Functor<F> 인스턴스는 펑터에 대한 가정이 참임을 증명한다.
- 펑터 인터페이스에는 고차 함수인 map 메서드가 있다. map은 주변 종류kind에 속한 모든 원소에 대해 주어진 변환을 적용한다.
- 법칙이 중요한 이유는 인터페이스의 의미를 확립해주기 때문이다. 법칙이 있으므로 인터페이스의 구체적 인스턴스와 독립적으로 추론할 수 있는 대수를 얻을 수 있다.
- 펑터 법칙은 map과 항등함수 사이의 관계를 규정한다. 펑터 법칙은 주변 종류의 구조를 보존하면서 그 내부의 내용만 변환시켜준다.
- 모나드 인터페이스는 flatMap과 unit 기본 연산을 제공하는 동시에 펑터이기도 하다. flatMap과 unit을 사용해 펑터의 기본 연산을 포함하는 다양하고 귀중한 콤비네이터를 파생시킬 수 있다.
- 모나드 법칙은 모나드 인스턴스에 대해 결합 법칙과 항등원 법칙이 성립되도록 함으로써 모나드의 행동 방식을 제약한다.
- 결합 법칙은 순서에 대해 기술하며, flatMap 연산을 어떻게 조합하든 똑같은 결과를 보장한다.
- 항등원 법칙은 왼쪽 항등원과 오른쪽 항등원으로 이뤄지며, 각각은 unit의 결과가 flatMap 식의 주체(좌변)나 대상(우변)이 되는 상황에 대해 기술한다.

- 모나드를 정의하는 최소 콤비네이터 집합은 세 가지가 있다.
  - unit과 flatMap
  - unit과 compose
  - unit, map과 join
- 각각의 모나드에는 모나드에 필수적인 기본 연산 집합과 더불어 모나드 인스턴스별로 고유한 추가 콤비네이터가 존재한다. 그리고 이 모든 콤비네이터 사이의 상호작용으로부터 각 모나드의 행동 방식이 서로 달라진다.
- 모나드 계약은 각 줄 사이에 어떤 일이 벌어져야 할지를 지정하지 않는다. 다만, 어떤 일이 벌어지든 그 일이 결합 법칙과 항등원 법칙을 만족시켜야만 한다는 점을 지정한다.

# 12

# 적용 가능 펑터와
# 순회 가능 펑터

---

**12장에서 다루는 내용**

- 적용 가능 펑터와 순회 가능 펑터의 대수 구조 정의하기
- 적용 가능 펑터와 모나드의 관계, 차이점, 장단점
- 적용 가능 펑터의 법칙 증명하기
- 순회 가능 펑터 사용하기
- 모나드 변환기를 활용해 모나드 합성하기

---

모나드를 다룬 11장에서는 여러 데이터 타입에 대해 작성한 수많은 함수나 콤비네이터 라이브러리를 Monad라는 단일 인터페이스에 따라 표현할 수 있음을 확인했다. 모나드는 강력한 기능을 제공하는데, 모나드에서 flatMap을 사용해 명령형 프로그램처럼 보이는 코드를 순수 함수적 방법으로 작성할 수 있다는 점에서 특히 그렇다.

이번 장에서는 관련 있는 추상화로 모나드보다 능력은 떨어지지만 더 일반적인(따라서 더 흔한) 적용 가능 펑터applicative functor에 대해 배운다. 적용 가능 펑터에 도달하는 과정은 이와 비슷한 다른 추상화를 발견하는 과정에 대한 통찰을 제공하며, 이 과정에서 발견한 아이디어를 활용해 순회 가능 펑터traversal functor라는 다른 유용한 추상화를 찾아낸다. 이런 추

상화의 중요성이나 유용성을 완전히 이해하려면 시간이 필요하지만, 여러분이 주의를 기울인다면 매일매일 함수형 프로그래밍을 진행하는 과정에서 이런 추상화가 반복적으로 등장하는 모습을 볼 수 있다.

## 12.1 재사용성을 위해 모나드 일반화하기

이제까지는 sequence, traverse 등의 다양한 연산을 살펴보고 다양한 모나드에 대해 이들을 여러 번 구현했다. 11장에서는 이런 구현이 임의의 모나드 F에 대해 작동하도록 일반화했다. 이번 절에서는 모나드보다는 조금 덜 강력하지만 훌륭한 장점을 지닌 다른 추상화를 식별한다. 더 진행하기 전에 조금 전에 언급한 콤비네이터를 다시 살펴보자.

```
fun <A> sequence(lfa: List<Kind<F, A>>): Kind<F, List<A>> =

    traverse(lfa) { fa -> fa }


fun <A, B> traverse(
    la: List<A>,
    f: (A) -> Kind<F, B>
): Kind<F, List<B>> =
    la.foldRight(
        unit(List.empty<B>()),
        { a: A, acc: Kind<F, List<B>> ->
            map2(f(a), acc) { b: B, lb: List<B> -> Cons(b, lb) }
        }
    )
```

여기서 traverse 구현은 map2와 unit을 사용하는데, map2를 flatMap으로 구현할 수 있다는 사실은 알고 있다.

```
fun <A, B, C> map2(fa: Kind<F, A>, fb: Kind<F, B>, f: (A, B) -> C) =
    flatMap(fa) { a -> map(fb) { b -> f(a, b) } }
```

여러분이 눈치채지 못한 것은 Monad에서 유용한 콤비네이터 중 상당수가 unit과 map2에만 의존한다는 점이다. traverse 콤비네이터도 그런 축에 속한다. 이 콤비네이터는 flatMap

을 직접 호출하지 않으므로 map2가 기본 연산이거나 (flatMap을 통해 구현된) 파생 연산인지 여부와는 무관하다. 더 나아가 map2를 flatMap 없이 직접 구현할 수 있는 데이터 구조가 많이 있다.

이런 점은 Monad 인터페이스의 변종이 존재함을 암시한다. Monad에는 flatMap과 unit 기본 연산이 있고 파생된 map2 콤비네이터를 제공한다. 하지만 unit과 map2를 기본 연산으로 제공한다면 어떤 일이 벌어질까? 그 결과는 적용 가능 펑터라는 다른 추상화가 된다. 적용 가능 펑터는 모나드에 비해 능력이 떨어지지만, 금방 그 장점을 찾아볼 수 있다.

## 12.2 모나드의 대안인 적용 가능 펑터

적용 가능 펑터를 map2와 unit이 기본 연산으로 정의된 Applicative라는 새 인터페이스로 표현할 수 있다. 이 인터페이스는 다른 기본 연산 집합인 apply와 unit을 사용해 표현될 수도 있는데, 이로 인해 Applicative라는 이름이 붙었다. 이번 절에서는 기본 연산에 따라 적용 가능 펑터의 인터페이스 정의를 살펴보고 모나드와 어떤 관계가 있는지 알아본다. 먼저 map2와 unit을 통해 정의한 Applicative를 더 자세히 살펴보자.

**리스트 12.1 map2와 unit이 기본 연산으로 정의된 Applicative**

```
interface Applicative<F> : Functor<F> {

    fun <A, B, C> map2(
        fa: Kind<F, A>,
        fb: Kind<F, B>,
        f: (A, B) -> C
    ): Kind<F, C>

    fun <A> unit(a: A): Kind<F, A>

    override fun <A, B> map(
        fa: Kind<F, A>,
        f: (A) -> B                        Functor의 map 콤비네이터를
    ): Kind<F, B> =             ◀───────── unit과 map2로 구현함
        map2(fa, unit(Unit)) { a, _ -> f(a) }   ◀──── Unit이라는 더미 값을 사용해
                                                      unit 기본 함수를 호출함
```

```
    fun <A, B> traverse(
        la: List<A>,
        f: (A) -> Kind<F, B>
    ): Kind<F, List<B>> =        ◀─── traverse 콤비네이터는
        la.foldRight(                    변하지 않고 그대로 남음
            unit(List.empty<B>()),
            { a: A, acc: Kind<F, List<B>> ->
                map2(f(a), acc) { b: B, lb: List<B> -> Cons(b, lb) }
            }
        )
}
```

코드를 보면, 모나드와 마찬가지로 모든 적용 가능 펑터는 펑터이기도 하다. 예전에 몇 몇 구체적 데이터 타입에 대해 그랬던 것처럼 map2와 unit을 사용해 map을 구현한다. 이 구현은 나중에 살펴볼 Applicative 법칙을 드러내준다. 우리는 map이 Functor 법칙이 지정하는 것처럼 적용 가능 펑터의 구조를 보존하길 바란다. 그림 12.1은 Applicative와 Functor 의 관계를 보여준다.

traverse 구현이 그대로라는 점에 유의하라. 이와 마찬가지로 flatMap이나 join에 직접 의존하지 않는 다른 콤비네이터도 Applicative 안으로 옮길 수 있다.

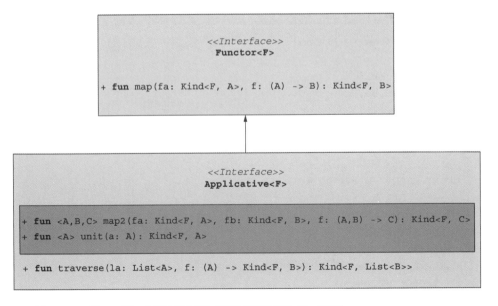

▲ **그림 12.1** map을 map2와 unit 기본 연산으로 구현한 펑터가 적용 가능 펑터다.

Monad에 있는 다음 콤비네이터 구현을 map2와 unit이나 이 두 연산을 바탕으로 구현된 다른
메서드들을 통해 구현하는 방식으로 Applicative로 이식하라.

```
fun <A> sequence(lfa: List<Kind<F, A>>): Kind<F, List<A>> =

    SOLUTION_HERE()

fun <A> replicateM(n: Int, ma: Kind<F, A>): Kind<F, List<A>> =

    SOLUTION_HERE()

fun <A, B> product(
    ma: Kind<F, A>,
    mb: Kind<F, B>
): Kind<F, Pair<A, B>> =

    SOLUTION_HERE()
```

**어려움:** 이번 절 초반에 언급한 것처럼, '적용 가능'이라는 말은 Applicative 인터페이스를
unit과 map2라는 기본 연산 집합 대신 unit과 apply라는 기본 연산 집합으로 기술할 수 있기
때문에 붙은 이름이다. 이 두 가지 기본 연산 집합을 사용한 구현이 동등함을 보이기 위해
map2와 map을 unit과 apply를 사용해 구현하고, 그림 12.2처럼 apply를 map2와 unit을 사용
해 구현할 수 있음도 보여라.

```
interface Applicative<F> : Functor<F> {
    fun <A, B> apply(
        fab: Kind<F, (A) -> B>,
        fa: Kind<F, A>
    ): Kind<F, B> =

        SOLUTION_HERE("map2와 unit을 사용해 구현하기")
```

```kotlin
fun <A> unit(a: A): Kind<F, A>

override fun <A, B> map(
    fa: Kind<F, A>,
    f: (A) -> B
): Kind<F, B> =

    SOLUTION_HERE("apply와 unit을 사용해 구현하기")

fun <A, B, C> map2(
    fa: Kind<F, A>,
    fb: Kind<F, B>,
    f: (A, B) -> C
): Kind<F, C> =

    SOLUTION_HERE("apply와 unit을 사용해 구현하기")
}
```

```
<<Interface>>
Applicative<F>: Functor<F>

+ fun <A,B> apply(fab: Kind<F, (A) -> B, fa: Kind<F, A>): Kind<F, B>

+ fun <A,B,C> map2(fa: Kind<F, A>, fb: Kind<F, B>, f: (A,B) -> C): Kind<F, C>

+ fun <A> unit(a: A): Kind<F, A>

+ fun <A, B> traverse(la: List<A>, f: (A) -> Kind<F, B>): Kind<F, List<B>>

+ fun <A> sequence(lfa: List<Kind<F, A>>): Kind<F, List<A>>

+ fun <A> replicateM(n: Int, ma: Kind<F, A>): Kind<F, List<A>>

+ fun <A B> product(fa: Kind<F, A>, fb: Kind<F, B>): Pair<Kind<F, A>, Kind<F, B>>
```

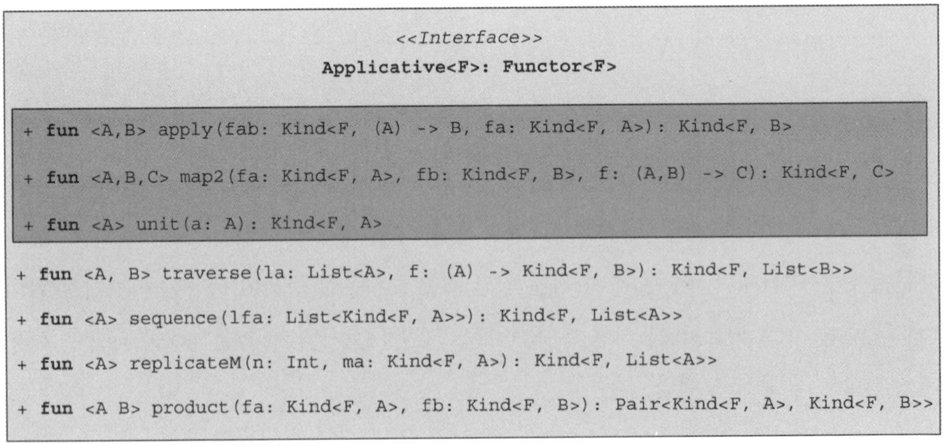

▲ **그림 12.2** 적용 가능 펑터를 apply, map2, unit 기본 연산을 사용해 정의할 수 있다.

apply 메서드는 map3, map4 등을 구현할 때 유용하며 이때 단순한 패턴을 볼 수 있다. unit과 apply 함수만을 사용해 map3와 map4를 구현하라. f: (A, B) -> C라고 f의 타입이 정해지면 f.curried()의 타입이 (A) -> (B) -> C가 된다는 점에 유의하라. 애로우는 arrow-syntax 모듈을 통해 이런 curried 편의 함수를 항수[arity](함수가 받는 인자의 개수)가 22인 경우까지 확장 메서드로 제공한다.

```
fun <A, B, C, D> map3(
    fa: Kind<F, A>,
    fb: Kind<F, B>,
    fc: Kind<F, C>,
    f: (A, B, C) -> D
): Kind<F, D> =

    SOLUTION_HERE()

fun <A, B, C, D, E> map4(
    fa: Kind<F, A>,
    fb: Kind<F, B>,
    fc: Kind<F, C>,
    fd: Kind<F, D>,
    f: (A, B, C, D) -> E
): Kind<F, E> =

    SOLUTION_HERE()
```

추가로, 이제 그림 12.3처럼 flatMap을 사용해 map2 디폴트 구현을 제공하면 Monad<F>를 Applicative<F>의 하위 타입으로 만들 수 있다. 이는 모든 모나드가 적용 가능 펑터라는 사실을 보여주며, 이미 모나드인 데이터 타입에 대해 별도의 Applicative 인스턴스를 제공할 필요가 없다는 사실을 알려준다. 이를 좀 더 자세히 살펴보자.

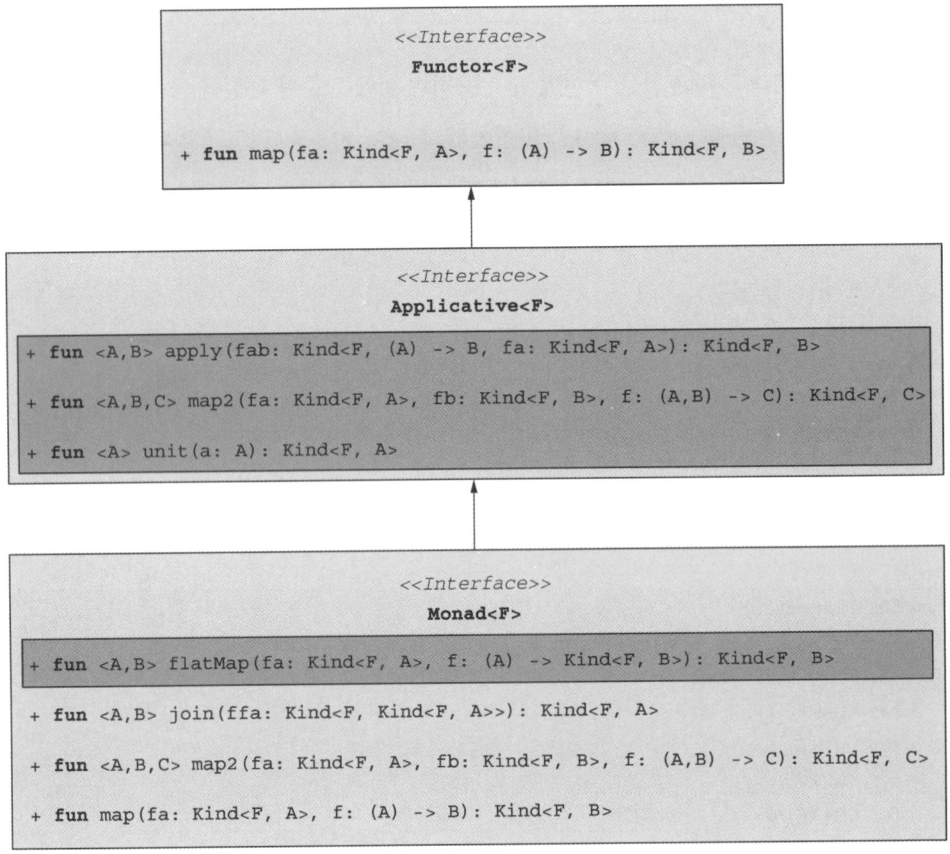

```
            <<Interface>>
            Functor<F>

+ fun map(fa: Kind<F, A>, f: (A) -> B): Kind<F, B>
```

```
            <<Interface>>
           Applicative<F>

+ fun <A,B> apply(fab: Kind<F, (A) -> B, fa: Kind<F, A>): Kind<F, B>

+ fun <A,B,C> map2(fa: Kind<F, A>, fb: Kind<F, B>, f: (A,B) -> C): Kind<F, C>

+ fun <A> unit(a: A): Kind<F, A>
```

```
            <<Interface>>
             Monad<F>

+ fun <A,B> flatMap(fa: Kind<F, A>, f: (A) -> Kind<F, B>): Kind<F, B>

+ fun <A,B> join(ffa: Kind<F, Kind<F, A>>): Kind<F, A>

+ fun <A,B,C> map2(fa: Kind<F, A>, fb: Kind<F, B>, f: (A,B) -> C): Kind<F, C>

+ fun map(fa: Kind<F, A>, f: (A) -> B): Kind<F, B>
```

▲ **그림 12.3** 모나드는 적용 가능 펑터다.

**리스트 12.2** Applicative의 하위 타입인 Monad

```
interface Monad<F> : Applicative<F> {

    fun <A, B> flatMap(fa: Kind<F, A>, f: (A) -> Kind<F, B>): Kind<F, B> =
        join(map(fa, f))      ◀──  Monad의 최소 구현은 반드시 unit을 제공하고, 추가로
                                   flatMap을 제공하거나 join과 map을 함께 제공해야 함
    fun <A> join(ffa: Kind<F, Kind<F, A>>): Kind<F, A> =
        flatMap(ffa) { fa -> fa }

    fun <A, B, C> compose(
        f: (A) -> Kind<F, B>,
```

```
    g: (B) -> Kind<F, C>
): (A) -> Kind<F, C> =
    { a -> flatMap(f(a), g) }

override fun <A, B> map(          ◀─┐ Functor의 map 콤비네이터를
    fa: Kind<F, A>,                 │ 오버라이드
    f: (A) -> B
): Kind<F, B> =
    flatMap(fa) { a -> unit(f(a)) }

override fun <A, B, C> map2(       ◀─┐ Applicative의 map2 콤비네이터를
    fa: Kind<F, A>,                  │ 오버라이드
    fb: Kind<F, B>,
    f: (A, B) -> C
): Kind<F, C> =
    flatMap(fa) { a -> map(fb) { b -> f(a, b) } }
}
```

지금까지는 API의 기능을 재배열하고 타입 시그니처를 따랐을 뿐이다. 이제 한 걸음 물러서서 Monad와 Applicative의 표현 능력 차이를 이해하고 더 큰 맥락에서 이런 차이가 무슨 의미일지 알아보자.

## 12.3 모나드와 적용 가능 펑터의 차이

모나드 인터페이스에는 적용 가능 펑터에 없는 기능이 있다. 이번 절에서는 이런 차이를 구체적인 예제를 통해 자세히 살펴봄으로써 적용 가능 펑터가 모나드에 비해 뒤떨어지는 부분을 명확히 보여준다.

11장에서는 Monad를 정의하는 최소 기본 연산 집합을 몇 가지 살펴봤다.

- unit과 flatMap

- unit과 compose

- unit, map과 join

Applicative 연산인 unit과 map2는 모나드의 또 다른 최소 기본 연산 집합일까? 그렇지

않다. map2와 unit만 갖고 표현할 수 없는 join, flatMap 등의 모나드 콤비네이터가 존재한다. 이를 납득시켜주는 증명으로 join을 더 자세히 살펴보자.

```
fun <A> join(ffa: Kind<F, Kind<F, A>>): Kind<F, A>
```

대수적으로 추론해보면 unit과 map2만으로는 이 함수를 구현할 꿈도 꾸지 못한다는 사실을 알 수 있다. join 함수는 F의 계층을 하나 벗겨낸다. 반면에 unit 함수는 F 계층을 추가할 뿐이며, map2는 계층을 벗겨내지는 못하고 F 내부에서 함수를 적용하게 해줄 뿐이다. 마찬가지 논증 방식으로 Applicative를 사용해 flatMap을 구현할 수 없다는 사실도 보일 수 있다.

따라서 Monad는 분명히 Applicative에 어떤 기능을 추가해준다. 그렇다면 모나드가 추가하는 기능은 정확히 무엇일까? 이를 분명히 보여주는 몇 가지 구체적인 예제를 살펴보자.

### 12.3.1 Option 적용 가능 펑터와 Option 모나드의 비교

이번 절에서는 Option 타입을 사용해 모나드와 적용 가능 펑터의 차이를 보여준다. 구체적으로는 map2와 flatMap 함수를 Option 타입의 다양한 인스턴스에 적용할 때 생기는 차이를 살펴본다.

Option을 사용해 두 Map 객체에 대한 원소 검색 결과를 다룬다고 하자. 단순히 두 (서로 독립적인) 검색의 결과를 조합하기만 하면 되므로 map2도 받아들일 만하다.

리스트 12.3 Option 적용 가능 펑터를 사용한 독립적인 검색

```
val F: Applicative<ForOption> = TODO()

val employee = "Alice"
val departments: Map<String, String> = mapOf("Alice" to "Tech")          ◀ 직원 이름으로
val salaries: Map<String, Double> = mapOf("Alice" to 100_000.00)          부서를 인덱싱
val o: Option<String> =                                                    ◀ 직원 이름으로
    F.map2(                                                                급여를 인덱싱
        departments[employee].toOption(),
        salaries[employee].toOption()
    ) { dept, salary ->
```

```
          "$employee in $dept makes $salary per year."
    }.fix()  ◀──── OptionOf<String>을          ▶ 부서와 급여를 모두 찾으면
                    Option<String>으로 다운캐스트     읽기 좋은 형태의 문자열을 반환
```

여기서는 독립적으로 두 가지 검색을 수행한다. 하지만 Option의 맥락 안에서 그 두 검색의 결과를 조합하고 싶다. 한 검색의 결과가 다른 검색의 결과에 영향을 미치는 것을 원한다면 join 대신 flatMap이 필요하다(리스트 12.4 참고).

---

**리스트 12.4** Option 모나드를 사용해 의존적인 검색 수행하기

```
val employee = "Bob"
val idsByName: Map<String, Int> = mapOf("Bob" to 101)          ◀── 직원 이름으로 직원 ID를 인덱싱
val departments: Map<Int, String> = mapOf(101 to "Sales")      ◀── 직원 ID로 부서를 인덱싱
val salaries: Map<Int, Double> = mapOf(101 to 100_000.00)      ◀── 직원 ID로 급여를 인덱싱
val o: Option<String> =
    idsByName[employee].toOption().flatMap { id ->    ◀── "Bob"의 ID를 검색한 후, 그 결과를
        F.map2(                                           사용해 나머지 정보를 검색
            departments[id].toOption(),
            salaries[id].toOption()
        ) { dept, salary ->
            "$employee in $dept makes $salary per year."
        }.fix()
    }
```

여기서 departments는 Int인 직원 ID로 인덱싱된 Map<Int, String>이다. 만약 "Bob"의 부서와 급여를 출력하고 싶다면 먼저 "Bob"의 이름을 사용해 ID를 찾아내고, 그 후 이 ID를 활용해 departments와 salaries를 검색해야 한다. Applicative의 경우 우리 계산의 구조가 고정돼 있지만, Monad의 경우 이전 계산의 결과가 그 이후 실행할 계산들에게 영향을 끼친다고 말할 수 있다.

## 12.3.2 Parser 적용 가능 펑터와 Parser 모나드

예제를 한 가지 더 살펴보자. 날짜와 온도라는 두 열로 이뤄진 CSV 파일을 파싱한다고 하자. 다음은 파일 예제다.

```
2010-01-01,25
2010-01-02,28
2010-01-03,42
2010-01-04,53
```

파일의 내용이 날짜, 온도 순서로 구성된다는 점을 미리 안다면, 이 순서를 우리가 구성하는 Parser에 인코딩할 수 있다.

**리스트 12.5  정적으로 구성된 파일 파싱**

```
data class Row(val date: Date, val temp: Double)

val F: Applicative<ForParser> = TODO()

val date: Parser<Date> = TODO()
val temp: Parser<Double> = TODO()

val row: Parser<Row> = F.map2(date, temp) { d, t -> Row(d, t) }.fix()
val rows: Parser<List<Row>> = row.sep("\n")
```

만약 열의 순서를 미리 알 수는 없고 헤더에서 열에 대한 정보를 가져와야 한다면 flatMap이 필요하다. 다음은 열의 순서가 앞의 예제와 정반대인 파일을 보여준다.

```
#Temperature,Date
25,2010-01-01
28,2010-01-02
42,2010-01-03
53,2010-01-04
```

이런 형식을 파싱하려면 헤더(#으로 시작하는 첫 줄)를 파싱한 결과에 따라 Row 파서를 동적으로 선택해야 한다.

**리스트 12.6  동적으로 구성된 파일 파싱**

```
val F: Monad<ForParser> = TODO()
val header: Parser<Parser<Row>> = TODO()
val rows: Parser<List<Row>> =
    F.flatMap(header) { row: Parser<Row> -> row.sep("\n") }.fix()
```

헤더를 파싱하면 Parser<Row>가 결과로 나온다. 이 결과는 이후에 나머지 줄을 파싱하기 위해 사용해야 하는 파서다. 각 열의 순서를 미리 알 수 없으므로 헤더를 파싱한 결과에 따라 Row 파서를 동적으로 선택해야 한다.

Applicative와 Monad의 구분을 표현하는 방법이 많이 있다. 물론 타입 시그니처가 알아둬야 할 모든 내용을 알려주며, 두 인터페이스 사이의 차이를 대수적으로 이해할 수 있다. 다음은 이 둘의 차이를 설명하는 몇 가지 흔한 방법을 보여준다.

- 적용 가능한 계산은 고정된 구조며 효과를 단순히 순차적으로 수행한다. 반면 모나드적인 계산은 이전 계산의 결과를 바탕으로 구조를 동적으로 선택할 수 있다.

- 적용 가능한 요소는 문맥으로부터 자유로운(문맥을 따지지 않는) 계산을 만들어내지만, 모나드를 사용하면 문맥에 민감한(문맥에 따라 달라질 수 있는) 계산을 수행할 수 있다. 예를 들어 모나드적인 파서를 사용하면 문맥 민감 문법context sensitive grammar을 지원할 수 있지만, 적용 가능 파서는 문맥 자유 문법context free grammar만 처리할 수 있다.

- 모나드는 어떤 효과가 발생할지 여부를 프로그램에서 미리 선택하는 대신 실행 시점에 동적으로 선택할 수 있다는 점에서 효과를 일급 시민으로 만들어준다. 이런 결과를 리스트 12.6의 Parser 예제에서 살펴봤다. 이 예제에서는 파싱의 일부분으로 Parser<Row>를 생성하고, 이 Parser<Row>를 사용해 그 이후의 파싱을 진행했다.

- 적용 가능 펑터는 합성 가능하지만, 모나드는 일반적으로 그렇지 않다.

> **함수형 프로그래밍에서 '효과'의 의미**
>
> 함수형 프로그래머는 Par, Option, List, Parser, Gen 등의 타입 생성자를 비격식적으로 효과라고 부르곤 한다. 이런 용법은 참조 투명성 위반을 암시하는 부수 효과라는 용어와는 구분된다. 이런 타입들을 효과라고 부르는 이유는 이런 타입들이 값에 '추가' 기능을 덧붙여주기 때문이다. Par는 병렬 계산을 정의하는 능력을 부여해주고, Option은 실패 가능성을 추가해주는 등이다. 때로는 Monad나 Applicative 인스턴스와 관련 있는 효과에 대해 모나드적인 효과나 적용 가능한 효과 등과 같은 용어를 사용하기도 한다.

## 12.4 적용 가능 펑터의 장점

지금까지는 적용 가능 펑터가 모나드보다 능력이 떨어진다는 사실을 배웠다. 하지만 모나드가 제공하는 기능을 제공하지 못함에도 불구하고 적용 가능 펑터를 사용해야 하는 이유는 무엇일까? 모나드가 제공하는 추가 기능을 사용하지 않고 적용 가능이 제공하는 더 간단한 추상화를 통해서도 원하는 목표를 똑같이 달성할 수 있기 때문이다. Applicative 인터페이스가 중요한 이유를 몇 가지 살펴보자.

- 일반적으로 데이터의 성질에 대해 가능한 한 적은 가정을 사용해 traverse 같은 콤비네이터를 구현할 수 있으면 좋다. traverse를 구현하기 위해 어떤 데이터 타입이 flatMap을 지원한다고 가정하는 것보다는 map2를 지원한다고 가정하는 편이 더 낫다. map2를 가정할 수 없고 flatMap을 가정해야 한다면 Monad 타입을 만났을 때는 traverse를 새로 작성할 필요가 없지만 Monad 타입이 아닌 Applicative 타입을 만날 때마다 traverse를 새로 작성해야만 할 것이다. 매번 traverse를 다시 작성해야만 하는 경우에 대해 잠시 후 살펴본다.

- Applicative가 Monad보다 더 '약한' 가정이므로, 적용 가능한 효과에 대해 더 유연한 해석을 내릴 수 있다. 예를 들어, 파싱을 생각해보자. flatMap을 쓰지 않고 파서를 기술할 수 있다는 말은 우리가 지원하는 문법의 구조가 파싱 이전에 결정된다는 뜻이다. 따라서 우리가 만드는 파서 해석기(또는 실행기)는 처음부터 어떤 일이 벌어질지에 대해 더 많은 정보를 갖고 있게 된다. 더 많은 가정을 추가하고 이로부터 알려진 구조를 활용해 파서를 실행하는 더 효율적인 구현을 사용하는 게 가능해진다. flatMap을 추가하는 것은 강력하지만 파서를 동적으로 생성하고 있다는 의미이므로, 해석기가 할 수 있는 일은 더 제한적이라는 뜻이다.[1] 강력함에는 비용이 따른다.

- 모나드에는 합성성이 없지만 적용 가능 펑터는 합성이 가능하다. 합성성이 어떻게 작동하는지는 12.7절에서 살펴본다.

---

[1] 파서가 처리할 수 있는 언어의 종류가 더 적어진다는 뜻은 아니다(본문에서 말하는 대로 flatMap을 사용하면 동적 파싱이 이뤄지므로 파서 자체는 더 많은 언어를 처리할 수 있는 더 강력한 파서가 된다). 단지, 파서가 정적으로(문자열 입력을 받기 전에) 최적화할 여지가 줄어든다는 의미다. - 옮긴이

## 12.4.1 모든 적용 가능 펑터가 모나드는 아니다

적용 가능 펑터지만 모나드는 아닌 데이터 타입을 두 가지 살펴보자. 여기서는 Stream과 Either 타입을 살펴볼 것이다. 분명히 이 둘 타입만 이런(모나드는 아닌데 적용 가능인) 경우에 속하지는 않는다. 함수형 프로그래밍을 더 많이 하면, 적용 가능 펑터지만 모나드는 아닌 데이터 타입을 수없이 많이 만들게 되리라는 사실은 의심할 여지가 없다.

### 스트림이 적용 가능 펑터인가?

첫 번째 예제로 무한히 길 수도 있는 스트림을 살펴보자. 이런 스트림에 대해 map2와 unit을 정의할 수는 있지만 flatMap을 정의할 수는 없다.

```
val streamApplicative = object : Applicative<ForStream> {

    override fun <A> unit(a: A): StreamOf<A> =
        Stream.continually(a)        ◀── 무한히 A 타입의 상수를
                                          내놓는 스트림
    override fun <A, B, C> map2(
        sa: StreamOf<A>,
        sb: StreamOf<B>,
        f: (A, B) -> C
    ): StreamOf<C> =
        sa.fix().zip(sb.fix()).map { (a, b) -> f(a, b) }    ◀── 두 스트림의 원소를 f로 조합
}
```

이 적용 가능 펑터를 뒷받침하는 아이디어는 두 스트림에서 서로 같은 위치에 있는 원소를 zip으로 조합하는 것이다.

---

연습문제 12.4

일상적인 말로 sequence와 streamApplicative의 의미를 설명하라. sequence의 시그니처를 Stream에 대해 특화하면 다음과 같은 타입을 얻는다.

```
fun <A> sequence(lsa: List<Stream<A>>): Stream<List<A>>
```

---

## 검증: 오류를 누적시키는 Either의 변형 타입

4장에서는 Either 데이터 타입을 살펴보고 그런 데이터 타입을 어떻게 수정해야 여러 오류를 보고하게 할 수 있는지 생각해봤다. 구체적인 예제로 웹 폼 등록을 검증하는 경우를 살펴보자. 폼 검증 시 첫 번째 오류만 보고한다면, 사용자가 한 번에 오류를 하나씩 수정하면서 폼을 반복해 제출해야 할 것이다.

이런 상황은 Either를 모나드처럼 사용하는 상황이다. 우선, 부분적으로 적용한 Either 타입으로부터 모나드를 작성하자.

---

**연습문제 12.5**

Either의 모나드 인스턴스를 작성하라.

```
fun <E> eitherMonad(): EitherMonad<E> =

    SOLUTION_HERE()
```

---

다음으로 성공적인 검증을 표현할 웹 폼을 도입한다.

```
data class WebForm(val f1: String, val f2: Date, val f3: String)
```

다음 코드에서는 연쇄적으로 flatMap을 호출한 부분에서 무슨 일이 벌어지는지 생각해보자. 이 부분에서 validName, validDateOfBirth, validPhone 함수 각각은 어떤 타입 T로 정해지는 Either<T> 타입을 반환한다.

```
val F = eitherMonad<String>()
F.flatMap(validName(name)) { f1: String ->
    F.flatMap(validDateOfBirth(dob)) { f2: Date ->
        F.map(validPhone(phone)) { f3: String ->
            WebForm(f1, f2, f3)
        }
    }
}
```

validName 필드에 오류가 있으면 validDateOfBirth와 validPhone은 쇼트 서킷되면서 아예 실행도 되지 않는다. 근본적으로 flatMap을 사용한 계산은 연쇄 의존 관계를 선형적으로 구축한다. validName이 성공하지 않으면 변수 f1에 아무 값도 바인드되지 않는다.

이제 map3를 통해 적용 가능 펑터를 사용하는 다음 예제를 살펴보자.

```
val A = eitherApplicative<String>()
A.map3(
    validName(name),
    validDateOfBirth(dob),
    validPhone(phone)
) { f1, f2, f3 ->
    WebForm(f1, f2, f3)
}
```

여기서 코드가 올바른 방향으로 작동하기 시작한다. map3 함수에 전달되는 세 식 사이에는 아무 의존 관계도 암시되지 않는다. 원칙적으로는 각 Either에서 발생하는 모든 오류를 List에 수집할 수 있다. Either 모나드의 flatMap을 사용한 경우에는 첫 번째 오류에서 오류 수집이 끝날 것이다. 반면에 map3만으로 이런 제약을 뛰어넘을 수는 없다. 지금 살펴본 Either 데이터 타입에는 한계가 있다. 이 Either 타입은 발생할 수 있는 모든 오류를 저장하지 않는다. 결국 Either<String, T>로 끝나는데, 여기서 String은 오류 상황을 단 하나만 담을 수 있다.

Either처럼 작동하지만 오류를 계속 누적시키는 새로운 데이터 타입을 정의하고, Validation이라고 부르자.

### 리스트 12.7 여러 오류를 표현하는 Validation

```
sealed class Validation<out E, out A> : ValidationOf<E, A>

data class Failure<E>(
    val head: E,
    val tail: List<E> = emptyList()
) : Validation<E, Nothing>()

data class Success<A>(val a: A) : Validation<Nothing, A>()
```

Failure에 오류를 누적시키는 Validation에 대한 Applicative 인스턴스를 작성하라. Failure
의 경우 최소한 오류가 하나 이상(오류가 하나뿐이라면 head에만 오류가 있음) 있고, 최초의 오류
를 제외한 나머지 오류는 tail에 들어 있다는 점에 유의하라.

```
fun <E> validation(): Applicative<ValidationPartialOf<E>> =

    SOLUTION_HERE()
```

이 새 적용 가능 타입을 사용해 앞에서 본 웹 폼 검증을 어떻게 수행할 수 있는지 살펴보
자. 사용자로부터 수집하고 싶은 데이터는 문자열이고, 어떤 요구 사항을 만족시켜야만 한
다. 입력이 요구 사항을 만족시키지 못하는 경우 사용자에게 오류를 표시하면서 문제를 어
떻게 해결하면 되는지 알려줘야 한다. 명세에 따르면 name은 빈 문자열일 수 없고, birthdate
는 "yyyy-MM-dd" 형식이며, phoneNumber는 정확히 10개의 숫자로 이뤄져야만 한다.

**리스트 12.8 Validation 데이터 타입 반환하기**

```
fun validName(name: String): Validation<String, String> =
    if (name != "") Success(name)
    else Failure("Name cannot be empty")

fun validDateOfBirth(dob: String): Validation<String, Date> =
    try {
        Success(SimpleDateFormat("yyyy-MM-dd").parse(dob))
    } catch (e: Exception) {
        Failure("Date of birth must be in format yyyy-MM-dd")
    }

fun validPhone(phone: String): Validation<String, String> =
    if (phone.matches("[0-9]{10}".toRegex())) Success(phone)
    else Failure("Phone number must be 10 digits")
```

마지막으로, 전체 웹 폼을 검증하기 위해서는 적용 가능 인스턴스에 대해 map3를 사용
해 WebForm을 만들어내면 된다.

```
val F = validationApplicative<String>()

fun validatedWebForm(
    name: String,
    dob: String,
    phone: String
): Validation<String, WebForm> {
    val result = F.map3(
        validName(name),
        validDateOfBirth(dob),
        validPhone(phone)
    ) { n, d, p -> WebForm(n, d, p) }
    return result.fix()
}
```

세 함수 중 하나 이상에서 Failure가 발생하면, validationWebForm 메서드는 한 Failure 인스턴스에 오류(또는 오류들)를 담아서 반환한다.

이제 모나드와 적용 가능 펑터의 중요한 차이를 살펴봤다. 적용 가능 펑터는 모나드처럼 강력하지는 않지만 결과 사이의 상호 의존 관계가 필수적인 요건이 아닌 경우에 유용한 장치가 될 수 있다.

## 12.5 적용 가능 법칙을 사용해 프로그램에 대해 추론하기

앞에서 본 것처럼 대수적 추상화는 이를 기술하는 구체적인 법칙에 대한 증명을 통해 검증될 수 있다. 이를 통해 각 추상화가 달성하는 게 무엇인지 이해할 수 있고, 수학적으로 추상화의 동작을 검증할 수 있다. 적용 가능 펑터도 다른 추상화와 다르지 않다. 따라서 적용 가능 펑터에 대한 법칙을 정해보자.

이런 법칙을 표현하는 여러 가지 다른 방법이 있다는 점을 염두에 두길 바란다. 여기서 설명한 방식은 단지 그중 하나에 불과하며, 지금까지 다뤄온 데이터 타입이 이런 법칙을 만족한다는 사실을 검증할 수 있다. 가장 쉬운 데이터 타입은 Option이다.

## 12.5.1 왼쪽과 오른쪽 항등원 법칙

적용 가능 펑터가 준수해야 하는 법칙에는 어떤 것이 있을까? 적용 가능 펑터는 펑터이기도 하므로 펑터 법칙을 만족해야 한다는 말을 하지 않고 넘어갈 수는 없다.

---

**리스트 12.10 Applicative는 펑터이므로 펑터 법칙이 적용된다.**

```
map(v, id) == v

map(map(v, g), f) == map(v, (f compose g))
```

map2와 unit을 사용해 map을 구현하는 방법에 의해 적용 가능 펑터에는 몇 가지 법칙이 성립될 수 있다. map 정의를 다시 떠올려보자.

```
override fun <A, B> map(
    fa: Kind<F, A>,
    f: (A) -> B
): Kind<F, B> =
    map2(fa, unit(Unit)) { a, _ -> f(a) }
```

자세히 살펴보면, 정의에서 무언가 제멋대로인 부분을 찾을 수 있다(unit을 map2 호출의 왼쪽에 넣어도 괜찮을 것이다).

```
override fun <A, B> map(
    fa: Kind<F, A>,
    f: (A) -> B
): Kind<F, B> =
    map2(unit(Unit), fa) { _, a -> f(a) }
```

Applicative의 최초 두 가지 법칙은 이런 두 가지 map 구현이 모두 펑터 법칙을 준수한다는 사실을 이야기하는 것으로 요약할 수 있다. 다른 말로, 어떤 unit이 정의된 fa: F<A>의 map2는 fa의 구조를 보존한다. 이를 왼쪽과 오른쪽 항등원 법칙이라고 한다(다음 코드의 첫 번째 줄과 두 번째 줄이 각각의 항등원 법칙을 표현한다).

```
map2(unit(Unit), fa) { _, a -> a }

map2(fa, unit(Unit)) { a, _ -> a }
```

## 12.5.2 결합 법칙

결합성의 법칙을 잡아내기 위해 map3의 시그니처를 자세히 살펴보자.

```
fun <A, B, C, D> map3(
    fa: Kind<F, A>,
    fb: Kind<F, B>,
    fc: Kind<F, C>,
    f: (A, B, C) -> D
): Kind<F, D>
```

apply와 unit을 사용하면 map3를 빠르게 구현할 수 있다. 하지만 map2를 사용해 map3를 어떻게 구현할 수 있을지 생각해보자. 이 경우 한 번에 두 가지 효과를 조합해야 하므로, 두 가지 선택지가 있다. 첫 번째는 fa와 fb를 조합한 다음에 그 결과에 fc를 조합하는 것이고, 두 번째는 이와 반대 방향으로 연산을 결합시켜서 fb와 fc를 조합한 결과와 fa를 조합하는 것이다. 적용 가능 펑터의 결합 법칙은 어떤 방식을 택하든 같은 결과를 얻는다는 사실을 알려준다. 하지만 여기서 잠깐! 이 법칙은 모나드와 모노이드에서 발견했던 결합 법칙과 비슷해 보이지 않는가?

```
combine(combine(a, b), c) == combine(a, combine(b, c))

compose(compose(f, g), h) == compose(f, compose(g, h))
```

적용 가능 펑터의 결합 법칙은 똑같은 일반적인 개념이다. 이 법칙이 없다면 연산을 묶는 방법에 따라 map3의 두 가지 버전(아마도 map3L과 map3R)이 필요하다. 그리고 연산을 묶는 방식을 구분함에 따라 다른 콤비네이터의 개수도 폭발적으로 늘어날 것이다.

다행히 여기서는 그렇지 않다. product에 기반해 결합 법칙을 다시 기술함으로써 적용 가능 펑터에서도 결합 법칙이 성립함을 증명할 수 있다. (Applicative를 product, map, unit을 사용해 기술할 수도 있다.) product는 map2를 사용해 두 효과를 쌍으로 조합한다는 사실을 기억하라.

```
fun <A, B> product(
    ma: Kind<F, A>,
    mb: Kind<F, B>
): Kind<F, Pair<A, B>> =
    map2(ma, mb) { a, b -> a to b }
```

만약 오른쪽으로 쌍이 내포된다면, assoc 같은 함수를 사용해 그 쌍을 뒤집어서 왼쪽으로 내포된 쌍으로 만들 수 있다.

```
fun <A, B, C> assoc(p: Pair<A, Pair<B, C>>): Pair<Pair<A, B>, C> =
    (p.first to p.second.first) to p.second.second
```

따라서 product와 assoc 콤비네이터를 사용하면 적용 가능 펑터에 대한 결합 법칙을 다음과 같이 기술할 수 있다.

```
product(product(fa, fb), fc) ==
    map(product(fa, product(fb, fc)), ::assoc)
```

여기서 등호의 한쪽에서는 product 호출이 왼쪽으로 결합되고, 반대쪽에서는 오른쪽으로 결합된다는 점에 유의하라. 단지 assoc 함수를 map으로 적용해서 결과 튜플을 오른쪽으로 배치했을 뿐이다. 그 결과는 다음과 같이 익숙한 식이 된다.

**리스트 12.12 적용 가능 펑터에 대한 결합 법칙**

```
product(product(fa, fb), fc) == product(fa, product(fb, fc))
```

### 12.5.3 자연성의 법칙

적용 가능 펑터의 마지막 법칙은 자연성[naturality]이다. 자연성이 어떻게 작동하는지 살펴보기 위해 Option을 사용하는 간단한 예제를 보자.

```
val A: Applicative<ForOption> = TODO()

data class Employee(val name: String, val id: Int)
data class Pay(val rate: Double, val daysPerYear: Int)

fun format(oe: Option<Employee>, op: Option<Pay>): Option<String> =
    A.map2(oe, op) { e, p ->
        "${e.name} makes ${p.rate * p.daysPerYear}"
    }.fix()

val employee = Employee("John Doe", 1)
val pay = Pay(600.00, 240)
val message: Option<String> =
    format(Some(employee), Some(pay))
```

여기서는 map2의 결과에 변환을 적용한다. 이 변환은 Employee에서 이름을 추출하고 Pay
에서 1년치 급여를 산출한다. 하지만 그렇게 하지 않고 format을 호출하기 전에 각각의 변
환을 적용해서 Option<Employee> 대신 (이름이 들어간) Option<String>, Option<Pay> 대신 (1년
치 급여가 들어간) Option<Double>을 넘길 수도 있다. format이 Employee와 Pay 데이터가 어떻
게 표현되는지에 대해 세세히 알 필요가 없으므로 이런 리팩터링이 더 타당하다.

```
fun format(oe: Option<String>, op: Option<Double>): Option<String> =
    F.map2(oe, op) { e, p -> "$e makes $p" }.fix()

val maybeEmployee = Some(Employee("John Doe", 1))
val maybePay = Some(Pay(600.00, 240))

val message: Option<String> =
    format(
        F.map(maybeEmployee) { it.name }.fix(),
        F.map(maybePay) { it.rate * it.daysPerYear }.fix()
    )
```

name과 pay 필드를 뽑아내는 변환을 map2를 호출하기 전에 적용한다. 이 프로그램이 앞
의 프로그램과 같은 의미이길 바라는데, 이런 유형의 패턴은 자주 나타나기 마련이다.
Applicative 효과를 다룰 때는 일반적으로 map2로 값을 합성하기 이전과 이후에 변환을 적

용한다. 자연성의 법칙은 변환 시점이 아무 문제가 되지 않는다는 사실을 알려준다. 즉, 언제 변환을 수행하든 결과는 같다.

이 예제에서 얻은 새로운 이해를 바탕으로, 자연성의 법칙을 어떻게 형식화할 수 있는지 생각해보자. 두 값의 곱(순서쌍)을 만들어내는 product와 두 함수의 곱을 만들어내는 productF라는 함수가 있다고 하자.

```
fun <I1, O1, I2, O2> productF(
    f: (I1) -> O1,
    g: (I2) -> O2
): (I1, I2) -> Pair<O1, O2> =
    { i1, i2 -> f(i1) to g(i2) }

fun <A, B> product(
    ma: Kind<F, A>,
    mb: Kind<F, B>
): Kind<F, Pair<A, B>> =
    map2(ma, mb) { a, b -> a to b }
```

이제 자연성의 법칙을 다음 선언과 같이 더 형식적으로 정의할 수 있다.

```
map2(fa, fb, productF(f, g)) == product(map(fa, f), map(fb, g))
```

적용 가능 법칙은 놀랍거나 심오하지 않다. 모나드 법칙과 마찬가지로 이 법칙은 적용 가능 펑터가 우리 예상대로 작동하는지 알아보는 건전성 검사sanity check일 뿐이다. 이 법칙은 unit, map, map2가 서로 일관성이 있고 타당한 방식으로 작동하는지를 확인해준다.

---

**연습문제 12.7**

**어려움:** 모나드 법칙이 성립하면 Monad의 map2와 map 구현이 적용 가능 펑터 법칙을 만족한다는 사실을 보여줌으로써 모든 모나드가 적용 가능 펑터임을 증명하라. 이를 왼쪽 동등성과 오른쪽 동등성 적용 가능 법칙을 사용해 증명할 수 있다.

---

두 모노이드 A와 B의 곱을 취하면 (A, B)라는 모노이드가 생기는 것과 마찬가지로, 두 적용 가능 펑터의 곱을 취할 수도 있다. 이 함수를 구현하라.

```
fun <F, G> product(
    AF: Applicative<F>,
    AG: Applicative<G>
): Applicative<ProductPartialOf<F, G>> =

    SOLUTION_HERE()
```

**어려움**: 적용 가능 펑터를 다른 방법으로 합성할 수도 있다! Kind<F, A>와 Kind<G, A>가 적용 가능 펑터라면 Kind<F, Kind<G, A>>도 적용 가능 펑터다. 다음 함수를 구현하라.

```
fun <F, G> compose(
    AF: Applicative<F>,
    AG: Applicative<G>
): Applicative<CompositePartialOf<F, G>> =

    SOLUTION_HERE()
```

**어려움**: 두 Monad를 합성하는 compose를 작성해보라. 이런 함수를 작성할 수는 없지만, 한번 시도해보면 왜 이런 함수가 존재할 수 없는지 살펴보는 과정에서 배움을 얻을 수 있다.

```
fun <F, G> compose(
    mf: Monad<F>,
    mg: Monad<G>
): Monad<CompositePartialOf<F, G>> =

    SOLUTION_HERE()
```

## 12.6 순회 가능을 사용해 traverse와 sequence 추상화하기

이번 장에서는 map2가 모나드에만 속해 있는 flatMap에 직접 의존하지 않는다는 사실로부터 적용 가능 펑터를 발견했다. 또한 비슷하게 분리해낼 수 있는 다른 함수도 존재한다. 이번 절에서는 이런 함수로 traverse와 sequence를 살펴본다. 이 두 함수도 flatMap에 의존하지 않는다. 이 두 함수를 분리하는 것에서 한 단계 더 나아가, 두 함수를 일반화함으로써 또 다른 추상화를 찾아낼 것이다. 이 두 콤비네이터의 시그니처를 자세히 살펴보자.

```
fun <A, B> traverse(l: List<A>, f: (A) -> Kind<F, B>): Kind<F, List<B>>
```

```
fun <A> sequence(lfa: List<Kind<F, A>>): Kind<F, List<A>>
```

List처럼 구체적인 타입 생성자가 Applicative 같은 추상 인터페이스에 나타나는 것을 발견할 때마다 '이 타입 생성자를 추상화하면 어떤 일이 벌어질까?'라는 질문을 던져봐야 한다. 10장에서 List 외에도 여러 데이터 타입이 Foldable이었다는 사실을 기억하라. 그렇다면 List 외에 순회할 수 있는 다른 데이터 타입도 있을까? 물론 그렇다.

---

**연습문제 12.11**

Applicative 인터페이스에서 List가 아니라 Map에 대한 sequence를 구현하라.

```
fun <K, V> sequence(
    mkv: Map<K, Kind<F, V>>
): Kind<F, Map<K, V>> =

    SOLUTION_HERE()
```

---

좋다. 하지만 매번 sequence나 traverse 메서드를 작성하기에는 순회 가능한 데이터 타입이 너무 많다. 따라서 이런 함수를 일반화한 버전을 포함하는 새로운 인터페이스가 필요하다. 이를 Traversable이라고 부르자.

```
interface Traversable<F> : Functor<F> {        ◀── Traversable 인터페이스는 펑터임

    fun <G, A, B> traverse(
        fa: Kind<F, A>,
        AG: Applicative<G>,               ◀─┐
        f: (A) -> Kind<G, B>
    ): Kind<G, Kind<F, B>> =                   순회 가능 인스턴스를 구현할 때
        sequence(map(fa, f), AG)               사용할 Applicative〈G〉 인스턴스를
                                               주입함

    fun <G, A> sequence(
        fga: Kind<F, Kind<G, A>>,
        AG: Applicative<G>                ◀─┘
    ): Kind<G, Kind<F, A>> =              ◀─┐ Kind〈F, Kind〈G, A〉〉를
        traverse(fga, AG) { it }             Kind〈G, Kind〈F, A〉〉로 뒤집어줌
}
```

여기서 sequence 연산이 흥미롭다. 시그니처를 자세히 살펴보라. 이 연산은 G가 적용 가능 펑터일 때 Kind<F, Kind<G, A>>를 인자로 받아서 F와 G의 위치를 뒤바꿔준다. 이는 상당히 추상적인 대수적 표현이며, 잠시 후 그 의미를 살펴볼 것이다. 그럼 우선 Traversable의 인스턴스를 몇 가지 살펴보자.

> |**노트**| 우리 자신만의 순회 가능한 인스턴스를 작성할 때는 영역 안에서 적용 가능 함수를 사용할 수 있도록 Applicative 인스턴스를 traverse와 sequence에 주입한다.

---

**연습문제 12.12**

**어려움**: Option, List, Tree에 대한 Traversable 인스턴스를 작성하라.

```
@higherkind
data class Tree<out A>(val head: A, val tail: List<Tree<A>>) : TreeOf<A>

fun <A> optionTraversable(): Traversable<ForOption> =

    SOLUTION_HERE()
```

```
fun <A> listTraversable(): Traversable<ForList> =

    SOLUTION_HERE()

fun <A> treeTraversable(): Traversable<ForTree> =

    SOLUTION_HERE()
```

---

이제 List, Option, Tree에 대한 순회 가능 인스턴스가 있다. 이렇게 일반화한 traverse/ sequence가 어떤 의미일까? 몇몇 구체적인 타입 시그니처를 sequence 호출에 끼워 넣어보자. 이런 함수들이 어떤 역할을 하는지는 단지 시그니처만을 바탕으로 추측할 수 있다.

- **(List<Option<A>>) -> Option<List<A>>**: 즉, Traversable<ForList>.sequence()를 호출하면서 Option을 Applicative로 주입한 경우다. 입력 List 중 어느 하나라도 None 이면 None을 반환하고, 그렇지 않으면 List를 Some으로 감싸서 반환한다.
- **(Tree<Option<A>>) -> Option<Tree<A>>**: 즉, Traversable<ForTree>.sequence()를 호출하면서 Option을 Applicative로 주입한 경우다. 입력 Tree 중 어느 하나라도 None 이면 None을 반환하고, 그렇지 않으면 Tree를 Some으로 감싸서 반환한다.
- **(Map<K, Par<A>>) -> Par<Map<K, A>>**: 즉, Traversable<ForMap>.sequence()를 호출하면서 Par를 Applicative로 주입한 경우다. 맵의 모든 값을 병렬로 평가하는 병렬 계산을 반환한다.

sequence나 traverse를 통해 놀랄 만큼 많은 연산을 가장 일반적인 방법으로 정의할 수 있다는 사실을 알아냈다. 다음 절에서 이에 대한 내용을 살펴본다.

순회는 접기와 비슷하다. 두 연산 모두 어떤 데이터 구조를 받고 함수를 데이터 내부에 적용해서 결과를 만들어낸다. 차이가 있다면, traverse는 원래의 구조를 보존하는 반면에 foldMap은 구조를 버리고 모노이드 연산으로 대치한다는 점이다. 예를 들어 (Tree<Option <A>>) -> Option<Tree<A>>라는 시그니처를 보자. 우리는 Tree 구조를 유지하지, 그 구조에 속한 값들을 어떤 모노이드로 졸여내지 않는다.

## 12.7 Traversable을 사용해 고류 타입을 반복적으로 변환하기

이 책에서는 Either나 Stream 타입 같은 고류 타입에 대한 traverse나 sequence를 살펴봤다. 각각의 경우 이들은 같은 유형의 행동 양식을 보여줬다. 두 함수 모두 어떤 종류에 대한 변환을 적용하기 위한 반복적인 구조가 필요한 시나리오에서 유용하다.

이제 Traversable 인터페이스가 모양을 갖추고 traverse와 sequence 함수를 일반화해주고 있다. 추가로 Traversable이 Functor이기도 함을 알았다. 이 말은 map을 쓸 수 있다는 뜻이다. 사실 한 단계 더 나아가 map을 traverse를 사용해 구현할 수 있으며, 이 경우 traverse는 map을 더 일반화한 연산이 된다. 따라서 Traversable을 순회 가능 펑터라고 부르기도 한다.

이제 Traversable을 사용해 아주 일반적으로 구현할 수 있는 다양한 연산을 살펴보자. 여기서는 단편적인 내용만 살펴볼 것이므로, 관심 있다면 스스로 좀 더 탐구해보길 바란다.

---

**연습문제 12.13**

**어려움**: traverse를 사용해 Traversable<F>에 대한 map을 구현하는 것부터 시작하자. map을 구현할 때 여러분이 선택한 Applicative<G>를 갖고 traverse를 호출할 수 있다는 점을 기억하라.

```
interface Traversable<F> : Functor<F> {

    override fun <A, B> map(
        fa: Kind<F, A>,
        f: (A) -> B
    ): Kind<F, B> =

        SOLUTION_HERE()
}
```

---

다음으로는 Traversable과 Foldable 사이의 관계를 살펴보자. 이를 통해 Applicative와 Monoid 간의 예상치 못한 관계까지 알 수 있다.

## 12.7.1 모노이드에서 적용 가능 펑터로

방금 traverse가 map보다 더 일반적이라는 사실을 배웠다. 다음으로 traverse가 foldMap을 표현할 수 있고, 이를 더 확장해 foldLeft와 foldRight도 표현할 수 있음을 배울 것이다! traverse의 시그니처를 다시 한번 살펴보자.

```
fun <G, A, B> traverse(
    fa: Kind<F, A>,
    AP: Applicative<G>,
    f: (A) -> Kind<G, B>
): Kind<G, Kind<F, B>>
```

여기서 어떤 타입을 Int로 강제로 변환하는 ConstInt를 G로 선택했다고 하자. 그렇다면 ConstInt<A>는 타입 인자 A를 없애고 Int를 남겨준다.

```
typealias ConstInt<A> = Int
```

이제 traverse의 타입 시그니처에서 G를 ConstInt로 인스턴스화하면, 더 이상 이 적용 가능 펑터가 필요하지 않으므로 시그니처가 다음과 같이 바뀐다.

```
fun <A, B> traverse(fa: Kind<F, A>, f: (A) -> Int): Int
```

이 시그니처는 이제 Foldable의 foldMap처럼 보이기 시작한다.

```
fun <A, B> foldMap(fa: Kind<F, A>, m: Monoid<B>, f: (A) -> B): B
```

traverse의 종류 F가 List 같은 어떤 것이라면, 이 시그니처에서 구현할 필요가 있는 부분은 리스트의 각 원소에 대해 f를 적용해 반환받은 Int 값을 조합할 방법과 빈 리스트를 처리하기 위한 '시작' 값이다. 다시 말해 우리에게는 Monoid<Int>가 필요한데, 모노이드는 만들어내기가 쉽다. 사실 여기서 말한 상수 펑터만 있다면 어떤 Monoid든 Applicative로 만들어낼 수 있다.

ConstInt를 Int뿐만 아니라 모든 주어진 M에 대해 일반화하려 한다면, 다음과 같은 의사 코드로 표현하는 것을 상상해보자.

```
typealias Const<M, A> = M
```

예전에 했던 방식대로, 부분 적용된 타입 생성자의 고류를 표현하기 위해 생성된 보일러플레이트 코드를 사용할 것이다. Const라는 이름의 래퍼 클래스를 사용해 우리에게 생길지 모르는 비호환성을 부드럽게 연결해주는 이음매<sup>shim</sup>로 삼는다.

리스트 12.13 타입 생성자를 일반화하기 위해 이음매 사용하기

```
@higherkind
data class Const<M, out A>(val value: M) : ConstOf<M, A>
```

부분 적용한 타입 생성자를 ConstPartialOf를 통해 표현하기 위해 필요한 모든 중간 계층을 Const가 제공한다. 이제 다음과 같이 Const를 사용해 모노이드를 적용 가능하게 표현할 수 있다.

리스트 12.14 이음매를 사용해 Monoid를 Applicative로 바꾸기

```
fun <M> monoidApplicative(m: Monoid<M>): Applicative<ConstPartialOf<M>> =
    object : Applicative<ConstPartialOf<M>> {

        override fun <A> unit(a: A): ConstOf<M, A> = Const(m.nil)    ◀━━  a를 버리고 모노이드의
                                                                          nil을 사용함
        override fun <A, B, C> map2(
            ma: ConstOf<M, A>,
            mb: ConstOf<M, B>,
            f: (A, B) -> C    ◀━━ 조합을 위해 f를 사용하지 않음
        ): ConstOf<M, C> =
            Const(m.combine(ma.fix().value, mb.fix().value))    ◀━━  ma와 mb를 모노이드의
    }                                                                 combine을 사용해 결합하고,
                                                                      그 결과를 Const라는 이음매로 감쌈
```

이 말은 Traversable이 Functor는 물론 Foldable도 확장할 수 있다는 뜻이다. 이제 Traversable에 traverse를 사용하는 디폴트 foldMap 구현을 부여할 수 있다.

```
interface Traversable<F> : Functor<F>, Foldable<F> {        ◄──   Traversable은 이제
                                                                   Functor와 Foldable을 구현함
    fun <G, A, B> traverse(
        fa: Kind<F, A>,
        AP: Applicative<G>,
        f: (A) -> Kind<G, B>
    ): Kind<G, Kind<F, B>>

    override fun <A, M> foldMap(
        fa: Kind<F, A>,
        m: Monoid<M>,
        f: (A) -> M
    ): M =
        traverse(fa, monoidApplicative(m)) { a ->
            Const<M, A>(f(a))        ◄──── 변환 결과를 Const 이음매로 감쌈
        }.fix().value   ◄──  종류를 Const로 다운캐스트한 후
}                            값을 추출
```

그림 12.4에서 보듯이 Traversable이 이제 Functor와 Foldable을 함께 구현한나! 한편 Foldable 자체는 Functor를 확장할 수 없다는 점을 알게 된다. List와 같은 대부분의 데이터 구조에서 접기를 기반으로 map을 작성할 수 있지만, 일반적으로는 그렇지 않다.

**연습문제 12.14**

Foldable이 왜 Functor를 확장할 수 없는지 스스로가 만족할 만한 답을 적어보라. 펑터가 아 닌 Foldable을 생각해낼 수 있는가?

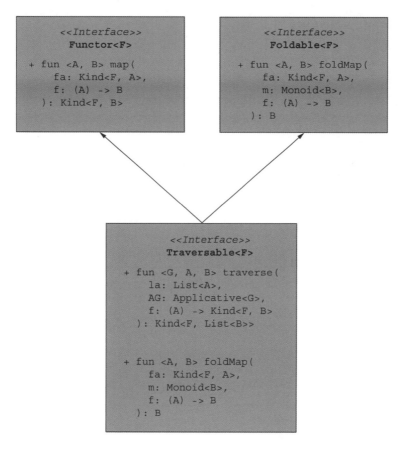

▲ **그림 12.4** Traversable 인터페이스가 Functor와 Foldable을 확장

　　그렇다면 Traversable이 정말 어디에 유용할까? 우리는 파서의 리스트를 가져다 리스트를 반환하는 파서로 변환하는 등의 몇 가지 인스턴스에 대한 실용적인 예제를 살펴봤다. 하지만 대체 어떤 경우에 대해 이렇게 어렵게 일반화를 달성하고 싶은 것일까? Traversable을 통해 작성할 수 있는 일반화된 라이브러리는 대체 어떤 종류일까?

## 12.7.2 상태 동작을 전파시키는 동시에 컬렉션 순회하기

　　State 적용 가능 펑터는 특히 강력하다. State 동작을 traverse 컬렉션에 사용하면 내부 상태를 유지하는 복잡한 순회를 구현할 수 있다. 다른 말로, State를 사용하면 컬렉션의 원소를 순회하면서 변환하는 도중에 상태를 전달할 수 있다.

불행히도 State를 부분 적용하려면 상당한 양의 보일러플레이트 코드가 필요하다. 하지만 State를 사용하면서 순회할 일이 자주 있으므로, 이런 코드를 한 번만 작성해두면 그다음부터는 보일러플레이트 코드를 작성하지 않고도 상태를 사용한 순회를 수행할 수 있다. 먼저 부분 적용된 State인 S에 대해 작용하는 상태 모나드를 정의해야 한다.

**리스트 12.16 부분 적용한 상태에 대한 모나드**

```
typealias StateMonad<S> = Monad<StatePartialOf<S>>

fun <S> stateMonad() = object : StateMonad<S> {

    override fun <A> unit(a: A): StateOf<S, A> =
        State { s -> a to s }

    override fun <A, B> flatMap(
        fa: StateOf<S, A>,
        f: (A) -> StateOf<S, B>
    ): StateOf<S, B> =
        fa.fix().flatMap { f(it).fix() }

    override fun <A, B, C> compose(
        f: (A) -> StateOf<S, B>,
        g: (B) -> StateOf<S, C>
    ): (A) -> StateOf<S, C> =
        { a -> join(map(f(a), g)) }
}
```

StateMonad<S> 타입은 Monad<StatePartialOf<S>>에 지나지 않는다. 우리는 부분 적용된 S의 인스턴스인 sateMonad에 대해 필요한 모든 모나드 메서드를 구현한다.

다음으로, 모나드를 적용 가능 펑터처럼 변장시킨다. 모나드를 적용 가능으로 감싸고 unit과 map2 호출을 모나드 인스턴스를 통해 위임하면 된다.

```
fun <S> stateMonadApplicative(m: StateMonad<S>) =
    object : Applicative<StatePartialOf<S>> {

        override fun <A> unit(a: A): Kind<StatePartialOf<S>, A> =
            m.unit(a)      ◄─┐ 적용 가능 unit 호출을
                             └ 모나드 m에 위임
        override fun <A, B, C> map2(
            fa: Kind<StatePartialOf<S>, A>,
            fb: Kind<StatePartialOf<S>, B>,
            f: (A, B) -> C
        ): Kind<StatePartialOf<S>, C> =
            m.map2(fa, fb, f)   ◄─┐ 적용 가능 map2 호출을
                                  └ 모나드 m에 위임
        override fun <A, B> map(
            fa: Kind<StatePartialOf<S>, A>,
            f: (A) -> B
        ): Kind<StatePartialOf<S>, B> =
            m.map(fa, f)   ◄─┐ 펑터 map 호출을
    }                       └ 모나드 m에 위임
```

이렇게 코드를 일단 작성하고 나면, 코드의 세부 사항은 잊어버리고 부분 적용한 상태 모나드 인스턴스를 적용 가능으로 변장시켜서 traverseS 함수에 제공하면 된다!

```
fun <S, A, B> traverseS(
    fa: Kind<F, A>,
    f: (A) -> State<S, B>
): State<S, Kind<F, B>> =
    traverse(
        fa,
        stateMonadApplicative(stateMonad<S>())
    ) { a -> f(a).fix() }.fix()
```

새 traverseS 함수를 활용해보자. 다음은 모든 원소에 해당 위치에 따른 번호를 부여하는 State 순회다. 0부터 시작하는 정수 값을 유지하면서 각 단계마다 1을 더한다.

```
fun <A> zipWithIndex(ta: Kind<F, A>): Kind<F, Pair<A, Int>> =
    traverseS(ta) { a: A ->
        State.get<Int>().flatMap { s: Int ->    ◀── 현재 상태(카운터)를 얻음
            State.set(s + 1).map { _ ->    ◀──┐ 현재 상태를 카운터 값을
                a to s                        │ 1 증가시킨 값으로 설정
            }
        }
    }.run(0).first    ◀── 인덱스 0부터 상태 동작을 실행
```

이 정의는 List, Tree 등 모든 순회 가능 타입에 대해 작동한다.

이런 계통을 계속 살펴보자. List<A> 타입의 상태를 유지하면서 순회 가능 펑터를 List
로 변환할 수 있다.

```
fun <A> toList(ta: Kind<F, A>): List<A> =
    traverseS(ta) { a: A ->
        State.get<List<A>>().flatMap { la ->    ◀── 현재 상태(누적된 리스트)를 얻음
            State.set<List<A>>(Cons(a, la)).map { _ ->    ◀──┐ 현재 원소를 Cons의 머리(head)에
                Unit                                          │ 넣어서 만든 새 리스트를 새로운
            }                                                 │ 상태로 설정
        }
    }.run(Nil).second.reverse()    ◀──┐ Nil부터 시작해 상태 동작을
                                       │ 실행한 다음에 리스트를 뒤집음
```

최초 상태로 빈 리스트인 Nil을 사용한다. 그리고 순회 가능 펑터의 모든 원소마다 그
원소를 누적된 리스트의 맨 앞에 삽입한다. 이렇게 하면 리스트 원소 순서가 순회 순서의
역순이 되므로 완료된 상태 동작에서 얻은 리스트의 순서를 뒤집어야 한다.

toList와 zipWithIndex 코드는 거의 동일하다. 그리고 실제로 State를 사용하는 상당수
의 순회는 현재 상태를 얻고, 다음 상태를 계산해 새로운 상태로 설정하고, 값을 만들어내
는 똑같은 패턴을 따른다. 다음과 같이 이런 동작을 mapAccum이라는 함수로 잡아낼 수 있다.

```
fun <S, A, B> mapAccum(
    fa: Kind<F, A>,
    s: S,
    f: (A, S) -> Pair<B, S>
): Pair<Kind<F, B>, S> =
    traverseS(fa) { a: A ->
        State.get<S>().flatMap { s1 ->
            val (b, s2) = f(a, s1)
            State.set(s2).map { _ -> b }
        }
    }.run(s)

fun <A> zipWithIndex(ta: Kind<F, A>): Kind<F, Pair<A, Int>> =
    mapAccum(ta, 0) { a, s ->
        (a to s) to (s + 1)
    }.first

fun <A> toList(ta: Kind<F, A>): List<A> =
    mapAccum(ta, Nil) { a: A, s: List<A> ->
        Unit to Cons(a, s)
    }.second.reverse()
```

새로 일반화한 함수 mapAccum은 traverseS 함수를 여러 가지 설정으로 재사용하면서 적절한 결과를 만들어내도록 해준다. 이제 mapAccum으로 zipWithIndex와 toList를 더 간결하게 표현할 수 있다.

### 연습문제 12.15

임의의 순회 가능 펑터를 역순 리스트로 변환할 수 있다는 사실에서 흥미로운 결과가 도출된다. 그것은 바로 임의의 순회 가능 펑터를 뒤집을 수 있는 함수를 단 한 번만 작성하면 된다는 점이다! 이 함수를 작성하고, 이 함수가 List, Tree와 그 외의 여러 순회 가능 펑터에 어떤 의미인지 생각해보라. 추가로, 이 함수는 적절한 타입에 속한 모든 x와 y에 대해 다음 법칙을 준수해야 한다.

```
toList(reverse(x)) + toList(reverse(y)) == reverse(toList(y) + toList(x))

fun <A> reverse(ta: Kind<F, A>): Kind<F, A> =

    SOLUTION_HERE()
```

---

**연습문제 12.16**

mapAccum을 사용해 Traversable 인터페이스의 foldLeft 디폴트 구현을 작성하라.

```
fun <A, B> foldLeft(fa: Kind<F, A>, z: B, f: (B, A) -> B): B =

    SOLUTION_HERE()
```

---

### 12.7.3 순회 가능 구조 조합하기

순회의 경우 인자의 모양을 유지해야 하는 것은 당연하다. 이는 강점인 동시에 약점이기도 하다. 두 구조를 하나로 조합할 때 이런 장단점이 잘 드러난다.

Traversable<F>가 주어졌을 때, 어떤 Kind<F, A> 타입과 다른 Kind<F, B> 타입의 값을 조합해 Kind<F, C>로 만들 수 있을까? mapAccum을 사용해 zip을 (순회 가능에 대해) 일반화한 버전을 작성하는 것을 시도해볼 수는 있다.

```
fun <A, B> zip(ta: Kind<F, A>, tb: Kind<F, B>): Kind<F, Pair<A, B>> =
    mapAccum(ta, toList(tb)) { a: A, b: List<B> ->
        when (b) {
            is Cons -> (a to b.head) to b.tail
            is Nil -> throw Exception("incompatible shapes for zip")
        }
    }.first
```

이 버전의 zip은 두 인자의 모양이 서로 다른 경우를 처리하지 못한다는 점을 확인하라. 예를 들어 F가 리스트라면, 이 함수는 길이가 서로 다른 두 리스트를 처리하지 못한다. 이 구현에서 fb 리스트의 길이는 최소한 fa만큼 길어야 한다. 만약 F가 Tree라면, fb에는 모든 수준<sup>level</sup>에서 최소한 fa만큼 많은(또는 그 이상의) 가지가 존재해야 한다.

두 인자 중 어느 쪽의 길이를 더 중시할지 표현하기 위해 일반적인 zip을 약간 변경해서 zipL과 zipR이라는 두 버전을 제공할 수 있다.

**리스트 12.21  두 순회 가능 펑터의 특성에 따라 선택할 수 있는 두 가지 zip 구현**

```
fun <A, B> zipL(
    ta: Kind<F, A>,
    tb: Kind<F, B>
): Kind<F, Pair<A, Option<B>>> =
    mapAccum(ta, toList(tb)) { a: A, b: List<B> ->
        when (b) {
            is Nil -> (a to None) to Nil
            is Cons -> (a to Some(b.head)) to b.tail
        }
    }.first

fun <A, B> zipR(
    ta: Kind<F, A>,
    tb: Kind<F, B>
): Kind<F, Pair<Option<A>, B>> =
    mapAccum(tb, toList(ta)) { b: B, a: List<A> ->
        when (a) {
            is Nil -> (None to b) to Nil
            is Cons -> (Some(a.head) to b) to a.tail
        }
    }.first
```

이 두 구현은 List나 다른 시퀀스 타입에 대해 잘 작동한다. List의 경우 zipR의 결과는 tb 인자의 모양과 같고, tb가 ta보다 길면 (ta에서 원소를 채워 넣을 수 없는) 왼쪽 부분은 None 으로 채워진다.

더 멋진 구조를 지닌 Tree 같은 타입의 경우, 이 두 구현은 우리가 바라는 구현이 아닐 수도 있다. zipL은 단지 오른쪽 인자를 List<B>로 평평하게 하고 원래의 구조를 포기한다는 점에 유의하라. Tree의 경우 이 결과는 각 노드의 레이블을 전위<sup>pre-order</sup> 순회한 것과 같다.

그 후 이 레이블 시퀀스를 왼쪽 Tree인 ta의 값들과 '엮는다.' 이때 하위 트리가 서로 일치하지 않더라도 (한쪽 트리에 대해 전위 순회 리스트를 사용해 엮기 때문에) 그 하위 트리를 건너뛰는 법이 없다. 트리에 대해서는 두 트리의 모양이 같다는 사실을 우리가 알 수 있는 경우에 zipL과 zipR이 가장 가치가 있다.

### 12.7.4 단일 패스 효율성을 위한 트리 융합

5장에서는 효율성을 높이고자 어떤 구조에 대해 여러 패스를 수행하는 것을 단일 패스single pass로 엮는 기법을 다뤘다. 10장에서는 모노이드 곱을 사용해 접기 가능한 구조에 대한 여러 계산을 단일 패스로 진행할 수 있음을 확인했다. 마찬가지로, 적용 가능 펑터의 곱을 사용하면 순회 가능한 구조에 대한 여러 순회를 융합fuse시켜서 비효율을 막을 수 있다.

**연습문제 12.17**

적용 가능 펑터의 곱을 사용해 두 순회를 융합시킨 순회를 작성하라. 이 함수는 주어진 두 함수 f와 g에 대해 ta를 단 한 번만 순회하면서 두 함수를 적용한 결과를 한꺼번에 얻는다.

```
fun <G, H, A, B> fuse(
    ta: Kind<F, A>,
    AG: Applicative<G>,
    AH: Applicative<H>,
    f: (A) -> Kind<G, B>,
    g: (A) -> Kind<H, B>
): Pair<Kind<G, Kind<F, B>>, Kind<H, Kind<F, B>>> =

    SOLUTION_HERE()
```

### 12.7.5 내포된 순회 가능 구조를 동시 순회하기

순회를 융합시키기 위해 합성한 적용 가능 펑터를 쓸 수 있을 뿐 아니라, 순회 가능 펑터 자신들을 서로 합성할 수도 있다. Map<K, Option<List<V>>>처럼 내포된 구조가 있다면, 맵, 옵션, 리스트를 한 번에 순회하면서 빠르게 내부의 V를 얻을 수 있다. Map, Option, List가 모두 순회 가능한 구조이기 때문이다. 이런 합성도 내포된 전체 구조에 대해 효율적인 단일 패스 순회를 제공한다.

연습문제 12.18

**어려움**: 두 Traversable 인스턴스의 합성을 구현하라.

```
fun <F, G> compose(
    TF: Traversable<F>,
    TG: Traversable<G>
): Traversable<CompositePartialOf<F, G>> =
    object : Traversable<CompositePartialOf<F, G>> {
        override fun <H, A, B> traverse(
            fa: CompositeOf<F, G, A>,
            AH: Applicative<H>,
            f: (A) -> Kind<H, B>
        ): Kind<H, CompositeOf<F, G, B>> =

            SOLUTION_HERE()
    }
```

## 12.7.6 모나드 합성의 함정과 함정을 피하는 방법

이제 모나드 합성 문제로 돌아가자. 이번 장의 앞부분에서 본 것처럼, Applicative 인스턴스는 항상 합성이 가능하지만 Monad 인스턴스는 일반적으로 합성이 불가능하다. 예전에 일반적인 모나드 합성을 시도해봤다면, 내포된 모나드 G와 H에 대한 join을 구현하기 위해 (G<H<G<H<A>>>>) -> G<H<A>>와 비슷한 타입의 무언가를 작성해야만 한다는 사실을 발견했을 것이다. 하지만 이런 함수를 일반적으로 작성할 수는 없다. 하지만 H가 Traverse 인스턴스라면 sequence를 사용해 H<G<A>>를 G<H<A>>로 바꿀 수 있고, 결국 G<G<H<H<A>>>>를 얻을 수 있다. 그 후 인접하게 된 G 계층과 H 계층을 각각에 해당하는 Monad 인스턴스를 사용해 join할 수 있다!

**어려움/선택적**: 두 모나드 중 한쪽이 순회 가능인 경우의 합성을 구현하라(아주 어려운 문제를 푸는 자세로 임하길 바란다).

```
fun <G, H, A> composeM(
    MG: Monad<G>,
    MH: Monad<H>,
    AH: Applicative<H>,
    TH: Traversable<H>
): Monad<CompositePartialOf<G, H>> =

    SOLUTION_HERE()
```

이 과정은 성가시고 상당히 고통스럽기 때문에 더 깊이 다루지는 않을 것이다. 그 대신에 애로우나 캣츠 등의 여러 함수형 라이브러리가 더 흔히 선택하는 접근 방법인 모나드 변환기를 살펴본다.

표현 능력과 활용성을 얻기 위해 합성성과 모듈화를 대가로 치러야 하는 경우가 흔하다. 또한 모나드를 합성하는 과정에서 각 모나드를 합성에 적합하게 직접 커스텀화한 버전을 사용하는 경우도 자주 있다. 이를 모나드 변환기<sup>monad transformer</sup>라고 한다. 예를 들어 OptionT 모나드 변환기는 Option을 다른 모나드와 합성해준다.

**리스트 12.22 서로 다른 모나드를 합성하기 위한 모나드 변환기**

```
data class OptionT<M, A>(                         ┃ Option<A>가 M 종류
    val value: Kind<M, Option<A>>,   ◀──────┘ 안에 내포돼 있음
    val MM: Monad<M>      ◀──── MM이라는 Monad 인스턴스를 통해
) {                            M 타입에 대한 작업이 가능함
    fun <B> flatMap(f: (A) -> OptionT<M, B>): OptionT<M, B> =
        OptionT(MM.flatMap(value) { oa: Option<A> ->
            when (oa) {
                is None -> MM.unit(None)                    flatMap 메서드는 편의를
                is Some -> f(oa.get).value                  위해 M에 대해 작동하고자
            }                                          ◀── Monad<M>을 사용하면서
        }, MM)                                             Option의 동작을 흉내 냄
    }
}
```

OptionT<M, A>는 Kind<M, Option<A>>를 감싼 래퍼다. 이 모나드 변환기는 보일러플레이트 코드를 상당 부분 줄이면서 Kind<M, Option<A>>와 함께 더 쉽게 작동하기 위해 만들어진 변환기다. 이 모나드 변환기는 Option에 있는 것처럼 보이는 메서드를 노출하지만, 실제로는 우리를 대신해 M에 대한 flatMap이나 map 호출을 처리해준다. 이를 통해 M이 직접 내포된 Option에 초점을 맞추지 않아도 되는데, 그 부분이 실제로 우리가 신경을 쓰는 부분이다! 어떻게 OptionT라는 모나드 변환기를 사용할 수 있는지 살펴보자.

```
val F = listMonad
val ls = List.of(Some(1), None, Some(2))     ◀── ls를 List<Option<Int>>로 선언
val xs: List<Option<String>> =
    OptionT(ls, F).flatMap { i: Int ->          모나드 변환기 OptionT를 써서 내포된
        OptionT(F.unit(Some("${i * 2}")), F)    ◀── i: Int에 대해 직접 작업을 수행
    }.value.fix()                                flatMap이 요구하는 대로 각 원소에 대해
                                                 OptionT 인스턴스를 생성해줌

assertEqual(xs, List.of(Some("2"), None, Some("4")))
```

이 모나드 변환기는 Kind<M, Option<A>>를 감싸며 내포된 Option 타입에 대해 원하는 연산을 노출시켜준다. flatMap에 전달된 함수 블록은 내포된 Option 값이 Some이면 그 값에 직접 작용한다. 이를 통해 리스트의 일부분이 될 새로운 OptionT 인스턴스를 만들어내기 전에 (flatMap을 통한) 변환을 적용할 수 있다.

하지만 단점도 있다. 이 구현은 오직 Option에 대해서만 작동한다. 그리고 Traverse의 이점을 살리는 일반적인 전략은 순회 가능 펑터에만 적용 가능하다. 예를 들어, State와 합성하려면(State를 순회할 수는 없다) 특화된 StateT 모나드 변환기를 작성해야만 한다.

---

**모나드 변환기 라이브러리**

모든 모나드에 대해 작동하는 일반적인 합성 전략은 없다. 이 말은 각 모나드에 대해 커스텀 모나드 변환기(custom monad transformer)를 작성해야만 다른 모나드와의 합성성(compositionality)을 보장할 수 있다는 뜻이다. 비록 이 접근 방식이 타당해 보이지만, 확장성이 좋지는 않다. 이런 단점에도 불구하고 애로우나 캣츠 같은 많은 함수형 라이브러리는 mtl 모듈, 즉 모나드 변환기 라이브러리(monad transformer library)를 제공한다. 이러한 라이브러리들은 가장 일반적인 타입에 대해 필요한 모든 모나드 변환기를 제공해준다. 상당수의 모나드 합성에 이런 mtl을 편리하게 쓸 수 있다.

# 요약

- Applicative와 Traversable은 Monad 시그니처에서 파생된 대수적 추상화다.

- 적용 가능 펑터는 모나드에 비해 표현력이 부족하지만 합성성은 더 좋은 일반화다.

- Applicative 함수인 unit은 값을, map은 함수를 끌어올려준다.

- map2와 apply 함수는 Applicative를 특징지어주며, 더 높은 항수의 함수를 끌어올릴 수 있게 해준다.

- 순회 가능 펑터는 sequence와 traverse 함수를 일반화한 결과로 만들어지며, 지금까지 살펴본 여러 데이터 타입에 대해 순회 가능 펑터가 존재한다.

- Applicative와 Traversable 인터페이스를 사용하면, 간단한 요소들을 단 한 번만 작성해도 복잡하거나 내포 관계가 있는 데이터 구조에 대한 순회 또는 이들에 대한 병렬 순회를 구성할 수 있다.

- 모나드는 원래 합성성이 없지만, 모나드를 더 일반화한 적용 가능 펑터는 합성성 제약이 없다.

- 모나드 변환기를 사용하면 복잡한 모나드를 합성할 수 있지만, 모나드 변환기는 모나드를 합성할 수 있는 일반적이고 유연하며 확장성 있는 해법이 아니다.

# Part 4

# 효과와 입출력

함수형 프로그래밍은 완전한 프로그래밍 패러다임이다. 데이터를 제자리에서 변경하거나 파일에 쓰거나 데이터베이스에서 읽는 등 외부 세계와 상호작용하는 모든 프로그램들까지도 함수형으로 표현할 수 있다. 4부에서는 1~3부에서 다룬 내용을 적용해 효과를 처리하는 프로그램을 함수형으로 어떻게 표현할 수 있는지 보여준다.

13장에서는 I/O 모나드를 사용해 외부 효과를 가장 직접적으로 처리하는 방법을 살펴본다. 이 방법은 함수형 프로그래밍 문맥에 내장된 간단한 명령형 구문을 제공한다. 이와 동일한 일반적인 접근 방식을 지역 효과와 변이 처리에도 사용할 수 있는데, 14장에서 해당 내용을 소개한다. 13장과 14장은 모두 효과 처리에 대한 합성성이 더 좋은 방법을 개발하기 위한 동기를 제공한다. 마지막 장인 15장에서는 스트리밍 I/O 라이브러리를 개발하고, I/O 스트림을 점진적으로 처리하는 합성 가능하고 모듈화 가능한 프로그램을 작성하는 방법을 설명한다.

4부의 목표는 I/O나 변이 처리와 관련된 모든 기술을 다루는 것이 아니다. 오히려, 앞으로 더 배워나갈 수 있는 개념적인 틀을 갖추는 데 필요한 핵심 아이디어를 몇 가지 소개하려 한다. 분명 여러분은 이 책에서 다룬 것과 정확히 일치하지 않는 문제들을 마주하게 된다. 하지만 1~3부에 이어 4부까지 모두 마치고 나면, 주어지는 모든 프로그래밍 작업에 대해 함수형 프로그래밍을 적용할 수 있는 가장 좋은 위치에 서게 될 것이다.

# 13

# 외부 효과와 I/O

**13장에서 다루는 내용**

- 프로그램의 순수 함수를 효과로부터 격리한다.
- I/O 데이터 타입을 활용해 효과와 관련된 관심사들을 분리한다.
- 효과가 있는 코드를 데이터 타입 추상화 내부로 감춘다.
- 유연한 I/O 위임에 사용할 수 있는 프리 모나드(free monad)를 구현한다.

이번 장은 지금까지 모나드와 대수적 데이터 타입에 대해 배운 내용을 계속 진행하면서 데이터베이스 또는 콘솔과의 상호작용이나 파일 읽기 및 쓰기 같은 외부 효과<sup>external effect</sup>를 처리할 수 있게 확장한다. 우리는 이런 I/O 효과를 순수하게 함수적인 방식으로 다루려는 목적을 갖는 IO 모나드를 개발한다.

이번 장에서는 효과와 부수 효과의 본질적인 차이를 구분할 것이다. IO 모나드는 I/O 부수 효과가 있는 명령형 프로그래밍을 모든 참조 투명성을 유지하면서 순수한 프로그램에 내포시키는 직접적인 방법을 제공한다. 이를 통해 외부 세계에 영향을 미치는 '효과가 있는 effectful' 코드를 프로그램의 나머지 부분과 명확하게 분리한다.

또 IO 모나드는 외부 효과를 처리하는 필수적인 기법을 보여준다. 우리는 순수 함수를 사용해 효과가 있는 계산에 대한 기술<sup>description</sup>을 계산할 것이다. 그 후 실제 효과를 수행하기 위해 이 기술을 별도의 해석기<sup>interpreter</sup>로 실행한다. 본질적으로는 명령형 프로그래밍을 위한 임베디드 도메인 특화 언어<sup>EDSL, Embedded Domain-Specific Langauge</sup>를 만든다. EDSL과 이에 대한 해석기는 4부의 나머지 부분에서 살펴볼 강력한 기법이다. 우리의 목표는 효과가 있는 프로그램을 기술하는 자신만의 EDSL을 만들어낼 때 필요한 능력을 갖추도록 돕는 것이다.

## 13.1 효과가 있는 프로그램에서 효과 뽑아내기

IO 데이터 타입의 자잘한 부분을 살펴보기 전에 먼저 몇 걸음 물러서서 외부 효과를 몇 가지 수행하는 간단한 프로그램을 살펴보자. 효과가 있는 코드와 순수한 코드 사이에서 어떻게 관심사 분리를 달성할 수 있는지 알아본다. 예를 들어 콘솔에 결과를 출력하는 다음과 같은 프로그램이 있다.

**리스트 13.1 부수 효과가 있는 간단한 프로그램**

```kotlin
data class Player(val name: String, val score: Int)

fun contest(p1: Player, p2: Player): Unit =
    when {
        p1.score > p2.score ->
            println("${p1.name} is the winner!")
        p1.score < p2.score ->
            println("${p2.name} is the winner!")
        else ->
            println("It's a draw!")
    }
```

contest 함수는 결과를 표시하는 I/O 코드와 승자를 계산하는 로직을 밀접하게 연관시켜준다. 여기서 승자를 계산하는 로직을 리팩터링해 다음과 같이 winner라는 함수로 추출할 수 있다.

```
fun winner(p1: Player, p2: Player): Option<Player> =      ◀── 승자를 계산하는 로직을 포함
    when {
        p1.score > p2.score -> Some(p1)
        p1.score < p2.score -> Some(p2)
        else -> None
    }

fun contest(p1: Player, p2: Player): Unit =      ◀── 승자를 선언하고 콘솔 표준 출력에
    when (val player = winner(p1, p2)) {               표시하는 책임을 수행
        is Some ->
            println("${player.get.name} is the winner!")
        is None ->
            println("It's a draw!")
    }
```

하지만 이보다 더 잘할 수도 있다. 대략적인 규칙은 언제나 순수하지 않은 프로시저를 그림 13.1처럼 세 가지 부분으로 리팩터링할 수 있다는 것이다.

- 순수한 '핵심' 함수
- 순수 함수의 입력을 공급하는 부수 효과가 있는 함수
- 순수 함수의 출력을 갖고 무언가를 수행하는 부수 효과가 있는 함수

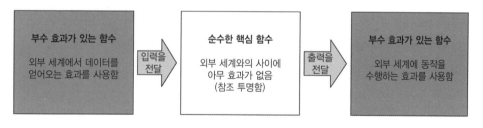

▲ **그림 13.1** 순수한 핵심 함수는 세계와 상호작용하기 위해 다른 함수들에 의존한다.

리스트 13.2에서는 순수 함수 winner를 contest에서 분리했다. 개념적으로 contest는 대회의 승자를 계산하고 계산한 결과를 표시하는 두 가지 책임을 가졌다. 리팩터링한 코드에서 winner는 승자를 계산하는 한 가지 책임만 보유하고, contest 메서드는 winner의 결과를

콘솔에 출력하는 책임을 보유한다.

세 번째 함수를 추출해 이를 더 개선할 수 있다. contest 함수에는 여전히 두 가지 책임이 존재한다. 하나는 출력할 메시지를 계산하는 것이고, 다른 하나는 메시지를 콘솔에 표시하는 것이다. 여기서도 순수 함수를 따로 분리할 수 있고, 이렇게 책임을 분리해두면 나중에 결과를 처리하는 방법을 바꾸기로 결정(예: UI로 표시, 파일에 기록)할 때 도움이 될 것이다. 이 리팩터링을 수행하면 다음과 같이 코드를 바꿀 수 있다.

```
fun winnerMsg(op: Option<Player>): String =       ◀─── 가장 적절한 메시지를
    when (op) {                                          결정하는 책임
        is Some -> "${op.get.name} is the winner"
        is None -> "It's a draw"
    }

                                                  ┌── 메시지를 표준 출력에
                                                  │   표시하는 책임
fun contest(p1: Player, p2: Player): Unit =    ◀──┘
    println(winnerMsg(winner(p1, p2)))   ◀─── winner를 winnerMsg 안에
                                              넣은 다음 표준 출력에 표시
```

이제 println이라는 부수 효과는 프로그램의 가장 바깥 계층에만 존재한다. 그리고 println을 호출하는 코드의 파라미터 부분 내부에는 순수한 식이 들어 있다.

이 예제는 단순해 보이지만, 같은 원칙을 더 크고 복잡한 프로그램에 적용할 수 있다. 이런 유형의 리팩터링이 아주 자연스럽다는 사실을 알아채길 바라며, 리팩터링 과정에서는 프로그램을 바꾸고 있지 않다. 다만 프로그램 내부의 세부 사항을 더 작은 함수들로 리팩터링할 뿐이다. 여기서 알아둬야 할 점은 부수 효과가 있는 모든 함수의 내부에는 밖으로 빼낼 수 있는 순수 함수가 존재한다는 것이다.

이런 직관은 어느 정도 형식화할 수 있다. (A) -> B 타입의 순수하지 않은 함수 f가 주어졌다면, f를 두 함수로 나눌 수 있다.

- (A) -> D 타입의 순수 함수. 이 함수에서 D 타입은 f의 결과를 기술한다.
- (D) -> B 타입의 순수하지 않은 함수. 이 함수는 (바로 앞 문장의) 기술에 대한 해석이다.

잠시 후에는 이를 확장해 '입력' 효과를 처리하게 할 것이다. 지금은 우선 이 전략을 프

로그램에 반복적으로 적용하는 방법을 살펴보자. 이 전략을 적용할 때마다 더 많은 함수가 순수 함수로 바뀌고 부수 효과를 바깥쪽 계층으로 밀어내게 된다. 이런 식으로 프로그램을 구성한 경우를 '명령형 껍질imperative shell'에 '순수한 핵심pure core'이라고 부른다. 최종적으로는 필수적인 것처럼 보이는 부수 효과(내장 (String) -> Unit 타입의 println과 비슷한 것)에 도달하게 된다.

## 13.2 효과가 있는 코드를 분리하기 위해 IO 타입 도입하기

효과가 있는 함수와 순수 함수를 분리하는 것은 올바른 방향으로 한 걸음 나아가는 것이지만, 그 방법 외에 효과를 처리하는 다른 방법도 있을까? 이런 관심사 분리를 모델링하기 위해 새로운 데이터 타입을 도입하는 경우를 고려해보자. println과 같은 프로시저조차도 한가지 이상의 일을 한다는 사실이 드러난다. IO라는 새로운 타입을 도입하면 println 같은 프로시저도 똑같은 방법으로 리팩터링할 수 있다.

```
interface IO {
    fun run(): Unit
}

fun stdout(msg: String): IO =
    object : IO {
        override fun run(): Unit = println(msg)
    }

fun contest(p1: Player, p2: Player): IO =
    stdout(winnerMsg(winner(p1, p2)))
```

이제 contest 함수는 순수 함수다. 이 함수는 IO 값을 반환하는데, 이 값은 단순히 발생해야 할 동작을 기술하기만 하며 동작을 실제로 실행하지는 않는다. 'contest에 효과가 있다'라고 말하지만(영어로는 'contest has effect'나 'contest is effectful'), 실제 부수 효과가 있는 것은 오직 IO의 해석기(run 메서드)뿐이다. contest 함수에는 단 한 가지 책임만 존재한다. 이 책임은 프로그램에서 각 부분을 하나로 합성하는 것이다. 이 경우 프로그램은 승자를 결정하는 winner, 결과 메시지의 모양을 나타내는 문자열을 계산하는 winnerMsg, 메시지를 콘솔에 출력해야 한다는 사실을 알려주는 stdout으로 이뤄진다. 하지만 효과를 해석하고 실제 콘솔을 조작할 책임은 IO의 run 메서드에 있다.

참조 투명성이라는 요구 사항을 기술적으로 만족시키는 것 외에 IO 타입이 제공하는 다른 이점이 있을까? 다른 데이터 타입과 마찬가지로, 어떤 종류의 대수를 IO가 제공하는지 고려해봄으로써 IO의 장점을 평가할 수 있다. 대수를 사용하면 수많은 유용한 연산과 프로그램을 정의할 수 있고 이렇게 만든 방대한 프로그램에 대해 추론할 수 있는 흥미로운 법칙을 얻게 되지만, 아직까지는 해당 내용을 다루지 않겠다. 그 대신 IO에 대해 정의할 수 있는 몇 가지 연산을 살펴보자.

```
interface IO {
    companion object {
        fun empty(): IO = object : IO {
            override fun run(): Unit = Unit
        }
    }

    fun run(): Unit

    fun assoc(io: IO): IO = object : IO {
        override fun run() {
            this@IO.run()        ◄── this@IO.run()은 현재
                                     IO 객체에 대해 run을 실행
            io.run()      ◄── io.run()은 io로 전달받은
        }                      IO에 대해 run()을 실행
    }
}
```

현 상황에서 IO에 대해 이야기할 수 있는 유일한 내용은 IO가 Monad를 형성한다는 것뿐이다(empty는 nil이고 assoc는 결합 연산임). 예를 들어 List<IO>가 있다면 이를 한 IO로 축약할 수 있는데, 이때 assoc의 결합 방향은 List<IO>를 오른쪽이나 왼쪽 중 어느 방향으로 결합할지를 결정해준다. IO는 그 자체로는 그다지 흥미롭지 못하다. IO를 통해 우리에게 주어진 것은 부수 효과가 일어나는 시점을 지연시키는 능력에 지나지 않는 것 같아 보인다.

이제 비밀을 알려주겠다. 프로그래머인 여러분은 여러분의 계산을 표현하는 API를 언

젠가는 발명하게 되는데, 이 API에는 여러분의 프로그램 밖 세계와 상호작용하는 기능이 포함되기 마련이다. 프로그램이 수행하길 바라는 내용에 대해 작성하기 쉽고, 유용하며, 합성하기 쉬운 기술을 작성하는 과정은 모두 핵심 언어 설계에 달려 있다. 여러분은 여러 프로그램을 표현할 수 있게 해주는 작은 언어와 그와 연관된 해석기를 뚝딱뚝딱 만든다. 생성한 언어에서 마음에 들지 않는 부분이 있다면 언어를 변경하라! 다른 설계 작업에서도 이와 같은 접근 방법을 택해야 한다.

## 13.2.1 입력 효과 처리하기

앞에서 본 것처럼, 작은 문법을 구성할 때는 여러분이 표현할 수 없는 게 분명한 상황이 생길 수 있다. 지금까지 IO 타입은 오직 출력 효과만 표현할 수 있었다. 외부 소스로부터 어느 시점이 되면 입력을 기다려야 하는 IO를 표현하는 방법이 없었다. 사용자로부터 화씨 온도를 입력받은 후 섭씨로 바꿔 사용자에게 표시해주는 프로그램을 작성하고 싶다고 하자. 오류 처리가 없는 나이브$^{naive}$한 프로그램은 다음과 같을 것이다.

---

**리스트 13.3 화씨를 섭씨로 바꾸는 명령형 프로그램**

```
fun fahrenheitToCelsius(f: Double): Double = (f - 32) * 5.0 / 9.0

fun converter() {
    println("Enter a temperature in Degrees Fahrenheit:")
    val d = readLine().orEmpty().toDouble()
    println(fahrenheitToCelsius(d))
}
```

불행히도 converter를 IO를 반환하는 순수 함수로 만들면 문제가 생긴다.

```
fun converter(): IO {
    val prompt: IO =
        stdout("Enter a temperature in Degrees Fahrenheit:")
    TODO("now what??")
}
```

코틀린에서 readLine은 콘솔에서 입력을 한 줄 받는 부수 효과가 있는 함수다. 이 함수는 String?을 반환한다. readLine을 IO로 감쌀 수도 있지만, 결과에 이를 넣을 부분이 없다! 아직 이런 유형의 효과를 표현할 방법은 없다. 문제는 현재의 IO 타입이 어떤 값을 만들어 내는 계산을 의미 있는 타입으로 표현하지 못한다는 데 있다. 우리 IO 해석기는 단지 출력으로 Unit을 만들어낸다. 그렇다면 IO 타입을 포기하고 부수 효과를 사용하는 쪽으로 돌아가야 할까? 물론 그렇지 않다! IO 타입을 확장해 타입 파라미터를 추가함으로써 입력을 허용한다.

리스트 13.4 A 타입의 입력을 허용하기 위해 IO를 A 타입으로 파라미터화하기

```
interface IO<A> {

    fun run(): A

    fun <B> map(f: (A) -> B): IO<B> =
        object : IO<B> {
            override fun run(): B = f(this@IO.run())
        }

    fun <B> flatMap(f: (A) -> IO<B>): IO<B> =
        object : IO<B> {
            override fun run(): B = f(this@IO.run()).run()
        }

    infix fun <B> assoc(io: IO<B>): IO<Pair<A, B>> =
        object : IO<Pair<A, B>> {
            override fun run(): Pair<A, B> =
                this@IO.run() to io.run()
        }
}
```

IO 계산이 이제 의미 있는 값을 반환할 수 있다. IO에 직접 map과 flatMap 함수를 추가했기 때문에 IO를 모나드로 사용할 수 있다. 물론, 이런 식으로 모나드 연산을 직접 구현하지 않고 관심사 분리를 위해 모나드 인스턴스에 책임을 위임하는 게 일반적이다. 단순화를 위해 (모나드 인스턴스를 구현하는 정도로) 그렇게 멀리 나가지는 않고, 이 예제에서는 아이디어를 전달하는 것에만 집중한다. 또 두 IO의 곱을 만들어내는 assoc 함수의 새로운 버전을 추가

했다. 마지막으로, IO에 대해 동반 객체를 정의하면서 IO { ... }처럼 코드 블록을 사용해 IO를 우아하게 생성할 수 있는 편리한 함수를 추가한다.

```
companion object {

    fun <A> unit(a: () -> A) = object : IO<A> {
        override fun run(): A = a()
    }

    operator fun <A> invoke(a: () -> A) = unit(a)
}
```

마침내 converter 예제를 다음과 같이 작성할 수 있다.

```
fun stdin(): IO<String> = IO { readLine().orEmpty() }

fun stdout(msg: String): IO<Unit> = IO { println(msg) }

fun converter(): IO<Unit> =
    stdout("Enter a temperature in degrees Fahrenheit: ").flatMap {
        stdin().map { it.toDouble() }.flatMap { df ->
            stdout("Degrees Celsius: ${fahrenheitToCelsius(df)}")
        }
    }
```

이 converter 정의에는 더 이상 부수 효과가 없다. 이제 converter는 효과가 있는 계산에 대한 기술이면서 참조 투명한 존재고, converter.run()은 이런 효과를 실제로 실행하는 해석기다. 그리고 IO가 모나드를 형성하므로 앞에서 작성한 모든 모나드 콤비네이터를 사용할 수 있다. 다음은 IO를 사용하는 다른 예제다.

```
val echo: IO<Unit> = stdin().flatMap(::stdout)     ◄┤ 콘솔에서 한 줄을 읽고
                                                     │ 읽은 내용을 콘솔에 표시함

val readInt: IO<Int> = stdin().map { it.toInt() }   ◄── 콘솔에서 한 줄을 읽고 Int로 파싱함

val readInts: IO<Pair<Int, Int>> = readInt assoc readInt    ◄┤ 콘솔에서 두 줄을 읽어
                                                             │ Pair<Int, Int>로 파싱함
```

이제 기본적인 아이디어를 이해했으므로 좀 더 자세한 예를 살펴보자. 이 예제는 사용자에게 프롬프트를 표시하고 입력을 받은 후 입력의 계승^factorial(1부터 입력한 값 이하의 모든 정수를 곱한 값)을 계산해 출력하는 루프^REPL, Read-Eval-Print Loop다. 다음은 실행 예다.

```
The Amazing Factorial REPL, v0.1
q - quit
<number> - compute the factorial of the given number
<anything else> - crash spectacularly
3
factorial: 6
7
factorial: 5040
q
```

이 REPL 코드를 리스트 13.5에 표시했다. 이 코드는 아직 살펴보지 않은 doWhile, foreachM, whenM, seq 등의 모나드 함수를 사용한다. 이 코드의 세부 사항은 아직 그리 중요하지 않다. 여기서 중요한 점은 코틀린 코드에서 명령형 프로그래밍 스타일을 순수 함수형 코드 안에 포함시키는 방법이다. 모든 일반적인 명령형 프로그래밍 기법을 여기서 볼 수 있다. 즉, 루프를 작성하고, 변수를 변이시키고, I/O를 수행하는 코드를 순수 함수로 기술할 수 있다.

---

**리스트 13.5 doWhile 루프가 있는 명령형 프로그램**

```
private fun factorial(n: Int): IO<Int> =          ◀── 가변 IO 참조를 사용하는 명령형 계승 프로그램
    IO.ref(1).flatMap { acc: IORef<Int> ->        ◀── Int에 대한 참조를 할당
        ioMonad.foreachM((1..n).toStream()) { i ->
            acc.modify { it * i }.map { Unit }     ◀── 참조를 루프 안에서 변경
        }.fix().flatMap {
            acc.get()      ◀┐ 참조 안에 들어 있는
        }                   │ Int 값을 역참조해서 얻음
    }

val factorialREPL: IO<Unit> =
    ioMonad.sequenceDiscard(
        IO { println(help) }.fix(),                          ┌ doWhile 함수는 입력 줄을
                                                             │ 얻을 수 있는 동안 루프를
        ioMonad.doWhile(IO { readLine().orEmpty() }) { line -> ◀─ 수행하면서 입력받은 값을 제공
```

```
         ioMonad.whenM(line != "q") {
             factorial(line.toInt()).flatMap { n ->
                 IO { println("factorial: $n") }
             }
         }
     }.fix()
 ).fix()
```

이 코드 전반에서는 ioMonad가 영역 안에 있어 모나드 기능을 IO에 위임할 수 있다는 점을 언급해둘 만한 가치가 있다. 구현 방식을 보고 싶다면 소스 코드 리포지터리를 찾아보길 바란다.

---

**임의 다형성을 위한 타입 클래스**

이 책에서는 관심사 분리의 중요성에 초점을 맞춰왔다. 코드에 적용 가능한 분리 중 한 가지는 대수적 타입의 동작과 대수적 타입의 동작을 필요로 하는 데이터 타입 사이를 분리하는 것이다. 예를 들어 IO 데이터 타입과 IO의 모나드적인 동작은 서로 구분돼야 한다. 하지만 객체지향에서 크게 유명해진 상속 계층에 의존하지 않고 이 둘을 우아하게 구분할 수 있는 방법은 무엇일까?

타입 지정 함수형 프로그래밍(typed FP)에서는 타입 클래스(type class)라는 패턴을 사용해 이런 임의 다형성을 달성한다. 타입 클래스라는 아이디어는 하스켈에서 처음 유명해졌지만 다른 여러 언어에 도입됐다. 언어마다 이 목표를 달성하는 방법은 다르지만 아이디어는 동일하다. 그 아이디어는 바로 코드에 영향을 끼치지 않으면서 다른 클래스에 제공될 수 있는 인터페이스에 의해 행동 방식의 계약을 추가하자는 것이다. 코틀린에서는 데이터 타입에 대한 확장 함수에 위임을 사용함으로써 이런 아이디어를 우아하게 달성할 수 있다.

모든 데이터 타입 인스턴스는 행동 방식을 캡슐화하는 함수들(예를 들어 모나드 함수들의 집합)로 확장될 수 있다. 이 함수들은 적절한 기능을 포함하는 싱글턴 타입 클래스 인스턴스에 위임한다. 추가로, 편의를 위해 해당 데이터 타입의 동반 객체로부터 타입 클래스 인스턴스에 접근할 수 있다.

애로우는 타입 클래스 인터페이스에 대해 @extension 애너테이션이 있는 경우, 타입 클래스 처리에 필요한 보일러플레이트 코드를 생성해준다. 애로우를 사용하고 싶지 않은 독자의 경우, 이 모든 보일러플레이트 코드를 직접 작성할 수 있다. 코드 생성 자체는 뻔하고 성가시며 반복적이지만, 그럼에도 불구하고 이런 코드를 생성할 만한 가치가 있다. 부록 D에서는 이런 메커니즘이 어떻게 작동하고 어떻게 코드를 생성할 수 있는지를 설명한다.

---

리스트 13.5는 익숙한 모나드 콤비네이터와 아직 보지 못한 새로운 콤비네이터를 함께

활용한다. 모든 모나드에 대해 이런 콤비네이터를 정의할 수 있지만, 아마도 IO가 아닌 다른 타입에서 이런 콤비네이터가 어떤 의미인지 생각해보고 싶을 것이다. 예를 들어 forever가 Option에 대해 어떤 의미가 있을까? Stream에서는 어떤 의미일까?

**리스트 13.6 IO에 대해서만 구체적으로 정의된 모나드 콤비네이터들**

```
override fun <A> doWhile(           ◀──── 두 번째 cond 함수가 true를 내는 동안
    fa: IOf<A>,                            첫 인자의 효과를 반복
    cond: (A) -> IOf<Boolean>
): IOf<Unit> =
    fa.fix().flatMap { a: A ->
        cond(a).fix().flatMap<Unit> { ok: Boolean ->
            if (ok) doWhile(fa, cond).fix() else unit(Unit).fix()
        }
    }


override fun <A, B> forever(fa: IOf<A>): IOf<B> {   ◀──── 인자의 효과를 무한히 반복
    val t: IOf<B> by lazy { forever<A, B>(fa) }
    return fa.fix().flatMap { t.fix() }
}


override fun <A, B> foldM(        ◀──── 스트림을 f를 사용해 접음.
    sa: Stream<A>,                       효과를 합성하고 결과를 반환
    z: B,
    f: (B, A) -> IOf<B>
): IOf<B> =
    when (sa) {
        is Cons ->
            f(z, sa.head()).fix().flatMap { b ->
                foldM(sa.tail(), z, f).fix()
            }
        is Empty -> unit(z)
    }


override fun <A, B> foldDiscardM(     ◀──── foldM과 같지만 결과를 무시함
    sa: Stream<A>,
    z: B,
    f: (B, A) -> Kind<ForIO, B>
): Kind<ForIO, Unit> =
```

```
        foldM(sa, z, f).fix().map { Unit }

override fun <A> foreachM(          ◀──  스트림의 각 원소에 대해
    sa: Stream<A>,                        f를 호출하고 효과를 조합
    f: (A) -> IOOf<Unit>
): IOOf<Unit> =
    foldDiscardM(sa, Unit) { _, a -> f(a) }

override fun <A> whenM(          ◀──  Boolean 파라미터의
    ok: Boolean,                       값에 따라 함수를 호출
    f: () -> IOOf<A>
): IOOf<Boolean> =
    if (ok) f().fix().map { true } else unit(false)
```

다시 한 번 이런 함수의 세부 사항은 우리가 전달하려는 내용만큼 중요하지 않다는 점을 일러둔다. 분명히 코틀린에서는 이런 형태로 코드를 작성하도록 권장하지는 않지만, 이 코드는 FP가 (순수 함수만 사용해야 한다는) 표현력에 의해 제한되지 않는다는 사실을 보여준다. 즉, 모든 프로그램은 순수 함수적인 방식으로 표현이 가능하다. 심지어 명령형 프로그램을 IO 모나드 안에 직접적으로 내포시키는 방식이라도 사용해서 프로그램을 순수 함수적으로 표현할 수 있다.

> |**노트**| 이와 같이 순수하지 않은 코드로 이뤄진 커다란 블록이 있다고 해도, 언제나 실제 부수 효과를 수행하는 정의를 작성하고 그 정의를 IO로 감쌀 수 있다. 이렇게 순수 함수로 작성한 코드는 훨씬 더 효율적이고, 제공되는 여러 가지 Monad 콤비네이터를 조합해 사용하는 경우보다 훨씬 더 나은 문법을 제공한다.

## 13.2.2 간단한 IO 타입의 장단점

지금까지 사용한 IO 모나드는 외부 효과가 있는 프로그램을 표현하기 위해 필요한 최소한의 공통분모 같은 것이었다. IO 모나드를 사용하는 이유는 주로 IO 모나드가 순수한 코드와 순수하지 않은 코드를 명확하게 분리해주고, 그로 인해 외부 세계와의 상호작용이 어디서 벌어질지 정직히 표현할 수 있게 되기 때문이었다. 또 IO 모나드는 앞에서 언급했던 것처럼

효과를 따로 분리해낼 수 있다는 장점이 있다. 하지만 IO 모나드 내부에서 프로그램을 진행할 때는 일반적인 명령형 프로그램을 작성할 때 부딪치게 되는 어려움과 똑같은 어려움을 많이 겪는다. 그런데 이런 어려움은 바로 함수형 프로그램에서 효과가 있는 프로그램을 기술하는 더 합성성이 높은 방법을 찾아보게 된 동기이기도 하다. (15장에서 합성 가능한 스트리밍 I/O를 위한 데이터 타입을 개발할 때 이런 예를 볼 수 있다.) 그럼에도 우리 IO 모나드는 다음과 같은 실제적인 장점이 있다.

- IO 계산이 일반적인 값이다. 이들을 리스트에 저장하거나, 함수에게 전달하거나, 동적으로 생성하는 등의 일이 가능하다. 전형적인 사용 패턴이 있으면 항상 이를 함수로 감싸서 재사용할 수 있다.

- IO 계산을 값으로 실체화한다는 말은 IO 타입을 뒷받침하는 단순한 run 메서드보다 더 쓸모 있는 해석기를 만들 수 있다는 뜻이다. 실체화는 추상적인 개념을 더 구체적인 개념을 사용해 표현하는 과정이다. 이번 장의 뒷부분에서는 구현에서 논블로킹 I/O를 사용하는 해석기를 발견할 수 있는 더 세분화된 IO 타입을 만들어볼 것이다. 더 나아가 해석기를 변형시키더라도(그 과정에서 converter 같은 예제는 원래 모습 그대로 남는다) IO의 표현을 프로그래머에게 전혀 노출시키지 않는다는 사실을 알 수 있다! IO의 표현은 온전히 IO 해석기 구현상의 세부 사항일 뿐이다.

우리가 만든 나이브한 IO 모나드에도 장점이 있지만, 몇 가지 문제점도 함께 존재한다.

- 수많은 IO 프로그램이 런타임 호출 스택을 오버플로시키며 StackOverflowError 예외를 발생시킨다. 여러분 자신의 실험에서 이런 문제를 아직 겪어본 적이 없다면, 현재의 IO 타입을 사용해 더 복잡한 프로그램을 작성하다 보면 분명히 이런 문제가 발생하는 모습을 볼 수 있다. 예를 들어, 앞에서 본 factorialREPL 프로그램에 숫자를 입력하다 보면 언젠가는 스택을 날려먹기 마련이다.

- IO<A> 타입의 값은 완전히 불투명하다. 이 타입은 실제로 단지 지연 계산을 가리키는 식별자일 뿐이다. 즉, 아무 인자도 받지 않는 함수다. run을 호출할 때는 그 호출이 언젠가는 A 타입의 값을 만들어낼 것을 예상하지만, 이 프로그램 내부를 들여다

보고 그 값이 어떤 값이 돼야 할지 살펴보는 방법이 없다. 코드가 중간에 멈춰서 아무 일도 하지 않을 수 있고, 언젠가 생산적인 어떤 일을 하게 될 수도 있다. 하지만 어떤 일이 벌어질지 알 수 있는 방법이 없다. IO 타입이 너무 일반적이어서 IO 값을 갖고 추론할 수 있는 게 거의 없다고 말할 수 있을 것이다. 또한 IO를 모나드 콤비네이터를 활용해 합성할 수 있고 실행할 수도 있지만, 그게 전부다.

- 우리가 만든 단순한 IO 타입은 동시성 연산이나 비동기 연산에 대해서는 아무것도 이야기해주지 않는다. 현재 IO에 있는 기본 연산은 불투명한 블로킹 IO 동작을 차례 대로 합성할 수 있게 해줄 뿐이다. 자바 표준 라이브러리에 들어 있는 `java.nio` 패키지의 I/O 라이브러리 같은 여러 라이브러리가 논블로킹, 비동기 I/O를 제공한다. 우리 IO 타입은 그런 연산을 수행할 능력이 없다. 이번 장의 뒷부분에서 더 실용적인 IO 모나드를 개발하면서 이를 바로잡을 것이다.

먼저 스택 오버플로라는 첫 번째 문제를 해결하자. 이 과정에서 자연스럽게 나머지 두 문제에 대한 해법이 떠오르기 때문이다.

## 13.3 실체화와 트램폴린화를 통해 스택 오버플로 오류 방지하기

꼬리 호출 최적화가 없는 재귀 호출이 결국 `StackOverflowError`에 이른다는 사실을 살펴봤다. 현재의 IO 모나드 구현에서는 이런 일이 아주 빨리 벌어질 수 있다. 이런 문제를 보여주는 기본적인 프로그램을 살펴보자.

```
val p: IO<Unit> =           IO에 대한 모나드 인스턴스에 접근
    IO.monad()
        .forever<Unit, Unit>(stdout("Still going..."))        영원히 루프를 돌면서 표준
        .fix()          IOOf<Unit>이 IO<Unit>이 되도록 fix() 호출    출력에 텍스트 메시지를 출력
```

`p.run`을 평가하면 몇천 줄이 표시된 뒤 `StackOverflowError` 오류가 발생하면서 프로그램이 끝난다. 스택 트레이스를 보면 `run`이 자신을 계속 호출하는 모습을 볼 수 있다.

```
Exception in thread "main" java.lang.StackOverflowError
    ...
    at chapter13.sec3.ListingKt$stdout$1.invoke(listing.kt:7)
    at chapter13.sec3.ListingKt$stdout$1.invoke(listing.kt)
    at chapter13.boilerplate.io.IO$Companion$unit$1.run(IO.kt:28)
    at chapter13.boilerplate.io.IO$flatMap$1.run(IO.kt:45)
    at chapter13.boilerplate.io.IO$flatMap$1.run(IO.kt:45)
    at chapter13.boilerplate.io.IO$flatMap$1.run(IO.kt:45)
    at chapter13.boilerplate.io.IO$flatMap$1.run(IO.kt:45)
```

문제가 flatMap 정의에 있음을 알 수 있다.

```
fun <B> flatMap(f: (A) -> IO<B>): IO<B> =
    object : IO<B> {
        override fun run(): B = f(this@IO.run()).run()
    }
```

이 메서드는 f를 호출하기 전에 run을 다시 호출하는 run 정의가 들어 있는 IO 객체를 새로 만든다. 이로 인해 내포된 run 호출이 계속 쌓이고, 결국에는 앞에서 본 것처럼 스택을 날려버린다. 이 문제를 회피할 방법이 있을까?

### 13.3.1 데이터 생성자로 흐름 제어 실체화하기

정답은 놀랍도록 단순하다. 프로그램이 함수 호출을 사용해 아무 제약 없이 흐름을 제어하게 하는 대신, 원하는 제어 흐름을 데이터 타입 안에 명시적으로 구워 넣는다. 예를 들어, flatMap을 run을 사용해 새로운 IO를 생성하는 메서드로 정의하는 대신에 IO 데이터 타입의 FlatMap이라는 데이터 생성자를 사용한다. 이렇게 데이터 생성자로 제어를 표현하면 해석기가 꼬리 재귀 루프가 될 수 있다. 해석기는 FlatMap(x, f) 같은 요소를 만날 때마다 x만 해석하고 그 결과에 f를 적용한다. 다음은 이런 아이디어에 따라 구현한 새 IO 타입이다.

```
sealed class IO<A> : IOOf<A> {
    companion object {
        fun <A> unit(a: A) = Suspend { a }
    }
    fun <B> flatMap(f: (A) -> IO<B>): IO<B> = FlatMap(this, f)
    fun <B> map(f: (A) -> B): IO<B> = flatMap { a -> Return(f(a)) }
}

data class Return<A>(val a: A) : IO<A>()

data class Suspend<A>(val resume: () -> A) : IO<A>()

data class FlatMap<A, B>(
    val sub: IO<A>,
    val f: (A) -> IO<B>
) : IO<B>()
```

더 이상의 단계를 거치지 않고 즉시 A를
반환하는 순수 계산. run이 이 타입의 값을
보면 계산이 끝났음을 알 수 있음

r이 인자를 취하지 않지만, 내부에
효과가 들어 있어서 어떤 결과를
내놓는 일시 중단된 계산

두 단계의 합성. flatMap을 함수가 아니라 데이터 생성자로 실체화.
run이 이 타입의 값을 보면 먼저 sub라는 하위 계산을 처리하고,
하위 계산이 결과를 내놓으면 그에 대해 f를 수행해 연산을 계속 진행함

이 새 IO 타입에는 이 타입의 해석기가 지원했으면 하는 세 가지 유형의 제어 흐름을 표현하는 데이터 생성자가 있다. 이 새로운 데이터 생성자는 그림 13.2에서 볼 수 있다. Return은 끝난 IO 동작을 표현하며, 더 이상의 단계를 수행하지 않고 값 a를 반환하고 싶다는 뜻이다. Suspend는 결과를 만들어내기 위해 어떤 효과를 실행하고 싶다는 뜻이고, FlatMap이라는 데이터 생성자는 주어진 첫 번째 계산의 결과를 사용해 두 번째 결과를 만들어냄으로써 기존 계산을 확장하거나 계속할 수 있게 해준다. flatMap 메서드 구현은 이제 단순히 FlatMap 데이터 생성자를 호출하고 즉시 반환된다. 해석기가 FlatMap(sub, f)와 마주치면 하위 계산 sub를 해석하고, 그 결과에 대해 컨티뉴에이션<sup>continuation</sup> f를 호출한다. 그러면 f가 프로그램을 계속 실행한다.

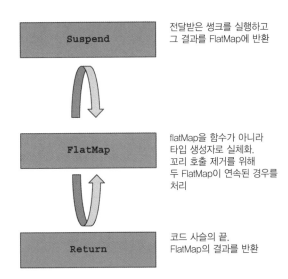

전달받은 썬크를 실행하고
그 결과를 FlatMap에 반환

flatMap을 함수가 아니라
타입 생성자로 실체화.
꼬리 호출 제거를 위해
두 FlatMap이 연속된 경우를
처리

코드 사슬의 끝.
FlatMap의 결과를 반환

▲ **그림 13.2** 트램폴린은 실체화한 타입을 사용해 상태를 제어하고 꼬리 재귀 최적화를 강제한다.

잠시 후 해석기를 살펴볼 것이다. 하지만 우선은 이 새 IO 타입을 사용해 stdout 예제를 다시 작성해보자.

```
fun stdout(s: String): IO<Unit> = Suspend { println(s) }

val p = IO.monad()
    .forever<Unit, Unit>(stdout("To infinity and beyond!"))
    .fix()
```

이 코드는 Stream처럼 무한히 내포된 구조를 만들어낸다. 이 스트림의 '머리head'는 람다며 계산의 나머지 부분은 '꼬리'와 같다. 의사코드로 이를 펼치면 다음과 비슷하다.

```
FlatMap(Suspend{ println("To infinity and beyond!") }) { _ ->
    FlatMap(Suspend { println("To infinity and beyond!") }) { _ ->
        FlatMap(Suspend { println("To infinity and beyond!")}) { _ ->
            TODO("repeat forever...")
        }
    }
}
```

그리고 다음은 이 구조를 순회하면서 효과를 실행하는 꼬리 재귀적인 해석기다.

```
@Suppress("UNCHECKED_CAST")
tailrec fun <A> run(io: IO<A>): A =
    when (io) {
        is Return -> io.a
        is Suspend -> io.resume()         여기서 단지 run(f(run(x)))를 반환할 수도 있지만,
        is FlatMap<*, *> -> {             그 경우 내부의 run 호출이 꼬리 위치가 아니게 됨.
                                          그렇게 하는 대신, 패턴 매치를 통해 x가 무엇인지 살펴봄
            val x = io.sub as IO<A>       캐스팅을 통해 실행 시점의
            val f = io.f as (A) -> IO<A>  타입 소거를 처리함
            when (x) {
                is Return ->
                    run(f(x.a))           여기서 x는 Suspend(r)이므로,
                is Suspend ->             r 썽크를 계산하고 그 결과에 대해 f를 호출함
                    run(f(x.resume()))
                is FlatMap<*, *> -> {
                    val g = x.f as (A) -> IO<A>
                    val y = x.sub as IO<A>
                    run(y.flatMap { a: A -> g(a).flatMap(f) })
                }                         이 경우, io는 FlatMap(FlatMap(y, g), f) 같은 식이 됨.
            }                             이를 오른쪽 방향으로 다시 묶어 꼬리 위치에서 run을
        }                                 호출하고 다음 반복에서 y에 대해 매치가 이뤄지게 만듦
    }
```

FlatMap(x, f)인 경우 run(f(run(x)))를 쓰는 대신(이렇게 하면 꼬리 재귀가 사라짐), x에 대한 패턴 매치를 사용한다. 이때 x는 다음 세 가지 경우 중 한 가지일 수밖에 없다.

- Return이라면 내부에 있는 순수 값에 대해 f를 호출한다.
- Suspend라면 코드를 계속 진행하고, 그 결과에 대해 f를 사용해 FlatMap을 호출한 다음, 재귀한다.
- x 자체가 FlatMap 생성자라면, 이런 경우에는 두 FlatMap이 FlatMap(FlatMap(y, g), f)처럼 왼쪽으로 내포됐음을 알고 있다.

이 경우 프로그램을 계속 실행하기 위해 당연히 해야 할 일은 y를 보고 이 y가 또 다른 FlatMap 생성자인지 알아내는 것이다. 하지만 식이 임의의 깊이로 내포될 수 있기 때문에

꼬리 재귀를 계속 유지하고 싶다. 우리는 이를 오른쪽으로 다시 결합시킨다. 오른쪽으로 재결합시키면 (y.flatMap(g)).flatMap(f)를 y.flatMap { a -> g(a).flat- Map(f) }로 변환하는 효과가 있다. 여기서 모나드 결합 법칙을 활용했다! 그 후 새로 쓴 식에 대해 run을 호출함으로써 꼬리 재귀를 유지한다. 이렇게 함으로써, 프로그램을 실제로 해석할 때는 코드를 오른쪽으로 결합된 FlatMap 생성자 시퀀스로 점진적으로 재작성한다.

```
FlatMap(a1) { a2 ->
    FlatMap(a2) { a3 ->
        FlatMap(a3) { a4 ->
            ...
            FlatMap(aN) { a -> Return(a)))))
```

이제 프로그램 p를 run에 전달할 수 있고, run은 스택 오버플로가 생기는 일 없이 계속 실행될 수 있으며, 우리가 원하는 게 바로 이것이다. 그 결과 run 함수는 무한히 재귀적인 IO 프로그램에 대해서도 스택 오버플로를 발생시키지 않는다.

여기서 무엇을 했을까? JVM에서 실행되는 프로그램이 함수를 호출할 때는 호출 스택에 프레임[frame]을 푸시한다. 함수 실행이 끝나면 프레임이 스택에서 팝되면서 프로그램이 계속 실행된다. 이런 프로그램 제어는 IO 데이터 타입에서 명시적으로 만들었다. run이 IO 프로그램을 해석할 때, run은 프로그램이 Suspend(s)를 통해 효과를 실행할지, FlatMap(x, f)를 통해 서브루틴을 실행할지 등을 결정한다. run은 프로그램 호출 스택을 사용하는 대신 x()를 호출하고 그 결과에 대해 f를 호출함으로써 프로그램 코드를 계속 실행한다. f는 즉시 Suspend나 FlatMap이나 return을 반환함으로써 제어를 다시 run에게 돌려준다. 따라서 우리 IO 프로그램은 run을 통해 서로 협력적으로 실행되는 일종의 코루틴[coroutine]이다(코루틴이라는 용어에 익숙하지 않다면 코틀린 공식 코루틴 페이지(https://kotlinlang.org/docs/coroutines-overview.html)를 살펴보라. 하지만 이번 장의 나머지 부분을 위해 해당 페이지의 내용을 꼭 알아야 할 필요는 없다). 우리 IO 프로그램은 계속해서 Suspend나 FlatMap 요청을 만들어내며, 이런 요청들이 만들어질 때마다 자신을 일시 중단시키고 제어를 run에게 넘긴다. 그리고 실제로 한 번에 하나씩 일시 중단된 IO 프로그램을 실행함으로써 프로그램이 앞으로 진행되게 하는 것은 run이다. run과 같은 함수는 트램폴린[trampoline]이라고도 한다.

> **|노트|** 스택을 제거하기 위해 제어를 단일 루프에 돌려주는 전체 기법을 트램폴린화(trampolining)라
> 고 한다.

### 13.3.2 트램폴린화: 스택 오버플로에 대한 일반적인 해법

스택 오버플로 예외를 제거하기 위해 트램폴린화 기법을 어떻게 적용할 수 있는지 자세히
살펴보자. 우리 IO 모나드 안의 resume 함수가 부수 효과를 수행해야만 하는지에 대해서는
아무런 내용이 없다. 현재 우리 IO 타입은 계산을 트램폴린화하기 위한 일반적인 데이터 구
조다. 심지어 I/O를 전혀 수행하지 않는 순수 계산도 트램폴린화할 수 있다!

JVM에서 호출 스택에 갖고 있는 공간보다 더 많은 함수 호출로 이뤄진 합성 함수를 사
용할 때 StackOverflowError 문제가 발생한다. 이런 문제를 실제로 보여주기는 아주 쉽다.
다음 코드를 살펴보라.

```
val f = { x: Int -> x }

val g = List(100000) { idx -> f }            ◀── 크기가 100,000인 리스트를 f로 채워 넣음.
    .fold(f) { ff, h -> { n: Int -> ff(h(n)) } }   fill이 제공하는 idx 파라미터를 무시
```
◀── 서로를 100,000번 호출하는 합성 함수 g를 생성

REPL에서 이 코드를 실행하면 다음과 같은 오류를 볼 수 있다.

```
>>> g(42)
java.lang.StackOverflowError
```

그리고 더 적은 합성에 대해서도 이 코드는 실패할 것처럼 보인다. 다행히 우리 IO 모나
드를 사용하면 다음과 같이 이 문제를 해결할 수 있다.

```
val f = { x: Int -> Return(x) }

val g = List(100000) { idx -> f }            ◀── 크기 100,000짜리 리스트를 변경한 함수 f로 채움.
    .fold(f) { a: (Int) -> IO<Int>, b: (Int) -> IO<Int> ->   여기서도 fill이 제공한 idx 파라미터를 무시함
        { x: Int ->
            Suspend { Unit }.flatMap { _ -> a(x).flatMap(b) }   ◀── 왼쪽으로 내포된 큰
                                                                 flatmap 호출 사슬을 만듦
```

```
        }
    }
```

run 해석기를 사용해 실행하면 예상대로 오류 없이 결과를 얻을 수 있다.

```
>>> run(g(42))
res1: kotlin.Int = 42
```

하지만 여기서 아무 I/O도 수행되지 않는다. 따라서 IO라는 이름은 약간 부적절하다.
실제로는 Suspend가 부수 효과 기능이 있는 함수를 포함할 수 있기 때문에 IO라는 이름이
붙었지만, IO 모나드 자체는 실제로는 꼬리 호출 제거를 위한 모나드다. 이 사실을 반영해
이름을 변경하자.

**리스트 13.8 꼬리 호출 제거를 위한 Tailrec 모나드**

```
sealed class Tailrec<A> : TailrecOf<A> {
    fun <B> flatMap(f: (A) -> Tailrec<B>): Tailrec<B> = FlatMap(this, f)
    fun <B> map(f: (A) -> B): Tailrec<B> = flatMap { a -> Return(f(a)) }
}

data class Return<A>(val a: A) : Tailrec<A>()
data class Suspend<A>(val resume: () -> A) : Tailrec<A>()
data class FlatMap<A, B>(
    val sub: Tailrec<A>,
    val f: (A) -> Tailrec<B>
) : Tailrec<B>()
```

IO를 Tailrec으로 바꾸면 마지막 프로그램은 다음과 같이 보인다.

```
val f = { x: Int -> Return(x) }
val g = List(100000) { idx -> f }
    .fold(f) { a: (Int) -> Tailrec<Int>, b: (Int) -> Tailrec<Int> ->
        { x: Int ->
            Suspend { Unit }.flatMap { _ -> a(x).flatMap(b) }
        }
    }
```

Tailrec 데이터 타입을 사용해 (A) -> B 타입의 함수의 반환 타입을 Tailrec<B>로 변경함으로써, (A) -> B 타입의 모든 함수에 대해 트램폴린화를 추가할 수 있다. (Int) -> Int를 사용하는 프로그램이 (Int) -> Tailrec<Int>를 사용하게 변경함으로써 이런 사실을 보여줬다. 이 프로그램은 flatMap 함수 합성을 사용하고(이는 11장에서 다룬 클라이슬리 합성이다. 즉, 일반 함수 합성 대신 트램폴린화된 Tailrec 모나드에서는 클라이슬리 합성을 사용해야 한다), 모든 함수 호출 앞에 Suspend가 위치하게 바꿔야 한다. Tailrec을 사용하면 직접적인 함수 호출을 느리게 만들 여지가 있지만, 스택 사용이 예측 가능해진다는 장점이 있다.

> |노트| Tailrec을 사용해 다른 경우에는 최적화되지 않았을 꼬리 호출을 최적화한다면, (스택 안전성을 제외하고도) 최적화된 꼬리 호출이 직접적인 함수 호출보다 더 빠르다. 스택 프레임을 만들고 없애는 비용이 모든 호출을 Suspend로 감싸는 비용보다 더 큰 것 같다. 우리가 자세히 다루지 않은 Tailrec 변종이 있다. 이 변종은 함수 호출이 끝날 때마다 중심 루프로 제어를 다시 돌려보낼 필요가 없고, 단지 스택 오버플로를 막기 위해 주기적으로 중심 루프로 제어를 돌려내면 된다. 같은 아이디어를 예외를 사용해서 구현할 수도 있다.

## 13.4 더 적절한 뉘앙스의 IO 타입

IO 타입으로 Tailrec을 사용하면 스택 오버플로 문제는 해결해주지만, 13.2.2절에서 이야기한 나머지 두 가지 문제는 여전히 남는다. 즉, 발생할 수 있는 효과의 종류가 모나드에 명시적으로 표현되지 않으며, 모나드는 병렬성을 고려하지 않는다. 이제 이런 남아 있는 걱정거리를 해결해보자.

실행이 이뤄지는 동안 run 해석기는 FlatMap(Suspend(s),k) 같은 Tailrec 프로그램을 살펴본다. 이 프로그램에서 다음으로 수행할 일은 s()를 호출하는 것이다. 프로그램은 제어를 run에게 돌려주고, run에게 어떤 효과 s를 실행하라고 요구한 후, 그 결괏값을 k에게 전달받아 응답한다(k는 그 더 많은 요청을 반환할 수 없다). 이 시점에 해석기는 프로그램이 어떤 종류의 효과를 갖고 있는지에 대해 알 수 없다. 프로그램은 완전히 불투명하다. 따라서 해석기가 할 수 있는 일은 s()를 호출하는 것뿐이다. 이 s 안에 임의의 알 수 없는 부수 효과가 들어가 있을 뿐 아니라, 해석기가 원할 때 비동기적으로 s를 호출할 방법도 없다. 일시 중단된 부분이 단순한 함수이므로, 우리가 할 수 있는 일은 함수를 호출하고 함수가 완료될 때까지 기다리는 것뿐이다.

만약 이 일시 중단에 함수 대신 7장에서 본 Par를 사용했다면 어떤 일이 벌어졌을까? 기억을 되살려보자면 Par는 병렬 처리를 캡슐화하는 데이터 타입이다. Tailrec을 변경해서 Async라는 이름을 붙이자. 이 타입을 사용하면 해석기가 비동기 실행을 지원할 수 있게 되므로 Async라는 이름을 붙였다.

**리스트 13.9 병렬 실행을 처리하는 Async 모나드**

```kotlin
sealed class Async<A> : AsyncOf<A> {
    fun <B> flatMap(f: (A) -> Async<B>): Async<B> =
        FlatMap(this, f)

    fun <B> map(f: (A) -> B): Async<B> =
        flatMap { a -> Return(f(a)) }
}

data class Return<A>(val a: A) : Async<A>()
data class Suspend<A>(val resume: Par<A>) : Async<A>()    ◀── 일시 중단은 이제 Par에 위임됨
data class FlatMap<A, B>(
    val sub: Async<A>,
    val f: (A) -> Async<B>
) : Async<B>()
```

여기서 Suspend의 resume 인자가 이제 () -> A(이 타입은 Function<A>와 같음)가 아니라 Par<A>이다. run 구현도 이에 맞춰 변경됐다. run은 A가 아니라 Par<A>를 반환하며, 우리는 별도의 꼬리 재귀적인 step 함수를 사용해 FlatMap 타입 생성자를 다시 연관시킨다.

```kotlin
@Suppress("UNCHECKED_CAST")
tailrec fun <A> step(async: Async<A>): Async<A> =
    when (async) {
        is FlatMap<*, *> -> {
            val y = async.sub as Async<A>
            val g = async.f as (A) -> Async<A>
            when (y) {
                is FlatMap<*, *> -> {
```

런타임 타입 소거로 인해
명시적 캐스팅을 사용해야 함

```
                    val x = y.sub as Async<A>
                    val f = y.f as (A) -> Async<A>
                    step(x.flatMap { a -> f(a).flatMap(g) })
                }
                is Return -> step(g(y.a))
                else -> async
            }
        }
        else -> async
    }

@Suppress("UNCHECKED_CAST")
fun <A> run(async: Async<A>): Par<A> =
    when (val stepped = step(async)) {
        is Return -> Par.unit(stepped.a)
        is Suspend -> stepped.resume
        is FlatMap<*, *> -> {
            val x = stepped.sub as Async<A>
            val f = stepped.f as (A) -> Async<A>
            when (x) {
                is Suspend -> x.resume.flatMap { a -> run(f(a)) }
                else -> throw RuntimeException(
                    "Impossible, step eliminates such cases"
                )
            }
        }
    }
```

Async 데이터 타입은 이제 비동기 계산을 지원한다. 우리는 임의의 Par를 인자로 받는
Suspend 타입 생성자를 사용해 비동기 계산을 내포시킨다. 여기서 알아둬야 할 한 가지는
FlatMap에서 추출한 값을 명시적으로 캐스팅해야 한다는 점이다. 이는 JVM에서 우리가 처
리해야만 하는 실행 시점 타입 소거$^{runtime\ type\ erasure}$로 인한 불행한 결과다. 더 자세한 내용
은 'JVM의 실행 시점 타입 소거' 박스 설명에서 다뤘다.

**JVM의 실행 시점 타입 소거**

제네릭스는 자바 1.5에서 JVM의 기능으로 소개됐다. 제네릭스를 지원하지 않던 예전 자바 버전과의 하위 호환성을 유지하기 위해 자바 창시자들은 타입 소거라는 개념을 도입하기로 결정했다. 이는 컴파일 시점에 자바 바이트코드를 생성할 때 모든 제네릭 정보를 잃어버린다는 뜻이다. 이로 인해 발생하는 불행한 부작용은 실행 시점에 제네릭 파라미터가 실제로 어떤 것으로 치환됐는지 알 수 없다는 점이다.[1]

여기서 변경한 내용은 잘 작동하지만, 이 아이디어를 한 단계 더 깊게 받아들여서 Suspend에 사용된 타입 생성자 선택을 추상화할 수 있다. 이를 위해서는 Tailrec/Async를 일반화해 Function이나 Par를 특정한 후 사용하는 대신에 타입 생성자 F에 대해 파라미터화한다. 이를 Free 모나드라는 더 추상화된 데이터 타입으로 이름을 붙인다.

```
@higherkind
sealed class Free<F, A> : FreeOf<F, A>
data class Return<F, A>(val a: A) : Free<F, A>()
data class Suspend<F, A>(val s: Kind<F, A>) : Free<F, A>()
data class FlatMap<F, A, B>(
    val s: Free<F, A>,
    val f: (A) -> Free<F, B>
) : Free<F, B>()
```

> Free와 Tailrec의 차이는 Free가 타입 생성자 F에 의해 파라미터화됐다는 데 있음. Tailrec은 F를 Function으로 고정한 Free의 특별한 경우임

> 이제 지연은 Function이 아니라 임의의 종류 F로 이뤄짐

## 13.4.1 타당한 가격이 붙은 모나드[2]

Return과 FlatMap 생성자는 F를 무엇으로 선택하든 이 타입(Free)이 모나드라는 사실을 알려준다. 이들이 모나드를 만들어내기 위해 필요한 연산과 정확히 일치하기 때문에 이 타입을 프리free 모나드라고 한다. 이 맥락에서 '프리'는 F 자체가 모나드 구조를 갖고 있지 않아도

---

1  예를 들어 코틀린이나 자바에서 List⟨A⟩ 타입의 인자를 받는 제네릭 함수가 있을 때 리스트 타입의 타입 파라미터 A의 타입은 실행 시점에 정확히 알아낼 수 없다. 따라서 리스트의 원소 타입을 실행 시점에 알아내려면 리스트 원소를 얻어서 그 타입을 리플렉션으로 살펴봐야 하는데, 리플렉션은 아주 느리다. - 옮긴이

2  이번 절에서 소개하는 프리(무료) 모나드에 대한 말장난이다. 프리 모나드 자체는 F와 관계없이 공짜로 모나드를 형성하지만, 해석기를 통해 데이터 구조에 대한 계산을 수행해야 결과를 얻을 수 있기 때문에 일반적인 모나드보다 좀 더 많은 비용이 든다고 볼 수 있다. 이때 이 비용은 순수 함수성을 지키기 위해 치러야 하는 대가로 볼 수도 있으므로 이런 제목을 붙인 것 같다. - 옮긴이

Free 모나드가 공짜로 생성된다는 뜻이다.

연습문제 13.1

Free는 F 선택과 관계없이 모나드다. map과 flatMap 메서드를 봉인된 Free 클래스에 대해 정의하라. 그리고 Free<F, A>를 위한 Monad 인스턴스를 만들라.

```
fun <F, A, B> Free<F, A>.flatMap(f: (A) -> Free<F, B>): Free<F, B> =

    SOLUTION_HERE()

fun <F, A, B> Free<F, A>.map(f: (A) -> B): Free<F, B> =

    SOLUTION_HERE()

fun <F> freeMonad(): Monad<FreePartialOf<F>> =

    SOLUTION_HERE()
```

연습문제 13.2

Free<Function0, A>를 실행하기 위해 runTrampoline이라고 부르는 특화된 꼬리 재귀 해석기를 구현하라. 고류인 Function0는 이번 장의 보일러플레이트 소스 코드에서 볼 수 있고, 인자가 없는 함수인 () -> A를 감싸면서 Free 구현과의 호환성을 제공한다.

```
tailrec fun <A> runTrampoline(ffa: Free<ForFunction0, A>): A =

    SOLUTION_HERE()
```

연습문제 13.3

**어려움**: Monad<F>가 주어졌을 때, Free<F, A>에 대한 제네릭 해석기를 구현하라. 여러분의 구현을 앞 절에 주어진 Async 해석기의 패턴을 따라 작성할 수 있다. 이때 꼬리 재귀 step 함수도 포함될 수 있다.

```
tailrec fun <F, A> step(free: Free<F, A>): Free<F, A> =

    SOLUTION_HERE()

fun <F, A> run(free: Free<F, A>, M: Monad<F>): Kind<F, A> =

    SOLUTION_HERE()
```

Free<F, A>가 무슨 뜻일까? 근본적으로, Free<F, A>는 0개 이상의 F 계층으로 둘러싼 A 타입의 값을 포함하는 재귀적 구조다. 달리 말해, Free<F, A>는 A 타입의 데이터를 잎$^{leaf}$에 저장하고 가지$^{branch}$가 F로 기술된 트리다. 또 다르게 보자면, Free<F, A>는 명령어가 F에 의해 주어지고, 자유 변수가 A 타입인 프로그래밍 언어로 작성된 추상 구문 트리$^{abstract\ syntax}$ $^{tree}$다.

추가로 flatMap이 A를 받아서 그로부터 더 많은 F 계층을 생성할 수 있기 때문에 Free<F, A>도 모나드다. 결과를 얻기 전에 이 구조의 해석기는 이 모든 F 계층을 처리할 수 있어야만 한다. 이 구조와 해석기는 상호작용하는 코루틴으로 볼 수 있다. 타입 F는 이 상호작용의 프로토콜을 정의한다. F를 주의 깊게 선택하면 어떤 유형의 상호작용을 허용할지 정확하게 제어할 수 있다.

## 13.4.2 콘솔 I/O만 지원하는 모나드

Free 모나드에서는 타입 파라미터가 불투명하므로, 이 타입 파라미터가 어떻게 동작할지에 대해 추론할 가능성이 거의 없다. 이번 절에서는 어떻게 하면 더 이해하기 쉽고 상호작용하기 쉬운 코드를 만들어낼 수 있게 구체적인 타입 파라미터를 선택할 수 있는지 살펴본다.

Function0은 F의 타입 파라미터로 선택할 수 있는 가장 단순한 타입일 뿐만 아니라, 허용하는 동작을 기준으로 볼 때 제약이 가장 적은 타입이기도 하다. 제약이 부족하므로 Function0<A> 타입의 값이 무슨 일을 할지에 대해 추론할 수 없다. Free<F, A>에서 더 제약이 많은 F의 예로는 콘솔과의 상호작용만 모델링해주는 타입을 들 수 있다.

```
@higherkind
sealed class Console<A> : ConsoleOf<A> {

    abstract fun toPar(): Par<A>      ◄─── Console<A>를 Par<A>로 해석

    abstract fun toThunk(): () -> A      ◄─── Console<A>를 () -> A로 해석

}

object ReadLine : Console<Option<String>>() {

    override fun toPar(): Par<Option<String>> = Par.unit(run())

    override fun toThunk(): () -> Option<String> = { run() }

    private fun run(): Option<String> =      ◄─── ReadLine에 대한 두 해석기가
        try {                                       사용할 내부 도우미 함수
            Some(readLine().orEmpty())
        } catch (e: Exception) {
            None
        }
}

data class PrintLine(val line: String) : Console<Unit>() {

    override fun toPar(): Par<Unit> = Par.lazyUnit { println(line) }

    override fun toThunk(): () -> Unit = { println(line) }
}
```

Console<A>는 A를 내놓는 계산을 표현한다. 하지만 이 타입의 가능한 형태는 ReadLine(타입은 Console<Option<String>>)과 PrintLine이라는 두 가지로 제한된다. Console 안에는 두 가지 해석기를 구워 넣는다. 한 가지는 Console을 Par로 변환하고, 나머지 한 가지는 Console을 () -> A로 변환한다. 이 두 해석기에 대한 구현은 간단하다.

이제 이 데이터 타입을 Free에 내포시켜서 콘솔 I/O만 수행할 수 있는 제약이 있는 IO 타입을 얻을 수 있다. Free의 Suspend 타입 생성자를 사용하는 것만으로 ConsoleIO<A>를 반환하는데, ConsoleIO<A>는 단순히 Free<ForConsole, A>의 타입 별명일 뿐이다.

```
typealias ConsoleIO<A> = Free<ForConsole, A>

companion object {
    fun stdin(): ConsoleIO<Option<String>> =
        Suspend(ReadLine)

    fun stdout(line: String): ConsoleIO<Unit> =
        Suspend(PrintLine(line))
}
```

이 Free<ForConsole, A> 타입(또는 이와 동등한 ConsoleIO<A>)을 사용해서 콘솔과 상호작용
하는 프로그램을 작성할 수 있고, 이 프로그램이 다른 유형의 I/O를 수행하지 않으리라고
합리적으로 예상할 수 있다.

> |**노트**| 물론 기술적으로 코틀린 프로그램은 언제든 부수 효과를 포함시킬 수 있다. 여기서는 코틀린
> 자신이 부수 효과 없는 프로그래밍을 보장해주지 않으므로 프로그래머가 부수 효과 없이 프로그래밍
> 을 하는 규율을 채택했다고 가정한다.

```
val f1: Free<ForConsole, Option<String>> =
  Console.stdout("I can only interact with the console")
    .flatMap { _ -> Console.stdin() }
```

이 코드는 괜찮다. 하지만 실제로 어떻게 ConsoleIO를 실행할 수 있을까? run의 시그니
처를 기억해보자.

```
fun <F, A> run(free: Free<F, A>, MF: Monad<F>): Kind<F, A>
```

Free<Console, A>를 실행하려면 Monad<Console>이 필요하다. 하지만 우리에게는 Monad
<Console>이 없다. 처리할 Par나 Function0 등 하부 타입의 모호성으로 인해 Console에 대한
flatMap을 구현할 수 없다는 점에 유의하라. 이는 Console이 모나드가 아니라는 뜻이다.

```
fun <B> flatMap(f: (A) -> Console<B>): Console<B> =
  when (this) {
```

```
    is ReadLine -> TODO("not possible!")
    is PrintLine -> TODO("also not possible!")
  }
```

그 대신에 Console 타입을 다른 어떤 모나드적인 타입(Function0나 Par와 같이)으로 번역해야 한다. 이런 번역을 위해 다음과 같은 타입과 인스턴스를 사용한다.

```
interface Translate<F, G> {
  operator fun <A> invoke(fa: Kind<F, A>): Kind<G, A>
}

fun consoleToFunction0() = object : Translate<ForConsole, ForFunction0> {
  override fun <A> invoke(
    fa: Kind<ForConsole, A>
  ): Kind<ForFunction0, A> =
    Function0(fa.fix().toThunk())
}

fun consoleToPar() = object : Translate<ForConsole, ForPar> {
  override fun <A> invoke(
    fa: Kind<ForConsole, A>
  ): Kind<ForPar, A> =
    fa.fix().toPar()
}
```

이 타입을 사용하면 앞에서 구현한 run을 좀 더 일반화할 수 있다.

```
fun <F, G, A> runFree(
  free: Free<F, A>,
  t: Translate<F, G>,
  MG: Monad<G>
): Kind<G, A> =
  when (val stepped = step(free)) {
    is Return -> MG.unit(stepped.a)
    is Suspend -> t(stepped.resume)
    is FlatMap<*, *, *> -> {
      val sub = stepped.sub as Free<F, A>
      val f = stepped.f as (A) -> Free<F, A>
```

```
      when (sub) {
        is Suspend ->
          MG.flatMap(t(sub.resume)) { a -> runFree(f(a), t, MG) }
        else -> throw RuntimeException(
          "Impossible, step eliminates such cases"
        )
      }
    }
  }
```

Translate<F, G>의 값을 받아 Free<F, A> 프로그램을 해석하면서 번역을 수행한다. 이제 Free<ForConsole, A>를 Function0<A>나 Par<A>로 변환하는 runConsoleFunction0나 runConsolePar라는 편리 함수를 구현할 수 있다.

```
fun <A> runConsoleFunction0(a: Free<ForConsole, A>): Function0<A> =
  runFree(a, consoleToFunction0(), functionMonad()).fix()

fun <A> runConsolePar(a: Free<ForConsole, A>): Par<A> =
  runFree(a, consoleToPar(), parMonad()).fix()
```

이 코드는 Monad<ForFunction0>와 Monad<ForPar>가 영역 안에 있다는 사실에 의존한다.

```
fun functionMonad() = object : Monad<ForFunction0> {
  override fun <A> unit(a: A): Function0Of<A> = Function0 { a }
  override fun <A, B> flatMap(
    fa: Function0Of<A>,
    f: (A) -> Function0Of<B>
  ): Function0Of<B> = { f(fa.fix().f()) }()
}

fun parMonad() = object : Monad<ForPar> {
  override fun <A> unit(a: A): ParOf<A> = Par.unit(a)

  override fun <A, B> flatMap(
    fa: ParOf<A>,
    f: (A) -> ParOf<B>
  ): ParOf<B> = fa.fix().flatMap { a -> f(a).fix() }
}
```

어려움/선택적: runConsoleFunction0는 스택 안전하지 않다. Function0의 flatMap이 스택 안전하지 않기 때문이다(이 구현에는 나이브한 초기 IO 타입과 같은 문제가 있다. 즉, run이 flatMap을 구현하면서 자기 자신을 다시 호출한다). runFree를 사용해 translate를 구현하고, 다시 translate를 사용해 runConsole을 스택 안전한 방식으로 구현하라.

```
fun <F, G, A> translate(
  free: Free<F, A>,
  translate: Translate<F, G>
): Free<G, A> =

  SOLUTION_HERE()


fun <A> runConsole(a: Free<ForConsole, A>): A =

  SOLUTION_HERE()
```

Free<F, A> 타입의 값은 마치 F가 제공하는 명령어 집합을 사용해 작성한 프로그램과 같다. Console의 경우에는 PrintLine과 ReadLine이라는 두 명령어가 존재한다. Free는 재귀적인 지지대(Suspend)와 모나드적인 변수 치환(FlatMap과 Return)을 제공한다. 다른 명령어 집합이 들어 있는 다른 F를 도입할 수도 있다. 예를 들어 파일시스템에 대한 읽기/쓰기 접근(또는 읽기 접근만)을 허용하는 파일시스템 F를 도입할 수도 있고, 네트워크 연결을 열고 연결로부터 데이터를 읽게 허용하는 네트워크 F를 도입할 수도 있다.

## 13.4.3 순수 해석기를 사용해 콘솔 I/O 테스트하기

지금까지 설계를 수행하는 과정에서 깔끔하게 관심사를 분리했다. 이제는 효과를 해석기 내부에 가둔 이런 깔끔한 분리에 초점을 맞춰, 이 해석기를 순수하게 만듦으로써 전체 환경을 테스트하는 방법을 살펴본다.

ConsoleIO에서 어떤 것도 효과가 발생해야 한다는 사실을 암시하지 않는다는 점에 유의하라! 효과를 발생시킬지 결정하는 것은 해석기의 책임이다. Console 동작을 아무 I/O도 수행하지 않는 순수 값으로 번역하기로 결정할 수 있다. 예를 들어, 테스트가 목적인 해석기는 그냥 PrintLine 요청을 무시하고 ReadLine 요청에 대해 항상 상수 문자열을 반환할 수도 있다. 11장의 연습문제 11.19에서 본 readMonad와 같이 우리 Console 요청을 모나드인 (String) -> A로 번역하면 이런 해석이 가능하다.

---

**리스트 13.10  콘솔 I/O를 처리하는 ConsoleReader 모나드**

```
data class ConsoleReader<A>(val run: (String) -> A) : ConsoleReaderOf<A> {

  companion object        ◀──┤ 애로우가 요구하는 동반 객체로, 모나드 인스턴스에
                              │ 접근하기 위해 .monad() 함수를 덧붙여줌

  fun <B> flatMap(f: (A) -> ConsoleReader<B>): ConsoleReader<B> =
    ConsoleReader { r -> f(run(r)).run(r) }    ◀──┤ 모든 ConsoleReader 인스턴스가
                                                  │ 사용할 디폴트 flatMap 메서드

  fun <B> map(f: (A) -> B): ConsoleReader<B> =
    ConsoleReader { r -> f(run(r)) }    ◀──┤ 모든 ConsoleReader 인스턴스가
}                                          │ 사용할 디폴트 map 메서드

@extension        ◀──┤ ConsoleReaderMonad 타입 클래스
                     │ 인스턴스를 생성하기 위한 애너테이션
interface ConsoleReaderMonad : Monad<ForConsoleReader> {    ◀──┤ ConsoleReader의 모나드적인
                                                               │ 행동 방식을 위한 타입 클래스 선언

  override fun <A> unit(a: A): ConsoleReaderOf<A> =
    ConsoleReader { a }

  override fun <A, B> flatMap(
    fa: ConsoleReaderOf<A>,
    f: (A) -> ConsoleReaderOf<B>
  ): ConsoleReaderOf<B> =
    fa.fix().flatMap { a -> f(a).fix() }    ◀──┤ ConsoleReader 인스턴스의
                                               │ 디폴트 flatMap 메서드를 사용

  override fun <A, B> map(
    fa: ConsoleReaderOf<A>,
    f: (A) -> B
  ): ConsoleReaderOf<B> =
    fa.fix().map(f)    ◀──┤ ConsoleReader 인스턴스의
}                         │ 디폴트 map 메서드를 사용
```

Console에 대한 도우미 함수로 toReader를 도입해서 이 타입에 접근할 수 있다.

```
sealed class Console<A> : ConsoleOf<A> {
  ...
  abstract fun toReader(): ConsoleReader<A>
  ...
}
```

이런 함수가 생겼으므로 Translate<ForConsole, ForConsoleReader> 안에서 toReader를 사용하면 runConsoleReader를 runFree를 사용해 구현할 수 있다.

```
val consoleToConsoleReader =
  object : Translate<ForConsole, ForConsoleReader> {
    override fun <A> invoke(fa: ConsoleOf<A>): ConsoleReaderOf<A> =
      fa.fix().toReader()    ◀──┐ Console에 대해 toReader를 표시해서
  }                             │ ConsoleReader로 번역함

fun <A> runConsoleReader(cio: ConsoleIO<A>): ConsoleReader<A> =
  runFree(cio, consoleToConsoleReader, ConsoleReader.monad()).fix()    ◀──┐
                                                                         │
              runFree가 요구하는 ConsoleReader 모나드 인스턴스에 접근함 ──┘
```

콘솔 I/O에 대한 더 완전한 시뮬레이션을 위해서는 입력 버퍼와 출력 버퍼를 리스트로 에뮬레이션하는 버퍼가 있는 해석기를 작성할 수도 있다. 이 해석기는 ReadLine을 보면 입력 버퍼에서 원소 하나를 팝[pop]해서 돌려주고, PrintList(s)를 보면 s를 출력 버퍼에 푸시[push]한다.

```
data class Buffers(    ◀── 한 쌍의 버퍼를 표현
  val input: List<String>,    ◀── 입력 버퍼는 ReadLine 요청에 값을 공급함
  val output: List<String>    ◀──┐ 출력 버퍼는 PrintLine 요청에
)                               │ 들어 있는 문자열을 받음

data class ConsoleState<A>(
  val run: (Buffers) -> Pair<A, Buffers>
) : ConsoleStateOf<A> {    ◀──┐ 콘솔 상태 전이를 위해
    // 여기에 flatMap과 map 구현 │ 특화된 상태 동작
}
```

```
@extension
interface ConsoleStateMonad : Monad<ForConsoleState> {
    // 여기에 unit과 flatMap을 오버라이드
}

val consoleToConsoleState =
  object : Translate<ForConsole, ForConsoleState> {
    override fun <A> invoke(fa: ConsoleOf<A>): ConsoleStateOf<A> =
      fa.fix().toState()
  }

fun <A> runConsoleState(cio: ConsoleIO<A>): ConsoleState<A> =    ◀── 순수한 상태 동작으로 변환
  runFree(cio, consoleToConsoleState, ConsoleState.monad()).fix()
```

이를 통해 우리가 만든 작은 도메인 언어에 대해 여러 해석기를 만들 수 있다! 예를 들어 runConsoleState를 8장에서 다룬 프로퍼티 기반 테스트 라이브러리와 함께 사용해 콘솔 애플리케이션을 테스트할 수도 있고, runConsole을 사용해 프로그램을 실제로 콘솔에서 실행할 수도 있다.

|**노트**| runConsoleFunction0가 스택 안전하지 않은 것과 똑같은 이유로 runConsoleReader와 runConsoleState의 현재 구현은 스택 안전하지 않다. ConsoleReader의 표현을 (String) -> Tailrec<A>로 바꾸고, ConsoleState의 표현을 (Buffers) -> Tailrec<Pair<A, Buffers>>로 바꾸면 이 문제를 해결할 수 있다.

Free 프로그램을 State나 Reader 값으로 바꿔주는 제네릭한 runFree를 작성할 수 있다는 점은 우리의 Free 타입이 전혀 부수 효과를 필요로 하지 않는다는 상당히 놀라운 사실을 보여준다. 예를 들어 ConsoleIO 프로그램의 관점에서 보면, 자신이 runConsole처럼 '실제' 부수 효과를 사용하는 해석기를 통해 실행될지 아니면 runConsoleState처럼 실제 부수 효과를 사용하지 않는 해석기를 통해 실행될지를 알 수 없다(또는 신경 쓸 필요가 없다). 우리 관심은 프로그램은 그냥 참조 투명한 식이라는 점일 뿐이다. 즉, 프로그램은 해석기에 가끔 요청을 보내는 순수한 계산일 뿐이다. 해석기는 원하는 대로 부수 효과를 사용할 수도 있고 사용하지 않을 수도 있다. 이 모두는 이제 완전히 별도의 관심사가 됐다.

## 13.5 논블로킹과 비동기 I/O

이제 원래의 IO 모나드가 가졌던 마지막 문제점인 논블로킹 I/O나 비동기 I/O 실행으로 관심을 돌려보자. I/O를 수행하는 과정에서 완료될 때까지 오랜 시간이 걸리거나 CPU를 점유하지 않는 연산을 호출할 필요가 자주 생긴다. 이런 연산으로는 서버 소켓이 네트워크 연결을 받아들이는 경우나 입력 스트림에서 여러 바이트를 덩어리로 읽는 경우, 파일에 큰 데이터를 쓰는 경우 등을 들 수 있다. Free 해석기 구현에서 이런 연산이 어떤 의미일지 생각해보자.

runConsole이 s가 Console 타입인 Suspend(s)를 보고, Console에서 대상 모나드에 이르는 번역 f가 있다고 하자. 논블로킹 비동기 I/O를 허용하기 위해서는 단지 대상 모나드를 Function0에서 Par로 바꾸거나 다른 동시성 모나드로 바꾸면 된다. 따라서 Console에서 순수 해석기와 효과가 있는 해석기를 모두 작성할 수 있었던 것처럼, 대상 모나드만 변경함으로써 블로킹과 논블로킹 해석기를 작성할 수도 있다.

한 가지 예를 살펴보자. 여기서 runConsolePar는 Console 요청을 Par 동작으로 변환하고 이들을 한 Par<A>로 합쳐준다. 이를 일종의 컴파일로 생각할 수 있다. 즉, 추상적인 Console 요청을 더 구체적인 Par 요청으로 변환한다. 이 변환의 결과인 Par 값을 실행하면 표준 입력과 출력 스트림을 읽고 쓸 수 있다.

```
val p: ConsoleIO<Unit> =
  Console.stdout("What's your name").flatMap {
    Console.stdin().map { n ->
      when (n) {
        is Some<String> ->
          println("Hello, ${n.get}!")
        is None ->
          println("Fine, be that way!")
      }
    }
  }

val result: Par<Unit> = runConsolePar(p)
```

원칙상 이 간단한 예제를 비동기 동작을 허용하는 Par에서 실행했지만, 실제로 이 코드는 비동기 동작을 사용하지 않는다(stdin과 println은 모두 블로킹 I/O 연산이다). 하지만 논블로킹 I/O를 직접 지원하는 I/O 라이브러리도 있고, Par는 이런 라이브러리와도 잘 합쳐질 수 있다. 이런 비동기 라이브러리의 세부 사항은 다를 수 있지만, 여러분에게 일반적인 아이디어를 제공하기 위해 다음과 같이 바이트 I/O를 제공하는 인터페이스가 있다고 가정하자.

```
interface Source {
  fun readBytes(
    numBytes: Int,
    callback: (Either<Throwable, Array<Byte>>) -> Unit
  ): Unit
}
```

여기서는 readBytes가 즉시 반환된다고 가정했다. readBytes에 결과를 쓸 수 있거나 I/O 하위 시스템에 오류가 발생했을 때는 이를 처리할 방법을 알려줄 콜백callback을 제공한다.

이 API는 자바 nio 패키지가 제공하는 논블로킹 I/O에 비해 여전히 더 좋지만, 이런 유형의 라이브러리를 사용하는 것은 고통스러운 일이다. 우리는 모나드적인 합성 가능한 인터페이스를 사용해 프로그램을 작성하고, 내부의 형편없는 기반 I/O 라이브러리의 세부 사항을 추상화하고 싶다. 다행히 Par 타입을 사용하면 콜백을 감쌀 수 있다. 다음 예제에서 꾸며낸 Future 타입이 이를 보여준다.

**리스트 13.11 서드 파티 라이브러리를 통합하는 Par 타입**

```
abstract class Future<A> {
  internal abstract fun invoke(cb: (A) -> Unit)
}

@higherkind
class Par<A>(val run: (ExecutorService) -> Future<A>) : ParOf<A> {
  companion object
}
```

Future 표현은 Source와 매우 비슷하다. 이 타입의 유일한 메서드는 즉시 반환되지만 A 타입의 값이 사용 가능해지면 호출될 수 있는 콜백 또는 컨티뉴에이션인 cb를 받는다.

Source.readBytes를 Future로 감싸는 것은 아주 쉽지만, Par 대수에 한 가지 기본 연산을 추가할 필요가 있다. 동반 객체에 확장 메서드를 추가함으로써 이 기본 연산을 추가한다.

```
fun <A> Par.Companion.async(run: ((A) -> Unit) -> Unit): Par<A> =
  Par { es ->
    object : Future<A>() {
      override fun invoke(cb: (A) -> Unit): Unit = run(cb)
    }
  }
```

이 함수가 있으면, 이제 비동기 readBytes 함수를 익숙한 모나드 인터페이스인 Par 안에 넣을 수 있다.

```
fun nonblockingRead(
  source: Source,
  numBytes: Int
): Par<Either<Throwable, Array<Byte>>> =
  Par.async { cb: (Either<Throwable, Array<Byte>>) -> Unit ->
    source.readBytes(numBytes, cb)
  }

fun readPar(
  source: Source,
  numBytes: Int
): Free<ForPar, Either<Throwable, Array<Byte>>> =
  Suspend(nonblockingRead(source, numBytes))
```

이제 자유롭게 논블로킹 계산을 연쇄시켜 사용할 수 있다.

```
val src: Source = TODO("define the source")
val prog: Free<ForPar, Unit> =
  readPar(src, 1024).flatMap { chunk1 ->
    readPar(src, 1024).map { chunk2 ->
        // 덩어리(chunk)를 사용해 무슨 일을 수행함
    }
  }
```

## 13.6 범용 IO 타입

초기 설계의 모든 단점이 해결돼 사라진 현재는 I/O를 수행하는 프로그램을 작성하는 일반적인 방법론을 형식화할 수 있다. 지원하고 싶은 I/O 연산의 집합이 주어지면, 케이스 클래스가 각 연산을 표현하는 대수적 데이터 타입을 작성할 수 있다. 예를 들어 파일 I/O를 위해 Files 데이터 타입을, 데이터베이스 접근을 위해 DB 데이터 타입을 작성하고 Console 같은 요소를 사용해 표준 입출력과 상호작용할 수 있다. 이런 데이터 타입 F에 대해 프로그램을 작성할 수 있는 Free<F, A>라는 공짜 모나드를 생성할 수 있다. 이들 각각을 별도로 테스트할 수 있고, 최종적으로는 더 저수준의 IO 타입(앞에서는 Async라고 부름)으로 '컴파일할' 수 있다.

```
typealias IO<A> = Free<ForPar, A>
```

이 IO 타입은 트램폴린화한 순차적 실행을 지원(Free로 인해)하고 비동기 실행(Par로 인해)도 지원한다. 주 프로그램에서는 모든 개별 효과 타입을 이 가장 일반적인 타입 아래로 모았다. 필요한 것은 어느 주어진 F를 Par로 보내는 번역뿐이다.

### 13.6.1 세계의 반대쪽에 있는 주 프로그램

JVM이 우리 주 프로그램을 호출할 때는 어떤 정해진 시그니처의 main 메서드가 존재하는 것을 예상한다. 이 메서드의 반환 타입은 Unit인데, 이는 부수 효과가 발생할 것을 예상한다는 의미다. 하지만 완전히 순수한 pureMain 프로그램에게 실행을 위임할 수 있다! 이런 경우 main 메서드의 유일한 역할은 순수한 프로그램을 해석하면서 실제로 부수 효과를 수행하는 것뿐이다.

---
**리스트 13.12 부수 효과를 단순한 효과로 바꾸기**

```
abstract class App {

  fun main(args: Array<String>) {          ◀── main 메서드가 하는 모든 일은
    val pool = Executors.newFixedThreadPool(8)   pureMain을 해석하는 것뿐임
    unsafePerformIO(pureMain(args), pool)
```

```
  }

  private fun <A> unsafePerformIO(
    ioa: IO<A>,
    pool: ExecutorService
  ): A =
    run(ioa, Par.monad()).fix().run(pool).get()   ◀──  IO 동작을 해석하고 IO⟨A⟩를 Par⟨A⟩로,
                                                        Par⟨A⟩를 A로 변환해서 효과를 실행함.
                                                        이 메서드의 이름은 부수 효과로 인해 호출 시
                                                        안전하지 않는다는 사실을 드러냄

  abstract fun pureMain(args: Array<String>): IO<Unit>   ◀──  실제 프로그램이 App의 하위 클래스인
}                                                              pureMain 구현으로 여기에 들어감
```

여기서는 효과와 부수 효과를 구분하고 싶다. pureMain 프로그램에는 어떠한 부수 효과도 들어 있지 않다. pureMain은 IO<Unit> 타입의 참조 투명한 식이어야 한다. 효과 실행은 완전히 main 안에 포함되며, 이는 실제 프로그램인 pureMain 세계의 완전한 외부에 있다. 우리 프로그램에서 이런 효과 실행을 관찰할 수 없지만, 그럼에도 (프로그램 밖의 세계에서) 이 효과가 발생하기 때문에 이 프로그램에 효과가 들어 있지만 부수 효과는 들어 있지 않다고 말한다.

## 13.7 왜 IO 타입이 스트리밍 I/O에 대해 부족한가?

애플리케이션을 여러 다른 설정하에 실행하도록 허용하는 아주 유연한 IO 구현을 만들었다. 하지만 지금까지 개선한 모든 내용에도 불구하고, 이 IO가 모든 애플리케이션에 적합한 것은 아니다. IO가 적합하지 않은 애플리케이션으로 스트리밍 I/O를 들 수 있다. 적합하지 않은 이유를 더 자세히 살펴보고, 어떻게 하면 우리 설계를 개선할 수 있을지 알아보자.

IO 모나드의 유연성과 I/O 동작을 일급 시민 값으로 가질 수 있다는 장점에도 불구하고 IO 타입은 근본적으로 일반적인 명령형 프로그램과 동일한 수준의 추상화만을 제공한다. 이 말은 효율적인 스트리밍 I/O를 작성할 때 일반적으로 모놀리식한 루프를 사용하게 된다는 뜻이다.

예제를 한 가지 살펴보자. fahrenheit.txt라는 화씨로 표시된 온도들이 들어 있는 파일을 한 줄씩 분리해 섭씨로 변환한 후 한 줄씩 celsius.txt라는 파일에 출력하는 프로그램을 작성하고 싶다고 하자. 이를 위한 대수는 아마도 다음과 같을 것이다.

```
@higherkind
interface Files<A> : FilesOf<A>

data class ReadLines(
  val file: String
) : Files<List<String>>

data class WriteLines(
  val file: String,
  val lines: List<String>
) : Files<Unit>
```

아마 이 타입을 Free<F, A>의 F 타입으로 사용해 프로그램을 다음과 같이 작성하려고 시
도해볼 수 있을 것이다.

```
val p: Free<ForFiles, Unit> =
  Suspend(ReadLines("fahrenheit.txt"))
    .flatMap { lines: List<String> ->
      Suspend(WriteLines("celsius.txt", lines.map { s ->
        fahrenheitToCelsius(s.toDouble()).toString()
      }))
    }
```

이 코드는 작동하기는 하지만, 제대로 작동하려면 'fahrenheit.txt' 파일의 내용을 모두
메모리에 읽어와야 한다. 만약 파일 크기가 아주 크면 문제가 생길 수 있다. 매번 거의 똑같
은 크기의 메모리를 사용해 이런 작업을 수행하려고 한다. 즉, 'fahrenheit.txt' 파일에서 한
줄 또는 정해진 크기의 버퍼에 들어맞는 만큼의 줄을 읽어와서 섭씨로 변환한 후, 그 결과
를 'celsius.txt'에 덧붙이고, 이 과정을 반복하고 싶다. 이런 작업을 효율적으로 달성하기
위해 I/O 핸들에 대한 접근을 제공하는 저수준 파일 API를 다음과 같이 노출시킬 수도 있다.

```
@higherkind
interface FilesH<A> : FilesHOf<A>

data class OpenRead(val file: String) : FilesH<HandleR>
data class OpenWrite(val file: String) : FilesH<HandleW>
data class ReadLine(val h: HandleR) : FilesH<Option<String>>
```

```
data class WriteLine(val h: HandleW) : FilesH<Unit>

interface HandleR
interface HandleW
```

하지만 여전히 모놀리식 루프를 작성해야 한다는 문제가 남는다.

```
fun loop(f: HandleR, c: HandleW): Free<ForFilesH, Unit> =
  Suspend(ReadLine(f)).flatMap { line: Option<String> ->
    when (line) {
      is None ->
        Return(Unit)
      is Some ->
        Suspend(WriteLine(handleW {
          fahrenheitToCelsius(line.get.toDouble())
        })).flatMap { _ -> loop(f, c) }
    }
  }

fun convertFiles() =
  Suspend(OpenRead("fahrenheit.txt")).flatMap { f ->
    Suspend(OpenWrite("celsius.txt")).map { c ->
      loop(f, c)
    }
  }
```

이 같은 모놀리식 루프에 근본적으로 잘못된 점은 없지만, 이런 구조는 합성 가능하지 않다. 나중에 다섯 가지 온도의 이동 평균을 계산하기로 결정한다고 하자. 이런 기능을 지원하도록 우리 loop 함수를 변경하는 과정은 꽤 고통스러울 것이다. 그 어려움과 리스트 기반의 코드를 비슷하게 변경할 때 겪는 어려움을 비교해보라. 리스트 기반의 코드라면 movingAvg라는 함수를 정의하고, 화씨를 섭씨로 변환하기 전에 이 함수를 사용할 수 있다.

```
fun movingAvg(n: Int, l: List<Double>): List<Double> = TODO()

val cs = movingAvg(
  5, lines.map { s ->
    fahrenheitToCelsius(s.toDouble())
  }).map { it.toString() }
```

심지어 movingAvg를 더 작은 조각을 합성해 만들 수도 있다. 예를 들어 windowed라는 제네릭 콤비네이터를 사용해 movingAvg를 만들 수도 있다.

```
fun <A, B> windowed(
  n: Int,
  l: List<A>,
  f: (A) -> B,
  M: Monoid<B>
): List<B> = TODO()
```

여기서 핵심은 List와 같이 합성 가능한 추상화를 사용하는 프로그래밍이 기본 I/O 연산을 사용해 직접 프로그래밍하는 것보다 훨씬 더 낫다는 점이다. 리스트도 이런 관점에서 벗어나지 않는다. 리스트도 단지 사용하기 즐거운 합성 가능한 API 중 하나일 뿐이다. 효율적인 스트리밍 I/O를 사용하는 프로그램을 작성할 때도 FP에서 기대해온 이런 멋진 합성성을 포기하지 말아야 한다. 다행히도 합성성을 꼭 포기할 이유는 없다. 15장에서 본 것처럼, I/O를 수행하는 계산을 생성할 때 추상화 유형을 원하는 대로 선택할 수 있다. 리스트나 스트림 같은 비유를 좋아한다면, 리스트와 비슷한 API를 I/O 계산을 표현할 때 사용할 수 있다. 또 우리가 무언가 다른 합성 가능한 추상화를 찾아낸다면, 그 추상화를 I/O에 사용할 방법을 찾을 수도 있다. FP를 사용하면 이런 유연성을 얻게 된다.

IO 모나드가 효과가 있는 프로그램을 작성할 때 사용할 수 있는 최종적인 선택은 아니다. IO가 중요한 이유는 외부 세계와 상호작용할 때 필요한 타입의 최소 공배수를 표현해주기 때문이다. 하지만 실전에서는 IO 프로그램이 모놀리식이 되는 경향이 있고 재사용도 한계가 있으므로 IO를 직접 사용하는 일을 최소화하고 싶다. 15장에서는 여기서 사용한 기법과 근본적으로 같은 기법을 사용해 더 사용하기 좋고 더 합성성이 좋으며 더 재사용하기 쉬운 추상화를 구축하는 방법을 보여준다.

그 방법을 살펴보기 전에는 지금까지 배운 내용을 적용해 부족한 퍼즐 조각을 채울 것이다. 부족한 퍼즐 조각은 바로 지역적인 효과local effect다. 이 책의 여러 부분에서는 지역적인 변이가 관찰 가능하지 않은 것처럼 가정하고 지역적인 변이를 꽤 자유롭게 사용했다. 14장에서는 관찰 가능성이 어떤 의미인지 자세히 소개하고, 지역적인 효과의 예제를 더 살펴보며, 어떻게 효과 영역 지정effect scoping을 타입 시스템에 강제할 수 있는지 알아본다.

## 요약

- 프로그램에서는 효과가 있는 코드를 순수 코드와 분리해 효과가 바깥쪽 '명령형 껍질'에 존재하게 하는 동시에 깨끗한 '순수한 핵심'을 중심에 위치시켜야 한다.

- 순수하지 않은 프로시저를 순수한 핵심 함수와 순수 함수에 입력을 제공하는 부수 효과가 있는 함수, 순수 함수의 출력을 갖고 무언가를 하는 부수 효과가 있는 함수로 리팩터링할 수 있다.

- 부수 효과가 있는 함수의 내부에는 항상 분리해낼 수 있는 순수 함수가 존재한다.

- 순수한 코드와 효과가 있는 코드를 분리하는 과정을 IO 데이터 타입으로 일반화할 수 있다. IO 타입을 사용하면 부수 효과에 기대지 않고 외부 세계와의 상호작용을 기술할 수 있다.

- 실체화는 추상적인 어떤 대상을 더 구체적인 방식으로 기술하는 행위를 뜻한다. 함수형 프로그래밍의 경우 실체화는 보통 함수 대신 타입 생성자를 사용해 개념을 표현하는 것을 뜻한다.

- 트램폴린화는 재귀적인 코드에서 발생할 수 있는 스택 오버플로를 방지하기 위해 제어 흐름을 실체화하고 꼬리 호출을 제거하는 기법이다.

- 프리 모나드를 사용하면 내부에서 논블로킹 비동기 I/O를 사용하는 IO 모나드의 기능을 비침습적으로 사용할 수 있다.

- IO 모나드가 효과가 있는 프로그램을 작성하는 최종적인 방법은 아니다. 하지만 IO는 외부 세계와 상호작용하는 타입의 최소 공배수를 표현해준다. IO는 14장, 15장에서 다룰 고급의 합성 가능한 I/O 데이터 타입의 토대를 이룬다.

# 14

# 지역 효과와 가변 상태

**14장에서 다루는 내용**

- 가변 상태를 갖고 참조 투명성을 정의한다.
- 지역 상태 변경을 타입이 지정된 효과 영역을 사용해 감춘다.
- 가변 상태를 캡슐화하는 영역 특화 언어(DSL)를 개발한다.
- 프로그램을 실행하기 위한 대수와 해석기를 구축한다.

1장에서 순수 함수형 프로그래밍의 전제인 참조 투명성의 개념을 소개했으며, 순수 함수가 데이터를 그 자리에서 변경할 수 없고 외부 세계와 상호작용할 수 없다고 선언했다. 13장에서는 이 말이 실제로는 참이 아니라는 사실을 배웠다. 외부 세계와의 상호작용을 기술하는 순수 함수적인 합성 가능한 프로그램을 작성할 수 있지만, 이런 프로그램은 자신이 외부 세계에 대한 효과가 존재하는 해석기를 통해 평가된다는 사실을 인식하지 못한다.

이번 장에서는 참조 투명성에 대해 더 성숙된 개념을 발전시킨다. 효과가 어떤 식의 내부에서 지역적으로 일어날 수 있고 더 큰 프로그램의 나머지 부분에서 이런 효과가 발생한다는 사실을 관찰할 수 없다는 아이디어를 고려해볼 것이다. 함수가 퀵소트 알고리듬 quicksort algorithm 으로 정수 값으로 이뤄진 리스트를 정렬할 필요가 있다고 하자. 퀵소트는 배열을 제자리에서 변이시킬 필요가 있어 참조 투명성을 깬다. 이 변이를 함수 경계 안에 감추고 함수를 호출하는 쪽에 대해 아무런 세부 사항을 노출시키지 않을 수도 있다. 이런 경우 호출하는 쪽은 함수가 정수 리스트를 어떻게 정렬하는지 알지 못하며, 새로운 순서의 리스트를 만들어내기 위해 어떤 변이가 있는지에 대해 여전히 알지 못한다.

또 이번 장은 식들이 몇몇 프로그램에 대해서는 참조 투명한 반면 다른 몇몇 프로그램에 대해서는 참조 투명하지 않을 수도 있다는 개념을 소개한다.

## 14.1 순수 함수형 코드 안에서 상태 변이가 합법적이다

지금까지 어쩌면 순수 함수형 프로그래밍에서 가변 상태를 사용하는 것이 여러분에게 허락되지 않았다는 인상을 받았을 수도 있다. 하지만 주의 깊게 살펴보면, 참조 투명성의 정의나 순수성의 정의 중 어느 것도 지역적인 상태의 변이를 거부하지 않는다는 점을 알 수 있다. 순수성과 참조 투명성에 대한 1장의 정의를 살펴보자.

어떤 식 e가 있는데, 모든 프로그램 p에 대해 p 안의 e를 e를 평가한 결과로 치환해도 p의 의미에 영향을 끼치지 않으면 e가 참조 투명하다고 한다.

모든 참조 투명한 x에 대해 어떤 함수 f가 있어서 식 f(x)가 참조 투명하다면 함수 f도 참조 투명하다.

이 정의에 따르면, 다음 함수는 내부에서 while 루프를 사용하고 var를 갱신하며 배열을 변경함에도 불구하고 순수 함수다.

**리스트 14.1  가변 배열을 사용하는 제자리 quicksort**

```
fun quicksort(xs: List<Int>): List<Int> =
    if (xs.isEmpty()) xs else {
        val arr = xs.toIntArray()
        fun swap(x: Int, y: Int) {      ◀── 배열의 두 원소를 서로 교환함
            val tmp = arr[x]
            arr[x] = arr[y]
            arr[y] = tmp
        }
```

```kotlin
fun partition(n: Int, r: Int, pivot: Int): Int {   ◄── 배열의 일부분을 pivot보다
    val pivotVal = arr[pivot]                            작은 원소와 더 큰 원소로 분할함
    swap(pivot, r)
    var j = n
    for (i in n until r) if (arr[i] < pivotVal) {
        swap(i, j)
        j += 1
    }
    swap(j, r)
    return j
}
fun qs(n: Int, r: Int): Unit = if (n < r) {   ◄── 배열의 일부분을
    val pi = partition(n, r, n + (n - r) / 2)         제자리에서 정렬
    qs(n, pi - 1)
    qs(pi + 1, r)
} else Unit
qs(0, arr.size - 1)
arr.toList()
}
```

이 함수의 동작을 더 잘 이해하기 위해 도해를 사용해 이를 시각화할 수 있다. 그림 14.1
을 보라.

quicksort 함수는 리스트를 가변 배열로 만들어서 정렬한다. 이 함수는 가변 배열을 잘
알려진 퀵소트 알고리듬을 사용해 제자리에서 정렬하고, 그 배열을 다시 리스트로 되돌린
다. 이 함수의 내부 사정은 그렇게 중요하지 않지만, 전체적인 효과는 중요하다. 호출자는
quicksort 함수 본문 내부의 개별적인 하위 식이 참조 투명하지 않다거나 swap, partition,
qs 등의 지역 함수가 순수하지 않다는 사실을 알 수 없다. quicksort 밖의 함수에서 이 가변
변수에 대한 참조를 유지하는 위치가 없기 때문이다. 모든 변이가 지역 영역으로 한정되기
때문에 전체 함수는 순수하다. 이는 List<Int> 타입의 참조 투명한 식 xs에 대해
quicksort(xs)도 참조 투명하다는 의미다.

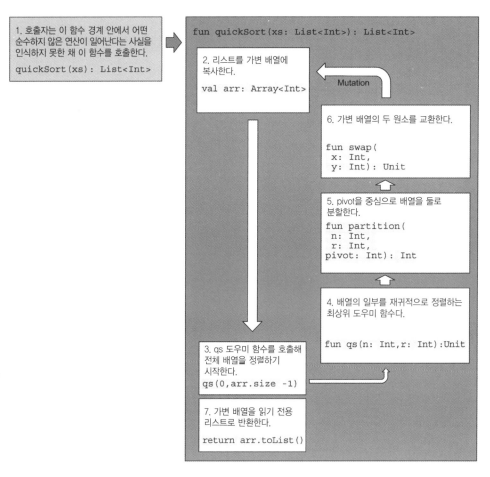

▲ **그림 14.1** quicksort 함수는 지역 효과를 외부 관찰자로부터 감춘다.

quicksort와 마찬가지로 일부 알고리듬은 올바로 작동하거나 효율적으로 작동하기 위해 데이터를 제자리에서 변이시켜야 한다. 다행히도 지역적으로 생성된 데이터는 안전하게 변이시킬 수 있다. 어느 함수나 내부적으로 부수 효과가 있는 구성 요소를 사용하면서 자신을 호출하는 쪽에는 여전히 순수 함수적인 외부 인터페이스를 제공할 수 있다. 그리고 프로그램에서 이런 특성을 활용하는 것을 부끄러워할 필요는 없다. 아마 다른 이유(제대로 작성하기 쉽고, 다른 순수 함수로부터 더 쉽게 합성할 수 있는 등)로 순수 함수적인 구성 요소로 이뤄진 구현을 더 선호할 수도 있다. 하지만 원칙적으로 구현에서 지역적인 부수 효과를 사용하는 순수 함수를 만들어도 잘못된 것은 없다.

> |노트| 모든 변이의 영역은 함수 안에 지역적으로 한정돼서 함수 전체를 호출자에게 순수한 인터페이스를 제시하는 순수 함수로 유지해야 한다.

## 14.2 부수 효과의 영역을 강제하는 데이터 타입

14.1절은 순수 함수가 지역적으로 영역이 한정된 데이터와 관련한 부수 효과를 합법적으로 가질 수 있다는 점을 명확히 알려준다. 이번 절은 더 나아가서 이런 개념을 잡아낼 수 있는 데이터 타입을 도입함으로써 이런 지역적 부수 효과를 형식화한다.

quicksort 함수는 그 자신이 배열을 할당하고, 배열의 영역이 지역적이고, 외부 코드가 배열의 상태 변이를 관찰할 수 없기 때문에 배열을 변이시킬 수 있다. 반면 quicksort가 (가변 컬렉션 API에서 하는 것처럼) 어떤 식으로 입력 리스트를 직접 변이시킨다면, quicksort를 호출하는 모든 코드가 부수 효과를 관찰할 수 있을 것이다.

이런 식으로 느슨한 추론을 통해 부수 효과의 영역을 결정해도 전혀 잘못된 것은 아니다. 하지만 때로는 타입 시스템을 통해 효과의 영역을 강제로 제약할 수 있다면 바람직할 수 있다. quicksort의 구성 요소는 자신이 직접 만들어 사용하는 부수 효과를 가질 수 있고 자신이 사용하는 타입이 부수 효과를 가질 수 있는데, 컴파일러로부터 이런 부수 효과의 영역을 제어하기 위한 아무런 도움도 받지 않고 있다. 추가로 의도와 다르게 부수 효과나 상태 변이를 더 넓은 영역으로 누출시키더라도 타입 시스템과 컴파일러에 의해 도움을 받지 못하고 있다. 이번 절에서는 변이의 영역을 강제로 제한하기 위해 타입 시스템을 사용하는 데이터 타입을 개발한다.

> |노트| 이번 절에서 소개한 기법을 사용할 때는 효율성과 표기의 편리성을 대가로 치러야 한다. 따라서 이 기법을 여러분이 쓸 수 있는 기법 중 한 가지로만 생각하고, 지역적인 상태 변이를 사용할 때 반드시 사용해야만 하는 방법으로는 간주하지 말라.

IO만 사용할 수도 있지만, 실제로 지역적인 가변 상태에 사용하기에 IO는 적합하지 않다. quicksort가 IO<List<Int>>를 반환하면, 이 함수는 실행해도 완전히 안전한 IO 동작이며 아무 부수 효과도 포함하지 않을 것이다. 하지만 임의의 IO 동작에 대해 quicksort는 그렇지 않다. 실행해도 안전한 효과(지역적으로 상태를 변이시키는 등)와 I/O 같은 외부적인 효과를 구분하고 싶으므로, 이 경우에는 새로운 데이터 타입이 필요하다.

## 14.2.1 영역이 제한된 변이를 위한 DSL

영역이 있는 변이를 형식화할 때 가장 일반적인 접근 방법은 이런 변경 가능한 상태에 대해 이야기할 수 있는 영역 특화 언어<sup>DSL</sup>를 작성하는 것이다. 우리는 이미 State<S, A> 모나드를 사용해 상태를 쓰고 읽을 수 있게 됐다. 이 모나드가 입력 상태를 인자로 받고 결과와 출력 상태를 내놓는 (S) -> Pair<A, S> 타입의 함수라는 사실을 기억하라. 하지만 상태를 제자리에서<sup>in place</sup> 변경한다고 말할 때는 실제로 한 동작(현재 상태를 인자로 받아서 새 상태를 내놓는 모든 함수. 이번 장에서는 상태를 제자리에서 변이시키는 모든 함수)에서 다음 동작으로 상태를 전달하지 않는다. 대신에 S 타입으로 표시된 토큰<sup>token</sup>을 전달할 것이다. 그렇게 하면 토큰과 함께 호출된 함수가 동일한 S 타입으로 표시된 데이터를 변이시킬 권한을 갖게 된다.

이 새로운 데이터 타입을 채택하면 타입 시스템이 두 가지를 정적으로 보장할 수 있게 된다. 우리는 코드가 다음과 같은 불변 조건을 위배할 경우 코드를 컴파일하지 않길 바란다.

- 가변 객체에 대한 참조를 갖고 있다면, 외부의 그 어떤 것도 이 가변 객체를 변이시킨 것을 관찰할 수 없어야 한다.
- 가변 객체를 그 객체가 생성된 영역 바깥에서 절대로 관찰할 수 없어야 한다.

quicksort 구현에서는 첫 번째 불변 조건에 의존했다. 배열을 변이시켰지만, 아무도 그 배열을 참조하지 않기 때문에 이 변이를 함수 정의 밖에서 관찰할 수 없었다. 두 번째 불변 조건은 좀 더 미묘하다. 이 불변 조건은 가변 상태가 영역 안에 있는 동안 우리가 가변 상태에 대한 참조를 누출시키지 않는다고 이야기한다. 이 불변 조건은 몇몇 용례에서 필수적인데, '변이 영역을 강제하는 타입 지정의 다른 용례' 박스 설명에서 좀 더 자세히 살펴본다.

**변이 영역을 강제하는 타입 지정의 다른 용례**

파일 I/O 라이브러리를 작성한다고 상상하자. 저수준에서 하부 OS의 파일 읽기 연산은 Array<Byte> 타입의 버퍼에 파일 내용을 채워 넣을 것이다. 이때 읽기 연산마다 새로 버퍼를 할당하지 않고 사용한 배열을 다시 사용한다. 효율성에 관심이 있으므로 I/O 라이브러리가 배열의 바이트들을 새 데이터 구조에 복사하는 대신 그냥 이 배열에 의해 뒷받침되는 'List' 타입인 '읽기 전용' 뷰를 반환할 수 있다면 좋을 것 같다. 하지만 이런 구현은 완벽하게 안전하지는 못하다. 호출자가 이 불변적인 시퀀스에 대한 참조를 계속 유지할 수 있는데, 다음 읽기에서 하부 배열이 덮어 써지고 나면 저장해뒀던 참조를 통해 하부에서 데이터가 변경됐다는 사실을 관찰할 수도 있기 때문이다.

재사용 버퍼를 안전하게 만들려면 호출자에게 돌려주는 List<Byte> 뷰의 영역을 제한하고, 다음 읽기 연산(이 연산 안에서 하부 Array<Byte>를 변경한다)을 시작하는 시점 이후까지 호출자가 참조를 유지하지 못하게 막을 필요가 있다. 이렇게 안전하지 못한 접근 방법을 택해야 하는 이유는 코틀린 표준 라이브러리의 List가 구현된 방식 때문이다. 15장에서는 다시 이 현상으로 돌아와서 더 깊이 논의할 것이다.

이렇게 만든 새 지역 효과를 ST 모나드라고 부를 것이다. ST는 상태 스레드^state thread^, 상태 전이^state transition^, 상태 토큰^state token^, 상태 태그^state tag^의 약자다. ST 모나드는 run 메서드가 보호 가시성으로(protected로 선언) 돼 있다는 점에서 State와 다르다. 하지만 이를 제외하면 ST와 State의 나머지 기능은 동일하다.

리스트 14.2에서는 @higherkind 애너테이션을 사용하는 대신 STOf<S, A> 타입을 타입 별명으로 정의했다.

```kotlin
typealias STOf<S, A> = arrow.Kind2<ForST, S, A>
```

**리스트 14.2 지역 상태 변이를 표현하는 ST 데이터 타입**

```kotlin
abstract class ST<S, A> internal constructor() : STOf<S, A> {      ◀─ 생성자 접근을
    companion object {                                                 이 모듈로 제한
        operator fun <S, A> invoke(a: () -> A): ST<S, A> {
            val memo by lazy(a)              ◀─ run이 한 번 이상 호출된 경우에
            return object : ST<S, A>() {         대비해 값을 캐시해둠
                override fun run(s: S) = memo to s
            }
        }
```

```
    }

    protected abstract fun run(s: S): Pair<A, S>

    fun <B> map(f: (A) -> B): ST<S, B> = object : ST<S, B>() {
        override fun run(s: S): Pair<B, S> {
            val (a, s1) = this@ST.run(s)
            return f(a) to s1
        }
    }

    fun <B> flatMap(f: (A) -> ST<S, B>): ST<S, B> = object : ST<S, B>() {
        override fun run(s: S): Pair<B, S> {
            val (a, s1) = this@ST.run(s)
            return f(a).run(s1)
        }
    }
}
```

인스턴스의
보호된 run에
위임

run 메서드가 보호 가시성인 이유는 S가 상태 변이 가능성을 표현하는데 이 변이가 이 데이터 구조 밖으로 빠져나가지 못하게 하고 싶기 때문이다. 그렇다면 어떻게 ST 동작을 실행하고, 초기 상태를 지정할 수 있을까? 이 질문은 실제로는 두 가지 질문이다. 먼저 초기 상태를 지정하는 방법에 대한 답부터 살펴보자.

ST 구현의 세부 사항을 모두 다 알 필요가 없다는 점은 일러둘 만한 가치가 있다. 중요한 것은 타입 시스템을 활용해 가변 상태의 영역을 제한할 수 있다는 아이디어다.

## 14.2.2 가변 참조의 대수

ST 모나드의 첫 번째 응용 예는 가변 참조에 대해 말하는 DSL이다. 이 DSL은 몇 가지 기본 연산과 함께 정의되는 콤비네이터 라이브러리의 형태를 취한다. 가변 메모리 셀<sup>mutable</sup> memory cell을 캡슐화하고 격리시키는 가변 참조에 대해 말할 때 사용하는 언어는 다음과 같은 기본 명령을 가져야 한다.

■ 새 가변 셀을 할당한다.

- 가변 셀에 쓴다.

- 가변 셀을 읽는다.

그림 14.2처럼 이런 가변 참조에 사용할 데이터 구조는 그냥 보호된 var를 둘러싼 래퍼다.

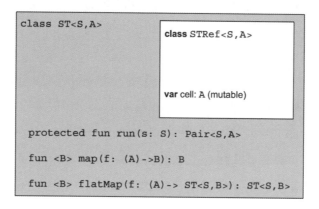

▲ **그림 14.2** ST⟨S,A⟩ 타입은 STRef⟨S,A⟩ 타입 안에 지역적인 상태 변이를 넣어서 관찰자들로부터 감춘다.

```
abstract class STRef<S, A> private constructor() {
    companion object {
        operator fun <S, A> invoke(a: A): ST<S, STRef<S, A>> = ST {
            object : STRef<S, A>() {
                override var cell: A = a
            }
        }
    }

    protected abstract var cell: A

    fun read(): ST<S, A> = ST {
        cell
    }

    fun write(a: A): ST<S, Unit> = object : ST<S, Unit>() {
        override fun run(s: S): Pair<Unit, S> {
            cell = a
```

```
                return Unit to s
            }
        }
    }
}
```

STRef에 있는 셀을 읽고 쓰는 메서드들은 단지 ST 동작을 반환하기 때문에 순수 함수다. 여기서 S 타입은 변이되는 셀의 타입이 아니며, S 타입의 값을 결코 필요로 하지 않는다는 점에 유의하라. 따라서 이 S 타입의 값은 일종의 토큰 역할(셀을 변이하거나 접근하기 위한 권한을 부여)을 하며, 또 다른 목적은 없다.

STRef 클래스는 비공개 생성자가 있는 추상 클래스다. 따라서 외부에서 이 클래스의 인스턴스를 만드는 유일한 방법은 STRef 동반 객체의 invoke 메서드를 호출하는 것뿐이다. STRef는 A 타입의 셀의 초깃값을 갖고 생성된다. 하지만 반환되는 것은 STRef가 아니고 실행하면서 S 타입의 토큰을 주면 STRef를 생성해주는 ST<S, STRef<S,A>> 동작이다. 여기서 ST 동작과 이 동작이 만들어내는 STRef가 같은 S 타입으로 태그가 붙어 있다는 점이 중요하다.

이 시점에서 ST 데이터 타입에 대해 무언가를 그리는 간단한 프로그램을 작성해보자. S 타입을 임의로 정해야 하는데, 지금은 이상하지만 S 타입을 Nothing으로 정할 것이다. 첫 번째 예제이므로, 일단은 코드가 과도하게 내포되는 것을 감내하길 바란다.

```
val p1 =
    STRef<Nothing, Int>(10).flatMap { r1 ->
        STRef<Nothing, Int>(20).flatMap { r2 ->
            r1.read().flatMap { x ->
                r2.read().flatMap { y ->
                    r1.write(y + 1).flatMap {
                        r2.write(x + 1).flatMap {
                            r1.read().flatMap { a ->
                                r2.read().map { b ->
                                    a to b
                                }
                            }
                        }
                    }
                }
            }
        }
    }
```

```
        }
    }
```

내포된 flatMap과 map 문장으로 인해 가독성이 그리 좋지 못하다. 대신에 애로우의 도움을 받아 fx 블록을 사용하면 이 코드를 for 컴프리헨션으로 표현할 수 있다. 이 코드에 어떻게 도달했는지는 그렇게까지 중요하지 않다. 하지만 관심이 있다면, 깃허브 리포지터리에서 변환 과정을 볼 수 있다.

```
val p2 =
    ST.fx<Nothing, Pair<Int, Int>> {
        val r1 = STRef<Nothing, Int>(10).bind()
        val r2 = STRef<Nothing, Int>(20).bind()
        val x = r1.read().bind()
        val y = r2.read().bind()
        r1.write(y + 1).bind()
        r2.write(x + 1).bind()
        val a = r1.read().bind()
        val b = r2.read().bind()
        a to b
    }
```

이 작은 프로그램은 두 가변 Int 셀을 할당하고, 그 둘의 내용을 서로 바꾼 다음, 양쪽에 모두 1을 추가하고, 그 결괏값을 읽는다. 하지만 아직은 이 프로그램을 실행할 수는 없다. run이 여전히 보호 메서드고, 결코 Nothing 타입의 값을 이 ST에 넘긴 적이 없기 때문이다. 이제 이 부분을 작업해보자.

### 14.2.3 가변 상태 동작 실행하기

이제 여러분은 ST 모나드의 계획을 알아냈을 것이다. 계획은 ST를 사용해 실행 시 지역적인 가변 상태를 할당하고, 어떤 작업을 달성하기 위해 그 상태를 변이시키며, 변이된 상태를 버리는 것이다. 전체 계산은 참조 투명한데, 가변 상태가 비공개며 지역적으로 영역이 정해지기 때문이다. 하지만 이 상태의 격리는 보장할 수 있길 바란다. 예를 들어 STRef에 여러 가변 var가 들어 있다면, 타입 시스템을 통해 STRef를 ST 동작 밖으로 절대로 빼내지 못하게 보장하고 싶다. 만약 STRef를 ST 동작 밖으로 빼낼 수 있다면, 가변 참조가 ST 동작 안에 지역적으로 존재한다는 불변 조건을 위배하며 전체 과정의 참조 투명성을 깨게 된다.

그렇다면 어떻게 이런 ST 동작을 안전하게 실행할 수 있을까? 첫째로, 실행하기 안전한 동작과 안전하지 않은 동작을 구분해야만 한다. 다음 두 타입의 차이를 찾아보라.

- ST<S, STRef<S, Int>> (실행하기에 안전하지 않음)
- ST<S, Int> (실행해도 완전히 안전함)

전자는 가변 참조를 반환하는 ST 동작이다. 하지만 후자는 다르다. ST<S, Int> 타입의 값은 문자적으로 그냥 Int에 지나지 않는다. 이 Int를 계산해내기 위해 어떤 지역 가변 상태가 쓰이더라도 그렇다. 우리는 이 두 타입의 차이를 활용한다. 바로 STRef는 S 타입과 관련이 있지만 Int는 그렇지 않다는 점이다.

ST<S, STRef<S, A>> 타입의 동작을 실행하는 것은 허용하고 싶지 않다. 이 타입은 STRef를 노출시킬 수 있기 때문이다. 더 일반적으로는 S 타입과 관련 있는 모든 T 타입에 대해 ST<S, T> 실행을 허용하지 않고 싶다. 반면, 가변 상태를 노출하지 않는 ST 동작을 실행해도 항상 안전하다는 사실을 알아보기는 쉽다. 만약 ST<S, Int> 타입의 순수한 동작이 있다면, 이 동작에 S를 넘겨서 Int를 얻어도 안전하다. 더 나아가, 이런 경우에는 S가 실제로 무엇인지에 대해 관심이 없다. 왜냐하면 S를 버릴 것이기 때문이다. 이런 동작은 S에 대해 다형적일 것이다.

이를 표현하기 위해 실행하기에 안전한 ST 동작을 표현하는 새 인터페이스를 도입한다. 다시 말해, S에 대해 다형적인 동작을 도입하는 것이다.

```
interface RunnableST<A> {
    fun <S> invoke(): ST<S, A>
}
```

이는 13장의 Translate 인터페이스와 비슷한 아이디어다. RunnableST<A> 타입의 값은 S 타입을 받아서 ST<S, A> 타입의 값을 만들어낸다.

앞 절에서는 마음대로 S 타입으로 Nothing을 선택했다. 이제 그림 14.3과 같이 이를

RunnableST로 감싸서 S에 대해 다형적으로 만들자. 그렇게 하면 S의 타입을 선택할 필요가 없어진다. 나중에 invoke를 호출할 때 S의 타입이 공급되기 때문이다.

```
val p3 = object : RunnableST<Pair<Int, Int>> {
    override fun <S> invoke(): ST<S, Pair<Int, Int>> =
        ST.fx {
            val r1 = STRef<S, Int>(10).bind()
            val r2 = STRef<S, Int>(20).bind()
            val x = r1.read().bind()
            val y = r2.read().bind()
            r1.write(y + 1).bind()
            r2.write(x + 1).bind()
            val a = r1.read().bind()
            val b = r2.read().bind()
            a to b
        }
}
```

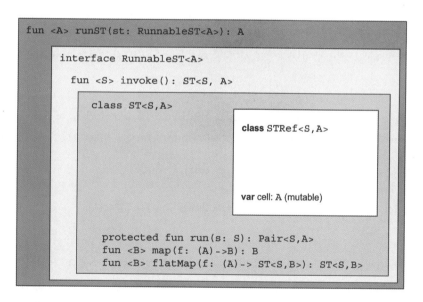

▲ 그림 14.3 STRef 안에 변이를 감추고 runST 함수에 의해 RunnableST를 통해 실행되는 ST 대수

이제 임의로 선택한 S 타입에 대해 다형적으로 RunnableST의 invoke를 호출할 runST 함

수를 작성할 준비가 됐다. RunnableST 동작이 S에 대해 다형적이므로 전달받은 값을 사용하지 않을 것을 보장할 수 있다. 따라서 Unit 값을 전달해도 완전히 안전하다!

runST 함수는 반드시 ST 동반 객체 안에 있어야 한다. run이 ST 클래스에서 보호된 함수이므로 동반 객체는 run에 접근할 수 있지만 다른 곳에서는 접근할 수 없다.

```
fun <A> runST(st: RunnableST<A>): A =
    st.invoke<Unit>().run(Unit).first
```

이제 앞에서 작성한 간단한 프로그램 p3를 실행할 수 있다.

```
>>> ST.runST(p3)
res0: kotlin.Pair<kotlin.Int, kotlin.Int> = (21, 11)
```

식 ST.runST(p3)는 내부적으로 가변 상태를 사용하지만, 부수 효과는 없다. 다른 식의 관점에서 볼 때, 이 식은 그냥 다른 정수 순서쌍과 똑같은 정수 순서쌍일 뿐이다. 이 식은 항상 같은 정수 쌍을 내놓고 다른 일을 하지 않는다.

하지만 이 점이 가장 중요하지는 않다. 가변 참조를 반환하려고 시도하는 프로그램을 실행할 수 없다는 점이 무엇보다 중요하다. STRef를 날것으로 반환하는 RunnableST를 만들 수는 없다.

```
>>> object : RunnableST<STRef<Nothing, Int>> {
...     override fun <S> invoke(): ST<S, STRef<Nothing, Int>> = STRef(1)
... }
error: type mismatch: inferred type is ST<S, STRef<S, Int>>
but ST<S, STRef<Nothing, Int>> was expected
    override fun <S> invoke(): ST<S, STRef<Nothing, Int>> = STRef(1)
                                                            ^
```

이 예제에서는 단지 핵심만 보여주기 위해 Nothing을 임의로 선택했다. 핵심은 타입 S가 invoke를 호출할 때 invoke 메서드에 바인드되므로 새로 RunnableST 인스턴스를 만드는 시점에 S 타입에 접근할 수 없다는 데 있다.

STRef는 항상 자신이 위치한 ST 동작의 S 타입으로 태그가 붙어 있기 때문에 ST 동작 밖으로 참조가 빠져나갈 수 없다. 그리고 이 조건이 타입 시스템에 의해 보장된다! 따름 정리

corollary(정리에 의해 바로 유도되는 다른 명제)로, ST 동작으로부터 STRef를 뽑아낼 수 없다는 사실에서 STRef 값에 접근할 수 있으면 ST 동작 내부에 위치하고 있음을 알 수 있다. 따라서 STRef 참조를 얻을 수 있는 경우에는 언제든 그 상태를 변경해도 안전하다.

## 14.2.4 ST 모나드의 데이터 타입으로 표현된 가변 배열

가변 참조 자체는 좋은 출발점일 수 있지만, 그렇게 유용하지는 않다. 가변 배열은 ST 모나드의 용례로 훨씬 더 흥미롭다. 이번 절에서는 ST 모나드에서 가변 배열을 조작하는 대수를 정의하고, 다음 절에서는 인플레이스로 배열을 정렬하는 퀵소트 알고리듬을 합성적인 방법을 통해 구현한다. 가변 배열을 할당하고, 읽고, 쓰는 기본 콤비네이터가 필요하다.

**리스트 14.3  ST에서 STArray에 가변 배열 격리하기**

모듈 내부에서만 볼 수 있는 생성자를 공개 인라인
함수에서 사용할 수 있게 함으로써 간접적으로 공개함

```
abstract class STArray<S, A> @PublishedApi internal constructor() {
    companion object {
        inline operator fun <S, reified A> invoke(        v 값으로 채워진 주어진
            sz: Int,                                       크기의 배열을 생성
            v: A
        ): ST<S, STArray<S, A>> = ST {
            object : STArray<S, A>() {
                override val value = Array(sz) { v }
            }
        }
    }

    protected abstract val value: Array<A>        배열 객체는 불변이지만
                                                  배열의 내용은 가변임

    val size: ST<S, Int> = ST { value.size }

                                                  배열의 주어진 인덱스
                                                  위치에 값을 씀
    fun write(i: Int, a: A): ST<S, Unit> = object : ST<S, Unit>() {
        override fun run(s: S): Pair<Unit, S> {
            value[i] = a
            return Unit to s
        }
    }
```

```
    }

    fun read(i: Int): ST<S, A> = ST { value[i] }    ◄──  배열의 주어진 인덱스
                                                         위치의 값을 읽음

    fun freeze(): ST<S, List<A>> = ST { value.toList() }    ◄──  불변(읽기 전용) 리스트
}                                                                구조를 반환
```

STRef와 마찬가지로, 항상 S 타입과 대응하는 ST 동작으로 감싼 STArray를 반환한다. 그리고 이 배열에 대한 조작(심지어 배열을 읽는 연산까지도)은 똑같은 S 타입으로 태그가 붙은 ST 동작이 된다. 따라서 ST 모나드 밖에서 노출된 STArray를 관찰할 수는 없다. 유일한 예외는 STArray 데이터 타입 자체가 선언된 그 코틀린 모듈 내부다. 그림 14.4는 ST와 STArray의 관계를 보여준다.

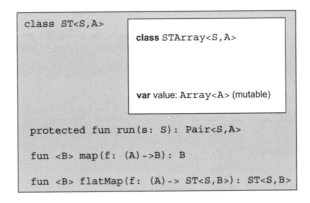

```
class ST<S,A>

                    class STArray<S,A>




                    var value: Array<A> (mutable)


protected fun run(s: S): Pair<S,A>

fun <B> map(f: (A)->B): B

fun <B> flatMap(f: (A)-> ST<S,B>): ST<S,B>
```

▲ **그림 14.4** ST⟨S,A⟩ 타입은 STArray⟨S,A⟩ 타입의 내부에 지역 배열 변이를 감춘다.

이런 기본 연산을 사용하면 배열에 대한 더 복잡한 함수를 작성할 수 있다.

**연습문제 14.1**

내부에 포함된 배열을 Map을 사용해 채워 넣는 STArray에 대한 콤비네이터를 추가하라. 맵의 각 키는 배열 인덱스를, 키에 대응하는 값은 해당 인덱스 위치에 써야 하는 값을 표현한다. 예를 들어 sta.fill(mapOf(0 to "a", 2 to "b"))는 0번 인덱스에 "a"라는 값을 쓰고, 2번 인덱스에 "b"라는 값을 쓴다. 기존 콤비네이터를 사용해 여러분의 구현을 작성하라. 이

함수를 편의상 확장 메서드로 표현할 수 있다.

```
fun <S, A> STArray<S, A>.fill(xs: Map<Int, A>): ST<S, Unit> =
    SOLUTION_HERE()
```

---

모든 연산을 기존 콤비네이터를 사용해 효율적으로 수행할 수 있는 것은 아니다. 예를 들어 코틀린 표준 라이브러리에는 이미 리스트를 배열로 변환하는 효율적인 방법이 들어 있다. 우리도 이런 기본 연산을 구현하자.

```
inline fun <S, reified A> fromList(
    xs: List<A>
): ST<S, STArray<S, A>> =
    ST {
        object : STArray<S, A>() {
            override val value: Array<A> = xs.toTypedArray()
        }
    }
```

inline 변경자와 실체화한[reified] A 타입을 어떻게 사용하는지 살펴보라. 실체화한 타입 파라미터를 사용하면 타입 파라미터를 사용해 리스트 원소의 타입을 전달할 수 있다(https://kotlinlang.org/docs/reference/inline-functions.html#reified-type-parameters).

## 14.2.5 순수 함수적인 인플레이스 퀵소트

14.1절에서 인플레이스 배열 변이를 사용해 퀵소트 알고리듬을 구현했다. 이번 절에서는 그 코드를 다시 방문하고, 타입 시스템을 활용해 그런 지역 변이 조건을 강제하기 위해 지금까지 개발한 새로운 요소를 적용해본다.

quicksort를 위한 컴포넌트를 쉽게 ST로 작성할 수 있다. 예를 들어 다음은 STArray 내부의 두 원소를 맞바꾸기 위한 swap 함수를 보여준다.

```
fun swap(i: Int, j: Int): ST<S, Unit> =
    read(i).flatMap { x ->
```

```
            read(j).flatMap { y ->
                write(i, y).flatMap {
                    write(j, x)
                }
            }
        }
    }
```

이제 이 메서드를 도입했으므로 퀵소트 알고리듬을 이루는 다른 함수도 정의해보자.

___

**연습문제 14.2**

___

**어려움**: partition과 qs의 순수 함수 버전을 작성하라.

```
fun <S> partition(
    arr: STArray<S, Int>,
    l: Int,
    r: Int,
    pivot: Int
): ST<S, Int> =

    SOLUTION_HERE()

fun <S> qs(arr: STArray<S, Int>, l: Int, r: Int): ST<S, Unit> =

    SOLUTION_HERE()

fun <S> noop() = ST<S, Unit> { Unit }
```

___

이런 컴포넌트가 있으면 이들을 사용해 quicksort를 작성할 수 있다.

```
fun quicksort(xs: List<Int>): List<Int> =
    if (xs.isEmpty()) xs else ST.runST(object : RunnableST<List<Int>> {
        override fun <S> invoke(): ST<S, List<Int>> =
            ST.fx {
                val arr = STArray.fromList<S, Int>(xs).bind()
                val size = arr.size.bind()
                qs(arr, 0, size - 1).bind()
```

```
        arr.freeze().bind()
    }
})
```

보다시피 ST 모나드를 사용하면 데이터를 변이할 수 있는 순수 함수를 정의할 수 있다. 타입 시스템은 우리가 상태 변이를 안전하지 못한 방식으로 노출시키지는 않는다는 사실을 보장해준다.

연습문제 14.3

이번 장에서 참조와 배열을 처리한 것과 같은 방식으로 kotlin.collections.HashMap(이 타입은 java.util.HashMap의 별명이다)을 처리하라. 해시 맵을 생성하고 조작하는 기본 콤비네이터의 최소 집합을 만들라.

```
abstract class STMap<S, K, V> @PublishedApi internal constructor() {

    //SOLUTION_HERE()
}
```

## 14.3 순수성은 맥락에 따라 달라진다

14.2절에서는 어떤 영역에 전적으로 속해 있어 그 영역 밖에서 관찰할 수 없는 효과에 대해 이야기했다. 프로그램은 어떤 데이터를 가리키는 참조를 유지하지 않는 한 그 데이터의 변이를 관찰할 수 없다. 하지만 누가 살펴보느냐에 따라 관찰 가능성이 더 줄어드는 다른 효과도 있다. 이번 절에서는 모호하고 종종 간과되는 이런 경우를 살펴본다. 분명해 보이지는 않지만, 이들도 지역적인 효과의 범주에 들어가기 때문이다.

### 14.3.1 예제를 통한 정의

이런 경우에 대한 간단한 예제로, 일반 코틀린 프로그램에서 항상 발생하는 유형의 부수 효과를 살펴보자. 심지어 순수 함수형 코드라고 생각하는 경우에도 이런 부수 효과가 발생할 수 있다.

```
>>> data class Person(val name: String)

>>> Person("Alvaro") == Person("Alvaro")     ◀── 객체들을 구조로 비교함
res0: kotlin.Boolean = true

>>> Person("Alvaro") === Person("Alvaro")     ◀── 객체들을 참조로 비교함
res1: kotlin.Boolean = false
```

여기서 Person("Alvaro")는 전혀 문제가 없어 보인다. 이 식이 완전히 참조 투명한 식이라고 가정해도 아무 잘못이 없을 것이다. 하지만 이 식은 매번 나타날 때마다 다른 Person 인스턴스를 메모리에 생성한다. == 함수를 사용해 두 Person("Alvaro") 생성을 동등성 비교하면 예상대로 true가 나온다. 하지만 ===를 통해 참조 동등성reference equality을 검사하면 false를 얻는다. 두 Person("Alvaro")는 JVM 내부를 살펴보면 같은 객체를 참조하지 않기 때문이다.

> |**노트**| 코틀린 연산자 ==와 ===는 각각 자바의 equals()와 ==에 해당한다.

만약 Person("Alvaro")를 평가해 그 결과를 x에 저장하고, 그 후 비교문에서 x를 사용해 x === x라고 식을 표시하면 같은 객체 참조를 사용하기 때문에 연산 결과가 달라진다.

```
>>> val x = Person("Alvaro")
>>> x === x
res2: kotlin.Boolean = true
```

따라서 참조 투명성의 원래 정의에 따라 코틀린의 모든 데이터 생성자는 부수 효과가 있다. 효과로 메모리에 새로운 유일한 객체가 생성되고, 데이터 생성자는 이 새 객체에 대한 참조를 반환한다.

대부분의 프로그램에서는 프로그램이 참조 동등성을 검사하지 않기 때문에 이 부수 효

과가 아무 차이를 만들어내지 않는다. 프로그램에서 부수 효과가 일어났음을 관찰하게 해주는 요소는 ===뿐이다. 따라서 대부분의 프로그램의 문맥에서는 이런 효과가 부수 효과가 아니라고 말할 수 있다.

참조 투명성에 대한 우리 정의는 이를 염두에 두지 않는다. 참조 투명성은 어떤 문맥에 따라 결정되는데, 우리 정의는 이런 문맥을 정의하지 않고 있다.

다음은 참조 투명성에 대한 더 일반적인 정의다.

프로그램 p 안에 등장하는 모든 식 e를 그 식을 평가한 결과로 치환해도 p의 의미에 아무 영향을 끼치지 않을 때 이 e는 프로그램 p에 대해 참조 투명하다.

이 정의는 모든 프로그램이 같은 효과를 관찰할 수 없다는 사실을 반영하기 위해 약간 변경한 정의다. 우리는 어떤 프로그램 p에 대해 식 e의 참조 투명성에 아무 영향을 끼치지 못할 때 e의 효과를 p가 관찰할 수 없다고 말한다. 예를 들어 대부분의 프로그램은 ===를 쓰지 않기 때문에 생성자 호출의 부수 효과를 관찰할 수 없다.

이 정의는 다소 모호하다. '평가'가 무슨 의미일까? 그리고 두 프로그램의 의미가 같은지 결정하는 표준적인 방법은 무엇일까?

코틀린에서는 첫 번째 질문에 대한 표준적인 답이 있다. 평가라는 말은 '어떤 정규형으로 축약됨reduction to some normal form'이라고 정의한다. 코틀린은 엄격한 평가를 수행하는 언어이므로, 식 e를 val에 대입해서 강제로 정규형으로 평가할 수 있다.

```
>>> val v = e
```

그리고 프로그램 p에 대한 e의 참조 투명성은 p에 나타나는 모든 e를 v로 바꿔도 프로그램의 의미가 달라지지 않는다는 뜻이다.

하지만 '프로그램의 의미가 달라진다'는 게 무슨 뜻일까? 더 단순히 말해서 '프로그램의 의미'란 무엇일까? 이 질문은 약간 철학적이며 이에 답하는 방법이 여럿 있지만, 여기서 자세히 탐구하기는 어렵다. 하지만 일반적인 요점은 참조 투명성에 대해 이야기할 때는 항상 어떤 문맥context에 대해 이야기하는 것이라는 점이다. 문맥이 우리가 어떤 종류의 프로그램에 관심이 있는지를 결정하고 프로그램에 의미를 부여하는 방법을 결정한다. 문맥을 확립하는 것은 선택이며, 프로그램의 어떤 측면이 프로그램의 의미에 영향을 끼치는지 결정할 필요가 있다. 이런 미묘함을 좀 더 자세히 살펴보자.

### 14.3.2 부수 효과로 취급할 수 있는 것은 무엇일까?

앞에서 === 연산자를 사용해 객체 생성의 부수 효과를 관찰할 수 있다는 사실을 확인했다. 이제 이런 관찰 가능성 동작과 프로그램의 의미라는 아이디어를 더 자세히 살펴보자. 이를 위해서는 관찰 가능하다고 간주하는 것과 그렇지 않은 것을 구분할 필요가 있다. 예를 들어 다음 메서드를 보자. 이 메서드에는 분명히 부수 효과가 존재한다.

```
fun timesTwo(x: Int): Int {
    if (x < 0) println("Got a negative number")
    return x * 2
}
```

timesTwo 함수를 -1과 1로 호출하면 모든 측면에서 같은 프로그램이 생기지 않는다. 두 경우 모두 입력에 2를 곱한 결과를 내놓지만, 프로그램의 의미가 달라졌다고 말할 수 있다. 하지만 이 말은 timesTwo를 호출하는 모든 프로그램에 대해서나 프로그램의 동등성과 관련된 모든 관념에 대해서는 성립하지 않는다.

표준 출력이 달라지는 게 실제로 관찰하고 싶은 대상인지를 결정할 필요는 있다. 즉, 우리의 문맥에서 중요한 행동 방식의 변화가 무엇인지를 정해야 한다. 이 경우 프로그램의 다른 부분에서는 timesTwo 내부에서 println 부수 효과가 발생했다는 사실을 관찰할 가능성이 극히 낮다.

물론 timesTwo에는 I/O 하위 시스템에 대한 감춰진 의존성이 있다. timesTwo는 표준 출력 스트림에 대해 접근할 수 있어야 한다. 하지만 앞에서 봤듯이, 순수 함수적이라고 생각하는 대부분의 프로그램도 코틀린 환경의 어떤 장치(예를 들어 메모리상에 객체를 만들거나 메모리에 있는 객체를 삭제하는 등의 장치)에 대해 접근할 필요가 있다. 결국 어떤 효과가 우리가 추적할 만큼 중요한지를 결정해야 한다. println 호출을 추적하기 위해 IO 모나드를 사용할 수도 있지만, 반대로 println에 대해 관심이 없을 수도 있다. 만약 임시로 디버깅을 위한 로그에 콘솔을 사용하고 있다면, 이를 추적하는 것은 시간 낭비일 뿐이다. 하지만 프로그램의 올바른 동작이 어떤 의미로든 콘솔에 출력되는 내용에 달려 있다면(예: 유닉스 명령줄 유틸리티의 경우), 분명히 이를 추적하고 싶을 것이다.

이로부터, 효과를 추적하는 것은 프로그래머인 우리가 선택해야 할 사항이라는 핵심적인 사실에 도달할 수 있다. 이런 선택은 가치 선택이며, 어떤 가치를 선택하느냐에 따라 득실 관계가 있기 마련이다. 효과를 원하는 만큼 많이 추적할 수 있다. 예를 들어, 메모리 할당이 정말 중요하다면 타입 시스템을 통해 메모리 할당을 추적할 수도 있다. 하지만 JVM에서는 자동 메모리 관리를 활용하기 때문에 명시적으로 메모리 할당을 추적하는 비용이 그로부터 얻을 수 있는 이익보다 더 크다.

우리가 채택해야 하는 정책은 프로그램의 올바름에 영향을 끼치는 효과만 추적하는 것이다. 어떤 프로그램이 근본적으로 파일을 읽고 쓰는 것에 대한 프로그램이라면, 프로그램의 실행 가능성을 검사하기 위해 파일 I/O를 타입 시스템으로 추적해야만 한다. 또 프로그램이 객체 참조 동등성에 의존할 경우, 이를 정적으로 알 수 있다면 좋을 것이다. 정적 타입 정보를 사용하면 어떤 유형의 효과가 관계돼 있는지를 알 수 있고, 그로 인해 주어진 문맥에서 그 효과가 문제가 될 수 있는지에 대해 타입 정보를 바탕으로 결정을 내릴 수 있다.

이번 장에서 다룬 ST 타입과 13장에서 다룬 IO 모나드를 통해 타입 시스템을 사용해 효과를 추적하는 방법을 살펴봤다. 하지만 이게 끝이 아니다. 여러분은 오직 타입의 표현력과 여러분의 상상력에 의해서만 제약을 받게 된다.

## 요약

- 지역적 상태 변이는 그 상태를 포함하는 함수가 감싸고 있는 영역의 밖에서는 보이지 않는다.
- 지역적인 변이를 관찰자로부터 감추면, 호출하는 쪽에 대한 참조 투명성을 유지하기 때문에 가변 상태를 써도 합법적이다.
- 지역적인 가변 참조를 캡슐화할 때 영역 특화 언어가 유용한 장치가 된다. DSL을 사용하면 타입 시스템을 활용해 효과를 클라이언트로부터 감출 수 있다.
- 가변 메모리 셀을 할당하고 쓰고 읽으면서 변이를 실질적으로 외부 호출자에게서

감추기 위해 ST 같은 대수를 개발할 수 있다.

- STRef, STArray, STMap 같은 지역 상태 전이 대수는 참조, 배열, 맵에 대해 작용하면서 다양한 지역적인 상태 변이 효과를 다룰 수 있게 유연성을 제공한다.

- 부수 효과는 문맥에 따라 다르게 고려해야 하며, 개발자는 자신이 작업하는 문맥에서 어떤 효과가 중요한지 선택할 수 있다.

# 15

# 스트림 처리와 점진적 I/O

**15장에서 다루는 내용**

- 명령형 IO의 단점을 배운다.
- 스트림 트랜스듀서(transducer)를 사용한 변환을 다룬다.
- 확장 가능한 Process 타입을 만든다.
- Source와 Sink를 사용해 단일 입력과 출력을 처리한다.
- Tee를 사용해 여러 입력 스트림을 합친다.

4장 도입부에서는 함수형 프로그래밍이 완전한 패러다임이라고 말했다. 상상할 수 있는 모든 프로그램을 함수형으로 표현할 수 있고, 이런 프로그램에는 외부 세계와 상호작용하는 프로그램도 포함된다. 하지만 이런 프로그램을 만드는 방법이 IO뿐이라면 실망스러운 일이다. IO나 ST는 단지 명령형 프로그래밍 언어를 지금까지 배운 순수 함수형 기능의 하위 집합으로 임베드시킨다. IO 모나드 내부에서 프로그래밍을 하는 동안에는 일반적인 명령형 프로그래밍을 할 때처럼 프로그램에 대해 추론해야만 한다.

우리는 더 잘할 수 있다. 이번 장에서는 1~3장에서 개발한 고수준의 합성적인 스타일을, 심지어 외부 세계와 상호작용하는 프로그램에 대해서까지, 회복하는 방법을 보여줄 것이다. 이 분야의 설계 가능 공간은 무한하며, 이 책의 목표는 그 모든 공간을 탐구하는 것이 아니라 어떤 일이 가능한지에 대한 통찰을 제공하는 것이다.

## 15.1 명령형 I/O의 문제점: 예제

IO 모나드에 임베드시킨 명령형 I/O의 문제점을 잘 보여주기 위해 간단한 구체적 시나리오를 살펴본다. 이번 장에서 다룰 첫 번째 문제는 파일이 40,000줄을 넘는지 검사하는 프로그램을 작성하는 것이다.

> |**노트**| 단순성을 위해 코틀린 표준 라이브러리가 제공하는 Sequence(시퀀스)를 사용한다. 시퀀스를 사용하면 15.2절에서 Stream(스트림) 구현으로 전환하기 전에 스트림에서 접할 수 있는 몇 가지 개념을 편리하게 보여줄 수 있기 때문이다.

이 작업은 우리 라이브러리가 해결하고 싶은 문제의 핵심을 보여주는 아주 간단한 작업으로, 분명 IO 모나드 안에서 일반적인 명령형 코드를 사용해 이 작업을 수행할 수 있다. 이 접근 방법을 먼저 살펴보자.

---

**리스트 15.1 파일에 있는 줄 세기: 전통적인 명령형 스타일**

```
fun linesGt40k(fileName: String): IO<Boolean> = IO {
    val limit = 40000
    val src = File(fileName)
    val br = src.bufferedReader()          ← java.io.File의 BufferedReader에
                                              접근하기 위한 편리 메서드
    try {
        var count = 0
        val lines = br.lineSequence().iterator()   ← lineSequence 확장 메서드는
                                                       Sequence<String>을 제공함
        while (count <= limit && lines.hasNext()) {  ← hasNext()를 사용해 더 많은
            lines.next()   ← next()를 호출하면 이터레이터를      줄이 있는지 알 수 있음
            count += 1        전진시키는 부수 효과가 발생함
        }
        count > limit
    } finally {
        br.close()
```

```
        }
}
```

이 코드에는 IO 모나드 안에 임베드시킨 부수 효과가 있는 명령형 코드 조각이 들어 있다. 이 IO 동작은 unsafePerformIO(linesGt40k("lines.txt"))로 실행할 수 있다. 여기서 unsafePerformIO는 IO<A>를 받는 부수 효과를 발생시키는 메서드며 원하는 효과를 실행하고 A를 돌려준다(13.6.1절에서 관련 내용을 살펴봤다).

while 루프, 가변 Iterator, var와 같은 저수준 구성 요소를 사용하지만, 이 코드에도 좋은 점이 있다. 우선, 이 코드는 점진적이다. 즉, 전체 파일을 미리 메모리에 적재할 필요가 없다. 대신 파일에서 필요할 때 각 줄을 읽어온다. 입력을 버퍼에 저장하지 않는다면, 파일에서 한 번에 단 한 줄만 메모리로 읽어오면 된다. 그리고 답을 알자마자 작업을 일찍 중단시킬 수 있다.

이 코드에는 끔찍한 요소도 있다. 예를 들어, 작업이 끝나면 파일을 닫는 것을 반드시 기억해야 한다. 이런 점은 분명해 보이겠지만, 이런 처리를 깜빡 잊어버리거나 혹은 (더 일반적으로) 파일을 finally 블록 밖에서 닫는데 예외가 발생한다면 파일이 열린 채로 남을 수 있다. 이런 현상을 자원 누수라고 한다. 파일 핸들은 희소한 자원에 속한다. 운영체제는 어느 시점에 정해진 개수만큼만 열린 파일을 유지할 수 있기 때문이다. 만약 이 작업이 더 큰 프로그램의 일부분이라면(예를 들어 전체 디렉터리를 재귀적으로 스캔하면서 40,000줄보다 더 많은 줄로 이뤄진 파일의 목록을 만들고 있다고 하자), 너무 많은 파일이 열린 채로 남게 돼서 이 큰 프로그램이 빠르게 실패할 수도 있다.

우리는 자원 안전한$^{resource-safe}$ 프로그램을 작성하고 싶다. 즉, 파일 핸들이 (정상적인 작업 종료 때문이든 예외로든) 불필요해지자마자 핸들을 닫고, 닫힌 파일을 읽으려 시도하지 않아야 한다. 네트워크 소켓, 데이터베이스 연결 등 다른 자원의 경우도 마찬가지다. IO를 직접 사용한다는 말은 우리 프로그램이 자원 사용의 안전성을 책임져야 하고 컴파일러로부터 자원 안전성을 보장할 수 있는 도움을 받지 못한다는 뜻이므로 문제가 될 수 있다. 우리 라이브러리가 만들어진 방법에 의해 프로그램의 자원 안전성을 보장받을 수 있다면 아주 멋지지 않을까?

하지만 자원 안전성이라는 문제를 제외하더라도, 이 코드에는 불만족스러운 부분이 있다. 이 코드는 파일 접근과 이터레이션이라는 저수준 관심사와 고수준 알고리듬이 섞여 있다. 물론 자원에서 원소를 가져오고, 발생하는 오류를 처리하고, 작업이 끝나면 자원을 닫아야만 하지만, 우리 프로그램은 이런 기능에 대한 프로그램이 아니다. 우리 프로그램은 원소를 세고 원소가 40,000개가 되자마자 값을 반환하는 것에 대한 프로그램이다. 그리고 이런 일은 모든 I/O 동작 사이에서 발생한다. 이 알고리듬과 I/O에 대한 관심사를 서로 엮으면 보기 좋지 않을 뿐 아니라 합성성이 떨어지며 이후 확장하는 데도 불리해진다. 이를 확인하기 위해 원래 시나리오를 다음과 같이 약간 변경한 경우를 생각해보자.

- 파일에서 비어 있지 않은 줄의 개수가 40,000 이상인지 검사한다.
- 40,000번째 줄보다 더 앞에 있는 줄 중에서 각 줄의 첫 번째 문자를 연결하면 "abracadabra"가 되는 줄의 위치를 찾는다.

첫 번째 경우, (String) -> Boolean을 linesGt40k 함수에 전달하는 것을 상상할 수 있다. 하지만 두 번째 경우에는 루프를 수정해 너 많은 상태를 추적할 수 있게 해야 한다. 하지만 이렇게 변경한 코드는 보기 나쁠 뿐 아니라 제대로 작성하기도 어렵다. 일반적으로 IO 모나드 안에서 효율적인 코드를 작성한다는 말은 모놀리식 루프를 작성해야 한다는 의미인데, 모놀리식 루프는 합성 가능하지가 않다.

이 코드를 분석할 파일 내용이 들어 있는 Sequence<String>이 있는 경우와 비교해보자.

```
lines.withIndex().exists { it.index >= 40000 }
```

훨씬 더 좋다! Sequence를 사용하면 프로그램을 withIndex와 exists라는 기존 콤비네이터를 사용해 조립할 수 있다. 비어 있지 않은 줄만 고려하고 싶다면 filter를 사용할 수 있다.

```
lines.filter { it.trim().isNotBlank() }
    .withIndex()
    .exists { it.index >= 40000 }
```

두 번째 시나리오의 경우, CharSequence에 정의된 indexOf 메서드와 take(40,000줄 이후 검색을 중단하기 위해), map(각 줄의 첫 번째 문자를 빼냄), joinToString(문자 시퀀스를 String으로 실체화하기 위해)을 함께 쓸 수 있다.

```
lines.filter { it.trim().isNotBlank() }
    .take(40000)
    .map { it.first() }
    .joinToString("")
    .indexOf("abracadabra")
```

실제 파일에서 값을 읽으면서도 방금 본 코드와 비슷한 무언가를 작성하고 싶다. 문제는 Sequence<String>이 아니라 내용을 읽어올 수 있는 파일이 있을 뿐이라는 점이다. IO<Sequence<String>>을 반환하는 lines라는 함수를 작성하는 속임수를 쓸 수도 있다.

```
fun lines(fileName: String): IO<Sequence<String>> =
    IO {
        val file = File(fileName)
        val br = file.bufferedReader()
        val end: String by lazy {
            br.close()
            System.lineSeparator()
        }
        sequence {
            yieldAll(br.lineSequence())
            yield(end)
        }
    }
```

이 함수는 IO 내부에서 파일의 모든 줄이 포함되고 마지막에 줄 구분자(lineSeparator())를 지연 계산해 돌려주는 Sequence<String>을 만든다. 그리고 이 지연 계산에서 부작용으로 시퀀스가 읽는 버퍼가 있는 리더<sup>buffered reader</sup>를 닫는다. sequence 함수는 임의의 시퀀스를 생성할 때 쓸 수 있는 코틀린 표준 라이브러리 함수다. 이 함수는 시퀀스의 원소를 만들어 내는 책임이 있는 yieldAll이나 yield 함수 호출이 여러 번 들어갈 수 있는 람다를 인자로 받는다.

IO 모나드 안에서 만드는 Sequence<String>이 실제로는 순수한 값이 아니므로 이 코드는 일종의 기만 행위다. 스트림의 원소를 강제로 평가하면 파일을 읽는 부수 효과가 수행되며, 전체 스트림을 검사하고 맨 끝에 도달해야만 전체 파일을 닫을 수 있다. 합성적인 스타일을 어느 정도 회복할 수 있으므로 지연 계산 I/O가 매력적이기는 하지만, 몇 가지 이유로 지연 계산 I/O에도 문제가 있다.

- 자원 안전하지 않다. 스트림의 맨 마지막에 도달한 경우에만 자원(여기서는 파일)이 닫힌다. 하지만 순회를 빨리 끝내고 싶은 경우가 자주 있다. 이 예제에서 exists는 일치하는 줄을 찾자마자 Stream 순회를 끝낼 것이다. 누구도 순회가 빨리 끝날 때마다 항상 자원이 누수되는 것은 원치 않을 것이다!

- 파일이 닫힌 후 같은 Sequence를 순회하지 못하도록 막는 장치가 없다. 이로 인해 Sequence가 강제 평가된 후 자신의 원소를 메모화하느냐에 따라 둘 중 한 가지 문제가 발생한다. 메모화한다면 모든 원소를 메모리에 유지하므로 메모리 사용량이 너무 커지는 것을 볼 수 있고, 메모화하지 않는다면 스트림을 다시 순회할 경우 닫힌 파일 핸들로부터 데이터를 읽게 돼 IOException이 던져질 수 있다.

- 스트림에서 원소를 강제로 계산하면 I/O가 부수 효과로 일어나는데, 두 스레드가 동시에 한 Stream을 순회하면 행동 방식을 예측할 수 없다.

- 더 사실적인 시나리오에서는 Sequence<String> 안에서 어떤 일이 벌어지는지 제대로 알 수 없는 경우도 있다. 시퀀스 원소를 살펴보기 전에 시퀀스가 우리가 제어할 수 없는 함수에 넘겨져서 한동안 어떤 데이터 구조를 저장하고 있을 수도 있다. 올바른 사용법은 시퀀스 내부에 대한 지식을 어느 정도 필요로 한다. Sequence<String>을 그냥 전형적인 순수 값처럼 다룰 수는 없으며, 시퀀스가 어디서 비롯됐는지를 알아야 한다. 이런 특성은 합성을 위해서는 좋은 일이 아니다. 어떤 값을 합성하는 경우 그 값의 타입 외에는 다른 것을 알 필요가 없어야만 한다.

## 15.2 간단한 트랜스듀서를 사용해 스트림 변환하기

지금까지는 임베드된 I/O와 간단한 지연 I/O의 단점을 살펴봤다. 이런 접근 방법은 우리가 선호하게 된 고수준 합성성이 떨어진다. 이번 절에서는 3장이나 5장에서 Stream이나 List를 다룰 때 봤던 식의 고수준 스타일을 회복하려 한다. 스트림 트랜스듀서<sup>stream transducer</sup>라는 개념을 도입하면 고수준 합성성을 회복할 수 있다. 스트림 트랜스듀서는 스트림 처리기<sup>stream processor</sup>라고도 하는데, 이번 장에서는 두 용어를 혼용할 것이다.

스트림 트랜스듀서는 한 스트림을 다른 스트림으로 변환하는 방법을 지정한다. 여기서는 스트림이라는 용어를 좀 넓은 의미로 사용해 시퀀스를 가리키는 데 쓴다. 이 시퀀스는 지연 계산으로 생성될 수도 있고 외부 소스에 의해 공급될 수도 있다. 외부 소스로부터 공급되는 스트림은 파일에서 읽은 각 줄이나 HTTP 요청의 스트림, 마우스 클릭 위치의 스트림 등이 될 수 있다. Process라는 간단한 데이터 타입을 생각해보자. 이 데이터 타입은 스트림 변환을 표현할 수 있게 해준다. 이번 예제 코드에서는 단순화를 위해 몇 가지를 생략할 것이다. 예를 들어, 타입 변성을 완화하고 어떤 환경에서 발생하는 스택 오버플로를 막기 위한 트램폴린화를 생략한다.

```kotlin
sealed class Process<I, O> : ProcessOf<I, O> {
    // 드라이버와 인스턴스 메서드들
}

data class Emit<I, O>(
    val head: O,
    val tail: Process<I, O> = Halt()
) : Process<I, O>()
```
◀ Emit(s, Halt()) 대신 Emit(s)를 쓸 수 있게 하기 위한 디폴트 파라미터

```kotlin
data class Await<I, O>(
    val recv: (Option<I>) -> Process<I, O>
) : Process<I, O>()

class Halt<I, O> : Process<I, O>()
```

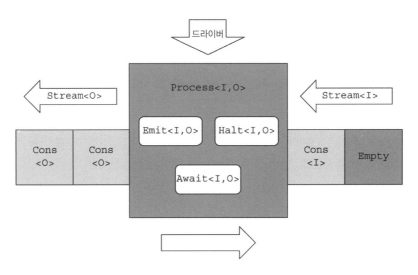

▲ **그림 15.1** Process⟨I, O⟩ 상태 기계를 사용해 Stream⟨I⟩를 Stream⟨O⟩로 변환한다.

그림 15.1은 Process<I, O>를 사용해 I 값을 포함하는 스트림을 O 값을 포함하는 스트림으로 변환하는 방법을 보여준다. 하지만 Process<I, O>는 전형적인 (Stream<I>) -> Stream<O> 함수가 아니다. 이런 함수는 입력 스트림을 소비하고 출력 스트림을 만들어낼 수 있다. 입력 스트림을 소비하는 대신 어떤 드라이버<sup>driver</sup>에 의해 전진돼야만 하는 상태 기계를 사용한다. 드라이버는 우리가 만든 Process와 입력 스트림을 동시에 소비하는 함수다. Process는 세 가지 상태 중 한 가지를 가질 수 있고, 각 상태는 드라이버에 어떤 신호를 제공한다.

- Emit(head, tail)은 드라이버에 head 값을 출력 스트림으로 내보내고 상태 기계는 tail 상태로 변경돼야 한다는 사실을 알려준다.
- Await(recv)는 입력 스트림에서 값을 하나 요청한다. 드라이버는 입력 스트림에 남은 다음 값을 recv 함수에 전달하거나, 입력 스트림에 아무 값도 남아 있지 않으면 None을 recv에 전달해야 한다.
- Halt는 입력에서 값을 더 읽으면 안 되거나 출력에 값을 내보내면 안 된다는 사실을 알려준다.

이제 이런 요청을 해석하는 예제 드라이버를 살펴보자. 다음은 Stream을 변환하는 드라이버다. Process의 메서드로 이를 구현할 수 있다.

```
operator fun invoke(si: Stream<I>): Stream<O> =
    when (this) {
        is Emit -> Cons({ this.head }, { this.tail(si) })
        is Await -> when (si) {
            is Cons -> this.recv(Some(si.head()))(si.tail())
            is Empty -> this.recv(None)(si)
        }
        is Halt -> Stream.empty()
    }
```

따라서 p: Process<I, O>와 si: Stream<I>가 주어지면 p(si)라는 식은 Stream<O>를 만들어낸다. 여기서 흥미로운 점은 Process가 입력이 어떻게 들어오는지에 대해 알지 못해도 작동한다는 것이다. Stream으로부터 Process를 전달받는 드라이버를 작성했지만, Process에 파일 등 다른 어떤 대상을 전달하는 드라이버를 작성할 수도 있다. 15.2.3절에서 이런 드라이버를 작성해본다.

## 15.2.1 스트림 트랜스듀서를 만들기 위한 콤비네이터

이제 스트림 트랜스듀서 내부의 동작을 알았으므로, 이 지식을 활용해 의미 있는 결과를 내놓을 수 있다. 이번 절에서는 Process 인스턴스를 구성할 때 편리하게 쓸 수 있는 콤비네이터를 살펴본다. 이런 콤비네이터를 활용하면 REPL에서 여러 스트림에 대해 드라이버를 적용해볼 수 있다.

시작점으로, 임의의 함수 f: (I) -> O를 Process<I, O>로 끌어올릴 수 있다. 단지 Await을 한 후 받은 값을 f로 변환해 Emit하면 된다.

```
fun <I, O> liftOne(f: (I) -> O): Process<I, O> =
    Await { i: Option<I> ->
        when (i) {
            is Some -> Emit<I, O>(f(i.get))
            is None -> Halt<I, O>()
```

```
        }
    }
```

이제 REPL에서 이를 갖고 놀아보자.

```
>>> val p = liftOne<Int, Int> { it * 2 }
>>> p(Stream.of(1, 2, 3, 4, 5)).toList()
res0: chapter3.List<kotlin.Int> = Cons(head=2, tail=Nil)
```

예제를 보면 알 수 있듯이, 이 Process는 단지 원소를 하나 기다렸다가 내보내고 멈춘
다. 전체 스트림을 함수를 사용해 변환하려면 루프 안에서 대기와 내보내기를 교대로 수행
하면서 이 과정을 반복해야 한다. 이를 위한 콤비네이터인 repeat를 Process의 메서드로 추
가할 수 있다.

```
fun repeat(): Process<I, O> {
    fun go(p: Process<I, O>): Process<I, O> =
        when (p) {
            is Halt -> go(this)          ◀──┐ 프로세스[1]가 중단되면 프로세스를
                                            │ 다시 시작함
            is Await -> Await { i: Option<I> ->
                when (i) {
                    is None -> p.recv(None)   ◀── 소스가 끝나면 반복을 끝냄
                    else -> go(p.recv(i))
                }
            }
            is Emit -> Emit(p.head, go(p.tail))
        }
    return go(this)
}
```

이 콤비네이터는 Process의 Halt 생성자를 재귀적인 단계로 대치해서 같은 처리를 무한
히 반복한다. 이제 임의의 함수를 Stream을 매핑하는 Process로 끌어올릴 수 있다.

```
fun <I, O> lift(f: (I) -> O): Process<I, O> = liftOne(f).repeat()
```

---

1   이 책에서는 Process로 만들어진 처리기를 '프로세스'라고 부를 것이다. 따라서 운영체제 프로세스와는 다르다는 점에 유
    의하라. – 옮긴이

repeat 콤비네이터는 무한히 재귀하고 Emit은 인자를 엄격하게 평가하므로, 결코 대기하지 않는 Process에서 이 repeat를 사용하지 않도록 주의해야 한다. 예를 들어 Emit(1). repeat()를 사용해 1을 계속 내보내는 무한 스트림을 얻을 수는 없다. Process는 스트림 트랜스듀서이므로, (이와 같은 무한 스트림을 원한다면) 어떤 무한 스트림을 다른 무한 스트림으로 변환할 필요가 있다.

```
>>> val units = Stream.continually(Unit)
res1: chapter5.Stream<kotlin.Unit> =
 Cons(head=() -> A, tail=() -> chapter5.Stream<A>)

>>> lift<Unit, Int> { _ -> 1 }(units)
res2: chapter5.Stream<kotlin.Int> =
 Cons(head=() -> O, tail=() -> chapter5.Stream<O>)
```

더 나아가 스트림의 원소를 어떤 타입에서 다른 타입으로 매핑할 수도 있다. 또한 원소를 삽입하거나 제거할 수도 있다. 예를 들어 다음은 술어 p와 일치하지 않는 원소를 제거하는 Process다.

```
fun <I> filter(p: (I) -> Boolean): Process<I, I> =
    Await<I, I> { i: Option<I> ->
        when (i) {
            is Some -> if (p(i.get)) Emit(i.get) else Halt()
            is None -> Halt()
        }
    }.repeat()
```

단순히 어떤 입력을 기다리고, 그 입력이 술어와 일치한다면 이를 출력으로 내놓는다. repeat 호출은 입력 스트림이 다 소진될 때까지 이 Process가 계속 실행되도록 보장한다. REPL에서 filter의 동작을 확인해보자.

```
>>> val even = filter<Int> { it % 2 == 0 }
>>> even(Stream.of(1, 2, 3, 4, 5)).toList()
res3: chapter3.List<kotlin.Int> = Cons(head=2, tail=Cons(head=4, tail=Nil))
```

이제 Process의 다른 예제로 지금까지 입력에서 받은 모든 값의 합계<sup>running sum</sup>를 내보내는 sum을 살펴보자.

```kotlin
fun sum(): Process<Double, Double> {
    fun go(acc: Double): Process<Double, Double> =
        Await { i: Option<Double> ->
            when (i) {
                is Some -> Emit(i.get + acc, go(i.get + acc))
                is None -> Halt<Double, Double>()
            }
        }
    return go(0.0)
}
```

Process 정의에서 이런 유형의 정의는 전형적인 패턴을 따른다. 우리는 현재 상태, 즉 현시점에 이르기까지 모든 원소의 합계를 추적하는 내부 함수를 사용한다. sum을 REPL에서 사용해보자.

```kotlin
>>> sum()(Stream.of(1.0, 2.0, 3.0, 4.0)).toList()
res4: chapter3.List<kotlin.Double> =
  Cons(head=1.0, tail=Cons(head=3.0, tail=
  Cons(head=6.0, tail=Cons(head=10.0, tail=Nil))))
```

이제 직접 Process 콤비네이터를 작성하면서 이런 프로그래밍 스타일에 익숙해질 시간이다. 최소한 여러분이 풀 수 없는 함수에 도달할 때까지만이라도 각각을 꼭 구현해보길 바란다.

**연습문제 15.1**

주어진 개수의 원소를 받은 후 Process를 중단시키는 take와 주어진 개수의 원소를 무시한 후 나머지 원소를 출력으로 내보내주는 drop을 구현하라. 또 takeWhile과 dropWhile을 구현하라. 각각은 주어진 술어가 참인 동안 원소를 취하거나 버린다.

```kotlin
fun <I> take(n: Int): Process<I, I> =
```

```
    SOLUTION_HERE()

fun <I> drop(n: Int): Process<I, I> =

    SOLUTION_HERE()

fun <I> takeWhile(p: (I) -> Boolean): Process<I, I> =

    SOLUTION_HERE()

fun <I> dropWhile(p: (I) -> Boolean): Process<I, I> =

    SOLUTION_HERE()
```

---

**연습문제 15.2**

count를 구현하라. 이 함수는 지금까지 살펴본 원소의 개수를 내보내야 한다. 예를 들어, count(Stream("a", "b", "c", "d"))는 Stream(1, 2, 3, 4)를 내놓는다.

```
fun <I> count(): Process<I, Int> =

    SOLUTION_HERE()
```

---

**연습문제 15.3**

스트림에서 지금까지 나온 모든 원소의 평균$^{running\ average}$을 구하는 mean을 구현하라.

```
fun mean(): Process<Double, Double> =

    SOLUTION_HERE()
```

---

이 책에서 여러 번 봐온 것처럼, 일련의 함수를 정의하는 동안 공통적인 패턴을 눈치챘다면 이 패턴을 뽑아내서 제네릭 콤비네이터로 만들 수 있다. sum, count, mean은 모두 한 가

지 패턴을 공유한다. 각각은 상태를 한 조각 유지하고, 그 상태를 입력에 따라 변화시켜주는 상태 전이 함수가 존재하며, 출력을 하나 만들어낸다. 이런 행동 방식을 일반화해서 loop라는 콤비네이터로 엮을 수 있다.

```
fun <S, I, O> loop(z: S, f: (I, S) -> Pair<O, S>): Process<I, O> =
    Await { i: Option<I> ->
        when (i) {
            is Some -> {
                val (o, s2) = f(i.get, z)
                Emit(o, loop(s2, f))
            }
            is None -> Halt<I, O>()
        }
    }
```

연습문제 15.4

loop를 사용해 sum과 count를 작성하라.

```
fun sum(start: Double): Process<Double, Double> =

    SOLUTION_HERE()

fun <I> count(): Process<I, Int> =

    SOLUTION_HERE()
```

## 15.2.2 이어 붙이기와 합성을 사용해 여러 트랜스듀서 합치기

지금까지는 간단한 변환을 수행할 수 있는 단일 스트림 프로세스를 개발하는 과정을 살펴봤다. 이런 프로세스도 이미 아주 유용하지만, 여러 프로세스를 조합해 하나의 프로세스로 취급할 수 있다면 더 훌륭하지 않을까? 이번 절에서는 여러 프로세스를 합성하는 방법을 다룬다.

Process 값을 합성해 더 복잡한 스트림 변환을 만들 수 있으며, 두 Process 값 f와 g가 주어졌을 때는 f의 출력을 g의 입력에게 먹일 수 있다. 이런 연산은 pipe라고 하며, Process의 중위 연산자로 이를 정의한다. f pipe g는 f와 g에 의해 수행되는 변환을 융합<sup>fuse</sup>하는 특징을 지닌다. 값은 f에 의해 발생하자마자 g에 의해 변환된다.

> |**노트**| 이 연산은 함수 합성을 떠올리게 할 것이다. 함수 합성은 함수의 한 출력을 다른 함수의 한 입력으로 먹이는 연산이다. Process와 Function1은 모두 카테고리라는 더 넓은 추상화에 속한다.

---

**연습문제 15.5**

**어려움**: Process의 중위 연산자로 pipe를 구현하라.

```
infix fun <I, O, O2> Process<I, O>.pipe(
    g: Process<O, O2>
): Process<I, O2> =

    SOLUTION_HERE()
```

---

이제 걸러낸 후 매핑하는 변환을 하나로 처리하는 filter { it % 2 == 0 } pipe lift { it + 1 } 같은 식을 쉽게 쓸 수 있다. 이와 같은 변환의 시퀀스를 파이프라인<sup>pipeline</sup>이라고 한다.

Process 합성이 있고 임의의 함수를 Process로 끌어올릴 수 있으므로, 어떤 Process의 출력을 함수로 변환하는 map을 쉽게 구현할 수 있다.

```
fun <O2> map(f: (O) -> O2): Process<I, O2> = this pipe lift(f)
```

map이 있다는 말은 Process<I, O>라는 타입 생성자가 펑터라는 뜻이다. 입력 쪽 I를 잠깐 무시하면 Process<I, O>를 O 값의 시퀀스로 생각할 수 있다. 이와 같은 관점에서 방금 본 map 구현은 Stream이나 List에 대한 매핑에 비유할 수 있다.

일반 시퀀스에 대해 정의할 수 있는 대부분의 연산은 Process에 대해 정의할 수 있다.

예를 들어 한 프로세스를 다른 프로세스 뒤에 덧붙일<sup>append</sup> 수 있다. 두 프로세스 x, y가 있을 때 x append y는 x가 끝날 때까지 x를 실행하다가 x가 종료되면 남은 입력에 대해 y를 실행하는 프로세스다. 구현을 위해 x의 Halt는 y로 대치한다(리스트의 append가 첫 번째 리스트의 맨 마지막 Nil을 두 번째 리스트로 바꾸는 것과 비슷하다).

```kotlin
infix fun append(p2: Process<I, O>): Process<I, O> =
    when (this) {
        is Halt -> p2
        is Emit -> Emit(this.head, this.tail append p2)
        is Await -> Await { i: Option<I> ->
            (this.recv andThen { p1 -> p1 append p2 })(i)
        }
    }
```

이제 Process의 append로부터 도움을 받으면 flatMap을 정의할 수 있다.

```kotlin
fun <O2> flatMap(f: (O) -> Process<I, O2>): Process<I, O2> =
    when (this) {
        is Halt -> Halt()
        is Emit -> f(this.head) append this.tail.flatMap(f)
        is Await -> Await { i: Option<I> ->
            (this.recv andThen { p -> p.flatMap(f) })(i)
        }
    }
```

여기서는 'Process<I, O>가 모나드를 형성하는가?'라는 질문이 당연히 떠오른다. 실제로 Process<I, O>는 모나드를 형성한다! Process의 I 파라미터를 부분적으로 적용하면 Monad 인스턴스를 작성할 수 있다. 이 기법은 다른 고류 타입의 모나드 인스턴스를 작성할 때 이미 활용해봤다.

```kotlin
@extension
interface ProcessMonad<I, O> : Monad<ProcessPartialOf<I>> {

    override fun <A> unit(a: A): ProcessOf<I, A> = Emit(a)

    override fun <A, B> flatMap(
```

```
        fa: ProcessOf<I, A>,
        f: (A) -> ProcessOf<I, B>
    ): ProcessOf<I, B> =
        fa.fix().flatMap { a -> f(a).fix() }

    override fun <A, B> map(
        fa: ProcessOf<I, A>,
        f: (A) -> B
    ): ProcessOf<I, B> =
        fa.fix().map(f)
}
```

unit 함수는 단지 인자를 내보내고 종료된다. 이는 List 모나드의 unit과 비슷하다.

Monad 인스턴스는 List의 Monad 인스턴스와 비슷한 아이디어로 만들 수 있다. Process가 List보다 흥미로운 부분은 Process의 경우 입력을 받는다는 데 있다. 그리고 Process는 입력을 매핑, 걸러내기, 접기, 그룹 만들기 등의 방법으로 변환할 수 있다. Process가 거의 대부분의 스트림 변환을 표현할 수 있다는 사실이 밝혀졌으며, 이 모든 변환은 Process가 입력을 어떻게 획득했는지나 출력에 어떤 일이 벌어지는가와는 무관하게 정의될 수 있다.

---

**연습문제 15.6**

**어려움/선택적:** sum과 count를 활용해 mean을 정의할 수 있게 해주는 제네릭 콤비네이터를 도출하라. 이 콤비네이터를 정의하고, 정의한 콤비네이터를 바탕으로 mean을 다시 구현하라.

```
fun mean(): Process<Double, Double> =

    SOLUTION_HERE()
```

---

**연습문제 15.7**

**선택적:** zipWithIndex를 구현하라. 이 콤비네이터는 스트림의 각 값과 함께 0부터 시작하는 정수 카운터 값을 내보낸다. 예를 들어 Process("a", "b").zipWithIndex()는 Process(0 to "a", 1 to "b")를 만든다.

```
fun <I, O> Process<I, O>.zipWithIndex(): Process<I, Pair<Int, O>> =

    SOLUTION_HERE()
```

---

**연습문제 15.8**

**선택적**: 술어를 인자로 받는 처리기 exists를 구현하라. 이를 구현하는 방법은 다양하다. Stream.of(1, 3, 5, 6, 7)이 주어진 경우, exists { it % 2 == 0 }은 다음 중 어느 것일 수 있다.

- Stream(true)를 만든다. 최종 결과만 내놓으면서 중단된다.
- Stream(false, false, false, true)를 만든다. 점진적인 결과를 내놓다가 최종 결과가 나오면 중단된다.
- Stream(false, false, false, true, true)를 만든다. 중단되지 않고, 모든 중간 결과를 발생시킨 후 종료된다.

pipe가 처리기를 융합시켜주므로, 마지막 형태로 구현하고 일부를 잘라내는 연산을 구현해도 아무 손해가 없다는 점에 유의하라.

```
fun <I> exists(f: (I) -> Boolean): Process<I, Boolean> =

    SOLUTION_HERE()
```

---

이제 앞에서 본 줄 세기 문제의 핵심 스트림 트랜스듀서를 count() pipe exists { it > 40000 }이라고 쉽게 표현할 수 있다. 또한 이번 절에서 본 콤비네이터를 바탕으로 필터나 다른 변환을 파이프라인에 쉽게 덧붙일 수 있다.

### 15.2.3 파일 처리를 위한 스트림 트랜스듀서

파일이 40,000줄 이상으로 구성됐는지 검사하는 원래 문제를 이제 쉽게 해결할 수 있다. 지금까지는 순수 스트림을 변환해왔다. 다행히 파일을 사용해도 순수 스트림과 마찬가지로 쉽게 Process를 드라이브할 수 있다. Stream을 만들어내는 대신 Process가 발생시키는 값을 누적시킬 수 있으며, 이런 누적은 List에 대한 foldLeft의 행동 방식과 아주 유사하다.

**리스트 15.2** 처리한 출력을 누적시키는 processFile

```
fun <A, B> processFile(
    file: File,
    proc: Process<String, A>,
    z: B,
    fn: (B, A) -> B
): IO<B> = IO {          ◀──── 전체 연산을 IO로 감쌈

    tailrec fun go(
        ss: Iterator<String>,
        curr: Process<String, A>,
        acc: B                      파일 각 줄의 꼬리 재귀 이터레이션에
    ): B =          ◀──┘           대해 처리를 적용하는 도우미 함수
        when (curr) {
            is Halt -> acc
            is Await -> {
                val next =
                    if (ss.hasNext()) curr.recv(Some(ss.next()))
                    else curr.recv(None)
                go(ss, next, acc)
            }
            is Emit -> go(ss, curr.tail, fn(acc, curr.head))
        }                          코틀린 내장 use 확장 함수를 사용해
    file.bufferedReader().use { reader ->  ◀── 연산이 끝난 후 버퍼가 있는 리더를 닫음
        go(reader.lines().iterator(), proc, z)
    }
}
```

우리는 파일 내용에 프로세스의 연산을 적용하면서 축약시키는 데 특화된 processFile 함수를 도입한다. 이 함수 안에는 Process를 사용해 문자열 이터레이터를 처리하면서 결과

를 acc 누적값에 누적시키는 것을 책임지는 go라는 지역 도우미 함수가 들어 있다. proc 프로세스(또는 프로세스의 사슬)와 초깃값 z는 B 타입의 출력 값을 결정한다. 마지막으로 파일 내용 줄에 대한 이터레이터와 처리 방법(Process 타입), 초깃값을 go 도우미 함수에 넘긴다. 이 함수가 있으면 원래의 파일 줄 세기 문제를 다음 코드로 처리할 수 있다.

```
val proc = count<String>() pipe exists { it > 40000 }
processFile(f, proc, false) { a, b -> a || b }
```

**연습문제 15.9**

**선택적**: 파일에서 화씨 온도들을 읽는 프로그램을 작성하라. 이때 한 줄당 한 가지 값이 Process에 전달되며, 이 Process는 전달받은 값을 섭씨 온도로 바꾸고 그 결과를 다른 파일에 써야 한다. 이 계산에 도우미 함수로 toCelsius 함수를 활용할 수 있다.

```
fun toCelsius(fahrenheit: Double): Double =

    SOLUTION_HERE()

fun convert(infile: File, outfile: File): File =

    SOLUTION_HERE()
```

## 15.3 프로토콜 파라미터화를 위한 확장 가능한 프로세스

앞 절에서는 암시적으로 값들로 이뤄진 단일 스트림을 포함하는 환경이나 문맥을 가정하는 제한된 Process 타입 구성을 살펴봤다. 이 설계의 다른 제약으로는 드라이버와의 통신에 사용하는 프로토콜이 고정된 것으로 가정한다는 점이 있다. Process는 드라이버에 Halt, Emit, Await이라는 세 가지 명령만을 내릴 수 있으며, 완전히 새로운 Process 타입을 정의하지 않고 이 프로토콜을 확장하는 방법은 없다.

이번 절에서는 드라이버가 요청을 할 때 사용할 프로토콜을 파라미터화함으로써 우리 설계를 더 확장 가능하게 만드는 방법을 찾아본다. 이런 유형의 파라미터화는 13장에서 다룬 Free 타입과 상당히 유사하게 작동한다. 먼저 개선된 설계를 살펴보는 것부터 시작하자.

리스트 15.3 F로 파라미터화한 확장 가능한 Process 타입

```
@higherkind
sealed class Process<F, O> : ProcessOf<F, O> {
    companion object {
        data class Await<F, A, O>(
            val req: Kind<F, A>,
            val recv: (Either<Throwable, A>) -> Process<F, O>
        ) : Process<F, A>()

        data class Emit<F, O>(
            val head: O,
            val tail: Process<F, O>
        ) : Process<F, O>()

        data class Halt<F, O>(val err: Throwable) : Process<F, O>()

        object End : Exception()

        object Kill : Exception()
    }
}
```

Await은 이제 Kind<F, A>의 요청을 처리함

이제 recv 함수가 Either를 인자로 받기 때문에 오류를 처리할 수 있음

Halt는 오류로 인해 발생함. 이때 오류는 실제 오류이거나 정상적인 종료를 나타내는 End일 수 있음

정상 종료를 표현하는 예외. 이를 통해 코틀린 예외 메커니즘을 흐름 제어에 사용할 수 있음

강제 종료를 나타내는 예외. 나중에 이 예외의 용법을 보게 됨

Free<F, A>와 달리 Process<F, O>는 Await을 통해 F라는 프로토콜을 사용해 외부 요청을 기다리면서 O 타입의 출력 값을 내놓는 스트림을 표현한다. 여기서 F 파라미터는 13장의 Free에서 Suspend에 사용했던 F 파라미터와 마찬가지 역할을 한다.

Free와 Process의 가장 중요한 차이는 Process가 Emit 값을 여러 번 요청할 수 있는 반면에 Free는 마지막 Return에 오직 하나의 응답만 포함한다는 데 있다. 그리고 Process는 Return으로 끝나는 대신에 Halt로 끝난다.

파일 핸들이나 데이터베이스 연결의 경우와 같이 종료 시 자원을 닫아야 하는 처리를 작성할 때 Await의 recv 함수는 Either<Throwable, A>를 인자로 받는다. req 요청을 처리하는 동안 예외가 발생하면 recv 함수가 오류를 어떻게 처리할지 결정해야 한다(recv 함수는

TailRec<Process<F, O>>를 던지는 방식으로 트램폴린화해서 스택 오버플로를 방지해야만 한다). 단순화를 위해 이런 세부 사항은 생략했다. End 예외로 입력이 더 이상 존재하지 않는 경우를 표시하고, Kill로 프로세스가 강제로 종료돼서 사용 중인 자원을 정리해야만 하는 경우를 표시한다.

Halt 생성자는 종료 이유$^{cause}$를 Throwable 형태로 입력받는다. 이유가 End일 수도 있으며, 이 오류는 입력 소진으로 인한 정상 종료를 표시한다. 하지만 Kill이 이유라면 강제 종료나 다른 오류로 인한 종료를 표시한다. Exception이 Throwable의 하위 타입이라는 점을 기억하라.

이 새 Process 타입은 앞 절에서 본 Process보다 더 일반적이다. 그래서 앞 절의 Process를 '단일 입력 Process'나 Process1이라 부르고, Process1을 일반화된 Process 타입의 인스턴스로 취급한다. 15.3.3절에서 이런 설계가 어떻게 작동하는지 살펴볼 것이다.

첫째로, Process에 정의된 몇 가지 연산은 F의 선택과 무관하다는 점을 알아두라. Process에 대한 append, map, filter를 여전히 정의할 수 있으며, 이 정의는 이전 정의와 거의 같다. 다음은 append 구현으로, 이 함수는 onHalt라는 더 일반적인 함수를 사용해 새로 구현했다.

```
fun onHalt(f: (Throwable) -> Process<F, O>): Process<F, O> =
    when (this) {
        is Halt -> tryP { f(this.err) }        ◀── try가 포함되며 tryP 함수 호출을
                                                    통해 예외를 잡아냄
        is Emit -> Emit(this.head, tail.onHalt(f))
        is Await<*, *, *> ->
            awaitAndThen(req, recv) { p: Process<F, O> ->    ◀── awaitAndThen 호출은 매칭으로
                p.onHalt(f)                                       인해 발생하는 타입 소거를 우회하고
            }                                                     recv에 대한 컨티뉴에이션을
    }                                                             가능하게 함


fun append(p: () -> Process<F, O>): Process<F, O> =
    this.onHalt { ex: Throwable ->
        when (ex) {
            is End -> p()          ◀── 정상 종료일 때만 p를 참조
            else -> Halt(ex)       ◀── 무언가 잘못된 경우
        }                               현재 오류를 유지함
    }.fix()
```

append를 살펴보면, p의 맨 끝에서 Halt(ex) 내부의 예외^throwable ex를 onHalt(f) 호출이 f(this.err)로 대치하고 있다는 사실을 알게 된다. 이런 호출을 통해 처리 로직을 더 연장하고 종료 원인에 접근할 수 있다. 이 정의는 도우미 함수로 tryP를 사용하는데, tryP는 Process의 평가를 안전하게 포함시키고 처리 과정에서 발생하는 예외를 잡아내서 Halt로 변환해준다.

```
fun <F, O> tryP(p: () -> Process<F, O>): Process<F, O> =
    try {
        p()
    } catch (e: Throwable) {
        Halt(e)
    }
```

이 예외를 잡아내는 것은 자원 안전성을 위해 필수적이다. 우리 목표는 모든 예외를 잡고 처리해서 예외 처리라는 짐을 라이브러리 사용자들에게 지우지 않는 것이다. 다행히 예외가 발생할 수 있는 핵심 콤비네이터는 몇 가지밖에 없다. 이런 콤비네이터에서 예외가 안전하게 처리되도록 보장할 수 있는 한, Process를 사용하는 모든 프로그램의 자원 안전성을 보장할 수 있다. append 함수는 onHalt를 갖고 정의된다. 첫 번째 Process가 정상적으로 종료하면 두 번째 프로세스를 계속 진행하고, 그렇지 않으면(즉, 비정상 종료이거나 입력이 끝난 경우) 그 오류를 다시 발생시킨다.

awaitAndThen이라는 도우미 함수도 사용하는데, 이 함수에는 두 가지 목적이 있다. 첫 번째 목적은 Await 생성자 대신 더 나은 타입 추론을 제공하는 대안(이렇게 쓰고 '해킹'이라고 읽는다!)을 제공하는 것이다. Await과 일치할 때 실행 시점 타입 소거에 의해 req와 recv에 담겨 있는 타입 정보가 사라진다. awaitAndThen은 잃어버린 타입 정보를 다시 도입하는 걸 도와준다. 추가로 awaitAndThen은 새로 구성한 Await 내부에서 recv 함수의 맨 끝에 컨티뉴에이션 fn을 끼워 넣을 수 있는 수단도 제공한다.

```
fun <F, A, O> awaitAndThen(
    req: Kind<Any?, Any?>,
    recv: (Either<Throwable, Nothing>) -> Process<out Any?, out Any?>,
    fn: (Process<F, A>) -> Process<F, O>
```

```
): Process<F, O> =
    Await(
        req as Kind<F, Nothing>,
        recv as (Either<Throwable, A>) -> Process<F, A> andThen fn
    ).fix()
```

계속 진행해서, append를 사용해 flatMap을 구현하자. flatMap은 발생한 예외를 보고 안전성을 보장해줘야만 하는 또 다른 콤비네이터다. f가 예외를 던질지 여부는 알 수 없다. 따라서 여기서도 f 호출을 tryP로 감싼다. 이 부분을 제외하면, flatMap 구현은 이전에 작성했던 flatMap 구현과 아주 비슷하다.

```
fun <O2> flatMap(f: (O) -> Process<F, O2>): Process<F, O2> =
    when (this) {
        is Halt -> Halt(err)
        is Emit -> tryP { f(head) }.append { tail.flatMap(f) }
        is Await<*, *, *> ->
            awaitAndThen(req, recv) { p: Process<F, O> ->
                p.flatMap(f)
            }
    }
```

마찬가지로 map 정의도 거의 똑같은 패턴을 따른다.

```
fun <O2> map(f: (O) -> O2): Process<F, O2> =
    when (this) {
        is Halt -> Halt(err)
        is Emit -> tryP { Emit(f(head), tail.map(f)) }
        is Await<*, *, *> ->
            awaitAndThen(req, recv) { p: Process<F, O> ->
                p.map(f)
            }
    }
```

이제 이 새 Process 타입을 사용해 다른 어떤 것을 표현할 수 있을지 살펴보자. F 파라미터를 통해 큰 유연성을 얻을 수 있다.

## 15.3.1 스트림 발생을 위한 소스

15.2절에서는 파일을 읽어오는 동안 처리를 전진시키도록 하는 별도의 함수를 작성해야만 했다. 새 설계에서는 Process<ForIO, O>를 사용해 직접 효과를 사용하는 소스를 표현할 수 있다. 이 새 설계는 자원 안전성과 관련해 약간의 문제가 있다. 이에 대해서는 잠시 후 설명한다.

Process<ForIO, O>가 어떻게 O 값의 소스가 될 수 있는지 확인하기 위해 F 종류를 IO로 대치할 때 Await 생성자가 어떤 모양인지를 생각해보자.

```
data class Await<ForIO, A, O>(
    val req: IO<A>,
    val recv: (Either<Throwable, A>) -> Process<ForIO, O>
) : Process<ForIO, O>()
```

따라서 '외부' 세계의 모든 요청은 13장에서 배운 것처럼 req가 unsafePerformIO에 전달한 IO 동작을 flatMap하거나 실행하는 것으로 만족될 수 있다. 만약 이 동작이 A를 성공적으로 반환하면 이 결과를 갖고 recv 함수를 호출하며, req가 예외를 던지면 Throwable을 사용해 recv를 호출한다. 어느 쪽을 택하든 recv 함수는 오류를 다른 프로세스에 넘기거나 적절히 자원을 정리할 수 있다. 다음은 이런 접근 방법을 따르면서 재귀적으로 발생한 모든 값을 시퀀스에 발생시키는 I/O Process에 대한 해석기다.

**리스트 15.4 자원을 정리하는 재귀적 해석기**

```
fun <O> runLog(src: Process<ForIO, O>): IO<Sequence<O>> = IO {
    val E = java.util.concurrent.Executors.newFixedThreadPool(4)
    tailrec fun go(cur: Process<ForIO, O>, acc: Sequence<O>): Sequence<O> =
        when (cur) {
            is Emit ->
                go(cur.tail, acc + cur.head)
            is Halt ->
                when (val e = cur.err) {
                    is End -> acc
                    else -> throw e
                }
```

```
                is Await<*, *, *> -> {
                    val re = cur.req as IO<O>
                    val rcv = cur.recv
                            as (Either<Throwable, O>) -> Process<ForIO, O>
                    val next: Process<ForIO, O> = try {
                        rcv(Right(unsafePerformIO(re, E)).fix())
                    } catch (err: Throwable) {
                        rcv(Left(err))
                    }
                    go(next, acc)
                }
            }
        }
    try {
        go(src, emptySequence())
    } finally {
        E.shutdown()
    }
}
```

req와 recv를 다시 형 변환해서 Await 타입 파라미터의 런타임 타입 소거를 극복함

다음 예제는 파일의 모든 줄을 문자열 시퀀스로 열거해 처리한다.

```
val p: Process<ForIO, String> =
    await<ForIO, BufferedReader, String>(
        IO { BufferedReader(FileReader(fileName)) }
    ) { ei1: Either<Throwable, BufferedReader> ->
        when (ei1) {
            is Right -> processNext(ei1)
            is Left -> Halt(ei1.value)
        }
    }
```

단순화한 await 생성자는 타입 소거를 극복하기 위해 req와 recv를 인자로 받음

processNext에서 받은 종료

```
private fun processNext(
    ei1: Right<BufferedReader>
): Process<ForIO, String> =
    await<ForIO, BufferedReader, String>(
        IO { ei1.value.readLine() }
    ) { ei2: Either<Throwable, String?> ->
        when (ei2) {
            is Right ->
```

```
        if (ei2.value == null) Halt(End)
        else Emit(ei2.value, processNext(ei1))    ◀──  BufferedReader에 대한 readLine 함수는
    is Left -> {                                          파일 끝에 도달하면 null을 반환함
        await<ForIO, Nothing, Nothing>(
            IO { ei1.value.close() }
        ) { Halt(ei2.value) }   ◀──  강제 종료나 오류로 인한
    }                                 종료를 처리함
    }
}
```

이제 runLog(p)를 실행해 fileName 안의 모든 줄을 IO<Sequence<String>>으로 얻을 수 있다. 이 코드의 자세한 세부 사항은 우리가 전달하고자 하는 기본 원칙보다 중요하지 않다. 중요한 것은 프로세스가 종료되는 방식과 관계없이 파일이 닫히도록 보장하고 있다는 점이다. 15.3.2절에서는 이런 모든 프로세스가 자신이 사용한 자원을 닫는 것을 보장하는지(결국 각 프로세스는 자원 안전성을 보장한다)에 대해 논의하고, 이런 자원 안전성을 보장하기 위한 몇 가지 제네릭 콤비네이터를 찾아낼 것이다.

---

**연습문제 15.10**

예외를 던지고 잡아내는 것을 허용하는 모든 Monad에 대해 runLog 함수를 더 제네릭하게 정의할 수 있다. 예를 들어 13장에서 언급했던 Task 타입은 IO 타입에 이런 능력을 추가해준다. 이렇게 더 일반적인 runLog 버전을 정의하라. 이 해석기는 꼬리 재귀일 수 없고 하부의 모나드에게 스택 안전성을 의지해야 한다는 점에 유의하라.

```
fun <F, O> Process<F, O>.runLog(
    MC: MonadCatch<F>
): Kind<F, Sequence<O>> =

    SOLUTION_HERE()

interface MonadCatch<F> : Monad<F> {
    fun <A> attempt(a: Kind<F, A>): Kind<F, Either<Throwable, A>>
    fun <A> fail(t: Throwable): Kind<F, A>
}
```

---

### 15.3.2 스트림 트랜스듀서의 자원 안전성 보장하기

Process<ForIO, O>를 사용하면 파일이나 데이터베이스 연결 등의 외부 자원과 이야기할 수 있다. 하지만 여전히 자원 안전성을 보장하기 위해 신경을 써야 한다. 우리는 모든 파일 핸들을 닫고, 데이터베이스 연결을 해제하는 등의 처리를 하고 싶다. 특히 예외가 발생한 경우에도 이런 정리 작업을 빼먹지 말아야 한다. 이제 이런 자원을 닫기 위해 어떤 일을 해야 할지 살펴보자.

자원 해제를 보장하는 데 필요한 대부분의 장치는 이미 마련돼 있다. Await 생성자의 recv 인자는 오류를 처리할 수 있고 필요할 때 자원을 정리할 수 있다. 또한 flatMap이나 다른 콤비네이터에서 오류를 잡아내고, 잡아낸 오류를 부드럽게 recv로 전달할 수 있다. 필요한 것은 recv 함수가 필요한 정리 코드를 수행하도록 보장하는 것뿐이다.

이 문제를 좀 더 엄격한 용어로 논의해보기 위해, 어떤 큰 파일의 줄들을 표현하는 lines: Process<ForIO, String>이 있다고 하자. 이 프로세스는 소스나 생산자$^{producer}$며 암시적으로 파일 핸들 자원을 참조하고 있다. 이 생산자를 어떻게 소비하는지와 관계없이 우리는 생산자가 가리키는 파일 자원이 올바로 닫히길 바란다.

언제 이 파일 핸들을 닫아야만 할까? 프로그램 맨 마지막에? 이상적으로는 lines를 모두 읽고 바로 파일을 닫아야 한다. 파일의 마지막 줄에 도달하면 처리가 완료된다. 이 시점에는 더 이상 생산할 값이 없으므로 파일을 닫아도 안전하다. 이 관찰로부터 우리가 따를 수 있는 간단한 규칙을 다음과 같이 도출할 수 있다.

> 생산자는 자신이 생산할 값이 더 이상 없다는 사실을 (정상적으로 자원을 모두 소진해서든 예외로 생산이 끝나든 간에) 알아내자마자 하부 자원을 해제해야 한다.

이 규칙이 좋은 출발점이기는 하지만, 이 규칙만으로는 충분하지 않다. 프로세스의 소비자가 소비를 일찍 종료하기로 결정할 수도 있기 때문이다. runLog { lines("names.txt") pipe take(5) }를 생각해보자. take(5) 프로세스는 원소를 다섯 개 소비한 후, 아마도 파일 내용을 완전히 읽기 전에 일찍 종료된다. 이와 같은 경우, 우리는 이런 빠른 중단으로 모든 프로세스가 종료되기 전에 닫을 필요가 있는 모든 자원을 정리하길 바란다. runLog는 자신이 해석하고 있는 Process가 내부에서 다른 두 Process를 합성했는지 또는 두 Process 중 하나가 종료 시 자원 해제가 필요한 프로세스인지 등을 알 수 없으므로, 자원을 닫을 책임을 runLog가 가질 수 없다는 점은 분명하다.

그래서 다음과 같은 간단한 두 번째 규칙이 생긴다.

다른 프로세스 p를 소비하는 모든 프로세스 d는 반드시 d의 빠른 중단 전에 p의 정리 동작이 일어나도록 보장할 책임이 있다.

이 규칙은 무언가 실수를 저지르기 쉬운 규칙인 것처럼 보인다. 하지만 다행히도 이런 관심사를 한군데에서 처리할 수 있다. pipe 콤비네이터가 바로 그 장소다. 15.3.3절에서 일반적인 Process 타입을 사용해 단일 입력 프로세스들을 인코딩하는 방법을 살펴볼 때 pipe 콤비네이터에서 정리 동작을 어떻게 처리하는지 보여줄 것이다.

정리하면, p 프로세스는 다음과 같은 이유로 종료될 수 있다.

- 생산자의 자원 소진으로 종료될 수 있다. 하부 소스에서 더 발생시킬 값이 없을 때 End 신호를 통해 이런 유형의 종료 사실을 알린다.
- Kill로 전달되는 강제 중단. p의 소비자가 소비를 끝냈음을 알리는 신호로 Kill을 쓰며, 생산자 p의 자원 소진 이전에 이런 중단이 일어날 수 있다.
- e: Throwable로 인한 비정상 중단. 생산자나 소비자 어느 쪽이든 예외가 발생하면 이런 중단이 일어날 수 있다.

이유와 관계없이 하부 자원을 닫고 싶다.

가이드라인을 만들었는데, 이를 어떻게 구현할 수 있을까? Await 생성자의 recv 함수가 Left를 받으면 항상 '현재의' 정리 동작 집합을 실행하게 만들고 싶다. 새로운 콤비네이터 onComplete를 도입하자. 이 콤비네이터는 Process 뒤에 로직을 추가해주며, 이 로직이 대상 Process가 끝나는 원인과 관계없이 실행될 수 있게 보장해준다. 정의는 append와 비슷하지만, 한 가지 작은 변경점이 존재한다.

```
fun onComplete(p: () -> Process<F, O>): Process<F, O> =
    this.onHalt { e: Throwable ->
        when (e) {
```

append와 비슷하게 항상(this가 오류로 중단되더라도) p를 실행함

```
            is End -> p().asFinalizer()
            else -> p().asFinalizer().append { Halt(e) }
    }
}.fix()
```

일반적인 Process를 Kill이 주어지면
자기 자신을 호출하는 Process로
변환해주는 도우미 함수

this가 중단되면 p가 항상 실행된다. 하지만 이때 (오류가 발생했다면) 발생한 오류를 먹어버리는 대신에 정리 동작 후 오류를 다시 발생시키도록 주의를 기울인다. asFinalizer 도우미 함수는 '일반적인' Process를 Kill이 주어졌을 때 스스로를 호출하는 프로세스로 변환한다. 이 함수의 정의는 미묘하지만, p1.onComplete(p2)에서 스트림의 소비자가 스트림을 빨리 중단하고 싶은 경우에도 p2가 항상 호출되도록 만들기 위해 이 함수를 사용한다.

```
private fun asFinalizer(): Process<F, O> =
    when (this) {
        is Emit -> Emit(this.head, this.tail.asFinalizer())
        is Halt -> Halt(this.err)
        is Await<*, *, *> -> {
            await<F, O, O>(this.req) { ei ->
                when (ei) {
                    is Left ->
                        when (val e = ei.value) {
                            is Kill -> this.asFinalizer()
                            else -> this.recv(Left(e))
                        }
                    else -> this.recv(ei)
                }
            }
        }
    }
```

모든 조각을 하나로 합치면, onComplete 콤비네이터를 사용해 파일 안의 모든 줄로 뒷받침되는 자원 안전한 Process<ForIO, O>를 생성할 수 있다. 우리는 더 일반적인 콤비네이터 resource를 사용해 이 프로세스를 정의한다. resource 함수는 eval이라는 함수를 사용해 Kind<F, A>를 Process<F, A>로 승격시킨다. 잠시 후 eval로 돌아올 것이다.

```kotlin
fun <R, O> resource(
    acquire: IO<R>,
    use: (R) -> Process<ForIO, O>,
    release: (R) -> Process<ForIO, O>
): Process<ForIO, O> =
    eval(acquire)
        .flatMap { use(it).onComplete { release(it) } }
```

eval 함수를 사용해 Kind〈F, A〉를 Process〈F, A〉로 승격시킴

이제 승격된 Process〈F, A〉에 대해 flatMap을 수행할 수 있음

---

**연습문제 15.11**

Kind<F, A>를 Process<F, A>로 승격시키는 제네릭 eval 콤비네이터를 구현하라. 반환되는 Process<F, A>는 Kind<F, A>의 결과를 내보내야 한다. 그리고 Kind<F, A>를 Process로 승격시키되 아무 값도 내보내지 않는 evalDrain을 구현하라. 이 두 함수 구현이 F에 대해 아무것도 몰라도 된다는 점에 유의하라.

```kotlin
fun <F, A> eval(fa: Kind<F, A>): Process<F, A> =

    SOLUTION_HERE()

fun <F, A, B> evalDrain(fa: Kind<F, A>): Process<F, B> =

    SOLUTION_HERE()
```

---

마침내 lines를 구현하는 마지막 목표를 달성할 수 있다.

```kotlin
fun lines(fileName: String): Process<ForIO, String> =
    resource(
        IO { BufferedReader(FileReader(fileName)) },
        { br: BufferedReader ->

            val iter = br.lines().iterator()

            fun step() = if (iter.hasNext()) Some(iter.next()) else None

            fun lns(): Process<ForIO, String> {
```

```
                return eval(IO { step() }).flatMap { ln: Option<String> ->
                    when (ln) {
                        is Some -> Emit(ln.get, lns())
                        is None -> Halt<ForIO, String>(End)
                    }
                }
            }

            lns()
        },
        { br: BufferedReader -> evalDrain(IO { br.close() }) }
    )
```

resource 콤비네이터는 onComplete를 사용해 프로세스가 어떤 방식으로 끝나든 하부 자원을 해제한다. 확실히 해야 할 일은 단지 pipe와 lines의 다른 소비자들이 소비를 끝냈을 때 부드럽게 종료되도록 하는 것뿐이다. 이 문제는 다음 절에서 단일 입력 프로세스를 재정의하고 일반화한 Process 타입에 대한 pipe 콤비네이터를 구현하면서 다룬다.

### 15.3.3 트랜스듀서를 단일 입력 스트림에 적용하기

이제 우수한 자원 안전한 소스가 있지만, 아직 이러한 소스에 변환을 적용할 방법이 없다. 다행히, 우리 Process 타입은 15.2절의 앞부분에서 소개한 단일 입력 프로세스를 나타낼 수 있다. 알다시피 Process1은 항상 단일 값 스트림의 환경 또는 콘텍스트를 가정해 이러한 변환을 적용할 수 있었다. Process1<I, O>를 나타내기 위해서는 Is라는 쐐기를 사용한다. 이 쐐기는 Process가 I 타입의 요소를 요청할 수 있는 방법을 제공한다. 어떻게 이런 요청이 가능한지 살펴보자. 이런 유형의 인코딩은 지금까지 배운 내용보다 새로운 내용을 많이 제공하지는 않지만, 이 인코딩의 일부 측면에 대해서는 설명이 조금 필요하다. 다음과 같이 Is를 표현한다.

```
@higherkind          ◀─────┐ ForIs와 fix()를 포함하는 모든 필요한
class Is<I> : IsOf<I>       │ 보일러플레이트 코드를 생성함
```

이 쐐기는 Process1을 Process의 관점에서 표현할 수 있는 문맥 계층을 생성하는 수단을 제공한다. 또 이 문맥에서 타입 파라미터 I가 어떤 것이어야 하는지를 지시할 방법을 제공한다. 이 클래스를 인스턴스화하면 Is<I>의 인스턴스를 만들 수 있다. 잠시 후 Process를 만드는 방법을 살펴보겠지만, 먼저 Process1에 대한 타입 별명을 선언하자. 이 타입 별명을 선언할 때 Is<I>의 대리 타입인 ForIs를 사용해 Process<I, O>의 I를 치환한다.

```
typealias Process1<I, O> = Process<ForIs, O>
```

이제 고류 타입 Is를 사용해 Await 타입에 대한 요청을 표현하자.

```
data class Await<F, A, O>(
    val req: Kind<F, A>,
    val recv: (Either<Throwable, A>) -> Process<F, O>
) : Process<F, O>()
```

Is<I> 고류 타입의 정의에서는 req가 Kind<F, A>를 준수한다는 사실을 알 수 있다. Kind<F, A>의 문맥에서 I가 무엇인지를 표현할 수 없기 때문에 F 대신 ForIs라는 대리 타입을 사용한다. 따라서 I와 A는 같은 타입이어야만 하며, recv는 인자로 I를 받는다. 결과적으로는 Is와 함께 사용될 때만 Await을 사용해 I 값을 요청할 수 있다. 이런 추론을 이해하기가 쉽지 않을 수도 있지만, 이 예제를 더 진행하기 전에 이에 대해 이해하는 것이 중요하다.

Process1 별명은 이전의 단일 입력 Process와 같은 연산을 모두 지원한다. 이제 그런 연산을 몇 가지 살펴보자. 먼저 Process 인스턴스를 만드는 몇몇 도우미 함수를 도입하자. 특히 await1 생성자는 Is<I> 쐐기를 요청으로 사용한다. 이 쐐기는 I 타입이 recv 함수의 반환 타입 Either<Throwable, I>의 오른쪽에 위치하도록 강제로 전파시킨다.

```
fun <I, O> await1(
    recv: (I) -> Process1<ForIs, O>,
    fallback: Process1<ForIs, O> = halt1<ForIs, O>()
): Process1<I, O> =
    Await(Is<I>()) { ei: Either<Throwable, I> ->    ◀── Is<I>()를 req로 전파시켜서
        when (ei) {                                       강제로 recv의 I가 되게 함
            is Left ->
                when (val err = ei.value) {
```

```
                    is End -> fallback
                    else -> Halt(err)
                }
            is Right -> Try { recv(ei.value) }
        }
    }

fun <I, O> halt1(): Process1<ForIs, O> =
    Halt<ForIs, O>(End).fix1()

fun <I, O> emit1(
    head: O,
    tail: Process1<ForIs, O> = halt1<ForIs, O>()
): Process1<ForIs, O> =
    Emit<ForIs, O>(
        head,
        tail.fix1()
    ).fix1()
```

fix1() 확장 메서드를 사용해
모든 ProcessOf⟨I, O⟩ 인스턴스가
Process1⟨I, O⟩가 되게 바로잡음

이런 도우미 함수를 사용하면 `lift`나 `filter` 같은 콤비네이터 정의는 이전의 정의와 거의 비슷하다. 다만 이들이 새 `Process1`을 반환한다는 점만 다를 뿐이다.

```
fun <I, O> lift(f: (I) -> O): Process1<ForIs, O> =
    await1({ i: I ->
        Emit<I, O>(f(i)).fix1()
    }).repeat()

fun <I> filter(f: (I) -> Boolean): Process1<ForIs, I> =
    await1<I, I>({ i ->
        if (f(i)) Emit<ForIs, I>(i).fix1()
        else halt1<ForIs, I>()
    }).repeat()
```

이제 프로세스 합성을 살펴보자. `pipe` 구현도 이전과 비슷해 보인다. 하지만 오른쪽 프로세스가 중단되기 전에 왼쪽 프로세스의 마지막 정리 동작을 반드시 실행해줘야 한다.

```
infix fun <O2> pipe(p2: Process1<O, O2>): Process<F, O2> =
    when (p2) {
        is Halt ->
            this.kill<O2>()                          ◄── kill 도우미 함수를 사용해 Kill을
                                                          가장 바깥쪽 Await에 전달함
                .onHalt { e2 ->
                    Halt<F, O2>(p2.err).append { Halt(e2) }   ◄── 중단 전에 this를 부드럽게 끝냄.
                                                                  오류가 발생한 경우 append를
                }                                                 사용해 최초 오류를 보존함
        is Emit ->
            Emit(p2.head, this.pipe(p2.tail.fix1()))
        is Await<*, *, *> -> {
            val rcv =
                p2.recv as (Either<Throwable, O>) -> Process<F, O2>   ◄── 타입 소거에 의해
            when (this) {                                                잃어버린 타입을 복구함
                is Halt ->
                    Halt<F, O2>(this.err) pipe
                    rcv(Left(this.err)).fix1()       ◄── this가 중단되면
                is Emit ->                               적절한 정리를 수행
                    tail.pipe(Try { rcv(Right(head).fix()) }.fix1())
                is Await<*, *, *> ->
                    awaitAndThen<F, O, O2>(req, recv) { it pipe p2 }
            }
        }
    }
```

pipe를 구현할 때 kill이라는 도우미 함수를 사용한다. 이 함수는 Kill 예외를 Process 의 가장 바깥쪽 Await에 먹이고, 나머지 출력을 무시한다.

```
fun <O2> kill(): Process<F, O2> =
    when (this) {
        is Await<*, *, *> -> {
            val rcv =
                this.recv as (Either<Throwable, O>) -> Process<F, O2>
            rcv(Left(Kill)).drain<O2>()       ◄── drain을 사용해 rcv가 발생시킨
                .onHalt { e ->                    오류 err의 원인을 찾음
                    when (e) {
                        is Kill -> Halt(End)   ◄── Kill 예외를 일반적인 종료로 변환함
```

```
                        else -> Halt(e)
                    }
                }
            }
        is Halt -> Halt(this.err)
        is Emit -> tail.kill()
}

fun <O2> drain(): Process<F, O2> =
    when (this) {
        is Halt -> Halt(this.err)
        is Emit -> tail.drain()
        is Await<*, *, *> ->
            awaitAndThen<F, O2, O2>(req, recv) { it.drain() }
    }
```

임의의 Process<F, O> 타입에 대해 pipe를 정의하고 있으므로 이 연산은 Process1 값 변환과 효과를 사용하는 Process<ForIO, O>에 대해 작용한다. 이 연산은 15.3.4절에서 설명할 입력이 2개인 Process 타입에 대해서도 작동한다.

마지막으로, pipe의 출력에 여러 Process1 변환을 덧붙이는 편리 함수를 Process에 추가할 수 있다. 예를 들어, 다음은 모든 Process<F, O>에 대해 정의할 수 있는 filter이다.

```
fun filter(f: (O) -> Boolean): Process<F, O> =
    this pipe Process.filter(f)
```

take, takeWhile 등에 대해서도 비슷한 편리 함수를 추가할 수 있다. 어떻게 이들을 구현하는지 확인하려면 이번 장의 소스 코드를 살펴보라.

### 15.3.4 다중 입력 스트림

지금까지는 단순한 단일 입력 스트림을 위한 프로세스를 개발해왔다. 하지만 우리가 만들어낸 설계는 그런 하찮은 일보다 훨씬 더 많은 일을 할 수 있을 정도로 유연하다. 이번 절에서는 동시 처리와 다중 스트림 변환을 자세히 살펴본다.

화씨로 온도가 들어 있는 f1.txt와 f2.txt라는 두 파일을 '엮고$^{zip}$', 서로 대응하는 온도를 하나로 묶어서 섭씨로 바꾼 후, 매 5개의 원소를 바탕으로 이동 평균을 계산하고, 결과를 한 번에 하나씩 celsius.txt에 기록하고 싶다고 하자.

이런 유형의 시나리오를 일반적인 Process 타입을 사용해 다룰 수 있다. 효과가 있는 소스와 Process1이 우리가 만든 더 일반적인 Process의 구체적 인스턴스에 지나지 않았던 것처럼, 두 입력 스트림을 어떤 방법으로든 엮는 Tee라는 다른 타입을 Process를 사용해 표현할 수 있다. Tee라는 이름은 영문자 T에서 왔으며, 이 글자의 모양은 두 입력(T의 맨 위)을 한 출력으로 합치는 모습을 형상화한다(그림 15.2).

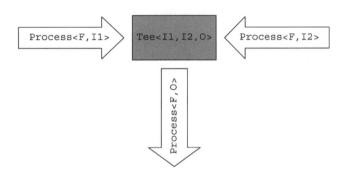

▲ **그림 15.2** Tee는 두 프로세스를 하나로 합치는 능력이 있는 프로세스다.

이번에도 이 상황을 처리하기 위해 F를 적절히 선택해서 만들어야 한다.

**리스트 15.7 호환성 계층을 제공하는 쐐기 클래스 T**

```
@higherkind
sealed class T<I1, I2, X> : TOf<I1, I2, X> {
                              오른쪽과 왼쪽 인스턴스를 얻기 위한
    companion object {    ◄── 편리 함수를 제공하는 동반 객체
        fun <I1, I2> left() = L<I1, I2>()
        fun <I1, I2> right() = R<I1, I2>()
    }

    abstract fun get(): Either<(I1) -> X, (I2) -> X>

    class L<I1, I2> : T<I1, I2, I1>() {    ◄── T의 왼쪽을 위한 클래스 선언
        override fun get(): Either<(I1) -> I1, (I2) -> I1> =
```

```
                Left { l: I1 -> l }
    }

    class R<I1, I2> : T<I1, I2, I2>() {   ◀── T의 오른쪽을 위한 클래스 선언
        override fun get(): Either<(I1) -> I2, (I2) -> I2> =
            Right { r: I2 -> r }.fix()
    }
}
```

알다시피 이 코드는 앞에서 본 Is 타입과 비슷하다. 다만, 가능한 값이 두 가지(Left와 Right) 있다는 점과 매치 문에서 두 타입의 요청을 구분하기 위해 Either<(I1) -> X, (I2) -> X>를 받는다는 점이 다르다. 이제 T를 기반으로 하는 타입 별명 Tee를 정의할 수 있다. 이를 통해 두 가지 다른 입력 타입을 받는 프로세스를 받아들일 수 있다.

```
typealias Tee<I1, I2, O> = Process<ForT, O>
```

이전과 마찬가지로, 이런 구체적인 Process 타입을 만들기 위한 몇 가지 편리 함수를 정의하자.

**리스트 15.8 Tee 인스턴스 타입을 만들어내기 위한 편리 함수**

```
fun <I1, I2, O> awaitL(
    fallback: Tee<I1, I2, O> = haltT<I1, I2, O>(),
    recv: (I1) -> Tee<I1, I2, O>
): Tee<I1, I2, O> =
    await<ForT, I1, O>(          │ 왼쪽 T 쐐기 인스턴스를
        T.left<I1, I2>()    ◀──  │ 요청으로 전파시킴
    ) { e: Either<Throwable, I1> ->  ◀── Either의 오른쪽을
        when (e) {                        │ 강제로 I1이 되게 만듦
            is Left -> when (val err = e.value) {
                is End -> fallback
                else -> Halt(err)
            }
            is Right -> Try { recv(e.value) }
        }
    }

fun <I1, I2, O> awaitR(
```

```
        fallback: Tee<I1, I2, O> = haltT<I1, I2, O>(),
        recv: (I2) -> Tee<I1, I2, O>
): Tee<I1, I2, O> =
    await<ForT, I1, O>(
        T.right<I1, I2>()
    ) { e: Either<Throwable, I2> ->
        when (e) {
            is Left -> when (val err = e.value) {
                is End -> fallback
                else -> Halt(err)
            }
            is Right -> Try { recv(e.value) }
        }
    }
```

오른쪽 T 쌔기 인스턴스를<br>요청으로 전파시킴

Either의 오른쪽을<br>강제로 I2가 되게 만듦

```
fun <I1, I2, O> emitT(
    h: O,
    tl: Tee<I1, I2, O> = haltT<I1, I2, O>()
): Tee<I1, I2, O> =
    Emit(h, tl)

fun <I1, I2, O> haltT(): Tee<I1, I2, O> =
    Halt(End)
```

이제 몇 가지 Tee 콤비네이터를 정의해보자. 집$^{zip}$은 Tee의 특별한 경우로, 한쪽에서 값을 읽고 그 후 다른 쪽에서 값을 읽은 다음에 두 값의 쌍을 내보낸다. 두 입력에서 읽은 내용을 어떤 순서로 처리할지 명시해야 한다는 점은 유의하라. Tee가 외부 효과가 있는 스트림과 이야기하는 경우 이런 기능이 중요해진다.

```
fun <I1, I2, O> zipWith(f: (I1, I2) -> O): Tee<I1, I2, O> =
    awaitL<I1, I2, O> { i1: I1 ->
        awaitR<I1, I2, O> { i2: I2 ->
            emitT<I1, I2, O>(
                f(i1, i2)
            )
        }
    }.repeat()
```

```
fun <I1, I2> zip(): Tee<I1, I2, Pair<I1, I2>> =
    zipWith { i1: I1, i2: I2 -> i1 to i2 }
```

이 트랜스듀서는 List의 zip 함수처럼 두 입력 중 어느 한쪽이 소진되자마자 중단된다.
우리가 작성할 수 있는 다른 Tee 콤비네이터가 아주 많으며, 각 입력의 값을 꼭 정해진 순서
대로만 읽어야 하는 것은 아니다. 한 입력에서 어떤 조건을 만족할 때까지 값을 읽다가 다
른 입력으로 전환할 수도 있고, 왼쪽에서 값을 5개 읽고 그 후 오른쪽에서 값을 10개 읽을
수도 있으며, 왼쪽에서 값을 하나 읽은 후 그 값을 갖고 오른쪽에서 얼마나 많은 값을 읽을
지 결정할 수도 있는 등 다양한 콤비네이터가 가능하다.

두 프로세스를 한 프로세스로 합치고 싶다면 어떻게 해야 할까? 두 프로세스를 Tee에게
먹인 새로 조합된 프로세스를 내보냄으로써 두 프로세스를 합칠 수 있고, Process 동반 객
체 안에 두 Process 인스턴스와 한 Tee를 인자로 받는 tee라는 함수를 정의할 수 있다. 이 기
법은 pipe와 비견할 만하며 동작도 거의 비슷하다. 이 새 콤비네이터는 모든 Process 타입
에 대해 작동할 수 있어야 한다.

**리스트 15.9 두 Process를 합치는 tee 도우미 메서드**

```
fun <F, I1, I2, O> tee(
    p1: Process<F, I1>,
    p2: Process<F, I2>,
    t: Tee<I1, I2, O>
): Process<F, O> =
    when (t) {
        is Halt ->                        ┤ t가 중단되면 두 입력을
            p1.kill<O>()          ◄───── 모두 부드럽게 죽임
                .onComplete { p2.kill() }
                .onComplete { Halt(t.err) }
        is Emit ->
            Emit(t.head, tee(p1, p2, t.tail))   ◄──── 첫 번째 값을 내보내고 재귀
        is Await<*, *, *> -> {
            val side = t.req as T<I1, I2, O>
            val rcv =
                t.recv as (Either<Nothing, Any?>) -> Tee<I1, I2, O>
            when (side.get()) {         ◄──┤ 요청이 왼쪽에 대한 것인지
                is Left -> when (p1) {      │ 오른쪽에 대한 것인지 검사
```

```
                            is Halt ->
                                p2.kill<O>().onComplete { Halt(p1.err) }
                            is Emit ->
                                tee(p1.tail, p2, Try { rcv(Right(p1.head)) })
                            is Await<*, *, *> ->
                                awaitAndThen<F, I2, O>(
                                    p1.req, p1.recv
                                ) { tee(it, p2, t) }
                        }
                        is Right -> when (p2) {
                            is Halt -> p1.kill<O>().onComplete { Halt(p2.err) }
                            is Emit ->
                                tee(p1, p2.tail, Try { rcv(Right(p2.head)) })
                            is Await<*, *, *> -> {
                                awaitAndThen<F, I2, O>(
                                    p2.req, p2.recv
                                ) { tee(p1, it, t) }
                            }
                        }
                    }
                }
            }
        }
```

Tee는 왼쪽 입력을 요구하는데,
왼쪽은 중단된 상태이므로
전체 프로세스를 중단시킴

값이 남아 있으므로
Tee에게 값을 먹임

현재 아무 값도 남아 있지 않음.
따라서 값을 기다렸다가 tee 연산을 계속함

오른쪽 Process에서 요청이 들어옴. recv가 O2를
받는다는 증거가 있음. 이 경우는 왼쪽과 비슷함

새로운 tee 콤비네이터는 소비할 두 프로세스 인스턴스로 왼쪽의 Process<F, I1>과 오른쪽의 Process<F, I2>를 받는다. 그리고 프로세스를 먹일 Tee도 인자로 받는다. Tee는 새 원소를 기다리고 새로 조합한 프로세스 Process<F, O>를 만들어낸다. 이 코드는 리스트 15.5에서 다룬 pipe 콤비네이터와 거의 비슷하게 작동하므로 이 코드 자체에서 새로 보여줄 만한 부분은 많지 않다. 유일한 차이는 tee가 왼쪽과 오른쪽 중 어느 방향에서 요청이 새로 들어왔는지 결정하고 그에 따라 예전에 했던 것처럼 적절히 요청을 처리한다는 점뿐이다.

## 15.3.5 출력 처리를 위한 싱크

지금까지는 입력을 소스에 전달하는 방법을 살펴보고 단일 스트림이나 다중 스트림을 처리하는 방법도 알아봤다. 하지만 Process 타입을 사용해 출력을 수행하는 방법은 다루지 않았다. 이제 해당 내용을 살펴보자. Process<ForIO, O>의 출력을 싱크sink로 보내고 싶은 경우가

종종 있다. 예를 들어 이런 싱크로 Process<IO, String>을 출력 파일로 보낼 수 있다. 놀랍게도 함수들을 내보내는 프로세스를 사용해 싱크를 표현할 수 있다.

```
typealias Sink<F, O> = Process<F, (O) -> Process<F, Unit>>
```

생각해보면 이 타입이 말이 된다. Sink<F, O>는 입력 타입 O를 받아 처리할 함수의 시퀀스를 제공한다. 함수 자체는 Process<F, Unit>을 반환한다. 이를 좀 더 명확히 알아보기 위해 파일에 문자열을 쓰는 Sink를 살펴보자.

```
fun fileW(file: String, append: Boolean = false): Sink<ForIO, String> =
    resource(
        acquire = IO { FileWriter(file, append) },        ◀—— FileWriter를 획득
        use = { fw: FileWriter ->
            constant { s: String ->
                eval(IO {
                    fw.write(s)
                    fw.flush()
                })
            }                ◀┐ 상수 함수 스트림과 함께
        },                    └ FileWriter를 사용
        release = { fw: FileWriter ->        ┌ FileWriter를 평가하고 값을
            evalDrain(IO { fw.close() })  ◀—┘ 내보내고 자원을 닫음
        }
    )
                                        ┌ 상수로 이뤄진
fun <A> constant(a: A): Process<ForIO, A> =  ◀—┘ 무한 스트림을 생성
    eval(IO { a }).flatMap { Emit(it, constant(it)) }
```

코드는 아주 쉽다. 그리고 빼먹은 부분이 있다는(즉, 예외 처리 코드가 없다는) 사실을 알라. 우리가 사용할 콤비네이터들은 예외가 발생했을 때나 처리 완료를 뜻하는 Sink 신호가 들어왔을 때 FileWriter가 닫히는 것을 보장한다.

이제 tee를 사용해 두 Process를 주어진 함수로 묶는 zipWith의 변종을 구현할 수 있다. 그 후 Process의 메서드로 to라는 새 콤비네이터를 제공할 수 있다. to는 프로세스의 출력을 Sink에 파이프로 연결한다. 내부에서 to는 join이라는 새 함수를 사용해 내포된 프로세스를 연결한다(join은 잠시 후 다룬다).

```
fun <F, I1, I2, O> zipWith(
    p1: Process<F, I1>,
    p2: Process<F, I2>,
    f: (I1, I2) -> O
): Process<F, O> =
    tee(p1, p2, zipWith(f))

fun <F, O> Process<F, O>.to(sink: Sink<F, O>): Process<F, Unit> =
    join(
        zipWith(this, sink) { o: O, fn: (O) -> Process<F, Unit> ->
            fn(o)
        }
    )
```

연습문제 15.12

to 정의는 join이라는 새 콤비네이터를 사용한다. 내포된 Process를 연결하고 싶은 Process 는 이 편리한 함수를 사용할 수 있다. 기존의 기본 연산을 사용해 join을 구현하라. 이 콤비 네이터는 앞 장들에서 본 것과 아주 비슷하게 느껴져야 한다.

```
fun <F, O> join(p: Process<F, Process<F, O>>): Process<F, O> =

    SOLUTION_HERE()
```

to를 사용해 이제 다음과 같은 프로그램을 작성할 수 있다.

```
fun converter(inputFile: String, outputFile: String): Process<ForIO, Unit> =
    lines(inputFile)
        .filter { !it.startsWith("#") }
        .map { line -> fahrenheitToCelsius(line.toDouble()).toString() }
        .pipe(intersperse("\n"))
        .to(fileW(outputFile))
        .drain()
```

여기서는 15.6절의 앞부분에서 다룬 drain 도우미 함수를 사용한다. drain은 모든 Process 출력을 버린다. runLog를 통해 실행할 때 converter는 입력과 출력 파일을 열고 점진적으로 입력 스트림을 변환하되 (#으로 시작하는) 주석 줄을 무시한다.

## 15.3.6 효과가 있는 채널에서 효과 숨기기

종종 파일 접근, 데이터베이스 연결 또는 다른 종류의 외부 상호작용 등과 같은 어떤 I/O를 수행해야 할 상황에 직면한다. 이런 전형적인 시나리오에서 패턴을 활용해 개념을 불멸적인 코드로 만들어야 한다. 이를 Channel(채널)이라고 한다. 이번 절에서는 채널이 무엇이고 채널을 어떻게 구현하는지를 살펴본다.

15.3.5절에서 소개한 출력을 Sink에 파이프로 연결하는 to 함수를 기억해보자. to를 일반화해 Unit 이외의 응답을 허용할 수 있으며, 구현은 똑같다! 이 연산은 우리가 지정한 것보다 더 일반적인 타입을 가졌다는 사실이 드러난다. 이제 to의 더 일반적인 버전을 through라고 이름 붙이자.

```
fun <F, I, O> Process<F, I>.through(
    p2: Process<F, (I) -> Process<F, O>>
): Process<F, O> =
    join(zipWith(this, p2) { o: I, f: (I) -> Process<F, O> -> f(o) })
```

한 단계 더 나아가서, 앞에서 힌트를 줬던 것처럼 이를 패턴으로 확립하기 위한 타입 별명을 도입할 수 있다.

```
typealias Channel<F, I, O> = Process<F, (I) -> Process<F, O>>
```

Channel은 순수한 파이프라인에서 파이프라인 단계의 일부분으로 I/O 동작을 실행해야만 하는 경우에 유용하다. 전형적인 예제로는 데이터베이스 질의를 실행하는 애플리케이션을 들 수 있다. 데이터베이스 질의가 Process<IO, Row>를 반환할 수 있다면 멋질 것이다. 여기서 Row는 데이터베이스의 한 행(레코드)을 의미한다. 이런 접근 방법을 택하면, 지금까지 구축한 멋진 스트림 트랜스듀서를 사용해 프로그램이 질의의 결과 집합을 처리할 수 있다.

다음은 간단한 질의 실행기의 시그니처다. Map<String,Any>를 사용해 타입이 지정되지 않은 행을 표현한다.

```
fun query(
    conn: IO<Connection>
): Channel<ForIO, (Connection) -> PreparedStatement, Map<String, Any>>
```

분명히 Channel<PreparedStatement, Source<Map<String, Any>>> 같은 것을 작성할 수 있었을 것이다. 하지만 왜 그렇게 하지 않았을까? 이유는 단순하다. 우리는 Channel을 사용하는 코드가 Connection을 얻는 방법에 대해 신경을 쓰지 않길 바란다. PreparedStatement를 만들려면 Connection이 필요하다. 이런 의존 관계는 전적으로 Channel 자체에 의해 관리된다. 그리고 Channel은 질의 실행이 끝난 후 연결을 닫는 일도 책임져준다. Channel은 I/O 처리와 같은 효과를 캡슐화하면서 I/O 처리에 내재된 관심사를 프로세스 경계 너머로 누출시키지 못하게 해준다.

## 15.3.7 동적인 자원 할당

실제 세계의 프로그램에는 입력 스트림을 변환하는 과정에서 자원을 동적으로 할당해야 할 필요가 있을 때도 있다. 이번 절은 지금까지 개발한 Process 라이브러리를 사용하면서 이런 복잡해 보이는 작업을 얼마나 쉽게 수행할 수 있는지를 보여준다. 예를 들어 다음과 같은 시나리오가 있을 수 있다.

- **동적 자원 할당**: 파일 이름들이 들어 있는 fahrenheits.txt라는 파일을 읽는다. 이 파일 안에 언급된 파일들을 모두 하나의 논리적인 스트림으로 연결해서 이 스트림을 섭씨로 바꾼 후, 출력을 celsius.txt로 보낸다.
- **다중 싱크 출력**: 동적 자원 할당과 비슷하지만, 출력 파일을 하나만 만들지 않고 fahrenheits.txt에서 찾은 각각의 파일에 대해 하나씩 출력 파일을 만들어낸다. 각 출력 파일 이름은 입력 파일 이름 뒤에 .celsius를 덧붙인 이름으로 한다.

이런 기능을 우리 Process 정의 안에 포함시키되 자원 안전성을 유지할 수 있을까? 물론 그렇다! 이런 기능을 구현할 능력을 이미 갖췄다. 이전에 임의의 Process 타입에 대해 정의한 flatMap 콤비네이터가 그런 능력을 제공한다.

예를 들어 flatMap과 기존 콤비네이터를 활용하면 첫 번째 시나리오를 다음과 같이 작성할 수 있다.

```
val convertAll: Process<ForIO, Unit> =
    fileW("celsius.txt").take(1).flatMap { out ->
        lines("fahrenheit.txt")
            .flatMap { infile ->
                lines(infile)
                    .map { fahrenheitToCelsius(it.toDouble()) }
                    .flatMap { out(it.toString()) }
            }
    }.drain()
```

이 코드만 봐도 무슨 일을 하는지 이해할 수 있고, 명령형 단계를 나열해둔 코드처럼 읽힌다. 그리고 이 코드는 완전히 자원 안전적이다. 처리한 모든 파일은 처리가 끝나자마자 실행기에 의해 자동으로 닫힌다. 심지어 예외가 발생하더라도 자원 해제가 보장되며, runLog 함수를 통해 발생한 예외가 전달된다.

flatMap 호출의 순서를 바꾸기만 하면 여러 파일에 결과를 기록하는 두 번째 시나리오를 달성할 수 있다.

```
val convertMultiSink: Process<ForIO, Unit> =
    lines("fahrenheit.txt")
        .flatMap { infile ->
            lines(infile)
                .map { fahrenheitToCelsius(it.toDouble()) }
                .map { it.toString() }
                .to(fileW("${infile}.celsius"))
        }.drain()
```

물론, 예상대로 이 처리 과정의 어느 단계에나 변환, 매핑, 걸러내기 등을 덧붙일 수 있다.

```
val convertMultisink2: Process<ForIO, Unit> =
    lines("fahrenheit.txt").flatMap { infile ->
```

```
    lines(infile)
        .filter { !it.startsWith("#") }
        .map { fahrenheitToCelsius(it.toDouble()) }
        .filter { it > 0 }    ◀── 0도 이하의 온도를 버림
        .map { it.toString() }
        .to(fileW("${infile}.celsius"))
}.drain()
```

이 모든 장치가 제자리에 있으면, 이제 완전히 자원 안전하면서 가독성도 유지되고 사용하기도 쉬운 이런 명령형 스타일 코드를 서로 연결하는 것은 아주 단순한 일이 된다.

## 15.4 실제 세계에서의 스트림 트랜스듀서 활용

이번 장에서 보여준 아이디어는 활용 범위가 넓다. 놀라울 정도로 많은 프로그램을 스트림 처리를 사용해 기술할 수 있으며, 스트림 추상화를 인식하고 나면 어디서나 스트림을 적용할 수 있는 상황이 보이기 시작한다. 이 추상화를 적용하기에 알맞은 몇 가지 도메인을 살펴보자.

- **파일 I/O**: 이미 파일 I/O에 스트림 처리를 어떻게 사용하는지를 보여줬다. 이번 장의 예제에서는 파일을 한 줄씩 읽고 쓰는 것에 초점을 맞췄지만, 우리 라이브러리를 사용해 이진 콘텐츠가 들어 있는 파일을 처리할 수도 있다.
- **메시지 처리, 상태 기계, 액터**: 큰 시스템을 메시지를 전달하면서 서로 의사소통하는 느슨하게 결합된 컴포넌트로 이뤄진 시스템으로 조직화하는 경우가 자주 있다. 이런 시스템을 액터<sup>actor</sup>라는 개념으로 표현하기도 한다. 액터는 명시적으로 메시지를 보내고 받으면서 통신하는 존재들을 말한다. 이런 아키텍처의 컴포넌트들은 스트림 프로세서<sup>stream processor</sup>로 표현할 수 있다. 이 접근 방법을 택하면 고수준의 합성성이 있는 API를 사용해 아주 복잡한 상태 기계와 행동 방식을 기술할 수 있다.
- **서버와 웹 애플리케이션**: 일련의 HTTP 요청을 일련의 HTTP 응답으로 바꾸는 스트림으로 웹 애플리케이션을 생각해볼 수 있다. 함수형 웹 애플리케이션 프레임워크에는 스트림 처리가 완벽하게 들어맞는다.

- **UI 프로그래밍**: 마우스 클릭이나 키 눌림 등의 개별 UI 이벤트는 스트림으로 볼 수 있고, UI는 사용자의 상호작용에 UI가 응답하는 방법을 결정하는 스트림 프로세서들로 이뤄진 큰 네트워크로 볼 수 있다.
- **빅데이터와 분산 시스템**: 대용량 데이터 처리를 위해 스트림 처리 라이브러리를 분산화, 병렬화할 수 있다. 여기서 핵심적인 통찰은 스트림 처리 네트워크의 노드가 모두 같은 기계에서 돌아갈 필요가 없으며 네트워크 전반에 쉽게 분산될 수 있다는 점이다.

## 요약

- 프로그램은 자신이 사용한 I/O 자원을 투명하게 닫음으로써 귀중하고 희소한 자원이 누수되는 것을 방지할 책임이 있다.
- 스트림 트랜스듀서(또는 처리기)를 사용하면 고수준의 함수형 합성성을 누릴 수 있다. 스트림 트랜스듀서를 활용하면 더 간단하고 안전하며 선언적인 방식으로 복잡한 변환을 표현할 수 있다.
- 데이터의 스트림을 소비하고 변환할 때 이산적인 지점에서의 대기$^{await}$, 값 내보내기$^{emit}$, 중단$^{halt}$ 등의 상태를 포함하는 상태 기계로 스트림 트랜스듀서를 모델링할 수 있다.
- 복잡한 변환을 아주 쉽게 표현하기 위해 여러 프로세스를 합성해 조합할 수 있다.
- 더 유연한 스트림 트랜스듀서를 만들기 위해 프로세스의 문맥을 파라미터화하고 프로세스가 사용하는 프로토콜을 확장 가능하게 만들어야만 한다.
- 다양한 소스, 변환, 티$^{tee}$, 싱크를 사용해 복잡한 스트림 트랜스듀서 데이터 흐름을 표현할 수 있다.
- 채널을 사용해 스트림 트랜스듀서의 데이터 흐름 안에 외부 효과를 캡슐화할 수 있다. 채널을 통해 (외부 효과와 관련한) 내재적인 관심사를 프로세스 경계 너머로 누수시키는 일을 막을 수 있다.

## 마무리하며

이 책은 간단한 전제 하나를 갖고 출발했다. 순수 함수만을 갖고 프로그램을 조립한다는 전제였다. 이 유일한 전제와 그로 인한 결과로 일관성이 있고 원칙에 입각한 전적으로 새로운 프로그래밍 접근 방법이 나타났다. 이 책의 마지막 장에서는 스트림 처리와 점진적 I/O를 위한 라이브러리를 구축했다. 또한 외부 세계와 상호작용하는 프로그램에 대해서도 이 책 전반에서 개발해온 합성성이 높은 스타일을 유지하는 것이 가능함을 보였다. 우리가 시작한 여행, 즉 함수형 프로그래밍을 사용해 크고 작은 프로그램을 구축하는 여행이 이제 끝났다.

함수형 프로그래밍은 매우 깊은 주제며, 이 책에서 피상적으로 맛봤을 뿐이다. 이제 여러분은 스스로 이 여행을 계속하고 매일 일을 하면서 함수형 프로그래밍을 활용하는 데 필요한 모든 것을 갖췄다. 좋은 설계는 언제나 어렵지만, 여러분의 코드를 함수형 스타일로 표현하는 것은 시간이 지나면서 경험이 쌓일수록 수월해질 것이다. 더 많은 문제에 함수형 원칙을 적용함에 따라 새로운 패턴과 더 강력한 추상화를 발견하게 될 것이다.

앞으로도 함수형 프로그래밍을 향한 여정을 즐기고, 계속 배우길 바란다. 그럼 행운을 빈다!

# 부록 A
# 연습문제 힌트와 팁

이 부록에서는 이 책의 도전적인 연습문제를 풀 때 올바른 방향으로 생각을 진행하도록 돕는 힌트와 팁을 제공한다. 뻔한 연습문제는 여기서 다루지 않지만, 부록 B에서 모든 연습문제에 대한 완전한 해답을 확인할 수 있다.

## A.1 3장: 함수형 데이터 구조

### 연습문제 3.1

리스트의 원소 타입을 잡아내보자. 빈 리스트를 어떻게 다룰지 주의 깊게 생각하라.

### 연습문제 3.2

연습문제 3.1과 마찬가지다.

### 연습문제 3.3

패턴 매칭과 재귀를 사용해 이 문제를 풀어보자. 여러분의 해답에서 다음 시나리오를 모두 고려하라.

- 인자 n이 0이면 함수가 어떤 일을 해야 할까?
- 리스트가 비어 있으면 함수가 어떤 일을 해야 할까?
- 리스트가 비어 있지 않고, n도 0이 아니면 어떨까?

## 연습문제 3.4

패턴 매칭과 재귀를 사용하라. 리스트가 비어 있으면 함수가 무엇을 해야 할까? 리스트가 비어 있지 않다면?

## 연습문제 3.5

여기서는 너무 단순하거나 큰 리스트에서 스택 오버플로가 발생할 여지가 있더라도 간단한 재귀를 고려하라. 나중에 이런 문제를 해결할 수 있는 적절한 도구를 개발하고 나서 이 문제를 다시 살펴볼 것이다.

## 연습문제 3.6

이전 예제의 프로그램 트레이스를 살펴보라. 이 트레이스를 바탕으로 생각해볼 때, 제공된 함수를 사용해 재귀를 일찍 끝낼지 결정할 수 있을까?

## 연습문제 3.7

트레이스의 첫 단계는 다음과 같이 표현돼야만 한다.

```
Cons(1, foldRight(List.of(2, 3), z, f))
```

이후 진행되는 각각의 foldRight 호출을 따라가라.

## 연습문제 3.12

양방향으로 진행하는 것은 분명히 가능하다. foldLeft를 foldRight로 구현하기 위해, foldRight를 사용해서 foldLeft의 효과를 달성하고자 나중에 사용할 수 있는 어떤 값을 구성해야 한다. 이 값이 꼭 반환값의 타입인 B와 같은 타입은 아니고, 아마도 (B) -> B가 시그 니처인 함수일 수 있다. 카테고리 이론에서는 이런 함수를 Identity라고 부른다.

## 연습문제 3.14

앞에서 정의한 foldRight 함수를 여기서 사용할 수 있다.

## 연습문제 3.15

재귀로 인한 손해가 없는 foldRight를 사용하라.

## 연습문제 3.16

여기서도 재귀로 인한 손해가 없는 foldRight를 사용하라.

## 연습문제 3.17

한 번 더 재귀로 인한 손해가 없는 foldRight를 사용하라.

## 연습문제 3.18

한 번 더, foldRight는 여러분의 친구다!

## 연습문제 3.19

우리가 이미 정의한 함수들을 조합하라.

## 연습문제 3.23

추가 힌트로, 연습문제 파일은 다음 함수를 구현하는 코드로 시작해야 한다.

```
tailrec fun <A> startsWith(l1: List<A>, l2: List<A>): Boolean =

    SOLUTION_HERE()
```

hasSubsequence 구현은 startWith가 있을 때 훨씬 더 쉽다.

이런 함수의 몇 가지 속성을 미리 지정하면 좋다. 예를 들어 다음 단언문이 참인지 기대할 수 있을까?

```
xs.append(ys).startsWith(xs) shouldBe true
xs.startsWith(Nil) shouldBe true
xs.append(ys.append(zs)).hasSubsequence(ys) shouldBe true
xs.hasSubsequence(Nil) shouldBe true
```

이 질문 중 어느 하나에 대한 답이 '예'인 경우, 그 사실이 나머지 질문의 답에 대해 무언가를 암시한다는 사실을 알아낼 수 있다.

### 연습문제 3.28

fold의 시그니처는 다음과 같다.

```
fun <A, B> fold(ta: Tree<A>, l: (A) -> B, b: (B, B) -> B): B
```

이 함수를 정의할 수 있는지 살펴보라. 그리고 Tree에 대해 이미 작성한 함수를 다시 구현하라.

> |노트| mapF 함수를 구현할 때, 람다에서 타입 불일치 오류가 뜨면서 컴파일러가 Leaf가 필요한 곳에서 Branch를 발견했다는 메시지가 표시될 수도 있다. 이를 해결하려면 람다 인자의 타입을 명시적으로 지정할 필요가 있다.

## A.2   4장: 예외를 사용하지 않고 오류 다루기

### 연습문제 4.3

flatMap 메서드를 사용하라. 어쩌면 map을 써야 할 수도 있다.

## 연습문제 4.4

Cons에서는 sequence에 대한 재귀 호출이 있는 부분에서 매칭을 사용해 리스트를 분해하라.
또는 foldRight 메서드가 여러분 대신 재귀를 처리하게 할 수도 있다.

## 연습문제 4.5

traverse 함수를 명시적 재귀를 써서 작성할 수도 있고, foldRight를 사용할 수도 있다.
traverse를 사용해 sequence를 구현하는 일은 생각보다 더 뻔한 작업일 것이다.

## 연습문제 4.6

앞에서 Option에 대해 작성한 map2 함수의 패턴을 Either에도 적용할 수 있다.

## 연습문제 4.7

traverse와 sequence의 시그니처는 다음과 같다.

```
fun <E, A, B> traverse(
    xs: List<A>,
    f: (A) -> Either<E, B>
): Either<E, List<B>> =

    SOLUTION_HERE()

fun <E, A> sequence(es: List<Either<E, A>>): Either<E, List<A>> =

    SOLUTION_HERE()
```

매치와 명시적 재귀를 쓸 수도 있고, foldRight를 써도 된다.

## 연습문제 4.8

Option과 Either에 여러 가지 변종이 있다. 여러 오류를 누적시키고 싶다면, 실패를 표현하
는 데이터 생성자에서 오류 리스트를 유지하는 새 데이터 타입을 사용함으로써 간단히 처

리할 수 있다.

## A.3  5장: 엄격성과 지연성

### 연습문제 5.1

간단한 재귀 해법도 잘 작동하겠지만, 큰 스트림에서 스택 오버플로가 발생할 수 있다. 이를 해결하는 더 개선된 해법은 꼬리 재귀 함수를 쓰고 마지막에 리스트를 뒤집는 것이다.

### 연습문제 5.2

많은 Stream 함수가 Stream에 대해 매치하면서 두 가지 경우에 어떤 일을 수행할지 결정하는 것으로 시작한다. 이런 함수들은 스트림을 살펴볼 필요가 있는지 여부를 가장 먼저 고려해야 한다.

### 연습문제 5.4

이를 foldRight를 사용해 구현하라.

### 연습문제 5.6

None: Option<A>가 foldRight의 첫 번째 인자가 되게 하라. 그로부터 타입을 고려해 코드를 작성하라.

### 연습문제 5.9

예제 함수 ones는 재귀적이다. from을 어떻게 구현할 수 있겠는가?

### 연습문제 5.10

2장에서 재귀적인 도우미 함수를 사용해 루프를 함수형으로 작성하는 방법을 살펴봤다. 여기서도 마찬가지 접근 방식을 고려하라.

### 연습문제 5.11

연습문제 4.1에서 Option에 대해 적용했던 기법을 다시 살펴보라.

### 연습문제 5.14

명시적 재귀를 피하기 위해 노력하라. zipAll과 takeWhile을 사용하라.

### 연습문제 5.15

this를 시작 상태로 하는 unfold를 사용하라. 특별한 경우로 마지막에 빈 Stream을 내보내는 것을 고려하고 싶을 수도 있다.

### 연습문제 5.16

unfold를 사용해 이 함수를 구현할 수는 없다. unfold는 왼쪽에서 오른쪽으로 Stream 원소를 생성해내기 때문이다. 하지만 foldRight를 사용해 이 함수를 구현할 수는 있다.

## A.4  6장: 순수 함수형 상태

### 연습문제 6.2

0과 Int.MAX_VALUE 사이(양 끝 값 포함)의 정수 난수를 생성하기 위해 nonNegativeInt를 사용하라. 그 후 이를 0부터 1 사이의 Double 값으로 변환하라.

### 연습문제 6.5

이 문제는 nonNegativeInt나 nextInt에 대한 map의 적용이다.

## 연습문제 6.6

RNG를 하나 받아들이는 것부터 시작하라. 여러분에게는 어떤 RNG를 어떤 함수에 전달할지에 대한 선택권이 있다. 예상하는 행동 양식이 무엇인지 생각하고, 여러분의 구현이 그 예상과 맞아떨어질지 검토하라.

## 연습문제 6.7

리스트에 대해 재귀적으로 이터레이션을 해야 한다. 재귀 정의를 직접 작성하는 대신 foldLeft나 foldRight를 쓸 수 있다는 점을 기억하라. 또 방금 작성한 map2 함수를 써도 된다. 여러분이 만든 구현을 테스트하기 위해 sequence(List.of(unit(1), unit(2), unit(3)))(r).first가 List(1, 2, 3)을 반환하리라고 예상해야만 한다.

## 연습문제 6.8

flatMap을 사용한 구현은 map을 사용해 시도했으나 실패했던 구현과 거의 똑같을 것이다.

## 연습문제 6.9

mapF: 여러분의 해법은 nonNegativeLessThan과 비슷할 것이다.

map2F: Option 데이터 타입에 대해 구현한 map2에서 아이디어를 얻을 수 있다.

## 연습문제 6.10

Rand에 대해 특화한 함수로부터 영감을 얻어라. f : (S) -> Pair(A,S) 타입의 함수가 있을 경우, State(f)를 작성하면 State<S,A>를 만들 수 있다는 점을 기억하라. 이 함수는 다음과 같이 람다를 사용해 선언될 수도 있다.

```
State { s: S ->
    ...
    Pair(a,s2)
}
```

## A.5 7장: 순수 함수형 병렬성

### 연습문제 7.1

함수의 두 Par 입력의 타입이 반드시 같아야 하는 것은 아니다.

### 연습문제 7.2

run을 java.util.concurrent.ExecutorService가 뒷받침한다면 어떨까? 여러분은 java.util.concurrent 패키지를 들여다보면서 유용한 무언가를 찾을 수 있을지 시간을 투자해볼 수도 있다.

### 연습문제 7.3

타임아웃을 지키게 하려면, 한 퓨처를 평가하는 데 걸리는 시간을 기록하고 그 시간을 다른 퓨처를 평가하기 위해 할당할 가용 시간에서 빼줄 새 Future 구현이 필요할 것이다.

### 연습문제 7.5

가능한 한 가지 구현은 앞에서 Option에 대해 구현한 것과 아주 비슷한 구조다.

### 연습문제 7.7

고정된 크기의 스레드 풀에는 한 가지 문제가 있다. 스레드 풀의 크기가 정확히 1로 제한된다면 어떤 일이 벌어질까?


## A.6 8장: 속성 기반 테스트

### 연습문제 8.4

6장의 nonNegativeInt 메서드를 사용해 이 생성기를 구현하는 것을 고려하라.

더 도전적인 문제도 있다. nonNegativeInt의 범위가 stopExclusive - start의 배수가 아

니면 어떨까?

## 연습문제 8.5

이 연습문제는 6장에서 개발한 State API에 크게 의존할 수 있다. 우리에게는 boolean() 생성기를 만들 때 편리하게 쓸 수 있는 임의의 Boolean 값들을 제공할 수 있는 메서드가 있다. State.sequence()를 어떻게든 재활용할 수 있을까?

## 연습문제 8.6

연습문제 8.5의 listOfN 구현과 flatMap을 함께 사용해보라.

## 연습문제 8.9

Prop 값이 실패 시 전파되는 메시지에 태그나 레이블을 붙일 수 있다면 실패에 대한 책임이 있는 속성을 결정할 수 있게 된다.

## 연습문제 8.12

앞에서 작성한 listOfN 함수를 사용하는 것을 고려하라.

## 연습문제 8.13

listOfN을 한 번 더 쓸 수 있다.

## 연습문제 8.16

앞의 연습문제에서 작성한 Gen<Par<Int>> 생성기를 사용하라.

## A.7  9장: 파서콤비네이터

### 연습문제 9.1

product의 결과에 대한 매핑을 고려하라.

### 연습문제 9.2

숫자들의 곱은 항상 결합성이 있다. 따라서 (a * b) * c는 a * (b * c)와 같다. 이 속성이 파서에도 똑같이 성립할까? map과 product 사이의 관계에 대해 어떤 사실을 이야기할 수 있을까?

### 연습문제 9.7

flatMap과 succeed를 사용해보라.

### 연습문제 9.9

여러분의 문법에서 사용할 토큰의 경우, 여기저기 흩어져 있는 공백을 처리하는 일을 피하기 위해 연속된 공백을 건너뛰는 게 좋은 생각이다. 이런 일을 처리하는 token이라는 콤비네이터를 도입하려고 시도해보라. 파서들을 product로 연결한 시퀀스를 만들 때는 시퀀스를 이루는 파서 중 하나를 무시하고 싶은 경우가 자주 생긴다. 이런 목적을 위해 skipL과 skipR이라는 콤비네이터 도입을 고려하라.

### 연습문제 9.10

두 가지 선택이 가능하다. or 사슬에서 가장 마지막(최근) 오류를 반환할 수도 있고, 입력 문자열을 가능한 한 많이(길게) 처리한 다음 그때까지 발생한 모든 오류를 반환할 수도 있다.

### 연습문제 9.12

여러분은 string을 사용해 오류 원인(매치되지 않는 문자)과 지금까지 파싱된 모든 문자열을

## A.8 10장: 모노이드

### 연습문제 10.2

이 인스턴스에서 모노이드 법칙을 만족하는 구현이 하나 이상 존재한다. Monoid를 위해 dual 도우미 함수를 구현하는 것을 고려하라. 이 함수를 활용하면 이중성<sup>duality</sup>을 다루기 위해 모노이드를 역순으로 합성할 수 있다.

### 연습문제 10.3

op를 통해 값을 조합할 수 있는 방법은 제한돼 있다. A 타입을 무엇으로 고르든 (A) -> A라는 합성 함수를 사용해야 하기 때문이다. op에 대해서는 하나 이상의 구현이 가능하지만, zero의 경우에는 가능한 구현이 하나밖에 없다.

### 연습문제 10.4

결합 법칙을 테스트하려면 A 타입의 값을 3개 생성할 필요가 있다.

### 연습문제 10.5

map을 한 다음에 concatenate를 할 수도 있지만 아주 비효율적이다. 그렇게 하는 대신 foldLeft만 사용하라.

### 연습문제 10.6

foldRight에 전달될 함수의 타입은 (A, B) -> B로, 커리하면 (A) -> (B) -> B 타입이다. 자기 함수<sup>endofunction</sup>의 모노이드인 (B) -> B를 사용해 foldRight를 구현해야만 한다는 사실은 아주 큰 힌트가 된다. foldLeft 구현은 단순히 이(foldRight) 연산과 쌍대적<sup>dual</sup> 연산일 뿐이다. 이 두 구현에서 효율은 너무 신경 쓰지 말라.

### 연습문제 10.7

길이 0과 1짜리 시퀀스는 특별한 경우로 별도로 처리해야 한다.

### 연습문제 10.9

부분적인 답을 생각해보자. 지금까지 원소 중 일부만을 살펴봤다면, 지금까지 본 것이 순서대로였는지를 알아야 할 필요가 있다. 순서가 있는 시퀀스의 경우, 새로 보여지는 모든 원소는 이전에 이미 살펴본 원소들의 범위 안에 들어가서는 안 된다.

주어진 세그먼트 안의 값 구간을 추적하고 '순서가 없는 세그먼트'를 찾았는지 알아내는 데이터 타입을 만들어보라. 두 세그먼트의 값을 병합할 때 어떻게 두 세그먼트에 대한 정보를 갱신할 수 있는지 생각해보라.

### 연습문제 10.13

접기 가능한 List에는 이미 재사용 가능한 foldLeft와 foldRight 구현이 있다.

### 연습문제 10.19

이번 장의 앞에서 만든 mapMergeMonoid와 다른 모노이드를 함께 사용해 이런 모음을 만들 수 있을지 고려해보라.

## A.9 11장: 모나드와 펑터

### 연습문제 11.1

이런 타입에 대한 unit과 flatMap 콤비네이터를 다양한 방법으로 이미 구현해봤다. 단순히 여러분의 Monad 구현에서 기존 함수를 호출하면 된다.

## 연습문제 11.2

State는 binary 타입 생성자이므로, 부분 적용 함수에서 인자를 부분 적용하는 것과 비슷하게 State의 S 타입을 부분 적용할 필요가 있다. 그러므로 이 타입은 모나드 하나가 아니라, 각각의 타입 S에 대해 정의되는 모든 모나드들로 이뤄진 패밀리다. 이 타입 S를 타입 수준 영역에서 포획하고 부분 적용한 State 타입을 그 영역 안에 제공할 방법을 고안해보라. 애로우의 Kind2 인터페이스를 사용하면 이런 일을 할 수 있다.

## 연습문제 11.3

이들의 구현은 10장의 구현과 아주 비슷해야 하지만 더 일반적인 타입에 대해 정의된다는 점만 다르다. 여러분의 해답에서 접기 연산을 Monad에 대한 unit 및 map2 연산과 함께 사용하는 것을 고려하라.

## 연습문제 11.4

이 함수를 작성하는 여러 가지 방법이 있다. 예를 들어 길이가 n인 List<Kind<F, A>>를 Monad의 다른 콤비네이터와 조합해 채워 넣으려 시도해보라. 다른 방법으로는 단순한 재귀를 사용해 내부 리스트를 만들어보라.

## 연습문제 11.6

인자에 대한 패턴 매칭으로 시작하라. 리스트가 비어 있다면 unit(Nil)을 반환하는 것밖에 선택지가 없다.

## 연습문제 11.7

타입을 따르다 보면 단 하나뿐인 가능한 구현 방법에 이른다.

## 연습문제 11.8

A를 Unit으로 가정하면 어떤 효과가 있는지를 살펴보라.

## 연습문제 11.9

각 compose를 flatMap으로 치환하고, 각 등식의 양변에 대해 A 타입의 v 값을 적용하라.

## 연습문제 11.10

여기서도 None과 Some인 경우를 모두 고려해서 각 등식의 양변을 확장해야 한다. 모나드 unit은 { a: A -> Some(a) }로 쓸 수 있는데, 여러분은 { Some(it) }을 더 선호할 수도 있다.

## 연습문제 11.13

법칙을 다시 작업할 때는 다음과 같은 타입 선언을 사용해 해답을 표현할지 고려하라.

```
val f: (A) -> Kind<F, A>
val g: (A) -> Kind<F, A>
val x: Kind<F, A>
val y: Kind<F, Kind<F, Kind<F, A>>>
val z: (Kind<F, Kind<F, A>>) -> Kind<F, Kind<F, A>>
```

다시 작성한 해답을 도출할 때, 가능한 위치에 항등함수를 사용하라.

## 연습문제 11.16

Monad<ForId>를 표현할 수 있도록 고계 타입을 제공하는 ForId, IdOf, fix() 확장 함수를 구현하라.

## 연습문제 11.18

setState를 호출한 직후 getState가 어떤 값을 반환해야 한다고 예상하는가? 그리고 반대의 경우에는 어떨까?

### 연습문제 11.19

이 모나드는 State 모나드와 아주 비슷하지만, '읽기 전용'이라는 점이 다르다. flatMap이 유지하는 R 타입의 값을 이 모나드에게 물어볼 수는 있지만, 값을 설정할 수는 없다.

## A.10 12장: 적용 가능 펑터와 순회 가능 펑터

### 연습문제 12.2

map2를 apply로 구현하기 위해 f.curried()를 사용한 후 타입을 따라가라.

### 연습문제 12.3

apply로 map2를 구현한 코드를 보면서 같은 패턴을 따라 하라.

### 연습문제 12.5

flatMap 콤비네이터를 when 식을 사용해 구현할 수 있다.

### 연습문제 12.6

when 식을 사용해 map2를 구현하라. 양쪽이 모두 실패한 경우 각각의 순서를 유지하도록 신경 쓰라.

### 연습문제 12.7

flatMap을 사용해 map2를 구현하고 그 후 compose를 사용해 map2를 구현해보라. 각각의 항등원 법칙에서 시작해 등호를 등호로 치환하면서 명백히 참인 등식이 나올 때까지 모나드 법칙을 적용하라.

## 연습문제 12.8

여러분이 원하는 Pair에 대한 쐐기로 이 책에서 제공한 Product 종류를 사용할 수 있는지 생각해보라.

## 연습문제 12.9

이 책이 제공한 Composite 쐐기를 사용해 올바른 출력을 만들어보라.

## 연습문제 12.10

이 연산은 Monad 인터페이스의 flatMap 기본 연산의 구현에 따라 결정된다.

## 연습문제 12.11

애로우가 맵의 entries에 대해 제공하는 foldable 확장을 사용해보라.

## 연습문제 12.12

treeTraversable은 그 기능을 listTraversable에 의존할 수 있다. 영역 안에 있는 Applicative <G>를 사용하면 Kind<G, A>가 되게 끌어올리거나 Kind<G, A>에 대해 연산을 수행할 수 있다.

## 연습문제 12.13

여기서 정말 필요한 것은 Applicative를 전달하는 것이다. Id 데이터 타입과 함께 사용했을 때 정확히 같은 일을 수행하는 idApplicative를 구현하라.

## 연습문제 12.15

스택을 사용할 필요가 있다. 다행히 List는 스택과 같은 것이며, 여러분은 임의의 순회 가능을 리스트로 변환하는 방법을 이미 알고 있다!

### 연습문제 12.16

이 구현은 toList와 상당히 비슷하다. 리스트에 누적시키는 대신 f 함수를 사용해 B에 누적시킨다는 점만 다를 뿐이다.

### 연습문제 12.17

fuse를 구현하기 위한 쐐기로 Product 종류를 사용하라.

### 연습문제 12.18

타입을 따르라. 타입 검사를 통과하는 구현은 단 하나뿐이다.

### 연습문제 12.19

Traversable<F>를 호출할 때 외부 영역에서 사용할 Applicative<G>를 얻을 필요가 있을 것이다. 이미 이 Applicative<G>를 여러분에게 제공했다.

## A.11 13장: 외부 효과와 I/O

### 연습문제 13.1

Free 데이터 타입은 @higherkind로 표시돼 있으므로 FreePartialOf<F>가 생성된다. 이 (FreePartialOf<F>)를 FreeMonad 인스턴스를 정의할 때 부분 적용된 타입을 처리하기 위해 사용할 수 있다. 어떻게 이를 달성하는지 확인하려면 11장의 StateMonad를 다시 살펴보라.

### 연습문제 13.2

13.3.1절에서 실체화를 통한 꼬리 호출 제거에 대해 얻은 지식을 적용하라.

### 연습문제 13.4

translate를 정의하기 위해 runFree를 실행하되 Free<Function0, A>를 대상 모나드로 사용하라. 그리고 앞에서 작성한 특화된 runTrampoline 함수를 사용하라.

## A.12 14장: 지역 효과와 가변 상태

### 연습문제 14.1

STArray 안에서 write 콤비네이터와 fold를 함께 사용해 이 문제를 풀 수 있다.

### 연습문제 14.2

이를 for 컴프리헨션을 사용해 순차적 코드로 작성한 리스트 14.1의 quicksort를 갖고 생각해보라. 애로우 fx를 사용해 for 컴프리헨션을 작성하기 위한 보일러플레이트 코드는 이미 주어졌다.

### 연습문제 14.3

STArray에서 사용했던 것과 똑같은 패턴을 따르라.

## A.13 15장: 스트림 처리와 점진적 I/O

### 연습문제 15.3

현재의 합계와 개수를 받아들이는 지역적인 도우미 함수를 도입하라.

### 연습문제 15.5

타입이 여러분의 구현을 안내하게 하라. 여러분 스스로 개밥을 먹어보라![1]

---

1　'개밥 먹기(eating one's own dog food)'는 어떤 회사나 개인이 만든 제품 또는 서비스를 그 회사나 개인이 매일매일 직접 사용하는 것을 뜻한다. 예를 들어 젯브레인즈는 자사가 개발한 인텔리제이 IDEA를 사용해 자사 코틀린 프로젝트를 진행하는데, 이런 경우 '자기가 만든 개밥을 자기가 먹는다'고 말한다. – 옮긴이

## 연습문제 15.6

zip 콤비네이터는 입력을 두 프로세스에게 먹일 수 있다. 입력이 p1과 p2에 모두 도달하게 보장해야 하므로 구현이 약간 까다로울 수 있다. 그리고 옵션을 프로세스에게 먹이기 위한 도우미 함수를 도입해야 할지 생각해보라.

## 연습문제 15.7

연습문제 15.6에서 zip을 구현했다.

## 연습문제 15.9

processFile 함수를 사용해 이 문제를 풀라.

## 연습문제 15.10

모든 모나드적인 행동을 제공받은 MonadCatch 인스턴스에 위임하라.

## 연습문제 15.11

Process에 있는 drain 인스턴스 메서드를 사용해 값이 나가는 것을 방지하라.

## 연습문제 15.12

flatMap할 수 있다!

# 부록 B 연습문제 해답

## B.1 해답을 보기 전에…

이 부록에서는 이 책의 모든 연습문제에 대한 해답을 제공한다. 이 책으로 학습할 때 연습 문제를 푸는 과정이 반드시 필요하므로, 해답을 보기에 앞서 연습문제를 풀고자 최선의 노력을 다하길 바란다. 각각의 연습문제는 이전 연습문제에서 얻은 지식을 바탕으로 한다. 여러분이 생각한 답을 검증하거나 완전히 꽉 막혀서 도저히 해결 방법을 찾을 수 없을 때 도움을 받는 수단으로만 연습문제 해답을 활용하자.

## B.2 코틀린으로 함수형 프로그래밍 시작하기

### 연습문제 2.1

```
fun fib(i: Int): Int {
    tailrec fun go(cnt: Int, curr: Int, nxt: Int): Int =
        if (cnt == 0)
            curr
        else go(cnt - 1, nxt, curr + nxt)
    return go(i, 0, 1)
}
```

## 연습문제 2.2

```
val <T> List<T>.tail: List<T>
    get() = drop(1)

val <T> List<T>.head: T
    get() = first()

fun <A> isSorted(aa: List<A>, order: (A, A) -> Boolean): Boolean {
    tailrec fun go(x: A, xs: List<A>): Boolean =
        if (xs.isEmpty()) true
        else if (!order(x, xs.head)) false
        else go(xs.head, xs.tail)

    return aa.isEmpty() || go(aa.head, aa.tail)
}
```

## 연습문제 2.3

```
fun <A, B, C> curry(f: (A, B) -> C): (A) -> (B) -> C =
    { a: A -> { b: B -> f(a, b) } }
```

## 연습문제 2.4

```
fun <A, B, C> uncurry(f: (A) -> (B) -> C): (A, B) -> C =
    { a: A, b: B -> f(a)(b) }
```

## 연습문제 2.5

```
fun <A, B, C> compose(f: (B) -> C, g: (A) -> B): (A) -> C =
    { a: A -> f(g(a)) }
```

# B.3  함수형 데이터 구조

## 연습문제 3.1

```
fun <A> tail(xs: List<A>): List<A> =
    when (xs) {
```

```
        is Cons -> xs.tail
        is Nil ->
            throw IllegalStateException("Nil cannot have a `tail`")
    }
```

## 연습문제 3.2

```
fun <A> setHead(xs: List<A>, x: A): List<A> =
    when (xs) {
        is Nil ->
            throw IllegalStateException(
                    "Cannot replace `head` of a Nil list"
            )
        is Cons -> Cons(x, xs.tail)
    }
```

## 연습문제 3.3

```
tailrec fun <A> drop(l: List<A>, n: Int): List<A> =
    if (n == 0) l
    else when (l) {
        is Cons -> drop(l.tail, n - 1)
        is Nil -> throw IllegalStateException(
            "Cannot drop more elements than in list"
        )
    }
```

## 연습문제 3.4

```
tailrec fun <A> dropWhile(l: List<A>, f: (A) -> Boolean): List<A> =
    when (l) {
        is Cons ->
            if (f(l.head)) dropWhile(l.tail, f) else l
        is Nil -> l
    }
```

## 연습문제 3.5

```
fun <A> init(l: List<A>): List<A> =
    when (l) {
        is Cons ->
            if (l.tail == Nil) Nil
            else Cons(l.head, init(l.tail))
        is Nil ->
            throw IllegalStateException("Cannot init Nil list")
    }
```

## 연습문제 3.6

불가능하지 않다! f 함수를 호출하기 전에 함수에 전달할 인자를 평가하는데, foldRight의 경우 이 말은 리스트를 맨 마지막까지 순회한다는 뜻이다. 이른 중단을 지원하려면 엄격하지 않은 평가가 필요하다. 5장에서 이에 대해 다룬다.

## 연습문제 3.7

```
fun <A, B> foldRight(xs: List<A>, z: B, f: (A, B) -> B): B =
    when (xs) {
        is Nil -> z
        is Cons -> f(xs.head, foldRight(xs.tail, z, f))
    }

val f = { x: Int, y: List<Int> -> Cons(x, y) }
val z = Nil as List<Int>

val trace = {
    foldRight(List.of(1, 2, 3), z, f)
    Cons(1, foldRight(List.of(2, 3), z, f))
    Cons(1, Cons(2, foldRight(List.of(3), z, f)))
    Cons(1, Cons(2, Cons(3, foldRight(List.empty(), z, f))))
    Cons(1, Cons(2, Cons(3, Nil)))
}
```

xs의 foldRight를 호출한 결과를 복사할 때 z와 f를 Nil과 Cons로 바꾸라.

## 연습문제 3.8

```
fun <A> length(xs: List<A>): Int =
    foldRight(xs, 0, { _, acc -> 1 + acc })
```

## 연습문제 3.9

```
tailrec fun <A, B> foldLeft(xs: List<A>, z: B, f: (B, A) -> B): B =
    when (xs) {
        is Nil -> z
        is Cons -> foldLeft(xs.tail, f(z, xs.head), f)
    }
```

## 연습문제 3.10

```
fun sumL(xs: List<Int>): Int =
    foldLeft(xs, 0, { x, y -> x + y })

fun productL(xs: List<Double>): Double =
    foldLeft(xs, 1.0, { x, y -> x * y })

fun <A> lengthL(xs: List<A>): Int =
    foldLeft(xs, 0, { acc, _ -> acc + 1 })
```

## 연습문제 3.11

```
fun <A> reverse(xs: List<A>): List<A> =
    foldLeft(xs, List.empty(), { t: List<A>, h: A -> Cons(h, t) })
```

## 연습문제 3.12

```
fun <A, B> foldLeftR(xs: List<A>, z: B, f: (B, A) -> B): B =
    foldRight(
        xs,
        { b: B -> b },
        { a, g ->
            { b ->
                g(f(b, a))
```

```
        }
    })(z)

fun <A, B> foldRightL(xs: List<A>, z: B, f: (A, B) -> B): B =
    foldLeft(xs,
        { b: B -> b },
        { g, a ->
            { b ->
                g(f(a, b))
            }
        })(z)

// 확장한 예제

typealias Identity<B> = (B) -> B

fun <A, B> foldLeftRDemystified(
    ls: List<A>,
    acc: B,
    combiner: (B, A) -> B
): B {

    val identity: Identity<B> = { b: B -> b }

    val combinerDelayer: (A, Identity<B>) -> Identity<B> =
        { a: A, delayedExec: Identity<B> ->
            { b: B ->
                delayedExec(combiner(b, a))
            }
        }

    val chain: Identity<B> = foldRight(ls, identity, combinerDelayer)

    return chain(acc)

}
```

foldLeft는 원소를 foldRight와 반대 순서로 처리한다. 여기서 reverse를 사용하면 반칙이다. reverse는 foldLeft를 사용해 구현돼 있기 때문이다.

그 대신, 확장한 예제에서 보여줬듯이 각 연산을 간단한 항등함수로 감싸서 나중으로 평가를 미루되 함수를 쌓아서(내포시킴) 연산 순서를 뒤집을 수 있게 한다. 이 특별한 항등/지연 함수에 대해 Identity<B>라는 별명을 붙인다. 그렇지 않으면 (B) -> B를 여기저기서 써야 한다.

다음으로, Identity 타입의 간단한 값(입력받은 값을 그냥 전달해주는 함수)을 선언하자. 이 함수는 내부 foldRight의 항등원이 된다.

ls 리스트의 각 원소(파라미터 a)에 대해 새로운 지연 함수를 만들자. 이 지연 함수는 나중에 호출되면 조합 함수(foldLeftRDemystified 파라미터로 전달됨)를 사용하게 된다. 이렇게 만든 새 함수는 이전 delayedExec 함수의 입력이 된다.

그 후 원래 리스트 ls와 간단한 항등함수, 새 combinerDelayer를 foldRight에 전달해서 chain 함수를 얻을 수 있다. 이 foldRight 호출은 내부에 조합 함수가 들어 있는 지연 계산 함수를 만들어내지만 그 함수를 실제로 호출하지는 않는다.

마지막으로, chain 함수를 호출하면 각각의 원소가 지연 평가된다.

## 연습문제 3.13

```
fun <A> append(a1: List<A>, a2: List<A>): List<A> =
    foldRight(a1, a2, { x, y -> Cons(x, y) })
```

## 연습문제 3.14

```
fun <A> concat(xxs: List<List<A>>): List<A> =
    foldRight(
        xxs,
        List.empty(),
        { xs1: List<A>, xs2: List<A> ->
            foldRight(xs1, xs2, { a, ls -> Cons(a, ls) })
        })
fun <A> concat2(xxs: List<List<A>>): List<A> =
    foldRight(
        xxs,
        List.empty(),
        { xs1, xs2 ->
```

```
            append(xs1, xs2)
        })
```

## 연습문제 3.15

```
fun increment(xs: List<Int>): List<Int> =
    foldRight(
        xs,
        List.empty(),
        { i: Int, ls ->
            Cons(i + 1, ls)
        })
```

## 연습문제 3.16

```
fun doubleToString(xs: List<Double>): List<String> =
    foldRight(
        xs,
        List.empty(),
        { d, ds ->
            Cons(d.toString(), ds)
})
```

## 연습문제 3.17

```
fun <A, B> map(xs: List<A>, f: (A) -> B): List<B> =
    foldRightL(xs, List.empty()) { a: A, xa: List<B> ->
        Cons(f(a), xa)
    }
```

## 연습문제 3.18

```
fun <A> filter(xs: List<A>, f: (A) -> Boolean): List<A> =
    foldRight(
        xs,
        List.empty(),
        { a, ls ->
            if (f(a)) Cons(a, ls)
```

```
            else ls
    })
```

## 연습문제 3.19

```
fun <A, B> flatMap(xa: List<A>, f: (A) -> List<B>): List<B> =
    foldRight(
        xa,
        List.empty(),
        { a, lb ->
            append(f(a), lb)
        })

fun <A, B> flatMap2(xa: List<A>, f: (A) -> List<B>): List<B> =
    foldRight(
        xa,
        List.empty(),
        { a, xb ->
            foldRight(f(a), xb, { b, lb -> Cons(b, lb) })
        })
```

## 연습문제 3.20

```
fun <A> filter2(xa: List<A>, f: (A) -> Boolean): List<A> =
    flatMap(xa) { a ->
        if (f(a)) List.of(a) else List.empty()
    }
```

## 연습문제 3.21

```
fun add(xa: List<Int>, xb: List<Int>): List<Int> =
    when (xa) {
        is Nil -> Nil
        is Cons -> when (xb) {
            is Nil -> Nil
            is Cons ->
                Cons(xa.head + xb.head, add(xa.tail, xb.tail))
        }
    }
```

## 연습문제 3.22

```
fun <A> zipWith(xa: List<A>, xb: List<A>, f: (A, A) -> A): List<A> =
    when (xa) {
        is Nil -> Nil
        is Cons -> when (xb) {
            is Nil -> Nil
            is Cons -> Cons(
                f(xa.head, xb.head),
                zipWith(xa.tail, xb.tail, f)
            )
        }
    }
```

## 연습문제 3.23

```
tailrec fun <A> startsWith(l1: List<A>, l2: List<A>): Boolean =
    when (l1) {
        is Nil -> l2 == Nil
        is Cons -> when (l2) {
            is Nil -> true
            is Cons ->
                if (l1.head == l2.head)
                startsWith(l1.tail, l2.tail)
            else false
        }
    }
```

```
tailrec fun <A> hasSubsequence(xs: List<A>, sub: List<A>): Boolean =
    when (xs) {
        is Nil -> false
        is Cons ->
            if (startsWith(xs, sub))
                true
            else hasSubsequence(xs.tail, sub)
    }
```

## 연습문제 3.24

```
fun <A> size(tree: Tree<A>): Int =
    when (tree) {
        is Leaf -> 1
        is Branch -> 1 + size(tree.left) + size(tree.right)
    }
```

## 연습문제 3.25

```
fun <A> size(tree: Tree<A>): Int =
    when (tree) {
        is Leaf -> 1
        is Branch -> 1 + size(tree.left) + size(tree.right)
    }
```

## 연습문제 3.26

```
fun depth(tree: Tree<Int>): Int =
    when (tree) {
        is Leaf -> 0
        is Branch -> 1 + maxOf(depth(tree.left), depth(tree.right))
    }
```

## 연습문제 3.27

```
fun <A, B> map(tree: Tree<A>, f: (A) -> B): Tree<B> =
    when (tree) {
        is Leaf -> Leaf(f(tree.value))
        is Branch -> Branch(
            map(tree.left, f),
            map(tree.right, f)
        )
    }
```

## 연습문제 3.28

```
fun <A, B> fold(ta: Tree<A>, l: (A) -> B, b: (B, B) -> B): B =
```

```
    when (ta) {
        is Leaf -> l(ta.value)
        is Branch -> b(fold(ta.left, l, b), fold(ta.right, l, b))
    }

fun <A> sizeF(ta: Tree<A>): Int =
    fold(ta, { 1 }, { b1, b2 -> 1 + b1 + b2 })

fun maximumF(ta: Tree<Int>): Int =
    fold(ta, { a -> a }, { b1, b2 -> maxOf(b1, b2) })

fun <A> depthF(ta: Tree<A>): Int =
    fold(ta, { 0 }, { b1, b2 -> 1 + maxOf(b1, b2) })

fun <A, B> mapF(ta: Tree<A>, f: (A) -> B): Tree<B> =
    fold(ta, { a: A -> Leaf(f(a)) },
        { b1: Tree<B>, b2: Tree<B> -> Branch(b1, b2) })
```

## B.4  예외를 사용하지 않고 오류 다루기

### 연습문제 4.1

```
fun <A, B> Option<A>.map(f: (A) -> B): Option<B> =
    when (this) {
        is None -> None
        is Some -> Some(f(this.get))
    }

fun <A> Option<A>.getOrElse(default: () -> A): A =
    when (this) {
        is None -> default()
        is Some -> this.get
    }

fun <A, B> Option<A>.flatMap(f: (A) -> Option<B>): Option<B> =
    this.map(f).getOrElse { None }

fun <A> Option<A>.orElse(ob: () -> Option<A>): Option<A> =
    this.map { Some(it) }.getOrElse { ob() }
```

```kotlin
fun <A> Option<A>.filter(f: (A) -> Boolean): Option<A> =
    this.flatMap { a -> if (f(a)) Some(a) else None }
```

다른 접근 방법은 다음과 같다.

```kotlin
fun <A, B> Option<A>.flatMap_2(f: (A) -> Option<B>): Option<B> =
    when (this) {
        is None -> None
        is Some -> f(this.get)
    }


fun <A> Option<A>.orElse_2(ob: () -> Option<A>): Option<A> =
    when (this) {
        is None -> ob()
        is Some -> this
    }


fun <A> Option<A>.filter_2(f: (A) -> Boolean): Option<A> =
    when (this) {
        is None -> None
        is Some ->
            if (f(this.get)) this
            else None
    }
```

## 연습문제 4.2

리스트 4.2의 mean 메서드를 사용한다.

```kotlin
fun mean(xs: List<Double>): Option<Double> =
    if (xs.isEmpty()) None
    else Some(xs.sum() / xs.size())


fun variance(xs: List<Double>): Option<Double> =
    mean(xs).flatMap { m ->
        mean(xs.map { x ->
            (x - m).pow(2)
        })
    }
```

## 연습문제 4.3

```
fun <A, B, C> map2(
    oa: Option<A>,
    ob: Option<B>,
    f: (A, B) -> C
): Option<C> =
    oa.flatMap { a ->
        ob.map { b ->
            f(a, b)
        }
    }
```

## 연습문제 4.4

```
fun <A> sequence(
    xs: List<Option<A>>
): Option<List<A>> =
    xs.foldRight(Some(Nil),
        { oa1: Option<A>, oa2: Option<List<A>> ->
            map2(oa1, oa2) { a1: A, a2: List<A> ->
                Cons(a1, a2)
            }
        })
```

## 연습문제 4.5

```
fun <A, B> traverse(
    xa: List<A>,
    f: (A) -> Option<B>
): Option<List<B>> =
    when (xa) {
        is Nil -> Some(Nil)
        is Cons ->
            map2(f(xa.head), traverse(xa.tail, f)) { b, xb ->
                Cons(b, xb)
            }
    }
```

```
fun <A> sequence(xs: List<Option<A>>): Option<List<A>> =
    traverse(xs) { it }
```

## 연습문제 4.6

```
fun <E, A, B> Either<E, A>.map(f: (A) -> B): Either<E, B> =
    when (this) {
        is Left -> this
        is Right -> Right(f(this.value))
    }

fun <E, A> Either<E, A>.orElse(f: () -> Either<E, A>): Either<E, A> =
    when (this) {
        is Left -> f()
        is Right -> this
    }

fun <E, A, B, C> map2(
    ae: Either<E, A>,
    be: Either<E, B>,
    f: (A, B) -> C
): Either<E, C> =
    ae.flatMap { a -> be.map { b -> f(a, b) } }
```

## 연습문제 4.7

```
fun <E, A, B> traverse(
    xs: List<A>,
    f: (A) -> Either<E, B>
): Either<E, List<B>> =
    when (xs) {
        is Nil -> Right(Nil)
        is Cons ->
            map2(f(xs.head), traverse(xs.tail, f)) { b, xb ->
                Cons(b, xb)
            }
    }

fun <E, A> sequence(es: List<Either<E, A>>): Either<E, List<A>> =
    traverse(es) { it }
```

## 연습문제 4.8

Option과 Either에는 여러 가지 변종이 있다. 여러 오류를 누적시키고 싶은 경우, 실패를 표현하는 데이터 생성자에서 오류 리스트를 유지하게 해주는 새 데이터 타입을 사용하면 간단히 해결할 수 있다.

```
sealed class Partial<out A, out B>

data class Failures<out A>(val get: List<A>) : Partial<A, Nothing>()
data class Success<out B>(val get: B) : Partial<Nothing, B>()
```

애로우 라이브러리에는 이와 아주 비슷한 Validated라는 타입이 있으며, 이 타입에 대해 가능한 한 오류를 누적시키는 방식의 map, map2, sequence 등을 구현할 수 있다(flatMap에서는 오류를 누적시킬 수 없다. 왜 그런지 알겠는가?). 이 아이디어를 더 일반화할 수도 있다. 이 방법에서는 실패 값을 리스트에 누적시킬 필요가 없으며, 그 대신 사용자가 제공하는 이항 함수를 사용해 값을 누적시킬 수 있다. 그리고 map2나 sequence 등의 도우미 함수를 다른 방식으로 구현하면 Either<List<E>,_>를 직접 사용해 오류를 누적시키는 것도 가능하다.

## B.5 엄격성과 지연성

## 연습문제 5.1

안전하지 않다! 나이브한 해법은 스택 오버플로를 일으킬 수 있다.

```
fun <A> Stream<A>.toListUnsafe(): List<A> = when (this) {
    is Empty -> NilL
    is Cons -> ConsL(this.head(), this.tail().toListUnsafe())
}
```

tailrec을 reverse와 함께 사용하면 더 안전한 구현이 가능하다.

```
fun <A> Stream<A>.toList(): List<A> {
```

```
    tailrec fun go(xs: Stream<A>, acc: List<A>): List<A> = when (xs) {
        is Empty -> acc
        is Cons -> go(xs.tail(), ConsL(xs.head(), acc))
    }
    return reverse(go(this, NilL))
}
```

## 연습문제 5.2

```
fun <A> Stream<A>.take(n: Int): Stream<A> {
    fun go(xs: Stream<A>, n: Int): Stream<A> = when (xs) {
        is Empty -> empty()
        is Cons ->
            if (n == 0) empty()
            else cons(xs.head, { go(xs.tail(), n - 1) })
    }
    return go(this, n)
}
fun <A> Stream<A>.drop(n: Int): Stream<A> {
    tailrec fun go(xs: Stream<A>, n: Int): Stream<A> = when (xs) {
        is Empty -> empty()
        is Cons ->
            if (n == 0) xs
            else go(xs.tail(), n - 1)
    }
    return go(this, n)
}
```

## 연습문제 5.3

```
fun <A> Stream<A>.takeWhile(p: (A) -> Boolean): Stream<A> =
    when (this) {
        is Empty -> empty()
        is Cons ->
            if (p(this.head()))
                cons(this.head, { this.tail().takeWhile(p) })
            else empty()
    }
```

## 연습문제 5.4

```
fun <A> Stream<A>.forAll(p: (A) -> Boolean): Boolean =
    foldRight({ true }, { a, b -> p(a) && b() })
```

## 연습문제 5.5

```
fun <A> Stream<A>.takeWhile(p: (A) -> Boolean): Stream<A> =
    foldRight({ empty() },
        { h, t -> if (p(h)) cons({ h }, t) else t() })
```

## 연습문제 5.6

```
fun <A> Stream<A>.headOption(): Option<A> =
    this.foldRight(
        { Option.empty() },
        { a, _ -> Some(a) }
    )
```

## 연습문제 5.7

```
fun <A, B> Stream<A>.map(f: (A) -> B): Stream<B> =
        this.foldRight(
            { empty<B>() },
            { h, t -> cons({ f(h) }, t) })

    fun <A> Stream<A>.filter(f: (A) -> Boolean): Stream<A> =
        this.foldRight(
            { empty<A>() },
            { h, t -> if (f(h)) cons({ h }, t) else t() })

fun <A> Stream<A>.append(sa: () -> Stream<A>): Stream<A> =
    foldRight(sa) { h, t -> cons({ h }, t) }

    fun <A, B> Stream<A>.flatMap(f: (A) -> Stream<B>): Stream<B> =
        foldRight(
            { empty<B>() },
            { h, t -> f(h).append(t) })
```

## 연습문제 5.8

```
fun <A> constant(a: A): Stream<A> =
    Stream.cons({ a }, { constant(a) })
```

## 연습문제 5.9

```
fun from(n: Int): Stream<Int> =
    cons({ n }, { from(n + 1) })
```

## 연습문제 5.10

```
fun fibs(): Stream<Int> {
    fun go(curr: Int, nxt: Int): Stream<Int> =
        cons({ curr }, { go(nxt, curr + nxt) })
    return go(0, 1)
}
```

## 연습문제 5.11

```
fun <A, S> unfold(z: S, f: (S) -> Option<Pair<A, S>>): Stream<A> =
    f(z).map { pair ->
        cons({ pair.first },
            { unfold(pair.second, f) })
    }.getOrElse {
        empty()
    }
```

## 연습문제 5.12

```
fun fibs(): Stream<Int> =
    Stream.unfold(0 to 1, { (curr, next) ->
        Some(curr to (next to (curr + next)))
    })

fun from(n: Int): Stream<Int> =
    Stream.unfold(n, { a -> Some(a to (a + 1)) })
```

```kotlin
fun <A> constant(n: A): Stream<A> =
    Stream.unfold(n, { a -> Some(a to a) })

fun ones(): Stream<Int> =
    Stream.unfold(1, { Some(1 to 1) })
```

## 연습문제 5.13

```kotlin
fun <A, B> Stream<A>.map(f: (A) -> B): Stream<B> =
    Stream.unfold(this) { s: Stream<A> ->
        when (s) {
            is Cons -> Some(f(s.head()) to s.tail())
            else -> None
        }
    }


fun <A> Stream<A>.take(n: Int): Stream<A> =
    Stream.unfold(this) { s: Stream<A> ->
        when (s) {
            is Cons ->
                if (n > 0)
                    Some(s.head() to s.tail().take(n - 1))
                else None
            else -> None
        }
    }


fun <A> Stream<A>.takeWhile(p: (A) -> Boolean): Stream<A> =
    Stream.unfold(this,
        { s: Stream<A> ->
            when (s) {
                is Cons ->
                    if (p(s.head()))
                        Some(s.head() to s.tail())
                    else None
                else -> None
            }
        })
```

```
fun <A, B, C> Stream<A>.zipWith(
    that: Stream<B>,
    f: (A, B) -> C
): Stream<C> =
    Stream.unfold(this to that) { (ths: Stream<A>, tht: Stream<B>) ->
        when (ths) {
            is Cons ->
                when (tht) {
                    is Cons ->
                        Some(
                            Pair(
                                f(ths.head(), tht.head()),
                                ths.tail() to tht.tail()
                            )
                        )
                    else -> None
                }
            else -> None
        }
    }


fun <A, B> Stream<A>.zipAll(
    that: Stream<B>
): Stream<Pair<Option<A>, Option<B>>> =
    Stream.unfold(this to that) { (ths, tht) ->
        when (ths) {
            is Cons -> when (tht) {
                is Cons ->
                    Some(
                        Pair(
                            Some(ths.head()) to Some(tht.head()),
                            ths.tail() to tht.tail()
                        )
                    )
                else ->
                    Some(
                    Pair(
                        Some(ths.head()) to None,
                        ths.tail() to Stream.empty<B>()
                    )
```

```
                )
            }
        else -> when (tht) {
            is Cons ->
                Some(
                    Pair(
                        None to Some(tht.head()),
                        Stream.empty<A>() to tht.tail()
                    )
                )
            else -> None
        }
    }
}
```

## 연습문제 5.14

```
fun <A> Stream<A>.startsWith(that: Stream<A>): Boolean =
    this.zipAll(that)
        .takeWhile { !it.second.isEmpty() }
        .forAll { it.first == it.second }
```

## 연습문제 5.15

```
fun <A> Stream<A>.tails(): Stream<Stream<A>> =
    Stream.unfold(this) { s: Stream<A> ->
        when (s) {
            is Cons ->
                Some(s to s.tail())
            else -> None
        }
    }
```

## 연습문제 5.16

```
fun <A, B> Stream<A>.scanRight(z: B, f: (A, () -> B) -> B): Stream<B> =
    foldRight({ z to Stream.of(z) },
        { a: A, p0: () -> Pair<B, Stream<B>> ->
            val p1: Pair<B, Stream<B>> by lazy { p0() }
```

```
        val b2: B = f(a) { p1.first }
        Pair<B, Stream<B>>(b2, cons({ b2 }, { p1.second }))
    }).second
```

# B.6 순수 함수형 상태

## 연습문제 6.1

```
fun nonNegativeInt(rng: RNG): Pair<Int, RNG> {
    val (i1, rng2) = rng.nextInt()
    return (if (i1 < 0) -(i1 + 1) else i1) to rng2
}
```

## 연습문제 6.2

```
fun double(rng: RNG): Pair<Double, RNG> {
    val (i, rng2) = nonNegativeInt(rng)
    return (i / (Int.MAX_VALUE.toDouble() + 1)) to rng2
}
```

## 연습문제 6.3

```
fun intDouble(rng: RNG): Pair<Pair<Int, Double>, RNG> {
    val (i, rng2) = rng.nextInt()
    val (d, rng3) = double(rng2)
    return (i to d) to rng3
}

fun doubleInt(rng: RNG): Pair<Pair<Double, Int>, RNG> {
    val (id, rng2) = intDouble(rng)
    val (i, d) = id
    return (d to i) to rng2
}

fun double3(rng: RNG): Pair<Triple<Double, Double, Double>, RNG> {
    val doubleRand = doubleR()
    val (d1, rng2) = doubleRand(rng)
    val (d2, rng3) = doubleRand(rng2)
```

```
        val (d3, rng4) = doubleRand(rng3)
        return Triple(d1, d2, d3) to rng4
}
```

## 연습문제 6.4

```
fun ints(count: Int, rng: RNG): Pair<List<Int>, RNG> =
    if (count > 0) {
        val (i, r1) = rng.nextInt()
        val (xs, r2) = ints(count - 1, r1)
        Cons(i, xs) to r2
    } else Nil to rng
```

## 연습문제 6.5

```
fun doubleR(): Rand<Double> =
    map(::nonNegativeInt) { i ->
        i / (Int.MAX_VALUE.toDouble() + 1)
    }
```

## 연습문제 6.6

```
fun <A, B, C> map2(ra: Rand<A>, rb: Rand<B>, f: (A, B) -> C): Rand<C> =
    { r1: RNG ->
        val (a, r2) = ra(r1)
        val (b, r3) = rb(r2)
        f(a, b) to r3
    }
```

## 연습문제 6.7

간단한 재귀 전략을 사용하면 스택을 날려버릴 수 있다.

```
fun <A> sequence(fs: List<Rand<A>>): Rand<List<A>> = { rng ->
    when (fs) {
        is Nil -> unit(List.empty<A>())(rng)
        is Cons -> {
            val (a, nrng) = fs.head(rng)
```

```
                val (xa, frng) = sequence(fs.tail)(nrng)
                Cons(a, xa) to frng
            }
        }
    }
```

더 나은 접근 방법은 foldRight를 쓰는 것이다.

```
fun <A> sequence2(fs: List<Rand<A>>): Rand<List<A>> =
    foldRight(fs, unit(List.empty()), { f, acc ->
        map2(f, acc, { h, t -> Cons(h, t) })
    })
```

```
fun ints2(count: Int, rng: RNG): Pair<List<Int>, RNG> {
    fun go(c: Int): List<Rand<Int>> =
        if (c == 0) Nil
        else Cons({ r -> 1 to r }, go(c - 1))
    return sequence2(go(count))(rng)
}
```

## 연습문제 6.8

```
fun <A, B> flatMap(f: Rand<A>, g: (A) -> Rand<B>): Rand<B> =
    { rng ->
        val (a, rng2) = f(rng)
        g(a)(rng2)
    }
```

```
fun nonNegativeIntLessThan(n: Int): Rand<Int> =
    flatMap(::nonNegativeInt) { i ->
        val mod = i % n
        if (i + (n - 1) - mod >= 0) unit(mod)
        else nonNegativeIntLessThan(n)
    }
```

## 연습문제 6.9

```
fun <A, B> mapF(ra: Rand<A>, f: (A) -> B): Rand<B> =
    flatMap(ra) { a -> unit(f(a)) }
```

```
fun <A, B, C> map2F(
    ra: Rand<A>,
    rb: Rand<B>,
    f: (A, B) -> C
): Rand<C> =
    flatMap(ra) { a ->
        map(rb) { b ->
            f(a, b)
        }
    }
```

## 연습문제 6.10

```
data class State<S, out A>(val run: (S) -> Pair<A, S>) {

    companion object {
        fun <S, A> unit(a: A): State<S, A> =
            State { s: S -> a to s }

        fun <S, A, B, C> map2(
            ra: State<S, A>,
            rb: State<S, B>,
            f: (A, B) -> C
        ): State<S, C> =
            ra.flatMap { a ->
                rb.map { b ->
                    f(a, b)
                }
            }

        fun <S, A> sequence(fs: List<State<S, A>>): State<S, List<A>> =
            foldRight(fs, unit(List.empty<A>()),
                { f, acc ->
                    map2(f, acc) { h, t -> Cons(h, t) }
                }
            )
    }

    fun <B> map(f: (A) -> B): State<S, B> =
```

```
                    flatMap { a -> unit<S, B>(f(a)) }

        fun <B> flatMap(f: (A) -> State<S, B>): State<S, B> =
            State { s: S ->
                val (a: A, s2: S) = this.run(s)
                f(a).run(s2)
            }
    }
```

## 연습문제 6.11

```
import arrow.core.Id
import arrow.core.Tuple2
import arrow.core.extensions.id.monad.monad
import arrow.mtl.State
import arrow.mtl.StateApi
import arrow.mtl.extensions.fx
import arrow.mtl.runS
import arrow.mtl.stateSequential


val update: (Input) -> (Machine) -> Machine =
    { i: Input ->
        { s: Machine ->
            when (i) {
                is Coin ->
                    if (!s.locked || s.candies == 0) s
                    else Machine(false, s.candies, s.coins + 1)
                is Turn ->
                    if (s.locked || s.candies == 0) s
                    else Machine(true, s.candies - 1, s.coins)
            }
        }
    }

fun simulateMachine(
    inputs: List<Input>
): State<Machine, Tuple2<Int, Int>> =
    State.fx(Id.monad()) {
        inputs
```

```
            .map(update)
            .map(StateApi::modify)
            .stateSequential()
            .bind()
        val s = StateApi.get<Machine>().bind()
        Tuple2(s.candies, s.coins)
    }
```

# B.7  순수 함수형 병렬성

## 연습문제 7.1

```
fun <A, B, C> map2(
    sum: Par<A>,
    sum1: Par<B>,
    function: (A, B) -> C
): Par<C> = Par(function(sum.get, sum1.get))
```

## 연습문제 7.2

```
class Par<A>(val get: A) {
    companion object {

        fun <A> unit(a: A): Par<A> = Par(a)

        fun <A, B, C> map2(
            a1: Par<A>,
            a2: Par<B>,
            f: (A, B) -> C
        ): Par<C> = Par(f(a1.get, a2.get))

        fun <A> fork(f: () -> Par<A>): Par<A> = f()

        fun <A> lazyUnit(a: () -> A): Par<A> = Par(a())

        fun <A> run(a: Par<A>): A = a.get
    }
}
```

## 연습문제 7.3

```
fun <A, B, C> map2(a: Par<A>, b: Par<B>, f: (A, B) -> C): Par<C> =
    { es: ExecutorService ->
        val fa = a(es)
        val fb = b(es)
        TimedMap2Future(fa, fb, f)
    }

data class TimedMap2Future<A, B, C>(
    val pa: Future<A>,
    val pb: Future<B>,
    val f: (A, B) -> C
) : Future<C> {

    override fun isDone(): Boolean = TODO("Unused")

    override fun get(): C = TODO("Unused")

    override fun get(to: Long, tu: TimeUnit): C {
        val timeoutMillis = TimeUnit.MILLISECONDS.convert(to, tu)

        val start = System.currentTimeMillis()
        val a = pa.get(to, tu)
        val duration = System.currentTimeMillis() - start

        val remainder = timeoutMillis - duration
        val b = pb.get(remainder, TimeUnit.MILLISECONDS)
        return f(a, b)
    }

    override fun cancel(b: Boolean): Boolean = TODO("Unused")

    override fun isCancelled(): Boolean = TODO("Unused")
}
```

## 연습문제 7.4

```
fun <A, B> asyncF(f: (A) -> B): (A) -> Par<B> =
    { a: A -> lazyUnit { f(a) } }
```

## 연습문제 7.5

두 가지 구현을 제공한다. 첫 번째 구현은 이 목표를 달성하기 위해 간단한 재귀를 사용하는 더 나이브한 접근 방법이다.

```
val <T> List<T>.head: T
    get() = first()

val <T> List<T>.tail: List<T>
    get() = this.drop(1)

val Nil = listOf<Nothing>()

fun <A> sequence1(ps: List<Par<A>>): Par<List<A>> =
    when (ps) {
        Nil -> unit(Nil)
        else -> map2(
            ps.head,
            sequence1(ps.tail)
        ) { a: A, b: List<A> ->
            listOf(a) + b
        }
    }
```

두 번째 방법(어쩌면 더 나은 방법)은 재귀를 사용하지만 분할 기법과 map2를 조합해 사용함으로써 처리를 병렬화한다.

```
fun <A> sequence(ps: List<Par<A>>): Par<List<A>> =
    when {
        ps.isEmpty() -> unit(Nil)
        ps.size == 1 -> map(ps.head) { listOf(it) }
        else -> {
            val (l, r) = ps.splitAt(ps.size / 2)
            map2(sequence(l), sequence(r)) { la, lb ->
                la + lb
            }
        }
    }
```

## 연습문제 7.6

```
fun <A> parFilter(sa: List<A>, f: (A) -> Boolean): Par<List<A>> {
    val pars: List<Par<A>> = sa.map { lazyUnit { it } }
    return map(sequence(pars)) { la: List<A> ->
        la.flatMap { a ->
            if (f(a)) listOf(a) else emptyList()
        }
    }
}
```

## 연습문제 7.7

7장을 계속 읽어라. 이 문제는 다음 단락에서 설명한다.

## 연습문제 7.8

크기가 2인 스레드 풀에서 fork(fork(fork(x)))는 교착 상태를 발생시킨다(크기가 늘어나도 fork 호출 횟수를 늘리면 같은 문제를 만들어낼 수 있다). 또 다른 (어쩌면 더 흥미로운) 예는 fork (map2(fork(x), fork(y)))이다. 이 경우 바깥쪽 작업이 먼저 제출되고 fork(x)와 fork(y)가 끝나길 기다린다. fork(x)와 fork(y) 작업도 제출되고 병렬로 실행된다. 하지만 가용 스레드가 하나뿐이므로 교착 상태가 발생한다.

## 연습문제 7.9

13장에 있는 Task 데이터 타입의 코드에 완전히 구현한 해답을 제시했다.

## 연습문제 7.10

```
fun <A> choiceN(n: Par<Int>, choices: List<Par<A>>): Par<A> =
    { es: ExecutorService ->
        choices[n(es).get()].invoke(es)
    }

fun <A> choice(cond: Par<Boolean>, t: Par<A>, f: Par<A>): Par<A> =
```

```
{ es: ExecutorService ->
    choiceN(
        map(cond, { if (it) 1 else 0 }),
        listOf(f, t)
    )(es)
}
```

## 연습문제 7.11

```
fun <K, V> choiceMap(key: Par<K>, choices: Map<K, Par<V>>): Par<V> =
    { es: ExecutorService ->
        choices[key(es).get()]!!.invoke(es)
    }
```

## 연습문제 7.12

```
fun <A, B> chooser(pa: Par<A>, choices: (A) -> Par<B>): Par<B> =
    { es: ExecutorService ->
        choices(pa(es).get())(es)
    }
```

## 연습문제 7.13

```
fun <A> join(a: Par<Par<A>>): Par<A> =
    { es: ExecutorService -> a(es).get()(es) }

fun <A, B> flatMapViaJoin(pa: Par<A>, f: (A) -> Par<B>): Par<B> =
    join(map(pa, f))

fun <A> joinViaFlatMap(a: Par<Par<A>>): Par<A> =
    flatMap(a, { it })
```

# B.8  속성 기반 테스트

## 연습문제 8.1

- 빈 리스트의 합계는 0이다.

- 모든 원소가 x와 같은 리스트의 합계는 리스트 길이에 x를 곱한 값이다. 이를 sum(List(n){x}) == n * x라고 표현할 수 있다.

- 덧셈은 결합 법칙이 성립하므로, 임의의 리스트 l에 대해 sum(l) == sum(l.reverse())가 성립한다.

- 리스트 List(x, y, z, p, q)에 대해 sum(List(x, y, z, p, q)) == sum(List(x, y)) + sum(List(z, p, q))이다. 더 일반적으로는 리스트를 두 하위 시퀀스로 분할할 수 있고, 이때 전체 리스트의 합계는 두 하위 리스트의 합계의 합과 같다.

- 1, 2, 3, ..., n의 합계는 n*(n+1)/2이다.

## 연습문제 8.2

- 원소가 하나뿐인 리스트의 최대 원소는 유일한 원소와 같다.

- 어떤 리스트의 최대 원소는 그 리스트의 모든 원소보다 크거나 같다.

- 어떤 리스트의 최대 원소는 그 리스트에 속한다.

- 빈 리스트의 최대 원소는 정해져 있지 않으며, 예외를 던지거나 None을 반환해야 한다.

## 연습문제 8.3

```
interface Prop {
    fun check(): Boolean
    fun and(p: Prop): Prop {
        val checked = this.check() && p.check()
        return object : Prop {
            override fun check() = checked
        }
    }
}
```

this와 전달받은 속성 p를 and로 엮은 Prop의 익명 인스턴스를 반환한다.

## 연습문제 8.4

다음 해답은 정수만 처리하지만, nonNegativeInt의 범위가 stopExclusive - start의 배수가 아닌 경우 발생하는 난수는 stopExclusive - start 범위 내에서 균등하게 분포되지 않는다.

```
fun choose(start: Int, stopExclusive: Int): Gen<Int> =
    Gen(State { rng: RNG -> nonNegativeInt(rng) }
        .map { start + (it % (stopExclusive - start)) })
```

다음 버전은 0부터 1 사이에 균등하게 분포된 난수를 얻기 위해 double 함수를 사용하고, 바로 앞 해답(choose)과 아주 비슷한 방법을 적용한다.

```
fun chooseUnbiased(start: Int, stopExclusive: Int): Gen<Int> =
    Gen(State { rng: RNG -> double(rng) }
        .map { start + (it * (stopExclusive - start)) }
        .map { it.toInt() })
```

## 연습문제 8.5

```
fun <A> unit(a: A): Gen<A> = Gen(State.unit(a))

fun boolean(): Gen<Boolean> =
    Gen(State { rng -> nextBoolean(rng) })

fun <A> listOfN(n: Int, ga: Gen<A>): Gen<List<A>> =
    Gen(State.sequence(List(n) { ga.sample }))
```

이 해답은 6장에서 개발한 State API에 크게 의존한다. 우리는 List<State<S, A>>를 State<A, List<A>>로 변환할 수 있는 State.sequence() 함수 해답을 변경했다. n을 포함하는 리스트와 감싸진 sample을 이 상태 전이에 적용하면, 새로운 Gen으로 감싸인 새로운 State들을 돌려받게 된다.

## 연습문제 8.6

```
data class Gen<A>(val sample: State<RNG, A>) {
```

```
        companion object {
            fun <A> listOfN(gn: Gen<Int>, ga: Gen<A>): Gen<List<A>> =
                gn.flatMap { n -> listOfN(n, ga) }
        }

        fun <B> flatMap(f: (A) -> Gen<B>): Gen<B> =
            Gen(sample.flatMap { a -> f(a).sample })
}
```

## 연습문제 8.7

```
fun <A> union(ga: Gen<A>, gb: Gen<A>): Gen<A> =
    boolean().flatMap { if (it) ga else gb }
```

## 연습문제 8.8

```
fun <A> weighted(
    pga: Pair<Gen<A>, Double>,
    pgb: Pair<Gen<A>, Double>
): Gen<A> {
    val (ga, p1) = pga
    val (gb, p2) = pgb
    val prob =
        p1.absoluteValue /
            (p1.absoluteValue + p2.absoluteValue)
    return Gen(State { rng: RNG -> double(rng) })
        .flatMap { d ->
            if (d < prob) ga else gb
        }
}
```

## 연습문제 8.9

```
data class Prop(val run: (TestCases, RNG) -> Result) {
    fun and(other: Prop) = Prop { n, rng ->
        when (val prop = run(n, rng)) {
            is Passed -> other.run(n, rng)
            is Falsified -> prop
        }
```

```
    }

    fun or(other: Prop) = Prop { n, rng ->
        when (val prop = run(n, rng)) {
            is Falsified ->
                other.tag(prop.failure).run(n, rng)
            is Passed -> prop
        }
    }

    private fun tag(msg: String) = Prop { n, rng ->
        when (val prop = run(n, rng)) {
            is Falsified -> Falsified(
                "$msg: ${prop.failure}",
                prop.successes
            )
            is Passed -> prop
        }
    }
}
```

or 조건을 만나서 계산을 계속 진행해야 하는 경우, 왼쪽 실패에 대한 메타데이터를 추가하기 위해 tag 메서드를 도입했다. 속성이 Falsified되면 or 조건의 오른쪽으로 진행하기 전에 실패 메시지로 속성을 마크(또는 태그)할 수 있다. 이런 방식은 아주 단순하지만, 당장은 잘 작동한다.

## 연습문제 8.10

```
data class Gen<A>(val sample: State<RNG, A>) {
    fun unsized(): SGen<A> = SGen { _ -> this }
}
```

## 연습문제 8.11

```
data class SGen<A>(val forSize: (Int) -> Gen<A>) {

    operator fun invoke(i: Int): Gen<A> = forSize(i)
```

```
            fun <B> map(f: (A) -> B): SGen<B> =
                SGen<B> { i -> forSize(i).map(f) }


            fun <B> flatMap(f: (A) -> Gen<B>): SGen<B> =
                SGen<B> { i -> forSize(i).flatMap(f) }
        }
```

## 연습문제 8.12

```
fun listOf(): SGen<List<A>> =
    SGen { i -> Gen.listOfN(i, this) }
```

## 연습문제 8.13

```
fun <A> nonEmptyListOf(ga: Gen<A>): SGen<List<A>> =
    SGen { i -> Gen.listOfN(max(1, i), ga) }


fun maxProp() =
    Prop.forAll(nonEmptyListOf(smallInt)) { ns: List<Int> ->
        val mx = ns.max()
            ?: throw IllegalStateException("max on empty list")
        !ns.exists { it > mx }
    }
```

## 연습문제 8.14

```
val maxProp = forAll(SGen.listOf(smallInt)) { ns ->
    val nss = ns.sorted()
    nss.isEmpty() or         ◀── 리스트가 비어 있을 수 있음
            (nss.size == 1) or   ◀── 리스트에 원소가 하나만 있을 수 있음
            nss.zip(nss.prepend(Int.MIN_VALUE))
                .foldRight(true) { p, b ->
                    val (pa, pb) = p
                    b && (pa >= pb)
                } and         ◀── 리스트가 오름차순이어야 함   │ 리스트에는 정렬되지 않은 리스트의
            nss.containsAll(ns) and                          ◀ 모든 원소가 들어 있어야 함
            !nss.exists { !ns.contains(it) }   ◀── │ 정렬되지 않은 리스트에 들어 있지 않은
}                                                   원소가 리스트 안에 들어 있으면 안 됨
```

## 연습문제 8.15

```
val pint2: Gen<Par<Int>> =
    Gen.choose(0, 20).flatMap { n ->
        Gen.listOfN(n, Gen.choose(-100, 100)).map { ls ->
            ls.foldLeft(unit(0)) { pint, i ->
                fork {
                    map2(pint, unit(i)) { a, b ->
                        a+b
                    }
                }
            }
        }
    }
```

## 연습문제 8.16

```
forAllPar(pint) { x ->
    equal(fork { x }, x)
}
```

## 연습문제 8.17

```
l.takeWhile(f) + l.dropWhile(f) == l

val l = listOf(1, 2, 3, 4, 5)
val f = { i: Int -> i < 3 }
val res0 = l.takeWhile(f) + l.dropWhile(f)

assert(res0 == l)
```

takeWhile이 술어를 만족하는 원소로 이뤄진 가장 긴 접두사를 반환하게 하고 싶다. 이를 표현하는 방법은 다양하지만, 일반적인 아이디어는 (takeWhile이 돌려주는 접두사 뒤에) 남아 있는 리스트(이 리스트가 비어 있지 않다면)의 첫 번째 원소는 주어진 술어를 만족하지 말아야 한다는 것이다.

## B.9 파서 콤비네이터

### 연습문제 9.1

```
override fun <A, B, C> map2(
    pa: Parser<A>,
    pb: () -> Parser<B>,
    f: (A, B) -> C
): Parser<C> =
    (pa product pb).map { (a, b) -> f(a, b) }

override fun <A> many1(p: Parser<A>): Parser<List<A>> =
    map2(p, { p.many() }) { a, b -> listOf(a)+b }
```

### 연습문제 9.2

```
(a product b) product c
a product (b product c)
```

product 콤비네이터가 결합성이 있다면 두 식은 동등한 식이다. 여기서 유일한 차이는 각 쌍이 어떻게 내포돼 있느냐뿐이다. (a product b) product c 파서는 Pair<Pair<A, B>, C>를 반환하지만 a product (b product c) 파서는 Pair<A, Pair<B, C>>를 반환한다. unbiasL과 unbiasR이라는 새 함수를 도입해 이런 구조를 Triple로 평평하게 펼 수 있다.

```
fun <A, B, C> unbiasL(p: Pair<Pair<A, B>, C>): Triple<A, B, C> =
    Triple(p.first.first, p.first.second, p.second)

fun <A, B, C> unbiasR(p: Pair<A, Pair<B, C>>): Triple<A, B, C> =
    Triple(p.first, p.second.first, p.second.second)
```

이런 함수를 도입하고 나면 이제 다음과 같이 결합 법칙을 표현할 수 있다.

```
((a product b) product c).map(::unbiasL) ==
    (a product (b product c)).map(::unbiasR)
```

다음 식에서 표현한 것처럼, 양변에 대한 이런 전단사 함수[bijection]를 ~=라고 부르는 경우가 자주 있다(관련 웹 사이트(http://mng.bz/6mwy)를 보라).

```
(a product b) product c ~= a product (b product c)
```

다른 흥미로운 관찰로 map과 product 간의 관계를 들 수 있다. 두 파서의 product를 취한 후 map을 적용할 수도 있고, map을 먼저 적용한 후 두 파서의 product를 취할 수도 있다. 어느 경우든 행동 방식은 동일하다.

```
a.map(::f) product b.map(::g) ==
    (a product b).map { (a1, b1) -> f(a1) to g(b1) }
```

예를 들어 a와 b가 모두 Parser<String>이고 f와 g가 문자열의 길이를 계산한다면, a와 b의 길이를 계산한 결과에 product를 적용하든, a와 b의 product에 대해 길이를 계산하는 함수를 적용하든 순서는 문제가 되지 않는다.

## 연습문제 9.3

```
fun <A> many(pa: Parser<A>): Parser<List<A>> =
    map2(pa, many(pa)) { a, la ->
        listOf(a) + la
    } or succeed(emptyList())
```

## 연습문제 9.4

```
fun <A> listOfN(n: Int, pa: Parser<A>): Parser<List<A>> =
    if (n > 0)
        map2(pa, listOfN(n - 1, pa)) { a, la ->
            listOf(a) + la
        }
    else succeed(emptyList())
```

## 연습문제 9.5

```
fun <A> defer(pa: () -> Parser<A>): Parser<A> = pa()

fun <A> many(pa: Parser<A>): Parser<List<A>> =
    map2(pa, defer { many(pa) }) { a, la ->
```

```
        listOf(a) + la
    } or succeed(emptyList())
```

이 접근 방식도 작동할 수 있다. 그러나 논란의 여지는 있지만, 이런 방식으로 문제를 해결해서 얻는 이익보다 이 방식이 야기하는 혼동이 더 크다. 이런 이유로 이 방식을 도입하지 않고 우리가 만드는 콤비네이터들이 계속 지연 계산 파서를 사용하지 않게 할 것이다.

## 연습문제 9.6

```
val parser: Parser<Int> = regex("[0-9]+")
    .flatMap { digit: String ->
        val reps = digit.toInt()
        listOfN(reps, char('a')).map { _ -> reps }
    }
```

## 연습문제 9.7

```
fun <A, B> product(
    pa: Parser<A>,
    pb: Parser<B>
): Parser<Pair<A, B>> =
    pa.flatMap { a -> pb.map { b -> a to b } }

fun <A, B, C> map2(
    pa: Parser<A>,
    pb: Parser<B>,
    f: (A, B) -> C
): Parser<C> =
    pa.flatMap { a -> pb.map { b -> f(a, b) } }
```

## 연습문제 9.8

```
fun <A, B> map(pa: Parser<A>, f: (A) -> B): Parser<B> =
    pa.flatMap { a -> succeed(f(a)) }
```

# 연습문제 9.9

```kotlin
abstract class Parsers<PE> {

    // 기본 연산들

    internal abstract fun string(s: String): Parser<String>

    internal abstract fun regex(r: String): Parser<String>

    internal abstract fun <A> slice(p: Parser<A>): Parser<String>

    internal abstract fun <A> succeed(a: A): Parser<A>

    internal abstract fun <A, B> flatMap(
        p1: Parser<A>,
        f: (A) -> Parser<B>
    ): Parser<B>

    internal abstract fun <A> or(
        p1: Parser<out A>,
        p2: () -> Parser<out A>
    ): Parser<A>

    // 다른 콤비네이터들

    internal abstract fun char(c: Char): Parser<Char>

    internal abstract fun <A> many(p: Parser<A>): Parser<List<A>>

    internal abstract fun <A> many1(p: Parser<A>): Parser<List<A>>

    internal abstract fun <A> listOfN(
        n: Int,
        p: Parser<A>
    ): Parser<List<A>>

    internal abstract fun <A, B> product(
        pa: Parser<A>,
        pb: () -> Parser<B>
```

```kotlin
    ): Parser<Pair<A, B>>

    internal abstract fun <A, B, C> map2(
        pa: Parser<A>,
        pb: () -> Parser<B>,
        f: (A, B) -> C
    ): Parser<C>

    internal abstract fun <A, B> map(pa: Parser<A>, f: (A) -> B): Parser<B>

    internal abstract fun <A> defer(pa: Parser<A>): () -> Parser<A>

    internal abstract fun <A> skipR(
        pa: Parser<A>,
        ps: Parser<String>
    ): Parser<A>

    internal abstract fun <B> skipL(
        ps: Parser<String>,
        pb: Parser<B>
    ): Parser<B>

    internal abstract fun <A> sep(
        p1: Parser<A>,
        p2: Parser<String>
    ): Parser<List<A>>

    internal abstract fun <A> surround(
        start: Parser<String>,
        stop: Parser<String>,
        p: Parser<A>
    ): Parser<A>
}

abstract class ParsersDsl<PE> : Parsers<PE>() {

    fun <A> Parser<A>.defer(): () -> Parser<A> = defer(this)

    fun <A, B> Parser<A>.map(f: (A) -> B): Parser<B> =
        this@ParsersDsl.map(this, f)
```

```kotlin
    fun <A> Parser<A>.many(): Parser<List<A>> =
        this@ParsersDsl.many(this)

    infix fun <A> Parser<out A>.or(p: Parser<out A>): Parser<A> =
        this@ParsersDsl.or(this, p.defer())

    infix fun <A, B> Parser<A>.product(p: Parser<B>): Parser<Pair<A, B>> =
        this@ParsersDsl.product(this, p.defer())

    infix fun <A> Parser<A>.sep(p: Parser<String>): Parser<List<A>> =
        this@ParsersDsl.sep(this, p)

    infix fun <A> Parser<A>.skipR(p: Parser<String>): Parser<A> =
        this@ParsersDsl.skipR(this, p)

    infix fun <B> Parser<String>.skipL(p: Parser<B>): Parser<B> =
        this@ParsersDsl.skipL(this, p)

    infix fun <T> T.cons(la: List<T>): List<T> = listOf(this) + la
}

abstract class JSONParsers : ParsersDsl<ParseError>() {

    // {
    // "Company name" : "Microsoft Corporation",
    // "Ticker": "MSFT",
    // "Active": true,
    // "Price": 30.66,
    // "Shares outstanding": 8.38e9,
    // "Related companies": [ "HPQ", "IBM", "YHOO", "DELL", "GOOG" ]
    // }

    val JSON.parser: Parser<JSON>
        get() = succeed(this)

    val String.rp: Parser<String>
        get() = regex(this)

    val String.sp: Parser<String>
        get() = string(this)
```

```
fun thru(s: String): Parser<String> =
    ".*?${Pattern.quote(s)}".rp

val quoted: Parser<String> =
    "\"".sp skipL thru("\"").map { it.dropLast(1) }

val doubleString: Parser<String> =
    "[-+]?([0-9]*\\.)?[0-9]+([eE][-+]?[0-9]+)?".rp

val double: Parser<Double> = doubleString.map { it.toDouble() }

val lit: Parser<JSON> =
    JNull.parser or
        double.map { JNumber(it) } or
        JBoolean(true).parser or
        JBoolean(false).parser or
        quoted.map { JString(it) }

val value: Parser<JSON> = lit or obj() or array()

val keyval: Parser<Pair<String, JSON>> =
    quoted product (":".sp skipL value)

val whitespace: Parser<String> = """\s*""".rp

val eof: Parser<String> = """\z""".rp

fun array(): Parser<JArray> =
    surround("[".sp, "]".sp,
        (value sep ",".sp).map { vs -> JArray(vs) })

fun obj(): Parser<JObject> =
    surround("{".sp, "}".sp,
        (keyval sep ",".sp).map { kvs -> JObject(kvs.toMap()) })

fun <A> root(p: Parser<A>): Parser<A> = p skipR eof

val jsonParser: Parser<JSON> =
    root(whitespace skipL (obj() or array()))
}
```

## 연습문제 9.10

오류가 발생한 경우, 이 파서는 가장 많은 문자를 소비한 후 오류를 반환한다.

```
fun <A> furthest(pa: Parser<A>): Parser<A>
```

오류가 발생한 경우, 이 파서는 가장 최근에 발생한 오류를 반환한다.

```
fun <A> latest(pa: Parser<A>): Parser<A>
```

## 연습문제 9.11

```
abstract class Parser : ParserDsl<ParseError>() {
    override fun string(s: String): Parser<String> =
        { state: State ->
            when (val idx =
                firstNonMatchingIndex(state.input, s, state.offset)) {
                is None ->
                    Success(s, s.length)
                is Some ->
                    Failure(
                        state.advanceBy(idx.t).toError("'$s'"),
                        idx.t != 0
                    )
            }
        }

    private fun firstNonMatchingIndex(
        s1: String,
        s2: String,
        offset: Int
    ): Option<Int> {
        var i = 0
        while (i < s1.length && i < s2.length) {
            if (s1[i + offset] != s2[i])
                return Some(i)
            else i += 1
        }
        return if (s1.length - offset >= s2.length) None
```

```
            else Some(s1.length - offset)
        }

    private fun State.advanceBy(i: Int) =
        this.copy(offset = this.offset + i)

    override fun regex(r: String): Parser<String> =
        { state: State ->
            when (val prefix = state.input.findPrefixOf(r.toRegex())) {
                is Some ->
                    Success(prefix.t.value, prefix.t.value.length)
                is None ->
                    Failure(state.toError("regex ${r.toRegex()}"))
            }
        }

    private fun String.findPrefixOf(r: Regex): Option<MatchResult> =
        r.find(this).toOption().filter { it.range.first == 0 }

    override fun <A> succeed(a: A): Parser<A> = { Success(a, 0) }

    override fun <A> slice(p: Parser<A>): Parser<String> =
        { state: State ->
            when (val result = p(state)) {
                is Success ->
                    Success(state.slice(result.consumed), result.consumed)
                is Failure -> result
            }
        }
    private fun State.slice(n: Int) =
        this.input.substring(this.offset..this.offset + n)
}
```

## 연습문제 9.12

```
override fun string(s: String): Parser<String> =
    { state: State ->
        when (val idx =
            firstNonMatchingIndex(state.input, s, state.offset)) {
```

```
            is None ->
                Success(s, s.length)
            is Some ->
                Failure(
                    state.advanceBy(idx.t).toError("'$s'"),
                    idx.t != 0
                )
        }
    }
```

## 연습문제 9.13

```
override fun <A> run(p: Parser<A>, input: String): Result<A> =
    p(Location(input))
```

## 연습문제 9.14

```
data class ParseError(
    val stack: List<Pair<Location, String>> = emptyList()
) {

    fun push(loc: Location, msg: String): ParseError =
        this.copy(stack = listOf(loc to msg) + stack)

    fun label(s: String): ParseError =
        ParseError(latestLoc()
            .map { it to s }
            .toList())

    private fun latest(): Option<Pair<Location, String>> =
        stack.lastOrNone()

    private fun latestLoc(): Option<Location> = latest().map { it.first }

    /*
     * 압축된 오류 스택을 표시한다 - 같은 위치에서 발생한 연속적인 스택 요소는 한 줄로
     * 합쳐진다. 가장 바닥의 오류에 대해, 우리는 전체 줄을 표시하되
     * 캐럿(^)을 사용해 오류가 발생한 열을 알려준다
     *
```

```
     * 예제:
     * 1.1 file 'companies.json'; array
     * 5.1 object
     * 5.2 key-value
     * 5.10 ':'
     * { "MSFT" ; 24,
     *           ^
     */
    override fun toString(): String =
        if (stack.isEmpty()) "no error message"
        else {
            val collapsed = collapseStack(stack)
            val context =
                collapsed.lastOrNone()
                    .map { "\n\n" + it.first.line }
                    .getOrElse { "" } +
                collapsed.lastOrNone()
                    .map { "\n" + it.first.col }
                    .getOrElse { "" }

            collapsed.joinToString { (loc, msg) ->
                "${loc.line}.${loc.col} $msg"
            } + context
        }


    /* 주어진 오류 스택의 압축된 버전을 만든다
     * - 같은 위치에서 발생한 메시지를 콜론을 사용해 구분하면서 병합한다
     */
    private fun collapseStack(
        stk: List<Pair<Location, String>>
    ): List<Pair<Location, String>> =
        stk.groupBy { it.first }
            .mapValues { it.value.joinToString() }
            .toList()
            .sortedBy { it.first.offset }
}
```

## B.10 모노이드

### 연습문제 10.1

```kotlin
fun intAddition(): Monoid<Int> = object : Monoid<Int> {

    override fun combine(a1: Int, a2: Int): Int = a1 + a2

    override val nil: Int = 0
}

fun intMultiplication(): Monoid<Int> = object : Monoid<Int> {

    override fun combine(a1: Int, a2: Int): Int = a1 * a2

    override val nil: Int = 1
}

fun booleanOr(): Monoid<Boolean> = object : Monoid<Boolean> {

    override fun combine(a1: Boolean, a2: Boolean): Boolean = a1 || a2

    override val nil: Boolean = false
}

fun booleanAnd(): Monoid<Boolean> = object : Monoid<Boolean> {
    override fun combine(a1: Boolean, a2: Boolean): Boolean = a1 && a2

    override val nil: Boolean = true
}
```

### 연습문제 10.2

```kotlin
fun <A> optionMonoid(): Monoid<Option<A>> = object : Monoid<Option<A>> {

    override fun combine(a1: Option<A>, a2: Option<A>): Option<A> =
        a1.orElse { a2 }
```

```
        override val nil: Option<A> = None
}

fun <A> dual(m: Monoid<A>): Monoid<A> = object : Monoid<A> {

    override fun combine(a1: A, a2: A): A = m.combine(a2, a1)

    override val nil: A = m.nil
}

fun <A> firstOptionMonoid() = optionMonoid<A>()

fun <A> lastOptionMonoid() = dual(firstOptionMonoid<A>())
```

op를 구현할 때는 한 가지를 선택해야 한다는 점을 알아두자. 옵션들을 합성할 때는 두 방향 중 어느 한쪽을 택해야 한다. 두 구현 모두 모노이드 법칙을 만족하지만 둘은 서로 동등하지 않다. 일반적으로도 그렇다. 즉, 모든 모노이드에는 op가 대상을 역순으로 조합하는 쌍대 모노이드가 존재한다. booleanOr이나 intAddition 같은 모노이드는 op가 결합 법칙과 교환 법칙을 모두 만족하기 때문에 각각의 쌍대 모노이드와 동등하다.

## 연습문제 10.3

```
fun <A> endoMonoid(): Monoid<(A) -> A> =
    object : Monoid<(A) -> A> {
        override fun combine(a1: (A) -> A, a2: (A) -> A): (A) -> A =
            { a -> a1(a2(a)) }

        override val nil: (A) -> A
            get() = { a -> a }
    }

fun <A> endoMonoidComposed(): Monoid<(A) -> A> =
    object : Monoid<(A) -> A> {
        override fun combine(a1: (A) -> A, a2: (A) -> A): (A) -> A =
            a1 compose a2

        override val nil: (A) -> A
```

```
            get() = { it }
    }


```

## 연습문제 10.4

```
fun <A> monoidLaws(m: Monoid<A>, gen: Gen<A>) =
    forAll(
        gen.flatMap { a ->
            gen.flatMap { b ->
                gen.map { c ->
                    Triple(a, b, c)
                }
            }
        }
    ) { (a, b, c) ->
        m.combine(a, m.combine(b, c)) == m.combine(m.combine(a, b), c) &&
            m.combine(m.nil, a) == m.combine(a, m.nil) &&
                m.combine(m.nil, a) == a
    }

class AssociativitySpec : WordSpec({
    val max = 100
    val count = 100
    val rng = SimpleRNG(42)
    val intGen = Gen.choose(-10000, 10000)

    "law of associativity" should {
        "be upheld using existing monoids" {
            monoidLaws(intAdditionMonoid, intGen)
                .check(max, count, rng) shouldBe Passed
            monoidLaws(intMultiplicationMonoid, intGen)
                .check(max, count, rng) shouldBe Passed
        }
    }
})
```

## 연습문제 10.5

```
fun <A, B> foldMap(la: List<A>, m: Monoid<B>, f: (A) -> B): B =
    la.foldLeft(m.nil, { b, a -> m.combine(b, f(a)) })
```

## 연습문제 10.6

```
fun <A, B> foldRight(la: Sequence<A>, z: B, f: (A, B) -> B): B =
    foldMap(la, endoMonoid()) { a: A -> { b: B -> f(a, b) } }(z)
```

커리를 사용하면 (A, B) -> B라는 함수 타입이 (A) -> (B) -> B가 된다. 그리고 (B) -> B는 물론 모든 B에 대해 (함수 합성을 통해) 모노이드다.

```
fun <A, B> foldLeft(la: Sequence<A>, z: B, f: (B, A) -> B): B =
    foldMap(la, dual(endoMonoid())) { a: A -> { b: B -> f(b, a) } }(z)
```

왼쪽을 접는 것도 같다. 단지 f의 인자 순서를 뒤집어서 B 타입의 값을 제 위치에 넣어야 한다. 그 후 이 모노이드를 '뒤집어' 왼쪽에서 오른쪽으로 작동하게 해야만 한다.

## 연습문제 10.7

```
fun <A, B> foldMap(la: List<A>, m: Monoid<B>, f: (A) -> B): B =
    when {
        la.size >= 2 -> {
            val (la1, la2) = la.splitAt(la.size / 2)
            m.combine(foldMap(la1, m, f), foldMap(la2, m, f))
        }
        la.size == 1 ->
            f(la.first())
        else -> m.nil
    }
```

## 연습문제 10.8

```
fun <A> par(m: Monoid<A>): Monoid<Par<A>> = object : Monoid<Par<A>> {

    override fun combine(pa1: Par<A>, pa2: Par<A>): Par<A> =
```

```
            map2(pa1, pa2) { a1: A, a2: A ->     ◄─┐ 7장의 map2를 사용해
                m.combine(a1, a2)                  │ 두 Par 인스턴스를 조합함
            }


        override val nil: Par<A>
            get() = unit(m.nil)     ◄─┐ 7장의 unit을 사용해 Par의
}                                     │ 영(0) 값(항등원)을 감쌈

fun <A, B> parFoldMap(
    la: List<A>,
    pm: Monoid<Par<B>>,
    f: (A) -> B
): Par<B> =
    when {
        la.size >= 2 -> {
            val (la1, la2) = la.splitAt(la.size / 2)
            pm.combine(parFoldMap(la1, pm, f), parFoldMap(la2, pm, f))
        }
        la.size == 1 ->
            unit(f(la.first()))
        else -> pm.nil
    }


parFoldMap(
    listOf("lorem", "ipsum", "dolor", "sit"),       ┐ par를 사용해 Monoid⟨A⟩를
    par(stringMonoid),                          ◄───┘ Monoid⟨Par⟨A⟩⟩로 승격시킴
    { it.toUpperCase() }                  ┐ 실행기 서비스를 적용하고
)(es).invoke { cb -> result.set(cb) }   ◄─┘ Future에 대해 콜백 함수를 호출함
```

## 연습문제 10.9

```
typealias TrackingState = Triple<Int, Int, Boolean>

val m = object : Monoid<Option<TrackingState>> {
    override fun combine(
        a1: Option<TrackingState>,
        a2: Option<TrackingState>
    ): Option<TrackingState> =
        when (a1) {
```

```
                is None -> a2
                is Some ->
                    when (a2) {
                        is None -> a1
                        is Some -> Some(
                            Triple(
                                min(a1.t.first, a2.t.first),
                                max(a1.t.second, a2.t.second),
                                a1.t.third &&
                                    a2.t.third &&
                                    a1.t.second <= a2.t.first
                            )
                        )
                    }
            }
    override val nil: Option<TrackingState> = None
}


fun ordered(ints: Sequence<Int>): Boolean =
    foldMap(ints, m) { i: Int -> Some(TrackingState(i, i, true)) }
        .map { it.third }
        .getOrElse { true }
```

## 연습문제 10.10

```
fun wcMonoid(): Monoid<WC> = object : Monoid<WC> {
    override fun combine(a1: WC, a2: WC): WC =
        when (a1) {
            is Stub -> when (a2) {
                is Stub ->
                    Stub(a1.chars + a2.chars)
                is Part ->
                    Part(a1.chars + a2.ls, a2.words, a2.rs)
            }
            is Part -> when (a2) {
                is Stub ->
                    Part(a1.ls, a1.words, a1.rs + a2.chars)
                is Part ->
                    Part(
```

```
                    a1.ls,
                    a1.words + a2.words +
                        (if ((a1.rs + a2.ls).isEmpty()) 0 else 1),
                    a2.rs
                )
            }
        }

    override val nil: WC
        get() = Stub("")
}
```

## 연습문제 10.11

```
fun wordCount(s: String): Int {

    fun wc(c: Char): WC =
        if (c.isWhitespace()) Part("", 0, "")
        else Stub("$c")

    fun unstub(s: String): Int = min(s.length, 1)

    val WCM = wcMonoid()
    return when (val wc = foldMap(s.asSequence(), WCM) { wc(it) }) {
        is Stub -> unstub(wc.chars)
        is Part -> unstub(wc.rs) + wc.words + unstub(wc.rs)
    }
}
```

## 연습문제 10.12

```
interface Foldable<F> {

    fun <A, B> foldRight(fa: Kind<F, A>, z: B, f: (A, B) -> B): B =
        foldMap(fa, endoMonoid()) { a: A -> { b: B -> f(a, b) } }(z)

    fun <A, B> foldLeft(fa: Kind<F, A>, z: B, f: (B, A) -> B): B =
        foldMap(fa, dual(endoMonoid())) { a: A -> { b: B -> f(b, a) } }(z)
```

```
    fun <A, B> foldMap(fa: Kind<F, A>, m: Monoid<B>, f: (A) -> B): B =
        foldRight(fa, m.nil, { a, b -> m.combine(f(a), b) })
}
```

## 연습문제 10.13

```
object ListFoldable : Foldable<ForList> {

    override fun <A, B> foldRight(
        fa: ListOf<A>,
        z: B,
        f: (A, B) -> B
    ): B =
        fa.fix().foldRight(z, f)

    override fun <A, B> foldLeft(
        fa: ListOf<A>,
        z: B,
        f: (B, A) -> B
    ): B =
        fa.fix().foldLeft(z, f)
}
```

## 연습문제 10.14

```
object TreeFoldable : Foldable<ForTree> {
    override fun <A, B> foldMap(
        fa: TreeOf<A>,
        m: Monoid<B>,
        f: (A) -> B
    ): B =
        when (val t = fa.fix()) {
            is Leaf ->
                f(t.value)
            is Branch ->
                m.combine(foldMap(t.left, m, f), foldMap(t.right, m, f))
        }
}
```

## 연습문제 10.15

```
object OptionFoldable : Foldable<ForOption> {
    override fun <A, B> foldMap(
        fa: OptionOf<A>,
        m: Monoid<B>,
        f: (A) -> B
    ): B =
        when (val o = fa.fix()) {
            is None -> m.nil
            is Some -> f(o.get)
        }
}
```

## 연습문제 10.16

```
fun <A> toList(fa: Kind<F, A>): List<A> =
    foldLeft(fa, List.empty(), { la, a -> Cons(a, la) })
```

## 연습문제 10.17

```
fun <A, B> productMonoid(
    ma: Monoid<A>,
    mb: Monoid<B>
): Monoid<Pair<A, B>> =
    object : Monoid<Pair<A, B>> {
        override fun combine(a1: Pair<A, B>, a2: Pair<A, B>): Pair<A, B> =
            ma.combine(a1.first, a2.first) to
                mb.combine(a1.second, a2.second)

        override val nil: Pair<A, B>
            get() = ma.nil to mb.nil
    }
```

## 연습문제 10.18

```
fun <A, B> functionMonoid(b: Monoid<B>): Monoid<(A) -> B> =
    object : Monoid<(A) -> B> {
        override fun combine(f: (A) -> B, g: (A) -> B): (A) -> B =
```

```
            { a: A -> b.combine(f(a), g(a)) }

        override val nil: (A) -> B =
            { a -> b.nil }
    }
```

## 연습문제 10.19

```
object ListFoldable : Foldable<ForList> {

    override fun <A, B> foldRight(
        fa: ListOf<A>,
        z: B,
        f: (A, B) -> B
    ): B =
        fa.fix().foldRight(z, f)

    fun <A> bag(la: List<A>): Map<A, Int> =
        foldMap(la, mapMergeMonoid<A, Int>(intAdditionMonoid)) { a: A ->
            mapOf(a to 1)
        }
}
```

# B.11 모나드와 펑터

## 연습문제 11.1

```
object Monads {

    fun parMonad() = object : Monad<ForPar> {

        override fun <A> unit(a: A): ParOf<A> = Par.unit(a)

        override fun <A, B> flatMap(
            fa: ParOf<A>,
            f: (A) -> ParOf<B>
        ): ParOf<B> =
            fa.fix().flatMap { f(it).fix() }
    }
```

```kotlin
fun optionMonad() = object : Monad<ForOption> {

    override fun <A> unit(a: A): OptionOf<A> = Some(a)

    override fun <A, B> flatMap(
        fa: OptionOf<A>,
        f: (A) -> OptionOf<B>
    ): OptionOf<B> =
        fa.fix().flatMap { f(it).fix() }
}

fun listMonad() = object : Monad<ForList> {

    override fun <A> unit(a: A): ListOf<A> = List.of(a)

    override fun <A, B> flatMap(
        fa: ListOf<A>,
        f: (A) -> ListOf<B>
    ): ListOf<B> =
        fa.fix().flatMap { f(it).fix() }
}

fun listKMonad() = object : Monad<ForListK> {

    override fun <A> unit(a: A): ListKOf<A> = ListK.just(a)

    override fun <A, B> flatMap(
        fa: ListKOf<A>,
        f: (A) -> ListKOf<B>
    ): ListKOf<B> =
        fa.fix().flatMap(f)
}

fun sequenceKMonad() = object : Monad<ForSequenceK> {

    override fun <A> unit(a: A): Kind<ForSequenceK, A> =
        SequenceK.just(a)

    override fun <A, B> flatMap(
        fa: Kind<ForSequenceK, A>,
```

```
            f: (A) -> Kind<ForSequenceK, B>
        ): Kind<ForSequenceK, B> =
            fa.fix().flatMap(f)
    }
}
```

## 연습문제 11.2

```
data class State<S, out A>(val run: (S) -> Pair<A, S>) : StateOf<S, A>

sealed class ForState private constructor() {
    companion object
}

typealias StateOf<S, A> = Kind2<ForState, S, A>

fun <S, A> StateOf<S, A>.fix() = this as State<S, A>

typealias StatePartialOf<S> = Kind<ForState, S>

interface StateMonad<S> : Monad<StatePartialOf<S>> {

    override fun <A> unit(a: A): StateOf<S, A>

    override fun <A, B> flatMap(
        fa: StateOf<S, A>,
        f: (A) -> StateOf<S, B>
    ): StateOf<S, B>
}
```

## 연습문제 11.3

```
fun <A> sequence(lfa: List<Kind<F, A>>): Kind<F, List<A>> =
    lfa.foldRight(
        unit(List.empty<A>()),
        { fa: Kind<F, A>, fla: Kind<F, List<A>> ->
            map2(fa, fla) { a: A, la: List<A> -> Cons(a, la) }
        }
    )
```

```
fun <A, B> traverse(
    la: List<A>,
    f: (A) -> Kind<F, B>
): Kind<F, List<B>> =
    la.foldRight(
        unit(List.empty<B>()),
        { a: A, acc: Kind<F, List<B>> ->
            map2(f(a), acc) { b: B, lb: List<B> -> Cons(b, lb) }
        }
    )
```

## 연습문제 11.4

```
fun <A> replicateM(n: Int, ma: Kind<F, A>): Kind<F, List<A>> =
    when (n) {
        0 -> unit(List.empty())
        else ->
            map2(ma, replicateM(n - 1, ma)) { m: A, ml: List<A> ->
                Cons(m, ml)
            }
    }

fun <A> _replicateM(n: Int, ma: Kind<F, A>): Kind<F, List<A>> =
    sequence(List.fill(n, ma))
```

## 연습문제 11.5

List의 경우 replicateM 함수가 리스트의 리스트를 생성한다. 이 리스트에는 입력 리스트에서 선택한 길이가 n인 모든 리스트가 포함된다.

Option의 경우 replicateM은 입력이 Some 또는 None 중 어느 것이었는지에 따라 Some이나 None을 생성한다. Some의 경우, 입력 Option에 들어 있는 원소를 n번 반복한 리스트가 들어 있게 된다.

replicateM은 ma 모나드 값을 n번 반복하고 그 결과를 하나의 값에 모아준다. 여기서 반복된 값을 어떻게 조합할지는 모나드 F에 따라 달라진다.

## 연습문제 11.6

```
fun <A> filterM(
    ms: List<A>,
    f: (A) -> Kind<F, Boolean>
): Kind<F, List<A>> =
    when (ms) {
        is Nil -> unit(Nil)
        is Cons ->
            flatMap(f(ms.head)) { succeed ->
                if (succeed) map(filterM(ms.tail, f)) { tail ->
                    Cons(ms.head, tail)
                } else filterM(ms.tail, f)
            }
    }
```

- Par의 경우 filterM은 병렬로 함수를 적용하면서 리스트를 걸러낸다.
- Option의 경우 filterM은 리스트를 걸러내되 걸러내는 함수가 실패하는 것을 허용하고, 실패가 일어난 경우에는 필터 계산을 중간에서 포기한다.
- Gen의 경우 filterM은 입력 리스트의 하위 집합들을 생성하는 생성기를 만든다. 여기서 f 함수는 Gen<Boolean> 형태 안에 들어 있는 각 원소의 '가중치'를 선택한다.

## 연습문제 11.7

```
fun <A, B, C> compose(
    f: (A) -> Kind<F, B>,
    g: (B) -> Kind<F, C>
): (A) -> Kind<F, C> =
    { a: A -> flatMap(f(a)) { b: B -> g(b) } }
```

## 연습문제 11.8

```
fun <A, B> flatMap(fa: Kind<F, A>, f: (A) -> Kind<F, B>): Kind<F, B> =
    compose<Unit, A, B>({ _ -> fa }, f)(Unit)
```

## 연습문제 11.9

```
val f: (A) -> Kind<F, A>
val x: Kind<F, A>
val v: A
```

오른쪽 항등원 법칙은 다음과 같이 축약될 수 있다.

```
compose(f, { a: A -> unit(a) })(v) == f(v)
{ b: A -> flatMap(f(b), { a: A -> unit(a) }) }(v) == f(v)
flatMap(f(v)) { a: A -> unit(a) } == f(v)
flatMap(x) { a: A -> unit(a) } == x
```

왼쪽 항등원 법칙은 다음과 같이 축약될 수 있다.

```
compose({ a: A -> unit(a) }, f)(v) == f(v)
{ b: A -> flatMap({ a: A -> unit(a) }(b), f) }(v) == f(v)
{ b: A -> flatMap(unit(b), f) }(v) == f(v)
flatMap(unit(v), f) == f(v)
```

따라서 마지막 증명을 다음과 같이 표현할 수 있다.

```
flatMap(x) { a -> unit(a) } == x
flatMap(unit(v), f) == f(v)
```

## 연습문제 11.10

```
flatMap(None) { a: A -> Some(a) } == None
None == None

flatMap(Some(v)) { a: A -> Some(a) } == Some(v)
Some(v) == Some(v)

flatMap(Some(None)) { a -> Some(a) } == Some(None)
Some(None) == Some(None)

flatMap(Some(Some(v))) { a -> Some(a) } == Some(Some(v))
Some(Some(v)) == Some(Some(v))
```

## 연습문제 11.11

```
fun <A> join(mma: Kind<F, Kind<F, A>>): Kind<F, A> =
flatMap(mma) { ma -> ma }
```

## 연습문제 11.12

```
fun <A, B> flatMap(fa: Kind<F, A>, f: (A) -> Kind<F, B>): Kind<F, B> =
    join(map(fa, f))

fun <A, B, C> compose(
    f: (A) -> Kind<F, B>,
    g: (B) -> Kind<F, C>
): (A) -> Kind<F, C> =
    { a -> join(map(f(a), g)) }
```

## 연습문제 11.13

먼저 앞에서 구축한 전제를 바탕으로 flatMap으로 표현된 결합 법칙을 살펴본다.

```
flatMap(flatMap(x, f), g) ==
    flatMap(x) { a -> flatMap(f(a), g) }
```

이를 다르게 표현하기 위해 f와 g를 항등함수로 치환할 수 있고, x를 y라는 종류$^{kind}$로 바꿀 수 있다.

```
flatMap(flatMap(y, z)) { b -> b } ==
    flatMap(y) { a -> flatMap(z(a)) { b -> b } }

flatMap(flatMap(y, z)) { it } ==
    flatMap(y) { a -> flatMap(a) { it } }
```

또 연습문제 11.12를 통해 join이 flatMap과 항등함수를 결합한 것임을 알고 있다.

```
flatMap(join(y)) { it } ==
    flatMap(y) { join(it) }

join(join(y)) ==
```

```
flatMap(y) { join(it) }
```

또한 연습문제 11.11에서는 flatMap을 map과 join을 사용해 표현할 수 있음도 알게 됐다. 따라서 마지막 flatMap을 소거할 수 있다.

```
join(join(y)) ==
    join(map(y) { join(it) })
```

마지막으로, join(y)를 unit(x)로 치환한다. 이들은 모두 Kind<F, A>라는 결론에 도달할 수 있다.

```
join(unit(x)) ==
    join(map(x) { unit(it) })
```

## 연습문제 11.14

Par의 경우 join 콤비네이터는 '내부 스레드가 끝날 때까지 외부 스레드를 대기시켜' 같은 의미다. 이 법칙이 말하는 바는 3단계 깊이의 스레드를 시작하는 스레드가 하나 있다면, join으로 내부 스레드들의 완료를 기다린 후 바깥쪽 스레드를 join으로 기다리는 것이 외부 스레드를 기다린 후 내부 스레드들을 기다리는 것과 마찬가지라는 것이다.

Parser의 경우 join 콤비네이터는 외부 파서를 실행해서 Parser를 만들고 그 후 그 내부 파서(외부 파서가 만들어낸 파서)를 나머지 입력에 대해 실행하는 것이다. 결합 법칙이 말하는 바는, 대략적으로 말해 내포의 순서만 문제가 된다는 것이다. 파서를 실행하는 순서에 영향을 끼치는 것은 바로 내포 순서뿐이기 때문이다.

## 연습문제 11.15

Gen의 왼쪽 항등원 법칙은 unit(a)에 의해 생성된 값(이 값은 항상 a이다)에 f를 적용한 결과는 항상 f(a)가 반환하는 생성기와 같다는 뜻이다.

Gen의 오른쪽 항등원 법칙은 unit을 어떤 생성기 안의 값 a에 적용한 결과는 모든 면에서 a 자신과 다르지 않다는 뜻이다.

List의 왼쪽 항등원 법칙은 리스트를 싱글턴 List로 감싼 후 그 결과를 평평하게 한 것과 리스트에 대해 아무 일도 하지 않은 것이 같다는 뜻이다.

List의 오른쪽 항등원 법칙은 리스트에서 모든 값을 취해 각각을 싱글턴 List로 감싼 후 그 결과를 평평하게 하면 원래의 리스트를 얻는다는 뜻이다.

## 연습문제 11.16

```
data class Id<out A>(val a: A) : IdOf<A> {
    companion object {
        fun <A> unit(a: A): Id<A> = Id(a)
    }

    fun <B> flatMap(f: (A) -> Id<B>): Id<B> = f(this.a)
    fun <B> map(f: (A) -> B): Id<B> = unit(f(this.a))
}

class ForId private constructor() {
    companion object
}

typealias IdOf<A> = Kind<ForId, A>

fun <A> IdOf<A>.fix() = this as Id<A>

fun idMonad() = object : Monad<ForId> {
    override fun <A> unit(a: A): IdOf<A> =
        Id.unit(a)

    override fun <A, B> flatMap(fa: IdOf<A>, f: (A) -> IdOf<B>): IdOf<B> =
        fa.fix().flatMap { a -> f(a).fix() }

    override fun <A, B> map(fa: IdOf<A>, f: (A) -> B): IdOf<B> =
        fa.fix().map(f)
}
```

## 연습문제 11.17

```
fun replicateIntState(): StateOf<Int, List<Int>> =
    intMonad.replicateM(5, stateA)

fun map2IntState(): StateOf<Int, Int> =
    intMonad.map2(stateA, stateB) { a, b ->a*b}

fun sequenceIntState(): StateOf<Int, List<Int>> =
    intMonad.sequence(List.of(stateA, stateB))
```

State의 replicateM은 같은 상태 전이를 정해진 횟수만큼 반복하고 결과의 리스트를 돌려준다. 이 함수는 같은 상태를 여러 번 전달하지 않고 호출을 서로 연쇄해서 먼저 실행한 상태 전이의 결과로 얻은 상태를 다음 전이로 전달한다.

map2도 두 상태 전이를 받아 한 상태 전이의 출력을 다른 상태 전이의 입력으로 전달한다는 점에서 비슷하게 작동한다. 다만, 출력을 리스트에 넣지 않고 f 함수와 함께 조합해 돌려준다.

sequence는 상태 전이만으로 이뤄진 리스트를 얻어서 replicateM과 똑같은 유형의 일을 수행한다. sequence는 첫 번째 상태 전이의 결과를 다음 상태 전이에 전달하고, 그 상태 전이의 결과를 다시 그다음 상태 전이에 전달하는 과정을 반복한다. 그리고 결과를 리스트에 누적시킨다.

## 연습문제 11.18

```
getState<Int>().flatMap { a -> setState(a) } == unit<Int, Unit>(Unit)

setState<Int>(1).flatMap { _ -> getState<Int>() } == unit<Int, Int>(1)
```

## 연습문제 11.19

```
sealed class ForReader private constructor() {
    companion object
}
```

```
typealias ReaderOf<R, A> = Kind2<ForReader, R, A>

typealias ReaderPartialOf<R> = Kind<ForReader, R>

fun <R, A> ReaderOf<R, A>.fix() = this as Reader<R, A>

interface ReaderMonad<R> : Monad<ReaderPartialOf<R>>

data class Reader<R, A>(val run: (R) -> A) : ReaderOf<R, A> {

    companion object {
        fun <R, A> unit(a: A): Reader<R, A> = Reader{a}
    }

    fun <B> map(f: (A) -> B): Reader<R, B> =
        this.flatMap { a: A -> unit<R, B>(f(a)) }

    fun <B> flatMap(f: (A) -> Reader<R, B>): Reader<R, B> =
        Reader { r: R -> f(run(r)).run(r) }

    fun <A> ask(): Reader<R, R> = Reader { r -> r }
}

fun <R> readerMonad() = object : ReaderMonad<R> {
    override fun <A> unit(a: A): ReaderOf<R, A> =
        Reader { a }

    override fun <A, B> flatMap(
        fa: ReaderOf<R, A>,
        f: (A) -> ReaderOf<R, B>
    ): ReaderOf<R, B> =
        fa.fix().flatMap { a -> f(a).fix() }
}
```

여기서 flatMap의 동작은 r 인자를 바깥 Reader에 전달하고 f의 결과를 내부 Reader에 전달하는 것이다. 이는 State가 상태를 전달하는 것과 비슷하다. 다만 Reader의 경우 '상태'가 읽기 전용이라는 점만 다를 뿐이다.

여기서 sequence는 함수의 리스트를 함수로 변환하는 함수다. 이렇게 변환된 함수는 인자를 하나 받고, 원래의 리스트에 들어 있던 모든 함수에 그 인자를 전달해서 얻은 결과들로 이뤄진 리스트를 반환한다.

join의 의미는 단순히 이항 함수의 양쪽 인자로 같은 값을 전달하는 것이다.

replicateM의 의미는 같은 원소를 같은 인자에 정해진 횟수만큼 적용해서 결과의 리스트를 반환하는 것이다. 여기서 함수가 순수한(꼭 순수 함수여야만 한다) 함수라는 특색을 활용하면, 함수를 여러 번 호출할 필요 없이 단 한 번만 호출하고 그 결과를 중복시켜서 결과를 내놓을 수 있다. 이 말은 Reader 모나드가 아주 효율적인 구현을 제공하도록 replicateM을 오버라이드할 수 있다는 뜻이다.

# B.12 적용 가능 펑터와 순회 가능 펑터

## 연습문제 12.1

```
fun <A> sequence(lfa: List<Kind<F, A>>): Kind<F, List<A>> =
    traverse(lfa) { it }

fun <A> replicateM(n: Int, ma: Kind<F, A>): Kind<F, List<A>> =
    sequence(List.fill(n, ma))

fun <A, B> product(
    ma: Kind<F, A>,
    mb: Kind<F, B>
): Kind<F, Pair<A, B>> =
    map2(ma, mb) { a, b -> a to b }
```

## 연습문제 12.2

```
interface Applicative<F> : Functor<F> {

    fun <A, B> apply(
        fab: Kind<F, (A) -> B>,
        fa: Kind<F, A>          ┐ apply를 map2와 unit을
    ): Kind<F, B> =   ◀──────── ┘ 사용해 정의함
        map2(fa, fab) { a, f -> f(a) }
```

```
    fun <A> unit(a: A): Kind<F, A>

    override fun <A, B> map(
        fa: Kind<F, A>,
        f: (A) -> B
    ): Kind<F, B> =
        apply(unit(f), fa)

    fun <A, B, C> map2(
        fa: Kind<F, A>,
        fb: Kind<F, B>,
        f: (A, B) -> C
    ): Kind<F, C> =
        apply(apply(unit(f.curried()), fa), fb)
}
```

map을 apply와 unit을 사용해 정의함

map2를 apply와 unit을 사용해 정의함

## 연습문제 12.3

```
fun <A, B, C, D> map3(
    fa: Kind<F, A>,
    fb: Kind<F, B>,
    fc: Kind<F, C>,
    f: (A, B, C) -> D
): Kind<F, D> =
    apply(apply(apply(unit(f.curried()), fa), fb), fc)

fun <A, B, C, D, E> map4(
    fa: Kind<F, A>,
    fb: Kind<F, B>,
    fc: Kind<F, C>,
    fd: Kind<F, D>,
    f: (A, B, C, D) -> E
): Kind<F, E> =
    apply(apply(apply(apply(unit(f.curried()), fa), fb), fc), fd)
```

## 연습문제 12.4

```
fun <A> sequence(lsa: List<Stream<A>>): Stream<List<A>>
```

이 코드는 리스트를 전치$^{transpose}$시킨다. 즉, 여러분은 행$^{row}$으로 이뤄진 리스트로 시작하며, 이 리스트의 각 행은 같은 값을 갖는(개수는 무한할 수도 있음) 스트림이다. 그 결과로, 여러분은 리스트들로 이뤄진 스트림을 얻는다. 각 리스트는 각 스트림에서 주어진 인덱스 위치의 열$^{column}$ 값을 표현한다.

예를 들어 각 스트림이 다음과 같은 무한한 단일 값으로 채워진 Stream(행)의 List를 생각해보자.

| Stream의 List | 열 1 | 열 2 | 열 3 | 열 4 |
|---|---|---|---|---|
| 스트림 1 | 1 | 1 | 1 | 1 |
| 스트림 2 | 2 | 2 | 2 | 2 |
| 스트림 3 | 3 | 3 | 3 | 3 |
| 스트림 4 | 4 | 4 | 4 | 4 |

sequence를 하고 나면 List(열들)의 Stream을 얻는다. 이때 각 리스트에는 원래 스트림에 들어 있던 값들이 원본 스트림에서의 인덱스별로 들어가 있다.

| List의 Stream | 인덱스 1 | 인덱스 2 | 인덱스 3 | 인덱스 4 |
|---|---|---|---|---|
| 리스트 1 | 1 | 2 | 3 | 4 |
| 리스트 2 | 1 | 2 | 3 | 4 |
| 리스트 3 | 1 | 2 | 3 | 4 |
| 리스트 4 | 1 | 2 | 3 | 4 |

## 연습문제 12.5

```
fun <E> eitherMonad() = object : EitherMonad<E> {

    override fun <A> unit(a: A): EitherOf<E, A> = Right(a)

    override fun <A, B> flatMap(
        fa: EitherOf<E, A>,
        f: (A) -> EitherOf<E, B>
```

```
): EitherOf<E, B> =
    when (val ei = fa.fix()) {
        is Right -> f(ei.value)
        is Left -> ei
    }
}
```

## 연습문제 12.6

```
fun <E> validation() =
    object : Applicative<ValidationPartialOf<E>> {

        override fun <A, B> apply(
            fab: ValidationOf<E, (A) -> B>,
            fa: ValidationOf<E, A>
        ): ValidationOf<E, B> =
            map2(fab, fa) { f, a -> f(a) }

        override fun <A> unit(a: A): ValidationOf<E, A> =
            Success(a)

        override fun <A, B> map(
            fa: ValidationOf<E, A>,
            f: (A) -> B
        ): ValidationOf<E, B> =
            apply(unit(f), fa)

        override fun <A, B, C> map2(
            fa: ValidationOf<E, A>,
            fb: ValidationOf<E, B>,
            f: (A, B) -> C
        ): ValidationOf<E, C> {
            val va = fa.fix()
            val vb = fb.fix()
            return when (va) {
                is Success -> when (vb) {
                    is Success -> Success(f(va.a, vb.a))
                    is Failure -> vb
                }
```

```
            is Failure -> when (vb) {
                is Success -> va
                is Failure -> Failure(
                    va.head,
                    va.tail + vb.head + vb.tail
                )
            }
        }
    }
}
```

## 연습문제 12.7

12.5.1절과 마찬가지로 map2를 바탕으로 표현한 적용 가능의 두 항등원 법칙부터 시작한다.

```
map2(unit(Unit), fa) { _, a -> a }
```

```
map2(fa, unit(Unit)) { a, _ -> a }
```

왼쪽 항등원 법칙부터 시작하자.

```
map2(unit(Unit), fa) { _, a -> a }
```

map2를 flatMap을 사용해 선언한 내용이 다음과 같다는 점을 고려하자.

```
flatMap(fa) { a -> map(fb) { b -> f(a, b) } }
```

map2를 그와 동등한 flatMap을 사용한 식으로 바꾸는 것부터 시작할 수 있다.

```
flatMap(unit(Unit)) { u -> map(fa) { a -> a } } == fa
```

이제 펑터 법칙을 적용해 map(fa) { a -> a }를 다음과 같이 치환할 수 있다.

```
flatMap(unit(Unit)) { fa } == fa
```

그 후, (A) -> Kind<F, A>라는 클라이슬리 동등성에 따라 양변의 고류<sup>higher kind</sup> 값을 끌

어올리면 compose를 사용해 flatMap을 표현할 수 있다.

```
compose({ _: A -> unit(Unit) }, { _ -> fa }) == { _: A -> fa }
```

하지만 왼쪽 항등원 법칙을 compose를 사용해 다음과 같이 표현할 수 있다는 사실도 알고 있다.

```
compose(unit, ka) == ka
```

compose({ _ -> unit(Unit) }, { _ -> fa })를 { _: A -> fa }로 단순화되므로, 다음이 성립한다.

```
{ _: A -> fa } == { _: A -> fa }
```

마지막으로, 양변에 A 타입의 값을 아무것이나 적용하면 다음을 얻는다.

```
fa == fa
```

이제 왼쪽 항등원 법칙을 증명했으므로, 오른쪽 항등원 법칙을 살펴보자.

```
map2(fa, unit(Unit)) { a, _ -> a }
```

오른쪽 항등원에 대한 증명도 왼쪽 항등원에 대한 증명과 같은 단계를 거친다. 다만, 둘이 서로 대칭이라는 차이만 있을 뿐이다.

```
flatMap(fa) { a -> map(unit(Unit)) { u -> a } } == fa
```

```
flatMap(fa) { a -> unit(a) } == fa
```

```
compose({ _: A -> fa }, { _: A -> unit(Unit) }) == { _: A -> fa }
```

오른쪽 항등원 법칙을 compose로 표현한 것을 활용하자.

```
compose(ka, unit) == ka
```

마침내 여기서도 임의의 A 타입의 값을 적용하면 양쪽 항이 같다는 결론을 내릴 수 있다.

```
{ _: A -> fa } == { _: A -> fa }
```

```
fa == fa
```

## 연습문제 12.8

```kotlin
fun <F, G> product(
    AF: Applicative<F>,
    AG: Applicative<G>
): Applicative<ProductPartialOf<F, G>> =
    object : Applicative<ProductPartialOf<F, G>> {

        override fun <A, B> apply(
            fgab: ProductOf<F, G, (A) -> B>,
            fga: ProductOf<F, G, A>
        ): ProductOf<F, G, B> {
            val (fab, gab) = fgab.fix().value
            val (fa, ga) = fga.fix().value
            return Product(AF.apply(fab, fa) to AG.apply(gab, ga))
        }

        override fun <A> unit(a: A): ProductOf<F, G, A> =
            Product(AF.unit(a) to AG.unit(a))
    }
```

## 연습문제 12.9

```kotlin
fun <F, G> compose(
    AF: Applicative<F>,
    AG: Applicative<G>
): Applicative<CompositePartialOf<F, G>> =
    object : Applicative<CompositePartialOf<F, G>> {

        override fun <A> unit(a: A): CompositeOf<F, G, A> =
            Composite(AF.unit(AG.unit(a)))

        override fun <A, B, C> map2(
```

```
        fa: CompositeOf<F, G, A>,
        fb: CompositeOf<F, G, B>,
        f: (A, B) -> C
    ): CompositeOf<F, G, C> {
        val value = AF.map2(
            fa.fix().value,
            fb.fix().value
        ) { ga: Kind<G, A>, gb: Kind<G, B> ->
            AG.map2(ga, gb) { a: A, b: B ->
                f(a, b)
            }
        }
        return Composite(value)
    }
}
```

## 연습문제 12.10

flatMap을 Monad<F>와 Monad<G>를 바탕으로 작성할 필요가 있다. 그런데 이렇게 작성한 코드도 컴파일되지는 않는다.

```
fun <A, B> flatMap(
    mna: CompositeOf<F, G, A>,
    f: (A) -> CompositeOf<F, G, B>
): CompositeOf<F, G, B> =
        mf.flatMap(mna.fix().value) { na: Kind<G, A> ->
            mg.flatMap(na) { a: A ->
                f(a)
            }
        }
```

여기서 해결해야 할 부분은 f뿐인데, 이 함수는 F<G<B>>를 반환한다. 이 함수가 G.flatMap의 인자로 쓰이기에 적합한 타입을 반환하려면 F와 G의 타입을 서로 바꿀 수 있어야만 한다. 다른 말로 분배 법칙이 필요하다. 이런 연산은 Monad 인터페이스에 포함되지 않는다.

## 연습문제 12.11

```
fun <K, V> sequence(mkv: Map<K, Kind<F, V>>): Kind<F, Map<K, V>> =
    mkv.entries.foldLeft(unit(emptyMap())) { facc, (k, fv) ->
        map2(facc, fv) { acc, v -> acc + (k to v) }
    }
```

## 연습문제 12.12

```
fun <A> optionTraversable() = object : Traversable<ForOption> {

    override fun <G, A, B> traverse(
        fa: OptionOf<A>,
        AG: Applicative<G>,
        f: (A) -> Kind<G, B>
    ): Kind<G, OptionOf<B>> =
        when (val o = fa.fix()) {
            is Some -> AG.map(f(o.get)) { Some(it) }
            is None -> AG.unit(None)
        }
}

fun <A> listTraversable() = object : Traversable<ForList> {

    override fun <G, A, B> traverse(
        fa: ListOf<A>,
        AG: Applicative<G>,
        f: (A) -> Kind<G, B>
    ): Kind<G, ListOf<B>> =
        fa.fix().foldLeft(
            AG.unit(List.empty<B>())
        ) { acc: Kind<G, List<B>>, a: A ->
            AG.map2(acc, f(a)) { t, h -> Cons(h, t) }
        }
}

fun <A> treeTraversable() = object : Traversable<ForTree> {

    override fun <G, A, B> traverse(
```

```
        fa: TreeOf<A>,
        AG: Applicative<G>,
        f: (A) -> Kind<G, B>
    ): Kind<G, TreeOf<B>> {
        val fta = fa.fix()
        return AG.map2(
            f(fta.head),
            listTraversable<A>().traverse(fta.tail, AG) { ta: Tree<A> ->
                traverse(ta, AG, f)
            }
        ) { h: B, t: ListOf<TreeOf<B>> ->
            Tree(h, t.fix().map { it.fix() })
        }
    }
}
```

## 연습문제 12.13

먼저, 다음과 같이 Applicative<ForId>를 정의하자.

```
fun idApplicative(): Applicative<ForId> =
    object : Applicative<ForId> {
        override fun <A> unit(a: A): IdOf<A> = Id(a)

        override fun <A, B, C> map2(
            fa: IdOf<A>,
            fb: IdOf<B>,
            f: (A, B) -> C
        ): IdOf<C> =
            fa.fix().map2(fb, f.tupled())

        override fun <A, B> map(
            fa: IdOf<A>,
            f: (A) -> B
        ): IdOf<B> =
            fa.fix().map(f)
    }
```

이 정의를 map 함수를 구현하기 위해 사용하자.

```
interface Traversable<F> : Functor<F> {

    fun <G, A, B> traverse(
        fa: Kind<F, A>,
        AG: Applicative<G>,
        f: (A) -> Kind<G, B>
    ): Kind<G, Kind<F, B>> =
        sequence(map(fa, f), AG)

    fun <G, A> sequence(
        fga: Kind<F, Kind<G, A>>,
        AG: Applicative<G>
    ): Kind<G, Kind<F, A>> =
        traverse(fga, AG) { it }

    override fun <A, B> map(fa: Kind<F, A>, f: (A) -> B): Kind<F, B> =
        traverse(fa, idApplicative()) { Id(f(it)) }.fix().extract()
}
```

## 연습문제 12.14

이는 foldRight, foldLeft, foldMap이 Foldable 타입의 값을 만들 수 있는 방법을 제공하지 않기 때문이다. 어떤 구조에 대해 map을 수행하려면 새 구조를 만들 수 있어야 한다(예를 들어 리스트라면 Nil, Cons가 필요하다). Traversable은 원래의 구조를 그대로 보존하기 때문에 Functor를 정확히 확장한다. 다음은 펑터가 아닌 Foldable의 예다.

```
data class Iterator<A>(val a: A, val f: (A) -> A, val n: Int) {
    fun <B> foldMap(fn: (A) -> B, m: Monoid<B>): B {
        tailrec fun iterate(len: Int, nil: B, aa: A): B =
            if (len <= 0) nil else iterate(len - 1, fn(aa), f(a))
        return iterate(n, m.nil, a)
    }
}
```

이 클래스는 개념적으로 시드 값부터 시작해 함수를 반복 적용하면서 생성된 A 타입의 값의 시퀀스를 표현한다. 하지만 이 타입에 대해 map을 정의할 수 없는 이유를 알겠는가?

## 연습문제 12.15

```
fun <A> reverse(ta: Kind<F, A>): Kind<F, A> =
    mapAccum(ta, toList(ta).reversed()) { _, ls ->
        ls.first() to ls.drop(1)
    }.first
```

## 연습문제 12.16

```
fun <A, B> foldLeft(fa: Kind<F, A>, z: B, f: (B, A) -> B): B =
    mapAccum(fa, z) { a, b ->
        Unit to f(b, a)
    }.second
```

## 연습문제 12.17

```
fun <G, H, A, B> fuse(
    ta: Kind<F, A>,
    AG: Applicative<G>,
    AH: Applicative<H>,
    f: (A) -> Kind<G, B>,
    g: (A) -> Kind<H, B>
): Pair<Kind<G, Kind<F, B>>, Kind<H, Kind<F, B>>> =
    traverse(ta, AG product AH) { a ->
        Product(f(a) to g(a))
    }.fix().value
```

## 연습문제 12.18

```
fun <F, G> compose(
    TF: Traversable<F>,
    TG: Traversable<G>
): Traversable<CompositePartialOf<F, G>> =
    object : Traversable<CompositePartialOf<F, G>> {
        override fun <H, A, B> traverse(
            fa: CompositeOf<F, G, A>,
            AH: Applicative<H>,
            f: (A) -> Kind<H, B>
        ): Kind<H, CompositeOf<F, G, B>> =
```

```
            AH.map(
                TF.traverse(fa.fix().value, AH) { ga: Kind<G, A> ->
                    TG.traverse(ga, AH) { a: A -> f(a) }
                }
            ) { Composite(it) }
    }
```

## 연습문제 12.19

```
fun <G, H, A> composeM(
    MG: Monad<G>,
    MH: Monad<H>,
    AH: Applicative<H>,
    TH: Traversable<H>
): Monad<CompositePartialOf<G, H>> =
    object : Monad<CompositePartialOf<G, H>> {

        override fun <A> unit(a: A): CompositeOf<G, H, A> =
            Composite(MG.unit(MH.unit(a)))

        override fun <A, B> flatMap(
            cgha: CompositeOf<G, H, A>,
            f: (A) -> CompositeOf<G, H, B>
        ): CompositeOf<G, H, B> =
            Composite(
                MG.join(
                    MG.map(cgha.fix().value) { ha ->
                        MG.map(
                            TH.sequence(
                                MH.map(
                                    AH.apply(
                                        AH.unit(f),
                                        ha
                                    )
                                ) { cghbc ->
                                    cghbc.fix().value
                                }, applicative()
                            )
                        ) { MH.join(it) }
                    }
                }
            }
```

Monad⟨G⟩ 인스턴스를 사용해 인접한 외부 Kind⟨G, ?⟩ 계층을 연결함. 그 결과 Kind⟨G, Kind⟨H, B⟩⟩가 생김

flatMap에서 반환하기 위해 Composite 쐐기로 감쌈

Monad⟨G⟩를 사용해 flatMap에 전달된 CompositeOf⟨G, H, A⟩에 대해 map을 수행. 이때 쐐기를 제거해서 함수 블록에 Kind⟨H, B⟩를 주입함

Applicative⟨H⟩ 인스턴스를 사용해 이 끌어올려진 함수를 Kind⟨H, A⟩에 적용함. 그 결과 Kind⟨H, CompositeOf⟨G, H, B⟩⟩를 얻음

Traversable⟨H⟩ 인스턴스를 사용해 맨 위 두 계층을 연결함. 그 결과 Kind⟨G, Kind⟨H, Kind⟨H, B⟩⟩⟩가 생김

Monad⟨H⟩ 인스턴스를 사용해 이 값에 대해 map을 수행하면서 쐐기를 벗겨내고 Kind⟨H, Kind⟨G, Kind⟨H, B⟩⟩⟩를 얻음

Kind⟨H, ?⟩ 안에서 f 함수를 끌어올려 Kind⟨H, (A) → CompositeOf⟨G, H, B⟩⟩를 얻음

Monad⟨G⟩ 인스턴스를 사용해 map을 수행함으로써 Monad⟨H⟩ 인스턴스의 join을 내부 Kind⟨H, ?⟩ 계층에 적용할 수 있게 함. 그 결과 Kind⟨G, Kind⟨H, B⟩⟩를 얻음

```
            )
          )
    }
```

# B.13 외부 효과와 I/O

## 연습문제 13.1

```
fun <F> freeMonad() = object : Monad<FreePartialOf<F>> {
    override fun <A, B> map(
            fa: FreeOf<F, A>,
            f: (A) -> B
        ): FreeOf<F, B> =
            flatMap(fa) { a -> unit(f(a)) }

    override fun <A> unit(a: A): FreeOf<F, A> =
        Return(a)

    override fun <A, B> flatMap(
        fa: FreeOf<F, A>,
        f: (A) -> FreeOf<F, B>
    ): FreeOf<F, B> =
        fa.fix().flatMap { a -> f(a).fix() }
}
```

## 연습문제 13.2

```
tailrec fun <A> runTrampoline(ffa: Free<ForFunction0, A>): A =
    when (ffa) {
        is Return -> ffa.a
        is Suspend -> ffa.resume.fix().f()
        is FlatMap<*, *, *> -> {
            val sout = ffa.sub as Free<ForFunction0, A>
            val fout = ffa.f as (A) -> Free<ForFunction0, A>
            when (sout) {
                is FlatMap<*, *, *> -> {
                    val sin = sout.sub as Free<ForFunction0, A>
                    val fin = sout.f as (A) -> Free<ForFunction0, A>
```

```
                    runTrampoline(sin.flatMap { a ->
                        fin(a).flatMap(fout)
                    })
                }
                is Return -> sout.a
                is Suspend -> sout.resume.fix().f()
            }
        }
    }
```

## 연습문제 13.3

```
@Suppress("UNCHECKED_CAST")
tailrec fun <F, A> step(free: Free<F, A>): Free<F, A> =
    when (free) {
        is FlatMap<*, *, *> -> {
            val y = free.sub as Free<F, A>
            val g = free.f as (A) -> Free<F, A>
            when (y) {
                is FlatMap<*, *, *> -> {
                    val x = y.sub as Free<F, A>
                    val f = y.f as (A) -> Free<F, A>
                    step(x.flatMap { a -> f(a).flatMap(g) })
                }
                is Return -> step(g(y.a))
                else -> free
            }
        }
        else -> free
    }

@Suppress("UNCHECKED_CAST")
fun <F, A> run(free: Free<F, A>, M: Monad<F>): Kind<F, A> =
    when (val stepped = step(free)) {
        is Return -> M.unit(stepped.a)
        is Suspend -> stepped.resume
        is FlatMap<*, *, *> -> {
            val x = stepped.sub as Free<F, A>
            val f = stepped.f as (A) -> Free<F, A>
```

```
            when (x) {
                is Suspend<F, A> ->
                    M.flatMap(x.resume) { a: A -> run(f(a), M) }
                else -> throw RuntimeException(
                    "Impossible, step eliminates such cases"
                )
            }
        }
    }
```

## 연습문제 13.4

```
fun <F, G, A> translate(
    free: Free<F, A>,
    translate: Translate<F, G>
): Free<G, A> {
    val t = object : Translate<F, FreePartialOf<G>> {
        override fun <A> invoke(
            fa: Kind<F, A>
        ): Kind<FreePartialOf<G>, A> = Suspend(translate(fa))
    }
    return runFree(free, t, freeMonad()).fix()
}


fun <A> runConsole(a: Free<ForConsole, A>): A {
    val t = object : Translate<ForConsole, ForFunction0> {
        override fun <A> invoke(ca: ConsoleOf<A>): Function0Of<A> =
            Function0(ca.fix().toThunk())
    }
    return runTrampoline(translate(a, t))
}
```

# B.14 지역 효과와 가변 상태

## 연습문제 14.1

```
fun <S, A> STArray<S, A>.fill(xs: Map<Int, A>): ST<S, Unit> =
    xs.entries.fold(ST { Unit }) { st, (k, v) ->
```

```
            st.flatMap { write(k, v) }
    }
```

## 연습문제 14.2

```
fun <S> partition(
    arr: STArray<S, Int>,
    l: Int,
    r: Int,
    pivot: Int
): ST<S, Int> =
    ST.fx {
        val vp = arr.read(pivot).bind()
        arr.swap(pivot, r).bind()
        val j = STRef<S, Int>(l).bind()
        (l until r).fold(noop<S>()) { st, i: Int ->
            st.bind()
            val vi = arr.read(i).bind()
            if (vi < vp) {
                val vj = j.read().bind()
                arr.swap(i, vj).bind()
                j.write(vj + 1)
            } else noop()
        }.bind()
        val x = j.read().bind()
        arr.swap(x, r).bind()
        x
    }

fun <S> qs(arr: STArray<S, Int>, l: Int, r: Int): ST<S, Unit> =
    if (l < r)
        partition(arr, l, r, l + (r - l) / 2).flatMap { pi ->
            qs(arr, l, pi - 1).flatMap {
                qs(arr, pi + 1, r)
            }
        } else noop()

fun <S> noop() = ST<S, Unit> { Unit }
```

## 연습문제 14.3

```kotlin
abstract class STMap<S, K, V> @PublishedApi internal constructor() {
    companion object {
        inline operator fun <S, reified K, reified V> invoke():
            ST<S, STMap<S, K, V>> =
            ST {
                object : STMap<S, K, V>() {
                    override val map: MutableMap<K, V> = mutableMapOf()
                }
            }

        fun <S, K, V> fromMap(map: Map<K, V>): ST<S, STMap<S, K, V>> =
            ST {
                object : STMap<S, K, V>() {
                    override val map: MutableMap<K, V> = map.toMutableMap()
                }
            }
    }

    protected abstract val map: MutableMap<K, V>

    val size: ST<S, Int> = ST { map.size }

    fun get(k: K): ST<S, V> = object : ST<S, V>() {
        override fun run(s: S): Pair<V, S> =
            map.getOrElse(k, noElementFor(k)) to s
    }

    fun getOption(k: K): ST<S, Option<V>> = object : ST<S, Option<V>>() {
        override fun run(s: S): Pair<Option<V>, S> =
            Option.of(map[k]) to s
    }

    fun put(k: K, v: V): ST<S, Unit> = object : ST<S, Unit>() {
        override fun run(s: S): Pair<Unit, S> {
            map[k] = v
            return Unit to s
        }
    }
}
```

```
fun remove(k: K): ST<S, Unit> = object : ST<S, Unit>() {
    override fun run(s: S): Pair<Unit, S> {
        map.remove(k)
        return Unit to s
    }
}

fun clear(): ST<S, Unit> = object : ST<S, Unit>() {
    override fun run(s: S): Pair<Unit, S> {
        map.clear()
        return Unit to s
    }
}

private fun noElementFor(k: K): () -> Nothing =
    { throw NoSuchElementException("no value for key: $k") }

fun freeze(): ST<S, ImmutableMap<K, V>> =
    ST { map.toImmutableMap() }
}
```

# B.15 스트림 처리와 점진적 I/O

## 연습문제 15.1

```
fun <I> take(n: Int): Process<I, I> =
    Await { i: Option<I> ->
        when (i) {
            is Some ->
                if (n > 0) Emit(i.get, take(n - 1))
                else Halt()
            is None -> Halt<I, I>()
        }
    }.repeat()

fun <I> drop(n: Int): Process<I, I> =
    Await { i: Option<I> ->
            when (i) {
                is Some ->
```

```
                    if (n > 0) drop(n - 1)
                    else Emit<I, I>(i.get)
                is None -> Halt<I, I>()
            }
        }.repeat()


    fun <I> takeWhile(p: (I) -> Boolean): Process<I, I> =
        Await { i: Option<I> ->
            when (i) {
                is Some ->
                    if (p(i.get)) Emit(i.get, takeWhile(p))
                    else Halt()
                is None -> Halt<I, I>()
            }
        }


    fun <I> dropWhile(p: (I) -> Boolean): Process<I, I> =
        Await { i: Option<I> ->
            when (i) {
                is Some ->
                    if (p(i.get)) dropWhile(p)
                    else Emit(i.get, dropWhile { false })
                is None -> Halt()
            }
        }.repeat()
```

## 연습문제 15.2

```
fun <I> count(): Process<I, Int> {
    fun go(n: Int): Process<I, Int> =
        Await { i: Option<I> ->
            when (i) {
                is Some -> Emit(n + 1, go(n + 1))
                is None -> Halt<I, Int>()
            }
        }
    return go(0).repeat()
}
```

## 연습문제 15.3

```
fun mean(): Process<Double, Double> {
    fun go(sum: Double, count: Int): Process<Double, Double> =
        Await { d: Option<Double> ->
            when (d) {
                is Some -> Emit(
                    (d.get + sum) / count,
                    go(d.get + sum, count + 1)
                )
                is None -> Halt<Double, Double>()
            }
        }
    return go(0.0, 1)
}
```

## 연습문제 15.4

```
fun sum(start: Double): Process<Double, Double> =
    loop(0.0) { i: Double, acc: Double -> (acc + i) to (acc + i) }

fun <I> count(): Process<I, Int> =
    loop(0) { _, n: Int -> (n + 1) to (n + 1) }
```

## 연습문제 15.5

```
infix fun <I, O, O2> Process<I, O>.pipe(
    g: Process<O, O2>
): Process<I, O2> =
    when (g) {
        is Halt -> Halt()
        is Emit -> Emit(g.head, this pipe g.tail)
        is Await -> when (this) {
            is Emit -> this.tail pipe g.recv(Some(this.head))
            is Halt -> Halt<I, O>() pipe g.recv(None)
            is Await -> Await { i -> this.recv(i) pipe g }
        }
    }
```

## 연습문제 15.6

```
fun mean(): Process<Double, Double> =
    zip(sum(), count()).map { (sm, cnt) -> sm / cnt }


fun <A, B, C> zip(
    p1: Process<A, B>,
    p2: Process<A, C>
): Process<A, Pair<B, C>> =
    when (p1) {
        is Halt -> Halt()
        is Await -> Await { oa -> zip(p1.recv(oa), feed(oa, p2)) }
        is Emit -> when (p2) {
            is Emit -> Emit(p1.head to p2.head, zip(p1.tail, p2.tail))
            else -> throw RuntimeException("impossible")
        }
    }


fun <A, B> feed(oa: Option<A>, p1: Process<A, B>): Process<A, B> =
    when (p1) {
        is Halt -> Halt()
        is Await -> p1.recv(oa)
        is Emit -> Emit(p1.head, feed(oa, p1.tail))
    }
```

## 연습문제 15.7

```
fun <I, O> Process<I, O>.zipWithIndex(): Process<I, Pair<Int, O>> =
    zip(count<I>().map { it - 1 }, this)
```

## 연습문제 15.8

```
fun <I> exists(f: (I) -> Boolean): Process<I, Boolean> =
    Await { i: Option<I> ->
        when (i) {
            is Some ->
                Emit<I, Boolean>(
                    f(i.get),
                    exists { f(i.get) || f(it) }
```

```
                )
            is None -> Halt<I, Boolean>()
        }
    }
```

## 연습문제 15.9

```
fun toCelsius(fahrenheit: Double): Double =
    (5.0 / 9.0) * (fahrenheit - 32.0)

fun convert(infile: File, outfile: File): File =
    outfile.bufferedWriter().use { bw ->
        val fn = { of: File, celsius: Double ->
            bw.write(celsius.toString())
            bw.newLine()
            of
        }
        processFile(
            infile,
            lift { df -> toCelsius(df.toDouble()) },
            outfile,
            fn
        ).run()
    }
```

## 연습문제 15.10

```
fun <F, O> Process<F, O>.runLog(MC: MonadCatch<F>): Kind<F, Sequence<O>> {

    fun go(cur: Process<F, O>, acc: Sequence<O>): Kind<F, Sequence<O>> =
        when (cur) {
            is Emit ->
                go(cur.tail, acc + cur.head)
            is Halt ->
                when (val e = cur.err) {
                    is End -> MC.unit(acc)
                    else -> throw e
                }
            is Await<*, *, *> -> {
```

```
                val re: Kind<F, O> = cur.req as Kind<F, O>
                val rcv: (Either<Throwable, O>) -> Process<F, O> =
                    cur.recv as (Either<Throwable, O>) -> Process<F, O>
                MC.flatMap(MC.attempt(re)) { ei ->
                    go(tryP { rcv(ei) }, acc)
                }
            }
        }

    return go(this, emptySequence())
}


interface MonadCatch<F> : Monad<F> {
    fun <A> attempt(a: Kind<F, A>): Kind<F, Either<Throwable, A>>
    fun <A> fail(t: Throwable): Kind<F, A>
}
```

## 연습문제 15.11

```
fun <F, A> eval(fa: Kind<F, A>): Process<F, A> =
    await<F, A, A>(fa) { ea: Either<Throwable, Nothing> ->
        when (ea) {
            is Right<A> -> Emit(ea.value, Halt(End))
            is Left -> Halt(ea.value)
        }
    }


fun <F, A, B> evalDrain(fa: Kind<F, A>): Process<F, B> =
    eval(fa).drain()


fun <F, A, B> Process<F, A>.drain(): Process<F, B> =
    when (this) {
        is Halt -> Halt(this.err)
        is Emit -> this.tail.drain()
        is Await<*, *, *> ->
            awaitAndThen<F, A, B>(
                this.req,
                { ei: Either<Throwable, Nothing> -> this.recv(ei) },
                { it.drain() }
```

```
        )
    }
```

## 연습문제 15.12

```
fun <F, O> join(p: Process<F, Process<F, O>>): Process<F, O> =
    p.flatMap { it }
```

# 부록 C

## 고류 타입

---

고류 타입<sup>higher-kinded type</sup>은 코틀린이나 자바 같은 언어가 지원하지 않는 고급 언어 기능이다. 미래에는 (코틀린이나 자바의 고류 타입 지원과 관련해) 변화가 생길지도 모르지만, 애로우 팀은 임시적으로 고류 타입 지원을 위한 우회로를 제공한다. 이 해법은 다른 언어에 있는 해법처럼 직관적이지 않지만 작동되기는 한다. 애로우 팀이 이 기능을 가능한 한 쉽게 사용할 수 있도록 최대한의 노력을 기울였다는 점을 감안하고 이어지는 내용을 살펴보자.

## C.1 컴파일러 우회로

고류 타입의 예로 Foldable 인터페이스를 살펴보자. 이 인터페이스의 새로운 인스턴스로 List 타입에 대한 Foldable인 ListFoldable을 선언한다. 이 상황을 의사코드로 표현하자.

```
interface Foldable<F<A>> {
    // 몇몇 추상 메서드
}

object ListFoldable : Foldable<List<A>> {
    // A에 의해 파라미터화된 몇몇 메서드 구현
}
```

자세히 살펴보면, 이 선언이 예상처럼 단순하지는 않다는 점을 알 수 있다. 우리는 F<A>의 Foldable인 타입 생성자를 다루고 있다. 여기서 F<A>는 List<A>이지만 Stream<A>나 Option<A> 또는 구현에 따라 달라질 수 있는 그 어떤 것일 수도 있다. 여기서 제네릭이 F와 A의 두 단계로 발생한다는 점(더 구체적으로 우리 구현에서는 List<A>)에 유의하라.

> |**노트**| 코틀린에서는 이런 식으로 종류를 내포시킨 것을 표현할 수 없으며 컴파일이 실패한다.

애로우는 F<A>를 표현할 수 없다는 문제를 Kind<F, A>라는 인터페이스와 최대 22계층까지 내포된 고차 종류를 사용해 해결했다. 이 인터페이스에는 특별한 점이 없으므로 직접 이를 작성할 수도 있다.

```
interface Kind<out F, out A>
```

추가로 Kind 인터페이스와 함께 몇 가지 보일러플레이트 코드가 필요하다. 먼저 대리 타입<sup>surrogate type</sup>부터 시작하자. Foldable 예제에서는 ForList라는 이름의 대리 플레이스홀더가 필요하다. Foldable<List<A>>를 Foldable<ForList>라고 표현함으로써 컴파일을 불가능하게 하는 List<A>라는 내포된 제네릭 타입을 제거해주기 위해 이 대리 플레이스홀더를 사용한다. ForList 타입은 다음과 같이 정의된 더미<sup>dummy</sup> 클래스에 대한 참조다.

```
class ForList private constructor() {
    companion object
}
```

ListFoldable과 같이 특화된 구현의 경우, 우리가 정의하는 메서드 안에서 이 고차 종류를 참조하는 일이 자주 있다. foldRight의 경우 내포된 타입 A를 제네릭으로 유지하면서 ForList를 사용하고 싶다. 다른 말로, Kind<ForList, A>를 참조할 것이다.

```
fun <A, B> foldRight(fa: Kind<ForList, A>, z: B, f: (A, B) -> B): B
```

이 코드는 보기가 좋지 않으므로, 코드를 좀 더 부드럽게 하기 위해 문법 설탕을 도입하

자. ListOf라는 간편한 타입 별명을 사용하면 코드를 좀 더 읽기 쉽게 작성할 수 있다.

```
typealias ListOf<A> = Kind<ForList, A>
```

그리고 우리가 만든 List 데이터 타입(3장에서 소개함)이 ListOf를 확장하게 만들어서 ListOf를 List로 다운캐스트할 수 있게 해야 한다. 이런 작업이 필요한 이유는 메서드에 접근하기 위해 구체적 타입이 필요한 경우가 자주 있기 때문이다.

```
sealed class List<out A> : ListOf<A>
```

> |**노트**| 고류 타입으로 쓰고 싶은 모든 데이터 타입마다 이런 보일러플레이트 코드가 필요하다. 이 예제는 List를 가정하지만 Option을 처리하는 중이었다면 어떻게 해야 했을까? ForList와 ListOf 대신 ForOption과 OptionOf를 제공해야 한다.

이제 List 타입의 Foldable에 대해 Foldable<ForList>를 확장하는 형태로 고류 타입을 표현할 준비가 끝났다.

```
object ListFoldable : Foldable<ForList> {

}
```

이를 사용해 Foldable<F>에서 상속한 접기 가능과 관련한 기능을 표현해보자. 예를 들어 다음 선언의 foldRight 메서드를 살펴보자.

```
interface Foldable<F> {
    fun <A, B> foldRight(fa: Kind<F, A>, z: B, f: (A, B) -> B): B
}
```

이 함수는 F<A>를 표현하는 Kind<F, A>를 인자로 받는다. 여기서 Kind<F, A>는 구현에서 오버라이드해야 하는 타입으로, 추상적인 형태로 돼 있다. 우리 구현의 메서드 시그니처는 다음과 같을 것이다.

```
fun <A, B> foldRight(fa: ListOf<A>, z: B, f: (A, B) -> B): B
```

여기서 Kind<F, A> 대신 ListOf<A>를 사용하고 있다는 사실을 확인하라. 이 ListOf<A>는 Kind<ForList, A>에 대한 타입 별명이다!

고류 타입을 제대로 다루기 위해 필요한 퍼즐의 마지막 조각은 이 고류 타입을 다시 구체적인 구현으로 다운캐스트해 되돌리는 변환이다. ListOf를 구체적인 List로 되돌려주는 fix라는 확장 메서드를 추가해서 이를 달성한다. List 데이터 타입이 ListOf를 확장하게 만들었으므로 List 타입을 언제든 ListOf로 변환할 수 있다는 점을 감안할 때, fix 메서드를 추가하면 ListOf와 List 사이의 양방향 타입 변환이 가능해진다.

```
fun <A> ListOf<A>.fix() = this as List<A>
```

이제 ListOf<A> 인스턴스의 fix를 사용하면 Foldable에 있는 foldRight를 구현할 때 ListOf<A>를 List<A>로 다룰 수 있다. Foldable의 foldRight 구현의 경우, 목표를 달성하기 위해 구체적인 List의 메서드를 호출하기로 한다.

```
object ListFoldable : Foldable<ForList> {

    override fun <A, B> foldRight(
        fa: ListOf<A>,
        z: B,
        f: (A, B) -> B
    ): B =
        fa.fix().foldRight(z, f)
}
```

이렇게 함으로써 List의 고류 타입을 코틀린 언어 안에서 어찌어찌 구현할 수 있었다. 그것도 상당히 간단한 보일러플레이트 코드로 가능했다! 직접 Kind 인터페이스를 제공한다면 애로우 같은 서드 파티 라이브러리를 사용할 필요조차도 없다. Option, Stream 등의 다른 Foldable 타입도 마찬가지 방식으로 쉽게 정의할 수 있다.

여전히, 언어의 제약을 우회하기 위해 상당한 양의 보일러플레이트 코드가 필요하다고 말할 수 있다. 모든 데이터 타입에 대해 이런 코드를 직접 작성해야 한다면 상당히 고통스러운 일일 것이다. 친절하게도 애로우 팀은 애로우 메타<sup>Arrow Meta</sup>를 통해 우리를 대신해서 모든 보일러플레이트 코드를 생성해주는 애너테이션을 제공한다. 다음 ListK 데이터 타입에 @higherkind 애너테이션을 추가하면 애너테이션 프로세서가 보일러플레이트 코드를 생성해준다.

```
@higherkind
sealed class ListK<out A> : ListKOf<A> {
    fun <B> foldRight(z: B, f: (A, B) -> B): B = TODO()
}

/* 애로우가 생성해주는 보일러플레이트 코드 */
class ForListK private constructor() { companion object }
typealias ListKOf<A> = arrow.Kind<ForListK, A>

@Suppress("UNCHECKED_CAST", "NOTHING_TO_INLINE")
inline fun <A> ListKOf<A>.fix(): ListK<A> =
    this as ListK<A>
```

이런 애너테이션을 (애로우 메타와 함께) 사용하면 다음 코드를 작성하기 위해 다른 아무 것도 필요하지 않다.

```
object ListKFoldable : Foldable<ForListK> {
    override fun <A, B> foldRight(
        fa: ListKOf<A>,
        z: B,
        f: (A, B) -> B
    ): B = fa.fix().foldRight(z, f)
}
```

단지, 데이터 타입에 애너테이션을 붙이고 타입 별명을 확장하는 것만 필요하다. 그렇게 하면 필요한 모든 코드가 생성된다. 이보다 더 쉬울 수 없다! 모든 것을 이뤘다!

## C.2 부분 적용 타입 생성자

이 책의 앞 장들에서 봤듯이 부분 적용 함수partially applied function가 있을 수 있다. 고류 타입에 대해서도 마찬가지 연산을 수행할 수 있고, 그 결과로 부분 적용 타입 생성자partially applied type constructor가 생긴다. 11.5.2절에서 설명한 상태 모나드가 좋은 예다.

State<S, A> 클래스를 생각해보자. IntState를 정의하고 싶다면 S를 Int로 고정해서 State<Int, A>를 얻을 필요가 있다. 더 나아가 IntState의 Monad를 얻고 싶다면, 이 State<Int, A>의 모나드 변형에 따라 필요한 Int에 맞춰 구체적으로 정의된 메서드 구현을 작성할 필요가 있다. 다른 모든 상태 모나드 타입에 대해서도 이런 일을 해야 할 필요가 있을 것이다. 이런 작업은 매우 고통스럽고 시간이 오래 걸리는 일이다. 이런 타입을 하드코딩하는 대신에 Kind2<F, A, B>라는 타입 별명에 의존할 수 있고, Kind2<F, A, B>는 앞에서 설명한 Kind<F, A>의 형제다. 이 타입은 단지 이미 알고 있는 Kind의 내포된 변종에 지나지 않는다.

```
typealias Kind2<F, A, B> = Kind<Kind<F, A>, B>
```

이런 타입 별명을 쓸 수 있으면 S와 A라는 두 가지 타입 파라미터를 갖는 StateOf<S, A>를 선언할 수 있다. 그리고 이 타입을 flatMap이나 unit 같은 오버라이드한 메서드 시그니처에서 우리가 정의한 고류 타입을 가리키기 위해 사용할 수 있다. 다음은 대리 타입을 포함하는 새로운 타입 별명 정의를 보여준다.

```
sealed class ForState private constructor() {
    companion object
}
```

```
typealias StateOf<S, A> = Kind2<ForState, S, A>
```

다음으로, 상태 모나드의 여러 다른 타입에 대해 S 변종을 조립하는 데 필요한 부분 적용 타입 선언을 도입할 필요가 있다.

```
typealias StatePartialOf<S> = Kind<ForState, S>
```

이런 식으로 같은 타입에 대한 두 가지 변종(부분 적용된 타입과 부분 적용이 이뤄지지 않은 타입)이 있으면, 콤비네이터를 단 한 번만 한 추상 수준에 정의하면서 서로 다른 S와 A 조합에 대해 상태 모나드를 선언할 수 있다.

```
interface StateMonad<S> : Monad<StatePartialOf<S>> {        ◄──  인터페이스 수준에서 StatePartialOf〈S〉라는
                                                                부분 적용 타입 선언을 사용함
    override fun <A> unit(a: A): StateOf<S, A> =        ◄──┐
        State { s -> a to s }                              │
                                                           │  메서드 수준에서 StateOf〈S, A〉라는
                                                           │  아무것도 적용되지 않은 타입 선언을
    override fun <A, B> flatMap(                            │  사용함
        fa: StateOf<S, A>,                         ◄───────┘
        f: (A) -> StateOf<S, B>
    ): StateOf<S, B> =
        fa.fix().flatMap { a -> f(a).fix() }       ◄──  S에 대해 모르는 추상화 수준에서
}                                                       flatMap을 구현함
```

이제는 주어진 상태 모나드의 S 타입을 결정하기 위해 부분 적용된 타입 선언을 사용한
다. 예를 들어 S가 상태 모나드 패밀리에서 서로 바꿀 수 있는 타입임을 감안하면 S는
stringStateMonad나 intStateMonad 등의 모나드일 수 있다. 메서드 수준으로 내려가면, 부분
적용을 하지 않은 타입 선언에 의존해 S가 부분 적용된 값을 취하고 A가 메서드가 사용되는
위치와 문맥에 따라 달라질 수 있는 유연성을 제공한다.

이제 StateMonad의 인스턴스를 정의할 때 어떤 타입을 부분 적용하고자 이런 인터페이
스를 사용할 수 있다. 다음 예제에서는 Int나 String을 적용해 우리에게 필요한 타입 패밀
리에 속하는 상태 모나드를 얻을 수 있다.

```
val intStateMonad: StateMonad<Int> = object : StateMonad<Int> {}

val stringStateMonad: StateMonad<String> = object : StateMonad<String> {}
```

이 접근 방법은 단순히 타입 파라미터를 하나만 받는 경우를 확장한 것이지만, 이제는
(이런 간단한 확장으로 인해) Kind2를 사용해 부분 적용을 표현할 수 있다.


## C.3  애로우 메타를 활용해 보일러플레이트 코드 생성하기

지금까지는 애로우 같은 서드 파티 라이브러리를 사용하지 않고 모든 코드를 직접 손으로
작성할 수 있었다. 이런 방식이 좋은 아이디어라고 생각하는 독자도 있겠지만, 이런 코드를

직접 작성하는 일은 재미없고 시간도 오래 걸린다. 애로우가 여러분 대신 이런 코드를 만들어줄 수 있는데, 굳이 이 코드를 직접 작성할 필요가 왜 있겠는가?

이번 절에서는 어떻게 애로우를 사용해 여러분의 코드 기반에 아주 적은 영향을 미치면서 모든 보일러플레이트 코드를 생성할 수 있는지 살펴본다. 필요한 작업은 데이터 타입에서 두 가지만 약간 손보는 것뿐이다.

- 클래스 선언에 @higherkind 애너테이션을 추가한다.
- 생성된 별명을 활용해 여러분의 데이터 타입 클래스를 확장한다.

예를 들어 ListK 타입을 다시 살펴보자.

```
@higherkind
sealed class ListK<out A> : ListKOf<A> {
    fun <B> foldRight(z: B, f: (A, B) -> B): B = TODO()
}
```

추가로 빌드 코드에 몇 가지 수정을 가해야 한다. 여기서는 가장 흔히 쓰이는 그레이들Gradle만 다룬다. 하지만 메이븐을 사용해도 마찬가지 효과를 얻을 수 있다.

애로우 메타를 사용해 코드 생성을 수행할 것이다. 애로우 메타의 코드 생성은 kapt에 의해 수행되는 컴파일러 플러그인 형태로 돼 있다. kapt는 코틀린 애너테이션 처리 도구Kotlin Annotation Processing Tool라는 뜻이다. build.gradle의 plugins 블록에서 kapt를 활성화하는 것부터 시작한다. 이를 통해 kotlin의 JVM 플러그인과 일치하는 버전을 사용하도록 한다.

```
plugins {
    kotlin("jvm") version "1.3.21"
    ...
    kotlin("kapt") version "1.3.21"
}
```

다음으로, 애로우 메타에 대한 kapt 빌드 의존 관계를 dependencies 블록에 추가한다. 이때 적절한 애로우 버전을 선언해 넣는다.

```
dependencies {
    ...
    kapt("io.arrow-kt:arrow-meta:$arrowVersion")
}
```

build.gradle에 대한 마지막 변경으로, kapt에 대한 여러 가지 설정이 들어갈 kapt 설정 블록을 추가해야 한다.

```
kapt {
    useBuildCache = false
}
```

인텔리제이 IDEA가 생성된 소스 코드를 찾을 때 도움을 주기 위한 약간의 설정이 프로젝트 최상위 폴더에 들어간다. generated-kotlin-sources.gradle이라는 파일을 새로 만들면서 다음과 같은 내용을 넣어라.

```
apply plugin: 'idea'

idea {
    module {
        sourceDirs += files(
            'build/generated/source/kapt/main',
            'build/generated/source/kapt/debug',
            'build/generated/source/kapt/release',
            'build/generated/source/kaptKotlin/main',
            'build/generated/source/kaptKotlin/debug',
            'build/generated/source/kaptKotlin/release',
            'build/tmp/kapt/main/kotlinGenerated')
        generatedSourceDirs += files(
            'build/generated/source/kapt/main',
            'build/generated/source/kapt/debug',
            'build/generated/source/kapt/release',
            'build/generated/source/kaptKotlin/main',
            'build/generated/source/kaptKotlin/debug',
            'build/generated/source/kaptKotlin/release',
            'build/tmp/kapt/main/kotlinGenerated')
    }
}
```

이런 파일을 만들고 나면, 빌드를 할 때 직접 호출하거나 간접적으로 사용할 수 있는 몇 가지 새로운 작업이 생긴다.

- kaptGenerateStubsKotlin

- kaptGenerateStubsTestKotlin

- kaptKotlin

- kaptTestKotlin

이런 작업을 직접 호출할 수도 있겠지만, 빌드 과정의 적절한 단계에 실행되도록 이미 설정이 연결돼 있다.

다음 명령을 수행하면 스텁stub을 생성할 수 있다.

```
$ ./gradlew compileKotlin
```

앞의 명령($는 리눅스 프롬프트를 나타내므로 키보드로 입력하면 안 된다)은 .kt 파일들을 다음 위치에 있는 빌드 폴더에 생성해준다.

```
build/generated
└── source
    ├── kapt
    │   ├── main
    │   └── test
    └── kaptKotlin
        ├── main
        │   └── higherkind
        │       ├── higherkind.chapter12.Composite.kt
        │       ├── higherkind.chapter12.Fusion.kt
        │       ├── higherkind.chapter12.List.kt
        │       ├── higherkind.chapter12.Product.kt
        │       └── higherkind.chapter12.Tree.kt
        └── test
```

생성된 코드는 @higherkind가 붙은 모든 클래스를 바탕으로 만들어진다.

# 부록 D
# 타입 클래스

## D.1 다형성

객체지향 언어는 타입 시스템으로 상속 계층을 표현하며 클래스나 인터페이스 사이의 하위 타입 관계를 표현한다. 하위 타입은 프로그램을 설계할 때 어떤 수준의 자유도를 제공해주는 기법이다. 하위 타입은 다형성$^{polymorphism}$이라는 이름으로도 알려져 있다. '다형적$^{polymorphic}$'이라는 말은 무언가가 여러 가지 형태를 취할 수 있다는 사실을 암시한다. 컴퓨터 과학에서 다형성은 다음과 같이 정의된다.

> 다형성은 여러 다른 타입의 엔티티$^{entity}$들에게 단일 인터페이스를 제공하거나 여러 다른 타입을 한 가지 기호$^{symbol}$로 표현할 수 있게 해준다.

함수형 프로그래밍에도 다형성이라는 개념이 있지만, 함수형 프로그래밍에서는 클래스로 설계에 유연성을 부여하는 것에 관심을 덜 기울인다. 함수형 프로그래밍에서는 전통적인 다형성 대신 임의$^{ad\ hoc}$ 다형성을 사용하며, 이를 타입 클래스를 통해 달성한다. 타입 클래스가 무엇인지 이해하려면 먼저 임의 다형성의 의미를 이해해야 한다. 임의 다형성에서는 다형적 함수를 여러 다른 타입의 인자에 대해 적용할 수 있다. 여기서 '임의'라는 말은 타입 시스템의 근본적인 특징이 아닌 다형성이라는 뜻이다.

이 정의로부터 임의 다형성이 설계에 유연성을 부여하기 위해 클래스 계층에 의존하지 않고 여러 타입의 인자에 적용할 수 있는 다형적 함수를 사용한다고 말할 수 있다.

이제 임의 다형성을 이해했으므로 타입 클래스를 더 자세히 살펴보고, 이를 사용해 함수형이면서 유연한 설계를 어떻게 달성할 수 있는지 알아보자.

## D.2 타입 클래스를 통해 임의 다형성 표현하기

타입 클래스는 임의 다형성을 구현하기 위해 적용할 수 있는 타입 시스템 구성 요소다. 더 구체적으로, 파라미터화된 다형적 타입에 쓰이는 타입 변수에 제약을 부여함으로써 임의 다형성을 달성할 수 있다. (파라미터화된 다형적 타입<sup>parametric polymorphic type</sup>은 자바 등에서 찾을 수 있는 제네릭 타입으로 해석할 수 있다.) 이런 제약은 보통 타입 클래스 T 및 타입 변수 a와 관련돼 있는데, 이는 멤버들이 T와 연관된 오버로드된 연산을 지원하는 타입으로만 a를 인스턴스화할 수 있다는 의미다.

이 말은 다소 이론적으로 들린다. 따라서 구체적인 용어를 사용해 더 명확히 해보자. 모나드를 T라는 타입 클래스로 표현한다고 하자. 이 타입 클래스는 어떤 타입이 모나드가 되기 위해 필요한 행동 방식의 집합을 지정한다. 무엇보다도 unit 함수를 사용해 Kind<F, A>의 인스턴스를 생성할 수 있고, Kind<F, A>의 인스턴스에 대해 변환 함수를 제공받는 flatMap을 적용하면 Kind<F, B>를 얻을 수 있다.

```
interface Monad<F> : Functor<F> {

    fun <A> unit(a: A): Kind<F, A>

    fun <A, B> flatMap(fa: Kind<F, A>, f: (A) -> Kind<F, B>): Kind<F, B>

    override fun <A, B> map(fa: Kind<F, A>, f: (A) -> B): Kind<F, B> =
        flatMap(fa) { a -> unit(f(a)) }

}
```

이 코드는 11장에서 발견한 것과 아무 차이가 없다. 이 코드는 행동 방식을 묘사하지만 구체적인 F(예를 들어 Option<A>)에 작용할 실제 구현을 제공하지는 않는다. 필요한 것은 타입 변수 a인데, 여기서는 Option에 대한 모나드 인스턴스<sup>monad instance</sup>인 optionMonad이다.

```
typealias OptionMonad = Monad<ForOption>

val optionMonad = object : OptionMonad {

    override fun <A> unit(a: A): OptionOf<A> =
        if (a == null) None else Some(a)

    override fun <A, B> flatMap(
        fa: OptionOf<A>,
        f: (A) -> OptionOf<B>
    ): OptionOf<B> =
        when (val ffa = fa.fix()) {
            is None -> None
            is Some -> f(ffa.get)
        }
}
```

이 모나드 인스턴스는 F의 대상 클래스(이 예제에서는 Option)에 대해 모나드 행동 방식들 (unit과 flatMap)에 대한 Monad 오버라이드를 제공한다.

다음으로는 타입 변수가 인스턴스화되고 프로그램 안에서 참조되기 위해 영역 안에 존재하도록 보장할 필요가 있다. 일반적인 방식으로 이 타입 변수를 영역 안에 불러올 수 있고, 이때 인스턴스를 우리 구성 요소 안으로 주입할 수도 있다.

```
class CryptoCurrencyWallet(
    private val bitcoinAmount: Option<BigDecimal>,
    private val ethereumAmount: Option<BigDecimal>,
    private val OM: OptionMonad
) {
    val totalBoth: Option<BigDecimal> =
        OM.flatMap(bitcoinAmount) { ba: BigDecimal ->
            OM.map(ethereumAmount) { ea: BigDecimal ->
                ba.plus(ea)
```

```
            }
        }.fix()
}
```

이 예제 프로그램은 유명한 두 가지 암호화폐의 수량을 다루는 꾸며낸 가상화폐 지갑을
모델링한다. 꾸며낸 함수 totalBoth는 두 암호화폐 수량이 모두 존재할 경우 두 수량의 합
계를 Some<BigDecimal>로 돌려주고, 둘 중 어느 한쪽이라도 존재하지 않을 경우 None을 돌려
준다.

그렇다면 모나드 인스턴스를 제공하기 위해 이런 접근 방식을 택하면 어떤 장점이 있을
까? 이는 전적으로 관심사 분리라는 원칙으로 귀결된다. Option은 모나드 동작의 세부 사항
을 알 필요가 없다. 다시 말해, Option이 자신의 unit과 flatMap 메서드를 정의해서는 안 된
다. 이 책임을 Option에 따른 모나드 행동 방식을 알고 있는 협력자에게 위임해야 한다. 우
리는 OM으로 주입한 OptionMonad 인스턴스를 통해 이를 제공한다.


## D.3 관심사 분리를 장려하는 타입 클래스

최종 결과는 선택적인 값을 모델링하는 Option 데이터 타입과 Option의 모나드적인 행동 방
식을 모델링하는 OptionMonad 타입 클래스다. 이들은 서로 완전히 분리된 존재며 공통의 상
속 관계를 공유하지 않는다.

우리 Option은 이제 다음과 같이 간단한 어떤 존재로 줄어든다.

```
@higherkind
sealed class Option<out A> : OptionOf<A> {
    companion object   ◀── 확장 메서드를 추가하기 위해
}                           동반 객체를 선언함[1]

data class Some<out A>(val get: A) : Option<A>()
object None : Option<Nothing>()
```

---

1  빈 동반 객체 선언이 들어 있지 않으면 코틀린 컴파일러가 동반 객체를 만들어주지 않는다. 이런 클래스에 대해 클래스이
   름.Companion.확장이름과 같이 동반 객체에 대한 확장을 선언하면 Companion을 찾을 수 없다는 컴파일 오류가 발생한
   다. 동반 객체 이름을 따로 지정하지 않으면 Companion이라는 이름이 지정된다. – 옮긴이

Monad 인터페이스의 익명 인스턴스화를 사용하지 않도록 마지막으로 설계를 개선할 수 있다. 주어진 데이터 타입의 모나드적인 행동 방식을 포함하는 클래스나 인터페이스를 제공함으로써 설계를 더 테스트하기 좋고 깔끔하게 만들 수 있다. 예를 들어 다음 OptionMonad 인터페이스를 살펴보라.

```
interface OptionMonad : Monad<ForOption> {

    override fun <A> unit(a: A): OptionOf<A> =
        if (a == null) None else Some(a)

    override fun <A, B> flatMap(
        fa: OptionOf<A>,
        f: (A) -> OptionOf<B>
    ): OptionOf<B> =
        when (val ffa = fa.fix()) {
            is None -> None
            is Some -> f(ffa.get)
        }
}
```

이제 원하는 수단(우리가 선택한 주입 메커니즘이나 확장 메서드)을 활용해 클래스를 인스턴스화하고 우리 컴포넌트에 의존 관계를 제공하게 할 수 있다. 다음은 확장 메서드로 타입 클래스를 제공하는 방법을 보여준다.

```
fun <A> Option.Companion.monad(): OptionMonad = object : OptionMonad {}
```

이제 새로운 타입 클래스를 사용해 암호화폐 지갑 코드를 다시 작성해보자.

```
class ImprovedCryptoCurrencyWallet(
    private val bitcoinAmount: Option<BigDecimal>,
    private val ethereumAmount: Option<BigDecimal>
) {

    private val OM = Option.monad<BigDecimal>()

    val totalBoth: Option<BigDecimal> =
```

```
        OM.flatMap(bitcoinAmount) { ba: BigDecimal ->
            OM.map(ethereumAmount) { bp: BigDecimal ->
                ba.plus(bp)
            }
        }.fix()
}
```

# 찾아보기

## T

# 코틀린 함수형 프로그래밍

코틀린으로 제대로 함수형 프로그래밍 익히기

발  행 | 2023년 7월 31일

옮긴이 | 오 현 석 · 서 형 국
지은이 | 마르코 버뮬런 · 루나르 비아르드나손 · 폴 치우사노

펴낸이 | 권 성 준
편집장 | 황 영 주
편  집 | 김 진 아
           임 지 원
디자인 | 윤 서 빈

에이콘출판주식회사
서울특별시 양천구 국회대로 287 (목동)
전화 02-2653-7600, 팩스 02-2653-0433
www.acornpub.co.kr / editor@acornpub.co.kr

한국어판 ⓒ 에이콘출판주식회사, 2023, Printed in Korea.
ISBN 979-11-6175-768-1
http://www.acornpub.co.kr/book/function-pro-kotlin

책값은 뒤표지에 있습니다.